KB135134

한글의 시대를 열다

해방 후 한글학회 활동 연구

정 재 환

1979년 친구 유성찬과 함께 개그듀엣 '동시상영'을 결성 방송에 데뷔했다. 긴 무명 시절을 보내다가 1989년 문화방송의 청춘행진곡 진행을 맡으면서 비로소 스타의 꿈을 이뤘다. 그 후 라디오 디제이, 텔레비전 방송사회자, 드라마 탤런트로서 다양한 활동을 펼쳤다.

30대 중반에 한글 사랑에 빠져 방송 언어에 관한 책을 몇 권 냈고, 2000년에는 한글문화연대를 결성하여 우리말글 사랑 운동에 뛰어들었다.

2000년 성균관대학교에 입학하여 역사를 공부하면서 한글운동사를 연구하였고, 2007년 문학 석사학위, 2013년 문학 박사학위를 받았다.

현재 방송사회자, 한글문화연대 공동대표, 국어심의회 위원, 우리민족서로돕기운동과 아시아평화와역사교육연대의 홍보대사로 활동하고 있으며, 한글학회, 역사문제연구소, 민족문제연구소, 맑고 향기롭게의 회원이다.

한글의 시대를 열다 값 35,000원

2013년 2월 12일 초판 인쇄
2013년 2월 22일 초판 발행

저 자 : 정재환
발 행 인 : 한정희
발 행 처 : 경인문화사
편 집 : 신학태
서울특별시 마포구 마포동 324 - 3
전화 : 718 - 4831~2, 팩스 : 703 - 9711
E-mail : kyunginp@chol.com
홈페이지 : www.kyunginp.co.kr
www.mkstudy.com
등록번호 : 제10 - 18호(1973. 11. 8)

ISBN : 978-89-499-0924-0 93910

한글의 시대를 열다

해방 후 한글학회 활동 연구

정 재 환

景仁文化社

책머리에

1979년 겨울에 친구 유성찬과 함께 '동시상영'이란 개그듀엣을 결성했다. 이수만 씨가 진행하던 라디오 방송 '별이 빛나는 밤에'의 출연 요청을 받고 급조한 팀이었지만, 연예인으로서 내 삶은 그렇게 시작되었다. "안녕하세요? 개그맨 정재환입니다." 알아주는 사람 없어도 젊음의 패기로 살았고, 처음 기대와는 달리 거의 10년 가까운 무명 시절을 보내야 했지만, 1989년에 문화방송의 '청춘행진곡'이란 프로그램으로 조금 이름을 얻게 되었다.

30대에는 개그 프로그램과 오락 프로그램을 종횡무진 했다. 양쪽에서 다 잘 팔리는 연예인이었다. 개그가 바탕이었지만 방송사회자로서 더 역할을 할 수 있을 거라는 생각을 한 것이 한국방송공사에서 '퍼즐특급열차'를 진행하던 때였는지 언제였는지 정확히 기억할 수 없지만, 좋은 방송사회자로 성장하는 길을 택했다. 그렇다고 해서 개그를 포기한 것은 아니었지만, 결과적으로 서울방송의 '대한민국 황대장'이 마지막 작품이 되었다.

'그래, 좋은 사회자가 되자. 최고는 아니더라도 최선을 다하는 방송사회자가 되자.' 그런 마음으로 열심히 방송국을 오락가락했다. 조금이라도 더 좋은 프로그램을 만들겠다고 제작진과 머리를 맞대고 씨름을 하고 대본을 쓰고 연습을 하고, 카메라에 빨간 불이 들어오면 최선을 다해 떠드는 것이 내 일이었다. 사회자는 얕더라도 넓게 알 필요가 있다는 선배의 말에 방송국 안에 있는 작은 책방을 문지방이 닳도록 드나든 것도 그 때의 자랑거리 중 하나다.

그렇게 변함없이 쭉 살았다면 난 지금도 비교적 잘 나가는 연예인 목록에 이름을 올리고 있을지도 모른다. 그런데 정체를 알 수 없는 운명의 힘이 나를 이끌었다. 우리말이 쉽지 않다, 우리말이 참 소중하다는 뒤늦은 자각은 방송사회자로서 사필귀정이었는지 모르지만, 그것이 내 삶을 조금씩 바꾸어 놓고 있었다. 나도 모르는 사이에 우리말 사랑에 빠졌다. 우리말을 좀더 잘

해야겠다고 생각했다. 물론 말을 번지르르하게 해야겠다는 것은 아니었다. 말 한마디라도 정확하게 해야 한다는 소박한 결심이었고, 방송사회자로서 최소한 밥값은 해야 한다는 일종의 의무이자 사명감이었다.

그런 생각으로 머릿속이 꽉 찼다. 하루하루가 즐겁고 행복했다. 선후배 동료들과도 우리말에 관한 얘기를 많이 했다. 확실히 방송의 질을 높이는 데 도움이 되었다. 더 많은 이들에게 우리말의 가치를 알리겠다는 생각에 외람되게도 책을 쓰기 시작했다. '방송 언어를 중심으로 우리말 얘기를 하면 독자들이 흥미를 가지지 않을까?' 국어학자들이 쓴 좋은 책이 많았지만, 대중들이 읽기에 딱딱하지 않고 부드럽고 재미있는 책을 써보자는 생각이었다.

그렇게 나온 책이 『자장면이 맞아요, 잠봉은』이었다. 이 책을 통해 하고 싶은 얘기가 '자장면'이 다가 아닌데, 이상하게 '자장면'이 화제가 되면서 얻은 것도 잃은 것도 많았다. 우리말을 사랑하는 방송사회자라는 주위의 평은 크게 얻은 것이었지만, 즐겁고 편안한 이미지의 연예인으로서는 손해를 많이 보았다. 특히 이웃에게 부담을 주거나 불편을 끼치지 않고 살겠다는 생활신조에 어긋나게 정말 엉뚱하게도 많은 분들을 귀찮게 해드린 점에 대해서는 유감의 뜻을 표하지 않을 수 없다.

이건 지극히 사적인 얘기지만, 37살에 좋아하던 술과 담배를 끊었다. 어떻게 담배를 끊었느냐는 부러움 섞인 질문도 많이 받았지만, 딱히 알려드릴 비법이 없다. 왜냐하면 그냥 끊었기 때문이다. 굳이 한마디 더 붙인다면 '잊어버렸다'라고 해야 할까. 실제로 담배를 끊는 것은 그다지 큰일이 아니었다. 그런데 술은 좀 달랐다. 주위의 끈끈한 정 때문에 끊기가 쉽지 않았다. 그래도 이를 악물고 끊었다. 역시 비법은 '잊는 것'이었다. 그렇게 거짓말처럼 딱 끊고 나니 뭔가 세상이 다르게 보였다. 알게 모르게 삶의 변화가 일고 있었다. 무엇보다도 '시간이 없다'는 초조한 마음이 들었다. 실제로는 전보다 책을 읽을 시간이나 여행을 떠날 수 있는 시간이 더 늘었는데도 말이다. '뭔가를 해야 한다'는 초조함 속에서 용기를 준 것은 평생을 학인으로 살다간 공자의 삶이었고, 늦었지만 공부를 해야겠다는 결심을 했다. '공부를 하면 더 좋은 방송사회자가 될 수 있지 않을까?'

나이 사십에 성균관대학교에 입학을 했다. 인문사회계열로 입학을 했기 때문에 1년 동안은 전공 없이 이것저것 수업을 들었다. 주로 국어와 역사 과목을 들었다. 2학년에 올라가면서 전공을 선택할 때 진지하게 고민했다. 연기예술, 국어국문, 사학. 어디로 가야 하나? 연기예술은 방송에서 열심히 하면 된다고 생각하면서 내린 결론은 역사학이었다. 전례는 그다지 없지만 사학과에서 국어사를 공부하는 것이 불가능하지는 않을 것이라는 이신철, 김대식, 김득중 선생의 조언이 큰 힘이 되었다.

일제강점기, 해방과 건국, 전쟁, 이데올로기, 빨갱이, 양민 학살, 북한, 통일, 독재와 민주화 투쟁, 노동 운동 등 우리의 근현대사는 참으로 많은 사연을 끌어안고 있었고, 가려져 있던 역사의 진실을 마주할 때마다 가슴이 답답해질 때가 많았다. '아프다'는 한마디로 표현할 수 없는 역사의 무게를 느꼈다. 학교에서 열린 학술대회에서 청중석에 앉았던 김용옥 선생이 역사를 공부하는 이유가 뭐냐고 물었을 때, 발표석에 앉아 있던 역사학자가 대답했다. "역사학의 목표는 인민을 해방시키는 겁니다. 그리고 평화의 실현입니다. 저는 그런 마음으로 역사를 공부합니다." 나는 그때 그 역사학자가 누군지 모른다. 얼굴도 모르고 이름도 기억하지 못한다. 하지만 그가 한 그 말은 지금도 내 가슴 속에 큰 울림으로 남아있다.

함께 공부하는 학우들은 저마다 다양한 관심사를 갖고 있었다. 독립운동, 빨치산, 정치 깡패, 노동운동, 부정 선거, 민주화 투쟁, 재일동포 문제 등등. 그러나 내가 할 수 있는 것은, 내가 하고 싶은 것은 국어 문제라고 생각했다. 석사 때는 학우 조한성이 들려준 한글파동 얘기를 듣고 쉽사리 연구에 착수할 수 있었다. 이승만 대통령은 왜 맞춤법 문제에 간섭했을까? 맞춤법은 우리의 삶에 어떤 의미를 갖는 걸까? 한글학회를 알고 있었지만 좀더 알게 되었다.

박사과정에 진학해서는 무엇을 연구해야 할지 한동안 갈피를 잡지 못했다. 민족어와 민족의 역사를 중시한 재일동포의 민족교육과 디아스포라로서 재일동포의 삶에 강한 호기심을 느껴 그에 관한 자료를 수집하면서 공부를 한 적이 있었다. 일본 국회도서관에서 어렵게 구해 온 마이크로필름을 성대 존경각에 앉아 열심히 돌리고 있던 어느 날, 생면부지의 한문학자 진재교 선생이 왜 그런 것을 하고 있습니까, 원래 관심사가 국어 아니었습니까 하고 물었을 때, 다시 본연의 관심사인 국어 문제로 돌아가야 한다는 것을 깨달았다.

방황과 곡절 끝에 나는 돌아왔다, 1945년 8월 15일 해방 후 조선 땅으로! 그리고 아주 새삼스럽게 해방 후 새로 태어난 '한글'의 모습을 발견했다. 일제 청산, 민족어의 회복과 확립, 한글 전용 운동 등을 통해 민족어와 한글을 위해 분투했던 조선어학회와 여러 학자들을 만났다. 그 내용과 의미를 정리해 미흡하나마 『해방 후 조선어학회·한글학회 활동 연구(1945~1957년)』란 제목으로 박사 논문을 제출할 수 있었다. 이 책은 박사 논문을 그대로 책으로 만든 것이다. 내용의 일부를 고치거나 더하고 싶은 이야기가 없지 않았지만, 독자들을 빨리 만나고 싶은 마음에서 수정을 가하지 않았다. 일단락 짓고 다음 과제로 나아가고 싶은 마음도 크게 작용했다. 부족한 것이 많지만, 좀더 분발하겠다는 약속을 드리며 독자들의 양해와 질정을 구한다.

이 책이 나오기까지 많은 분들의 지도와 도움을 받았다. 평생을 도움만 받고 산다. 제일 먼저 부족한 제자를 큰 사랑으로 지도해 주신 서중석 교수님께 감사드린다. 한글학회의 성기지 선생과 김한빛나리 선생께 큰 신세를 졌다. 깊이 감사드린다. 난제에 부딪힐 때마다 귀한 조언을 들려준 이신철, 이진일 선생, 귀한 자료를 제공해 준 국사편찬위원회의 김득중 선생, 서울교육박물관의 황동진 선생, 일본의 구마가이 히사미(熊谷久美) 님께 고마움을 전한다.

박사 논문을 작성하다가 얻은 성과 중 하나는 나 자신을, 내 능력의 부족함을 너무나도 잘 알게 되었다는 점이었다. 솔직히 고백하면 심각하게 좌절하고 연구를 포기할까 심각하게 고민한 적도 한두 번 있었다. 동학으로서 애환을 함께 나누며 의지가 되어 준 이선아, 이한울, 이성, 김은숙 님에게도 고마움을 전한다. 부족한 논문을 심사해 주시고 귀한 가르침을 주신 정현백, 임경석, 리의도, 이상혁 교수님께도 감사드린다. 리의도 교수님께서는 춘천에서 먼 길을 마다않고 달려와 심사해 주셨다. 박사 논문이 통과되었다는 소식을 전했을 때 흔쾌히 책을 만들어 주겠다고 하신 경인문화사의 한정희 대표님과 멋진 책을 만들어 주신 편집자 신학태, 조연경 선생님께 감사드린다. 끝으로 늘 곁을 지켜준 아내와 아들에게 고마움과 사랑을 전한다.

2013. 1. 22.

양화진 창가에서

봄뫼 **정 재 환**

목 차

표 목차

제 1 장
서 론

제1절 문제 제기
제2절 연구사 검토와 책의 구성
제3절 용어와 자료

제1절 문제 제기

21세기에 들어선 대한민국은 정치의 민주화나 경제 발전의 측면에서 상당히 높은 수준에 도달했다. 1945년 해방 후 불과 60여 년 만에 일궈낸 괄목할 성과로서 전 세계적으로도 비교 대상을 찾기 어려운데, 이러한 성과는 모두 해방 후 등장한 한글세대에 의해 이루어졌다. 한글세대는 민주주의를 처음 배운 세대였고, 한글을 통해 습득한 지식을 활용해 산업 역군으로서 눈부신 경제 성장을 이루어냈다. 한글세대가 곧 정치 민주화의 기축 세력이었고 경제 발달의 견인차였다. 게다가 한글은 20세기 후반에 전 세계적으로 상용화된 컴퓨터에도 안성맞춤인 문자로서 속도를 중요시하는 지식 정보 사회에서도 강력한 힘을 발휘하고 있다.

이처럼 대한민국의 빠른 성장의 바탕에는 한글이 있었지만 한글이 어떻게 해서 이렇게 중요한 역할을 하게 되었는지 관심도 부족하고 잘 알지도 못한다. 그런데 대한민국의 역사를 돌아보면 이것은 결코 저절로 이루어진 것이 아니었다. 한글이 역사의 무대에 등장한 것은 15세기 세종의 훈민정음 창제에서 비롯되었고 한글을 국문으로 선포한 것은 고종이었지만, 일제강점기 한글은 말살의 위기에까지 몰렸다. 그런 한글이 고난과 역경을 딛고 국문의 위상을 회복하고 한글을 중심으로 하는 언어생활의 토대를 구축한 것은 1945년 8월 15일 해방 이후였다.

해방 후의 언어 환경은 호락호락하지 않았다. 일제의 조선어 말살 정책의 영향으로 조선어와 한글을 모르는 사람들이 많았고, 심지어는 학생들에게 조선어를 가르칠 수 있는 교사조차 부족했다. 참으로 암담한 상황이었지만 조선인들은 민족어를 회복하고 민족어에 의한 교육을 실현했다. 뿐만 아니라 한자와의 관계에서 2등 문자로 취급받던 한글을 새 시대의 문자로 선택했다. 한마디로 이것은 언어의 혁명이었다. 한글이 새 시대 건설의 주역이 된 것이다. 글쓴이는 어떻게 해서 이러한 변화가 일어날 수 있었는지, 이것이 가능했던 역사적 배경과 조건은 무엇이었는지에 강한 의문을 품고 이 연구를 시작하게 되었다.

해방 후는 독립 국가 건설에 전념한 때로서 정치, 경제, 사회, 문화 등 모든 분야에서 많은 과제를 안고 있었고, 혁명적인 변화가 요구되었다. 언어 문제도 마찬가지였다. 일제에 의해 말살의 위기에 직면했던 조선어를 회복하고 새 생명을 불어넣는 것, 민족어로서 국민 교육의 토대를 수립하는 것은 민족 국가 수립 과정에서 절대적으로 선결되어야 할 과제였다. 이러한 상황에서 새로운 시대의 국어 수립이라는 사회적 요구와 역사의 부름에 응답한 것은 조선어학회였다. 일제강점기 조선어학회는 조선어 사전을 편찬하다가 치안유지법 위반으로 처벌받은 대표적인 어문민족운동단체였다. 바로 이 단체가 해방 후 거족적으로 전개된 민족어 회복 운동에서 지도적 역할을 수행하고, 국어 교과서를 편찬하고 한글강습회를 개최하는 등 많은 활약을 했다. 특히 국한문 혼용의 오랜 관습에서 벗어나 한글 전용의 원칙을 세운 것은 언어의 혁명에 그치는 것이 아니라 한국사의 혁명적 사건이었다. 일본어 청산에 대한 민족적 공감은 당연한 것이었지만 한자 문제는 간단히 해결될 성질이 아니었다. 훈민정음 창제로부터 500년이 지나도록 한자 문화에서 벗어나지 못했던 조선 사회가 어떻게 그 시기에 한글 전용에 대한 논의를 시작하게 되었는지, 한글 전용이라는 사회적 합의를 도출해 낼 수 있었던 사회적 상황은 무엇이었는지, 한글 전용의 역사적 의미는 무엇이었는지를 규명하기 위해 해방 후 본격화된 조선어학회의 한글 전용 운동을 검토하고자 했다.

제2차 세계대전 종전 이후 식민지에서 벗어난 국가들은 대부분 제국 언어의 청산이라는 공통된 과제를 안고 있었지만 실패한 사례가 적지 않았다. 그러나 조선인들은 민족어를 완벽하게 회복했다. 5천 년의 유구한 역사를 통해 형성된 민족어의 힘, 문화의 힘이 가장 큰 동인이었겠지만 해방 후 온 조선인의 열망을 담고 전개된 우리말 도로 찾기 운동이 결정적인 역할을 했다. 우리말 도로 찾기 운동은 해방과 함께 자연발생적으로 시작되었지만, 이후 4~5

년간 체계를 갖추고 지속될 수 있었던 배경에는 이 운동을 지도하고 조율한 학회의 활동이 크게 작용했던 것으로 보인다. 그런데 선행 연구에서는 학회의 활동이 선명하게 드러나지 않았으며, 학회와 미군정, 사회단체 등 참여 세력 간의 유기적 관계 또한 정확히 밝혀지지 않았다. 이 책에서는 우리말 도로 찾기 운동에서 학회가 어떤 위치에서 어떤 활동을 했는지를 파악하고자 했으며, 학회와 미군정, 사회단체의 역할과 활동을 규명함으로써 범사회적으로 전개되었던 우리말 도로 찾기 운동의 의미와 성과를 규명하고자 했다.

해방은 분단의 시작이었다. 남북 분단이 고착화되고 반세기가 지나면서 남과 북에서는 이데올로기·정치·경제·사회·문화 등 많은 측면에서 이질화가 진행되었고, 남북의 이질화는 통일을 가로막는 크나큰 장애로 기능하고 있다. 그런데 이와는 상대적으로 언어의 이질화는 그다지 크지 않다. 지금도 남북은 같은 언어를 사용하고 있고 어문 정책과 규범의 측면에서도 상당한 동질성을 확보하고 있다. 분단 이후 남북이 정치·사상적으로 전혀 다른 길을 걸으면서도 언어적 동질성과 통일성을 유지할 수 있었던 이유는 과연 무엇이었을까? 해방 후 남북의 언어 상황을 파악하고 어문 정책의 내용을 확인할 수 있다면 그에 대한 해답을 찾을 수 있을 것이라 생각했지만, 이 부분에 대한 관련 분야의 연구 또한 미흡했다. 글쓴이는 해방 후 북으로 간 이극로를 비롯한 조선어학회 출신 학자들의 활동에 주목했다. 그들이 북으로 간 이유, 북한에서의 활동과 성과 등을 파악하고자 했다. 특히 1948년 4월 이루어진 이극로의 북행을 정치적으로만 해석할 수 있을까 하는 강한 의문을 갖고 그가 북행을 택한 배경과 북한에서의 활동을 추적하면서 민족어의 통일을 위해 노력했던 학자들의 모습을 복원하고자 했다.

이 책의 연구 대상 시기는 1945년 해방 후부터 1957년까지다. 1957년을 연구의 종점으로 한 것은 일제강점기에 시작된 조선어학회의 『큰사전』 간행 사업이 이 해에 끝났기 때문이다. 『큰사전』 완간은 조선어학회가 펼쳐온 한글 운동이 집대성된 결과이자 대한민국 문화사의 한 획을 긋는 사건이었다.

사전 편찬 중 발생한 조선어학회사건으로 학회 핵심 인사들이 감옥에 간 것은 어문운동에 대한 일제의 대표적인 탄압 사건으로 조명 받았다. 해방 후 비로소 사전이 나오기 시작했지만, 이번에는 엉뚱하게도 이승만 대통령이 일으킨 한글맞춤법간소화파동에 부딪혔다. 이승만의 맞춤법 간소화는 조선어학회의 입장과 정면으로 배치되는 것이었기 때문에 학회는 이승만과 정부를 상대로 반대 투쟁을 벌여야 했다. 글쓴이는 일국의 통치자인 대통령이 왜 정치 문제가 아닌 국어 문제에 개입했는지 강한 의문을 품게 되었다. 게다가 이 문제는 사전 간행 사업과 긴밀히 맞물려 있었다. 자칫 잘못하면 '통일안'과 『큰사전』 폐기라는 참담한 결과를 초래할 수 있었다. 이에 사전과 맞춤법 파동의 유기적 상황에 주목하였고, 1947년 『조선말 큰사전』 1권 발간으로부터 1953년 4월 본격화된 한글맞춤법간소화파동, 1957년의 『큰사전』 완간에 이르는 일련의 상황을 검토함으로써 조선어학회가 제정한 맞춤법의 사회적 의미와 가치를 규명하고 『큰사전』 간행 사업의 내용과 의의를 서술하고자 했다.

제2절 연구사 검토와 책의 구성

1. 연구사 검토

지금까지 학회에 대한 연구는 일제강점기에 집중되었고, 특히 조선어학회사건에 대한 연구는 다양한 분야에서 많은 성과가 축적되있지만, 이 책의 연구 대상 시기인 1945년에서 1957년 사이 학회 활동에 대한 연구는 매우 빈곤한 실정이다. 통사를 다룬 저서로는 『한글학회 50년사』와 『한글학회 100년사』가 100년에 걸쳐 이루어진 학회의 학문적 성과와 아울러 한글 운동의 지도 단체로서 위상을 정립하고 있지만,[1] 개별 항목에 대한 세밀한 검토는 부

1) 한글학회 50돌 기념 사업회, 『한글학회 50년사』, 한글학회, 1971 ; 한글학회, 『한글학

족하다.

해방 후 남쪽의 한글 운동과 어문 정책에 대한 연구에서 주목할 만한 성과를 낸 것은 이응호였다. 이응호는 1969년에 해방 이후의 국어 문제를 문자 정책 수립의 관점에서 고찰하였는데,[2] 어문 정책의 관점에서 국어 문제를 다룬 결과, 교과서 한자 폐지와 한글전용법 제정 과정에서 미군정 문교부와 제헌국회의 활동 등이 비중 있게 다루어진 반면, 학회의 활동은 크게 평가되지 않았다. 1974년에 나온 『미 군정기 한글 운동사』는 미군정기 한글 운동의 전체상을 고찰한 최초의 논저로서, 우리말 도로 찾기, 맞춤법 보급, 문맹 타파, 교과서 편찬, 한글만 쓰기, 한글 가로쓰기와 풀어쓰기 등 미군정기에 전개된 한글 운동을 전 방위적으로 고찰함으로써[3] 미군정기 한글 운동을 이해하는 데 크게 기여하였다. 특히 이 책에는 저자가 열성을 다해 수집한 신문, 잡지, 관련 문서 등 한글 운동 자료가 대거 수록되어 있어 자료집으로서도 활용 가치가 높다.

허만길은 우리말 도로 찾기, 문맹 퇴치 활동, 한글맞춤법 통일안과 한글 전용 정책을 개괄적으로 정리하였지만,[4] 각각의 문제를 어문 정책의 수립과 집행의 틀로 정리함으로써 해방 후 역동적으로 펼쳐진 학회와 민간의 한글 운동은 부수적인 차원으로 그려졌다.

미군정기 조선어학회의 교육 활동에 대해서는 학회 활동을 주요한 검토 대상으로 한 연구는 없으나, 교육사와 교육 정책 분야에 대한 연구에서 부분적으로 다루어졌다. 이광호는 미군정기 한국 교육의 체제 형성을 검토하면서 학회가 교과서 편찬과 교사 양성에 기여했음을 규명하였고,[5] 손인수는 미군

회 100년사』, 한글학회, 2009.

2) 이응호, 『언어정책의 역사적 연구: 한글전용 대책편』, 서울: 한글전용국민실천회, 1969.

3) 이응호, 『미 군정기의 한글운동사』, 성청사, 1974.

4) 허만길, 『한국 현대 국어 정책 연구』, 국학자료원, 1994.

5) 이광호, 「미 군정기 한국교육의 체제형성에 대한 고찰」, 연세대 대학원 석사논문, 1983.

정 편수관이 된 최현배의 역할에 의해 학회의 한글 운동이 성과를 거둘 수 있었다고 하였다.[6]

미군정기 학회의 한글 운동에 주목한 일본 학자 이나바 쓰기오(稻葉 繼雄)는 국어 정화 운동(우리말 도로 찾기), 한글 보급 운동, 한글 전용 운동을 검토하고, 교육 정책과의 상관 관계 속에서 학회의 활동을 평가하였다.[7] 히구치 겐이치로(樋口 謙一郎)는 미군정기 남한의 언어 재편 문제가 '미군정과 조선인', '조선어와 일본어'뿐만 아니라 조선 내부의 대립이었다는 문제를 제기하였으며,[8] 학회가 한글 전용, 우리말 중시 사상을 정립한 것을 평가하면서도 한글 전용으로 인한 한자 문화권에서의 이탈과 문화적 배외주의, 자민족 우월주의에 대해서는 아쉬움을 토로하였다.[9] 그러나 히구치의 지적이 한자 중심적인 사고에서 나온 것이라면 한글 중심의 관점에서는 오히려 당연한 선택으로 봐야 하므로 학회의 한글 운동의 자주성은 높이 평가되어야 할 것이다.

해방 후 월북한 학자들에 대한 연구가 이루어진 것은 1987년 6월 민주화 운동 이후였다. 북한 국어학에 대한 연구는 김민수, 고영근, 전수태, 최호철, 북한언어연구소, 최용기 등에 의해 시도되었고,[10] 이종룡, 김하수, 박용규 등

---

6) 손인수, 『미군정과 교육정책』, 서울:민영사, 1992.

7) 稻葉 繼雄, 「美軍政下南朝鮮における國語淨化運動」, 筑波大學 地域研究科課, 『筑波大學 地域研究』 1, 1983.3 ; 稻葉 繼雄, 「美軍政期南朝鮮のハングル普及運動」, 筑波大學外國語センター 『外國語教育論集』 5, 1983.12 ; 稻葉 繼雄, 「解放後韓國におけるハングル專用論の展開－美軍政期を中心に－」, 筑波大學文藝言語學係, 『文藝言語研究』 言語篇 8, 1983.12.

8) 樋口 謙一郎, 「崔鉉培の漢字廢止論－『文字の革命』を中心に－」 『社會科學研究紀要 別册』 8, 早稻田大學大學院社會科學研究科, 2001 ; 樋口 謙一郎, 「趙潤濟の漢字擁護論－『國語教育の当面の問題』の檢討を中心に－」 『科學研論集』 2, 早稻田大學大學院社會科學研究科, 2003.9.

9) 樋口 謙一郎, 「米軍政下の朝鮮語學會-教育の朝鮮語化をめぐる軍政廳との連携を中心に」 『社會科學研究科紀要, 別册』 10, 早稻田大學大學院社會科學研究科, 2002.9.

10) 김민수, 『북한의 국어연구』, 일조각, 1985 ; 북한언어연구회, 『북한의 어학혁명』, 도서출판 백의, 1989 ; 전수태·최호철, 『남북한 언어비교』, 녹진, 1989 ; 김민수 편, 『북한

이 일제강점기 이극로의 활동에 주목했으며,[11] 해방 이후 한글 운동에 대해서는 박용규가 유일하지만,[12] 월북 이후의 활동까지 추적하지는 못했다.

월북 학자들의 활동에 주목한 고영근은 조선어문연구회의 활동을 검토하였고,[13] 이상혁은 월북 학자들의 학문적 배경과 활동, 성과를 분석하였지만,[14] 개별 학자들에 대한 세밀한 검토는 이루어지지 않았다. 특히 해방 전후로 학회를 대표하던 이극로가 1948년 4월 북행 이후 북한 어문 정책의 담당자가 되었다는 것은 대단히 중요한 의미를 지니는 것임에도 이 부분에 대한 연구는 이루어지지 않았다.

현재 한국인들은 학회의 '통일안'에 뿌리를 둔 '한글 맞춤법'을 어문 규범으로 사용하고 있다. '통일안'이 만들어진 것은 1933년이었지만, 국가의 어문 규범으로 정착한 것은 해방 후 학회의 활발한 보급 운동의 결과였다. 그런데 '통일안'을 백지로 돌리려는 한글맞춤법간소화파동이 이승만 정권기에 발생했다. 김민수는 한글파동의 성격을 '명분론과 방법론 및 이론 논쟁'으로 규정하였고,[15] 오영섭은 한글맞춤법간소화파동의 의미를 국어학적인 관점에서 표음주의와 표의주의의 대결, 사회사적으로는 문자파동·문화파동·정치파동의 복합체로 규정하였다.[16] 이혜령은 파동을 계기로 언어 규범의 정당성 논

의 조선어 연구사 1945~1990』 1-4, 녹진, 1991 ; 최용기, 『남북한 국어정책 변천사 연구』, 박이정, 2003.

11) 이종룡, 「이극로 연구」, 부산대학교 교육대학원 석사논문, 1993 ; 김하수, 「식민지 문화운동 과정에서 찾아본 이극로의 의미」, 『주시경학보』 10, 주시경연구소, 1993 ; 박용규, 『일제시대 이극로의 민족운동 연구: 한글운동을 중심으로』, 고려대학교 사학과 박사논문, 2009.

12) 박용규, 「해방 후 한글운동에서의 이극로의 위상」, 이극로박사기념사업회 편, 『이극로의 우리말글 연구와 민족운동』, 선인, 2010.

13) 고영근, 『통일시대의 어문문제』, 길벗, 1994.

14) 이상혁, 「해방 후 초기 북쪽 국어학 연구의 경향－1945~1950년 초기 국어학 연구자를 중심으로－」 『어문논집』 56, 민족어문학회, 2007.

15) 김민수, 『국어정책론』, 고려대학교 출판부, 1973 ; 김민수, 『신국어학사』, 일조각, 2003.

16) 오영섭, 「1950년대 전반 한글파동의 전개와 성격」 『사학연구』 72, 2003.

의가 이루어졌고, 그 결과 국민 형성을 위한 전제로서 '국어'를 수용하는 언어 내셔널리즘의 실정화가 이루어졌다고 분석했다.[17]

그러나 이상의 연구는 한글파동 그 자체만을 다룸으로써 '통일안'과 『큰사전』의 관계에 주목하지 않았다. '통일안'은 학회가 편찬하고 있는 『큰사전』의 기초가 되는 것으로 통일안이 폐지되면 『큰사전』 발간 또한 중단될 수밖에 없었다. 따라서 학회는 『큰사전』을 완간하기 위해 '통일안'을 절대 사수해야 했고, 통일안을 지켜냄으로써 무사히 『큰사전』을 완간할 수 있었다.

『큰사전』 편찬에 대한 논의로는 조재수와 최경봉의 연구가 있다. 조재수는 1929~1957년까지의 학회의 『큰사전』 편찬 운동을 검토하였고,[18] 최경봉은 파란만장했던 사전 편찬의 역사를 정리하면서 『큰사전』 완간에 '우리말의 탄생'이라는 역사적 의미를 부여하였다.[19] 1957년에 완간된 『큰사전』은 일제강점기 조선어학회에 주어진 언어의 정리와 통일을 통한 문화 촉성이라는 민족적 과제를 해결했다는 측면에서도 큰 의미를 지닌다.

이상 살펴본 것처럼 해방 후 학회의 한글 운동은 한글 보급, 한글 전용, 우리말 도로 찾기 등의 측면에서 분석되었고, 학회의 교육 활동은 국어의 재건에 결정적 공헌을 했음에도 그 동안에는 교육사 분야의 연구에서 부차적으로 검토되었을 뿐이다. 이 책에서는 학회의 한글 운동과 교육 활동으로서 학회의 한글강습회 개최, 교과서 편찬 활동, 국어 교사 양성 활동 등과 함께 이극로의 북행, 큰사전 편찬과 한글맞춤법간소화파동 등을 주요 대상으로 검토하였다.

---

17) 이혜령, 「언어 법제화의 내셔널리즘 - 1950년대 한글간소화파동 일고 -」 『대동문화연구』 58, 성균관대학교 대동문화연구원, 2007.

18) 조재수, 「한글학회와 사전 편찬」 『한힌샘 주시경연구』 9, 한글학회, 1996 ; 조재수, 「조선어학회와 큰사전」 『애산학보』 32, 애산학회, 2006.

19) 최경봉, 『우리말의 탄생』, 책과함께, 2005.

2. 책의 구성

이 책은 해방 공간, 미군정기, 제1공화국 시기에 전개된 조선어학회·한글학회의 한글 운동을 상세히 복원하는 것을 첫째 목적으로 삼았다. 해방과 함께 학회는 교육 활동을 통해 국어 교육의 토대를 마련하였고, 활발한 한글 운동을 전개하여 민족어를 회복하고, 한글전용법 제정을 이끌어 냈으며 『큰사전』을 완간하였다. 한편 북으로 간 일부 학자들은 북한의 어문 정책을 주도하면서 민족어 통일을 위해 노력했다. 기간은 1945년~1957년까지다. 이상의 논의를 위해 이 책은 모두 7장으로 구성하였다. 1장과 7장은 서론과 결론이며, 본문은 2장~6장까지다.

2장에서는 해방과 함께 활동을 재개한 학회가 한글학회로 개명하고 큰사전을 완간하는 1957년까지의 흐름을 통시적으로 서술하였다. 1절에서는 학회의 활동 재개, 정치적 중립 표방, 유관 단체의 조직 상황 등을 검토하였다. 2절에서는 해방 전후로 학회를 대표했던 이극로의 북행과 북한에서의 활동을 검토하였다. 특히 이극로와 조선어학회 출신 월북 학자들의 활동에 주목하여 이들이 중심이 되었던 조선어문연구회의 활동과 성과를 논하면서 조선어학회와의 관계를 분석하였다. 3절에서는 이극로 북행과 남북의 정부 수립이라는 시대적 환경의 변화 속에서 한글학회로 명칭을 바꾸는 과정을 검토하고, 이후 활동을 정리하였다.

3장에서는 학회의 교육 활동을 고찰하였다. 1절에서는 미군정기 교과서 편찬에 참여한 학회의 활동을 서술하였다. 특히 미군정 학무국의 성립과 한국인으로서 편수국 정책을 담당한 최현배, 장지영 등의 활동에 주목하였다. 2절에서는 한글 보급, 한글 맞춤법 통일안 보급, 국민 계몽과 국어 교사 양성을 위해 활발히 전개된 각종 강습회를 검토하였다. 3절에서는 국어 교사 양성을 목적으로 설립한 세종중등국어교사양성소 설립과 운영에 대해 정리하였다.

4장에서는 해방과 함께 범조선적으로 전개된 우리말 도로 찾기 운동을 고찰하였다. 1절에서는 우리말 도로 찾기 운동의 의미를 분석하였고, 학회의 우리말 도로 찾기 운동이 사회 각 단체와 연결되고, 미군정 문교부의 정책으로 채택·시행되는 과정을 검토하였다. 2절에서는 우리말 도로 찾기를 둘러싼 논쟁과 성과를 정리하였다. 우리말 도로 찾기 운동이 추구한 새말 만들기에 대한 비판과 이에 대한 학회의 반론을 검토하고, 우리말 도로 찾기 운동이 거둔 성과와 의미를 분석하였다.

5장에서는 학회의 한글 전용 운동을 고찰하였다. 1절에서는 해방 전 한글 전용 운동의 흐름을 '한글' 명칭 정착 과정과 『한글』지에 표출된 학회의 한글 전용론을 통해 검토하였다. 2절에서는 해방 후 본격화 된 한자 폐지 운동의 전개와 그에 대한 일반의 여론을 검토하였고, 3절에서는 학회의 담론으로서 한글전용론을, 4절에서는 한글전용법 제정 촉구 운동과 한글전용법 공포, 한글 전용 실천 운동 등을 고찰하였다.

6장에서는 학회의 『큰사전』 간행 사업과 한글맞춤법간소화파동을 고찰하였다. 1절에서는 학회의 한글 맞춤법 통일안을 폐지하고자 했던 이승만 정부의 한글맞춤법 간소화 시책과 간소화파동을 야기한 이승만의 국문 인식을 검토했으며, 2절에서는 '통일안'의 보급 상황을 검토하고, 학회의 간소화 반대 운동을 고찰하였다. 3절에서는 『큰사전』 간행 사업의 시말을 검토하였다. 학회의 『큰사전』 편찬은 일제강점기에 시작되었지만, 조선어학회사건, 한국전쟁, 한글맞춤법간소화파동을 만날 때마다 중단의 위기에 직면했다. 『큰사전』 완간의 마지막 시련이었던 간소화파동의 해소 과정을 추적하고 『큰사전』 완간의 의미를 분석하였다.

이상의 분석을 통하여 이 책에서는 1945~1957년 사이에 전개된 학회 활동에 대한 평가를 통해 한글과 한글 운동의 의미를 규명하고, 학회의 한글 운동이 대한민국의 언어생활과 역사 발전에 미친 영향과 의미를 평가했다.

제3절 용어와 자료

1. 용어 사용

이 책의 제목은 '해방 후 조선어학회·한글학회 활동 연구(1945~1957년)'다. 제목에 조선어학회와 한글학회가 나란히 쓰인 것은 1949년 10월 학회의 이름이 조선어학회에서 한글학회로 변경되었기 때문이다. 따라서 학회의 활동을 서술할 때는 시기에 따라 조선어학회와 한글학회로 구분해 표기했다.

오늘날 '국어'는 일반적으로 두 가지 의미로 사용되고 있다. 첫째는 '한 나라의 국민이 쓰는 말'이고, 둘째는 '우리나라의 언어 즉 한국어를 우리나라 사람이 이르는 말'로서 사용되고 있다.[20] 이 책에서 사용한 '국어'는 1910년 이전 시기라면 대한제국의 국어 즉 '우리나라 말'을 의미하는 것이지만, 일제강점기의 '국어'라면 조선을 식민지배한 식민종주국 일본의 '국어', 즉 '일본어'를 의미한다. 그리고 정부가 수립된 1948년 8월 15일 이후라면 국어는 대한민국의 '국가어'를 의미한다.

'조선'이란 용어는 일제강점기를 언급한 서술과 해방 이후 미군정기에서 대한민국 정부 수립 이전까지를 다룬 서술에서 자주 등장한다. 일제강점기에 쓰인 '조선'은 대한제국이 일제의 침략에 의해 국권을 상실하고 식민지로 전락한 지역의 이름을 뜻하고, 1945년 8월 15일 해방 이후라면 역사적 용어로서 근세조선 혹은 고조선의 '조선'을 계승하여, 1948년 8월 15일 대한민국 정부 수립 이전, 곧 미군정기의 한반도를 지칭하는 용어로 사용하고, 이 시기의 남과 북을 구별할 필요가 있을 경우에는 38선 이남과 이북이란 용어를 사용했다.

조선어는 일제강점기라면 일제의 식민지로 전락한 조선 지역의 언어 혹은 식민지 조선인들이 사용하는 언어를 의미하지만, 해방 이후라면 한반도(조선

---

20) 국립국어원, 『표준국어대사전』 http://stdweb2.korean.go.kr/main.jsp

반도)에서 남과 북의 조선인들이 사용하는 언어를 통칭할 것이다. 그러나 1948년 8월과 9월에 남북의 정부가 수립된 이후에 대한 서술에서는 한국어(대한민국), 북한어(조선민주주의인민공화국)를 사용했다.

'우리말'이란 용어는 일반적으로 '우리나라 사람의 말'이란 의미로 통용되고 있지만,[21] '우리나라 말' 즉 '국어'를 의미하기도 한다. 이 말을 언제부터 사용했는지는 확인할 수 없지만, 개화기부터 많이 쓰였다고 한다.[22] 이 글에서는 조상 대대로 써오던 '선조의 말, 겨레의 말, 우리나라 말'의 뜻으로 사용했다.

'한글'은 '우리나라 고유 문자의 이름'을 가리키는 말이다. 일제강점기 한글은 글자를 뜻하는 말로 쓰였지만 한편으로는 조선어 그 자체를 의미하였다.[23] 이 글에서는 한글을 주로 문자의 이름을 뜻하는 용어로 사용했지만,[24] 경우에 따라서는 글과 말을 아우르는 개념으로도 사용했다.

한글 운동이란 용어는 한글 명칭의 탄생과 함께 등장하였다. 한글 운동은 일제강점기를 배경으로 등장한 만큼 우리말을 사랑하자는 뜻과 함께 나라와 겨레를 사랑하자는 저항적 의미를 포함하고 있었다.[25] 이극로는 한글 운동

---

21) 국립국어원, 『표준국어대사전』 http://stdweb2.korean.go.kr/main.jsp

22) 고영근, 『민족어의 수호와 발전』, 제이앤씨, 2008, 156~57쪽.

23) 고영근은 한글이 문자 그 자체가 아니고 말을 아우르는 개념으로 쓰인 대표적인 사례로 『한글 맞춤법 통일안』을 들었다(고영근, 「"한글"의 유래에 대하여」, 白石 趙文濟教授 華甲紀念論文集刊行委員會 編, 『白石 趙文濟教授 華甲紀念論文集』, 白石 趙文濟教授 華甲紀念論文集刊行委員會, 1983, 39쪽). ; 이상혁, 「'한국어' 명칭의 위상 변천과 그 전망」 『국제어문』 46, 국제어문학회, 2009, 166~67쪽 ; 최경봉, 『한글민주주의』, 책과함께, 2012, 5~쪽.

24) 노마 히데키는 한글이 언어의 명칭이 아니라 문자의 명칭이라는 것을 분명히 해야 한다고 강조했다(노마 히데키 지음, 김진아·김기연·박수진 옮김, 『한글의 탄생－〈문자〉라는 기적』, 돌베개, 2011, 31쪽).

25) 사설에 따르면 한글 운동은 한글 개선과 정돈을 통해 조선 문화를 수립하는 것이며 특수한 경우에 정치적·교양적 중대한 의의를 지니는 것이다. 『동아일보』 1925.10.27~28. 「한글운동의 의의와 사명」 ; 박용규는 한글 운동이 반제국주의적 성격을 지닌 것이라고 하였다(박용규, 「조선어학회 항일 투쟁의 역사적 의미」, 국립국어원, 『조선

을 조선말과 글의 과학화와 통일, 보급으로 인식했으며,[26] 최현배는 한글 운동이 주시경에서 비롯되었다고 하면서 조선말 혹은 한글을 연구하고 통일하고 보급하는 것을 한글 운동으로 파악하였다.[27] 따라서 한글 운동은 글과 말을 대상으로 한 운동으로 봐야 한다.[28]

1953년 4월 총리 훈령으로 촉발된 철자법 파동은 그 동안 '한글간소화파동'이란 이름으로 불렀으나. 이 글에서는 한글 간소화가 아닌 '철자법 간소화'라는 본래의 의미를 살려 정식 명칭은 '한글맞춤법간소화파동'이라고 하고 줄인 말로 '한글파동' 혹은 '간소화파동'을 사용했다.

2. 자료 현황

이 책을 작성하는 데 가장 중요한 자료는 잡지 『한글』이다. 1927년 2월 권덕규, 이병기, 최현배, 정열모, 신명균 등이 동인지로 발행한 『한글』은 1928년 10월 통권 제9호를 끝으로 폐간되었지만,[29] 1932년 5월에 조선어학회 기관지 『한글』 창간호가 발행되었고, 1942년 5월 통권 제93호를 끝으로 정간되기까지 10년간 발행되었으며, 해방 후인 1946년 4월에 속간되어 현재에 이르고 있다. 이 책의 연구 대상 시기에 해당하는 자료는 제94호(1946.4)~122호(1957.10)까지로 이 시기 『한글』은 학회의 활동을 알리고 홍보하는 계

어학회 수난 70돌 기념－조선어학회 항일 투쟁의 역사적 의미와 계승』, 국립고궁박물관 본관 강당, 2012.10.12, 76쪽).

26) 이극로, 「한글 운동」 『신동아』, 동아일보사, 1935.1, 84쪽.

27) 최현배, 『한글의 바른 길』, 조선어학회, 1937, 17쪽, 36~42쪽(김민수·하동호·고영근 편저, 『역대한국문법대계』 제3부 제12책, 탑출판사, 1983).

28) 2000년 2월 2일 발족한 '한글문화연대'라는 한글 운동 단체가 '한글'을 이름으로 쓰면서도 '우리말과 우리글을 지키고자 노력한다'는 운동의 목적과 취지를 밝히고 있는 것도 한글 운동이 말과 글을 아우르는 운동이라는 것을 의미하는 적절한 사례라 할 수 있을 것이다(한글문화연대 http://www.urimal.org/).

29) 리의도, 「잡지 《한글》 의 발전사」 『한글』 256, 2002,6, 243~244쪽.

몽적인 색채가 강했다. 이 책에서는 연구 대상 시기에 나온 제94호~제122호를 검토하면서 전후로 발행된 『한글』도 참고하였다.

또 하나의 주 자료는 조선어학회·한글학회 『이사회 회의록』으로 비공개 자료인 만큼 내밀한 정보가 담겨 있다. 다만, 연구 대상 시기에 해당하는 회의록의 대부분이 유실되어 1948년 6월부터 1949년 9월, 1951년 10월부터 1959년 1월까지의 기록만 확인할 수 있다. 정기적으로 열린 이사회의 안건과 세종중등국어교사양성소 설치, 한글전용법, 한글맞춤법간소화파동, 사전 편찬, 회원 소식, 조직의 운영 등에 관한 정보를 파악할 수 있다.

1948년 조선어학회는 세종중등국어교사양성소를 개설하였다. 2년제 사범대학과 같은 자격을 지닌 학교였는데, 『세종중등국어교사양성소 학적부(1948·1949·1950년도)』(비공개문서)를 통해 재학생들의 출생과 이력, 학사 운영에 관한 내용을 파악할 수 있었다.

이극로의 북행 이후 활동과 북한의 언어 문제 검토에 필요한 자료로 조선어문연구회의 기관지 『조선어 연구』를 주로 활용하였다. 『조선어 연구』는 북한 정권 수립 이후인 1949년 3월에 창간되었으며 1950년 6월호까지 모두 11권이 발행되었다. 조선어문연구회의 설립과 초창기 활동에 관한 정보가 담겨 있는데, 이를 토대로 남한 조선어학회와의 관계를 추정할 수 있었다.[30]

2차 사료로서 1971년에 발간된 『한글학회 50년사』가 있다. 『50년사』는 1921년 12월에 조직된 조선어연구회를 학회의 기원으로 잡고, 50년간의 역사를 서술하고 있는데, 1921년 이후 학회가 생산한 각종 문서와 회의록, 관련 자료를 바탕으로 기술되었으며, 일제강점기와 해방기를 체험한 회원들의 체

---

30) 『조선어 연구』는 앞표지에는 '1949-4'로 표기되어 있으나, 판권지에는 발행일이 3월 31일로 되어 있다. 이 책에서는 판권지에 따라 창간을 3월로 보고, 서지 사항도 '1949.3'으로 통일했다. ; 1950년 미국이 평양을 점령했을 때 수집한 이른바 '노획문서' 중 국립문서관리청의 기록집단(Record Group) 242에 보관돼 있어, 국립중앙도서관의 해외수집기록물에서도 일부를 볼 수 있으나, 2001년에 역락출판사에서 발간한 영인본으로 전권의 내용을 확인할 수 있다.

험과 기억이 중요한 자료가 되었을 것이다.

2009년에 나온 『한글학회 100년사』는 학회의 기원을 1908년 8월 31일 창립된 국어연구학회로 고쳐 잡았다.[31] 1908년부터 2008년까지 100년의 역사를 서술한 『100년사』는 『50년사』와 1981년 12월에 나온 『50돌 뒤 10년의 한글학회 발자취』에 담긴 내용들을 포괄하고 오류를 수정하면서 100년의 역사를 정리하고 있다.

1972년 9월부터 월간으로 발행하고 있는 『한글새소식』은 학회의 주장을 전파하고 말글 정책을 다잡는 운동지로 연구 대상 시기와는 동떨어져 있지만, 일제강점기나 해방기, 한국전쟁에 대한 회원들과 관계자들의 회고 글 등이 실려 있어 여러 모로 시사하는 바가 적지 않다.

문헌 자료에서 확인할 수 없는 사실들을 파악하기 위해 한글 운동과 국어학계 관련자들의 증언을 녹취한 구술 자료를 활용하였다. 첫 번째 자료로 학회 관계자들의 회고를 담은 구술 자료로서 2005~2006년 학회가 제작한 『한글 문화 인물 녹취 자료』(2005.12~2006.3)가 있고,[32] 두 번째로 2007년 국사편찬위원회가 김민수, 유목상, 이강로, 이응백, 정재도 등의 증언을 채록한 『해방 이후 국어 정립을 위한 학술적·정책적 활동 양상』이 있다.[33] 두 자료 모두 비공개 상태이므로 지금까지 알려지지 않았던 새로운 사실들에 접근할 수 있다. 세 번째로는 글쓴이가 이강로, 정진숙, 김계곤, 유동삼, 이선희, 이상보, 이응호 등 관계자들을 직접 만나 녹취한 자료가 있다. 이상 구술 자료는 구술자의 체험과 기억에 의존해서 과거의 현실을 규명하는 작업이므로 기억의 오류, 구술자의 주관적인 생각으로 인해 사실 관계가 왜곡될 수 있다는 단점이 있으나, 문헌 자료에서 확인할 수 없는 생생한 역사에 접근할 수 있다

31) 학회는 1987년 정기총회에서 학회의 기원을 고쳐 잡았다(한글학회, 『한글학회 100년사』, 한글학회, 2009, 32~33쪽).

32) 한글학회, 『한글 문화 인물 녹취 자료』(2005.12~2006.3)

33) 국사편찬위원회, 『해방 이후 국어 정립을 위한 학술적·정책적 활동 양상』, 2007년도 구술자료수집사업.

는 장점이 있다.

한글전용법, 한자 교육 문제, 한글맞춤법간소화파동에 관한 국회의 논의가 담겨 있는 『제헌국회 본회의 회의록(1948.5~1949.12)』과 『제3대 국회 본회의 회의록(1954.6.9~1955.2.10)』을 검토하였고, 한글맞춤법간소화파동의 주요 자료로서 공보실 편, 『대통령이승만박사담화집』 1(1953), 2(1956), 3(1959)을 검토하였으며, 구한말 이후 발표된 국어학 논저와 논설 등 중요 자료들을 수록하고 있는 『역대한국문법대계』를 참고하였다.

미군정기 교육 상황을 파악할 수 있는 자료로는 『韓國敎育十年史』(1960), 『문교사 1945~1973』(1974), 『문교40년사』(1988) 등이 있으며, 정태수 編著 『美軍政期 韓國敎育史資料集: 1945~1948, 上,下』(1992)에는 미국무성 기록(Record of Department of State Relating to the Internal Affairs of Korea, 1945~1949), 주한 미 제24군 G-2 군사실(軍史室) 기록(Records of U.S Theaters of War WWⅡ. United State Army Forces in Korea 24 Corps G-2 Historical Section, 약칭 USAFIK/G-2 문서) 등 미군정기 교육 관계 자료가 실려 있다.[34]

해방 후 북한의 국어 문제를 파악할 수 있는 자료로서 『조선어문법』, 『문맹퇴치 경험』, 『김일성전집』, 『김일성선집』, 『조선중앙연감』, 『조선어학전서』, 『조선교육사』 등을 참고하였고, 그밖에 기초자료로 『매일신보』, 『자유신문』, 『조선일보』, 『동아일보』, 『경향신문』, 『서울신문』 등의 신문과 『한글문화』(한글문화보급회 기관지), 『신천지』, 『새교육』, 『조선교육』, 『민주조선』, 『신세대』, 『사상계』 등 잡지와 학회 회원들과 관계자들의 일기, 회고록 등도 참고하였다.

---

34) 鄭泰秀 編著, 『美軍政期 韓國敎育史資料集: 1945~1948, 上,下』, 弘芝苑, 1992.

제2장

조선어학회의 재건과 한글학회로의 전환

제1절 조선어학회의 재건과 활동

1. 조선어학회의 재건과 정치적 중립 표방

1945년 8월 15일 일본은 항복했다. 낮 12시 일본 제국 전역에서 "짐은 제국 정부로 하여금 미·영·소·중 4개국에 대해 그 공동 선언을 수락한다는 뜻을 통고하였다."라는 천황의 목소리가 라디오를 통해 흘러나왔다.[1] 하지만 천황의 독특한 억양과 어려운 한문 투의 표현이 많은 문장 탓에 대부분의 청취자가 정확한 뜻을 이해할 수 없었다. 일본 내지의 청취자들은 항복 방송이 끝난 후 이어진 와다(和田信賢) 방송원의 해설을 통해 일본이 패했음을 깨달았다.[2]

일본의 패전은 곧 식민지 조선의 해방을 의미하는 것이었고 동시에 조선어의 해방을 의미하는 것이었다. 같은 날 정오, 경성방송국에서는 동경으로부터 전파를 받아 히로히토의 항복 방송을 냈다. 하지만 잡음도 심했고 동경에서 들어오는 전파 상태도 좋지 않아서 무슨 말인지 제대로 들리지 않았다. 그래서 전날 동맹통신을 통해서 들어온 그 일본말 원고를 후쿠다라는 제1보도과 계장이 일본말로 방송하고, 우리말로 번역한 것은 이덕근 아나운서가 방송했다.

오후 4시 반쯤 서울 계동에서 만세 소리가 터져 나왔다. 계동 143번지에 있는 경성방송국 편성과 임병현의 집에서 건국준비위원회를 조직하기 위해 학생들을 모아 놓고 연설을 하던 안재홍이 "정말 우리가 나라를 위해서 일할 때가 왔습니다."하고 얘기를 마치자 모두 자리에서 벌떡 일어나 '대한독립만세'를 목이 터져라 외쳤다. 지난 35년간 일본어에 억눌렸던 조선어가 다시

---

1) 「日本天皇 裕仁, 降伏詔書를 방송」(국사편찬위원회 한국사데이터베이스, 『자료대한민국사』 제1권).

2) 사토 타쿠미(佐藤卓巳) 저, 원용진·오카모토 마사미(岡本昌己) 역, 『8월 15일의 신화』, 궁리, 2007, 32쪽.

빛을 찾은 감격적인 순간이었다.[3)]

해방 소식은 그날 밤 조선어학회사건으로 함흥 감옥에 갇혀 있던 조선어학회 회원들에게도 전달되었다. 평소 바깥소식을 전해주던 모범수가 술을 들고 이들의 방을 찾았다. "독립축하주 잡수시오." 국그릇에 담긴 것은 알코올에다 물을 타 만든 술이었다. 16일 아침, 함흥 고려병원 원장 겸 구치소 촉탁의인 고종성이 감방 문을 차례로 열어주었고, 이극로, 최현배, 이희승, 정인승 등은 복도에서 목이 터져라 '만세'를 불렀다. 그렇게 감격적인 해방을 맞았지만 당장 석방이 되지는 않았다.

또 다시 긴 하루가 지나가고 17일도 날이 다 저물고 나서야 조선인 간수장이 네 사람을 자기 방으로 데려갔다. 아리기치(有吉) 간수장은 일본인들은 다 사라지고 현재 자기가 책임자인데 네 분 선생님은 고법에 상고 중이므로 서울에서 무슨 지시가 내려올까 기다렸지만 소식이 없어 하는 수 없이 자기가 모든 책임을 지고 나가시도록 해드린다고 말했다. 비로소 네 사람은 오랜 감옥 생활을 청산하고 감옥 문을 나설 수 있었다.[4)]

출옥 경위에 대한 이희승의 회고에 따르면 함흥 유지이며 한글학자인 모기윤(毛麒允) 등 몇 분이 조선어학회사건 관계자들이 아직 석방되지 못한 것을 알고 함흥지방 검사국으로 가서 한국인 엄상섭(嚴尙燮) 검사에게 출옥 명령서를 작성시켜 17일 오후에 출옥하게 되었다고 한다. 정인승과 이희승 두 사람의 회고를 종합하면, 함흥 유지들의 석방 권고에 따른 검사 엄상섭이 석방 지시를 내렸고, 최종적으로 담당 간수장에 의해 회원들의 석방이 이루어

---

3) 문제안, 「이제부터 한국말로 방송한다」, 문제안 외 39명, 『8·15의 기억』, 한길사, 2005, 17~22쪽 ; 건국준비위원회를 발족한 안재홍은 16일 오후 3시 10분부터 20분 동안 행한 경성중앙방송국 방송에서 15일과 16일 양일에 걸쳐 경향 각지방의 미결수 1,100인을 석방하였다고 발표하였다(『매일신보』 1945.8.17. 「건준 준비위원으로서 안재홍이 한일간 自主互讓 할 것을 방송」(국사편찬위원회 한국사데이터베이스, 『자료대한민국사』 제1권).

4) 한말연구학회 편, 『건재 정인승 전집 6 국어운동사』, 도서출판 박이정, 1997, 74~77쪽.

진 것으로 보인다. 극적인 해방, 극적인 출옥이었다.[5] 당시 조선어학회 회원들의 출옥 모습을 함흥형무소 밖에서 목격한 이근엽은 그 날의 광경을 다음과 같이 묘사하고 있다.

> 그날 오후에 열다섯 살짜리인 필자는 십리 길을 뛰어서 함흥 형무소로 갔다. 정문 앞에 사람들이 30명 정도 모여 있었고 태극기를 든 사람은 눈에 띄지 않았다. 철제 정문이 열리더니 제일 앞에는 들것에 실린 사람이, 나머지 분들은 서로 부축하고 나오셨다. (중략) 그런데 이때가 오뉴월 더위가 한창인 때라 바지를 걷어 올렸는지 반바지였는지는 기억나지 않으나, 드러낸 팔다리는 미라의 그것이었고 맞아서 멍든 자국, 피부병 흠집 등 영양실조와 고문의 흔적이 역력했다. 자동차에 실려서 어디로 가시는 것 같았다.[6]

회원들은 들것에 실려 나오기도 하고 부축을 받고 나오기도 하는 등 혹독한 고문의 흔적을 고스란히 지닌 채 형무소를 나섰고, 함흥 유지들은 정문에 대기시켜 놓았던 자동차에 네 사람을 태워 시내 퍼레이드를 벌였다. 이근엽에 따르면 당시 회원들이 이용한 자동차는 목탄 또는 카바이드 연소 통을 옆에 달고 다니던 소형 트럭이었다. 볼품없는 소형 트럭이라고는 해도 회원들은 차에 탄 이들이 다름 아닌 조선어학회사건으로 옥고를 치르고 막 석방

---

5) 이희승, 『일석이희승자서전 다시 태어나도 이 길을』, 선영사, 2001, 158~161쪽. 이희승은 만일 해방이 3일만 늦었더라면 모두 일경에 의해 처형되었을 것이라고 기록하고 있다.
"8·15 직후 일본 사람들이 철수할 무렵에 총독부 각 기관의 기밀 서류는 전부 그들이 태워버렸는데, 평안도 함경도 국경지대와 강원도 산간지방의 경찰서에서는 도망하기에 급급해서 미처 태워버리지 못한 기밀서류 중에서 다음과 같은 것이 발견되었다.
1. 8월 18일을 기해서 우리 민족의 전문학교 출신 이상 정도의 사람은 전부 예비검속할 일.
2. 그 당시 형무소에 재감 중인 사상범은 전부 총살할 일."

6) 이근엽, 「이극로 선생과 조선어학회 수난 (2)」 『한글새소식』 463, 한글학회, 2011.3, 16쪽 ; 수감자들이 출옥 때 마중 나온 이들 중에는 최현배의 큰아들 최영해도 있었다(최현배, 「옥중에서 읊음」 『나라사랑』 42, 외솔회, 1982.3, 107쪽).

된 조선어 학자들임을 알아보고 길 요소요소에서 환호하는 시민들로부터 크게 환영받았다.[7)]

시가행진을 마친 네 사람은 함흥형무소의 촉탁의 고종성의 처가인 김 장로 집에서 하룻밤을 묵고, 다음 날 서울로 가기 위해 정거장에 나갔지만 기차가 없었다. 8월 18일 오후 3시에 함흥에서 이들을 태울 예정이었던 청진-서울 간 열차는 행정 및 철도 운행 마비로 밤 12시가 되어서야 도착했고, 객차, 화물칸, 지붕 할 것 없이 사람들이 꽉 차 있었으므로 함흥 유지들이 이극로, 최현배, 이희승, 정인승 네 사람을 차창으로 짐짝처럼 밀어 넣었고, '이 분들이 어학회사건으로 옥고를 치른 아무개 아무개'라고 하자 차 중의 승객들이 다투어 자리를 양보했다. 승객들을 지붕에까지 가득 태운 기차는 새벽에 함흥을 출발해 온종일 달린 끝에 밤 10시쯤이 되어서야 서울에 도착했다.[8)]

서울에 도착한 이튿날인 8월 20일, 이극로, 최현배, 이희승, 정인승, 김윤경, 김병제 등은 안국동 풍문여자중학교 뒤쪽에 있는 불교선학원(佛敎禪學院)에 모여서 학회의 재건과 펼칠 사업에 대해 논의했다.[9)] 학회 회원들은 건

---

7) 한말연구학회 편, 『건재 정인승 전집 6 국어운동사』, 도서출판 박이정, 1997, 76~77쪽 ; 이근엽, 「이극로 선생과 조선어학회 수난 (3)」 『한글새소식』 464, 한글학회, 2011.4, 7쪽.

8) 한말연구학회 편, 『건재 정인승 전집 6 국어운동사』, 도서출판 박이정, 1997, 76쪽 ; 이희승, 『일석이희승자서전 다시 태어나도 이 길을』, 선영사, 2001, 169~170쪽 ; 이근엽, 「이극로 선생과 조선어학회 수난 (3)」 『한글새소식』 464, 한글학회, 2011.4, 7쪽 ; 나중에 밝혀진 사실이지만 이 열차가 함경도에서 서울까지 직행한 마지막 열차였다고 한다. 당시의 열차 운행 상황 등에 관해서는 한국전쟁 때 기록이 모두 불타 정확한 것은 알 길이 없으나 당시 경성역이나 청량리역에서 열차를 운행했던 기관사들은 운전사령탑이 제구실을 못한데다 북에서는 소련군이 철도를 장악해버려 남북 간 운행은 8월 16일부터 사실상 정지되었다고 말하고 있다(『동아일보』 1972.7.8, 「동강난 철길 27년 남과 북을 오간 노기관사들의 회고와 기대 그날을 갈망하는 '자유의 철마'」). 해방 당시 철도 노동자로 일하고 있던 이순복도 8월말부터 38선 이북에 진주한 소련군이 철도를 통제하면서 남쪽에서 가는 차는 통과해 줬는데 북쪽에서 나오는 차는 막았다고 한다(이순복, 「철원에서 내금강까지 레저열차가 있었어요」, 문제안 외 39명, 『8·15의 기억』, 한길사, 2005, 244쪽).

준을 방문할 계획이었으나 건준 내부에 분쟁이 있다는 얘기를 듣고 아예 건준에는 참여하지 않기로 했다. 뿐만 아니라 정치에는 일체 관여하지 않고 오로지 자신들 본래의 임무인 우리말을 찾아내고 갈고 닦아 그 일을 통해 민족정신을 북돋우는 국어운동에만 전념하기로 결의했다.[10] 이는 "해방된 겨레, 도로 찾은 한배 나라를 섬길 길은 '우리말글을 펴고 가르쳐 더욱 그 광휘를 빛나게 함'에 있다고 생각했다는 최현배의 회고와도 일치함은 물론이고,[11] 정치 운동에 가담하지 않기로 결의하고, 사전 편찬, 교사 양성, 교과서 편찬 등의 세 가지 방침을 수립했다는 이희승의 회고와도 들어맞는다.[12]

8월 25일에는 안국동 예배당에서 임시총회를 열어 6인의 간사를 선정하고, 초등과 중등 국어 교과서 편찬, 국어 교원 양성을 위한 국어강습회 실시, 월간지 『한글』 속간, 국어사전 편찬 완료 등을 결의하였다.[13] 이 날 선임된 第34대 간사(임원)와 부원(직원), 그리고 사전 편찬 관련 인사는 다음과 같다.[14]

간사: 이극로(간사장) 최현배(경리) 김병제(서무) 이희승(교양) 정인승(출판) 김윤경(도서)

부원: 이석린(출판·도서) 김원표(金原表: 경리) 안석제(安晳濟: 서무·교양) 조동탁(趙東卓: 출판) 이상인(李相寅: 출판) 이성옥(李聖玉: 도서)

사전 편찬원: 이중화(李重華) 정태진 한갑수(韓甲洙) 권승욱(權承昱) 민영우(閔泳宇) 외 간사 전원

업무 위원: 이우식(李祐植)이정세(李淨世)

9) 김윤경, 「조선어학회 수난기」, 조선어학회, 『한글』 94, 1946.4, 62~63쪽.

10) 정인승은 '건준이 민족주의자와 사회주의자로 갈려 파벌 싸움을 벌이다가 사무실에 수류탄이 터지는 사건까지 벌어졌다는 얘기를 들었다'고 기술하고 있다(한말연구학회 편, 『건재 정인승 전집 6 국어운동사』, 도서출판 박이정, 1997, 132쪽).

11) 최현배, 「한글을 위한 수난과 투쟁」 『나라사랑』 10, 외솔회, 1973.3, 188쪽.

12) 이희승, 『일석이희승자서전 다시 태어나도 이 길을』, 선영사, 2001, 170쪽.

13) 김윤경, 「조선어학회 수난기」, 조선어학회, 『한글』 94, 1946.4, 63쪽 ; 한글학회 50돌 기념 사업회, 『한글학회 50년사』, 한글학회, 1971, 20쪽.

14) 조선어학회, 『한글』 94, 1946.4, 67쪽.

함흥형무소에 수감되어 해방 때까지 옥고를 치른 이극로, 최현배, 이희승, 정인승이 간사로 선임되었으며, 기소유예로 풀려났던 김윤경, 함흥형무소에서 옥사한 이윤재의 사위 김병제도 간사로 선임되었다.[15] 이들은 학회의 제34대 임원들로서 임기는 1946년 2월 3일 임시총회 때까지였다. 부원 중 이석린, 사전 편찬원 이중화, 업무위원 이우식 등이 모두 조선어학회사건으로 수난을 겪은 이들이고,[16] 이정세(1896~1960)는 이극로의 조카다.[17] 이상 임원과 직원들의 구성을 살펴보면, 해방 전부터 학회 활동에 관여하고 참여했던 인사들이 다시 모였음을알 수 있다.

이러한 상황은 빛바랜 한 장의 기념사진에도 고스란히 투영돼 있다. 1945

---

15) 1943년 12월 8일 일경의 고문으로 쇠약하진 이윤재가 굶주림과 혹한을 이기지 못해 옥사하였고, 1944년 2월 22일 한징 또한 옥중에서 비극적인 최후를 맞았다(한글학회 50돌 기념 사업회, 『한글학회 50년사』, 한글학회, 1971, 17쪽).

16) 이중화는 1936년경부터 조선어학회의 사전 편찬원으로 종사하면서 암암리에 민족의식을 앙양하는 내용의 주석 작업을 하였다는 혐의로 기소되어 1심에서 징역 2년 집행유예 3년(혹은 4년)의 형을 받았고, 이우식은 이극로를 후원하고, 조선어학회의 사전 편찬과 한글 편찬을 위한 후원금으로 막대한 금액을 지원했다는 혐의로 기소되어, 1심에서 징역 2년 집행유예 3년(혹은 4년)의 형을 받았다. 그런데 조선어학회사건 피의자의 형량에 대한 기록은 필자에 따라 조금씩 다르다. 김도연, 이인, 김법린, 이중화, 이우식, 김양수 등의 형량에 대해서는 이희승은 징역 2년 집행유예 3년으로 기록하고 있으나, 이인과 김윤경은 징역 2년에 집행유예 4년으로 기록하고 있다. 정인승의 기록에는 집행유예 3년도 있고 4년도 있다. 형량에 대한 기록이 이렇게 엇갈리는 것은 함흥법원의 1심 판결문이 없는 관계로 단지 관계자들의 기억에 의존하고 있기 때문이다(조선어학회사건 「예심종결 결정문」, 나주정씨월헌공파종회, 『석인 정태진전집(상)』, 서경출판사, 1995, 614~615쪽 ; 이희승, 「조선어학회사건회상록 1-10」 『사상계』 72~81, 사상계사, 1959.7~1960.4 ; 정인승, 「민족사로 본 한글학회 사건」 『나라사랑』 42, 외솔회, 1982 ; 한말연구학회 편, 『건재 정인승 전집 6 국어운동사』, 도서출판 박이정, 1997 ; 김윤경, 「조선어학회 수난기」 『한글』 94, 조선어학회, 1946.4 ; 이인, 반세기의 증언, 명지대학출판부, 1974 ; 「조선어학회사건 일제최종판결문 전문 (상·중·하)」 『동아일보』 1982.9. 6~8).

17) 이종무, 「고루 이극로 박사에 대한 회상」, 한글학회, 『얼음장 밑에서도 물은 흘러』, 한글학회, 1993, 149쪽. 글쓴이 이종무는 이극로의 從孫으로 배재고와 중앙대 법과를 졸업하고 부산과 마산에서 30여 년 교직에 있었다. 이정세는 이종무의 아버지다.

년 11월 13일 조선어학회 사람들이 한 자리에 모였다. 앞줄 의자에 장년층으로 보이는 열 사람이 앉았고, 그 뒤로 열아홉 사람이 서 있다. 앞줄에 앉은 열 사람이 지도급 인사들이고 뒷줄에 다소 젊어 보이는 이들이 직원들이다. 앞줄 가운데 한복 차림을 한 이가 이극로인데 그를 빼고는 약속이라도 한 듯이 모두 말쑥한 양복 차림에 넥타이까지 맨 모습이 인상적이다. 앞줄 왼쪽 첫 번째부터 김병제, 이병기 한 사람 건너 이극로, 이희승, 정인승, 한 사람 건너 정태진 그리고 맨 오른쪽이 김윤경이다.[18] 이 사진에 미군정 학무국에 나가 있던 최현배와 장지영을 더하면 당시 안팎으로 학회를 이끌던 구성원 전체라 해도 틀리지 않을 것이다.

조선어학회 임원 및 직원 기념사진

---

18) 한글학회, 「사진으로 간추린 한글학회 100년 1940년대」『한글학회 100년사』, 한글학회, 2009.

당시 학회 상근자는 이극로, 정인승, 김병제였고, 정인승이 사전 편찬을 책임지고 있었다. 최현배와 장지영은 미군정 학무국에 재직하면서 학회에는 이따금 들르는 형편이었다. 도서간사 김윤경은 연희전문학교 일로 바빴고, 총무간사 이희승은 초기에는 자주 학회에 나왔지만 서울대학교 재건 일이 바빠지면서 발길이 뜸해졌다. 조선어학회사건으로 수난을 당한 33인 중 1인인 이우식은 무보수로 매일 나와 학회의 살림을 돌봐 주었다. 이중화와 이강로가 도서부 일을 담당했고, 한갑수가 섭외, 이우식과 김원표가 경리, 정태진은 사전 편찬을 담당하고 있었다. 그러나 사전 일은 모든 직원이 공통으로 해야 하는 필수 업무였다.[19]

1945년 11월 이극로는 해방 공간에서 조선어학회가 해야 할 일을 정리하여 공표하였는데, 그 내용은 다음과 같다.

> 역사적인 모어 재출발의 날을 당하야 반벙어리된 원한을 새삼스리 늣기지않는 자 과연 드물 것이고, 그리고 우리말 건설에 다시금 발분치 않는 자 없을 것이다. (중략) 이 때를 당하야 조선어학회에 부하된 바 임무야말로 크다. 사회 인사의 열렬한 기대에 우리는 무엇으로 대답할 것인가? 아니 그보다도 어떻게 해야 국가건설에 미력이나마도 액김없는 조력을 할 수가 있을 것인가.[20]

이극로는 두 가지 임무를 말했다. 하나는 우리말 건설, 다른 하나는 국가 건설이었다. 이극로는 학회가 우리말 건설의 주체가 되어야 하고 국가 건설의 조력자가 되어야 한다고 선언하였다. 국가 건설에 대한 기여를 분명히 했

19) 이우식은 경남 지방 대부호의 자손으로 상속 받은 재산을 육영사업과 문화 사업에 썼고, 조선어학회에 재정적 지원을 했다가 검거되었다. 신성모와 이극로의 유학 자금을 댄 것도 이우식이었다고 한다(이강로, 「광복 직후의 한글학회」 『한글새소식』 166, 한글학회, 1986.6, 8~10쪽). ; 김원표는 경주 출신으로 중앙고등보통학교를 거쳐 일본 동경의 순천중학교를 마치고 법정대학교 법문학부를 나온 법학사로 학회에서는 경리를 담당했다. 최현배와는 인척지간으로 처조카다(최호연, 『조선어학회, 청진동 시절』 상, 진명문화사, 1992., 22쪽). 최호연은 한글사 직원으로 근무한 최창식이다.

20) 이극로, 「조선어학회의 임무」 『민중조선』 1, 민중조선사, 1945.11, 44쪽.

지만 우리말 건설을 학회에 부여된 가장 중요한 임무로 판단하였다. 그리고 이 두 가지 목적을 위해 다음과 같은 사업을 계획하였다. 첫째 사범학교 건설, 둘째 서적 출판, 셋째 강습회, 넷째 교정부 설치, 다섯째 번역 사업이었다.[21]

서적 출판과 강습회는 학회 재건과 동시에 착수되었다. 학회 회원들은 너나없이 한글 강사로서 활동했고, 이극로도 예외가 아니었다. 한 예로 이극로는 1945년 8월 20일 서울 숙명고등여학교 운동장에서 열린 강연회에서 모국어의 소중함을 호소하며 눈물을 흘렸다. 그 자리에 모인 사람은 청장년 16명 정도였지만 다들 눈시울이 붉어졌고 강연장은 감격의 도가니가 되었다. 당시 19살 청년이었던 김민수(金敏洙)는 이극로의 강연에 감동해 민족어 수호를 다짐하고 우리말을 배우고 연구하겠다는 각오를 세웠다. 또 한 사람의 국어학자가 탄생하는 순간이었다.[22]

교정부란 신문, 잡지 등 기관의 요청에 응해 맞춤법상 틀린 것을 교정해 주는 기관을 의미하는데, 해방 전에 잠시 운영되다 폐지되었고, 해방 후에는 1948년에 가서야 한글문화보급회 내에 설치되었다.[23] 번역 사업은 속성상 시일이 걸리는 사업이고, 사범학교는 이극로의 설명에 따르면 조선의 어문 연구와 보급에 일생을 헌신할 열혈 지사를 위한 교육기관을 의미하는데, 이극로는 사범학교 건설을 위해 온갖 어려움을 무릅쓰겠다며 각오를 다졌다. 사범학교 건설에 관한 구상은 교사 양성 기관의 필요를 절감하고 있던 학회 구성원들이 함께 공유한 계획이었지만, 결코 쉬운 일은 아니었다. 결국 이

---

21) 이극로, 「조선어학회의 임무」『민중조선』 1, 민중조선사, 1945.11, 44~45쪽.

22) 국사편찬위원회, 「구술 김민수」『해방 이후 국어 정립을 위한 학술적·정책적 활동 양상』,2007년도 구술자료수집사업, 28쪽 ; 김민수는 1926년 3월 강원도 홍천 출생으로 해방 이전 마포국민학교 교사였고, 해방 후 조선어학회 국어강습소 파견 강사로 활동했다. 1946년 경성사범대 부설 임시중등교사양성소(국어과)를 수료했고, 1951년 서울대학교 국어국문학과를 졸업하고, 1952년 휘문고등학교 교사, 1955년 고려대학교 교수를 지냈다.

23) 조선어학회, 『한글』 104, 1948.6, 72쪽.

학교 문제는 이극로 북행 이후인 1948년 가을 '세종중등국어교사양성소' 설립으로 결실을 맺게 된다.[24)]

해방 전 학회 사무실은 경성부 화동 129번지에 있는 이른바 화동회관이었다. 화동회관은 1935년 8월에 건축업자 정세권이 학회에 기증한 2층 건물이었는데, 1층은 간사장 이극로의 살림집이었고, 2층이 학회 사무실이었다. 이곳에서 『한글』을 발행하고 사전 편찬 사업을 진행했었고, 조선어학회사건을 만난 것도 바로 이 사무실이었다. 해방 후에도 이 사무실로 복귀해 학회를 재건하고 업무에 착수하였는데, 사전 편찬, 교과서 편찬, 국어 교사 양성 등으로 학회의 사업이 늘자 너무 좁아 일을 진행하기가 쉽지 않았다. 이렇듯 장소 문제로 곤란을 겪고 있던 때인 9월 5일 이종회가 일제 때 항공 본부에 제공하였던 서울 종로구 청진동 188번지에 있는 2층 건물(전 경성보육학교)과 터를 기증하여, 그 달 10일 학회는 비좁은 화동회관에서의 생활을 청산하고 청진동으로 이사하게 되었다. 이른바 청진동회관의 시대가 열린 것이다. 청진동회관은 2층에 학회 사무실, 한글사, 한글문화보급회, 연구실 등이 있었고, 한글강습회 장소로 사용하는 강당이 딸려 있었다.[25)] 청진동으로 이사한 후 화동회관은 창고로 사용하였고, 한국전쟁 때는 환도 후에 이곳에서 『큰사전』 원고를 복사했다.[26)]

---

24) 조선어학회, 『한글』 105, 1949.1, 70쪽 ; 세종양성소에 대해서는 제3장 3절에서 상술한다.

25) 「이선희 구술」, 2012.7.20. 15~17시 30분. 장소: 행당동 사랑방 하늘나무. 글쓴이와 대담. 이선희는 한갑수의 소개로 조선어학회에 취식했다. 세종양성소 학적부에 따르면 동구여자상업학교를 졸업한 것은 1948년 6월이지만, 취직은 그 전인 1947년경이었던 것 같다. 17세의 어린 나이로 급사로 입사해 잡일에서 공문 작성까지 학회 행정사무를 보다가 1948년 12월 28일 서기로 진급했다. 1948년에 세종중등국어교사양성소가 문을 열자 청강을 하다가 1949년에는 2기생으로 정식 입학했다. 낮에는 학회 일을 하고 밤에는 세종양성소에서 수업을 듣다가 1950년 전쟁으로 일도 공부도 끝났다(조선어학회·한글학회 『이사회 회의록(1948.6~1949.9)·(1951.10~1959.1)』, 1948.12.28 ; 『세종중등국어교사양성소 학적부(1949년도)』, 한글학회 소장).

26) 이강로, 「광복 직후의 한글학회」 『한글새소식』 166, 한글학회, 1986.6, 10쪽 ; 한글학

8월 25일 임시총회를 기점으로 조선어학회는 한글 운동을 재개했지만, 정치 운동에는 참여하지 않았다. 9월 1일 건준은 각계 각층에서 진보적인 의사를 대표할 인물을 망라하여 더욱 강력한 지도부를 확립하겠다는 취지를 밝히며 각계 인사 135인에게 초청장을 발송하였는데, 그 안에는 이극로, 최현배, 이만규, 김법린, 김양수, 이인, 이우식 등의 이름도 들어가 있었다.[27]

학회를 재건하던 8월 20일경 '건준을 방문할 계획이었다'는 정인승의 회고는 처음부터 학회가 정치에 관심이 없었던 것은 아니었다는 사실을 시사한다. 하지만 학회는 학술 단체로서 정계의 혼란에 휘말리는 것은 바람직하지 않다고 판단했다. 학회의 간사장인 이극로가 9월 2일 서울의 유지들을 규합해 정치운동자후원회를 조직하면서 정치적 활동에도 관심을 드러냈지만,[28] 여러 차례의 간사회에서 거듭 확인된 조선어학회의 노선은 정치적 중립을 지키고 정치 활동에 직접 참여하지 않는 것이었다.

10월 26일 간사회에서 학회는 순수한 학술 단체로서 어떠한 정치 단체에도 가담하지 않는 불편부당의 태도를 엄수할 것을 재차 확인하였다. 학회를

회 50돌 기념 사업회, 『한글학회 50년사』, 한글학회, 1971, 25쪽 ; 한글학회, 『한글학회 100년사』, 한글학회, 2009, 66~67쪽 ; 이종회는 왜정 때 친일을 했던 인사로 자기 재산의 얼마간을 조선어학회에 제공함으로써 살 길을 모색하고자 했다 하는데, 그 후 반민특위가 해체되는 등 친일파 처단의 기세가 약화되는 정황을 보고 변심하여 사무실을 도로 빼앗아 갔다고 한다(이강로, 「집 없이 떠돌던 시절」 『한글새소식』 126, 한글학회, 1983.2, 14~16쪽).

27) 『매일신보』 1945.9.1. 「건준, 제1회 위원회 개최를 위한 초청장 발송(135인)」(국사편찬위원회 한국사데이터베이스, 『자료대한민국사』 제1권)

28) 『매일신보』 1945.9.3. 「정치운동자후원회결성」(국사편찬위원회 한국사데이터베이스, 『자료대한민국사』 제1권) 당시 참가자는 다음과 같다.

委員長: 이극로(李克魯)

總務部: 이경석(李景錫) 박승규(朴升圭) 전희연(全熙延)

組織部: 한하연(韓何然) 이수영(李邃榮) 김성춘(金成春) 김영은(金榮殷)

事業部: 배성룡(裵成龍) 박격흠(朴格欽) 이상수(李相수)

情報部: 김동현(金東玹) 이종환(李鍾換) 홍형의(洪亨義) 김광린(金光燦) 조병연(趙秉然)

宣傳部: 유을준(兪乙濬)

정치적으로 바라보는 시선에 대해 상당한 부담을 느낀 학회는 신문을 통해 그 동안 조선어학회의 회원이 정치 단체의 위원 또는 회원으로 추천된 일이 있는 것이 사실이지만 본인의 승낙도 없이 일방적으로 진행된 일이었음을 밝히면서 앞으로도 일체의 정치 활동에 가담하지 않을 것을 세상에 공표하였다.[29]

12월 16일 국민대회준비회(國民大會準備會) 중앙집행위원회에서 대한민국 헌법대강을 토의하기 위하여 이듬해 1월 10일에 국민대회를 소집하기로 결정하고, 헌법연구위원으로 김병로(金炳魯), 김용무(金用茂), 이인(李仁), 장택상(張澤相), 서상일(徐相日), 백남운(白南雲), 김준연(金俊淵), 이극로(李克魯), 정인보(鄭寅普), 강병순(姜柄順), 송진우(宋鎭禹) 등 11인의 명단을 발표하였다.[30] 그러나 이극로는 국민대회준비회가 자신의 성명을 허락 없이 사용한 것을 지적하고, '자신은 조선어학회와 정치운동자후원회와 조선연무관에 관계를 가지고 있는 것 외에 다른 정당이나 단체와는 아무런 관계가 없음'을 분명히 했다.[31]

1945년 12월 16일부터 모스크바에서는 한반도 문제를 논의하기 위해 미영소 3개국 외상 회의가 열렸고, 그 결과 한국을 독립국가로 재건설하며 민주주의의 원칙하에 발전시키는 조건을 조성하고 일본 통치의 참담한 결과를 청산할 제 조건을 창조할 목적으로 민주주의 임시정부를 수립하기로 결의하였

---

29) 『자유신문』 1945.10.29. 「조선어학회원은 정치단체 가입 않는다」

30) 『동아일보』 1945.12.23. 「국민대회준비회」(국사편찬위원회 한국사데이터베이스, 『자료대한민국사』 제1권)

31) 『자유신문』 1945.12.27. 「국민대회와 무관 이극로 박사 성명」; 조선연무관은 1931년 한국 유도계의 산증인 이경석(1906~1996)에 의해 경성에서 개관하였다. 이극로는 상무정신을 앙양하고 문무겸전의 인재를 양성하는 데 뜻을 두어 1930년대 조선연무관과 관계를 맺었고, 1932년에는 조선연무관의 노래를 직접 작사하기도 하였다. 해방 후 이경석은 이극로가 조직한 조선건민회(1946.6. 설립)에서 부위원장으로 활약했다(박용규, 『일제시대 이극로의 민족운동 연구: 한글운동을 중심으로』, 고려대학교 사학과 박사논문, 2009, 57쪽).

다. 핵심은 임시정부의 역할이 중요하게 부각된 것이었고, 신탁통치는 임시정부가 구성된 후의 문제였다.[32] 그러나 12월 27일 동아일보가 신탁통치 결정이 소련의 제의에 의한 것이며 미국은 즉시 독립을 주장했다는 오보를 내면서 정국이 요동쳤다.[33] 조선어학회도 조선학술원, 조선문학동맹, 조선과학자동맹, 조선사회과학연구소, 진단학회, 조선문화협회, 산업노동조사연구소 등 전국의 학술 단체와 함께 신탁통치 반대를 결의하는 동시에 신탁통치에 반대하여 투쟁함은 민족 전원의 지당한 의무임을 성명하고 진정한 민족 통일전선의 결성을 주장하였고, 이를 위해 임시정부와 인민공화국이 합동하여 지도적 역할을 해줄 것을 요청하였다.[34]

1946년 1월 2일 인민공화국 중앙인민위원회가 3상회담 결정은 조선민족 해방을 확보하는 진보적 결정으로서, 이 결정을 전면적으로 지지한다고 표명하였고, 같은 날 조선공산당도 신탁 결정이 우리 민족의 분열 때문에 나온 것이라고 주장하고, 5년 이내의 기한도 우리의 역량 여하로 단축될 수 있다고 지적하면서 역시 3상회의 결의를 지지하였다. 이에 따라 중요 정치 세력의 입장이 찬반으로 나뉘었고, 좌익과 우익 간의 협의 또는 공동전선 형성에 크나큰 장애가 되었으며, 반탁대회와 찬탁대회가 엇갈리는 가운데 양 진영 간에 무력 충돌까지 발생하였다.[35]

1946년 2월 1일 중경임시정부 측의 주도로 혼란한 정국을 수습하고 과도정부 수립 문제 등을 논의하기 위해 비상국민회의가 열렸을 때, 정당 사회단체 90여 단체와 함께 조선어학회도 참가하였다.[36] 2월 2일 열린 회의에서는

---

32) 서중석, 『한국현대민족운동연구』, 역사비평사, 1991, 302~305쪽.
33) 『동아일보』 1945.12.27. 「소련은 신탁통치주장 소련의 구실은 삼팔선분할점령 미국은 즉시독립주장」
34) 『자유신문』 1945.12.31.「각 학술문화단체궐기」
35) 서중석, 『한국현대민족운동연구』, 역사비평사, 1991, 317~336쪽.
36) 『동아일보』 1946.2.4. 「정부수립에총력응결」; 서중석, 『한국현대민족운동연구』, 역사비평사, 1991, 342~346쪽.

헌법과 선거법 의원을 선거하고 38도선 즉시철폐안 등을 가결하였다. 2월 3일 이극로는 비상국민회의 교섭위원으로서 국민당의 안재홍, 중앙인민위원회의 홍남표(洪南杓), 인민당의 이여성(李如星) 등과 함께 좌우 양파 통일에 대한 회합을 가졌지만 성과는 없었다.[37]

2월 1일 좌익은 민주주의민족전선준비위원회를 열었고, 2월 11일 민족전선은 2월 15일의 결성대회를 앞두고 민족반역자를 제외한 각계각층 550인의 대의원에게 초청장을 발송하였으며,[38] 2월 15일 열린 민전 결성대회에는 공산당, 인민당, 신민당, 민족혁명당 등과 전평, 전농, 청년총동맹, 부녀총동맹, 각종 문화단체 등이 가담하였고, 중경임시정부의 국무위원이었던 김원봉, 장건상, 성주식, 김성숙 등과 함께 이극로도 참여하였다.[39] 이극로가 양쪽에 모두 참가한 것은 좌우의 통합을 위한 행보였으나, 이번에도 목적을 달성하지 못하였다.[40]

2월 25일 이극로는 조선어학회 대표 명의로 성명서를 발표하여, 자신이 비상국민회의와 민주주의민족전선에 참여한 의도가 좌우합작을 통한 통일국가 건설에 기여하고자 함이었음을 분명히 하면서 좌우합작을 위한 모든 노력이 헛되어 정치 통일의 목적을 달성하지 못한 데 대한 책임을 지고 좌우합작운동에서 물러난다는 뜻을 밝혔다.[41] 성명서에 담긴 함의는 좌우합작운동에

---

37) 『자유신문』 1946.2.5. 「좌우합작기운성숙화」

38) 『자유신문』 1946.2.12. 「550명에 초청장」

39) 서중석, 『한국현대민족운동연구』, 역사비평사, 1991, 346쪽.

40) 이종룡, 「이극로 연구」, 이극로박사기념사업회 편, 『이극로의 우리말글 연구와 민족운동』, 선인, 2010, 71쪽.

41) 조선어학회 성명(이극로, 『고투 40년』, 범우, 2008, 151~152쪽)
본회는 비상국민회의로부터 초청장을 받고 참석한 것은 좌우익의 합작으로 통일국가의 건설에 힘을 같이 하는 데 있었다. 본회의 대표 이극로는 해방 후에 제일 먼저 정치통일 사업에 다각적으로 운동해오는 중, 이 회의에 출석하였고 또 대회석상에서 좌측에 교섭하는 위원의 한 사람이 되어서 성의와 노력을 다해왔다. 그러던 중에 또 민주주의민족전선 결성대회의 초청장을 받고서 여기에 참석한 것은 최후의 성의를 다하여 조국건설에 천추의 한이 없도록 힘쓴 것인데 그 때의 모든 정세는 결국 통일의 목

대한 학회의 참여가 '어떤 정당에도 참가하지 않는 불편부당의 원칙'에서 벗어난 것이 아니었다는 것을 강조한 것이고, 또한 정치 단체가 아닌 사회단체의 일원으로서 좌우합작을 위해 노력했지만 통일을 이뤄내지 못한 결과에 대한 책임을 통감한다면서 좌우합작운동의 한계를 인정한 것이었다.

그러나 이후에도 이극로의 정치적 활동은 계속되었고, 이는 학회를 바라보는 일반의 시선에 일정 정도 영향을 주었을 것이다. 하지만 그로 인해 조선어학회가 정치 단체로 인식되지는 않았다. 학회는 일찌감치 언론을 통해 정치적 중립을 선언하였고, 한글 운동에서 강력한 에너지를 분출하고 있었다. 또한 이극로가 좌나 우에 속하지 않고 남북통일과 좌우합작운동에 주력하면서 중립적인 입장을 견지함으로써 당파적 문제를 일으키지 않았던 것도 중요한 요인이었다.

2. 1946년 2월 임시총회와 유관 단체

혼란 속에서도 1945년 8월 25일 임시총회를 통해 간사진을 확정하고 국어교육 재건과 한글맞춤법 보급에 매진하던 학회는 1946년 2월 3일에 다시 임시총회를 열었다. 여러 사업들을 좀 더 체계적이고 순조롭게 펼칠 수 있는 체제를 갖추고 정비하기 위하여, 1932년 1월 9일 개정 이후 한 번도 손보지 않은 회칙을 시대의 변화와 요구에 맞게 전면 개정하였다.[42]

적을 달하지 못하였다. 그래서 본회 대표 이극로는 민족분열에 대한 책임을 감당하지 못하겠으므로 비상국민회의와 민주주의민족전선 결성대회를 탈퇴하기로 결정한다. 1946년 2월 25일. 조선어학회 대표 이극로

42) 조선어학회, 『한글』 94, 1946.4, 71쪽 ; 한글학회, 『한글학회 100년사』, 한글학회, 2009, 58~59쪽.

조선어학회 회칙(1946.2.3 고침)

1. 본회는 '조선어학회'라 함.
2. 본회는 서울에 둠.
3. 본회는 조선 말과 조선 글의 연구와 통일을 목적함.

새 회칙 제5조에서 실행 사업으로 사전 간행, 연구 발표회, 국어 교육 사업, 강의록, 기관지, 옛 문헌 등 도서의 출판을 하도록 명시함으로써 학회가 조선어문의 발전을 위한 연구와 발표, 출판을 주 목적으로 하는 학술 단체임을 분명히 하였다. 그리고 임원의 명칭도 '간사(장)'에서 '이사(장)'로 변경하고, 수도 5명에서 7명으로 늘렸으며, 다음과 같이 새 임원을 선출하였다.[43)]

이사장	장지영		
서무이사	이극로	경리이사	최현배
교양이사	이희승	출판이사	김병제
도서이사	정인승	무임이사	김윤경

이 날 임시총회의 의결에 따라 장지영이 이사장에 선출되었으나, 장지영은 학무국 편수관으로 재직하고 있었으므로 회칙 제12조 제2항의 규정에 따

---

7. 본회의에의 입회는 회원 두 사람 이상의 추천으로, 이사회에서 심사한 뒤에 허락함. 입회할 때에는 입회금 십 원을 내어야 함.
8. 본회 회원은 해마다 회비 십이 원을 한꺼번에 내어야 함. 혹 반년 분씩 두 번 나누어 낼 수도 있음.
9. 본회 회원으로서 일 년 동안 한 번도 모임에 나오지 아니하고, 회비를 내지 아니한 이는 별회원으로 편입하며, 만일 퇴회를 원하는 이는 이사장에게 퇴회를 청하여야 함. 별회원은 표결ㅅ권이 없으며, 그대로 삼 년을 지낸 때에는 퇴회함으로 인정함.
10. 본회의 목적과 사업을 원조하는 이는 본회의 찬조회원으로 함. 찬조회원은 표결ㅅ권이 없음.
11. 본회에는 이사 일곱 사람을 두어 사업의 실행을 맡게 하고 그 가운네 몇 사람을 상임으로 함. 이사의 임기는 삼 년으로 하고, 만일 결원이 생길 때는 임시총회에서 뽑아 채우되 그 임기는 전임자의 남은 기간으로 함.
12. 본회 이사의 직무는 아래와 같음.
 (7) 그 밖의 이사는 다른 이사들과 함께 이사회에 참석하여 본회 사업 실행의 방침을 의결함. 이사는 총회에서 선거하고, 그 직무의 분담은 이사회에서 호선으로 정하되, 이사장이 연고 있는 때는 서무부 이사가 대신하며 필요에 따라 이사회의 결의로 부원 몇 사람을 둘 수가 있음.

43) 조선어학회, 『한글』 94, 1946.4, 69~70쪽.

라 실질적으로는 서무이사인 이극로가 직무를 대행하였다.[44] 이사장 장지영을 비롯해서 이극로, 최현배, 정인승, 이희승은 조선어학회사건으로 일제의 탄압을 받은 이들로서 사건 이전과 마찬가지로 석방 후에도 학회 재건과 활동의 중심이 되었다.

회칙에 의하면 임원의 임기는 3년이었지만 제35대 임원의 임기는 다음 정기총회가 열리는 9월까지로 제한되었고, 개정 회칙에 따라 1946년 9월 8일 정기 총회를 열어 제36대 임원을 선출하였는데 결과는 제35대와 동일했다. 따라서 1946년 2월 3일 임시총회에서 선출된 7인의 이사 체제가 1949년 9월 25일까지 계속되면서 학회 운영을 주도했다.[45]

새 회칙 제7~10조는 회원에 관한 규정인데, 회원은 회원, 별회원 그리고 찬조회원으로 구분했다. 회원은 회원 두 사람 이상의 추천을 받아 이사회에서 승인을 받아야 하고, 회원이지만 1년 동안 한 번도 모임에 나오지 않고 회비도 내지 않은 경우 별회원으로 편입되었다. 내용상 다르지 않지만 용어상 차이를 보이는 것은 1932년 개정 회칙에서 찬성원이었다가 1936년 부분 개정에서 사라졌던 것을 다시 찬조회원이란 이름으로 설정한 점이다. 찬조회원은 본회의 목적과 사업을 원조하는 이로 되어 있지만 표결권은 없었다. 표결권 없는 찬조회원을 둔 것은 학회에 대한 사회 일반의 관심을 실질적인 후원으로 유도하고자 하는 적극적인 의지를 담은 것이었다.

문제는 회원과 찬조회원의 구분인데, 현재 기록이 남아 있지 않아 정확한 신분을 확인할 수 없지만,[46] 학회 관계자 중 윤병호, 서승효, 김양수, 김도연, 신윤국, 장현식, 이우식 등은 해방 이전부터 줄곧 찬성원, 즉 찬조회원이었던 것으로 보인다. 회원 수는 얼마였을까? 『한글학회 100년사』에 따르면 해방

---

44) 조선어학회, 『한글』 94, 1946.4, 71쪽.
45) 한글학회, 『한글학회 100년사』, 한글학회, 2009, 64~65쪽.
46) 김민수, 「조선어학회의 창립과 그 연혁」 『주시경학보』 제5집, 주시경연구소, 1990, 62쪽 참조.

직전의 회원은 다음의 51명이었으니,[47] 해방 직후의 회원 수도 그에 비등한 정도였을 것이다.

권덕규 금수현 김극배 김기홍 김법린 김병제 김선기 김영건 김윤경 김재희
김종철 김해윤 김형기 맹주천 민영우 민재호 박학규 박현식 방종현 백낙준
송병기 심의린 양건식 윤건로 윤구섭 윤복영 이강래 이극로 이근영 이만규
이병기 이상춘 이세정 이승규 이원규 이은상 이제혁 이 탁 이호성 이희승
장성균 장지영 정열모 정인섭 정인승 조용훈 주기용 최현배 한병호 허영호
홍순혁

그리고 해방 후에 처음으로 간행된 기관지『한글』제94호에 실린 '인사 소식'을 보면 당시 회원들의 활동을 짐작할 수 있다.[48]

〈표 1〉 조선어학회 회원 동정(1946년 4월경)

이 름	내 용	이 름	내용
정열모	숙명여전 문과과장 취임	윤복영	협성학교장 취임
심의린	경성여사교 교장 취임	최현배*	학무국 편수과장 취임
장지영*	학무국 편수관 취임	이병기	편수관 취임
이 탁	경성사범학교 교수 취임	권덕규	이화고녀 교유 취임
이상춘	개성고녀 교장 취임	이만규	배화고녀 교장 취임
이강래	배화고녀 교유 취임	이호성	학무국초등교육과장 취임
방종현	서울대학예과 교수 취임	김윤경	연희전문 문학부장 취임
정인승	사전 편찬, 연전과 경성 강사를 겸임	김병제	사전 편찬, 연전과 경성 강사를 겸임
정태진	사전 편찬, 연전 강사를 겸임	한갑수	사전 편찬, 상명고녀 취임
김선기	신한공사 문화부 주간 겸 연전 강사	김법린	조선불교총무위원장 취임

47) 『100년사』 61~62쪽의 회원 명단에서 해방 전부터 회원을 추린 것이다. 해방 전 회원 중 사망자 5인은 명단에서 제외하였다(한글학회, 『한글학회 100년사』, 한글학회, 2009, 61~62쪽).

48) 「인사 소식」은 당시 회원들의 동정을 알리는 난이었다(조선어학회, 『한글』 94, 1946.4, 68~69쪽).

앞의 표에 따르면 학무국 편수과에 들어간 최현배와 장지영, 이병기와 조선교육심의회 초등교육분과에 들어간 이호성을 제외하고는 대부분이 교육 현장에서 교직자로 활동하였음을 알 수 있는데, 이로써 학회 회원들이 해방 직후 조선의 교육을 세우고 국어를 수립하는 데 중요한 역할을 담당했음을 알 수 있다.

위와 같은 회원을 바탕으로 당시 학회를 이끈 임원(이사)은 장지영, 이극로, 최현배, 이희승, 정인승, 김윤경, 김병제 등 이사 7인이었지만, 임원 외에도 많은 인사들이 학회 활동에 참여하여 열정을 쏟고 있었다.[49]

〈표 2〉 1946년 4월 학회와 유관 단체 관계자

부원	김원표 안석제 이석린 권승욱 민영우 조동탁 이상인 이성옥
업무위원	이우식 이정세
사전 편찬원	이중화 정태진 한갑수 권승욱 민영우 이강로 신영철 정희준 유열 김진억 김원표 안석제 최창식 유제한 한병호
한글사	신태수 김원표 안석제 최창식
한글문화보급회	정열모 유치웅 박태윤 김현송 신혁균 박병록 홍순탁
조선어학회 재단법인기성회	윤병호 서승효 이극로 정열모 이만규 박 광 김양수 김도연 신윤국 김호차 장현식 윤치형 박격흠 이우식 오세창 권동진 이중화 최규동 김성수 이동하

이 가운데에는 해방 이전부터 근무한 인사도 있고 해방 후 학회와 인연을 맺은 인사도 있었다. 해방 후 학회가 재건되자 신입 회원도 증가하고 직원도 증가하였는데, 이석린, 김원표, 안석제, 유제한, 한갑수, 이강로 등은 나중에 회원 자격을 취득하였다.[50]

조선어학회는 한글 운동의 원활한 전개를 위해 조직의 업무를 세분화하고 전문화할 필요가 있었다. 학회는 본연의 어문 연구와 사전 출판을 주 업무로

49) 『한글』, 『한글학회 50년사』, 『한글학회 100년사』 등에서 정리.
50) 34대 부원 이성옥과 사전 편찬의 이강로는 이명동인이다(김민수, 「조선어학회의 창립과 그 연혁」 『주시경학보』 제5집, 주시경연구소, 1990, 67쪽.

하면서 한글 보급 운동을 전담할 기구, 기관지 및 각종 출판물의 발행을 책임질 기구를 조직하였고, 재정의 안정화를 위해 재단법인을 설립하고자 노력하였다. 또한 한자 폐지 운동과 관련해서 학회 인사 중심의 시민 모임을 결성하였다. 학회 유관 단체는 성격에 따라 내부 단체와 자매단체로 분류할 수 있는데, 내부 단체로 한글사, 조선어학회 재단법인기성회(후에 재단법인 한글집)가 조직되었고, 자매단체로 한글문화보급회, 한자폐지실행회, 한글전용촉진회가 조직되었다.

1946년 2월 3일 임시총회를 기해 체제를 정비한 학회는 학문적 사항에 관한 일과 경제적 사무에 관한 일을 분리할 필요를 느껴, 경제적 사항에 대한 일체의 활동을 맡을 기관을 조직하기로 결의하고, 2월 12일 정식으로 '한글사'를 설치하였다. 한글사는 신태수(申泰洙)를 책임으로 하고, 김원표, 안석제, 최창식을 부원으로 하여 학회에서 편찬하는 모든 간행물의 출판, 판매와 그 밖의 필요한 사업을 담당하였다.

이사장 신태수는 함경도 북청 출신으로 일본의 명치대학을 졸업하였고, 전남 고창중학교의 교사로 근무하다가 교장을 지냈다. 해방 후 고향인 길주고등여학교 교장으로 재직하다가 고창중학교 시절 맺은 정인승과의 인연으로 학회와 연결되어 월남하였고, 한글사를 맡게 되었다. 안석제는 학회의 서무도 맡고 있었는데 업무가 과다하다는 이유로 다시 학회로 복귀하였고, 1946년 5월(?)에 배재중학교 체육 교사로 근무 중인 배경렬이 그 자리를 대신하였다.[51] 배경렬은 한국 유도계의 원로인 이경석의 제자로 연무관에서 이경석의 일을 보좌하면서 학회 일을 돕게 되었다.[52]

---

51) 조선어학회, 『한글』 94, 1946.4, 69~70쪽 ; 조선어학회, 『한글』 95, 1946.5, 71쪽 ; 이강로, 「'한글사' 이야기」 『한글새소식』 179, 한글학회, 1987.7, 16~17쪽. 이강로는 '배재고등학교'라고 기술하고 있으나, 해방 직후 학교의 명칭은 '배재중학교'였다. ; 신태수가 조선어학회의 회원 자격을 취득한 것은 1947년 5월에서 1948년 2월 사이이다(조선어학회, 『한글』 103, 1948.2, 76쪽).

52) 최호연, 『조선어학회, 청진동 시절』 상, 진명문화사, 1992, 32~33쪽.

한글사는 학회의 경제적 사무를 담당하는 기관이었으므로 학회에 소장되어 있는 도서와 편찬 중인 『큰사전』의 판권을 제외한 나머지, 즉 『한글 맞춤법 통일안』, 『조선어 표준말 모음』, 기관지 『한글』 등과 같이 수익성이 있는 출판물은 모두 한글사로 이관하였다.

그리하여 한글사의 첫 출판물로 오랫동안 발행이 중단되었던 기관지 『한글』을 1946년 4월 1일에 속간하고, 『한글 맞춤법 통일안』을 인쇄하였다. 그리고 같은 해 10월 9일 제500돌 한글날에는 당시의 인쇄 기술로는 최고의 작품이라 할 수 있는 『훈민정음 해례본』의 원본을 보진재(寶晋齋)에서 영인 출판하였다. 이 책은 전형필(全鎣弼)이 1940년 7월에 경상남도 안동에서 사들여 보관해 오던 것인데 그의 양해를 얻어 영인할 수 있었다.

그런데 앞서 언급했듯이 한글사를 만든 이유는 학회의 경제적 사무를 담당하게 하려던 것이었지만, 한글사가 제대로 움직이려면 최소한의 활동비가 필요했고, 이 활동비는 오히려 학회에서 지불해야 하는 형편이었다. 그러나 학회를 이끄는 이들은 모두 학자라 한글 연구 이외의 격변하는 세상일에 대처하는 능력이 부족하였고, 한글사를 지원할 만한 경제력이 없었다. 결국 한글사 운영에 많은 애로 사항이 발생하였고, 여러 가지 사정이 겹쳐 한글사는 1년 반 만에 학회에 흡수되었다.[53)]

학회는 한글을 연구하고 통일, 보급하는 운동에 전념하기 위해 경제적으로 학회를 찬조할 수 있는 기구로 '조선어학회 재단법인기성회'를 조직하였다. 여기에는 1936년 3월 3일 설립된 사전편찬후원회에 참여했던 인사들이 다수 참여하였는데,[54)] 간사장 윤병호*, 상근간사 서승효*·이극로*·정열모*,

53) 한글학회 50돌 기념 사업회, 『한글학회 50년사』, 한글학회, 1971, 21~22쪽 ; 이강로, 「'한글사' 이야기」 『한글새소식』 179, 한글학회, 1987.7, 16~17쪽.

54) 1936년 3월 3일 조선어사전 편찬을 돕기 위해 비밀히 설립된 사전편찬후원회 설립에 참여한 인사는 다음과 같다. 이우식, 김양수, 장현식, 김도연, 이인, 서민호, 신윤국, 김종철, 설태희, 설원식, 윤홍섭, 민영옥, 임혁규, 조병식(한글학회 50돌 기념 사업회, 『한글학회 50년사』, 한글학회, 1971, 11~12쪽).

간사 이만규*·박 광·김양수*·김도연*·신윤국*·김호차·장현식*·윤치형·박격흠·이우식*, 고문 오세창·권동진·이중화*·최규동·김성수·이동하 등이었다.[55]

그러나 재단법인기성회는 자금 모집이 여의치 않아 사업에 진전을 보지 못하고 차일피일 미뤄지다가, 1949년 3월 24일에야 '재단법인 한글집'을 설립하게 되었다. 설립 초기 최현배, 이중화, 장지영, 장세형, 정세권 등이 각각 자신 소유의 건물과 토지 등을 기부하였고, 5월에는 회원 공병우가 경기도 안성 소재 토지 34,000평을 기부하여 학회의 운영을 지원하였다. 이사장에 이중화, 이사에 최현배·장지영·장세형·이강래·주기용·이인, 감사에 정세권·이희승 등이 선출되었다.[56]

학회 자매단체 중 가장 먼저 조직된 것은 1945년 해방 직후 조직된 한글문화보급회(이하 보급회)였다. 보급회는 학회가 하고자 하는 말글 운동을 강력히 추진하고 사회 운동으로 확산시키는 것을 목표로 한 실행 단체로 조직되었는데, 구성원은 정열모(회장), 유치웅(부회장), 박태윤(총무·서무부장·재무부장·보급부장), 김현송(출판부장), 신혁균(기획부장·연구부장), 박병록(서무

---

55) 조선어학회, 『한글』 94, 1946.4, 67쪽 ; 이름 옆에 '*'가 붙은 이들은 해방 전부터 학회 활동에 적극 참여한 이들로서 1932년 1월 9일 개정된 회칙에 의하면 본회원이거나 찬성원의 신분으로 참여했을 것이다(한글학회, 『한글학회 100년사』, 한글학회, 2009, 53~57쪽). 1936년 4월 11일 정기총회에서 부분 개정한 회칙에는 찬성원이 사라지고 표결권이 없는 준회원이 신설되었다. 이때 회원은 정회원과 준회원으로 구분하였는데, 정회원과 준회원의 구분은 나이 25세를 기준으로 정회원은 만 25세 이상으로 회원의 추천과 간사회의 심사로 입회할 수 있었고 준회원은 만 25세 미만으로 역시 회원의 추천과 간사회의 심사로 입회할 수 있었다. 또한 1년간 한 번도 회의에 나오지 않고 회비를 내지 아니한 회원은 별회원으로 규정하였다. 1936년 회칙 개정에서 큰 변화는 찬성원의 폐지다. 정확한 이유는 알 수 없지만, 사회단체에 대한 일제의 통제가 강화되는 시점에서 학회의 찬성원으로 이름을 올리는 것이 부담이 되어 폐지했을 가능성도 있다.

56) 한글학회, 『한글학회 100년사』, 한글학회, 2009, 127쪽 ; 조선어학회, 『한글』 107, 1949.7, 71쪽.

부장·재무부장 대리), 홍순탁(보급부원) 등이었고, 명예회장 이희승, 고문 이극로·최현배·김윤경·장지영·정인승·김병제 등 모두 학회의 핵심 인사들이었다.[57]

보급회의 주 업무는 한글강습회를 개최하고, 한글 강사를 파견하고, 한글을 보급하는 활동이었다.[58] 『100년사』에서 보급회가 한글학회의 지원으로 창립된 단체라 밝히고 있고 창립 이후 조선어학회와 긴밀히 협조하면서 각종 활동을 펼쳤다고 서술하고 있는 것으로 볼 때,[59] 한글문화보급회는 조선어학회의 자매단체라 할 수 있다.[60] 『100년사』에서는 보급회가 전국에 지회를 둔 것으로 서술하고 있으나,[61] 1945년 12월에 부산지회가 만들어졌다는 것만 확인할 수 있다.[62] 1948년 보급회는 학회와의 갈등으로 해체되고, 그 기능은 새로 설립된 한글전용촉진회에 흡수되는데, 이에 대해서는 한글전용촉진회의 활동을 다룬 제5장 4절 3항에서 상술한다.[63]

1945년 10월 중순 시내 숙명고녀에서 장지영을 위원장으로 하는 한자폐지실행회발기준비회(이하 준비회)가 성립되었다.[64] 준비회는 강령과 실행 조건을 통해 한글 전용 운동의 목표와 함께 문맹 퇴치, 우리말과 글로써 조선적인 새 문화를 창조할 것을 목표로 하였다.

---

57) 한글문화보급회, 『한글문화』 창간호, 1946.3, 10쪽 ; 이응호, 『미 군정기의 한글운동사』, 성청사, 1974, 208쪽.

58) 이 책 제3장 2절 참고.

59) 한글학회, 『한글학회 100년사』, 한글학회, 2009, 171쪽.

60) 이나바(稲葉繼雄)는 한글문화보급회가 '조선어학회의 지도를 받아' 강연회, 강습회, 기관지, 출판물 등을 통해 한글을 보급하는 활동을 전개한 점을 들어 조선어학회와 표리일체의 단체로 파악하였다(稲葉繼雄, 「美軍政期南朝鮮のハングル普及運動」, 筑波大學外國語センタ 『外國語教育論集』 5, 1983.12, 111쪽).

61) 한글학회, 『한글학회 100년사』, 한글학회, 2009, 179쪽.

62) 한글학회, 『한글학회 100년사』, 한글학회, 2009, 787쪽.

63) 이 책 316~334쪽.

64) 『매일신보』 1945.10.16. 「한자폐지실행회발기준비회 결성」(국사편찬위원회 한국사데이터베이스, 『자료대한민국사』 제1권) ; 한글문화보급회, 『한글문화』 창간호, 한글문화보급회, 1946.3, 33~34쪽.

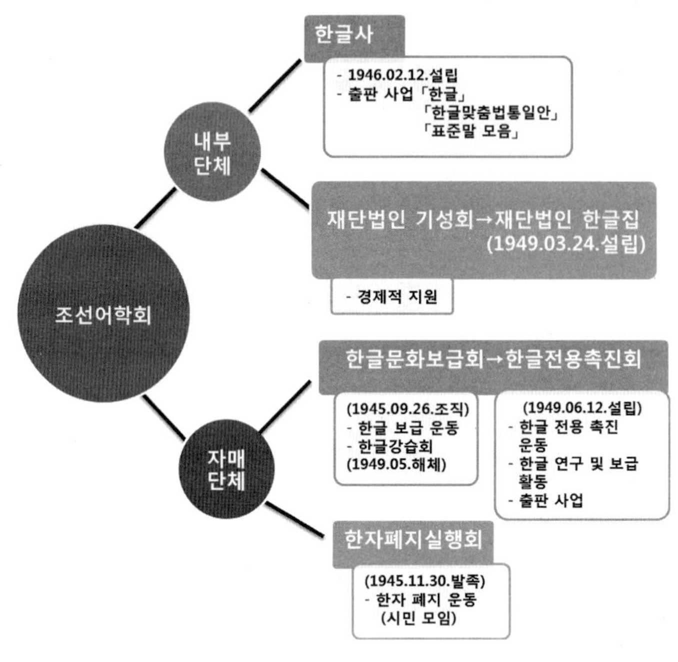

조선어학회와 유관 단체

이후 준비회는 한글 전용에 찬성하는 동지를 규합해 1945년 11월 30일 오후 3시 숙명고녀에서 발기총회를 개최하였다. 각계 인사 1,171명이 한자폐지실행회에 동참했으며 이극로 외 69명의 위원이 선거되었다. 이들은 한자 폐지 실행 방법을 토의한 결과 군정청 학무당국에 초등학교 교과서에서 한자를 폐지하라는 건의를 가결하고, 정거장 이름, 관청, 회사, 상점, 학교 기타 공공단체의 문패 간판도 국문화할 것과 각 언론기관과도 긴밀한 제휴를 할 것 등을 결의하였다.[65] 한자폐지실행회의 활동에 대해서는 제5장 2절 1항에서

65) 『중앙신문』 1945.12.3. 「한자폐지실행회 발기총회 개최」(국사편찬위원회 한국사데이터베이스, 『자료대한민국사』 제1권). ; 『동아일보』 1945.12.3. 「한자철폐하자」 ; 『조선일보』 1945.12.3. 「漢字 폐지 발기 총회에서 국문 전용 실행을 가결」 ; 김민수에 따르면 한자폐지실행회의 주축은 국어강습회 졸업생들이었다(김민수, 「조선어학회의 창립과 그 연혁」 『주시경학보』 제5집, 주시경연구소, 1990, 65쪽).

상술한다.[66]

어떤 성격의 단체든 목적 달성을 위해서는 일정한 규모의 활동 자금이 필요한 법이다. 심각한 물자난 속에서 강습회를 열고, 교과서와 사전을 편찬하는 등 다양한 사업에 착수한 학회도 그에 따른 활동 자금이 필요했다. 그렇다면 학회는 활동 자금을 어떻게 조달했을까?

학회의 기본 소득은 회원들이 납부하는 회비였다. 회칙에 따르면 입회금 10원과 연회비 10원을 냈지만, 회비만으로는 학회의 활동 경비를 충당하기 어려웠을 것이다. 따라서 학회는 이런 경영의 문제를 해결하기 위해 한글사를 설립한 것이고, 재단법인을 설립한 것이다. 회비 수입 외의 주요한 수입원으로는 기관지 『한글』을 비롯해서 국어교과서 등 도서 판매 수익과 강습회 수강료 등이 있었다.

당시 한글사에서 판매하는 『한글 맞춤법 통일안』(1933년 제정. 46년 번각본) 7원, 『조선어 표준말 모음』(1936년 사정, 46년 번각본) 25원, 기관지 『한글』 임시정가 12원이었다.[67] 『한글』 발행 부수는 수만 부에 이르렀는데,[68] 도서관, 관공서, 교육 기관, 언론 기관 등에 무상으로 기증한 수량을 제외하면 유료로 판매된 부수가 많지는 않았을 것이다. 수강료는 모두 같지는 않았겠지만, 1946년 2월 17일 서울 남대문국민학교에서 초등교원, 회사원, 공장원, 가정부인, 그 외 일반 사회인을 대상으로 개최한 한글강습회의 청강료는

---

66) 이 책 250~262쪽.

67) 조선어학회, 『한글』 94, 1946.4, 75~76쪽.

68) 신영철, 「꼬리말」 『한글』 95, 조선어학회, 1946.5 ; 『한글』 제122호에 실린 이석린의 글에 따르면 해방 전까지는 매달 평균 3,000책을 발행하였고, 유료 구독자 약 350명을 포함해서 대략 800책 정도가 유료로 소비되었고, 나머지는 대부분 무료로 각 지역의 도서관, 언론기관, 교육기관, 유지 등에게 보냈다고 한다(이석린, 「한글 잡지의 걸어온 자취」 『한글』 122, 한글학회, 1957.10, 34~37쪽). ; 『통일안』은 1933년 초판을 발행한 이래 1937년 5월 수정 제5판을 냈고, 1940년 10월 20일 개정 제10판을 냈으며, 해방 후 한글날에는 한글판 235판을 냈다. 1971년 제281판, 1977년 5월 5일에 제356판을 냈다(한글학회 50돌 기념 사업회, 『한글학회 50년사』, 한글학회, 1971, 104쪽 ; 한글학회, 『한글학회 100년사』, 한글학회, 2009, 601쪽).

5원이었다.[69]

회원들의 기부도 학회 활동에 큰 도움이 되었다. 가장 좋은 사례는 '재단법인 한글집'을 조직할 때, 최현배, 이중화, 장지영, 장세형, 정세권, 공병우 등이 건물과 토지를 기부한 것이었다. 회원이 아닌 경우에도 다수의 기부자들이 있었는데,[70] 특히 조선총독부 학무국에 근무하던 김세영이 자신이 보관하고 있던 국방헌금 82만 원을 민족 문화 운동에 써달라며 기부한 것 역시 학회의 활동에 큰 도움을 주었다.[71]

이를 정리하면 학회의 기본 수입은 회원들이 납부하는 회비, 출판 수입, 강습료 등을 들 수 있을 것이고, 기타 수입으로는 회원 및 후원자들의 기부를 들 수 있을 것이다. 기본 수입과 기타 수입을 합한 학회의 수입 규모가 어느 정도였는지는 확인할 수 없다. 그러나 학회에서 서무로 일했던 이선희의 증언에 따르면 학회의 재정 상태는 몹시 열악했던 것으로 보인다.

> 어려워요? 월급도 얼마 안 되고. 어떤 때는 굶으실 때가 많고. 정인승 선생은 그 당시 어려우니까 부인이 식당을 하시더라고. 그러니까 점심 때 식사를 갖다 주시는데, 딴 선생님들은 잡수시는 게 변변치 않았다. 학생들이 강습회 돈을 내지만, 큰돈이 아니었지.

일단 월급이 적었다. 정인승의 경우, 월급만으로 가계를 책임질 수 없었기 때문에 부인이 부업을 하고 있었다. 이선희 자신도 많지 않은 월급이었지만 그나마도 가까스로 받았다고 했으며,[72] 한글사 직원 최창식은 학회의 주 수입이 서적 판매 대금이었는데, '맞춤법 통일안'과 '표준말 모음'이 잘 팔렸지만, 책값이 몇 푼 되지 않아 많이 팔려도 경상비를 메우기 어려운 실정이었다

---

69) 『조선일보』 1945.2.14. 「성인 한글 강습회」
70) 이극로, 「조선어학회의 임무」 『민중조선』 1, 민중조선사, 1945.11, 45쪽.
71) 한글학회 50돌 기념 사업회, 『한글학회 50년사』, 한글학회, 1971, 20쪽.
72) 「이선희 구술」, 2012.7.20. 15~17시 30분. 장소: 행당동 사랑방 하늘나무. 글쓴이와 대담.

고 했다.[73] 출판물 판매 수익도 있었고, 한글강습회 수강료, 세종중등국어교사양성소의 등록금 등을 받았지만 결코 큰돈은 아니었다.

학회가 경제적으로 어려웠던 정황은 사전 편찬원으로 종사하고 있던 정태진의 일화로도 충분히 짐작할 수 있다. 정태진은 매일 학회에 나와 사전 편찬에 전념했으며, 한글강습회의 강사로도 활약했다. 1948년 가을에 세종중등국어교사양성소가 생긴 후에는 양성소의 강사로서도 2년간 근무했다. 유동삼은 정태진이 하루도 수업을 빠진 적이 없었다고 했다.[74]

이렇듯 정태진의 경우, 학회 안에서 대략 3가지 일을 모두 담당하고 있었는데, 3가지 일을 하면서도 정태진의 점심은 언제나 집에서 싸온 찰떡이었다고 하니,[75] 정태진이 학회에서 받은 보수가 얼마 되지 않았음을 알 수 있다. 이는 한 회원의 일화에 그칠 수도 있으나, 정태진의 궁핍은 곧 학회의 재정상태가 좋지 않았음을 말해주는 하나의 사례라 할 수 있을 것이다.

제2절 이극로와 조선어학회 일부 학자들의 북행

1. 이극로와 월북 학자들

해방 전인 1938년 4월부터 조선어학회사건 발생 이전인 1942년 10월까지

73) 최호연, 『조선어학회, 청진동 시절』 하, 진명문화사, 1992, 25쪽.

74) 「유동삼 구술」, 2012.7.15. 14~17시 30분. 장소: 대전 태평동 유동삼 자택, 글쓴이와 대담.

75) "이러한 일을 모두 물리치고 초라한 편찬실에서 인절미 몇 덩어리로 점심을 때우면서 한 손에 인절미를 들고 한 손으로는 사전 원고를 응시하던 그 모습이 반세기가 지난 오늘에도 눈에 선하다(이강로, 「석인 선생과 사전 편찬」, 석인 정태진 기념사업회 엮음, 『석인 정태진 논설집』, 범우사, 2001, 81쪽). ; 당시 학회 서무 이선희와 유동삼도 정태진 선생이 날마다 집에서 싸온 찰떡(인절미)으로 끼니를 때웠다고 회고했다(「이선희 구술」, 2012.7.20. 15~17시 30분. 장소: 행당동 사랑방 하늘나무. 글쓴이와 대담 ; 「유동삼 구술」, 2012.7.15. 14~17시 30분. 장소: 대전 태평동 유동삼 자택, 글쓴이와 대담).

학회 간사장이 누구였는지에 대한 공식적인 기록은 남아있지 않으나,[76] 관계자들의 회고에 의하면 조선어학회사건으로 학회의 활동이 중지되기 직전까지 간사장은 이극로였다. 기관지 『한글』 편집원으로 종사하고 있던 이석린은 "조선어학회 운영은 이극로 박사에 의한 것"이라고 했고,[77] 정인승은 이극로가 대외 관계를 담당했다고 증언하였다.

> 대외 관계는 모두 이극로가 맡아했다. 성격도 걸걸한데다 정치수완이 있어 대표 자격으로 손쓸 데는 빈틈없이 손을 쓰고 다녔다. 하다못해 조선어학회 사무실로 찾아오는 왜놈 형사한테도 일일이 돈을 주어 그들의 신경을 무마시키기도 했다. (중략) 친일거두와 경찰 관계 그리고 총독부에 대한 교섭으로 일본놈들은 우리 한글학자들이 사전편찬을 하고 있다는 사실을 뻔히 알고도 「저희들이 해도 무슨 큰일을 하겠느냐」고 그냥 묻어두고 있는 실정이었다.[78]

이극로는 학회의 대표직(=간사장)을 수행하고 있었다. 일제의 감시와 통제가 극심한 시절 이극로는 학회의 간사장으로서 학회를 운영하면서 총독부는 물론이고 경찰과 친일 인사들과의 관계에 이르기까지 대외 관계에서 수완을 발휘했다. 조선어학회사건으로 실형을 선고 받은 4인 중 이극로의 형량(징역 6년)이 제일 높았다는 것도 학회에서 이극로의 비중이 높았음을 나타내는 좋은 증거다.[79]

해방 후에도 이극로는 학회를 대표했다. 1945년 8월 25일 임시총회에서

---

76) 한글학회, 『한글학회 100년사』, 한글학회, 2009, 64쪽.

77) 이석린, 「화동시절의 이런 일 저런 일」, 한글학회 편, 『얼음장 밑에서도 물은 흘러』, 한글학회, 1993, 23쪽.

78) 한말연구학회 편, 『건재 정인승 전집 6 국어운동사』, 도서출판 박이정, 1997, 13~14쪽.

79) 1945년 1월 16일 함흥지방법원에서 西田 판사와 2명의 배석판사로 구성된 재판부에 의해 이극로(징역 6년), 최현배(징역 4년), 이희승(징역 3년 6개월), 정인승(징역 2년), 정태진(징역 2년)의 실형을 선고받았다(『동아일보』 1982.9.8. 「조선어학회사건일제최종판결문전문 下」

이극로는 간사장에 임명되어 학회의 운영을 책임지게 되었을 뿐만 아니라,[80] 1945년 9월 26일 결성된 한글문화보급회의 고문을 맡았고,[81] 긴급한 교과서의 편찬을 위해 9월 2일 조직된 교재편찬위원회의 위원이 되었으며,[82] 학회의 간사장 겸 편찬원으로 3년 만에 재개한 사전 편찬을 지휘하였고,[83] 1945년 11월 30일에는 각계 인사 1,171명이 참여한 한자폐지실행회의 위원장이 되었다.[84] 같은 달 미군정 학무국의 자문 기구로 탄생한 조선교육심의회에도 참여하였다. 조선교육심의회는 모두 10개 분과로 구성되었는데, 이극로는 제4분과인 초등교육위원회에 속했다.[85]

이종룡은 이승만의 단정 수립 운동에 반대한 이극로가 문교부를 장악한 한민당 계열 인사들에 의해 조선교육위원회와 조선교육심의회에서 배제되었다고 했지만,[86] 이종룡의 지적처럼 조선교육위원회의 현상윤, 유억겸, 백낙준, 김성수, 백남훈 등이 한민당 계열의 인사였다고 해도,[87] 조선교육위원회가 활동하던 시기에 정치적 중립을 표방하고 있던 이극로가 정치적 성향이 문제가 되어 배제되었다고는 보기 어렵다.

---

80) 김윤경, 「조선어학회 수난기」, 조선어학회, 『한글』 94, 1946.4, 63쪽 ; 한글학회 50돌 기념 사업회, 『한글학회 50년사』, 한글학회, 1971, 20쪽 ; 조선어학회, 『한글』 94, 1946.4, 67쪽.

81) 한글문화보급회, 『한글문화』 창간호, 1946.3, 10쪽 ; 1948년 3월 29일 한글문화보급회 임원진 개편 시에는 위원장에 임명되었다(조선어학회, 『한글』 104, 1948.6, 72쪽).

82) 조선어학회, 『초등국어교본 한글교수지침』, 군정청 학무국, 1945.

83) 한글학회 50돌 기념 사업회, 『한글학회 50년사』, 한글학회, 1971, 274~275쪽. 초기에는 이극로, 정인승, 김병제, 이중화, 정태진을 중심으로 편찬 사무를 시작하였고, 점차 증원된 것으로 봐야 하나 정확한 시기는 알 수 없다.

84) 『중앙신문』 1945.12.3.「한자폐지실행회 발기총회 개최」(국사편찬위원회 한국사데이터베이스, 『자료대한민국사』 제1권). ; 『동아일보』 1945.12.3. 「한자철폐하자」 ; 한글학회, 『한글학회 100년사』, 한글학회, 2009, 872쪽.

85) 문교40년사편찬위원회 엮음, 『문교40년사』, 문교부, 1988, 54~57쪽.

86) 이종룡, 「이극로 연구」, 부산대학교 교육대학원 석사논문, 1993 ; 이종룡의 석사 논문은 다음 책에 재수록되었다. 이종룡, 「이극로 연구」, 이극로박사기념사업회 편, 『이극로의 우리말글 연구와 민족운동』, 선인, 2010, 79쪽.

87) 이광호, 「미군정의 교육정책」 『해방전후사의 인식』 2, 한길사, 1985, 513쪽.

게다가 이극로와 김성수는 해방 전부터 친분이 두터웠으며,[88] 1945년 9월 22일 한민당 중앙집행위원회에 참가한 인사들 중 백낙준, 이중화, 김법린은 해방 전 조선어학회 회원이었으며, 김도연, 이인 등은 학회 후원자로 깊은 인연을 맺고 있었다.[89] 특히 조선어학회사건 때에는 5인 모두 검거되었으며, 백낙준을 제외한 4인은 기소되어 1심에서 징역 2년 집행유예 3년(혹은 4년)의 판결을 받았다.[90] 이 같은 관계를 고려하면 이극로가 조선교육위원회에 참여하지 않은 정확한 이유를 정치적 성향 문제로 단정 지을 수는 없다.

이극로는 조선교육심의회의 초등교육분과 위원장으로도 활동했으므로 배제되었다는 주장 자체가 맞지 않고, 단정 수립 반대로 배제되었다는 주장 또한 맞지 않는다. 왜냐하면 이극로가 초등교육분과 위원으로 참여한 조선교육심의회는 1945년 11월 23일 1차 회합을 시작으로 1946년 3월 7일까지 105차 회의를 마치고 활동을 중단하였다.[91] 그런데 이승만이 단정 수립에 대한 의지를 공식화 한 것은 1946년 6월 3일 정읍 발언에서였고,[92] 이극로가 이승만

88) 이석린, 「화동시절의 이런 일 저런 일」, 한글학회 편, 『얼음장 밑에서도 물은 흘러』, 한글학회, 1993, 22~23쪽.

89) 매일신보, 1945.9.24. 「한민당 중앙집행위원회, 각부서 결정」

90) 조선어학회사건 피의자의 형량에 대한 기록은 필자에 따라 조금씩 다르다. 김도연, 이인, 김법린, 이중화 등의 형량에 대해서는 이희승은 징역 2년 집행유예 3년으로 기록하고 있으나, 이인과 김윤경은 징역 2년에 집행유예 4년으로 기록하고 있다. 정인승의 기록에는 집행유예 3년도 있고 4년도 있다(이희승, 「조선어학회사건회상록 1-10」 『사상계』 72~81, 사상계사, 1959.7~1960.4 ; 정인승, 「민족사로 본 조선어학회 사건」 『나라사랑』 42, 외솔회, 1982 ; 한말연구학회 편, 『건재 정인승 전집 6 국어운동사』, 도서출판 박이정, 1997 ; 김윤경, 「조선어학회 수난기」 『한글』 94, 조선어학회, 1946.4 ; 이인, 반세기의 증언, 명지대학출판부, 1974).

91) 오천석, 『한국신교육사』, 현대교육총서출판사, 1964, 399~400쪽.

92) 미소공위 활동에 회의적이었던 이승만의 정읍 발언은 38선 이남에서 반대 세력을 힘으로 제압하고 단정을 수립한 다음 미소의 대결을 불러일으켜 통일을 이룩하겠다는 생각이 표출된 것으로, 1960년 하와이로 망명할 때까지 줄곧 품고 있었던 일관된 냉전의식과 북진통일론의 산물이었다(서중석, 『한국현대민족운동연구』, 역사비평사, 1991, 491쪽).

의 단정 노선을 공개적으로 비판한 것은 6월 8일이었으므로,[93] 이로 인해 한민당과 마찰이 발생해서 조선교육심의회에서 배제되었다는 것도 시간상 맞지 않는다.

1946년 2월 3일 임시총회에서 장지영이 이사장에 선임되었지만, 장지영은 미군정 학무국의 편수관으로 재직하고 있었기 때문에 이사장 연고 시 서무이사가 대행한다는 회칙에 따라 이극로가 이사장 대행으로서 학회를 운영하였다.[94] 그리고 2월의 임시총회에서 선임된 7인의 이사가 1946년 9월 8일 정기총회에서 그대로 유임됨으로써,[95] 이극로가 이사장 대행으로서 계속 학회를 대표하게 되었다.[96]

이극로는 1946년 2월 25일 비상국민회의와 민주주의민족전선 결성대회에서 탈퇴하겠다는 성명을 발표한 이후에도 정치적 활동을 계속하였다. 1946년 6월에는 정치운동자후원회를 해소하고 조선건민회를 조직하였으며, 좌우합작통일촉진회, 시국대책협의회 등을 결성해 남북 좌우 합작과 임시정부 수립 운동을 전개했다. 1947년 10월에는 김병로, 안재홍, 홍명희 등과 함께 민주독립당을 결성하였고, 1947년 한국 문제가 유엔에 이관되자 이에 반대하는 중도파들이 민족자주연맹을 결성할 때, 선전국장과 집행부 부의장으로 활동

---

93) "南朝鮮單獨政府 수립에는 찬성할 수 없다. 적어도 3천만 우리 朝鮮同胞는 3천리 강산을 兒童·走卒에 이르기까지 한 나라 한 덩어리로 여기고 있는만큼, 單獨政府는 단호 반대한다. 일반 政治家들은 좀 늦어지더라도 성의를 보여 통일정권을 수립해 주기 바란다." 『서울신문』 1946.6.8. 「이승만의 남조선단정설에 대해 李克魯와 李鏞 반대 담화」 (국사편찬위원회 한국사데이터베이스, 『자료대한민국사』 제2권). ; 박용규, 『북으로 간 한글운동가 이극로 평전』, 차송, 2005, 204쪽.

94) 조선어학회, 『한글』 94, 1946.4, 71쪽. 12조 7항 "이사장이 연고 있는 때는 서무부 이사가 대신하며 필요에 따라 이사회의 결의로 부원 몇 사람을 둘 수가 있음."

95) 한글학회, 『한글학회 100년사』, 한글학회, 2009, 64~65쪽.

96) 간사장 이극로가 이사장이 되지 않고 장지영이 이사장이 된 것은 다소 의아한 부분이다. 왜냐하면 장지영은 미군정 학무국 편수관으로 근무하고 있었기 때문에 실질적으로는 대표 역할을 수행하기 어려운 상황이었다. 그럼에도 장지영을 이사장으로 정한 것은 대외 활동이 많은 이극로가 학회의 이사장 자리에 있는 것이 불편했는지도 모른다.

했다.[97] 학회 내부에서 이극로의 정치 활동에 대한 불평이 없지 않았지만,[98] 1948년 4월 평양에서 열린 남북연석회의에 참가할 때까지 이극로는 남북통일과 좌우합작과 국민 통합을 위해 노력했다.

이극로의 북행은 바로 이 같은 행보를 배경으로 이루어진 것이었다. 남북연석회의 참석차 평양에 간 이극로는 그대로 평양에 머물다가 7월 12일 날짜로 학회에 사임원을 발송하였고,[99] 이를 접수한 학회는 1948년 8월 11일의 이사회에서 이극로의 공백으로 비어 있는 서무부를 정인승에게 맡기기로 하고,[100] 8월 28일 이사회에서 이극로의 퇴직을 정식으로 승인하였다.[101] 그러므로 이극로가 학회의 대표로서 활동한 기간은 1945년 8월 25일부터 1948년 7월 12일까지였다.

이극로는 북한의 정권 수립에도 참여하였으며 북한의 국어 연구 단체인 조선어문연구회의 위원장이 되어 북한의 어문 정책을 주도하였다. 남북의 분단과 대립 속에서 월북이라는 낙인으로 인해 해방 3년간 남쪽에서 전개된 이극로의 활동은 제대로 조명 받지 못하다가, 1987년 6월항쟁 이후에야 그에 대한 학술적 연구가 가능해졌다.[102]

---

97) 이종룡, 「고루 이극로 박사를 찾아서」, 이극로박사기념사업회 편, 『이극로의 우리말글 연구와 민족운동』, 선인, 2010, 34~35쪽.

98) 1947년 봄, 이사회에서 학회 운영 문제를 논의하던 중 최현배와 이극로가 몹시 다투었다. 원인은 이극로가 정치 활동 때문에 학회 일을 등한히 한다는 거였다. 건민회 사무실을 학회 회관 2층에다 둔 것도 문제였다(최호연, 『조선어학회, 청진동 시절』 상, 진명문화사, 1992, 34~35쪽).

99) 조선어학회·한글학회 『이사회 회의록(1948.6~1949.9)·(1951.10~1959.1)』, 1948.8.28.

100) 조선어학회·한글학회 『이사회 회의록(1948.6~1949.9)·(1951.10~1959.1)』, 1948.8.11. "서무부 책임자 이극로 시가 오래 결근 중에 있으므로, 9월 총회 때까지 정인승 씨에게 서무부를 맡기기로 함."

101) 조선어학회·한글학회 『이사회 회의록(1948.6~1949.9)·(1951.10~1959.1)』, 1948.8.28.

102) 이종룡은 좌우합작운동에 전념한 이극로의 활동을 규명하면서 남한 단독정부 수립을 목전에 둔 상황에서 끝까지 남북협상을 위해 노력한 이극로의 활동에 의미를 부

박지홍은 일제강점기에 조선어학회를 지킨 '큰 기둥'으로 이극로와 최현배를 꼽았다. 학회 운영과 대외적인 일들은 이극로, 학술적인 문제들은 최현배가 분담하는 방식이었다. 이렇듯 내외 업무를 분담한 두 사람의 관계는 어땠을까?

1947년 『조선말 큰사전』 1권 발간 전, 사전에 올릴 말본(문법)의 용어를 말본(이름씨, 대이름씨)으로 할 것이냐, 한자(명사, 대명사)로 할 것이냐 하는 문제를 놓고 갑론을박이 펼쳐졌다. 최현배는 말본을 고집했지만, 반대도 많았다. 일부 학자들만이 쓰는 용어로 통일하면 실제 사전 사용자들은 불편을 겪어야 한다는 것이었다. 쉽게 결론이 나지 않을 때 이극로는 다음과 같이 말했다.

> 여러분! 우리 학회가 낸 한글맞춤법통일안은 최현배 선생의 문법 체계가 그 토대가 되어 이루어졌다는 것을 여러분은 잊어서는 안 될 것입니다. (중략) 최현배 선생의 문법이 없었더라면 우리는 큰 사전의 체계를 이렇게 빨리 세울 수도 없었을 것이고, 이렇게 훌륭한 체계를 세울 수도 없었을 것입니다. 나는 물론 명사, 대명사를 지지합니다. 그러나 한번 생각해 보십시오. 최현배 선생이 굳이 이름씨, 대이름씨로 해야 하겠다고 우기신다면, 우리는 그 의견에 따를 수밖에 없습니다. 우리가 맞서서 명사·대명사로 해야 한다고 우기는 것은, 흡사 남이 다 지어 놓은 집에 가서 벽지는 무슨 색깔로 하라, 못은 어디에 치라 하는 것과 마찬가집니다. 최현배 선생은 왜정 때 생명을 걸고 우리말의 문법을 집대성하셨습니다. 우리가 이제 와서 무슨 염치로 선생이 세운 체계를 두고 용어만은 우리 생각에 맞게 고치겠다고 하겠습니까?[103]

여하였고(이종룡, 「이극로 연구」, 이극로박사기념사업회 편, 『이극로의 우리말글 연구와 민족운동』, 선인, 2010), 박용규는 해방 후 조선어학회를 대표한 이극로가 미군정의 언어정책에 깊이 개입하면서 한글 보급, 한글 전용 등에서 업적을 남겼다고 평가하였다(박용규, 「해방 후 한글운동에서의 이극로의 위상」, 이극로박사기념사업회 편, 『이극로의 우리말글 연구와 민족운동』, 선인, 2010). 차민기는 해방 후 의무 교육과 영재 교육의 발전을 위해 노력한 이극로의 교육 운동에 의미를 부여했다(차민기, 「고루 이극로 박사의 삶 연구」, 이극로박사기념사업회 편, 『이극로의 우리말글 연구와 민족운동』, 선인, 2010).

이극로의 발언이 끝나자 좌중은 숙연해졌다. 물론 이 자리에 최현배는 없었다. 사전 편찬은 해방 전부터 이극로가 심혈을 기울여 추진해 온 대 사업이었다. 사전편찬위원회를 조직하고, 편찬 자금을 조달하고, 편찬 업무를 지휘한 책임자는 이극로였다. 하지만 사전 편찬의 학술적 기초 확립에 있어서 이극로는 최현배의 공로를 누구보다 잘 알고 있었고, 그런 최현배를 마음속으로부터 존경하고 있었다.

해방 전에 발표된 글이기는 하나 이극로에 대한 최현배의 평가도 호의적이었다. 최현배는 "이 대사업을 일신에 독담(獨擔)하고 나아가는 이극로 씨의 만난극복의 인내와 신가불고(身家不顧)의 적성(赤誠)이야말로 일신의 안일과 일가의 이익에 급급한 현대인의 상상하기에도 어려울만한 것이 있음을 여기에 특히 적어 경의를 표하지 안흘수 업는 바이다."라며[104] 사전 편찬을 위해 개인의 이익을 탐하지 않고 헌신하는 이극로에 경의를 표했다.

이 같은 사실을 고려하면 두 사람 사이의 기초적인 신뢰 관계는 오래 전부터 구축돼 있었다고 봐야 할 것이다. 이극로는 최현배의 학문적 성과를 인정하고 있었으며, 최현배는 사전 편찬 사업을 주도한 이극로를 높이 평가했다. 그렇기 때문에 두 사람은 상호 보완적인 영향을 주고받으며 일제강점기와 해방이라는 격동의 20년 성상을 조화롭고 안정적으로 학회를 운영할 수 있었을 것이다.

그런데 1948년 4월 평양에서 열린 남북 정치 지도자 회의에 참가한 이극로는 다시 남쪽으로 돌아오지 않았다. 그리고 이극로가 북한에 잔류한 이유를 스스로 밝히지 않았기 때문에 이극로가 북한을 선택한 이유는 여전한 수

---

103) 박지홍, 「고루 이극로 박사의 교훈」『한글문학』22, 한글문화사, 1994. 겨울호, 20~21쪽.

104) "이 大事業을 一身에 獨擔하고 나아가는 李克魯氏의 萬難克服의 忍耐와 身家不顧의 赤誠이야말로 一身의 安逸과 一家의 利益에 汲汲한 現代人의 想像하기에도 어려울만한 것이 있음을 여기에 特히 적어 敬意를 表하지 안흘수 업는 바이다."『조선일보』1937.5.16. 「조선어사전완성론 6」

수께끼로 남아있었다.

1948년 4월 남북 통일 정부 수립을 위한 회담이 평양에서 개최되었다. 19일부터 23일까지 남북조선제정당사회단체대표자연석회의(이하 남북연석회의)가 진행되었고, 26일부터 30일까지 4인회담으로도 불리는 남북요인회담이 열렸다. 민족자주연맹 대표로 회의에 참가한 이극로는 4월 23일 회의에서 조선 인민의 의사에 배치한 남한만의 단독 선거를 거부하는 한편, 통일독립을 위한 구국투쟁을 시작하자는 호소를 담은 「전조선 동포들에게 격함」이란 격문을 읽었다.[105] 4월 30일 공동성명서가 발표되었고, 5월 5일 김구와 김규식 등이 서울로 귀환했으나 이극로는 홍명희, 이용, 장권 등과 함께 북에 남았다.[106]

이극로는 왜 북에 남았을까? 문헌 자료도 없고 증언도 없는 상황에서 추정만이 가능했다. 서중석은 이극로, 홍명희 등과 같은 중도우파 계열의 인사들이 북을 선택한 이유로, 북의 친일파 처리 문제나 제반 개혁, 경제의 정비 등이 남한과 크게 대비되었던 점 등을 보고 북을 지지하거나 동경하는 분위기가 있었을 것이라고 분석하였다.[107]

1990년대 초반 이극로 연구의 물꼬를 튼 이종룡은 다음 세 가지 이유를 제시했다. 첫째, 남북합작운동에 정열을 바쳐온 만큼 남한만의 단정 수립을 추진하는 이승만과 한민당, 미군정에 환멸을 느낀 나머지 북한에 희망을 가졌다. 둘째, 일찍부터 깊은 관계를 유지했던 김두봉이 북에 남기를 희망했다. 셋째, 처가가 평안남도 진남포였기에 쉽사리 머물 수 있었다.[108] 차민기는

105) 『조선일보』 1948.4.27. 「남북연석회의에서 통과된 조선정치정세에 관한 결정서와 격문」 ; 김남식, 『남로당 연구』, 돌베개, 1984, 322쪽.

106) 서중석, 『남북협상－김규식의 길, 김구의 길』, 한울, 2000, 202~236쪽.

107) 서중석, 『남북협상－김규식의 길, 김구의 길』, 한울, 2000, 257쪽.

108) 이종룡, 「이극로 연구」, 이극로박사기념사업회 편, 『이극로의 우리말글 연구와 민족운동』, 선인, 2010, 79쪽 ; 이극로는 결혼도 서로 멀리 떨어진 지역의 사람끼리 해야 언어의 교류가 활발해져 방언이나 사투리 문제가 해결되어 통일이 이루어진다고 생각했다(같은 책, 57쪽). ; 김공순(金恭淳)은 평안남도 진남포 출신으로 평양여고와

이종룡의 추정을 그대로 수용했고,[109] 고종석은 언어정책론에 집중되었던 국어학적 관심을 펼치기에 사회주의 사회가 더 적당하다고 판단했을 가능성을 제시했으며,[110] 이희승은 상해 시절의 동료였던 김두봉의 권유를 따랐을 것이라고 추측하였다. 박용규는 이승만의 단정 반대, 친일파 반대, 정치인에 대한 백색테러 반대와 함께 김일성의 권유를 가능성으로 지적했다.[111] 김일성 권유설은 로동신문(1988.5.16.)의 보도에 근거한 것으로 보이는데, 그 내용은 다음과 같다.[112]

> 장군님, 신의의 기상 넘치는 북에 와보니 더 이상 어데도 가고싶은 데가 없습니다. 장군님께서 허락만 해주신다면 내 여기 그대로 눌러앉아 민주건국에 몸을 바칠가 합니다(이극로-글쓴이).
>
> 위대한 수령님께서는 잘 생각했다고 선생이 북반부에 남으면 할 일이 많다고 하시면서 함께 손잡고 민족문화도 건설하고 우수한 우리 나라 언어도 발전시키자고 뜨겁게 말씀하시었다. 그러시면서 새조선의 민족문화를 건설하는 사업은 응당 선생과 같은 분들이 맡아주어야 한다고 하시였다.[113]

보도 내용이 사실이라면 김일성과 이극로는 남북연석회의 기간 중 어떤 시점에 만났다. 이극로가 북에 남을 것을 희망했고, 김일성이 이극로의 의사를 수용하면서 언어 발전과 문화 발전에 힘써줄 것을 당부했다. 남북연석회

경성여자사범학교를 졸업한 소학교 교사로 1929년 12월에 이극로와 결혼했다(같은 책, 36쪽). ; 결혼식은 경성에서 올렸고, 유진태(兪鎭泰)가 주례를 봤다. 인희제(寅熙濟)와 김기전(金起田)이 축사를 했고 내빈으로 최린(崔麟), 이호연(李浩然), 최현배, 조기간 등이 참석했다(『삼천리』 12-3, 1940.3. 「장안 신사 가정 명부」).

109) 차민기, 「고루 이극로 박사의 삶 연구」, 이극로박사기념사업회 편, 『이극로의 우리말글 연구와 민족운동』, 선인, 2010, 113쪽.

110) 한겨레신문 문화부, 『발굴 한국현대사 인물 1』, 한겨레신문사, 1991, 78쪽.

111) 박용규, 『조선어학회 항일투쟁사』, 한글학회, 2012, 311~312쪽.

112) 고영근, 「이극로의 사회사상과 어문운동」, 이극로박사기념사업회 편, 『이극로의 우리말글 연구와 민족운동』, 선인, 2010, 241쪽.

113) 『로동신문』 1988.5.16. 「한 언어학자의 민족애를 귀중히 여기시고」

의가 열렸던 1948년으로부터 40년 후에 작성된 기사이지만, 두 사람이 만났을 가능성, 위와 같은 대화를 나눴을 가능성이 없지는 않을 것이다. 하지만 1948년이라면 김일성보다는 해방 이전부터 이극로와 인연이 두터웠던 김두봉이 북에 남을 것을 권유했을 가능성이 더 높을 것이다.[114)]

김두봉은 북한 정권의 2인자이자 북한 최고의 국어학자였다. 그러나 김두봉은 1956년 8월종파사건의 여파로 시작된 연안파에 대한 숙청으로 희생되었고, 그 후 북에서조차 잊힌 인물이 되었다.[115)] 이극로를 만나서 잔류를 권유한 것이 김두봉이었다 해도 사실대로 보도할 수 없는 것이 현실이었다. 그렇기 때문에 위 기사는 김일성 유일지배체제 속에서 김일성 우상화를 위해 각색된 것으로 봐야 할 것이다.

이상 여러 가지 추정을 종합하면 이극로가 북에 남은 이유는 정치적 상황에 따른 선택이거나 한글 운동을 위한 선택으로 볼 수 있을 것이고, 혹은 두 가지 문제가 복합적으로 작용한 것으로도 추정할 수 있을 것이다. 로동신문이 보도한 김일성의 권유가 가공된 것이라 해도 언어 발전, 문화 발전 그리고 정치 발전은 시대의 과제였으므로 모든 문제가 복합적으로 작용했을 수도 있다.

그렇다고 하더라도 이극로가 북한을 선택한 결정적인 동기는 무엇이었을까? 새삼스럽게 다시 한 번 이러한 질문을 던지는 까닭은 이극로 북행의 이유를 정확히 짚어볼 필요가 있기 때문이다. 해방 후 3년간 이극로는 정치적으로 왕성하게 활동했다. 좌우합작을 위해 동분서주하였고, 남북의 통일을 위해 노력했다. 그렇기 때문에 남한만의 단독 정부 수립이라는 단계를 거쳐

---

114) 이극로는 1919년 상해 동제대학에서 수학할 때 김두봉을 만난 것을 계기로 한글 연구에 큰 뜻을 품게 되었는데, 이 사연을 보도한 기자는 김두봉을 이극로의 스승이라 표현하였다(『조선일보』 1937.1.1. 「玉에서 틔 골르기」). ; 이종룡, 「이극로 연구」, 이극로박사기념사업회 편, 『이극로의 우리말글 연구와 민족운동』, 선인, 2010, 55쪽). ; 박용규, 『북으로 간 한글운동가 이극로 평전』, 차송, 2005, 73~74쪽.

115) 심지연, 『잊혀진 혁명가의 초상 김두봉 연구』, 인간사랑, 1993, 224~232쪽 ; 이종석, 『조선로동당연구』, 역사비평사, 1995, 275~284쪽.

남과 북이 분단 정부 수립의 방향으로 나아가는 상황을 참을 수 없었을 것이다. 이종룡의 지적처럼 이승만과 한민당, 미군정에 대한 반감과 회의도 컸을 것이다.

하지만 오랜 유학 생활을 마치고 1929년 귀국한 이극로가 줄곧 한글 운동에 헌신해 온 점을 고려한다면 북한을 택한 이유를 정치적으로만 해석할 수는 없을 것이다. 일찍이 언어를 민족 문제의 중심으로 보고 어문운동을 민족 혁명의 기초로 판단하고 있던 이극로였기에,[116] 김두봉이 북쪽의 국어 문제를 맡아달라고 권유를 했다면 북에 남는 것은 그렇게 어려운 문제가 아니었을 것이다.

그런데 지난 2006년 이극로의 북행에 대한 주목할 만한 증언이 나왔다. 한글학회에서는 2005년 12월~2006년 3월까지 학회와 관련이 깊은 한글 문화 인물 30인에 대한 대담을 진행하였는데, 박지홍 교수가 이극로의 북행에 대해 입을 열었다.[117]

해방 후 부산에서 신생사란 출판사를 운영한 정재표란 인물이 있었다. 을유문화사 회장 정진숙의 회고에 따르면, 정재표는 상당히 신의가 있는 인물이었으며,[118] 1949년 한글전용촉진회 경남지회 회원으로 활동했다.[119] 정재

---

116) 이극로, 『고투 40년』, 범우, 2008, 111쪽.

117) 박지홍은 해방 후 부산에서 활동했다. 1945년 9월에 부산학생문화동지회 창립에 가담하여 국어부장으로 뽑혔고, 같은 해 10월부터 49년 2월까지 부산 제2중학교(지금의 경남고) 교유〉교사〉강사를 지냈다. 1946년에는 경남 중등교원 양성소 강사를 했고, 같은 해 11월부터 47년 4월까지 부산대학 강사를 하면서 영남 국어학회 기관지 편집책임을 맡았다. 48년 1월부터 49년 10월까지 동래중학교 교사, 49년 10월부터 52년 4월까지 부산중학교 교사를 지냈다. 같은 해 11월에 한글전용촉진회 부산지부 상임 운영위원이 되었고, 52년 4월 한글학회 본회 회원이 되었다(박지홍 교수 회갑 기념 출판물 간행회, 『두메 박지홍 선생 회갑 기념 논문집』, 부산: 태화출판사, 1984, 14쪽).

118) "방학 중에는 학생들에게 잡지를 나눠 줄 길이 없다며 약정한 잡지를 고스란히 반품하는 사례가 발생한 것이다. 지사들이 출판사와 맺은 계약을 일방적으로 파기한 이이었지만 그래도 딱 한 곳의 지사에서는 신의를 지켰다. 부산 지사를 맡은 '신생사'

표가 학회와 인연을 맺은 사연은 다음과 같다. 해방 후 어느 날 정재표가 서울에 올라가 학회를 방문했고, 이극로 선생을 비롯한 회원들을 만나 왜정 때 고생 많이 하셨다고 위로하고는 날을 잡아 조선호텔에서 회원들에게 저녁을 대접했다. 이렇게 인연을 맺은 이극로와 정재표가 그 후 함께 책을 만들기로 했는데, 남북연석회의 참가를 앞두고 약속을 이행하기 어렵게 된 이극로가 정재표를 만나 은밀하게 사정을 설명했다.

> 질문자: 공개하기 어려웠던 일이 있었을 텐데요, 꼭 밝히고 싶은 이야기가 있다면 해 주십시오.
>
> 박지홍: 밝혀두고 싶은 것은 고루 이극로 박사의 월북입니다. 그런데 아무도 모릅니다. 그러니까 1946년도에 부산에 정재표란 분이 있었는데 신생사란 출판사를 하고 있었어요. 그 신생사 출판사의 고문이 납니다. 왜냐하면 내가 맞춤법을 보고 있었으니까. 이 분이 나에게 하는 말이 46년도 서울에 올라가서 한글학회에 가서 이극로 선생을 뵙고 (중략) 1948년에 남북협상 있기 전에 이극로 박사가 정재표 선생을 만나자고 그래. 정 선생 그렇게 약속을 해가지고 우리가 책을 같이 내기로 했는데, 내가 북으로 가야 되겠습니다. 그 이유는 김두봉 선생이 편지를 했는데 나라가 두 쪼가리 나더라도 말이 두 쪼가리 나서는 안 된다. 그러니 사전 편찬이 중한데 북에 사람이 없다. 남쪽에는 최현배 선생만 있어도 안 되나? 그러니 당신은 북으로 와 달라. 그래서 내가 응낙을 했습니다. 내가 만약 북으로 가게 되면 정 선생님에게는 은혜를 잊지 못해서 내가 이야기하는 거고 아무에게도 이야기하지 않았습니다. 내가 북으로 가게 되면 돌아오지 못할 겁니다. 그래 남북협상 때 안 돌아왔어요. 못 돌아 온 게 아니라 벌써 뭐 식구들은 다 보냈다 그러더구먼요. 그래 그 분이 정말로 우리 국어학을 우리 국어를 우리말을 위해서 갔나? 그게

란 서점이었다. 그곳만 유일하게 방학을 이유로 잡지를 반품하는 일이 없었다. 당시 신생사의 정재표 사장은 '출판사와 약속한 것을 이행하지 않고 잡지대금을 안 보내면 잡지사가 어떻게 유지되겠느냐?'며 오히려 우리에게 반문할 정도였다. 이런 일이 인연이 되어 훗날 6·25전쟁 때 부산으로 피난 갔던 우리는 임시 연락사무소를 신생사 사무실 한 칸을 빌려 마련하기도 했다." 정진숙, 『출판인 정진숙』, 을유문화사, 2007, 116쪽.

119) 한글학회, 『한글학회 100년사』, 한글학회, 2009, 787쪽.

아니면 북쪽의 정치를 위해서 갔나? 모두 오해를 하고 있거든. 그런데 분명히 북에 갈 때 자긴 정재표 선생한테 얘기할 때 난 오직 거기 가서 조선말 사전을 편찬하기 위해서 간다고[120]

이상 박지홍의 증언에서 두 가지 중요한 사실을 발견할 수 있다. 그 동안 이극로 북행에 대한 유력한 추정 중 하나는 남북연석회의에 참석한 이극로가 김두봉의 권유에 의해 잔류했다는 것이었다. 그러나 박지홍의 증언에 따르면 이극로의 북행은 남북연석회의 참석 이전에 결정되었다. 이극로는 평양에 가기 전에 김두봉의 편지를 받았고, 북에 와서 사전을 편찬해 달라는 요청을 받았다. 남에는 최현배가 있지만 북에는 아무도 없다는 것이 이극로를 북으로 청한 이유였다.[121] 둘째는 김두봉이 남북 언어의 통일을 기하기 위한 사전 편찬 사업을 맡기기 위해 이극로를 북으로 초청했다는 것이다. 김두봉은 상해 망명 시절에도 사전 편찬에 온갖 노력을 기울였고,[122] 이극로 역시 사전 편찬을 중요한 민족적 사업으로 생각하고 있었다. 독일 유학을 마치고 귀국하던 이극로는 조선에 돌아가면 무엇을 할 것이냐는 장덕수의 질문에 '조선어 사전'을 만들 거라고 즉답한 바 있다.[123]

해방이 된 후 38선 이남에서는 이윤재의 『표준조선말사전』(1947)과 조선어학회의 『조선말 큰사전』 1권(1947)이 나왔지만,[124] 38선 이북의 상황은 알 수 없었다. 따라서 해방 후 남쪽에서 한글 운동의 진행 상황과 일정한 성과를 목도한 이극로가 남쪽의 국어 문제는 최현배, 장지영 등이 있는 학회가

---

120) 한글학회, 「박지홍 구술」 『한글 문화 인물 녹취 자료』(2005. 12~2006. 3)

121) 대종교 사무총장 심순기는 대종교의 원로들이 이극로가 북행한 이유에 대해 이극로와 최현배 사이에 남쪽의 언어 운동은 최현배가 맡고 북쪽의 언어 운동은 이극로가 맡기로 했다는 밀약이 있었다고 자주 말씀하셨다고 했다(글쓴이는 2012년 6월 7일 토요일 오후 3시 대종교총본사에서 대종교 심순기 사무총장을 만나 이야기를 들었다).

122) 심지연, 『잊혀진 혁명가의 초상 김두봉 연구』, 인간사랑, 1993, 224~232쪽.

123) 『조선일보』 1937.1.1. 「玉에서 티 골르기」

124) 이병근, 『한국어 사전의 역사와 방향』, 태학사, 2000, 42~44쪽.

감당할 수 있으리라 보고, 김두봉의 권유에 따라 자신이 북쪽 언어 문제를 맡아 해결해 나가야겠다고 결심했을 개연성이 매우 높다. 따라서 이극로의 북행은 사전에 계획되고 의도되었던 것으로 봐야 할 것이다.

회의 참석차 평양에 간 이극로가 돌아오지 않고 있던 어느 날, 조선어학회 서무 이선희는 이극로 집에 전해달라는 쪽지를 한 장 받았다. 조그맣게 돌돌 말린 쪽지를 이극로 집에 가져가니 부인도 있었고 아이들도 있었다고 한다. 그런데 쪽지를 전달한 후에 가족들이 모두 사라졌다. 이선희가 자신이 전달한 쪽지가 북으로 오라는 '통지서'였을 거라고 기억하고 있는 것처럼 평양에 있는 이극로로부터 오라는 전갈을 받고 가족들도 북쪽으로 떠났다.[125]

이상의 내용을 종합하면 이극로는 남북연석회의 참가 이전에 이미 북행을 결심했다. 김두봉의 요청을 수용한 결과였지만, 남북 분단을 눈앞에 둔 상황에서 남북통일과 좌우합작운동에 전념해 온 이극로에게 남북의 분단은 국토의 분단에 그치는 것이 아니라 언어의 분단으로 이해되었을 것이다. 이극로는 국토는 분단되더라도 언어의 분단만큼은 막아야 한다는 절박한 심정으로 김두봉의 요청을 받아들였다.

이극로의 북행은 학회의 다른 인사들에게도 적지 않은 영향을 끼친 것으로 보인다. 1948년부터 한국전쟁을 전후한 시기에 학회 회원 중 김병제, 유열, 정열모 등 세 명의 인사가 월북했는데, 이들 중 김병제와 유열은 이극로와의 관계와 영향 속에서 월북한 것으로 보인다.

김병제는 1946년 2월 임시총회에서 출판부 이사로 임명되어, 상근하고 있었지만, 48년 4월 이후 보이지 않는다. 『한글』은 사전 편찬원으로 일하던 김병제가 병환으로 8월 2일부로 휴직한 것으로 기록하고 있고,[126] 1948년 9월

---

125) 「이선희 구술」, 2012.7.20. 15~17시 30분. 장소: 행당동 사랑방 하늘나무. 글쓴이와 대담 ; 2003년 10월 3일 평양에서 열린 개천절 남북공동행사에 이극로의 장남 이억세가 단군민족통일협의회 부회장 자격으로 참가했다(『민족 21』 35, 2004.2, 「너희가 왜 홍익 대학교인지 아느냐?」).

126) 조선어학회, 『한글』 105, 1949.1, 69쪽.

26일 이사회에서도 이사 김병제의 상무 직책이 8월 2일에 끝난 것으로 처리하고 있지만, 김병제가 학회에 마지막으로 출근한 것은 1948년 5월 1일이었다.[127]

해방 후 도서부 이사로서 상근하고 있던 김병제는 5월 2일부터 학회에 출근하지 않았고, 학회는 결근 사유를 병환으로 기록하고 있다. 그러나 「북한인명록」에 따르면, 김병제가 "48년 7월 월북한 후 김일성종합대학에서 후진 양성에 힘썼는가 하면 사회과학원 언어학연구소 소장으로 일했다."라고 기록하고 있으며, 8월에는 이미 김일성대학 언어학 교수로 재직하고 있었다.[128]

이 같은 사실을 근거로 추정해 본다면, 김병제는 남북연석회의가 열린 4월 이후 신병에 변화가 생겼다. 김병제가 이극로의 경우처럼 남북연석회의 참석차 북행했다는 공식 기록은 없다. 『한글』에도 『이사회 회의록』에도 없다. 따라서 김병제의 북행이 언제 이루어졌는지, 목적이 무엇이었는지 알 수 없다. 다만, 이극로가 북에서 함께 일할 사람으로, 특히 사전 편찬을 중시한 그가 사전 편찬을 함께할 동료로서 김병제를 불러들였을 가능성을 배제할 수 없다. 그리고 그 시기는 이극로가 사임원을 낸 7월 12일 이후로 추정할 수 있을 것이다. 평양의 이극로가 서울의 학회에 사임원을 제출하면서 가족들에게 북으로 오라는 전갈을 띄울 때, 김병제에게도 뭔가 의사를 전달했을 수 있다. 이희승은 한국전쟁 때 김병제가 서울에 나타났다고 증언했다.

> 조선어학회 사건으로 옥고를 같이 치른 환산 이윤재의 사위인 그의 출현은 매우 충격적이었다. 그가 어떻게 하여 월북을 했는지는 알 수 없다. 그런데 그의 강연 내용은 더욱 놀라웠다. 언어학의 시조는 스탈린이라는 어처구니없는 장광설을 늘어놓은 것이었다.[129]

---

127) 조선어학회·한글학회 『이사회 회의록(1948.6~1949.9)·(1951.10~1959.1)』, 1948.9.26.
128) 『연합뉴스』, 북한인명록 http://100.daum.net/yearbook/view.do?id=56547
129) 이희승, 『일석이희승자서전 다시 태어나도 이 길을』, 선영사, 2001, 182쪽.

1950년 6월 28일 서울이 인민군의 수중에 들어가고 미처 피난을 떠나지 못한 이희승은 인공 치하에서 고초를 겪고 있었다. 어느 날, 삼청동에서 열린 강연회에 동원되었는데, 그 때 연사로 나온 사람이 바로 김병제였다. 월북한 김병제의 구체적인 활동에 대해서는 후술하기로 한다.

해방 직후 밀양에서 한국어를 연구하고 있던 유열은 조선어학회의 후원으로 부산에 진출하여 '한얼몬음'을 조직하였고, 잡지 『한얼』 제1, 2호를 발행하고, 배달학원이라는 야간 중학교를 운영하였다.130) 1946년 9월 이후 학회의 정식 회원이 되어 사전 편찬에 종사하고 있었는데,131) 1948년 6월 28일부터 신병으로 결근하였고, 9월 30일 정식으로 사직원을 냈다.132) 건강상의 이유로 사전 편찬에서 손을 떼기는 하였지만, 그 후에도 유열은 학회가 만든 세종중등국어교원양성소에서 강사로 활동하다가 한국전쟁 때 월북했다.

조선신보의 보도에 따르면 유열은 전쟁 중 미군에 대항해 싸우는 의용군에 참가했다가 월북하였다.133) 1996년 김일성의 서거 2주기를 맞아 쓴 유열의 짧은 수기는 온통 김일성에 대한 예찬이다. 수기에 따르면, 유열은 부산에서 해방을 맞고 새 희망에 부풀었지만, 미군정의 영어 공용어 정책에 분노하였고, 울분에 찬 나날을 보냈다. 그 때 유열은 "내 마음은 해방의 은인이시며 민족의 태양이신 위대한 수령님의 은혜로운 손길 아래 자랑스러운 우리 민족어가 찬란히 개화하는 공화국북반부에로만 쏠렸다"고 했다. 그러고는 '조국해방전쟁시기 서울해방'과 함께 공화국의 어학자로서 보람찬 과학탐구의 길에 들어섰다고 한다. 개인사에서도 월북은 상당히 중요한 사건일 테지만, 월

130) 한글학회, 『한글학회 100년사』, 한글학회, 2009, 786~787쪽 ; 이응호, 『미 군정기의 한글운동사』, 성청사, 1974., 99쪽.

131) 조선어학회, 『한글』 99, 1947.3, 72쪽.

132) 조선어학회·한글학회 『이사회 회의록(1948.6~1949.9)·(1951.10~1959.1)』, 1948.10.1.

133) "전쟁이 터지고 류렬씨는 미군을 반대하여 싸우는 의용군에 참가, 전쟁의 불길을 헤치며 이북으로 넘어오게 된다. 《자기 나라 말과 글을 마음껏 연구할 수 있는 조건은 마련됐다. 이제부터는 모든 책임이 자신에게 있다.》 그때부터 그의 아침 일과가 시작되었다." 『조선신보』 1999.12.20. 「1999 평양, 건강의 비결 로박사의 아침일과」

북 당시의 구체적인 상황에 대한 설명은 전혀 없다. 당사자가 직접 쓴 수기임에도 알 수 있는 것은 한국전쟁 때 월북했다는 사실뿐이다.[134)]

정확한 월북 시기를 파악하기는 어렵지만, 1950년 9월 28일 3개월간의 서울 점령이 끝나고 인민군이 퇴각할 무렵이었을 가능성이 높다. 월북 후 유열은 잠시 조선어문연구회의 연구부장으로 있다가 1952년부터 1957년까지 중국 베이징대학교 동방어문학부 조선어강좌 초빙교수로 가 있었다.[135)] 바로 그 때 처음 김일성을 만났고, 두 번째 만남은 1964년 1월 3일에 이루어진 김일성과 언어학자들의 만남에서였다.[136)] 월북 전까지 단 한 번 만난 적도 없었다. 그런데 일면식도 없는 김일성을 우러르는 감정을 품었다는 것이 진실이었을까? 월북 이전의 유열과 김일성 간에는 어떤 접점도 보이지 않는다. 이런 사정을 감안하면 김일성을 우러르다가 북으로 갔다는 얘기는 설득력이 없다. 그렇다면 유열은 왜 월북을 선택했을까? 이에 대해 박지홍은 다음과 같이 말했다.

> 내가 중등교원양성소에서 강의할 때 유열 선생이 문법을 강의하고 있었다. (중략) 유열 선생은 나보다 6살 위다. (중략)

---

134) 그런데 유열이 월북 전부터 우러러 보았다던 김일성을 만난 것은 생애 딱 두 번이었다. "1952년부터 베이징대학 동방언어학부에서 조선어를 배워주고 있던 나는 이날 뜻밖에도 오매에도 그리며 흠모하여마지 않던 어버이수령님을 만나뵈옵는 크나큰 영광을 지녔다. (중략) 위대한 수령님을 두 번째로 만나뵈온 1964년 1월 3일은 나의 일생에서 두고두고 추억에 남은 가장 뜻깊은 날이였다. 이날 언어학자들과 자리를 같이 하신 위대한 수령님께서는 오랜 시간에 걸쳐 민족어발전에서 절박하게 해결을 기다리는 모든 문제들에 전면적이고도 완벽한 해답을 주시여 방향없이 안타깝게 모대기기만 하던 우리 언어학자들의 가슴을 후련하게 해주시였다." 류렬, 「위대한 스승의 제자답게 한생을 살리」『문화어학습』 1996년 제3호(186호), 과학백과사전종합출판사, 1996.7, 9~11쪽.

135) 북한자료센터, 디지털북한인명사전 http://www.kppeople.co./

136) 이날 김일성은 교시를 통해 조선어가 당면한 제 문제애 대한 견해를 표출하였다(조선로동당출판사, 「조선어를 발전시키기 위한 몇 가지 문제(1964.1.3)」『김일성저작집 18』, 1982, 14~27쪽).

> 6·25 동란 때 나는 서울 출판사에 있었어요. 출판사에 가서 책 하나 내려고 있었는데, 유열 선생이 사람을 보냈어. 동란 중입니다. (중략) 삼선교에서 나를 좀 만나자. 참 (전쟁 중이라－글쓴이) 어떤 일이 있을지 모르는데, 부처님이 돌봐 주시겠지 하고 갔더니, 서 계세요. 유열 선생은 왜정 때 한글학회에 가서 이극로 박사를 뵀고, 거기 영향을 받아 가지고 국어학을 한 것입니다. 그리고 이극로 박사를 아버지 같은 존재로, 아버지보다 더 높은 존재로 생각하고 있어요.. 그 분이 유열 선생에 대한 인생 설계를 해주고 그랬거든요. (중략)
>
> 나는 이극로 박사를 찾아가야겠다. 나는 이극로 박사 안 계시면 나는 못산다. 그러면 뭐 남북통일이야 쉽게 안 되겠나? 그 때 만나기로 하고 몸조심해서 내려가요(박지홍에게 조심해서 부산으로 내려가라는 뜻이다－글쓴이). 그래서 이극로 박사 찾아서 가버렸거든요. 그것도 아는 사람이 없습니다.[137]

유열과 친분이 두터웠던 박지홍이 한국전쟁 중에 서울 삼선교에서 유열을 만나 직접 들은 이야기다. 박지홍에 따르면 유열은 아버지 같은 스승 이극로를 찾아 자진 월북했다.[138] 유열이 이 같은 결단을 내릴 수 있었던 것은 머지않아 통일이 되면 다시 만날 수 있을 것이라는 확신에 가까운 희망과 기대가 있었기 때문이었다. 게다가 당시가 전쟁 중이라는 것도 통일의 실현 가능성을 높여준 현실적인 요인이었을 것이다.

학회 회원 중 또 한 사람의 월북 인사는 정열모였다.[139] 정열모(1895~

---

137) 한글학회, 「박지홍 구술」『한글 문화 인물 녹취 자료』(2005.12~2006.3)

138) 1957년 중국으로부터 귀국한 유열은 사회과학원 언어학연구소 연구사로 재직했고, 1985년에 박사, 1987년 교수, 1988년 후보원사가 되었다(북한자료센터, 디지털북한인명사전 http://www.kppeople.co./). ; 2000년 8월 유열은 남북이산가족상봉행사 때 서울에 와서 전쟁 당시 홀로 떨어져 이산가족이 된 장녀 유인자를 만났다. 1·4 후퇴 당시 장녀 유인자는 어머니 정양자(鄭洋子)가 "아침에 집을 나간 아버지와 함께 곧 뒤따라 내려 갈 테니 외사촌 가족들과 먼저 외갓집으로 피신하라"고 해 혈혈단신 진주로 내려간 것이 가족과의 영원한 이별이 되었다(『동아일보』, 2000.8.16.「이산상봉 서울-평양 두 사연/"이렇게 만나다니…"」). 장녀가 외갓집으로 피신을 한 후, 유열은 아내와 남은 딸들을 데리고 월북했을 것으로 보이는데, 가족들을 데리고 의용군에 입대했을 가능성은 적지 않을까? 만일 입대했다면 북으로 가는 수단으로 입대를 선택하고 가족들은 의용군의 퇴각과 함께 북으로 갔을 것이다.

1968)는 충북 보은 출신으로 1945부터 1950년까지 조선어학회 회원, 홍익대학 학장으로 활동하였고, 한국전쟁 때는 남조선지역 과학자동맹 위원장을 지냈다. 전쟁 때 월북한 정열모는 1951년부터 1959년까지 김일성종합대학과 평양사범대학(1975년 김형직사범대학으로 개칭)에서 교원, 강좌장으로 일했다.[140]

2. 조선어문연구회의 성립과 인적 구성

해방 직후 북한 곳곳에서 각종 강습소가 문을 열고 조선어와 한글을 가르쳤다. 시급한 과제였던 문맹 퇴치 운동은 자발적으로 시작되었지만,[141] 이후 임시인민위원회의 체계적인 지도 아래 문맹 퇴치를 목적으로 하는 강습소는 '한글학교'로 명명되었으며,[142] 1949년 3월까지 진행된 문맹 퇴치 운동을 통

---

139) 최기영은 '납북'으로 판단하고 있다(최기영, 「白水 鄭烈模의 생애와 어문민족주의」 『한국근현대사연구』 25, 한국근현대사학회, 2003년 여름호). 월북인지 납북인지를 정확히 판단할 수 있는 근거가 없는 상황에서 이에 대한 판단은 쉽지 않다. 하지만 1950년경 북으로 간 정열모가 이듬해인 1951년부터 김일성종합대학의 교원이 되었다면, 설사 납북이었다 해도 큰 저항 없이 북쪽 체제에 전향한 인물로 봐야 할 것이고, 가교 역할을 한 것은 먼저 간 이극로, 김병제 등이었을 것이다.

140) 정열모는 1959년부터 1968년까지 사회과학원 언어학연구소 연구사, 1961년에 교수, 1963년에 후보원사가 되었으며, '조국통일상'을 비롯한 많은 상을 받았다. 1968년 8월 14일 사망하여 1996년에 반일애국렬사의 칭호를 받았다. 저서로는 『신편고등국어문법』(1949), 『가사선집평주』(1964), 『향가연구』(1965) 등이 있다(과학백과사전출판사 편집위원회, 「이름난 언어학자 정렬모」 『문화어학습』 2003년 제4호(215호), 과학백과사전출판사, 2003.10, 56~57쪽 ; 북한자료센터, 디지털북한인명사전 http://www.kppeople.co./).

141) 북한에서의 문맹 퇴치는 해방 직후로부터 사업이 종료된 1949년 3월까지를 4시기로 구분하는 것이 일반적이다. 1기는 자발적 운동에서 임시인민위원회 주도의 운동으로 변화되는 해방 후부터 1946년 11월까지이고, 2기는 1946년 12월부터 1947년 3월까지의 '동기문맹퇴치운동' 기간, 3기는 1947년 12월부터 1948년 3월까지 '제1차 겨울철문맹퇴치운동' 기간, 4기는 1948년 12월부터 1949년 3월까지의 '제2차 겨울철문맹퇴치돌격운동' 기간이었다(전혜정, 『문맹퇴치 경험』, 사회과학출판사, 1987).

해 230만에 달하는 사람들이 문맹에서 벗어났다.[143] 불과 3~4년 동안의 문맹 퇴치 운동이 대성공을 거둔 요인으로 북한의 공식 문헌은 김일성의 현지지도를 언급하고 있지만,[144] 문맹 퇴치 운동에 참가한 대중들의 배움에 대한 열기와 유일한 학습의 수단으로 '한글'을 선택한 것이 가장 큰 요인이었다.

실제로 북한의 문맹 퇴치 운동은 한자 폐지 운동과 궤를 같이 하였다. 김일성은 문맹을 해결하기 위해 농민들이 우리글을 배워야 하고, 신문 등 출판물에서 어려운 한자를 폐지할 것을 지시했는데,[145] 북한에서 서사 수단의 단일화를 통해 국한문 혼용의 이중 서사 체계를 버리고 한글 전용이라는 단일한 서사 체계를 선택한 것은 언어생활의 근간을 바꾸는 혁명적 조치였다. 한글은 문맹 퇴치를 위한 최적의 수단으로 선택되었고, 한글을 습득하여 문맹에서 벗어난 이들이 한자가 섞인 신문을 읽을 수 없다는 부조리한 상황을 타개하기 위해서도 신문과 잡지 등 출판물에서 한자는 퇴출되어야만 했다.[146] 한글이 유일한 서사 수단으로 선택된 것은 언어를 근로 대중의 혁명

---

142) 전혜정, 『문맹퇴치 경험』, 사회과학출판사, 1987, 34쪽.

143) 조선중앙통신사 편, 『조선중앙연감 1949』, 평양: 조선중앙통신사, 1949, 134~135쪽.

144) 조선로동당출판사, 「종합대학을 창설할데 대하여(1945.11.3)」 『김일성전집 2』, 1992, 225쪽.

145) "로동자들을 대상으로 하는 신문은 로동자들이 누구나 다 읽을 수 있도록 한자를 섞지 말고 국문으로 발간하여야 합니다. (중략) 로동자들은 해방 후에야 비로소 우리글을 배우기 시작하여 문맹을 퇴치하고 있습니다. 그렇기 때문에 신문에 한자를 섞어넣으면 로동자들이 그것을 읽을 수 없습니다. 로동자들을 위한 신문은 국문으로 발간하며 기사를 통속적으로 쓰도록 하여야 하겠습니다." 조선로동당출판사, 「로동자신문을 발간할데 대하여」 『김일선전집 3』, 1992, 80~81쪽.

146) 전혜정에 따르면, 한자 폐지는 다음과 같은 단계로 진행되었다. ① 일상생활에 깊숙이 침투한 한자어는 한글로 적었다. ② 신문의 제목글은 한글로 적었다. ③ 기사문에서는 괄호 안에 한자를 표기했으며, 때로는 한글과 한자를 병기했다. ④ 신문의 지면에서 한자의 사용빈도를 낮추었다(전혜정, 『문맹퇴치 경험』, 사회과학출판사, 1987, 120~121쪽). ; 김수경은 해방 직후 한자 폐지가 가능했던 요인으로 ① 문맹퇴치와 한자 폐지를 문화 혁명의 기초로 파악한 김일성 수령과 조선로동당의 지도력, ② 한자를 대신할 수 있는 한글의 존재, ③ 1930년대에 마련된 조선어 규범으로 한글 서사 가능, ④ 표음 문자 사용에서 장애가 되는 동음이의어가 적은 조선어의

과 건설의 수단으로 보는 유물사관의 관점에서도 당연한 것이었다.[147]

북한의 공식 문헌은 문맹 퇴치와 한자 폐지가 성공한 요인으로 김일성의 현지지도를 언급하고 있지만, 교시만으로 모든 문제가 해결될 수는 없었다. 해방 후 북한에는 주시경 학문을 계승한 국어학의 대가 김두봉이 있었다. 1945년 12월 귀국한 김두봉은 김일성 중심의 권력 체제에서 정치인으로서 2인자의 길을 선택했다. 1947년 2월 북조선인민회의 상임의원회 의장을 거쳐 1948년 9월 북한 정권 수립 후에는 최고인민회의 상임위원회 위원장이 되었다.[148]

주시경의 후계자, 독립동맹 주석, 북한 정권의 2인자라는 위상이 더해지면서 김두봉은 자연스럽게 북한 언어정책의 지도자가 되었다. 정치인으로서 김두봉은 눈코 뜰 새 없이 분주했기에 실제 언어정책의 수립과 집행을 직접 관장할 수는 없었지만, 김두봉의 저서 『조선말본』과 『깁더 조선말본』이 사실상 북한의 언어정책에서 강령의 역할을 했다.[149] 신구현은 김일성종합대학에 설치된 조선 어문학 강좌에 대해 다음과 같이 설명했다.

> 1946년 9월에, 김일성종합대학 창건과 더불어 력사 문학 부내에 조선 어문학 강좌가 신생되자, 이 강좌는 우선 진보적 언어학자를 망라하는데 적잖은 성과를

특성 등을 지적했다(말과 글 편집위원회, 「공화국 북반부에서는 어찌하여 한자를 폐지할 수 있었는가?」 『말과 글』 1, 조선민주주의인민공화국 과학원 출판사, 1958.2). 이 자료는 일본 도쿄에 있는 조선대학교 도서관에 소장돼 있다.

147) 해방 후 소련의 사회주의 언어학은 언어를 '인간 교제의 가장 중요한 수단'이라고 한 레닌과 '현실적 실천적 의식'이라고 한 마르크스·엥겔스와 '발전과 투쟁의 무기'라고 한 스탈린의 명제를 바탕으로 하는 것이었다(조선어문연구회, 조선어 학자로서의 김두봉 선생」 『조선어 연구』 1-3, 1949.6, 347쪽).

148) 심지연, 『잊혀진 혁명가의 초상 김두봉 연구』, 인간사랑, 1993, 133쪽, 171~172쪽 ; 이준식, 「최현배와 김두봉 – 언어의 분단을 막은 두 한글학자」 『역사비평』 82, 역사비평사, 2008 봄.

149) 이준식, 「최현배와 김두봉 – 언어의 분단을 막은 두 한글학자」 『역사비평』 82, 역사비평사, 2008 봄, 52쪽.

> 올리었다. 이 강좌는 통일적인 조선어의 발전을 위한 인재 양성의 유일한 기관일 뿐더러 실질적으로, 조선 어학 령역에 있어서 과학적 리론과 체계를 련마하는 곳으로 되었다. 이 강좌는 첫 출발부터 김일성 장군이 명시한 로선과 지시에 립각하여 직접으로 총장이시던 김두봉 선생의 엄격한 지도 하에 자기 사업을 전개하였다.[150]

조선 어문학 강좌는 김일성의 지시에 따라 설치되고, 김두봉의 엄격한 지도하에 운영되었다. 신구현의 기술대로 설령 김일성의 지시에 의해 강좌가 설치되었다 해도, 강좌의 방향과 내용을 엄격하게 지도하고 통제한 것은 국어학자 김두봉이었다. 그리고 이 글을 통해 알 수 있는 또 한 가지 사실은 조선어가 나아갈 길에 대한 김일성과 김두봉의 생각이 다르지 않았다는 점이다. 김일성의 '지시와 노선', 여기에 부합한 김두봉의 '엄격한 지도'는 양자의 생각이 잘 맞았다는 증거다. 따라서 현지지도에서 나온 김일성의 선언적인 발언에 온갖 문제 해결의 공을 돌리는 것이 북한의 실정인 점을 감안한다면,[151] 언어 문제에 관한 실질적 권한은 국어학자로서 실무를 책임진 김두봉에게 있었다고 보는 것이 옳을 것이다. 한자 폐지 문제도 같은 맥락에서 본다면, 일선에서 한자 폐지를 추진한 것은 본디 주시경의 한글 전용 사상을 계승한 김두봉이었을 것이다. 다음 글은 한자 철폐와 김두봉 그리고 「조선어 신철자법」의 관계를 설명한 글로 김두봉의 활동을 이해하는 적절한 근거를 제공해 준다.

---

150) 조선어문연구회, 「조선 어문의 통일과 발전 사업에 있어서 우리들 조선 어문 학가들의 당면과업」『조선어 연구』 1-8, 1949.12, 9~10쪽. 이 자료는 3권으로 영인된 고영근 편, 『조선어 연구』 1-3, 서울: 역락, 2001을 이용했으나, 쪽 표시는 본 잡지의 쪽수를 따랐다.

151) "위대한 수령 김일성동지의 주체적인 언어사상과 정력적인 령도에 의하여 이룩된 해방직후 우리 나라에서의 한자사용의 페지와 우리 글자에 의한 서사방식의 확립은 우리의 민족 글자를 수호하고 민족어를 발전시키는데서 중대한 문제로 되기 때문이다." 리광순, 「우리 나라에서 한자사용의 폐지와 우리 글자에 의한 단일한 서사방식의 확립」『문화어학습』 2007년 제4호(231호), 과학백과사전출판사, 2007.10, 10~11쪽.

> 1947년 북조선 인민 위원회의 결정에 의하여 조직된 조선 어문 연구회는 민족 공통어의 최후적 완성, 즉 조선 어문의 진정한 통일과 발전을 위하여 한자 철폐와 문자 개혁을 예견하는 철자법의 새로운 제정을 자기의 당면 과업의 하나로 내세웠다.
> 이것을 위하여는 무엇보다도 주시경 선생의 사상 속에 배태되고 조선어학회에 의하여 계승된 철자법 상의 형태주의 원칙을 더 한층 발전시킬 것이 요구되었다. 이 요구에 부합한 것이 수십 년간의 학적 연구에서 완성된 김두봉 선생의 문법 내지 철자법 상의 새로운 견해였으며, 이 새로운 견해를 토대로 하여 조선어문 연구회는 1948년 1월 15일 조선어 신철자법을 발표하여 어문운동사 상에 또 하나의 비약의 발자국을 남기게 되었다.[152]

조선어문연구회의 조직 목적은 '한자 철폐와 문자 개혁'을 시행하기 위한 새로운 철자법을 제정하는 것이었다. 따라서 새로운 철자법, 즉 「조선어 신철자법」(1948)은 한자 철폐와 문자 개혁을 위해 제정된 것이었다.[153] 게다가 새로운 철자법이 주시경 사상을 계승한 조선어학회의 형태주의, 김두봉의 철자법상의 견해를 바탕으로 제정되었다는 사실은 당시 언어학 분야에서 김두봉의 학문적 위상을 가늠할 수 있는 좋은 근거라 할 수 있을 것이다. 「조선어 신철자법」의 제정 과정을 검토한 고영근은 신철자법을 비롯해서 북한의 초기 어문 정책은 김두봉의 손으로 뼈대가 만들어졌다고 했다.[154]

---

152) 조선어문연구회, 『조선어문법』, 평양: 조선어문연구회, 1949, 86쪽(RG242, SA2012, Item #1-67 『조선어 문법』, 조선어문연구회, 1949(국립중앙도서관 dibrary)).

153) 신철자법이 한자 철폐를 전제로 제정된 것이란 내용은 다음의 글에서도 확인할 수 있다. "한자어 표기에 있어(頭音 ㄹ, ㄴ의 표기), 합성어의 표기에 있어 (분리부' 의 사용) 용언 활용에 있어 (신문자의 추가) 적지 않은 변동을 종래의 철자법에 가지여 왔으나, 이는 멀지 않은 장래의 한'자 철폐와 문'자 개혁을 앞두고 조선 어문의 통일과 발전의 위하여 반드시 겪어야 할 철자법 상의 개정이며, 이것 없이는 조선 민족이 우수한 자기의 문자를 가지고도 그 진'가(眞價)를 충분히 발휘할 수 없는 것이다." 조선어문연구회, 「조선어 철자법의 기초 (1)」 『조선어 연구』 1-5, 1949.8, 154~155쪽 ; 한자어 표기에 있어 (頭音 ㄹ, ㄴ의 표기), 합성어의 표기에 있어 (분리부' 의 사용) 용언 활용에 있어 (신문자의 추가)는 조선어학회의 '통일안'과 내용상 달라진 점이다.

154) 고영근, 「북한의 한글전용과 문자개혁」 『통일시대의 어문문제』, 길벗, 1994,

따라서 해방 후 북한에서 불과 3~4년이라는 단기간에 한자 폐지가 성공한 요인은 다음 세 가지로 압축할 수 있을 것이다. 첫째는 언어생활에서 민족성과 주체성을 세우기 위해 근로 대중에 맞지 않는 한자 폐지를 지시한 김일성의 현지지도, 둘째는 근로 대중에 대한 교양 사업의 출발점이었던 문맹 퇴치 운동에서 드러난 한글의 적합성, 셋째는 언어정책 수립과 실행 기관으로서 한자 폐지와 문자 개혁 등을 위해 체계적인 사업을 추진한 조선어문연구회의 활동이 있었기 때문이었다.

그러면 조선어문연구회(이하 연구회)란 어떤 단체인가? 연구회는 어문정리, 지도사업, 철자법 교정, 강연회 개최, 출판 사업 등을 목적으로 1946년 7월 북조선인민위원회 교육국의 후원으로 조직되었다. 한 달 동안 진행된 김인숙의 철자법 해설 방송은 인민 대중에게 많은 교양을 주었지만 연구회는 민간단체라는 태생적 한계 때문에 강력한 조직력을 발휘하지 못했고, 짜임새 있는 사업을 펼치지 못했다.

1947년 2월 북조선인민위원회 결정 제175호에 따라 연구회는 김일성대학에 설치되었다. 신구현을 위원장으로 문법, 철자법, 가로쓰기, 한자 처리 등 당면한 제 문제를 연구하였는데, 1948년 1월 15일 공포된 「조선어 신철자법」은 연구회가 세상에 내놓은 첫 성과물이었다.[155]

「조선어 신철자법」은 한자어 표기에서 두음 'ㄹ, ㄴ'을 살려 적고, 합성어의 표기에서 '분리부 표시(')'를 사용하고, 용언 활용에서 6자모를 추가함으로써 '통일안'에서 약간 달라진 형태를 보였지만, 김두봉의 문법·철자법 이론을 기초로 하여 「한글 마춤법 통일안」(1933)의 형태주의 원칙을 고수했다는 점에서 남한의 철자법과 대동소이한 것이었다.[156]

---

155) 조선어문연구회, 「조선어문연구회의 사업전망」 『조선어 연구』 창간호, 1949.3, 133쪽 ; 신구현은 175호 결정이 조선어문의 통일과 발전에 중요한 계기였다고 평가하였다(조선어문연구회, 「조선 어문의 통일과 발전 사업에 있어서 우리들 조선 어문 학가들의 당면과업」 『조선어 연구』 1-8, 1949.12, 14쪽).

156) 고영근, 「북한의 초기 철자법과 문법연구」 『통일시대의 어문문제』, 길벗, 1994, 97~

1948년 10월 2일 내각 제4차 각의에서는 조선어문의 통일과 발전을 위한 연구 사업을 강화시키기 위해 북조선인민위원회 결정 제175호를 폐지하고, 교육성 내에 연구회를 설치하였다. 이때 조직의 책임을 맡은 인사가 바로 이극로였다.[157] 1948년 4월 남북연석회의 참가 후 평양에 잔류한 이극로는 1948년 9월 9일 조선민주주의인민공화국의 무임소상에 임명되었는데,[158] 10월 2일의 결정으로 북한 언어정책의 담당자가 됨으로써 일제강점기부터 조선어학회 대표로서 해왔던 한글 운동이라는 본연의 활동에 복귀하게 되었던 것이다. 애당초 이극로가 북행을 결정한 동기가 북한의 국어 문제를 맡고자 한 것이었음을 상기한다면, 정치인으로서 분주한 김두봉을 대신해서 이극로가 조선어문연구회의 위원장이 된 것은 당연한 귀결이었다.

> 새로 발족한 조선어문연구회에는 남북 조선의 어학계의 권위가 집결되어 있다. (중략) 왜적과 총칼을 겨누어 싸우시면서도, 이국(異國) 땅에서 풍찬로숙(風餐露宿)의 생활을 하시면서도 (중략) 공화국에 오직 한 분이신 언어학 박사 김두봉 선생을 비롯하여 공화국 북반부의 여러 학자들이 모여 있다. 여기에 공화국 남반부에서 (중략) 조선어학회를 끝끝내 령도하시다가 드디어 6년의 혹형을 받고 령어

98쪽.

157) 조선어문연구회, 「조선어문연구회의 사업전망」 『조선어 연구』 창간호, 1949.3, 134쪽 ; 이극로의 생애를 담은 소책자에는 이극로의 포부와 염원을 헤아린 김일성이 조선어문연구회를 맡겼다고 기술하고 있다. "위대한 수령님께서는 부드러운 미소를 지으시며 선생은 해방전부터 일제의 조선어말살정책을 반대하고 모국어를 고수하기 위하여 싸워왔고, 조선어문학자들과도 잘 아는 사이이므로 선생에게 조선어문연구회사업을 맡기려 한다고 말씀하시었다." 전병훈, 『태양의 품에 안기여 빛내인 삶 (2) 리극로 편』, 평양출판사, 1997, 40~41쪽.

158) 이극로를 무임소상에 임명한 배경에 대해 김일성은 김책동무를 비롯한 여러 인사들이 산업상의 중임을 맡기자고 하였으나, 무임소상의 직책을 갖는 것이 남조선인민들을 조국통일의 기치 하에 묶을 수 있는 사업을 더 잘할 수 있다고 판단했기 때문이라고 했다(조선로동당출판사, 「리극로와 한 담화(1948.10.31)」 『김일성전집 8』, 1994, 409쪽). 다른 인사들이 산업상을 언급한 것은 이극로가 경제학을 전공한 학자 출신이었기 때문이었을 것이다.

(囹圄)의 생활을 하신 리극로 선생을 비롯하여 어문학계의 권위자가 다수 참가하여 있다.[159)]

편집부에서 작성한 이 글은 연구회의 지도자로서 김두봉과 이극로의 항일투쟁 경력을 선전하고, 두 사람이 남과 북을 대표하는 어학자라는 사실을 강조하고 있다. 특히 연구회가 남과 북의 어학자들이 모인 통일적 조직체라는 점을 강조함으로써 민족적 정통성, 학문적 전문성, 언어의 남북통일이라는 측면에서 정당성을 확보하고자 하였다. 특히 언어의 통일 문제에 대해서 이만규는 "어문연구회가 연구 실천하는 국문학상 과업도 이것이 남북을 통일하는 기초와 전형이 될 것"이라고 하여,[160)] 연구회의 활동 목적이 남북 언어의 통일에 있음을 분명히 하였다.

돌이켜 보면 1946년 민간단체로 출발한 연구회가 교육성 산하 기구로서 거듭난 것은 1947년 2월이었지만, 1948년 1월 「조선어 신철자법」을 공포한 것을 제외하면 눈에 띄는 활동은 없었다. 출범 1년이 넘도록 기관지조차 나오지 않은 것은 발행을 하지 않은 것인지 못한 것인지 정확한 실정을 파악할 수 없지만, 이극로를 비롯한 남한의 국어학자들이 연구회에 합류하여 조직력과 전문성을 강화함으로써 학술 단체로서 면모를 일신할 수 있었다.

연구회의 초기 활동에 대해서는 1949년 3월 기관지 『조선어 연구』가 나오면서 윤곽이 드러나기 시작했는데, 1948년 10월 2일 각의 결정에 따라 연구회 조직의 책임을 맡았던 이극로가 연구회의 위원장이 되었고, 모두 23명(위원장 포함)의 전문위원이 참여하고 있었다. 1948년 10월 13일 회의에서 결정된 연구회의 당면 사업은 다음의 다섯 가지였다.

159) 조선어문연구회, 「조선어문연구회의 사업전망」 『조선어 연구』 창간호, 1949.3, 134쪽.
160) 조선어문연구회, 「국문 연구 단체의 연혁(沿革)」 『조선어 연구』 창간호, 1949.3, 10쪽.

1. 조선어 문법의 편수 간행
2. 조선어 사전의 편찬 간행
3. 조선 어문 연구 잡지의 발행
4. 조선 어문 연구 론문집의 간행
5. 조선 어문에 대한 특별 강연회의 개최

이상 다섯 가지 사업 가운데 3, 4, 5는 분야를 막론하고 학술 단체 공통의 사업이다. 3은 월간으로 발행할 기관지를 뜻하는 것이고, 4는 논문집과 단행본 등 발간 사업을 뜻한다. 5는 대중을 상대로 한 강연회를 개최해 교육과 계몽 사업을 하겠다는 것이었다. 특히 연구회는 문화사의 특기할 사업으로 어휘 약 10만의 중사전 편찬을 준비하고 있었고, '남북이 공통으로 쓸 표준 문법'을 계획했는데, 분단 상황 속에서도 통일 이후를 준비하고 있었음을 알 수 있다. 이 같은 활동 목적에 맞춰 각각의 사업을 담당하고 진행할 부서가 정해졌다.

위원장 － 서기장 － 문법편수부장, 편수원
－ 사전편찬부장, 편찬원
－ 편집출판부장, 편집원
－ 경리과장, 경리원

1948년 11월 1일 열린 회의에서 전몽수가 문법 편수에 대해 보고를 하고, 김병제가 사전 편찬에 대한 보고를 한 것으로 미루어 보면 문법편수부장 전몽수, 사전편찬부장 김병제였음을 추정할 수 있지만, 타 부서의 위원은 확인할 수 없다. 통상적으로 부장 1인에 약간 명의 부서원이 배치되었을 것으로 보인다. 위원장 이극로, 서기장 김경신이었다.[161]

이극로의 주도로 조직을 개편한 10월에는 김병제도 참가하여 중추적인 역

161) 조선어문연구회, 「조선어문연구회의 사업전망」『조선어 연구』 창간호, 1949.3.

할을 담당했을 것으로 보이며, 조선어학회의 사전 편찬 담당자로서 풍부한 경험과 지식을 쌓은 김병제가 사전편찬부장 직에 임명된 것은 지극히 자연스러운 결과로 봐야 할 것이다.

연구회는 모두 23인의 전문위원으로 구성된 것으로 보이지만,[162] 전체 명단은 밝혀져 있지 않다. 교육상에 추천된 23인의 학자는 『조선어 연구』의 소식란 등에 밝혀져 있는 학자들과 필자, 『조선어문법』 편찬에 참여한 학자들, 그리고 개인적인 경력 등을 참고해서 추정할 수밖에 없다.

우선 명확히 드러난 인사는 리극로(위원장), 김경신(서기장), 김두봉(위원), 김병제(위원), 전몽수(위원), 박상준(위원), 김수경(위원), 류창선(위원), 한수암(위원), 신구현(위원) 등 10인이었다. 여기에 조선어 문법 편찬 위원으로 참여한 12인 중 앞과 이름이 중복된 학자를 제외한 허익, 명월봉, 김용성, 홍기문, 박종식, 박준영, 김수경 등을 더하면 17인이 된다.[163] 나머지는 『조선어 연구』의 필자 리익환, 박경출, 김종오, 이만규, 송창일, 김해진, 박종주, 김영철, 이규현, 황부영 등 10인 중 6인이었을 것이다.

이상 27인 가운데 이극로, 김병제, 이만규, 전몽수, 홍기문, 김수경, 박상준, 신구현 등이 남한에서 월북한 학자들이었고, 조선어학회 회원 출신은 이극로, 김병제, 이만규, 김수경, 김두봉 등이었다. 만일 이만규를 넣는다면,[164] 연구회 초기 전문위원 23인 중 조선어학회 출신은 5인으로 전체의 22%가 되므로 숫자가 많은 것은 아니었다. 하지만 김두봉과 긴밀한 관계에 있는 이극

---

162) 조선어문연구회, 「조선어문연구회의 사업전망」 『조선어 연구』 창간호, 1949.3, 134쪽.

163) 문법 편찬위원은 모두 12인이었다. 전몽수(위원장), 이극로, 허익, 명월봉, 김용성, 신구현, 홍기문, 김병제, 박종식, 박준영, 박상준, 김수경. 조선어문연구회, 「머리말」 『조선어문법』, 평양: 조선어문연구회, 1949, 1쪽.

164) 이만규는 비중이 큰 필자였다. 『조선어 연구』 창간호에서 11호까지 모두 4차례에 걸쳐 글을 싣고 있다. 또한 연구회를 주도한 김두봉, 이극로, 김병제 등과의 인적 관계를 고려하면 연구회의 전문위원으로 봐도 무방할 것이다. 남한 출신 학자 중 홍기문도 전문위원의 1인으로 판단했다.

로가 위원장을 맡아 연구회를 대표함으로써 초기 연구회는 이극로와 김두봉, 이만규, 김병제, 김수경 등 조선어학회 출신과 역시 남한 출신의 학자인 신구현(1947. 2. 연구회 위원장), 전몽수, 홍기문, 박상준 등에 의해 주도되었을 것이다. 이들을 모두 합치면 연구회에서 남한 출신 학자의 비중은 전체의 39%가 된다.

이상 살펴본 것처럼 남북 학자들의 통일체인 연구회에는 상당수의 남한 출신 학자들이 포진해 있었는데, 1947년 2월 신구현 위원장 체제는 물론 1948년 10월 이극로 위원장 체제까지 모두 남한 출신의 학자들이 중심이 되었던 것을 알 수 있다. 특히 이극로가 위원장에 취임한 이후에는 김병제(사전편찬부장), 이만규, 김수경 등 조선어학회 출신들이 연구회의 활동에서 핵심적인 역할을 수행했을 것으로 추정된다.

조선어학회 출신의 연구회 위원 중 이극로와 김병제의 북행에 관해서는 어느 정도 설명이 되었지만, 나머지 인사들의 북행 시기, 이유, 과정 등에 관한 내용은 거의 알려진 것이 없다. 남쪽에는 자료가 없으므로 북쪽의 인명록이나 신문, 잡지 등에 실린 글에 의존해서 파악할 수밖에 없다. 다음은 조선어학회 회원 출신인 김수경과 이만규, 그리고 남한 출신 학자인 홍기문, 신구현, 전몽수, 박상준 등의 경력과 활동 상황인데, 월북 시기를 기준으로 1948년 4월 남북연석회의 이전과 이후로 구분하였다.

1948년 남북연석회의 이전

1948년 남북연석회의 이전에 북으로 간 국어학자는 세 사람이다. 김수경(1918~)은 1940년 3월 경성제대 법문학부 철학과를 졸업하고 같은 해 4월부터 1944년 3월까지 동경제국대학 문학부 대학원에서 언어학을 전공하였고 같은 해 귀국해서 경성제국대학 법문학부 조선어학연구실 촉탁이 되었다. 1945년 8월 15일부터 경성대학 자치위원회 법문학부 위원으로 활동했고, 1945년 12월 경성경제전문학교 교수, 1946년 3월 경성대학 법문학부 강사로 활동했다.

김일성종합대학에 제출한 자필 이력서에는 1946년 8월 19일 날짜로 두 학교에서 퇴임하고 8월 20일 북조선김일성대학 문학부 교원이 된 것으로 기록돼 있지만, 단 하루 만에 서울에서 평양으로 이동한 것으로 보기 어렵고, 이미 그 전에 월북한 것으로 봐야 할 것이다. 1946년 10월 1일에는 김일성대학 부속 도서관장에 취임했다. 조사책임자 문학부장 박극채는 김수경을 "어학 방면에 가장 우수한 소질이 있고, 선진 각국어에 능통, 언어학에 독보적 존재"라고 평가했다.[165]

북한의 공식 문헌에 따르면, 1946년까지 서울대학교에 있다가 김일성 동지의 부르심을 받고 공화국의 품에 안겼으며, 과학 연구와 후대를 위한 교육 사업에 투신했다. 1946년 10월부터 1968년 10월까지 김일성종합대학 조선어문학부 조선어강좌 교원, 강좌장으로 있는 기간에 민족 간부 양성과 민족어 발전에 헌신하여 우수한 논문을 다수 발표하였고, 『조선어문법』(1949), 『조선어문체론』, 『현대언어학』(1, 2, 3권) 등 수많은 교과서를 집필하였다. 1949년 11월 북한의 첫 부교수가 되었고, 1968년 10월부터 1998년 7월까지 중앙도서관 사서, 인민대학습당 실장으로 재직했고, 1991년에 언어학박사, 1992년에 교수가 되었으며, '국기훈장 제1급'을 비롯한 훈장을 받았다.[166]

신구현(1912~)은 충북 진천 출신으로 경성제대 조선어문학과를 12회(1940)로 졸업했다.[167] 북쪽의 김일성종합대학 창설을 계기로 월북하였는데,[168] 시기는 1945년 9월에서 1946년 1월 사이다. 신구현은 9월 10일에는

165) RG242, SA2011, Item #31 金大(김일성대학)교원 이력서 문학부(국립중앙도서관 dibrary). ; 이충우, 『경성제국대학』, 다락원, 1980, 281쪽.

166) 김승일, 「이름난 언어학자 김수경」, 과학백과사전출판부 편집위원회, 『문화어학습』 2004년 제3호(218호), 과학백과사전출부, 2004.7, 61쪽 ; 김수경의 학문적 업적에 대한 연구는 최경봉을 참고. 최경봉, 「김수경(金壽卿)의 국어학 연구와 그 의의」 『한국어학』 45, 한국어학회, 2009.

167) 이충우, 『경성제국대학』, 다락원, 1980, 282쪽 ; 김민수, 「해암 김형규(金亨奎)의 삶」 『先淸語文』 39, 서울대학교 국어교육과, 2011, 17쪽.

서울 중앙중학의 교원으로 근무했지만, 1946년 1월에는 북조선노동당에 입당을 했고, 2월에는 원산노동당 정치학교 교장으로 재직하고 있었으며, 8월 16일 김일성대학 강사로 임명되었다. 1947년 2월 조선어문연구회의 초대 위원장이 되었고, 1948년 10월 이극로 위원장 취임 이후에는 전문위원으로 활동했다. 1956년 11월 작가동맹 중앙위 고전문학분과위원장을 지냈고, 1965년 1월 김일성종합대학교 언어문학연구부 교수가 되었다.[169]

전몽수는 생년을 알 수 없을 뿐만 아니라 학력과 경력 사항도 파악할 수 없다. 다만, 그가 남긴 글로 그의 행적을 추적할 수 있을 뿐이다. 해방 전에는 『한글』에 다수의 글을 게재했다. 「자모 이름에 대하여」(1936. 제30호), 「방언」(1936. 제33호) 등을 비롯해서 「菓名攷 (二)」(1942. 제92호)에 이르기까지 무려 35편의 글을 남겼다. 『한글』을 무대로 활동했지만, 회원으로 입회한 기록은 보이지 않는다. 『한글』에는 회원뿐만 아니라 독자 투고를 통해 비회원의 글도 게재하고 있었는데, 해방 후 회원 자격을 취득한 신영철, 이숭녕 등이 1930년대부터 많은 글을 투고하고 있었던 것이 좋은 사례다.

1942년 『한글』 정간 이후 발표한 글을 찾을 수 없으나, 1947년에 『朝鮮語源志』라는 책이 평양에서 출판된 것으로 보아 비교적 일찍 월북한 것으로 보인다. 월북 동기나 과정도 알 수 없다. 전몽수는 이극로 위원장 체제의 조선어문연구회에서 문법편수부장으로 활동한 것으로 보인다. 『조선어 연구』에 4편의 글이 남아있고, 『력사 제문제』 12·14호에 실린 「조선어문에 대한 력사적 고찰」과 홍기문과 함께 펴낸 『訓民正音譯解』가 저작의 전부다.[170]

---

168) 남한의 국립서울대학교 창설과 북한의 김일성종합대학 창설에 관한 연구는 김기석 참고. 김기석, 『일란성 쌍생아의 탄생 1946: 국립서울대학교와 김일성종합대학의 창설』, 교육과학사, 2001.

169) RG242, SA2011, Item #31 金大(김일성대학)교원 이력서 문학부(국립중앙도서관 dibrary). ; 북한자료센터, 디지털북한인명사전 http://www.kppeople.co./

170) 이상혁은 전몽수를 조선어학회 회원으로 분석했지만, 『한글』에 실린 글 외에 회원이란 사실을 증명할 수 있는 자료가 없다. 이상혁, 「해방 후 초기 북쪽 국어학 연구의 경향－1945~1950년 초기 국어학 연구자를 중심으로－」『어문논집』 56, 민족어문학

이상 연구 성과들은 모두 1949년에 나온 것인데, 이후 북한의 국어학사에서 더 이상 전몽수의 글은 보이지 않는다. 김민수에 따르면 1950년 사망한 것으로 되어 있는데,[171] 전쟁 중 횡사인지, 자연사인지도 알 수 없다.

1948년 남북연석회의 이후

1948년 4월 남북연석회의를 계기로 북으로 간 인사는 앞서 언급한 이극로, 김병제를 포함해 이만규, 홍기문 등 모두 4인이었다.

이만규는 1925년에 조선어학회 회원이 되었고, 해방 후 서울배화여자중학교 교장을 지냈다.[172] 1947년 근로인민당 정치위원, 조직국장으로 활동했고, 1948년 4월 남북연석회의에 참석했다가 7월에 월북했다.[173] 1948년 교육성 부국장, 출판부 부국장을 지냈고, 1948년부터 1972년까지 최고인민회의 대의원, 최고인민회의 상임위원회 위원으로 정치적 활동이 왕성했다. 학술 분야에서는 1956년 과학원 고전편찬위원회 서기장, 사회과학원 고전연구소 1급 연구사로 활동했고, 1964년 조국통일사 사장이 되었으며, 교육과학원 1급연구사, '조국통일상'을 받았다. 1978년 7월 13일 사망하여 애국열사릉에 안치되었다.[174]

회, 2007, 19~20쪽.

171) 김민수, 「해암 김형규(金亨奎)의 삶」『先淸語文』39, 서울대학교 국어교육과, 2011, 19쪽.

172) 해방 후 이만규의 남한에서의 활동에 대해서는 이 책 제2장 1절 2항에서 간단히 언급했지만, 박용규가 상세하다(박용규, 「이만규연구」『한국교육사학』16, 한국교육사학회, 1994).

173) 막내딸 이미경의 증언(1992년 9월 3일)에 따르면, 이만규는 아들 정구의 권유로 월북했다. 출가한 철경이 만류했지만, 이만규는 아들과 함께 월북했다. 월북 시 수도경찰청장 장택상의 배려로 보던 책도 수레에 싣고서 편안히 올라갔다고 한다(박용규, 「이만규연구」『한국교육사학』16, 한국교육사학회, 1994, 242쪽).

174) 북한자료센터, 디지털북한인명사전 http://www.kppeople.co./ ; 리만규, 「위대한 수령님은 진정 우리 온 겨레의 어버이이시다」『천리마』1982년 제4호(275호), 문예출판사, 1984.4, 67~70쪽.

홍기문은 1948년 4월 남북연석회의에 참석한 아버지 홍명희와 함께 월북했다. 1949년 김일성종합대학 교원이 되었고, 1963년 사망할 때까지 사회과학원 부원장직에 있었다. 제1기와 제9기 최고인민회의 대의원으로 선출되었고, 최고인민회의 상설회의 부의장, 조국평화통일위원회 부위원장으로 활동했다. 국어학자로서 홍기문은 『조선어문법연구』(1946), 『정음발달사』(1947), 『향가해석』(1956), 『조선고가요집』(1958), 『조선어 력사문법』(1966) 등을 출판했으며, 『조선말사전』(1960-1962), 『새옥편』(1963) 등 사전 편찬에도 참여하였다.

홍기문의 역량은 고전 번역에서 빛을 발해 『리조실록』, 『팔만대장경』 등을 번역하였고, 김일성으로부터 '로력영웅' 칭호를 받았으며, '김일성훈장'(1973), '조국통일상'(1990), '국기훈장 제1급'을 비롯해 많은 훈장을 받았다. 홍기문은 1961년에 김일성종합대학 교수가 되었고, 같은 해에 박사, 1962년에 원사가 되었으며, 애국렬사릉에 묻혔다.[175]

박상준(1890.1.24~1964.10.1)은 두 시기에 속하지 않는다. 박상준은 경상남도 사천 출신으로 어린 시절 조선학과 한문을 공부했고 독학으로 조선어문법을 연구했다. 1925년 경남사범학교 교원으로 재직하고 있었지만, 1931년부터는 평양사범학교에서 조선어 및 한문 교원으로 근무했고, 1941년 4월 남포정일농업학교 교원, 1945년 10월에는 남포삼화중학교 교장이 되었다. 1946년부터 1948년까지 평양교원대학의 교원을 지냈고, 1948년부터 사망할 때까지 평양사범대학 교수로 재직했다.[176]

이상 월북 학자들을 월북 시기에 따라 1948년 남북연석회의 이전과 이후로 구분해 보았다. 상당히 이른 시기에 월북한 세 사람 중 김수경과 신구현

---

175) 김승일, 「이름난 언어학자 김수경」, 과학백과사전출판부 편집위원회, 『문화어학습』 2004년 제2호(217호), 과학백과사전출부, 2004.4, 59쪽.

176) RG242, SA2011, Item #31 金大(김일성대학)교원 이력서 문학부(국립중앙도서관 dibrary). ; 북한자료센터, 디지털북한인명사전 http://www.kppeople.co./

은 김일성종합대학 창설을 계기로 북쪽으로 간 것을 확인했지만, 전몽수의 월북 경위에 대한 정보는 찾을 수 없었다. 이극로, 김병제, 이만규, 홍기문은 남북연석회의를 계기로 월북했고, 박상준은 해방 전부터 북한에서 교원으로 활동하고 있었으므로 '월북 학자'라는 표현은 적절치 않다.

1949년 3월 『조선어 연구』 창간호가 나오면서 이들 월북 국어학자들의 글이 실리기 시작했는데, 김수경은 소련 언어학을 소개하는 데 많은 역할을 했으며,[177] 신구현은 주시경 연구와 더불어 사회주의 체제 하의 어문 학자들의 당면 과업에 대한 글을 발표하였다.[178]

김두봉의 업적을 논한 글에서 김수경은 김두봉이 우리 어학자들이 가지고 있던 민족주의적인 편향을 극복하고 마르크스·레닌주의 내지 국제주의 사상에 입각한 조선어학이론을 처음 제창하였다고 평가하였다.[179]

신구현은 주시경의 국어학을 사회주의 언어 이론으로 분석했는데, 언어를 '일제에 대한 투쟁의 무기로 본' 주시경의 국문관을 높이 평가하면서도 주시경의 국어학이 사회적 관계에 따른 통찰에 의한 것이 아니라 '론리주의적 심리주의적 방법에서 나온 부르주아 언어학'이라고 비판하였으며, "우리들은 자기 언어와 자기 조국을 사랑한다."는 레닌의 말을 인용하면서 김일성 장군의 영도와 김두봉 선생의 학문적 성과를 칭송하였고, 사상적 단결과 통일이라는 유일한 투쟁 방법을 통해 반동과 투쟁하면서 모국어를 통일적인 민족어로 발전시켜야 한다고 주장했다.

김수경과 신구현 등이 받아들인 소련 언어학은 10월 혁명 이후에 마르를 중심으로 전개된 야페트이론과 이를 발판으로 전개된 유물론적 언어관이었

177) 해방 후 북한에 소개된 소련의 언어학에 대해서는 고영근 참고. 고영근, 「북한의 소련 언어이론의 수용양상과 적용문제」 『통일시대의 어문문제』, 길벗, 1994.

178) 신구현의 글은 「국문운동의 선각자 주시경 선생의 생애와 업적」과 「조선 어문의 통일과 발전 사업에 있어서 우리들 조선 어문 학가들의 당면과업」으로 각각 『조선어 연구』 제1권 제4호, 제5호와 제1권 제8호에 실렸다.

179) 조선어문연구회, 「조선어 학자로서 김두봉 선생」 『조선어 연구』 1-3, 1949.3.

다.[180] 그렇다면 상대적으로 월북이 늦은 이극로, 김병제, 이만규의 경우는 어땠을까?

『조선어 연구』(49.3) 창간사에서 이극로는 '위대한 쏘련 군대의 승리가 조선에도 민주주의 새 세계 건설의 혜택을 주었다'면서 말문을 열었지만, 주된 이야기는 일제의 동화정책을 비판하고, 문화의 기초로서 말과 글을 먼저 세워야 한다는 것이었다.[181] 월북 이전의 이극로와 크게 다르지 않다. 그러나 제2권 제1호에 실린 글에서는 다소 달라진 모습을 보인다. 이극로는 마르크스·레닌주의적 세계관으로 무장하고 정치적 의식을 제고하여 언어에 관한 마르크스·레닌주의의 기본 명제에 기초한 새로운 언어 이론에 입각하여 조선어문을 연구하여야 하고, 형식주의, 무사상성, 몰정치성과 용서 없는 투쟁을 하여야 하며, 과학적인 법칙과 유물론적 체제를 실천을 통하여 발전시킴으로써 조선 어문 통일을 촉진해야 한다고 선언했다. 뿐만 아니라 어문 학도

---

180) 고영근, 「북한의 소련 언어이론의 수용양상과 적용문제」『통일시대의 어문문제』, 길벗, 1994, 480쪽 ; 야페트이론(Japhetic theory)은 언어발전단계설에서 인구어와 셈어보다 하위의 발전 단계에 있는 언어를 야페트어군이라 하고 모든 언어는 동일한 발전 단계를 거쳤기 때문에 야페트어군의 언어를 연구함으로써 인구 제어의 선사시대의 모습을 재현할 수 있다는 마르의 설이다. 마르는 오늘날 존재하는 언어의 유형은 모두 하나의 기본 언어에서 발생한 것으로 보았고, 모든 언어는 단계적 언어 변화에 의해서 발전하며 시간이 경과함에 따라 높은 단계의 언어로 발전한다고 주장했다(언어발전단계론). 1924년에 마르는 자신을 언어학에 있어서 마르크스주의 투사라고 선언했으며, 언어는 분명하게 계급적 특성을 가진 사회적 경제적 상부구조라는 생각을 덧붙였다. 언어의 여러 범주들은 다른 모든 형태의 상부구조와 같이 현실의 사회적 관계를 반영하기 때문에 언어 발전은 어느 단계에서는 다음 단계로 항상 혁명적으로 비약하여 진행한다는 것이다. 또한 문화 형태와 문화 수준의 변화에 따른 새로운 이데올로기는 직접 새로운 언어 체계의 창조를 유도한다고 했으며, 모든 언어는 혼합과 결합에 의하여 발생하며 국가와 같은 정치 단체의 흥망성쇠와 보조를 같이 한다고 했다(정광, 「舊蘇聯의 언어학과 初期 북한의 언어연구」『언어정보』 2, 고려대학교 언어정보연구소, 1999, 183~185쪽 ; 표상용, 「1920-1940년대 소비에트 언어학에 대한 비판적 고찰: 마르주의를 중심으로」『언어와 언어학』 35, 한국외국어대학교 외국어 종합연구센터 언어연구소, 2005, 400~406쪽).

181) 조선어문연구회, 「창간사」『조선어 연구』 창간호, 1949.3, 2~3쪽.

들의 총 단결을 통해 미제국주의와 이승만 괴뢰 도당을 깨부수자고 역설했다.[182] 다소 격한 말들을 동원하여 미국과 이승만을 공격하고 있지만, 남북의 긴장이 고조되는 상황에서 일상화된 의례적인 정치적 비방의 수준을 넘는 것은 아니었고, 소련의 언어 이론에 따라 조선어문 연구의 방향을 설정하고 있는 것 또한 연구회의 위원장이라는 이극로의 위치를 고려하면, 그 정도 수준의 이데올로기적 수사는 불가피했을 것이다.

김병제는 사전 편찬에 관한 글 두 편을 실었다. 제1권 제3호에서는 조선어 사전 편찬의 역사를 정리하면서 사전을 편찬해야 하는 뜻을 밝혔다.[183] 그뿐이었다. 그러나 제2권 제1호에 실린 글에서는 사전 편찬 작업의 완수가 '약소민족의 해방자인 위대한 쏘련 군대에 의한 조선 해방'과 '민족의 영웅이자 절세의 애국자인 김일성 장군의 령도'에 의한 것이며, 어학박사 김두봉의 친절한 지도편달의 결과임을 분명히 하고 있다.[184] 국어학자들의 학문적 성과와 업적도 소련 군대와 김일성에게 공을 돌리고 있다. 김두봉의 지도편달을 부연한 것은 실제로 사전 편찬에 대한 학문적 작업, 즉 어휘 선정, 철자법 문제, 문법 문제 등이 김두봉의 학설에 입각해 진행되었다는 것을 의미한다. 따라서 실제 사전의 편제는 정통 국어학에 입각한 것이라 볼 수 있겠지만, 어휘를 주석할 때, 마르크스·레닌주의적 세계관에 따른 설명이 가해졌음을 알 수 있다. 김병제는 한국전쟁 때 서울에 와서 사회주의 언어학에 대한 연설을 하기도 했다.[185]

이만규의 글은 모두 4편이 실렸는데, 그 가운데 사회주의 언어학을 소개하거나 체제를 선전한 글은 한 편도 없다. 다만, 인민학교 3학년 국어 교과서를

182) 조선어문연구회, 「1950년을 맞이하면서」 『조선어 연구』 2-1, 1950.2, 2~7쪽.

183) 조선어문연구회, 「조선어 사전 편찬 문화적 의의」 『조선어 연구』 1-3, 1949.6, 67~74쪽.

184) 조선어문연구회, 「"조선말 사전" 편찬을 마치고」 『조선어 연구』 2-1, 1950.2, 72~78쪽.

185) 이희승, 『일석이희승자서전 다시 태어나도 이 길을』, 선영사, 2001, 182쪽.

검토한 글에서 특정 내용이 '쏘련을 사랑하고, 조쏘 친선의 뜻을 일으킴으로써 친선사상을 기르게 되었다'거나, '레닌, 쓰딸린 선생에 대한 존경심과 숭배심을 가르치게 하였다'거나, '인민 군대에 대한 옳은 인식을 가지게 했다'거나 '해방과 김일성 장군의 이야기를 전하고 있다'거나 하는 식으로,[186] 북한 사회의 이상과 목적에 맞는 편집에 대한 비평을 통해 사회주의 언어학을 표방하는 수준이었다.

이상 『조선어 연구』에 실린 글을 통해 이극로와 김병제, 이만규가 모두 사회주의 언어학을 표방하고 있는 것을 확인했지만, 본디 이들은 민족과 언어를 하나로 생각하고, 민족어의 수호와 보전, 발전을 위해 투쟁하고 헌신한 어문민족주의 계열의 국어학자들이었다. 일제 때나 해방 후나 이 점에서는 한결같았다. 하지만 월북 이후 북한에서의 활동은 그들로 하여금 사회주의 언어관이라는 이데올로기적 외피를 쓰도록 했다. 이들은 자신들이 선택한 북한 사회주의 체제 하에서 자의든 타의든 유물론적 언어관, 사회주의적 언어관을 표방해야 했다. 하지만 그렇다고 해서 이들의 언어관이 민족주의의 범주를 크게 벗어난 것은 아니었다. 조선어의 통일과 발전을 위한 운동의 측면에서 이들의 민족주의적 언어관은 근본적으로 달라지지 않았다.

이극로가 "우리들은 아직도 민족 공통어의 최후적 완성, 즉 조선 언문의 진정한 통일을 쟁취하기까지에는 우리들 앞에 허다한 난관과, 수많은 과업들이 가로 놓여 있다는 것을 알아야 할 것이다."라고 한 말 속에서 '민족 공통어의 최후의 완성'은 남북의 언어 통일을 지칭한 것이었다.[187] 김병제가 최고인민회의 제1기 제8차 회의에서 "더우기 미제와 리승만 도당은 소위 「한글간소화안」을 조작하여 우리 민족의 고유한 언어는 물론 유구한 력사와 찬란한 문화를 남긴 문자까지 소멸 말살함으로써 우리 선조들의 고귀한 업적을

186) 조선어문연구회, 「1949년 8월 30일에 발행한 인민학교 제三학년 "국어"를 읽고서」 『조선어 연구』 2-1, 1950.2, 61~71쪽.
187) 조선어문연구회, 「1950년을 맞이하면서」 『조선어 연구』 2-1, 1950.2, 5쪽.

짓밟아 버리려고 하는 것입니다."라고[188] 이승만 정부의 한글맞춤법간소화 파동을 강도 높게 성토한 것도 철자법의 이질화로 인한 남북의 언어 분단을 막고자 한 것이었다.[189]

특히 통일 지향의 국어학이란 측면에서 이만규는 지속적으로 언어의 통일을 강조하였다. 이만규는 "북조선 지역에서 실시한 모든 민주 과업은 그것이 곧 통일된 남북에 실시할 과업이므로 이 어문 연구회가 연구 실천하는 국문학상 과업도 이것이 남북을 통일하는 기초와 전형이 될 것이다."라고 하면서,[190] 남북의 통일을 전제로 한 조선어문연구회의 활동에 의미를 부여하였다. 가로쓰기 문제를 논한 글에서는 주시경-김두봉-최현배로 연결되는 가로쓰기 실천의 문제를 다루었고,[191] 한자 폐지를 논한 글에서는 최현배의 『글자의 혁명』에 나오는 내용을 그대로 인용하기도 하였다.[192]

이만규의 견해와 주장은 해방 후 남한에서 추진된 한자 폐지 운동, 최현배의 가로쓰기 운동과 조금도 다를 바 없는 것으로 남북 언어의 통일을 이루기 위한 정책적인 제안이었다. 또한 교과서 비평에서 '아주까리', '이야기' 등을 표준어로 제시한 것은,[193] 1936년 조선어학회의 표준어 사정에 근거한 것으로서 남한의 조선어학회가 세운 원칙을 여전히 존중하고 고수한 사례라 할 수 있다.[194] 해방 후 조선어학회 회원으로서 한글강습회의 강사로 활동하면

188) 국토통일원, 『북한최고인민회의자료집(제1기:1기1차회의~1기13차회의)』 제1집, 국토통일원 조사연구실, 1988, 707쪽.

189) 이승만 정권기에 발생한 한글맞춤법간소화파동에 대해서는 이 책 제6장에서 다룬다.

190) 조선어문연구회, 「국문 연구 단체의 연혁」 『조선어 연구』 창간호, 1949.4, 10쪽.

191) 조선어문연구회, 「우리글 가로쓰기」 『조선어 연구』 1-2, 1949.5, 4쪽.

192) 조선어문연구회, 「동양에서의 한자의 운'명」 『조선어 연구』 1-6, 1949.9, 60~61쪽.

193) 조선어문연구회, 「1949년 8월 30일에 발행한 인민학교 제三학년 "국어"를 읽고서」 『조선어 연구』 2-1, 1950.2, 65~69쪽.

194) 1966년에 나온 김일성의 교시에 따라 평양말을 문화어로 하는 방침이 정해지기 전까지는 북한에서도 조선어학회의 표준말을 기준으로 삼고 있었다. 한 예로 1947년 발행된 『표준말 맞춤법 사전』은 조선어학회에서 발표한 철자법 통일안과 표준어를 집대성한 것이었다(송나리, 「북한의 표준어사」, 김민수 편, 『북한의 조선어 연구사

서도『한글』에 단 한 편의 글도 발표하지 않았지만, 그가 위와 같은 글들을 연속적으로 발표한 사고의 저변에는 조선어학회의 이상과 노선이 깔려있었기 때문이라고 해도 과언은 아닐 것이다.

이상 살펴본 것처럼 초기 연구회의 활동을 주도한 것은 남한 출신의 월북 학자들이었고, 그 중심에는 조선어학회 출신들이 있었다. 월북한 조선어학회 출신 학자들은 북한 체제에 적응하는 과정에서 사회주의 언어학을 표방하기도 했지만, 남북한 언어의 통일이라는 목표를 가슴 속 깊이 품고 있었으며, 가로쓰기, 한자 폐지, 문법, 표준어 등에 관한 견해에 있어서도 조선어학회와 똑같은 입장에 서있었다.

3. 조선어문연구회의 위상과 성과

이만규는 "어문 연구회는 인민 공화국의 교육상의 위임인 국가의 기관이며 어문 연구회의 성안은 국가의 성안이 되는 것이다."라고 하면서 다른 이론이 있다면 연구회와 협의해야 한다고 선언했다.[195] 말과 글의 지도 기관이라는 연구회의 성격과 위상은 물론 관련 기관에 대한 협력과 복종의 요구를 함축한 글이었다.

만일 신문과 잡지를 비롯한 언론, 출판 그리고 교육 분야 등에서 연구회의 방침을 따라주지 않는다면 연구회의 사업은 뜻한바 성과를 거두기 어렵다. 따라서 연구회는 통일적인 언어정책의 수립과 실행을 위해 관련 기관에 대한 강력한 지도력을 행사할 필요가 있었다.

1949년 11월 19일 모란봉극장구락부에서 열린 '독자회 모임'은 바로 이 문제를 해결하기 위해 마련된 자리였다. 명목상은 연구회의 기관지『조선어 연구』에 대한 감상과 비평, 제언을 위한 회의였지만, 저의는 북한의 언어 계통

1945~1990』 2, 녹진, 1991, 58쪽).

195) 조선어문연구회, 「국문 연구 단체의 연혁」『조선어 연구』 창간호, 1949.4, 10쪽.

에서 연구회의 위상을 만천하에 공표하고자 한 것이었다.

이날 회의에는 독자회 회원 약 40명이 참석했는데, 대부분 언론, 출판, 교육 기관 인사들이었다.[196] 저녁 6시에 시작된 모임에서 먼저 연구회 위원장 이극로가 잡지의 출판 배경과 경과, 편집 출판면에 있어서의 애로 사항, 사회 일반 및 출판 기관들에 대한 연구회의 요망 사항 등에 관한 내용을 장장 1시간에 걸쳐 설명하였다. 이어서 토론이 시작되었는데, 참가자들의 잡지에 대한 감상과 비평, 제언도 있었지만, 흥미로운 것은 연구회 측이 참가자들을 대상으로 연구회의 어문 정책에 대한 입장과 방향을 설명하고, 참가자(참가자가 소속된 단체)들로 하여금 연구회의 정책을 준수하고 따르도록 유도하고 설득했다는 점이다.

당시만 해도 신문에서 띄어쓰기가 제대로 시행되고 있지 않았는데, 띄어쓰기 필요성에 대한 연구회 위원의 설명이 있자, 로동신문사측 참가자는 "띄어 쓰면 지면을 많이 차지한다." "인쇄기술 면에 있어서 곤란하다."라는 이유로 난색을 표했지만, 위원장 이극로는 독서 능률을 위해 꼭 실시해야 한다는 입장을 분명히 했다. 최고인민회의의 조운은 띄어쓰기에 대한 연구회의 방침에 동조하면서 출판지도국의 엄격한 검열을 통해서라도 강력히 규제할 것을 시사하였다.

가로쓰기 문제에 대해서도 로동신문사 측과 조선여성사 측에서 난색을 표했지만, 편찬관리국의 한복온이 나서 가로쓰기 실시를 위해 연구회가 일반의 여론을 환기시켜 줄 것을 요청하면서 법령 제정의 필요성을 제기하였다. 한자 사용 제한에 대해서는 교육성 고등 교육국의 박준영이 잡지에조차 한자가 많다는 점과 한자 낱말을 우리말로 쉽게 풀어써야 하는데 단순히 한자를 한글로 바꿔 쓰는 문제를 지적하자, 연구회 측은 이중 문자 생활 청산을 위해 한자 폐지를 강력히 시행해 나갈 것을 명백히 했고, 선전성의 백광호는 이에

196) 조선어문연구회, 「"조선어 연구" 독자회 기록」『조선어 연구』 2-1, 1950.2, 79~83쪽.

대한 지지 발언을 했다.[197]

살펴본 것처럼 이 날 회의에는 연구회 측과 언론 측 관계자들뿐만 아니라 정치인, 정부 관료 등이 참석하여 마치 사전에 짜인 각본에 따라 춤이라도 추듯이 연구회를 적극적으로 지지하고 비호함으로써 어문 문제에 관한 연구회의 정책에 힘을 실어주었다. 이러한 상황은 잡지의 수준에 대한 토론에서도 똑같이 드러났다.

잡지의 수준이 너무 높다며 대중서로 만들어 달라는 여사전부속인민학교 리유서 교사의 요청에 대해 김일성대학의 리규현은 고급 언어학 잡지를 지향하는 것이 옳다고 반론을 제시했지만, 국가계획위원회의 박안민은 대중적인 것도 창조성이 있는 경우는 게재하는 것이 좋다는 의견을 개진했다. 이로써 잡지 수준에 대한 논의에서 『조선어 연구』는 전문 학자들을 위한 고급 학술지와 초보적이거나 통속적인 국어 지식을 두루 섭렵하는 대중지를 모두 지향하는 쪽으로 결론이 난 것이다. 갑론을박이 있었지만, 북한의 경제 부문을 지도하는 내각의 한 위원회의 관료가 나서서 잡지의 방향을 제시하고 이 주제에 대한 논의를 끝낸 것이다.[198]

이후 잡지의 사상성, 잡지의 질적 향상 문제, 잡지의 편집 등에 대한 의견이 오간 다음, 연구회의 전몽수가 참가자들의 의견을 들은 소감을 피력하였

---

197) 각 기관 참가자들의 직위는 밝혀져 있지 않고, 모두 '선생'이란 호칭으로 통일되어 있다.

198) 국가계획위원회는 우리나라 기획예산처와 비슷한 기능을 하나 훨씬 막강한 권력과 다양한 기능을 보유하고 있다. 국가계획위원회는 당의 지시를 받아 각 기업체나 기관에 할당할 생산계획은 물론 국가경제 전 분야에 걸친 경제활동을 총괄한다(김명식, 「북한 생산관리체계의 변화와 전망」 『민족발전연구』 8, 중앙대학교 민족발전연구원, 2003, 117~118쪽). 1948년 초대 내각 구성에 따르면, 국가계획위원회 위원장은 다른 성(내무성, 외무성 등)의 상들과 서열상으로 대등했지만(조선중앙통신사, 『조선중앙연감 1950』, 1950.2, 12쪽), 한국전쟁기에는 국가계획위원회가 경제 부문의 중추로서 산업성보다 우월한 지위를 차지하게 되었다(서동만, 『북조선사회주의체제 성립사 1945~1961』, 선인, 2005, 451~452쪽).

는데, 참가자들의 고언을 수용하여 잡지의 부족한 점을 메워나갈 것, 마르크스·레닌주의에 입각한 다면적인 연구 논문을 많이 수록할 것, 대중의 검토를 지속적으로 받을 것 등등 연구회의 최종 입장을 설명했다.

이 같은 상황을 종합하면 이 날 회의의 궁극적인 목적이 잡지에 대한 관련 분야 독자들의 의견과 비평을 듣기 위한 것이 아니었음은 너무나도 명백하다 할 것이다. 앞서 언급한 대로 회의는 언어정책에 관한 권한이 연구회에 있다는 것을 관계자들에게 천명하기 위해 전략적으로 기획된 자리였다. 이는 회의를 마감하는 이극로의 발언에 그대로 드러나 있었다.

> 언어학 부면에 있어서도 조직은 반드시 필요한 것이다. 그리고 어문 연구회는 어문에 대한 모든 조직의 유일한 중심이 되여야 하며, 어문 연구회의 결정은 사회의 여러 조직들을 통하여 통일적으로 침투되고 실천되여야 할 것이다. 가령 한자어의 사정 문제에 있어서도 이는 법칙적인 부면과 통계학적인 부면의 통일 되여서 결정되는 것인데(표준말 채택에 있어서도 이러하다) 이와 같이 하야 결정된 것은 반드시 여러분들의 조직의 힘으로써 그 침투와 실천을 보장받은 것이다. 앞으로 우리 어문 연구회를 중심으로 여러분들의 조직의 강력한 발동을 간절히 바라마지 않는다.

'독자회'라는 이름으로 소집된 관계자들 앞에서 이극로는 연구회가 어문 문제에 대한 유일한 지도 기관임을 선언했다. 잡지에 대한 비평이 오간 자리에서 조선어문연구회의 위상에 관한 선언이 나온 것이다. 이극로의 선언을 들은 참가자들은 어떤 심정이었을까? 연구회는 교육성 산하 기관이었지만 실제 위상은 그 이상이었다.

연구회 위원장 이극로는 최고인민회의 대의원이자 내각의 무임소상을 겸하고 있었다. 소관 부처만 없을 뿐 위계상 교육성 상과 동급이었다. 연구회가 비록 교육성에 설치된 기구라 할지라도 무임소상이라는 책임자의 위상을 간과할 수 없다. '조선어문연구성'이라고 해도 크게 틀리지 않을 것이다. 게다가 전문위원의 한 사람으로 참가하고 있던 김두봉은 최고인민회의 상임위원회 위원장으로 북한 정권 실세 중 1인이었고, 김병제와 이만규도 최고인민회의 대의원이었으니,[199] 한마디로 연구회는 무소불위의 권한을 휘두를 수 있는 막강한 권력자들로 구성된 기관이었다.

이 같은 조건 아래에서 장장 4시간에 걸친 회의를 장악한 것은 연구회였고, 최고인민회의, 국가계획위원회, 편찬관리국, 선정성의 관료들은 연구회를 적극 지지하고 옹호하고 비호했다. 설령 이견이 있었다 하더라도 이극로의 선언에 반기를 들 수는 없었을 것이다. '조선어 연구 독자회의 기록'의 마지막 한 줄은 다음과 같이 이 날의 성과를 정리했다. "회의는 오후 10시에 커다란 성과를 거두고 끝마치었다."

이 날 회의를 계기로 연구회와 교육, 언론, 출판계 등의 위계가 분명해졌다. 교육, 언론, 출판에서의 언어 문제는 연구회의 지도를 따라야 했다. 뿐만 아니라 각각의 조직력을 통해 연구회의 정책을 대중에 침투시키는 역할까지 부여받았다. 남한의 조선어학회 역시 민중의 전폭적인 지지를 받고 있었다고는 하나, 민간단체라는 한계가 있었고, 정부의 행정력을 동원해서 언중을 강제하거나 구속할 수는 없었다. 하지만 북한에서는 당 중심의 유일적 지배 체제가 확고해진 것과 마찬가지로 언어 문제에서는 연구회가 막강한 권한을 행사하게 된 것이다.

---

199) 북한에서는 1948년 8월 25일 인구 5만 명에 대의원 1명의 비율로 212개 선거구 전체 유권자 4,526,065명 가운데 4,524,932명, 99.97%가 선거에 참가하여 민주주의민족통일전선이 추천한 공동입후보자에게 전체 선거참가자 가운데 4,456,621명, 98.49%가 찬성 투표하여 212명의 최고인민회의대의원을 선출하였다. 남한에서는 비밀선거에 의해 인민대표자대회에 참석할 대표를 선출하는 방법을 취하여, 해주에서 열린 '남조선인민대표자대회'에 1,080명의 대표를 선출하고, 이 중 1,002명이 참가, 인구 5만 명에 1명의 비율로 간접선거에 의해 360명의 대의원을 선출하였다(서동만, 『북조선 사회주의 체제성립사 1945~1961』, 선인, 2005, 222~223쪽 ; 국토통일원, 『북한최고인민회의자료집(제1기:1기1차회의~1기13차회의)』 제1집, 국토통일원 조사연구실, 1988, 123~124쪽).

이제 초기 연구회가 거둔 두 가지 성과를 살펴보고자 한다. 다섯 가지 사업으로 명시된 것 중 가시적인 성과를 낸 것 중 하나는 기관지 『조선어 연구』의 발행이고, 하나는 『조선어문법』의 발간이다.

『조선어 연구』의 발행 목적은 이극로의 창간사에서 추릴 수 있는데, 4가지로 요약할 수 있다. 첫째, 인민들에게 문화의 기초인 국어, 즉 말과 글을 지도한다. 둘째, 국어 교사에게 국어 교수에 대한 지식과 지침을 전한다. 셋째, 국어학 연구자들에게 발표와 토론의 장을 제공하여 국어 발달을 꾀한다. 넷째, 문필가들에게 국어학의 기초를 제공하여 언어의 통일을 기하고 어문의 과학화를 꾀한다.[200]

월간으로 발행된 『조선어 연구』는 발행 목적에 드러나듯이 인민을 위한 국어 교육, 국어 연구 공간으로서 지면을 구성하였다. 창간호의 짜임새를 보면, 인사말(창간사), 학술 논문, 강좌, 사조(소련의 언어학을 소개), 자료의 항목에 따라 글을 배치하였다. 창간호에 실린 논문은 이만규(국문 연구 단체의 연혁), 전몽수(훈민정음의 음운 조직), 박상준(조선말 닿소리의 발음 습관), 박경출(출판물에서 보는 우리말) 등이고, 강좌에 실린 한수암의 「송강가사의 연구사조」는 연구 논문이자 해설서로서 송강가사의 단어와 문장의 뜻풀이까지 친절하게 베풀고 있어 강좌란의 성격에 맞춘 글이라 할 수 있다. 사조는 소련의 언어학을 소개하는 장으로 소련 언어학자들의 논문을 번역·소개하고 있는데, 에스 데 카츠넬손의 「쏘베트 일반언어학의 30년」과 저자 표시 없이 「쏘베트 언어학의 당면과업」을 싣고 있다. 역자는 김수경이다.[201] 자료면에는 「조선어문연구회의 사업전망」(편집부)과 김종오의 「고어 예해」를 실었다. 전자는 독자들에게 연구회를 소개하는 난으로 연구회의 탄생 배경, 기구,

200) 조선어문연구회, 「창간사」 『조선어 연구』 창간호, 1949.3.
201) 『조선어 연구』에 소개된 소련 언어학에 대한 지식이 북한 언어학의 토대가 되었다(고영근, 「북한의 소련 언어이론의 수용양상과 적용문제」 『통일시대의 어문문제』, 길벗, 1994, 493쪽).

회의 요지 등이 실려 있고, 후자는 고어를 사전과 같은 형식으로 소개하고 있다.

창간호는 한글 전용을 원칙으로 하면서 필요에 따라 국한문, 한자 괄호 넣기 등의 방법을 취하고 있다. 학술 논문의 경우, 제목은 국한문이어도 본문에서는 한자를 괄호 안에 넣고 있고, 나머지 글에서는 한자 괄호 표기를 취하고 있는데, 맨 앞에 실린 이극로의 창간사는 전문이 한글만으로 작성되었다. 이는 한자 폐지 운동의 지도 단체인 연구회가 한자 폐지-한글 전용으로 가는 과도기에서 적절한 방식의 전범을 제시한 것이었다.

표지에는 '조선어 연구'란 제호를 큰 글씨로 넣은 다음, 제호 위아래를 자모가 배열된 띠로 장식하고 있으며, 하단에 '창간호', '조선어문연구회·평양시 1949-4'라고 해서 권호, 발행 주체, 연구회의 위치 등을 밝히고 있다. 상단에는 'ㅈㅗㅅㅓㄴㅓ ㅕㄴㄱㅜ'라고 풀어 쓴 제호가 눈에 띈다. 풀어쓰기는 주시경이 주창한 한글 표기 방식으로 주시경의 『말의 소리』와 잡지 『아이들 보이』에서 실험된 바 있고,[202] 김두봉, 최현배, 리필수, 김병호 등 제자들에게 전승되었는데, 특히 김두봉은 『깁더 조선말본』, 최현배는 『글자의 혁명』 등의 저술을 통해 풀어쓰기를 적극적으로 소개하였다.[203]

제1권 제4호에는 '독자란'과 '물음과 대답'이 신설되어, 전자에서는 독자로부터 지역의 지명을 제공받아 수록하였고, 후자에서는 독자의 질문과 편집부의 답변을 실었다. 제2권 제1호에는 『조선어 연구』의 비평 모임인 '독자회'

202) 김민수, 『국어정책론』, 고려대학교 출판부, 1973, 254~266쪽 ; 이기문 편, 『주시경전집』 下, 아세아문화사, 1976, 686쪽.

203) 풀어쓰기에 관한 최근 연구로는 이동석, 황호성, 구본영·한욱현 등을 참고. 이동석, 「한글의 풀어쓰기와 모아쓰기에 대하여-최현배 선생의 『글자의 혁명』을 중심으로-」 『청람어문교육』 38, 청람어문교육학회, 2008 ; 황호성, 「『글자의 혁명』(1956)에 나타난 최현배의 한글 풀어쓰기론 연구」, 세종대학교 교육대학원 국어교육전공 석사논문, 2004 ; 구본영·한욱현, 「풀어쓰기한글의 타당성 고찰-주시경, 김두봉, 최현배의 풀어쓰기 안을 중심으로-」 『커뮤니케이션 디자인학연구』 29, 커뮤니케이션디자인협회 커뮤니케이션디자인학회, 2009.

소식을 전하고 있는데 좌담회 형식으로 진행된 모임에서 어문 규정 문제, 한자 문제, 잡지의 수준과 성격 등에 이르는 다양한 의견이 교환되었다.

이상 살펴본 것처럼 국어 교육, 국어 통일, 국어의 과학화를 목적으로 발행된 기관지 『조선어 연구』는 창간호에서 제2권 제3호에 이르기까지 '머리말-논문-강좌-자료-소식'의 큰 틀을 유지하면서 사전 편찬, 신 철자법 보급, 문법 제정과 같은 연구회의 중요 사업을 알리고, 국어의 통일과 과학화를 도모하였다. 아울러 독자란이나 '물음과 대답' 등을 통해 민간의 어휘를 수집하고, 국어에 대한 정확한 지식을 전하는 등 독자와의 교감을 통한 교육과 계몽에도 많은 노력을 기울였다. 이 같은 내용은 조선어학회의 기관지 『한글』과 비교해도 체제상, 목적상, 내용상 대동소이하다. 이 점은 이극로와 김병제 등이 『한글』을 발간하면서 축적한 경험과 기술이 『조선어 연구』 편집에 반영되고 발휘된 때문이었을 것이다.

그렇다고 해서 『한글』과 『조선어 연구』를 똑같은 잡지라고 할 수는 없다. 확실히 다른 점이 있었다. 『한글』과 다른 점으로서 첫째, 소련의 사회주의 언어학을 적극적으로 소개한 것이고, 둘째, 학술지로서는 매우 이질적인 요소로서 체제 선전, 지도자에 대한 충성 등 정치색이 강한 글들이 게재되었다는 점이다.

소련 사회주의 언어학을 소개한 글들은 다음과 같다. 창간호에 실린 「쏘베트 일반 언어학의 30년(김수경 역)」, 「쏘베트 언어학의 당면과제(김수경 역)」, 제1권 제4호의 「30년간의 로씨야 어학(이규현李揆現 역)」, 제1권 제5호의 「선진적 쏘베트 언어학을 위하여(김영철 역)」, 제2권 제3호의 「이.브. 스탈린과 쏘베트 언어학(황부영 역)」 등이 그것이다. 이 중 스탈린의 언어관을 소개하고 있는 제2권 제3호의 글을 제외하면 모두 마르주의 언어학을 소개한 글들이다. 그러나 제2권 제3호에서 스탈린 언어관이 소개되고 있는 것에서도 확인할 수 있듯이 스탈린에 의해 마르주의 언어학이 비판을 받은 다음, 구소련에서는 엔. 야. 마르를 추종했던 언어학이 소멸되었으며, 북한에서도 마르

주의 언어학은 자취를 감추었다.[204]

다음은 정치색이 강한 글들의 등장이다. 제1권 제6호의 「조국통일을 위한 투쟁에 총궐기하자」(김경신), 제1권 제8호의 「김일성 장군에게 드리는 글」(연구회 일동), 제2권 제1호의 「1950년을 맞이하면서」(이극로) 등에서는 민족 언어의 통일과 발전을 목적으로 한다는 대 전제 하에 대한민국 정부를 이승만 괴뢰 정부로 묘사하고, 유엔위원단을 비판하는가 하면, 『조선어사전』과 『조선어문법』 편찬 사업의 성과가 정권 기관의 지도 아래 달성되었음을 보고하면서 김일성을 절세의 애국자, 영명한 지도자라고 칭송하였으며, 1950년을 맞이하는 어문학도들의 과업을 논하기 위한 목적의 글에서조차 조국을 분할하고 식민지화 하려는 미 제국주의와 미 제국주의의 침략의 주구인 이승만 도당의 매국 행위를 신랄하게 비판하였다.[205]

남북 분단을 극복하고 통일된 자주 독립 국가를 건설하는 것이 민족 공통의 염원인 것과 마찬가지로 언어학자들에게 민족어의 통일은 반드시 이룩해야 할 과업이었음은 두 말할 나위가 없겠지만,[206] 남한 정부와 미군정에 대한 공격, 체제의 우월성 선전, 김일성 우상화 조작 등은 국어학 학술지 본연의 성격에서 크게 이탈한 것으로 봐야 할 것이다.

연구회가 거둔 두 번째 성과는 『조선어문법』 발간이었다. 연구회는 공화국 내각 제10호 결정서(1948년 10월 2일 '조선어문에 관한 결정서')에 제시된 조선어 문법 편찬을 성공적으로 완수하기 위해 같은 달 12명의 전문학자로 문법편수분과위원회(이하 위원회)를 조직하였다.[207]

---

204) 정광, 「舊蘇聯의 언어학과 初期 북한의 언어연구」 『언어정보』 2, 고려대학교 언어정보연구소, 1999, 188쪽.

205) 조선어문연구회, 「조국통일을 위한 투쟁에 총궐기하자」 『조선어 연구』 1-6, 1949.9 ; 조선어문연구회, 「김일성 장군에게 드리는 글」 『조선어 연구』 1-8, 1949.12 ; 조선어문연구회, 「1950년을 맞이하면서」 『조선어 연구』 2-1, 1950.2.

206) 조선어문연구회, 「조선 어문의 통일과 발전 사업에 있어서 우리들 조선 어문 학자들의 당면 과업」 『조선어 연구』 1-8, 1949.12, 6쪽.

207) 조선어문연구회, 「머리말」 『조선어문법』, 평양: 조선어문연구회, 1949, 1쪽.

전몽수(위원장), 이극로, 허익, 명월봉, 김용성, 신구현, 홍기문, 김병제, 박종식, 박준영, 박상준, 김수경.

이 중 이극로, 전몽수, 홍기문, 김병제, 김수경은 남한에서 넘어간 학자들이고 나머지는 북한 출신이거나 혹은 해외에서 귀환한 학자들이었다.[208)]

위원회가 활동에 들어간 약 1년 후인 1949년 9월 초, 문법편수분과위원회, 특히 김일성종합대학 조선어학강좌를 중심으로 한 위원들의 노력으로 조선어문법 초고가 완성되었고,[209)] 그 후 1개월에 거쳐 위원들의 신중한 검토와 토의를 거친 후 1949년 8월 4일 김일성종합대학 강당에서 열린 '조선어문에 관한 강연회'에서 조선어 문법 편수의 기본 방향을 발표하였으며,[210)] 1949년 10월 3일 제13차 전문 연구위원회에서 그간 준비한 조선어 문법의 내용을 검토하고 확정지었다.

조선어 문법 편수에 관한 결정서

조선어 문법 편수에 관한 문법 편수분과 위원회 위원장 전몽수 동지의 보고를 듣고 본회 제13차 전문 연구위원회는 다음과 같이 결정한다.

본회는 조선민주주의인민공화국 내각결정 제10호로써 위임 받은 조선어 문법 편수에 관하여 문법 편수 분과위원회에서 제출한 조선어 문법이 기본적으로 타당하게 되였음을 인정하고 이를 채택할 것을 결정한다.[211)]

내용 확정으로부터 2개월 후인 1949년 12월 30일 연구회의 첫 성과인 『조선어문법』이 발간되었고, 연구회는 공화국 내각 제10호 결정서에 따라 자신

208) 고영근, 「북한의 초기 철자법과 문법연구」『통일시대의 어문문제』, 길벗, 1994, 107쪽 ; 고영근은 해방 후 월북한 학자들 명단에 박상준을 포함시키고 있지만, 박상준이 평양으로 간 시점이 해방 이전이므로 시기상 해방 후 월북 학자의 범주에 넣을 수 없다.

209) 조선어문연구회, 「머리말」『조선어문법』, 평양: 조선어문연구회, 1949, 1쪽.

210) 발표자는 김수경이었다. 조선어문연구회, 「소식」『조선어 연구』 1-5, 1949.8.

211) 조선어문연구회, 「중요소식」『조선어 연구』 1-7, 1949.10, 214쪽.

들의 과업을 수행하는 과정에서 이루어 낸 첫 성과라고 자평하였는데,[212] 책의 구성과 특징은 다음과 같다.

> 이 책은 조선 인민의 통일된 의사를 대표하는 인민공화국 중앙 정부가 수립된 현단계에 진정한 민족 통일의 기초가 되는 자기의 언어와 문자를 더 한층 공고히 통일 강화시키려는 지향에서 산출된 것인 만큼, 그 곳에는 선구 학자들의 모든 긍정적인 유산을 계승함과 동시에 선진 언어 이론의 도달한 성과를 광범하게 섭취하였으며, 또한 언어의 이론적인 면과 실질적인 면을 통일적으로 서술하기에 노력하였다. 한편, 문법의 내용을 전통적인 방식으로 어음론, 형태론 및 문장론의 세 부문으로 구분하면서도 이 세 부문의 호상 관계성과 문장론이 형태론에 대하여, 형태론이 어음론에 대하여, 각기 가지는 우위성을 특히 중요시하였다.[213]

선구학자의 유산은 주시경, 김두봉, 정열모 등 주시경학파의 업적을 가리키고, 선진 언어 이론은 유물사관에 선 마르의 언어 이론을 가리키는 것으로 보인다. 특히 문자와 철자법에 비중을 두고 있는 것을 보면 이 책이 『조선어 신철자법』을 이론적으로 뒷받침하기 위하여 쓰였다는 것을 알 수 있는데,[214] 전문을 '신철자법'에 입각하여 서술한 것은 신철자법의 선전과 보급을 위해 노력한 좋은 증거라 할 수 있다. 고영근은 『조선어문법』이 '신철자법'이 적용된 유일한 책이라 지적한 바 있다.[215] 이 책은 모두 30,000부 발행되었다.[216] 그러나 『조선어문법』은 북한 최초의 규범 문법이었다는 역사적 중요성에도 불구하고 훗날 '조선어 신철자법'의 창안자였던 김두봉의 몰락과 함께 역사

---

212) 조선어문연구회, 「머리말」『조선어문법』, 평양: 조선어문연구회, 1949, 1쪽.

213) 조선어문연구회, 「머리말」『조선어문법』, 평양: 조선어문연구회, 1949, 1~2쪽.

214) 고영근, 「북한의 초기 철자법과 문법연구」『통일시대의 어문문제』, 길벗, 1994, 108쪽 ; 박건식은 선구 학자들의 긍정적인 유산과 선진 소비에트 언어 이론을 광범위하게 섭취했다고 밝힌 것에 대해 정책적인 외피의 변화에서 오는 형식상의 표현일 뿐, 실제로는 전통문법적 입장에서 음운론, 형태론, 문장론의 3편으로 구성되었다고 보았다(박건식, 「조선어 문법」, 김민수 편, 『북한의 조선어 연구사 3』, 녹진, 1991, 202쪽).

215) 고영근, 「북한의 초기 철자법과 문법연구」『통일시대의 어문문제』, 길벗, 1994, 118쪽.

216) 고영근·구본관·시정곤·연재훈, 『북한의 문법 연구와 문법 교육』, 박이정, 2004, 176쪽.

의 표면에서 사라지는 비운의 주인공이 되었다.217)

1948년 10월 이후 짧은 기간에 연구회는 기관지 『조선어 연구』를 월간으로 펴내고, 『조선어문법』을 출판하는 개가를 올렸다. 하지만 애당초 『조선어문법』 편찬과 함께 연구회의 주요 사업 중 하나였던 사전 편찬은 계획처럼 순조롭지 않았다. 북한의 공식 문헌은 사전 편찬 사업 역시 김일성의 교시에 의해 시작되었다고 기술하고 있다.218) 하지만 사실 관계는 다를 수 있다. 김일성은 1947년 12월 26일 김일성종합대학 역사문학부 교원들과 만난 자리에서 남한과의 통일을 전제할 때 언어의 공통성을 훼손할 수 있는 문자 개혁은 불가하다고 말한 다음, 아래와 같이 말했다.

> 언어학자들은 철자법을 비롯한 우리 말 문법규범과 조선어 사전 같은 것을 잘 편찬하여 인민들이 우리 말과 글을 바로 쓰도록 하는 데 도움을 주어야 합니다.219)

이 날 교시의 핵심은 문자 개혁 불가였다. 사전 편찬에 대한 구체적인 구상을 갖고 발언했다기보다는 철자법, 문법 규범 등과 함께 원론적인 수준에

---

217) 김두봉 숙청 이후 북한에서는 김두봉 어학에 대한 비판과 청산에 들어갔는데, 일례로 다음과 같은 글을 참고할 수 있다. "반당 종파 김두봉은 언어학 부문에서 당의 과학 정책을 외곡하였을 뿐만 아니라, 8·15해방 후 조선 인민이 어문 운동 부문에서 달성한 거대한 성과에 대한 당의 령도, 우리 인민 정권의 역할을 전적으로 무시하였다(5쪽)." "김두봉은 1948년 1월에 자기 개인의 황당무계한 《리론》이 주로 반영된 《조선어 신철자법》을 《조선어문연구회》의 이름으로 강압적으로 출판했고, 1949년 《조선어문연구회》에서 집체적으로 편찬하기로 되여 있던 《조선어문법》을 강압적 방법으로써 자기에게 충실한 김수경 동무로 하여금 집필케 하고 이 문법서를 악명 높은 《신철자법》으로 출판케 하였다(9쪽)." 조선민주주의 인민공화국과학원 언어문학연구소, 『조선어문』 1958년 3월호, 서울: 연문사, 2000 ; 임홍빈, 『북한의 문법론 연구』, 한국문화사, 1997, 20~27쪽.

218) 리기원, 『조선말사전편찬론연구』, 사회과학출판사, 2005, 57쪽.

219) 조선로동당출판사, 「문자개혁문제에 대하여(1947.12.26)」 『김일성전집 6』, 1993, 510쪽.

서 언급한 것으로 보인다. 사전 편찬 사업에 대한 김일성의 구체적이고도 직접적인 지시로 볼 수 있는 얘기는 1948년 10월 31일 조선어문연구회 이극로 위원장을 만난 자리에서 나왔다.

> 지금 우리 나라에 똑똑한 〈조선어사전〉이 없습니다. 어문연구회에서는 앞으로 〈조선어사전〉을 편찬하도록 하여야 하겠습니다.[220]

김일성은 북한의 어문 정책을 책임지고 있는 연구회 위원장 이극로에게 똑똑한 조선어사전을 편찬할 것을 당부했다. 그렇지만 연구회가 조선어 문법의 편수와 더불어 사전 간행을 주요 사업으로 결정한 것은 김일성의 당부가 나오기 전인 1948년 10월 13일 제1차 전문위원회였다. 그 시점에 이미 연구회는 '사전편찬부'까지 마련하고 사업에 착수하고 있었다.

연구회가 기획한 것은 어휘 약 10만의 중사전이었는데, 사전 편찬의 전제 조건으로서 문법, 철자법, 표준어, 외래어 표기, 학술 용어, 전문 용어, 일본식 용어 문제 등의 해결을 지적하고 구체적 방안까지 수립하고 있었다. 1948년 11월 1일에는 사전 편찬에 관한 1차 보고가 있었고,[221] 1949년 3월 29일 제7차 전문위원회에서는 중간보고가 있었다.[222] 그리고 1949년 9월 초에 사전 원고 작성 사업을 끝마쳤으나,[223] 전쟁으로 출판 사업이 중단되었고,[224]

---

220) 조선로동당출판사, 「리극로와 한 담화(1948.10.31)」『김일성전집 8』, 1994, 411쪽.
221) 조선어문연구회, 「조선어문연구회의 사업 전망」『조선어 연구』 창간호, 평양: 조선어문연구회, 1949.3, 135~137쪽.
222) 조선어문연구회, 「기사」『조선어 연구』 1-2, 평양: 조선어문연구회, 1949.5, 177쪽.
223) 1949년 8월 20일까지 각 부문별 원고를 취합하여 8월 21일부터 평양제일고중 강당에서 김일성대학 조선어문학부 학생 38명이 카드 원고를 원고지에 옮겨 쓰는 작업에 착수하여 8월 30일에 원고 정리가 끝났다. 정서한 원고는 200자 원고지로 17,763장으로 국판 6호 활자로 조판하면 1,500~1,600쪽 정도의 분량이었다고 한다(조선어문연구회, 「"조선말 사전" 편찬을 마치고」『조선어 연구』 2-1, 1950.2, 72~78쪽).
224) 전세가 역전되어 군대가 후퇴하는 긴박한 상황 속에서도 수령님의 배려로 사전 원고 수송을 위한 차량이 배정된 덕에 원고를 무사히 보존할 수 있었다고 한다(전병훈,

정전 협정 후에야 다시 속개되어 1956년에 『조선어소사전』을 간행할 수 있었다.[225]

지금까지 북한의 어문 정책을 해방 직후와 조선어문연구회 활동기로 나누어 검토하였다. 해방 직후 북한은 새로운 사회 건설을 위해 전 인민에 대한 문맹 퇴치 사업을 진행하였고, 불과 4년 만에 '100%' 성공이라는 놀라운 성과를 냈다. 성공의 배경에는 혁명과 건설의 수단으로서 선택된 한글이 있었고, 학습과 습득의 용이함이라는 한글의 특성이 있었다. 오랫동안 써오던 한자는 우리 것이 아니었고, 봉건 잔재, 지배층의 전유물, 학습이 난해한 글자였기 때문에 폐지의 운명을 맞았다.

조선어문연구회는 1946년 7월(?) 순수 민간단체로 출범했지만, 1947년 2월 북한의 정권 기관에 의해 재조직되었으며, 북한 정권 수립 이후인 1948년 10월에는 월북 학자 이극로를 중심으로 개편되면서 남한과 북한 출신 국어학자들의 통일체로 재출범하였다.

북한 사회주의 체제라는 역사적 조건 속에서 연구회는 소련 언어학의 세례를 받았지만, 주시경에서 김두봉으로 이어지는 전통 국어학의 성과들을 존중하면서 국어학의 기초를 세워나감으로써 남북 언어의 동질성을 유지하였다. 분단으로 인해 학자들의 활동 공간도 달라지고 체제와 이념적 차이도 발생했지만, 이들의 흉중에는 남북 언어의 통일이라는 간절한 염원이 자리해 있었기 때문에 남한을 의식하는 통일 지향의 학문적 태도를 보였다.

연구회는 말과 글의 지도 기관으로서 위상을 확립하면서 한자 폐지와 문자 개혁을 위한 체계적인 활동을 전개하였고, 이를 위해 기관지 『조선어 연구』를 발행하였는데, 체제상 조선어학회의 기관지 『한글』과 거의 같은 형태를 취하고 있었다.

1948년 1월 공포된 '조선어 신철자법'은 조선어학회 출신 학자들의 월북

『태양의 품에 안기여 빛내인 삶 (2) 리극로 편』, 평양출판사, 1997, 46~47쪽).

225) 리기원, 『조선말사전편찬론연구』, 사회과학출판사, 2005, 57쪽.

이전에 나온 성과였지만, 김두봉의 지도 아래 제정됨으로써 1933년 제정된 조선어학회의 '통일안'과 같은 형태주의 원칙을 고수하였다. '통일안'이 있었기에 가능한 일이었지만,[226] 조선어학회 출신 학자들이 있었기에 '통일안'을 지키고 남북 언어 규범의 동질성과 통일성을 유지할 수 있었다. 한자 폐지-한글 전용, 표준어 준수에 있어서도 남과 북은 통일된 정책과 사상을 견지했으며, 비록 성공하지 못했지만 가로쓰기는 주시경을 사사한 김두봉과 최현배의 공통의 이상이었다.

이 같은 결과를 낳을 수 있었던 것은 조선어학회와 남한 출신들이 연구회를 주도했기 때문이었다. 연구회의 중심이 되었던 김두봉과 이극로, 김병제, 이만규, 김수경 등은 모두 조선어학회 출신들이었고, 전몽수, 신구현, 홍기문 등도 남한 출신의 월북 학자들이었다. 이들은 소련의 사회주의 언어 이론에 영향을 받고 김일성 지도라는 교조적인 분위기에 구속될 수밖에 없었지만, 민족주의적 언어관에 입각해 전통 국어학의 근본을 지킴으로써 남북 언어의 동질성을 유지하였다.

해방 후 한반도는 영토, 정치, 이데올로기 등의 측면에서 분단되었고, 조선어학회도 남북으로 분단되었지만, 언어의 분단과 이질화를 막을 수 있었던 것은 조선어학회와 그 출신들이 38선 이남과 이북의 어문 정책을 주도했기 때문이었다. 이 같은 점들을 고려한다면 연구회의 초기 모습을 조선어학회의 '평양 지회'라 해도 과언은 아닐 것이다.[227]

---

226) 2008년 현재 남북의 겨레말 사전 편찬을 추진하고 있는 서울대학교의 권재일 교수는 "1933년에 '한글 맞춤법 통일안'이 마련된 덕분에 남북의 정서법은 오늘날 기본적으로는 동일한 성격을 갖게 된 것이라고. 만약 1933년 시점에서 그 통일안이 없었다면, 남북의 정서법은 아마도 전혀 다른 모습이 되어 있었을 것이다."라고 했다(노마 히데키 지음, 김진아·김기연·박수진 옮김, 『한글의 탄생 - 〈문자〉라는 기적』, 돌베개, 2011, 345쪽).

227) 김민수는 북한의 언어연구를 3기로 나누고 1945-54년까지를 통일안 시대로 규정하면서 남과 북의 언어생활이 통일안에 근거하면서 동질성을 유지했다고 보았으며(김민수, 『북한의 국어연구』, 일조각, 1985, 76~82쪽), 고영근은 북한의 『조선어 신철자

제3절 한글학회로 개명

1. 1948년 9월 정기총회와 회원 현황

1946년 2월 임시총회를 연 학회는 장지영을 이사장에 선임하였지만, 장지영은 미군정 학무국 편수과에 재직하고 있었기 때문에 학회의 실질적인 대표는 1946년 2월 서무부 이사로 임명되어 9월 정기총회에서 재임된 이극로였다. 그런데 이극로가 남북연석회의 참가 후 돌아오지 않는 상황이 장기화되자 학회는 수습책을 논의하지 않을 수 없었다.

1948년 8월 11일 열린 이사회에서 학회는 고민 끝에 정인승에게 서무부 책임을 맡겼다. 이것은 정인승이 이극로를 대신해 대표직을 수행한다는 것을 의미했다. 이사회 출석자는 장지영, 최현배, 김윤경, 이희승, 정인승이었고, 결석자는 이극로와 김병제였다.[228] 1948년 8월 28일 이사회에서는 이극로가 7월 12일자로 발송한 사임원을 접수하고,[229] 7월 12일부로 이극로의 퇴직을 정식 인증했다. 출석자는 장지영, 최현배, 이희승, 정인승이었고, 결석자는 이극로, 김병제, 김윤경이었다.[230]

이극로에 이어 도서부 이사로서 상근하고 있던 김병제도 5월 1일 이후 모습을 감췄다. 임시방편으로 정인승이 이극로를 대행하였고, 김병제의 부재 상태가 계속되었다. 이극로에 대한 일부 정치 세력의 비난, 이극로의 북에서의 활동 등이 학회에 부담을 줄 수 있는 상황이었다. 따라서 1948년의 정기

법』이 통일안의 불합리한 점을 극복하는 관점에서 다소의 수정을 가한 것이지만, 주시경의 형태주의를 고수했다는 점에서 근본적으로 동일하다고 보았다(고영근, 「북한의 초기 철자법과 문법연구」『통일시대의 어문문제』, 길벗, 1994).

228) 조선어학회·한글학회『이사회 회의록(1948.6~1949.9)·(1951.10~1959.1)』, 1948.8. 11.

229) 7월 12일에 발송한 사임원이 언제 서울의 학회에 도착했는지 정확한 날짜를 알 수 없다. 이극로에게 아무런 소식이 없는 가운데 일단 정인승에게 서무부를 맡겼을 수도 있고, 이극로의 사임원을 받고나서 정인승에세 서무부를 맡겼을 수도 있다.

230) 조선어학회·한글학회『이사회 회의록(1948.6~1949.9)·(1951.10~1959.1)』, 1948.8.28.

총회는 이 같은 문제를 정리하는 자리가 될 수밖에 없었다.

1948년 9월 12일 오후 2시 학회 강당에서 정기총회가 열렸다. 회원 80명 중 39명이 출석하여 재경 회원 수의 과반수로 개회 정족수를 충족했다. 이사장 장지영이 사회를 보았고, 서무부 이사 이극로를 대신해 정인승이 보고를 하고, 경리부 이사 최현배, 교양부 이사 이희승이 보고를 했다. 북으로 간 출판부 이사 김병제를 대신해 김원표가 보고를 하고 끝으로 도서부 이사 정인승이 보고를 마쳤다.

이 날 총회는 이사 보충에 들어가 무기명 투표 결과 이중화가 당선되어 경리부 이사를 맡았다. 그리고 학회는 사임원을 제출한 이극로를 명예 이사로 추대하였다.[231] 남북연석회의 참가 이후 북쪽을 선택하고, 무임소상으로 조선민주주의인민공화국 수립에 참여한 이극로에 대해 남쪽의 정치적 제명 조치가 취해졌지만,[232] 학회는 총회의 결의로 이극로를 명예 이사에 추대했다. 학회에 대한 주위의 시선을 의식하지 않을 수 없는 어려운 시기였지만, 분단 정부 수립이라는 남북의 정치적 대립 하에서도 학회는 오랫동안 학회를 대표해 온 동료 이극로에 대한 변함없는 존중의 뜻을 확인했다. 다음은 1948년 9월 12일 총회 후 정해진 각 부서의 조직 상황이다.[233]

이사장: 장지영
서무부 이사: 최현배　　경리부 이사: 이중화　　교양부 이사: 이희승
출판부 이사: 김원표　　도서부 이사: 정인승　　무임소 이사: 김윤경
명예 이사: 이극로

231) 조선어학회, 『한글』 105, 1949.1, 68~69쪽 ; 한글학회, 『한글학회 100년사』, 한글학회, 2009, 65~66쪽.

232) 8월 4일 민련에서는 북의 정부 수립에 협조하는 민련 관계자들에 대해 조치를 취하기로 하고, 8월 11일 민련 검사위원회에서 지목한 12명을 정권 처분하였는데, 12명에는 이극로, 홍명희, 손두환 등이 들어 있었다. 다음 날 열린 통촉 상무위원회에서도 민련과 같은 결의를 하였다(서중석, 『남북협상－김규식의 길, 김구의 길』, 한울, 2000, 259쪽).

233) 한글학회, 『한글학회 100년사』, 한글학회, 2009, 65쪽.

9월 12일 총회에서 이사장과 서무부 이사에 임명된 장지영과 최현배는 같은 달 9월 30일부로 문교부 편수부국장과 편수국장직에서 물러나 학회 일에 전념하게 되었다.[234] 같은 날 문교부 편수관으로 재직하고 있던 박창해와 이인모도 그만두었고, 이사장 장지영은 사흘에 한 번, 서무부 이사 최현배는 날마다 출근했다.[235] 직제상으로는 이극로가 수행했던 대표직을 장지영이 맡았지만, 날마다 출근하여 상근한 최현배가 서무부 이사로서 학회 운영을 두루 관할하였다.

그렇다면 이 시기 회원 숫자는 얼마나 되었을까? 해방과 함께 학회 활동이 재개되면서 회원은 다달이 증가하는 추세에 있었다. 『100년사』에 따르면 해방으로부터 4년 후인 1949년 12월 현재 학회 회원 수는 107인이었다.[236] 그런데 이 숫자에는 다소 오류가 있다. 이 중 해방 전부터 회원인 인사는 모두 56인이지만, 1938년과 1939년에 유명을 달리한 이갑과 이규방, 1940년 자결한 신명균과 조선어학회사건으로 옥사한 한징과 이윤재를 빼면 51인이 된다.[237] 여기에 해방 후 입회한 회원 51인을 더하면 전체 회원 수는 102인이 되는데, 해방 후 북으로 간 월북 회원 4인(이극로, 이만규, 김병제, 김수경)을 추가로 빼면 전체 회원 수는 98인이었다. 월북한 인사에 정열모와 유열을 더

234) 1948년 8월 15일 문교부장관에 서울대 문리대 철학과 교수 안호상이 임명되었지만, 안정적인 업무 인수를 위해 미군정 문교부의 관료들이 한동안 업무를 계속했다. 1948년 11월 4일 비로소 대통령령 제22호로 '문교부직제'가 공포되어 11월 4일부로 편수국장에 서울대 교수 손진태가 임명되었고, 11월 7일 편수과장에 이봉수가 임명되었다. 안호상은 미군정기 문교부 직원의 대부분이 연희전문 출신이었던 점에 불만을 품고 있었기에 보성전문학교와 서울대 제자들을 데려다 썼다고 한다(손인수, 『한국교육운동사 1』, 문음사, 1994, 46~48쪽, 62쪽). ; 『관보』 제11호. 1948.11.4. http://theme.archives.go.kr/next/gazette/viewMain.do

235) 조선어학회, 『한글』 105, 1949.1, 68~69쪽.

236) 한글학회, 『한글학회 100년사』, 한글학회, 2009, 61~62쪽.

237) 김민수, 「조선어학회의 창립과 그 연혁」 『주시경학보』 제5집, 주시경연구소, 1990, 62쪽 ; 박용규, 「일제시대 한글운동에서의 신명균의 위상」 『민족문학사연구』 38, 민족문학사학회, 2008, 15쪽.

하면 6인이 되지만, 앞서 확인한 것처럼 이들은 월북 시기가 1950년 6월 이후였다. 아래는 1949년 12월 당시 회원 현황을 정리한 것이다.[238]

〈표 3〉 해방 후 회원 현황(1949년 12월)

가입 시기 (출처)	이름(신분)	인원 수
해방 전	**김병제**, **이극로**, **이만규** 외	51
1946년 5~7월 10일까지 (『한글』 제96호)	이숭녕(李崇寧) **김수경**(金壽卿) 이중화(李重華) 정태진(丁泰鎭) 신영철(申瑛澈) 권승욱(權承昱) 한갑수(韓甲洙) 주왕산(朱王山) 이석린(李錫麟) 허민(許民), 오성준(吳聖俊) 윤곤강(尹崑崗) 박창해(朴昌海) 최근학(崔根學) 안명길(安命吉) 백남규(白南奎)	16
1946년 9월 10일까지 (『한글』 제97호)	김원표(金源表: 조선어학회 한글사) 김형규(金亨奎: 고려대학 교수) 오경탁(吳敬鐸: 경동중학교 교원) 박종오(朴鐘午: 경성중학교 교원) 이인모(李仁模: 군정청 문교부 편수국원) 최상수(崔常壽: □工大學 교수) 조동탁(趙東卓: 京□) 조남령(曺南嶺: 靈光중학교 교원)	8
1947년 3월 15일까지 (『한글』 제99호)	박노춘(朴魯春) 이종철(李鍾喆) 조병희(趙炳熙) 민정호(閔鼎鎬) 유열(柳烈) 유제한(柳濟漢) 김석목(金錫穆) 정사교(鄭司敎) 서명호(徐明浩) 박태윤(朴泰潤) 이상준(李相浚) 김용경(金龍□)	12
1947년 5월 15일까지 (『한글』 제100호)	구자균(고려대학 교수)	1
1948년 2월까지 (『한글』 제 103호)	안석제(安晳濟) 이강로(李江魯) 김진억(金鎭億) 박경출(朴庚出) 이기열(李基烈) 이남준(李南俊) 박병호(朴炳鎬) 김계원(金桂元) 정신득(鄭辛得) 신태수(申泰洙) 최창식(崔昌植) 정희준(鄭熙俊)	12
1949년 12월까지 (『한글』 제108호)	공병우(公炳禹: 공안과 원장), 유증소(柳曾韶: 공주사범대학 교수)	2
		102-4=98

238) 해방 전 회원 명단은 이 책 38쪽 참조. 해방 후 회원 명단은 『한글』에서 정리. 표에서 밑줄은 월북 학자 4인.

그런데 『한글』에서 1948년 9월 12일 현재 회원 수 80명으로 기록하고 있고,[239] 1949년 9월 25일 현재 재경 회원 수를 64명으로 기록하고 있는 것을 참조하면,[240] 위 표에서 해방 전부터 회원으로 기록되어 있는 51인 가운데 다소 결원이 있었을 가능성이 있다. 그러한 점을 고려하더라도 해방 전 50인 정도였던 회원 수가 해방 후 불과 4년 동안에 2배 가까이 는 것은 급증이라 해도 과언이 아닐 것이다.

그렇다면 국어학 분야의 인사들이 학회에 집결한 이유는 무엇일까? 학회가 일제강점기에도 꾸준히 활동하면서 국어학의 명맥을 이어온 점, 조선어의 근대화에 기여한 점, 언어 민족 운동을 통해 조선어와 민족정신을 수호하고 일제에 저항한 점, 일제에 탄압받은 점 등 학회를 표상하는 여러 가지 요인들이 복합적으로 작용했다. 특히 조선어학회사건으로 수난 단체, 독립 운동 단체로 인식됨으로써 학회는 대중들의 존경과 숭배의 대상이었다. 게다가 학회가 해방 공간에 존립한 국어학계의 유일한 단체였다는 점도 회원 급증의 요인이었다.

물론 다른 단체가 전혀 없었던 것은 아니다. 해방 직후 밀양에는 '한얼몯음'이란 단체가 결성되었다. 밀양에서 한국어를 연구하고 있던 유열이 조선어학회의 후원으로 부산에 진출하여 '한얼몯음'을 조직하고 잡지 『한얼』 제1, 2호를 발행하면서 배달학원이라는 야간 중학교를 운영하였다. 1946년 12월에는 '영남국어학회'로 이름을 바꾸었는데, 이극로, 최현배, 김병제, 방종현 등이 이사, 최영해(최현배의 아들), 신영철 등이 상임위원을 맡은 점, 이후 활동에서 조선어학회와 긴밀히 협력한 점 등을 고려하면 이 단체는 조선어학회의 자매 학회라 해도 과언이 아닐 것이다[241]

239) 조선어학회, 『한글』 105, 1949.1, 68쪽.

240) 조선어학회, 『한글』 108, 1949.12, 133쪽.

241) 『100년사』는 '한얼몯음'을 학회 부산지회의 출발로 서술하고 있다(한글학회, 『한글학회 100년사』, 한글학회, 2009, 786~787쪽). ; 이응호, 『미 군정기의 한글운동사』, 성청사, 1974., 99쪽.

학회와 노선을 달리하는 단체도 있었다. 1946년 2월 홍기문을 위원장으로 이숭녕, 김수경, 이희승, 유응호 등이 통일된 국어의 연구 보급과 국어 문화 진흥을 목적으로 결성한 국어문화보급회가 조직되었고,[242] 1946년 4월에는 이희승, 홍기문, 방종현, 김선기, 이숭녕, 김수경, 유응호 등이 조선언어학회(朝鮮言語學會)를 결성하였다.[243] 훈민정음의 근본정신에 대한 올바른 이해를 기치로 내건 국어문화보급회는 조선어학회의 철자법과 한자 폐지에 반대했지만 철자법에 대해서는 내부적으로 의견의 일치를 보지 못했고,[244] 조선언어학회는 지나친 민족주의를 지양하면서 조선 언어학의 연구 발달과 조선언어의 과학적 지식 보급을 목적했지만, 계획했던 학회지조차 내지 못한 채 유야무야되었다.[245] 흥미로운 대목은 두 단체에 이희승, 김선기, 방종현 등

---

242) 『서울신문』 1946.2.12. 「국어문화보급회 탄생」 "세계의 자랑이요 우리의 생명인 국어의 연구와 보급은 현재 무엇보다도 중요 긴급한 문제임에 비추어 국어문화보급회(國語文化普及會)가 새로이 탄생되었다. 동회는 훈민정음의 근본정신을 올케 이해하여 통일된 국어의 연구 보급에 힘쓰는 동시에 옳은 민주주의 노선 우에서 크게 국어문화를 이르키어 세계문화발전에 이바지 할 터이라고 하며 장차 전선 각지에 지부분회를 두어 맹렬한 활동을 전개하리라고 하는 바 압흐로의 활동이 자못 기대되는 바이다." ; 최경봉, 「국어학사에서 유응호(柳應浩)의 위상과 계보」 『한국어학』 54, 한국어학회, 2012, 318~320쪽.

243) 『서울신문』 1946.4.21. 「조선언어학회 창설」 "조선언어학계의 유지제씨가 중심이 되여 「조선언어학회(朝鮮言語學會)」를 창설하고 조선언어학의 연구 발달과 아울러 조선언어의 과학적 지식보급을 꾀하기로 되엿는데, 동회에서는 그 사업의 하나로서 제1회학보 『언어』(言語)를 五월중에 간행 예정이다." ; 최경봉, 「국어학사에서 유응호(柳應浩)의 위상과 계보」 『한국어학』 54, 한국어학회, 2012, 320~322쪽.

244) 홍기문은 학회의 철자법에 반대하면서 신영철과 논쟁을 벌였지만(『경향신문』 1947.2.17. 「철자믄제에 대하야」), 이숭녕은 해방 직후면 모를까 이제 와서 철자법의 개혁을 주장하는 것은 온당치 못하다는 의사를 표명하였다(이숭녕, 「국어교육계의 과제」 『조선교육』 2, 1947.5).

245) 최경봉, 「국어학사에서 유응호(柳應浩)의 위상과 계보」 『한국어학』 54, 한국어학회, 2012, 318~322쪽. 최경봉은 박승빈 장학금으로 일본 유학을 마치고 귀국한 유응호가 박승빈의 조선어학연구회에서 활동하면서 조선어학회의 형태주의 철자법에 대해 비판적인 입장에 서 있었고, 해방 후 조선학술원, 국어문화보급회, 조선언어학회 등의 활동을 통해 조선어학회와 차별적인 영역을 구축했다고 평가했다.

조선어학회 회원이 참여하였고, 두 단체에 참가했던 이숭녕과 김수경 등이 1946년 5월에서 7월 사이에 조선어학회에 입회했다는 사실이다.[246)]

그 후에도 군소 단체가 있었지만, 방종현 등 경성제대 조선어문학과 출신 7명이 '우리어문학회'를 조직하고 회지 『어문』을 발행한 것은 해방으로부터 3년 후인 1948년 6월이었고, 신예 국어국문학도들에 의해 국어국문학회가 결성된 것은 전쟁 때인 1952년 9월의 일이었으니,[247)] 1945년부터 1952년까지 약 7년간은 한마디로 조선어학회의 독무대나 다름없었다.[248)]

2. 1949년 9월 정기총회와 명칭 변경

1948년 9월 12일 정기총회를 계기로 조직을 일신한 학회는 학회 재정을 원조하기 위해 1949년 3월 24일 '재단법인 한글집'을 설립하였다. 해방 직후부터 학회를 경제적으로 지원하기 위해 준비해왔던 '조선어학회 재단법인기성회'가 비로소 결실을 맺은 것이었다. 당시 재단에 토지를 희사한 이들과 재단 운영의 진용은 다음과 같다.[249)]

1. 토지를 희사한 이들

장세형: 35,730평	최현배: 16,970평	이중화: 9,962평
정세권: 54평(건물)	공병우: 34,000평	

2. 재단 운영 진용

이사장: 이중화

---

246) 조선어학회, 『한글』 96, 1946.7, 72쪽.
247) 남광우, 「국어국문학회 30년의 회고와 전망」 『국어국문학』 제88권, 국어국문학회, 1982.12, 294~295쪽.
248) 이상보는 조선어학회가 아니었다면 해방 후 국어 분야의 산적한 과제를 해결할 수 없었을 것이라고 했다(「이상보 구술」, 2012.6.13. 15~17시. 장소: 서울 서대문구 홍은동 이상보 자택, 글쓴이와 대담).
249) 조선어학회, 『한글』 107, 1949.7, 71쪽.

이사: 최현배, 장지영, 장세형, 이강래, 주기용, 이인
감사: 정세권, 이희승

이사장에 선임된 이중화는 한국전쟁 때 피랍되어 생사를 알 수 없다.[250] 1949년 9월 25일 학회 강당에서는 재경 회원 64명 중 42명이 출석한 가운데 총회가 열렸다. 각 부서 이사의 활동 보고가 있었고, 임기가 만료된 이사 선거를 실시하였는데, 이 날 선출된 이사와 업무 분담은 다음과 같다.[251]

이사장: 최현배

서무부: 정인승	경리부: 최현배	교양부: 이희승
도서부: 정태진	출판부: 김원표	

가장 큰 변화는 장지영이 이사진에서 물러나고, 최현배가 경리부 이사로서 이사장을 겸하게 되었다는 점인데, 이사장에서 물러난 장지영은 재단법인 한글집 이사, 세종중등국어교사양성소의 소장으로 활동했고, 이때부터 학회는 최현배가 이사장으로서 학회를 대표하고 지도·운영하는 체제로 나아가게 된다. 이른바 최현배 체제의 시작이었는데, 최현배는 세상을 떠나는 1970년 3월 23일까지 학회의 이사장으로 재직했다.[252]

9월 25일 정기총회에는 중요한 안건이 걸려 있었다. 학회 이름을 바꾸는 문제였는데, 회원들의 '열성 있는 토의로 말미암아' 하루 동안에 결론을 내지 못하고 10월 2일 다시 속회되었다는 기록을 보면 이름 문제를 둘러싸고 상당한 논쟁이 있었던 것으로 보인다. 장소는 학회 강당이었고, 35명의 회원이 출석하였다. 그런데 학회의 공식 기록에는 학회 이름을 왜 바꿔야 했는지에

---

250) 한국학중앙연구원 한국역대인물종합정보시스템 http://people.aks.ac.kr/index.aks ; 최호연, 『조선어학회, 청진동 시절』 하, 진명문화사, 1992, 34쪽 ; 이강로, 「광복 직후의 한글학회」 『한글새소식』 166, 한글학회, 1986.6, 8쪽.

251) 조선어학회, 『한글』 108, 1949.12, 133쪽.

252) 한글학회, 『한글학회 100년사』, 한글학회, 2009, 90쪽.

대한 배경 설명이 없다. 다만, 새롭게 제안된 이름과 제안자의 이름이 정리돼 있을 뿐이다.

한글학회: 정인승	국어학회: 정태진
국어연구회: 이희승, 방종현	우리말학회: 이강로, 유열
한글갈모임: 최상수	대한국어학회: 최현배
한국어학회: 김윤경	대한어학회: 최현배

이상 8개의 이름이 제안되었고, 그 중 정인승이 제안한 '한글학회'가 학회의 새로운 이름으로 결정되었다.[253] 이처럼 남겨진 기록은 지극히 간단하다. 1931년 조선어연구회에서 조선어학회로 이름을 고친 이후 18년 동안이나 사용해 온 유서 깊은 이름을 바꾸게 된 이유는 무엇이었을까?

1949년 10월 5일 중앙방송국에서 진행된 한글 전용 좌담에 출연한 정태진은 개명 배경에 대한 언급 없이 한글의 발전을 통해 민족 문화를 빛내기 위한 목적으로 이름을 바꾸었다고만 설명했다.[254] 『50년사』(1971)에서도 학회는 이 문제에 대해 언급하지 않았다. 이름 개명에 참여했던 정인승, 이강로 등이 『50년사』 집필자였던 점을 고려하면 기록을 빠뜨린 것이 아니라 남기지 않은 것으로 봐도 좋을 것이다. 그런데 2009년에 나온 『100년사』에서는 학회가 이름을 바꾸게 된 배경을 다음과 같이 설명하고 있다.

> 8·15광복은 되었으나 한겨레는 남북으로 나누어졌고, 급기야 남쪽에서는 1948년 8월 15일에 "대한민국"을 수립하였고, 북쪽에서는 9월 9일에 "조선민주주의인민공화국"을 선포하였다. 북쪽에 "조선"이란 나라가 선 것이었다. 그렇게 되니 "조선어학회"란 이름이 문제가 되었다.
>
> 게다가 조선어학회를 앞장서서 이끌던 이극로가 평양에서 돌아오지 않는 일까지 겹쳤다. (중략) 하루아침에 조선어학회는 불순한 단체로 오인받게 되었다. 그

253) 조선어학회, 『한글』 108, 1949.12, 133쪽.
254) 조선어학회, 『한글』 108, 1949.12, 63쪽.

> 런 오해를 피해야 한다는 생각에서, 그 전까지 『조선말 큰사전』이란 이름으로 발행했던 사전은 『큰사전』으로 이름을 바꾸어 찍어 내었고, 학회 이름은 "한글학회"로 고쳤으니 1949년 10월 2일의 일이다.[255]

1971년에는 언급조차 하지 않았던 문제에 대해 2009년에는 비교적 소상히 그 전말을 밝혀 설명하고 있다. 『100년사』에 따르면, 이름을 바꾼 첫째 이유는 북쪽에 수립된 나라 이름이 '조선민주주의인민공화국'으로 이름에 '조선'이 들어간 때문이었다. 둘째는 오랫동안 학회의 대표로 활동했던 이극로가 평양, 즉 '조선'에 가서 돌아오지 않았기 때문이었다. 평양에 잔류한 이극로가 정치적으로 배격되고, 남과 북이 정치적으로 날카롭게 대립하는 분위기 속에서 학회는 부담을 느낄 수밖에 없었던 것이다. 한 예로 1949년 11월 5일 국회 제5회 제33차 본회의에서 '한자사용에관한건의안'을 토의할 때, 윤재근 의원이 한글전용론자를 '이극로주의'라고 공격하는 의원들이 있다고 한 것은,[256] 한자 사용을 주장하는 일부 의원들이 자신들의 주장을 관철시키기 위해 북한의 이극로를 적대적으로 활용하고 있음을 지적한 것이다. '한글 전용=이극로'라는 등식이 한글 전용 반대를 위한 근거로서 활용되었던 것이다.

비록 1948년 9월 12일 총회에서 이극로를 명예이사로 추대한 학회였지만, 날로 악화돼 가는 남북의 대립이라는 상황 아래에서 북한 정권에 참여하고 있는 이극로의 존재는 불편할 수밖에 없었을 것이다. 따라서 학회는 차츰 '조선어학회'의 '조선'이 '조선민주주의인민공화국'의 '조선'과 연결되는 것을 차단할 필요를 느꼈을 것이고, 나아가 북의 '조선'을 타자화 할 필요에서 '조선'이란 이름을 과감히 버리고 '한글학회'란 새로운 이름을 갖게 되었던 것이다.

『100년사』에서는 북쪽에 정부가 수립되고 나서 '조선체육회'가 '대한체육회'로, '조선기독교서회'가 '대한기독교서회'로 이름을 바꾼 것도 '조선' 기피

---

255) 한글학회, 『한글학회 100년사』, 한글학회, 2009, 75쪽.

256) 대한민국국회, 국회회의록시스템 http://likms.assembly.go.kr/record/index.html, 제1대 제5회 제33차 본회의, 1949.11.5.

에서 나온 결과라고 덧붙여 설명하고 있다. 김민수도 "나라가 대한민국으로 국호를 정해서 수립이 됐는데 조선어학회, 즉 북측의 국호를 그대로 두는 것이 좀 언짢다 이런 생각을 했던 것으로 짐작이 가는데"라고 당시 정황을 추정하였다.[257)]

그런데 8개의 후보 가운데 왜 '한글학회'가 새 이름으로 결정되었는지에 대한 설명은 없다. 한글 전용 운동의 선두에 섰던 최현배의 의지가 작용하지 않았을까 하는 추측이 가능하지만, 최현배가 제안한 이름은 '한글학회'가 아닌 '대한국어학회'와 '대한어학회'였다. 『100년사』는 여러 후보 가운데에서 '한글학회'가 새 이름으로 결정된 것은 20여 년 이상 발행해 온 『한글』지의 존재와 당시 학회가 힘차게 펼치던 '한글만 쓰기 운동'이 영향을 미쳤을 것이라고 설명했다. 그리하여 '한글학회'로 이름을 바꾼 학회는 회칙에 등장하는 '조선'도 모두 '대한'으로 고쳤다. 다음은 회칙 중 개정된 부분이다.

1. 본회는 "한글학회"라 일컬음.
3. 본회는 <u>대한</u> 말과 <u>대한</u> 글의 연구와 통일을 목적함.
4. 본회는 <u>대한</u> 말과 <u>대한</u> 글을 학술적으로 연구하여 상당한 성과가 있는 사람으로써 조직함.[258)]

1955년 3월 발간된 『한글』에 실린 회칙(53년 5월 24일 고침)에는 위와 같

---

257) 국사편찬위원회, 『해방 이후 국어 정립을 위한 학술적·정책적 활동 양상』, 2007년도 구술자료수집사업, 77쪽 ; 그러나 학회 이름 개명에 대한 비판적인 의견도 있었다. 회원 김계원은 조선을 꺼리는 당시 사회적 분위기를 인정하면서도 '조선일보', '조선호텔', '조선화학', '조선신약' 등이 조선이라는 이름을 지킨 예를 들면서 학회의 개명이 꼭 필요한 것은 아니었다는 점을 지적하였고, 무엇보다도 일제에 저항한 민족 단체로서 조선어학회라는 이름이 갖고 있는 역사성을 버린 것을 몹시 안타까워했다(김계원, 「한글의 개념을 바로 갖자」 『한글새소식』 99, 한글학회, 1980.11, 10~12쪽).

258) 한글학회, 『한글』 110, 1954.4, 52쪽 ; '대한' 아래 밑줄이 들어간 것은 '고유명사는 아래 밑줄을 긋는다.'는 편집 규정에 따른 것이었다(한글학회, 『한글』 110, 1954.4, 53쪽). ; 한글학회, 『한글학회 100년사』, 한글학회, 2009, 77~78쪽.

이 '한글학회'와 '대한'으로 수정되었다.[259] 이름을 고친 학회는 신문을 통해 이 사실을 널리 공표하였다.

> 지난 10월 2일 조선어학회 정기총회에서는 그 회의 명칭을 "한글학회"로 고치고 또 이번에 다음과 같이 이사진도 개선되었다는 바 앞으로 사업 확충을 위한 모든 계획도 토의되었다 한다.[260]

기사는 고친 이름, 이사진 개선, 사업 확충 등 여러 가지 내용을 전하고 있지만, 「조선어학회를 한글학회로」라는 제목에서 알 수 있듯이 중요한 내용은 역시 조선어학회가 '한글학회'로 이름을 고쳤다는 사실을 만천하에 공표한 것이었다. 이 같은 명칭 변경의 배경을 고려한다면, '한글학회'는 새로운 시작과 함께 분단의 아픔을 동시에 끌어안고 있는 이름이라고 할 수 있을 것이다. 통일이 되면 '한글학회'란 이름에 대해 또 다시 고민해야 할까? 1957년 완간된 『큰사전』도 1, 2권은 『조선말 큰사전』으로 나왔지만, 1957년 새로 펴낼 때는 이름을 『큰사전』으로 바꾸었다는 점도 기억해 두어야 할 것이다.[261]

이렇듯 한글학회로 이름을 바꾼 학회는 부득이하게도 이극로와의 관계를 정리할 필요를 느꼈다. 그렇다고 해서 이극로와 절연한다든가 하는 식으로 공개적으로 입장을 밝힌 것은 아니었다. 이극로에 관한 한 학회는 침묵했고, 학회의 침묵은 남북의 대립 상황에서 학회가 취할 수 있는 최선의 '이극로 지우기'였을 것이다. 물론 침묵만이 다는 아니었다. 이극로가 만든 '한글노래'가 최현배의 '한글노래'로 바뀐 것은 '이극로 지우기'가 겉으로 드러난 한

259) 『한글』 제108호가 나온 것은 1949년 12월이었다. 다음 호로 제109호가 발간되었지만, 한국전쟁으로 인해 그 존재나 내용을 알 수 없다. 전쟁의 혼란기를 거치고 다시 『한글』이 발간된 것은 1954년 4월의 제110호였다.

260) 『동아일보』 1949.10.6. 「조선어학회를 한글학회로」

261) 한글학회, 『한글학회 100년사』, 한글학회, 2009, 538~543쪽.

사례라 할 수 있을 것이다.

『50년사』는 이극로가 지은 '한글노래'가 해방 직후 많이 불렸지만, 이극로 월북 후 더 이상 부를 수 없는 상황이 되자, 이를 안타깝게 생각한 최현배가 새로 '한글노래'를 지었다고 서술하고 있다.[262] 리의도는 이극로의 평양 잔류로 곤경에 처한 학회가 한국전쟁까지 당하고 보니 이극로가 작사한 노래를 더는 부를 수 없게 되었다고 당시 정황을 분석하였고, 이극로가 지은 것이 '한글노래', 최현배가 지은 것이 '한글의 노래'였다는 사실도 밝혔다.[263]

해방 후 학회의 대표로서 한글 보급과 한글 전용, 사전 편찬 등 학회의 굵직한 사업을 이끌며 한글 운동에 공헌한 이극로였지만, 1948년 4월 북행 이후 평양에 잔류하면서 남에서는 점차 잊히어 가는 인물이 될 수밖에 없었고, '조선어학회'에서 '한글학회'로 이름을 바꾼 학회는 이사장 최현배가 중심이 되었다.

1950년 6월 25일 한국전쟁 발발로 학회는 정상적인 활동을 지속할 수 없었다. 북한군의 공세를 피해 피난을 간 회원이나 미처 피난을 가지 못한 회원이나 난리 통에 겪는 어려움은 마찬가지였다. 그러나 학회는 전쟁의 포연 속에서도 사전 편찬 사업만은 멈추지 않았다. 원고를 지키기 위해 노심초사 했고, 전주와 서울을 오가며 편찬 사업을 계속했다.

1953년 5월 24일에는 피난지 부산에서 임시총회를 열었다. 전쟁 후 처음 여는 총회였고, 3년 8개월 만에 여는 총회였다. 부산에 머물던 회원 17명을 비롯해서 전주에서 2명, 대구에서도 1명이 참석하였다. 회칙을 일부 수정하였고, 본회의 위치와 관련해서 이전까지 고유명사로 규정했던 '서울'을 '수도'

---

262) 한글학회 50돌 기념 사업회, 『한글학회 50년사』, 한글학회, 1971, 485쪽. 이극로 지은 '한글노래' 1절: 세종임금 한글 펴니 스물여덟 글자 사람마다 쉬 배워서 쓰기도 편하다 슬기에 주린 무리 이 한글 나라로 모든 문화 그 근본을 밝히러 갈꺼나.

263) 리의도, 「한글 노래의 변천사」 『국어교육연구』 제49집, 국어교육학회, 2011. 8, 339~340쪽. 349쪽과 351쪽에는 각각 이극로의 '한글노래'와 최현배의 '한글의 노래' 악보가 실려 있다.

를 가리키는 보통명사로 규정했다.264)

1957년 5월 26일 정기총회에서는 부분적으로 회칙을 개정하였는데, 중요한 것은 3과 4였다.

> 3. 본회는 국어와 국문의 연구와 통일을 목적함.
> 4. 본회는 국어와 국문을 학술적으로 연구하여 상당한 성과가 있는 사람으로서 조직함.265)

이전 회칙에서 사용하던 '대한 말과 대한 글'이란 표현이 논란이 되어 '국어와 국문'으로 고친 것이었다.

1953년 7월 정전협정이 체결되고 포화는 멎었지만, 이승만 정부가 야기한 한글맞춤법간소화파동은 학회의 『큰사전』 발간에 막대한 지장을 초래하였고, 학회는 「한글 맞춤법 통일안」을 지키고 『큰사전』을 발간하기 위해 간소화 반대 운동에 나서게 되는데, 이에 대해서는 이 책의 제6장에서 상술한다.

---

264) 한글학회, 『한글』 110, 1954.4, 52쪽 ; 한글학회, 『한글학회 100년사』, 한글학회, 2009, 77~78쪽. "2. 본회는 서울에 둠." 개정된 회칙에서 '서울' 아래 밑줄이 없어진 것으로 확인할 수 있다.

265) 한글학회, 『한글학회 100년사』, 한글학회, 2009, 78~79쪽.

제3장

조선어학회·한글학회의 교육 활동

제1절 교과서 편찬

1910년 조선을 강제 병합한 일제는 식민지 동화정책의 하나로 일본어 보급에 주력하였다. 조선인에 대한 일본어 보급은 학교와 사회 양 분야에서 전개되었는데, 전자는 조선교육령을 통한 조선어 교육 금지, 후자는 일본어 상용 운동이었다.

조선총독부는 1911년부터 1945년까지 여러 차례에 걸쳐서 교육령을 개정했는데,[1] 조선어 교육과 관련해서 큰 변화가 있었던 것은 제7차 조선교육령(1938.3.4)과 제8차 조선교육령(1941.3.31) 그리고 제9차 조선교육령(1943.3.8)이었다. 제7차에서 교수 용어를 국어(일본어)로 함과 동시에 조선어 교과를 수의과목으로 지정했고,[2] 제8차에서는 국민학교에서 조선어 교과를 폐지하

---

1) 1910~1945년 사이에 공포된 조선교육령은 일반적으로 큰 변화에 따라 1~4차에 이르는 구분법과 좀더 세밀한 내용의 변화를 반영해 1~10차로 구분하기도 한다. 전자는 정재철, 손인수 등과 같은 경우이며 후자는 김규창, 허재영 등과 같은 경우이다. 이 글에서는 허재영의 구분을 따랐지만, 칙령이 제정된 날짜가 일본 국립공문서관 소장 문서의 기록과 다를 때는 일본 측 기록을 따랐다. 鄭在哲, 『日帝의 對韓國植民地教育政策史』, 一志社, 1985 ; 손인수, 『한국교육사 Ⅰ·Ⅱ』, 문음사, 1987 ; 故 金奎昌教授 遺稿論文集刊行委員會 編, 『朝鮮語科 始末과 日語教育의 歷史的背景』, 서울: 故 金奎昌教授 遺稿論文集 刊行委員會, 1985 ; 허재영, 『조선 교육령과 교육 정책 변화 자료』, 도서출판 경진, 2011) ; (日本) 國立公文書館デジタルアーカイブ(http://www.digital.archives.go.jp/)

2) 昭和13年03月04日 勅令 103号 朝鮮教育令, (日本) 國立公文書館デジタルアーカイブ(http://www.digital.archives.go.jp/). ; 국사편찬위원회 한국사데이터베이스, 『일제침략하 한국36년사』 12권 ; 국가지식포털, 조선총독부령 제24호 「소학교규정」, 1938.3.15. 개정. 시행 1938.4.1. 제13조 3항 "조선어는 수의과목으로 할 수 있다." 제16조 8항 "교수용어는 국어를 사용하여야 한다." ; 허재영 엮음, 『조선 교육령과 교육 정책 변화 자료』, 도서출판 경진, 2011, 157~227쪽 ; 허재영, 『일제강점기 어문 정책과 어문 생활』, 도서출판 경진, 2011, 82~83쪽 ; 제7차 조선교육령의 기본 성격은 첫째, 교육령의 내용 자체가 육군특별지원병제도의 창설을 앞둔 군부의 교육시설 개선안을 그대로 수용한 것으로 교육령의 목적이 조선인들을 병력 자원화 하는 기초 작업이었으며, 둘째, 황국신민의 완성을 위해 시오하라(鹽原) 학무국장이 내세운 교육의 3대

였으며,[3] 제9차에서는 모든 학교에서 조선어 교육을 폐지하였다.[4]

학교에서의 조선어 교육 억압과 발맞춰 사회에 대한 일본어 보급 운동도 전개되었다. 1937년 봄 조선총독부는 모든 관공리와 공직자에게 일터는 물론 가정에서도 조선어 사용을 금지하도록 지시하였고,[5] 1942년 5월 1일 국민총력 조선연맹의 주창으로 조선인 모두가 일본어를 이해하도록 하는 것을 목표로 하는 '국어전해운동(國語全解運動)'과 모든 생활공간에서 일본어를 사용토록 하는 '국어상용운동(國語常用運動)'이 시작되었다.[6] 바야흐로 조선

강령 즉, 국체명징, 내선일체, 인고단련에 입각한 것이었다(崔由利, 『日帝 末期 植民地 支配政策硏究』, 국학자료원, 1997, 57쪽).

3) 昭和16年03月25日 勅令 254号 朝鮮教育令中改正ノ件 ; 국민학교령 칙령 148호, 국민학교규정 조선총독부령 90호, 한국역사정보통합시스템, 『조선총독부관보활용시스템』, 1941.3.31. 昭和 4254호 ; 허재영 엮음, 『조선 교육령과 교육 정책 변화 자료』, 도서출판 경진, 2011, 228~239쪽 ; 1941년 2월 28일 칙령 제148호 '국민학교령'을 제정한 일제는 소학교를 국민학교로 전환시켰고, 3월 31일 조선총독부령 제90호 '국민학교규정'을 제정·공포하여 수의과목으로 명목상 존속되고 있던 조선어 교과를 폐지하였다. 이 교육령의 특징은 기초적 연성을 목표로 한 것으로 개정교육령(1938) 시기의 국체명징, 내선일체 등의 이데올로기가 더욱 공고해진 것이었다(허재영, 『일제강점기 어문 정책과 어문 생활』, 도서출판 경진, 2011, 96쪽).

4) 昭和18年03月09日 勅令 113号 朝鮮教育令, (日本) 國立公文書館デジタルアーカイブ(http://www.digital.archives.go.jp/). ; 한국역사정보통합시스템, 『조선총독부관보활용시스템』, 1943.3.18. 昭和 4836호 ; 허재영 엮음, 『조선 교육령과 교육 정책 변화 자료』, 도서출판 경진, 2011, 243~248쪽 ; 1943년 3월 9일에 공포된 교육령은 징병제 실시에 따른 학생 동원을 목표로 한 것으로 이 교육령은 '중등학교령'과 '사범학교령'으로 구성되었는데, '중등학교령'에서는 수업 연한을 단축하여 동원을 쉽게 하고자 하였으며, '사범학교령'에서는 사범 교육을 전문학교 수준으로 높여 황국신민의 도를 실천하는 교사 양성에 박차를 가하도록 했다. 이러한 상황에서 일본어 보급이 강압적으로 추진되었으며 조선어 교육을 전면적으로 금지하였다(허재영, 『일제강점기 어문 정책과 어문 생활』, 도서출판 경진, 2011, 106~107쪽).

5) 『조선일보』 1937.3.1. 「官公吏及公職者의 朝鮮語 使用禁止」 ; 37년 3월, 스즈카와(鈴川壽男) 문서과장은 통첩(「국어 사용의 철저화에 관하여 - 각 도에 통첩」)을 통해 관공리에게 직무 중 국어 사용에 힘쓸 것을 당부하였다. 이 통첩은 관리를 대상으로 한 것이었지만, 2월에 이미 오타케 주로(大竹十郎) 내무국장의 담화를 통해 도, 부읍회에서의 통역 폐지와 일본어 권장이 제시되었다(미야타 세스코 해설·감수, 정재정 역, 『식민통치의 허상과 실상』, 혜안, 2002, 121~122쪽).

전역에 걸쳐서 일본어 강습회가 실시되었고,[7] 교실에 벌금 통을 마련해 조선어를 쓰는 학생들에게 벌금을 물리게 했을 뿐만 아니라,[8] 동네마다 감시자를 두어 집에서도 일본말을 쓰지 않고 조선어를 쓰면 밀고하게 했고, 밀고를 당한 사람은 1전씩 벌금을 물어야 했다.[9]

이처럼 1937년부터 한층 강화된 일제의 일본어 보급 운동은 학교뿐만 아니라 가정과 직장 등 전 사회에서 국어 상용을 실현하는 것을 목표로 하였으며, 1943년에 이르러서는 '조선어 말살'이라는 표현까지 신문에 등장할 정도로,[10] 총독부의 일어 보급, 조선어 말살 정책은 극한에 도달했다.

그 결과 1943년에 일본어를 이해하는 조선인이 전체의 22.15%가 되었다.[11] 물론 22.15%라는 수치가 절대적으로 높은 것은 아니었지만, 루이 장 칼베의 식민주의 언어 동화 3단계에 따르면, 조선의 상황은 지배 언어가 행정 언어를 장악하는 첫 번째 단계를 거쳐 지배 언어가 피지배 민족 전체로

---

6) 崔由利, 『日帝 末期 植民地 支配政策硏究』, 국학자료원, 1997, 61~62쪽, 158~159쪽, 162쪽.

7) 일제는 학교 밖에서 일본어를 쓰지 않는 학생들에 대한 단속을 강화하였으며, 관공서, 직장, 단체 등에서 일본어 사용을 권장하면서 '싸움이나 잠꼬대까지도 일본어로 하는 상태'를 만들기 위해 노력하였고, 조선어를 사용한 출판물, 영화, 연극, 방송, 레코드 등을 억제하고 쉬운 일본어로 대체하였다(崔由利, 『日帝 末期 植民地 支配政策硏究』, 국학자료원, 1997, 162~169쪽).

8) 한글학회, 「문제안 구술」 『한글 문화 인물 녹취 자료』(2005.12~ 2006.3) "학교에서 일본말을 쓰면 벌금을 1전씩 냈다. 선생님 탁자 위에 1전 벌금 받는 벌금통이 있었다."

9) 이강로, 「미국 종이 받아서 국어사전 만들었어요」, 문제안 외 39명, 『8·15의 기억』, 한길사, 2005, 146쪽.

10) 1943년 6월 내무성위원과 총독부간부 대담회에서는 '조선어를 말살한다는 방법으로 해야 하지 않느냐'는 말이 나왔고(『京城日報』, 1943.6.17. 「決戰半島の眞姿/內務省委員總督府幹部對談會(3)」), '조선어를 말살할 정도의 열의로 국어교육의 철저화를 도모하는 것이 내선일체가 성과를 올리는 방법'이라는 노골적 표현까지 신문 사설에 등장하였다(『京城日報』, 1943.8.16. 「內鮮一體と國語常用」).

11) 허재영, 『일제강점기 어문 정책과 어문 생활』, 도서출판 경진, 2011, 119쪽 ; 김민수는 일본어를 이해하는 조선인의 비율을 22.16%로 기록하고 있다(김민수, 『국어정책론』, 고려대학교출판부, 1973, 509쪽).

확산되는 두 번째 단계로 나아가는 과정에까지 진입해 있었다.[12)]

다시 말해서 교육 언어의 일본어화를 시작으로 행정 분야와 금융 분야 등 사회 상층부를 장악한 일본어가 일본어 상용 운동을 통해 사회 전체, 즉 피지배 민중 전체로 확산되는 두 번째 단계에 진입하고 있었다는 것이다.[13)] 35년으로 종막을 고한 일제의 식민지배 기간에 비추어 본다면 상상을 초월하는 빠른 속도로 일제의 동화정책의 핵심인 언어 동화가 진행되었던 것이다. 1945년에 일제의 지배가 끝나지 않았다면 조선어가 결정적인 죽음을 맞이하는 3단계까지 나아가는 데에는 그리 오랜 시간이 걸리지 않았을 것이다.

그렇기 때문에 해방된 조선에서 가장 시급히 해결해야 할 과제는 일제 35년간 잃어버렸던 조선어를 회복하는 일이었고, 조선어 반벙어리가 된 조선인들에게 조선어와 한글을 가르치는 일이었다.[14)] 조선어의 회복과 국어 교육

---

12) 루이 장 칼베는 식민주의 언어 침식 과정을 3단계로 구분하였다. 1단계는 교육과 행정 등에서 지배 언어를 사용하게 됨으로써 식민 권력과 가까운 피지배 계급은 지배 언어를 사용하게 되고, 식민지 하층부가 사용하는 피지배 언어가 대립하면서 병존하는 단계, 2단계는 지배 언어와 피지배 언어의 수직적 관계가 형성되고 지배 언어가 피지배 민족 전체로 확산되는 단계, 3단계는 완전한 언어 침식의 단계로서 피지배 언어가 결정적인 죽음을 맞이하여 고고학적 흔적만을 남기거나 다언어 병용 상태로 남는 단계다(루이 장 칼베, 「식민주의와 언어」, 이병혁 편저, 『언어사회학 서설 이데올로기와 언어』, 까치, 1986). ; 허재영은 루이 장 칼베의 식민주의 언어 침식 과정을 4단계로 구분하였다. 1단계: 토착민의 언어를 경멸하는 단계, 2단계: 지배 언어가 행정 언어를 장악하는 단계, 3단계: 지배 언어와 피지배 언어의 수직 관계가 성립하고 지배 언어가 피지배 민족 전체로 확산되는 단계, 4단계: 피지배 언어가 결정적인 죽음을 맞이하여 고고학적 흔적을 남기거나 다언어 병용 상태로 남는 단계(허재영, 「일제의 동화정책과 조선어학회의 항쟁」, 국립국어원, 『조선어학회 수난 70돌 기념 – 조선어학회 항일 투쟁의 역사적 의미와 계승』, 국립고궁박물관 본관 강당, 2012.10.12, 98쪽).

13) 칼베는 언어침식 과정의 기초가 되는 구성요소로서 경제적 요소, 법적 구성요소, 이데올로기적 요소를 들고 있다(루이 장 칼베, 「식민주의와 언어」, 이병혁 편저, 『언어사회학 서설 이데올로기와 언어』, 까치, 1986, 163~164쪽).

14) 이극로는 조선어학회가 시급히 할 일로 첫째 한글강습, 둘째, 사범학교 건설, 셋째 서적 출판, 넷째 한글 교정 기관 설치임을 밝혔다(이극로, 「조선어학회의 임무」『민중조선』 1, 민중조선사, 1945.11, 44쪽).

재건을 사명으로 인식한 학회는 강습회를 개최하고 교과서를 편찬하는 등 활발한 교육 활동을 전개했다.

조선어학회는 1945년 8월 25일 임시총회에서의 논의에 따라 교육계·문필계·언론계 등 여러 방면의 협력을 얻어 우선 긴급한 임시 교재를 엮기로 결의하고, 9월 2일 이극로, 최현배, 이희승, 정인승을 비롯해 교육관계자 등 18명으로 교재편찬위원회를 조직하여 일반용으로 우리말 입문, 초등학교용으로 국어교본 상·중·하의 세 가지, 중등학교용으로 상·하의 교재를 편찬할 것을 결의하였다.[15)]

〈표 4〉 국어 교본 편찬 위원

<table>
<tr><th colspan="3">조선어학회 소속</th><th colspan="3">다른 기관 소속</th></tr>
<tr><td colspan="3">김병제
김윤경
방종현
장지영
정인승
이극로
이희승
최현배</td><td colspan="3">박준영(朴俊泳): 한성상업학교
조병희(趙炳熙): 경성서부남자국민학교
조윤제(趙潤濟): 진단학회
양주동(梁柱東): 진단학회
윤복영(尹福榮): 협성학교
윤성용(尹聖容): 수송국민학교
윤재천(尹在千): 청량리국민학교
이세정(李世楨): 진명고등여학교
이숭녕(李崇寧): 평양사범학교
이태준(李泰俊): 조선문화건설중앙협의회
이호성(李浩盛): 서강국민학교
이은상(李殷相): 국문학 저술가
주재중(朱在中): 매동국민학교</td></tr>
<tr><th colspan="6">편찬위원 중 기초위원</th></tr>
<tr><td colspan="2">초등국어교본</td><td colspan="2">중등국어교본</td><td colspan="2">한글 첫 걸음</td></tr>
<tr><td colspan="2">윤복영, 윤성용
이호성(책임)</td><td colspan="2">이숭녕, 이태준
이희승(책임)*</td><td colspan="2">장지영*, 윤재천
정인승(책임)*</td></tr>
<tr><th colspan="3">편찬위원 중 심사위원</th><th colspan="3">삽화 제공</th></tr>
<tr><td colspan="3">방종현*, 조병희, 주재중,
양주동, 이세정</td><td colspan="3">이희복(李熙福): 경성사범학교부속국민학교
이봉상(李鳳商): 경성여자사범학교부속국민학교</td></tr>
</table>

15) 『매일신보』 1945.9.3. 「조선어학회, 교재편찬위 구성하고 교재 편찬」(국사편찬위원회 한국사데이터베이스, 『자료대한민국사』 제1권).

당시 교과서 편찬은 조선어학회가 주도하여 이루어졌지만 학회가 아닌 다른 기관에 소속된 외부 인사들도 참여하고 있다. 〈표 4〉는 학회가 10월 9일 자로 제시한 국어 교본 편찬위원의 명단이다.[16]

기초위원과 심사위원 중 이름 옆 *는 조선어학회 소속 회원으로 21인의 편찬위원 중 1/3이 넘는 8인이 학회 회원이고, 기초위원 9인 가운데 3인이 학회 회원이며 그 중 2인은 책임위원이었다. 또한 5명의 심사위원 중 1명이 학회 회원이었다. 다른 기관 소속 위원 중 이은상, 양주동, 이태준은 1933년에 학회가 통일안을 발표했을 때 지지 성명을 냈을 정도로 일찍부터 학회의 통일안과 국어 전문 연구 단체라는 학회의 권위를 인정하고 있었다.[17]

특히 이은상은 동아일보사에서 발행하는 잡지 『신가정』을 창간호로부터 한글 통일안에 의하여 일정하게 써왔다면서, '통일안'은 한글을 전문적으로 연구하는 대가들이 수십 년 연구 결정한 만큼 우리는 절대로 복종하는 태도를 가진다고 할 정도로 학회를 지지하였다.[18] 또한 편찬위원 중 '자모식 교수에 가장 노련한'[19] 이호성에게 『한글교수지침』의 편찬을 위촉했다는 설명에서 그가 학회가 제정한 '통일안'에 매우 정통한 학자였음을 알 수 있다.

이와 같은 사실은 해방된 조선의 학생들을 가르칠 교과서가 일제강점기에 이루어진 학회의 학문적 성과인 「한글 마춤법 통일안」(1933)과 「사정한 조선어 표준말 모음」(1936), 「외래어 표기법 통일안」(1940) 등을 바탕으로 편찬하는 데 대한 관계 전문가들의 폭넓은 동의 속에 이루어졌음을 의미하는 것이다. 만일 일제강점기 어문의 근대화라는 학회의 성과 없이 해방을 맞았

16) 군정청 학무국이 발행한 『초등국어교본 한글교수지침』 중 「국어 교본 편찬에 대하여」에 제시된 명단을 정리한 것이다(조선어학회, 『초등국어교본 한글교수지침』, 군정청 학무국, 1945, 1~3쪽).
17) 조선어학회, 『한글』 16, 1934.9, 14쪽.
18) 이은상, 「우리글의 불통일은 잡지 경영란의 하나」, 조선어학회, 『한글』 14, 1934.7, 2쪽.
19) 조선어학회, 『초등국어교본 한글교수지침』, 군정청 학무국, 1945, 3쪽.

다면 어떤 상황이 펼쳐졌을까?

식민지 시대의 철자법으로서 조선총독부에 의해 제정된 1912년의 「보통학교용 언문철자법」, 1921년의 「보통학교용 언문철자법 대요」, 1930년의 「언문 철자법」에 이르는 식민지 철자법 제정의 20년 역사를 포함하지 않더라도, 조선어학회가 사전 편찬에 착수한 1929년을 기점으로 『통일안』이 제정 발표된 1933년 10월 9일까지 4년, 그로부터 표준어 사정을 마친 1936년까지 3년, 외래어 표기법을 제정 발표한 1940년까지 꼬박 11년이 걸렸다. 이 같은 학회의 활동과 성과가 없었다면 해방 후 교육 현장의 혼란은 피할 수 없었을 것이고, 어문 규범을 마련하기까지 상당한 시간을 소요했을 것이다.

게다가 어문 규범이 마련될 때까지 조선총독부가 제정한 언문 철자법에 의지할 수밖에 없었다면 식민지 교육 또한 청산할 수 없었을 것이다. 최현배는 일본의 정신을 없애려면 일본인 손으로 만든 교과서를 전면적으로 고쳐야 한다면서 조선인의 자주 정신에 의해 우리말과 글을 교과서에 담을 것을 분명히 한 바 있는데,[20] 해방 후 학회가 편찬한 국어 교과서가 조선인들의 손으로 마련한 철자법을 채용함으로써 35년간 강요된 일본어와 일제 교육의 영향을 씻고 자주적인 국어 교육의 기틀을 마련했다는 점에서도 그 의의는 자못 지대한 것이었다.

그런데 교과서편찬위원 명단에 외부 인사로 분류되어 있는 윤복영·이호성·이세정이 해방 이전 기록에 모두 회원으로 돼 있는 점은 국어 교본 편찬위원 명단에서 밝힌 것과 다르다.[21] 1949년 9월로 파악된 학회 회원 명단에 이은상, 이호성, 이숭녕, 윤복영, 이세정, 조병희 등이 모두 이름을 올리고 있는 것을 보면,[22] 단순히 기록상의 오류일수도 있지만 세 사람이 도중에 탈퇴

20) 『자유신문』 1945.10.11. 「敎科書編修 自主精神으로」
21) 김민수, 「조선어학회의 창립과 그 연혁」 『주시경학보』 제5집, 주시경연구소, 1990, 62쪽.
22) 한글학회, 『한글학회 100년사』, 한글학회, 2009, 61~62쪽.

상태가 되었다가 해방과 함께 활동을 재개하면서 다시 회원의 자격을 회복했을 가능성을 배제할 수 없다. 6인 중 이숭녕과 조병희는 해방 이후에 회원 신분을 취득했고,[23] 이은상은 해방 이전으로 추정되나 가입 시기를 알 수 없다.

학회 회원을 중심으로 국어학계의 전문가로 이루어진 위원회는 교과서 절대 부족이라는 열악한 현실을 타개하기 위해 각급 국어 교과서의 편찬에 착수해 우선 『초등국어교본(상·중·하)』, 『중등국어교본(상·하)』, 『한글 첫 걸음』 등을 만들었다. 초등국어교본 상은 1, 2학년, 중은 3, 4학년, 하는 5, 6학년용이고, 중등국어교본 상은 1, 2학년, 하는 3, 4학년용이었다. 『한글 첫 걸음』은 초등 3학년 이상 각 학년과 중등 각 학년 '국어교본' 학습의 입문용으로 제작되었는데, 국어는 물론 모든 교과의 교수에 절대적으로 필요한 국어의 기초적 소양을 습득하기 위한 교재로서 제작된 것이었다.[24]

교본 편찬을 시작하고 2주 만에 『한글 첫 걸음』이 완성되었다. 편찬위원 윤재천은 "9월 초순에 임시 교재 편찬의 의(議)가 성립하자, 조선어학회의 일원에 참가하여 『한글 첫 걸음』을 집필하였습니다. 서기(暑氣)가 아직 강렬할 때에 방장오실(方丈奧室)에서 약 2주일 농성(籠城)한 환희, 우리 민족의 국어 교재로 제일 먼저 탄생한 것이 이 『한글 첫 걸음』이었습니다. 감격에 넘쳤다-아니다. 눈물도 아깝지 않았습니다."라며 그 날의 감격을 글로 남겼다.[25]

교과서 편찬에 착수한 초기 학회는 편찬에서 배본까지 자체적으로 할 생각이었지만 책값을 저렴하게 하고 배본을 원활히 하기 위하여 군정청과 협력하게 되었다.[26] 그리하여 1945년 11월 15일 미군정 학무국에서 『한글 첫 걸음』과 『초등국어교본』을 출간하였고, 이를 기념하기 위해 11월 20일 중앙청

---

23) 이숭녕은 46년 5월에서 7월 사이, 조병희는 46년 11월에서 47년 3월 사이에 가입하였다(『한글』 제96호, 제99호 참조).

24) 조선어학회, 『초등국어교본 한글교수지침』, 군정청 학무국, 1945, 1~3쪽.

25) 尹在千, 『新敎育序說』, 朝鮮敎育硏究會, 1946, 1쪽.

26) 정인승, 「국어교본에 관한 유열 님의 감상 말씀을 받고」 『한글』 96, 조선어학회, 1946.7, 31쪽.

제1회의실에서 『한글 첫 걸음』과 『초등국어교본』을 아동들에게 전달하는 교과서 증정식을 가졌다.[27]

해방되고 불과 3개월 만의 일이었다. 자유신문은 그 날의 감격을 '귀하다 우리의 한글 세종께서 펴신 우리의 한글이 36년간의 한동안 악독한 일본 정치 아래 몹시 탄압되었으나 8·15 이후 드디어 힘찬 호흡과 함께 우리말 책이 완성되어 뜻 깊은 반포식을 갖게 되었다'고 보도했다.

최현배는 인사말에서 36년간 일제의 탄압을 받은 우리말이 연합국의 조선 해방으로 활기 있는 새 출발을 하게 되었다고 사례하였고, 장지영은 8·15 이후 조선어학회의 비범한 노력 덕에 교과서를 갖게 되었다면서 우리 문화 창조를 위하여 수백 만 학생을 가르칠 수 있게 되었다면서 교과서 탄생의 의미를 강조하였다.

이 날 아놀드 군정장관으로부터 책을 받은 덕수국민학교 3학년생 이시영(李時榮) 군은 '그렇게도 하고 싶은 우리말을 하게 되고 그렇게도 하고 싶은 우리말을 배울 수 있게 돼 기쁘다며 이 책으로 열심히 공부해서 훌륭한 사람이 되겠다'고 답사하였고, 1학년 권영수(權寧洙) 양이 군정장관에게 감사의 꽃다발을 증정했다. 참가자는 아놀드 군정장관, 학무국장 락카드, 편수과 웰치 중위, 편수과장 최현배, 편수관 장지영과 조선교학도서주식회사 관계자 방태영(方台榮), 최상윤(崔相潤) 등을 비롯해 40인 정도였다.[28]

지금까지 살펴본 것처럼 해방 후 첫 교과서를 만드는 데 관여한 기구는 조선어학회와 미군정 학무국 편수과였다. 학회의 최현배와 장지영이 편수과 담당자였으므로 학무국과 학회의 연결을 상상하는 것은 어렵지 않지만, 학회에서 만든 교과서가 군정청에 의해 정식으로 채택되게 된 결정적인 계기가

27) 한글학회 50돌 기념 사업회, 『한글학회 50년사』, 한글학회, 1971, 293쪽 ; 오천석, 『한국신교육사』, 현대교육총서출판사, 1964, 392쪽.

28) 『자유신문』 1945.11.21. 「해방된 한글 빛내자! 자랑할 교본이 나왔다」 ; 『중앙신문』 1945.11.21. 「나왔다 우리말 교과서」 ; 이응호, 『미 군정기의 한글운동사』, 성청사, 1974, 267~268쪽.

된 것은 최현배가 편수과에 들어가기 직전인 9월 17일 군정청에서 있었던 최현배와 학무국장 락카드(Earl N. Lockhard)의 면담이었다.

> 조선어학회를 대표한 최현배는 17일 미군정부 학무지도관 락카드 대위를 방문하여 요담한 결과 미당국에서는 조선어학회를 신임하고 인쇄관계는 여러 가지 지장이 많으므로 미당국이 관리인쇄해 주기로 확약하고 초등용교과서 400만부와 일반용(초등3년 이상) 200만부, 중등용 200만부를 미군이 인쇄착수할 터인데 저작권은 조선어학회 소유로 하게 되었다.[29]

9월 17일은 학회가 교과서 편찬에 착수하고 불과 2주일이 지난 시점이었다. 국어 교본 편찬위원들이 비좁은 교과서 편찬 사무실에서 구슬땀을 흘리고 있을 때였다. 출판 비용에 관한 구체적인 방안이 채 서지 않았을 때, 운명적인 두 사람의 만남을 통해서 문제가 해결되었던 것이다. 그렇다면 최현배와 학무국장 락카드의 회담은 어떻게 이루어졌을까?

1945년 9월 8일 인천에 상륙한 미군은 9월 9일 총독부를 접수하였고, 9월 11일 군정장관에 아놀드(A.L. Arnold, 재임 기간 1945.9.11~1946.1.4), 교육 담당자로서 학무국에 락카드 대위가 배치되었다.[30] 락카드는 군정청 일반명령 제2호((1945.10.27)로 학무국장에 임명되었다.[31] 락카드는 원래 일본 관련 군정요원으로 선발되어 미국 시카고대학교 민사훈련학교(Civil Affairs Training School)에서 단기훈련을 받았고, 이 때 미해군 예비군 소속 에레트(Paul D. Ehret) 중위와 함께 일본제국주의 교육 문제에 관해 34쪽짜리 연구 보고서를 썼다. 연구 제목은 「제국주의의 교육칙서와 수신 교과서에 대한 분석」으로서 제국주의 수신 교과서의 내용을 분석한 것이었다.[32] 조선의 문교

---

29) 『매일신보』 1945.9.17. 「미군당국, 조선어학회에 교과서인쇄 확약」

30) 손인수, 『미군정과 교육정책』, 서울:민영사, 1992, 83쪽 ; 阿部 洋 編, 『解放後 韓國의 教育改革』, 財團法人 韓國研究院, 1987, 3~5쪽, 57쪽.

31) 鄭泰秀 編著, 『美軍政期 韓國教育史資料集: 1945~1948, 上』, 弘芝苑, 1992, 44~45쪽, 80~85쪽, 137쪽.

행정을 담당할 인사였지만, 조선과 조선의 교육 문제에 대한 사전 지식은 거의 없었다고 해도 과언이 아닐 것이다.

미군정 학무국의 초기 역사를 기록한 문서에서도 오키나와에서 서울에 파견되는 중앙군정요원 제1차 파견대에 교육관련 장교는 단 한 명뿐이었고, 그는 오키나와에서 인천으로 가는 도중에 한국에 관한 'JANIS 보고서'를 읽고 한국인위원회 조직에 대한 구상을 시작했다고 밝히고 있다.[33] 이름이 명시돼 있지는 않지만 '단 한 명'으로 지칭된 장교가 바로 락카드였을 것이다. 이런 사정은 학무국뿐만은 아니었을 것이다. 일본 문제에 관해서는 전문적 지식을 가진 자도 있었고 일본 진주를 대비한 사전 교육도 이루어졌으나, 조선 문제에 대해서는 백지상태에 가까웠고 체계적인 준비가 없었던 것이 당시 실정이었다. 군정장교 가운데에는 조선어를 아는 사람도 유능한 번역인도 없었다.[34] 이런 상황은 학무국 초기의 분위기를 서술한 대목에도 잘 드러나 있다.

> 첫 1주일 동안의 주요 업무는 한국인국장과 일반한국인과 회담하는 일이었다. 교육 담당관은 그를 찾아오는 한국인이면 누구라도 만나 이야기를 나누고, 그들에게 다른 한국인 중에 교육에 관심을 가진 사람을 보내줄 것을 요청했으며, 다른

---

32) 한준상·김학준, 『현대한국교육의 인식』, 청아출판사, 1990, 90쪽.

33) 鄭泰秀 編著, 『美軍政期 韓國教育史資料集: 1945~1948, 上』, 弘芝苑, 1992, 48~49쪽, 80~85쪽, 137쪽 ; 제니스 보고서는 1945년 4월 미 합동정보연구출판국에서 펴낸 비밀 문헌으로 한국에 대한 정보가 담긴 책이다(브루스 커밍스, 김자동 역, 『한국전쟁의 기원』, 일월서각, 1986, 179쪽). ; 1945년 4월에 나온 JANIS 75는 한국에 관한 육군·해군 공동종합조사보고서이다. 단순히 한반도의 군사적·전술적 자료를 담은 해군 정보보고서는 아니다. 여기에는 한국의 역사, 문화, 인접국과의 관계, 인구 규모 및 분포, 한국인들의 신체적·사회적·문화적 특성, 한국의 노동력 및 임금 구조, 정부 조직, 정치집단, 한국인들의 외국에 대한 태도, 한국인들의 자치능력, 치안 및 사회 질서 등에 관한 정보가 담겨 있었다(이길상, 「미군정시대 연구에 있어서 '준비부족론'의 문제점」『정신문화연구』 13-2, 한국학중앙연구원, 1990, 185쪽).

34) 리처드 라우터베크, 『한국미군정사』, 국제신문사, 1948, 39쪽 ; 손인수, 『미군정과 교육정책』, 서울:민영사, 1992, 82쪽 ; 진덕규, 「미군정의 정치사적 인식」『해방 전후사의 인식』 1, 한길사, 1989.

군정장교들에게도 같은 요청을 했다.[35]

'한국인국장'은 총독부 학무국의 한국인 국장을 의미하고 '일반한국인'은 조선인 교육 관계자를 의미한다. 조선에 대해 무지한 상태에서 교육에 대한 전문가 한 명 없이 시작된 미군정 학무국이었기에 조선의 교육을 재건하는 데 할 수 있는 최선의 대책은 조선인 가운데 교육에 대한 식견과 경험과 안목을 가진 인재를 활용하는 것이었다. 이런 상황에서 락카드와 최초로 연결된 조선의 교육 관계 인사는 오천석이었고, 그에 의해 조선의 교육계 인사들이 차례차례 미군정과 인연을 맺게 되었다.[36] 9월 11일 미군정 '보도교육과'에서 이루어진 락카드와의 첫 만남에 대해서 오천석은 다음과 같이 술회한 바 있다.

> 나와 처음 마주앉은 그는 무엇보다도 먼저 나의 학력과 교육경험을 물었다. 내가 미국 대학에서 교육학을 전공하고, 컬럼비아대학에서 학위를 받았다는 말을 듣자 그는 자못 놀란 표정으로 나를 쏘아보았다. 우리나라에 대한 지식이 전혀 없었던 그로서는, 한국을 하나의 미개의 나라로밖에 생각지 않았었는데, 자기보다 학력이 높은 이 미지의 한국인을 만나게 되었다는 데서 오는 놀라움일지도 모른다.[37]

오천석은 1919년 일본 아오야마학원(青山學院) 중등부를 졸업하고 도미하여 코넬대학(1925)·노스웨스턴대학(1927)·콜럼비아대학(1931)에서 교육학으로 학사·석사·철학박사 학위를 받았는데,[38] 이 같은 경력이 락카드를 비롯한 미군정 장교들에게 깊은 인상을 주었다. 그 날 이후 오천석은 락카드의 무보수 보좌관으로서 학무국에서 일을 시작했다.[39] 오천석은 락카드와 조선

---

35) 鄭泰秀 編著, 『美軍政期 韓國教育史資料集: 1945~1948, 上』, 弘芝苑, 1992, 48~49쪽.
36) 오천석, 『한국신교육사』, 현대교육총서출판사, 1964, 383쪽.
37) 오천석, 「군정문교의 증언 1」 『새교육』 213, 대한교육연합회, 1972.7, 109쪽.
38) 한국학중앙연구원 한국역대인물종합정보시스템 http://people.aks.ac.kr/index.aks

인 교육 관계자들과의 면담 주선, 통역과 연락 사무 등의 업무를 담당하였고, 교육 관련 기구 조직에도 참여하였다.[40]

미군정 학무국과 최현배의 연결고리가 된 것도 오천석이었다.[41] 조선인 가운데 학무국장 락카드와 제일 먼저 연결된 오천석은 학무국을 재건할 스태프 1호로서 최현배를 호출하였다. 당시 최현배는 조선어학회의 경리간사였지만 오천석의 요청에 따라 학회 직을 사임하고 학무국으로 갔는데, 이것이 교과서 편찬을 비롯해서 차후 전개되는 일련의 국어 정책에서 조선어학회의 방침이 수용되는 결정적인 계기가 되었다.[42] 학회에서는 최현배가 제일 먼저 학무국 편수과의 책임자로 들어갔고 장지영이 뒤를 이었다.[43] 최현배는 1945년 9월 18일부터, 장지영은 10월 1일부터 미군정청 학무국 편수관으로 일을 시작했는데, 당시 학무국에는 락카드 학무국장 아래 글렌 키퍼(Glenn Kieffer) 편수과장이 있었지만 편수관(편수계장)으로서 교과서 편찬의 실무를 담당한 것은 다름 아닌 최현배와 장지영이었다.[44]

미군정 학무국은 발족 시 1실(국장실) 6과(학무과, 청년수련과, 종교과, 사회사업과, 시학과, 기상과)였지만 10월 6일, 12일, 11월 16일에 개편이 이루

39) 鄭泰秀 編著, 『美軍政期 韓國教育史資料集: 1945~1948, 上』, 弘芝苑, 1992, 52~53쪽, 80~85쪽, 137쪽.

40) 오천석, 「군정문교의 증언 1」 『새교육』 213, 대한교육연합회, 1972.7, 109쪽.

41) 해방 후 미군정 학무국의 한국인 국장은 유억겸으로 해방 전 최현배와 같은 흥업구락부 회원이었다. 그러나 해방을 맞기까지 최현배와 오천석 사이에는 특별한 접점이 보이지 않는다(김상태, 「1920~1930년대 同友會·興業俱樂部 硏究」 『한국사론』 28, 서울대학교 인문대학 국사학과, 1992 ; 허대영, 『미군정기 교육정책과 오천석의 역할에 관한 연구』, 강원대학교 대학원 교육학과 박사논문, 2005).

42) 해방 직후 남한에서 전개된 국어 문제에 관해 깊은 관심을 가졌던 이나바(稻葉繼雄)는 오천석에게 질문지를 보냈고, 1983년 7월 30일자 오천석의 편지를 통해 직접 답변을 들었다고 한다(稻葉繼雄, 「解放後におけるハングル韓國專用論の展開 – 美軍政期を中心に –」, 筑波大學文藝言語學係, 『文藝言語研究』 言語篇 8, 1983.12, 68쪽).

43) 오천석, 「군정문교의 증언 1」 『새교육』 213, 대한교육연합회, 1972.7, 113쪽.

44) 鄭泰秀 編著, 『美軍政期 韓國教育史資料集: 1945~1948, 上』, 弘芝苑, 1992, 80~85쪽, 137쪽, 488~489쪽.

어졌고, 12월 19일의 9과 2실로의 개편에서는 미국인 스태프와 나란히 한국인 학무국장과 차장이 정식으로 임명되었다. 12월 19일 개편 때 유억겸이 학무국장, 오천석이 학무차장이 되었으며, 최현배는 편수과 과장, 장지영은 과장보에 임명되었다.[45)]

미군정청 「학무국의 역사(History of bureau of education)」에 따르면, 1945년 9월 이후 편수과에는 32인의 한국인이 일하고 있었다.[46)]

a. 과장실(Office of the chief): 과장 1인, 통역관 1인.
b. 관리계(Business management): 수석사무관 1명, 서기 5명, 사송부 1명, 급사 1명.
c. 편수계(Editorial): 편수관 10명, 편수관보 6명, 편수 보조원 4명.
d. 번역계(Translations): 편수관 1명, 서기 1명

군정 초기 군정청에 기용된 조선인들은 대부분 종교적으로 기독교인이거나 미국 유학자로서 영어 능통자인 경우가 많았고, 심지어 일제 식민치하 고위 관직에 있던 자들도 있었지만 최현배(일본 교토제대)와 장지영(경성 사립 정리사, 私立 精理舍)은 매우 예외적인 경우였다.[47)] 그런데도 두 사람이 미

45) 阿部 洋 編, 『解放後 韓國의 教育改革』, 財團法人 韓國研究院, 1987, 3~5쪽, 57~58쪽 ; 오천석, 「군정문교의 증언 1」 『새교육』 213, 대한교육연합회, 1972.7, 113쪽 ; 미군정에서 1946년 2월 26일자로 작성한 한국인 요직자 명단에는 최현배는 'Textbooks의 Chief'로 표기돼 있고, 장지영은 같은 과의 'Assistant Chief'로 표기돼 있다(鄭泰秀 編著, 『美軍政期 韓國教育史資料集: 1945~1948, 上』, 弘芝苑, 1992, 137쪽) ; 1946년 3월 29일 군정청은 법령 제64호를 공포해 중앙 행정 기구의 개편을 단행하여 종래의 국은 부로, 과는 처 또는 국으로 승격되었다. 이에 따라 학무국은 문교부로 승격되었다.(내무부치안국, 『미군정법령집 1945~1948』, 1956, 58~59쪽 ; 문교40년사편찬위원회 엮음, 『문교40년사』, 문교부, 1988, 71쪽).

46) 鄭泰秀 編著, 『美軍政期 韓國教育史資料集: 1945~1948, 上』, 弘芝苑, 1992, 82~83쪽.

47) 이광호, 「미 군정기 한국교육의 체제형성에 대한 고찰」, 연세대 대학원 석사논문, 1983, 25쪽 ; 한성진, 「미군정기 한국 교육엘리트에 관한 연구」, 한국교육문제연구회 편, 『한국교육문제연구』 제2집, 푸른나무, 1989, 148쪽 ; 김용일, 「미군정기 교육정책

군정 학무국 편수국에 진출하게 된 배경에는 두 사람이 조선어학의 권위자라는 점, 1942년 10월에 발생한 조선어학회사건으로 일제의 탄압을 받은 조선어학회의 핵심인물이었다는 점이 주요한 요인으로 작용하였을 것이고,[48] 미군정 관계자들이 두 사람에 관한 기본적인 정보를 입수하고 있었던 점도 크게 도움이 되었을 것이다.[49]

사실 학회 인사들 가운데 미국과 가장 인연이 깊은 것은 사전 편찬을 담당하고 있던 정태진이었다. 정태진은 1930년 미국 우스터대학(Wooster College) 철학과를 수석으로 졸업하고 1931년 6월에 미국 콜롬비아대학교(Clumbia University) 대학원에서 교육학 석사학위를 받았다. 영어가 유창했지만 미군정의 초청을 거절하고 오로지 사전 편찬에만 전념한 것은 유명한 일화다.[50] 이응호는 정태진이 자신 때문에 조선어학회 회원들이 옥고를 치른 것에 대해 늘 송구한 마음을 안고 생활했다고 했는데,[51] 어쩌면 조선어학회사건에 대한 자책감이 정태진으로 하여금 오로지 사전 편찬과 학회 일에만 전념케 한 이유였는지도 모른다.

그러나 최현배와 장지영, 이극로 등의 생각은 달랐다고 본다. 이들은 모두

지배세력 형성에 관한 연구」『교육행정학연구』 13, 교육행정학회, 1995, 27~30쪽.

48) 조선어학회사건에 관한 연구는 다음을 참고할 수 있다. 이석린, 「조선어학회사건과 최현배 박사」『나라사랑』 1, 외솔회, 1971 / 김상필, 「조선어학회 수난 사건의 전모」, 나라사랑 42, 외솔회, 1982 / 정숭교, 「일제는 왜 조선어학회사건을 일으켰나? - 기만적 동화정책의 파탄」『애산학보』 32, 애산학회, 2006 / 박영신, 「조선어학회가 겪는 '수난' 사건의 역사 사회학 - 학회 조직의 성격과 행위 구조 -」『애산학보』 32, 애산학회, 2006 / 정긍식, 「조선어학회 사건에 대한 법적 분석 - 예심종결결정서의 분석 -」『애산학보』 32, 애산학회, 2006 / 김석득, 「조선어학회 수난사건 - 언어관을 통해서 본 -」『애산학보』 32, 애산학회, 2006.

49) 鄭泰秀 編著, 『美軍政期 韓國敎育史資料集: 1945~1948, 上』, 弘芝苑, 1992, 52~53쪽.

50) 이강로, 「석인 선생과 사전 편찬」, 국립국어연구원, 『석인 정태진 선생의 학문과 인간』, 국립국어연구원, 1998, 108~109쪽 ; 정해동, 「선친과 그 주변 사람들을 생각하며」, 정태진 선생기념사업회, 『석인 정태진 선생에 대한 연구 논문 모음 (하)』, 2010, 321~331쪽.

51) 「이응호 구술」, 2012.11.2. 17~18시 40분. 장소: 서대문 성결교회. 글쓴이와 대담.

일제 식민지배를 경험했다. 조선총독부의 막강한 권력과 그러한 권력이 할 수 있는 일에 대해 너무나도 잘 알고 있었다. 조선인들을 억압하고, 조선어를 말살의 위기로 몰아넣고, 자신들을 옥에 가둔 것도 바로 그 권력이었다. 그런데 세상이 바뀌었고, 조선총독부에 들어선 것은 미군정이었다. 학무국의 락카드와 연결된 직접적인 계기는 오천석이었지만, 미군정의 권력과 권한을 이용하는 것이 학회의 한글 운동에 큰 힘이 되리라는 것을 누구보다 잘 알고 있었을 것이다. 게다가 편수국의 책임자가 된다는 것은 교과서 편찬에 관한 실무를 장악함으로써 학회의 이상을 교과서 정책에 반영·도입·수용할 수 있다는 것을 의미했다.

조선의 학교 교육을 정상화 하는 문제는 조선에 진주한 미군정이 시급히 해결해야 할 현안 중 하나였다.[52] 9월 17일 미군정은 일반명령 제4호(교육의 조치) 및 군정법령 제6호를 공포하여 조선의 공립소학교는 9월 24일 개교토록 하였지만,[53] 가르칠 교과서가 없어서 곤란한 상황에 처해 있었다.[54] 일제

---

52) 9월 11일 재조선 미육군사령관 하지 중장은 미군정이 시급히 해결해야 할 문제로 3가지를 언급했다. 하나는 일본에 있는 조선동포 구제 문제, 둘은 교육 문제, 셋은 통화 등 경제 문제였다. "제2문제는 학교 재개에 관한 것이다. 조선인을 위한 교육기관은 될 수 있는 한 속히 개교시킬 예정이다. 우선 초등학교를 개학하고 잠정적으로 중등, 전문, 대학을 개교할 터이다. 그러나 제일 큰 문제가 조선의 국어교육이고 이에 대한 교재편찬과 이밖에 다른 교재선택 과목결정 등의 제문제로 인하여 어느정도 기간이 필요할 줄 안다." 『매일신보』 1945.9.12. 「하지, 기자회견에서 미군 施政方針을 발표」(국사편찬위원회 한국사데이터베이스, 『자료대한민국사』 제1권)

53) 내무부치안국, 『미군정법령집 1945~1948』, 1956, 8~9쪽 ; 鄭泰秀 編著, 『美軍政期 韓國敎育史資料集: 1945~1948 上』, 弘芝苑, 1992, 50~51쪽, 818~819쪽 ; 『매일신보』 1945. 9.16. 「아놀드, 국립초등학교 9월 24일에 개교한다고 발표」(국사편찬위원회 한국사데이터베이스, 『자료대한민국사』 제1권) ; 미군정은 9월 28일 각도에 통첩을 보내 국민학교 이상의 모든 공립학교를 열도록 하였고, 10월 1일에는 중등학교를 개교케 하였다(오천석, 「군정문교의 증언 1」 『새교육』 213, 대한교육연합회, 1972.7, 115쪽 ; 이광호, 「미 군정기 한국교육의 체제형성에 대한 고찰」, 연세대 대학원 석사논문, 1983, 49쪽).

54) 9월 이후 초중등 학교가 개교하였지만, 교과서가 없었기에 매일 4시간씩 국민강좌를 실시하여 한국문화사, 국사개요, 한글 철자법 및 일상 회화, 애국가와 창가 등을 교수

에 이어 남한의 통치를 맡은 미군정은 교육 문제를 신속하게 해결해야 한다는 부담을 느끼고 있었고, 교과서 편찬은 개교 문제, 교사 수급 문제 등과 더불어 긴급을 요하는 과제였다.[55]

해방 전 교과서는 모두 일본어로 된 것이었기 때문에 해방과 함께 대부분 파기되었고 남은 교과서도 사용할 수 없었다. 따라서 조선어로 된 새 교과서를 하루속히 발간하지 않으면 비난을 피할 수 없는 상황이었다. 당시 미군정은 초중등 학교에 당장 필요한 교과서가 최소한 2,400만 권 정도는 될 것이라 판단했다. 그러나 다행스러운 것은 많은 조선인들이 이미 교과서 집필에 착수하고 있었다는 점이었고,[56] 미군정으로서는 이들을 적극 지원하고 활용하는 것이 문제를 푸는 최선책이었다.

이렇듯 학교 교육의 정상화를 통해 군정 통치의 효율성을 높여야 하는 미군정과 민족어의 회복과 수립이라는 학회 한글 운동의 목적이 절묘하게 맞아떨어지는 상황에서 최현배와 락카드의 면담이 이루어졌던 것이고, 미군정은 때마침 국어 교재 편찬에 착수해 있던 조선어학회로부터 『한글 첫 걸음』과 『초등국어교본』의 발행권을 양도받을 수 있었던 것이다. 오천석은 당시 상황을 다음과 같이 회상했다.

> 고맙게도 조선어학회에서 만들어낸 『한글 첫 걸음』을 인수하여 수십만 부를 찍어 각급 학교에 배부하는 동시에, 이를 교본으로 교사 교육을 실시하였다. 말하자면 교사도 학생도 모두 똑같이 한글을 배워야 했던 것이다. 이 시급한 일을 위

하였고, 교사가 작성한 등사물이나 판서에 의존하였다(문교40년사편찬위원회 엮음, 『문교40년사』, 문교부, 1988, 83쪽)

55) "지난 2년간 일본인들이 한 것 같은 많은 교재를 조선 학교에 공급하려면 우리는 올해 170,000,000권의 책을 인쇄해야 한다."라고 쓴 고문관 피팅거(Aubrey O. Pittinger)의 보고서는 1947년 1월에 작성된 것이지만, 일제를 의식하고 있다는 점에서 미군정 교육 부문 담당자들이 느낀 부담을 확인할 수 있다(鄭泰秀 編著, 『美軍政期 韓國敎育史資料集: 1945~1948, 上』, 弘芝苑, 1992, 926~927쪽).

56) 鄭泰秀 編著, 『美軍政期 韓國敎育史資料集: 1945~1948, 上』, 弘芝苑, 1992, 758~759쪽.

하여 편수국 직원은 물론, 조선어학회 회원들이 총동원되어 밤과 낮으로 그 보급에 애국 정렬을 기울였던 것은 눈물겨운 일이었다.[57]

이어서 오천석은 "최현배 씨는 조선어학회사건으로 인한 다년간의 옥고도 잊은 듯 초췌한 모습으로 교과서 편찬 사업을 지휘하고 있었다."라며 교과서 편찬에 기여한 최현배의 노고를 치하하였다. 미군정 학무국과 학회의 교섭 결과 학회가 편찬한 교과서를 군정청 학무국에서 출판하게 되었지만 책이 나오기까지 과정은 순탄하지 않았다.

발행권을 군정청에 양도하기로 하고, 적이 일부 사무의 경감과 출판 능률의 신속을 기대하였던 것이, 그 후 실례에 있어서는 도리어 인쇄 사무의 연락 관계가 다각적으로 됨과, 원고 내용의 재심사 재정리 등, 또는 인쇄소 내부의 여러 가지 사정, 판매 방침에 관한 각종 문제, 그 밖의 여러 가지 사정으로 인하여 출판의 속도가 예상보다 대단히 늦어진 모양이니 매우 유감스러운 일이다.[58]

교과서를 직접 발간하는 데 있어 가장 큰 문제는 출판 경비 조달과 교과서 배부였고, 학회는 두 가지 문제를 동시에 해결하는 방법으로 미군정의 제안을 흔쾌히 받아들였다. 그런데 실제로는 그밖에도 여러 가지 문제가 있었다. 정인승은 인쇄 사무의 연락 관계, 원고의 교정 문제 등으로 인해 출판 시기가 지연되었음을 지적했다. 이렇듯 복잡한 사정과 난관을 딛고 1945년 11월 드디어 『한글 첫 걸음』과 『초등국어교본』이 세상에 나왔고, 이후 『한글교수지침』과 『중등국어교본』 등 모든 국어 교과서가 조선어학회 편찬으로 출판되었고, 심지어는 초등과 중등 공민 교과서까지 학회에서 편찬하였다.[59] 1945

57) 오천석, 「군정문교의 증언 1」 『새교육』 213, 대한교육연합회, 1972.7, 115~116쪽.
58) 정인승, 「국어교본에 관한 유열 님의 감상 말씀을 받고」 『한글』 96, 조선어학회, 1946.7, 31쪽.
59) 해방 직후 혼란한 상황에서 공민 교과서를 편찬할 능력 있는 학자를 구하기가 힘들어, 미군정 학무국에서 조선어학회에 공민교과서까지 의뢰하게 되었고, 이에 학회는 초중

년에서 1947년 사이에 조선어학회에서 펴낸 교과서는 다음과 같다.[60]

〈표 5〉 조선어학회에서 펴낸 교과서

교과서 이름	펴낸 날	교과서 이름	펴낸 날
한글 첫 걸음	1945.11. 6.	초등 공민(1,2학년용)	?
초등국어교본(상)	1945.11.20.	초등 공민(3,4학년용)	?
초등국어교본(중)	1946. 4.15.	초등 공민(5,6학년용)	1946. 5. 5.
초등국어교본(하)	1946. 5. 5.	중등 공민(1,2학년용)	?
중등국어교본(상)	1946. 1.28.	중등 공민(3,4학년용)	?
중등국어교본(중)	1947. 1.10	한글교수지침(교사용)	1945.12.30.
중등국어교본(하)	1946. 1.28.		

조선어학회가 지은 『한글 첫 걸음』은 군정청이 발행하였으며, 가격은 85전이었다. 본문 용지는 갱지였고, 판크기는 5×7판, 판짜기는 가로짜기, 분량은 50쪽이었다. 책 앞머리에 〈주의〉 1쪽이 달려 있고, 본문 49쪽은 모두 41개의 과목으로 구성되었다.[61] 언론 보도에 따르면 『한글 첫 걸음』은 성인교육용으로도 사용되었으며 1946년 6월 25일까지 전국에 112만 5천 부 정도가 보급되었다.[62]

가로짜기는 1932년 5월에 발행된 기관지 『한글』 창간호부터 시행된 것으로 학회의 가로쓰기 방침이 해방 후 첫 번째 국어 교과서인 『한글 첫 걸음』에 적용되었다는 데 그 의의를 두어야 할 것이다. 이후 초중등 교과서는 가로쓰기로 편찬되었다. 〈주의〉에 명시된 교본 편찬의 목적은 다음과 같다.

등 공민교과서 5종을 편찬하였다(이응호, 『미 군정기의 한글운동사』, 성청사, 1974, 288~290쪽).

60) 한글학회 50돌 기념 사업회, 『한글학회 50년사』, 한글학회, 1971, 299~230쪽 ; 한글학회, 『한글학회 100년사』, 한글학회, 2009, 584쪽 ; 『초등국어교본(상)』 발행일은 『50년사』를 따랐다.

61) 한글학회, 『한글학회 100년사』, 한글학회, 2009, 585쪽 ; 박붕배, 『한국국어교육전사 上』, 대한교과서주식회사, 1987, 532~545쪽. 이 책에는 『한글 첫 걸음』의 표지부터 판권지까지 실려 있다.

62) 『조선일보』 1946.6.25. 「성인교육용 교과서 12만 부를 부산에」

1. 이 책은 『초등국어 중·하』 또는 『중등국어 (상)·(하)』를 가르치기 전에, 먼저 국어 공부의 터전을 닦아 주도록 가르치기 위하여 지은 것임.
2. 이 책을 가르치는 교사는 『초등국어 한글 教授 指針』을 참고로 이용할 것으로 함.[63]

『한글 첫 걸음』은 한글과 조선어를 빨리 배울 수 있게끔 만들어진 책자였고, 주입적 자모식 편찬 방식을 취했다.[64] 1~9단원까지는 자음과 모음의 합성에 따른 음절구성과 단어 학습이며, 10~16단원까지는 낱자로서 자음의 받침 용법, 17~20단원까지는 겹자로서 겹모음과 쌍자음의 철자 용법, 21~26단원까지는 다시 낱자로서 받침 용법, 28~35단원까지는 겹자음으로서 받침 용법을 보이고 있다. 그리고 36~41단원까지는 문장 학습으로서 노래글, 속담, 우화, 시, 애국의식, 자아의식 등으로 구성되었다.[65] 오천석은 『한글 첫 걸음』이 짧은 기간 내에 한글의 기초를 배우기에 매우 적절한 책이었다고 평가했다.[66]

또한 앞의 〈표 5〉에서 보이는 것처럼 학회가 군정청 문교부와 협력해 펴낸 교과서는 학생용 6종, 교사용 1종에 달했다. 그 중에는 공민 교과서도 들어 있었다. 초등공민 교과서(5, 6학년용)는 국판 48쪽이었고, 순 한글에다 지명과 나라 이름 등은 괄호 안에 한자를 넣었다. 1~15과까지 개천절, 세종임금과 한글, 정의, 보건과 위생, 우리 겨레의 사명 등 공민 교육에 필수적인 내용을 담았다.[67] 결과적으로 1948년까지 군정청 문교부가 펴낸 전체 교과서 중에서 『국사교본』, 『우리나라의 발달』, 『사회생활(교수용 1, 2)』, 『노래책』, 『초등 셈본』, 『농사짓기』, 『잇과』, 『가사』 등을 제외한 대부분의 책을 학회가 담당한 셈이었다.[68]

---

63) 박붕배, 『한국국어교육전사 上』, 대한교과서주식회사, 1987, 533쪽.
64) 한글학회 50돌 기념 사업회, 『한글학회 50년사』, 한글학회, 1971, 296쪽.
65) 박붕배, 『한국국어교육전사 上』, 대한교과서주식회사, 1987, 532쪽.
66) 오천석, 『한국신교육사』, 현대교육총서출판사, 1964, 392쪽.
67) 한글학회 50돌 기념 사업회, 『한글학회 50년사』, 한글학회, 1971, 303~304쪽.
68) 1948년 6월 30일자로 정리된 일람표에는 한글 첫걸음, 초등국어 임시, 공민 임시, 중등 공민 임시, 우리나라의 발달, 국사교본 임시, 사회 생활, 노래책 임시, 중등국어 임

조선어학회 이름으로 나온 교과서 외에도 회원들의 개인 저작물도 적지 않았다. 1946년 6월 장지영이 『국어입문』을 발행하였고, 6월에는 정인승이 『소학한글독본』을 발행하였으며, 10월에는 정태진과 김원표가 함께 엮은 『중등국어독본』이 나왔다. 1947년 4월에는 정인승이 편찬한 『소학문예한글독본』 '4학년용', '5학년용', '고급용'의 3권이 나왔고,[69] 1948년 1월에는 『조선말본』, 3월에는 최현배의 『중등조선말본』 등이 나왔다.[70] 이상 개인 저작물의 목록을 정리하면 다음과 같다.[71]

〈표 6〉 개인 저작 국어 교본

책이름	저자	발행처	발행 연도/책값
작문독본	윤성용	동지사	1946.9.
소학문예한글독본	정인승	조선어학회	1947.4.
歷代朝鮮文學精華(상/하)	이희승	박문출판사	1947.7.
가려뽑은 옛글	장지영	정음사	1947.8.
조선말본	최현배	정음사	1948.1.
중등국어1(남자)	이극로, 정인승	정음사	1948.3.
중등국어-남자2-	이극로, 정인승	정음사	1948.2.15 / 120원.
중등조선말본-초급소용-	최현배	정음사	1948.3.
중등국어1(남자)	이극로, 정인승	정음사	1948.3.
한글독본	정인승	정음사	1948(?)
중등국어 - 남자용1~3-	이숭녕, 방종현	민중서관	1948.9 / 150원.
신편중등 국어 1~3	김병제	고려서적주식회사/ 협진인쇄공사	1948.10 / 250~230원.
신정문학독본	방종현, 김형규	조문사	1949.8.
문학독본	방종현, 김형규	서울·조문사	1950(?)
중등 국어 1~6	이병기	금룡도서	1949.8 /190원, 200~290원.

시, 초등 셈본, 노래책, 농사짓기, 잇과, 독본, 노래책, 글씨본, 가사 등이 올라 있다. 국사교본은 진단학회에서 편찬하였다(문교40년사편찬위원회 엮음, 『문교40년사』, 문교부, 1988, 84~85쪽 ; 오천석, 『한국신교육사』, 현대교육총서출판사, 1964, 393쪽 ; 『동아일보』 1946.6.22. 「진단학회, 중등학교용 국사교과서 편찬 배부」).

69) 한글학회, 『한글학회 100년사』, 한글학회, 2009, 594쪽.

70) 고영근, 『최현배의 학문과 사상』, 집문당, 1995, 777쪽.

71) 다음 두 책에서 정리. 윤여탁 외, 『국어교육 100년사』, 서울: 서울대학교출판부, 2006, 352쪽, 367쪽 ; 고영근, 『최현배의 학문과 사상』, 집문당, 1995, 777쪽.

위 저작 중 초등용은 정인승의 『소학문예한글독본』·『한글독본』, 윤성용의 『작문독본』 등이고, 장지영의 『가려뽑은 옛글』은 전문대용, 방종현·김형규의 『신정문학독본』은 고등용, 중등용은 이희승의 『歷代朝鮮文學精華(상/하)』, 최현배의 『중등조선말본』, 이병기의 『중등국어 1~6』 등이었다. 1946년부터 1950년에 이르는 기간에 이처럼 학회 회원들의 개인 저작물이 국어 교과서로 활발하게 발간될 수 있었던 것은, 첫째는 교육 현장에서 유용하게 쓰일 좋은 교재를 만들고자 노력한 저자들의 열정이 있었기 때문이고, 둘째는 국정 교과서를 제외하고는 임의적으로 아무 제한이나 규제, 저촉 없이 교재를 펴낼 수 있었던 여건이 주어졌기 때문이었다.[72)]

제2절 강습회 개최

8·15 직후 학회가 개최한 강습회는 통상 '국어강습회' 혹은 '한글강습회'라 불렸으나, 내용을 살펴보면 각각 성격이 달랐다. 국어 교원 양성을 위한 강습회를 열기로 한 8월 25일 임시총회의 결의에 드러났듯이 학회가 개최한 강습회의 절대 다수는 교원 양성을 위하여 마련한 것이었으며, 그 다음으로 현직 교원 재교육을 위한 강습회와 일반인을 대상으로 하는 강습회가 있었다.

(1) '국어과 지도자(사범부) 양성 강습회': 처음에는 조선어학회가 주최하였으나, 나중에는 '사범부 한글 지도자 양성 강습회'로 이름을 바꾸어 한글문화보급회가 주최하였다.
(2) '사범부 3과 지도자 양성 강습회': 위의 '국어과 지도자(사범부) 양성 강습회'가 필요에 의하여 이렇게 발전한 것으로 진단학회, 한글문화보급회와 공동 주최했으며, 국어과, 국사과, 사회상식과 교사를 양성했다.
(3) '고등부 한글 지도자 양성 강습회': 처음(1945년 9월)에는 '국어과 지도자(고등부) 양성 강습회'라는 이름으로 조선어학회가 주최하였으나, 그 뒤로는 '고등

72) 박붕배, 『한국국어교육전사 上』, 대한교과서주식회사, 1987, 587쪽.

부 한글 지도자 양성 강습회'라는 이름으로 한글문화보급회가 주최했다.
(4) 현직 교원 재교육 강습회: 조선어학회에서 전국을 순회하며 개최했다.
(5) 일반인 대상의 한글 강습회: 주로 「한글맞춤법 통일안」의 내용을 보급하는 강습이었다. 지방에서 실시한 강습회는 이런 것이 많았는데, 예를 들면 백양사나 김포에서 열린 강습회가 이런 것이었다.

이 밖에 한글전용촉진회가 주최한 강습회도 있었는데, 이는 이 책의 제5장 4절 3항 '한글전용촉진회의 활동'에서 다루기로 한다.

해방 후 조선어학회는 각종 강습에 착수해 전국 각 학교, 관청, 은행, 회사, 공장, 사회단체들의 요청에 따라 경향 각처에 강사를 파견하였다. 한글과 조선어에 대한 뜨거운 학습열로 인해 강습회 수요는 폭발적이었고, 학회 내부에서 강사를 파견하지 못하는 경우에는 외부 강사를 섭외해서 보내야 했다.[73]

학회가 직접 개최한 첫 강습회는 교원 재교육을 위한 강습회로 9월 4일(?)에 시작되었다. 장소는 숙명여자고등보통학교였고, 수강생은 국민학교 교사와 보통학교 교사 200명 정도였다. 강습기간은 3주일이었고, 하루 6시간씩 6일, 모두 108시간이었다. 강사는 김윤경, 방종현, 이강래, 이숭녕, 이탁, 이호성, 이희승, 장지영, 정인승, 최현배 등이었으며, 한글맞춤법을 비롯하여 국어학을 중심으로 하면서 국어 교육과 국문학 등도 가르쳤다.

해방과 우리말을 되찾았다는 벅찬 감격 속에서 진행된 강습회의 분위기는 진지하고 뜨거웠다. 강사는 지각 없이 강의 시간을 꽉 채웠고, 수강생들 역시 결석생 없이 열정적으로 공부했다. 9월 26일 제1회 강습회의 졸업식이 숙명여고 강당에서 거행되었다. 졸업생들에게는 국민학교의 교사 자격증을 주었다.[74] 제2회 강습회는 이화여고 강당에서 진행되었고,[75] 미군정 학무국의

---

73) 한글학회 50돌 기념 사업회, 『한글학회 50년사』, 한글학회, 1971, 20쪽.
74) "무정부 상태에서 우리 국어를 연구하고 지켜온 것이 오직 조선어학회였으므로 어학회에서 실시하는 강습회는 그만큼 권위를 인정하였고, 실지에 있어서도 상당한 수준

요청에 따른 교원 재교육 강습회도 개최했는데, 1945년 11월 11일부터 21일까지 서울 수송국민학교에서 국민학교 교원 200명이 참여하였으며, 강사는 김윤경, 김병제, 이호성, 이희승, 정인승 등이었다.[76]

정식 교원 양성 기관이 아닌 학회가 수강생들에게 교사 자격증을 발급할 수 있었던 배경에는 해방 직후의 특수한 상황이 작용한 것으로 봐야 할 것이다.[77] 첫째는 강습회 수강생들이 국민학교 교사였다는 점으로, 일제로부터 이미 교사 자격을 인정받은 이들이 대부분이었다. 둘째, 일제의 교사로 양성된 수강생들을 대상으로 해방을 맞은 조선의 새 교육에 적합한 교사를 만든다는 '교사 재교육'의 의미가 컸을 것이다. 특히 한글과 국어 교육이 절실한

의 국어 실력을 가진 것으로 모두가 인정하였다." 이강로, 「광복과 함께 할 일도 많았던 한글학회」『한글새소식』 175, 한글학회, 1987.3, 14~15쪽.

75) 이강로, 「광복과 함께 할 일도 많았던 한글학회」『한글새소식』 175, 한글학회, 1987.3, 14~16쪽. 이 글에는 '한글첫째ㅅ번강습회사범부일동기념'이란 글이 새겨진 기념사진이 실려 있는데, 촬영 날짜는 9월 25일로 돼 있다.

76) 조선어학회, 『한글』 94, 1946.4, 71쪽.

77) 해방 후 교원 양성은 긴급을 요하는 문제였는데, 사범학교만으로는 수요를 충당할 수 없었다. 따라서 미군정 학무 당국은 초등교원은 사범학교와 사범학교에 설치한 단기 강습과, 초등 교원 양성과를 통해 배출하였고, 중등교사는 응급책으로 전문학교 출신자, 검정고시 합격자, 국민학교 교원 중 우수한 자를 등용하였다(문교40년사편찬위원회 엮음, 『문교40년사』, 문교부, 1988, 99~102쪽). 교원 확보의 어려움을 해소하기 위해 미군정 학무국은 정교원 자격자를 본체로 하면서 준교원의 채용을 허용했다(손인수, 『미군정과 교육정책』, 서울:민영사, 1992, 248쪽). 이길상은 해방 후 일인 교사들의 공백과 좌익교사들이 배제되는 상황에서 임시교사양성소나 강습회 등을 통해 교사난을 해소함으로써 교육의 질적 저하를 가져왔다고 지적했다(이길상, 『20세기 한국교육사』, 집문당, 2007, 262쪽). 강습회 수료생들에게 교사 자격증을 줄 수 있었던 시대적 분위기는 1945년 11월 백양사에서 열린 강습회에 강사로 파견된 김민수의 회고를 통해서도 확인할 수 있다. 어느 날 김민수는 백양사 강습회에 대한 협조를 요청하러 전라남도 도청을 방문했다. '군정청의 지시와 조선어학회의 시대적인 위력'에 도청 과장이 전적으로 협조하겠다는 약속을 했고, 이에 김민수는 "여기 내 강습을 수료한 사람에게는 내 이름으로 수료증을 다 주겠다. 이 사람은 이 전라남도에서 국민학교 교사가 되겠다면 발령해라."라고 했고, 과장은 "예, 하겠습니다."라고 대답했다(국사편찬위원회, 「김민수 구술」『해방 이후 국어 정립을 위한 학술적·정책적 활동 양상』, 2007년도 구술자료수집사업, 53쪽).

상황이었다.[78] 셋째, 민간 학술 단체인 조선어학회에 교사 자격증을 줄 수 있는 권한이 공식적으로 주어진 것은 아니었지만, 일제에 저항한 민족 운동 단체라는 학회의 명성은 자격 이상의 권위를 확보하고 있었다. 넷째, 전문성과 권위를 갖춘 학회가 베푼 강습회였으므로 교육을 마친 수강생들은 실력을 인정받을 수 있었다.

1945년 9월 26일에는 한글문화보급회(이하 보급회)가 결성되어 한글강습회를 주관하게 되었고. 이때부터 학회는 강사를 파견하는 형태를 취하게 되었다.[79] 1945년 11월 4일 언론 보도를 보면 당시 한글강습회 개최 상황을 파악할 수 있다.

> 우리말의 연구와 보급에 큰 역할을 하야온 '한글문화보급회'에서는 조선어학회 원호 아래 제2회 한글강습회(고등부)를 지난 1일부터 10일까지 열고 있는데 동회는 연하야 제3회 강습회를 계획하고 있다. 그러고 이번 강사는 다음과 같다.
> 정열모 선생: 문법론과 응용연습,
> 이 탁 선생: 성음론
> 심의린 선생: 표준어
> 방종현 선생: 문학사와 응용 연습
> 이병기 선생: 시와 문.[80]

보급회가 신생 기관인데도 우리말의 연구와 보급에 큰 역할을 해온 기관으로 소개되고 있는 이유는 보급회와 학회를 같은 단체로 인식했기 때문이었을 것이다. 11월 4일 2회 강습회가 진행 중이었고, 연이어 3회 강습회가 열렸다. 강좌는 고등부를 대상으로 한 것이고, 정열모, 이탁, 심의린, 방종현, 이

78) 오천석, 「군정문교의 증언 1-4」『새교육』 213, 대한교육연합회, 1972.7, 115~116쪽 ; 오천석, 『한국신교육사』, 현대교육총서출판사, 1964, 390쪽 ; 문교40년사편찬위원회 엮음, 『문교40년사』, 문교부, 1988, 101쪽.
79) 한글문화보급회는 국어강습회 졸업생들이 주축이 되어 활동했다(김민수, 「조선어학회의 창립과 그 연혁」『주시경학보』 제5집, 주시경연구소, 1990, 65쪽).
80) 『자유신문』 1945.11.4. 「한글 제2회 강습」

병기 등 모두 조선어학회 회원이 강의를 담당하였다.

학회나 보급회 주최의 강습회뿐만 아니라 도처에서 많은 강습회가 열렸기 때문에 학회 회원들은 강사로서 매우 분주한 나날을 보내야 했다. 다음은 1946년 4월까지 학회 회원들의 강사 파견 상황인데 괄호 안의 숫자는 파견된 일수다.[81)]

〈표 7〉 서울에서 열린 한글강습회

강사	장소 (파견 일수)
이희승	서울대학(4), 이화여자대학(7), 전국교원양성소(60), 경성사범학교(10)
정인승	한글문화보급회(10), 연희전문학교(3), 경성사범학교(10), 건설청년동맹(12), 영화건설본부(3)
김병제	한글보급회, 경성고등공업학교(13), 연희전문(7)
김윤경	조선은행(13)
정열모	한글문화보급회
장지영	여자국민당
이 탁	한글문화보급회
한갑수	학병동맹 한글
정태진	신흥국어연구회

서울에서 열린 강습회에는 이희승을 비롯해서 정인승, 김병제 등 모두 학회를 대표하는 강사들이 강의를 맡은 것을 알 수 있다. 같은 지면에 지방에서 열린 강습회 소식도 실려 있는데, 그 내용은 다음과 같다.[82)]

〈표 8〉 지방에서 열린 한글강습회

장소	기간	강사	수강 인원
포천(抱川)	7일간	유호월(柳呼月)	50명
선산(善山)	14일간	장주영(張州永)	140명
영흥(永興)	7일간	손창섭(孫昌燮)	180명
영주(榮州)	8일간	유호월(柳呼月)	약 100명
개성(開城)	제1회 8일간	황용선(黃用善)	100명
	제2회 16일간	황용선(黃用善)	200명

81) 조선어학회, 『한글』 94, 1946.4, 68쪽.
82) 조선어학회, 『한글』 94, 1946.4, 68쪽.

양산(梁山)	14일간	남형규(南亨圭)	148명
단양(丹陽)	6일간	최명관(崔明官)	50명(교원)
봉화(奉化)	6일간	박성□(朴晟□)	160명
수원(水原)	7일간	박명준(朴明□)	70명
괴산(槐山)	8일간	이성훈(李聲薰), 민영우(閔泳宇)	50명
용인(龍仁)	7일간	조창묵(趙昌默)	104명

이상 1946년 4월까지 지방에서 진행된 한글강습회의 내용이다. 위 자료로 알 수 있는 것은 각 지역의 한글강습회 개최 상황과 강사의 이름, 수강 인원 정도이고, 강습회의 주최자, 강사의 신분, 강의 내용, 수준 등은 알 수 없다. 강사들의 이름도 생소해서 조선어학회 회원이 아닐 가능성 높다. 그렇다면 앞서 언급한 것처럼 강사 부족 현상으로 인해 외부 강사를 섭외해 학회가 파견했을 가능성이 높다. 다음은 조선어학회 회원이 직접 파견된 한글강습회 소식을 알리는 신문 보도다.

> 한글사 인천지사 주최 시학무과 후원으로 28일부터 8월 10일까지 2주일간 신흥동 인중(仁中)서 한글강습회를 개최한다. 강사는 조선어학회 파견강사 김병제, 서명호(徐明浩) 두 선생인데, 강습과목과 정도는 고등부 국민학교 교원 급 중등학교 졸업 정도의 남녀, 초등부는 (一반남녀)로 교재는 『한글맞춤법 통일안』을 사용할 터인데 수강희망자는 회비 50원을 첨부하여 신생동 한글사 인천지사로 신청하여 주시기 바란다고 한다.[83]

강습회 주최자는 한글사 인천지사였고, 강사로는 조선어학회 회원인 김병제와 서명호가 파견되었다. 한글사는 1946년 2월 임시총회의 결의에 따라 학회의 경제적 사무에 관한 일체의 활동을 맡을 기관으로 만들어진 조직이었다.[84] 아마도 거리가 가깝기 때문에 장기간에 걸친 강습회임에도 강사를 직

83) 『대동신문』 1946.7.20. 「한글강습회 개최」
84) 한글학회 50돌 기념 사업회, 『한글학회 50년사』, 한글학회, 1971, 21~22쪽 ; 이강로, 「'한글사' 이야기」 『한글새소식』 179, 한글학회, 1987.7, 16쪽.

접 파견할 수 있었던 것 같다. 분반은 고등부와 초등부 두 반이었고, 교재로 『한글 맞춤법 통일안』을 사용한 것을 보면 한글에 대한 기초와 '통일안' 맞춤법 강의가 중심이었을 것으로 보인다. 그런데 『한글』지 보도에 따르면 강습회 일정은 7월 28일부터 8월 6일까지였고, 수강자는 초중등학교 교원과 관공서 직원 120명으로 일반인을 대상으로 한 강습회는 아니었다. 장소는 신흥소학교(新興小學校), 강사는 정태진, 김병제였다. 처음 신문에 보도될 때의 계획과 달리 일정과 강사가 조정되었던 것 같다.[85]

한글문화보급회의 기록에 따르면, 1945년 9월부터 1946년 3월까지 전국 각 지역에서 열린 한글강습회에도 많은 수강생이 몰렸지만,[86] 구체적인 설명이 없어 이들 한글강습회가 보급회 주최인지, 지역의 요청에 따라 강사만 파견해 준 것인지, 또 강사는 어떤 인사들이었는지는 알 수 없다.

〈표 9〉 각 지역에서 열린 한글강습회(1945.9~1946.3)

도	횟수	수강 인원	도	횟수	수강 인원
경기	13회	5,330명	경남	10회	1,000명
황해	2회	450명	경북	(미상)	
강원	10회	1,012명	함남	1회	180명
전남	17회	2,510명	함북	(보고 없음)	
전북	(미상)		평남	(보고 없음)	
충남	8회	2,020명	평북	(보고 없음)	
충북	4회				

경기도의 경우 13회의 강습회에 5,330명이 수강했다. 회당 평균 수강생이 410명이라는 것은 당시 한글강습회에 대한 뜨거운 열기를 드러내는 수치라 할 수 있겠다. 강습회가 가장 많이 열린 지역은 전남으로 17회, 수강 인원

85) 조선어학회, 『한글』 97, 1946.9, 71쪽. 이 지면의 인쇄 상태가 좋지 않아 7월 23일인지 28일인지 분간하기 어렵지만, 신문 광고 게재 날짜 등을 참고할 때, 28일로 보는 것이 옳을 것이다. 그렇다면 시작 일은 같고 끝나는 날만 10일에서 6일로 단축되었던 것 같다.

86) 한글문화보급회, 『한글문화』 창간호, 한글문화보급회, 1946.3, 41쪽.

2,510명이었고, 두 번째 많이 열린 곳은 경기도였지만 수강 인원에서는 가장 많은 5,330명을 기록했다. 38선을 경계로 이북에 속한 함경남도에서 1회의 강습회가 열린 사실을 기록하고 있지만, 학회 혹은 보급회와의 관련 여부는 알 수 없다.

그렇지만 해방 후 강습회의 강사로 활동했던 김민수의 증언에 의하면 당시 강습회가 어떤 식으로 진행되었는지 대강의 내용을 파악할 수 있다. 김민수는 1945년 9월에 조선어학회 제1회 국어강습회 사범부에서 강습을 받았고, 강습이 끝난 후 시험을 쳐서 39명의 합격생에 들어 당시 19세의 어린 나이임에도 불구하고 강사로 활동하게 되었는데, 학회의 연락을 받고 강습지인 김포와 전라남도 백양사 등에 파견되었다. 김포 강습회는 1주간 열렸으며, 수강생은 국민학교 교장, 교감, 교사 등이었다. 백양사 국어강습회는 1945년 11월 26일부터 12월 10일까지 2주간 열렸다. 서옹(西翁) 스님이 학회에 직접 강사를 초빙하러 왔었고, 그 초빙에 응하여 김민수가 파견되었으며, 이로써 강습회는 한글문화보급회와 대본산 백양사가 공동으로 주최하는 형식이 되었다. 강습에 사용한 교재는 조선어학회의 『한글 맞춤법 통일안』, 『조선어 표준말 모음』이 기본이었고, 수강생은 스님과 스님 가족, 교사, 일반인 등 다양했는데, 강의 내용은 주로 한글과 맞춤법이었다. 강사료는 학회가 아닌 강습지에서 수령했다.[87] 2주간의 강습회를 마친 수료생들에게는 보급회와 백양사의 도장과 함께 찍힌 '마침증서'를 수여하였다. 그 증서에는 강사 김민수의 도장도 찍혀 있는데, 19살 청년 한글 교사의 패기가 느껴진다.[88] 김민수는

---

87) 국사편찬위원회, 「김민수 구술」『해방 이후 국어 정립을 위한 학술적·정책적 활동 양상』, 2007년도 구술자료수집사업, 50~58쪽 ; 서옹(1912~2003)은 충남 논산 출생. 속명 이상순(李尙純). 양정고보 졸업. 1932년에 만암 스님을 은사로 백양사에서 출가. 서울 천축사 무문관 조실. 1974년 조계종 5대 종정. 고불총림(古佛叢林) 백양사의 방장을 지냄.

88) 「마침증서」, 4278(1945).12.10. 이 자료는 김민수 선생이 보관하고 있던 것으로 한성대학교의 이상혁 교수에게 제공받았다.

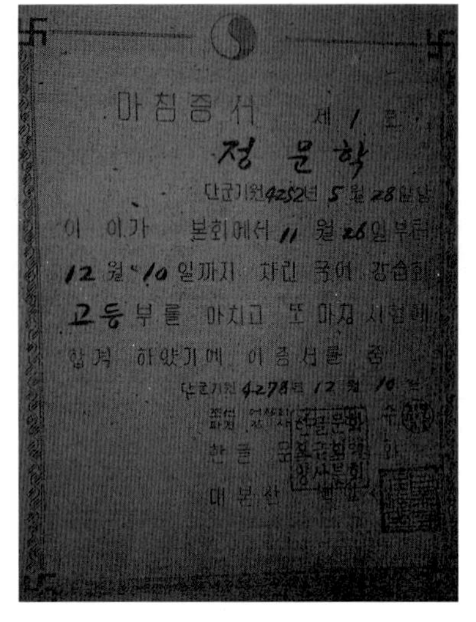
마침증서 제 1 호
정 문 학
단군기원4252년 5월 28일난
이 이가 본회에서 11월 26일부터
12월 10일까지 차린 국어 강습회
고등부를 마치고 또 마침 시험에
합격 하였기에 이 증서를 줌
단군기원 4278년 12월 10일

마침증서

강습회의 이름을 '국어강습회'라고 구술했지만, 강습의 내용을 고려하면 백양사는 '한글강습회', 김포는 '현직 교원 재교육 강습회'로 봐야 할 것이다.

일반인과 현직 교원을 대상으로 하는 강습도 중요했지만 더욱 시급한 문제는 학교에서 일인 교사를 대신할 조선인 교원을 양성하는 일이었다. 9월 17일 미군정이 내린 일반명령 제4호에 의해서 9월 24일 공립초등학교가 다시 문을 열었지만,[89] 가르칠 교과서도 없었고 교원도 절대적으로 부족하였다. 초등학교의 경우 총 교원 수의 40% 이상을 차지하고 있던 일인 교사가 총 퇴진함으로써 생긴 공백을 시급히 메워야 하는 상황에 직면해 있었다.[90] 게다가 일제하에서 철저한 황국신민화 교육을 받은 교사들은 한글에 대한 지식이 부족해 조선어로써 학과를 가르칠 수 있는 교사가 절대적으로 부족했기 때문에 교사에 대한 재교육이 시급한 상황이었다.[91]

8월 25일 임시총회에서 국어 교과서 편찬, 국어 교원 양성을 위한 국어강습회 실시, 월간지 『한글』 속간, 국어사전 편찬 완료 등을 긴급히 펼쳐야 할 사업으로 결의한 바 있는 학회는 이와 같은 상황에 신속히 대응할 준비가 되어 있었다. 미군정 학무국의 요청에 따라 학회는 국어교원 양성을 목적으로 한글강습회에 사범부를 즉각 설치하였다. 한글강습회는 9월 11일 시작하여 다음 해 1월 18일까지 모두 3차례에 걸쳐 진행되었으며 1,836명의 교원을 양성하였

89) 문교40년사편찬위원회 엮음, 『문교40년사』, 문교부, 1988, 46쪽.
90) 오천석, 『한국신교육사』, 현대교육총서출판사, 1964, 395쪽.
91) 오천석, 「군정문교의 증언 1」 『새교육』 213, 대한교육연합회, 1972.7, 115쪽.

다.[92] 다음은 1차에서 3차에 걸친 한글강습회를 도표로 정리한 것이다.

〈표 10〉 1~3차 한글강습회

차수	기간	수강생	강좌
1차	1945. 9.11~9.24. (2주)	사범부 659명 고등부 515명	성음학: 이희승 문자: 김윤경 문 법: 최현배 국어개론: 정열모 교수법: 김병제 한자어: 방종현 표준어: 이호성 약어: 이강래 외래어: 정인승 응용연습: 장지영
2차	1945. 10.24~11.13. (3주)	사범부 530명	성음학: 이희승, 정인승 문법편: 김윤경, 김병제, 정열모 한자어: 이강래 국어개론: 방종현 약어·외래어·구절법: 이 탁 응용연습: 정인승, 이희승 시문학: 이숭녕 문화사: 정태진 표준어: 이만규 훈화: 이극로
3차	1946. 1.9~1.18. (9일)	사범부 132명	성음론: 이극로 한자어: 장지영 문법론: 정인승, 김윤경 표준어·약어·구절법: 김병제 국어개론: 정태진 응용연습: 이희승

강좌 내용은 국어 교원에게 필수적인 국어에 관한 지식을 전수하는 것으로서 1945년 9월부터 1946년 1월까지 3차에 걸친 강습회에 참여한 수강생들은 수료 후 전국의 중등학교에 배치되었다.[93]

1947년에는 학회 단독으로 개최하던 사범부 강습회를 확대하여, 문교부가

92) 문교40년사편찬위원회 엮음, 『문교40년사』, 문교부, 1988, 93쪽 ; 한글학회 50돌 기념사업회, 『한글학회 50년사』, 한글학회, 1971, 20쪽 ; 조선어학회, 『한글』 94, 1946.4, 67~68쪽 ; 『한글학회 50년사』 283쪽과 이응호 『미군정기 한글운동사』 207쪽에는 한글강습회가 4차례에 걸쳐 진행된 것으로 되어 있으나 여기서는 한글강습회가 진행된 시기와 가장 가까운 기록인 『한글』 제94호의 기록에 따라 3차례로 정리함. 수강생 총수 1,836은 1~3차에 제시된 수강생 수와 같음.

93) 한글학회 50돌 기념 사업회, 『한글학회 50년사』, 한글학회, 1971, 283쪽.

정식으로 후원하는 가운데, 진단학회 및 한글문화보급회와 공동으로 '사범부 3과 지도자 양성 강습회'라는 이름으로 개최하였다.[94] 강습회의 1차적인 목적은 중등학교의 국어과(한글), 국사과, 사회상식과를 담당할 교원을 양성하는 것이었다. 1차는 11월 9일부터 12월 28일까지, 2차는 1월 15일부터 1월 22일까지 진행되었으며, 1, 2차에 걸쳐 약 700명의 지도자를 양성하였다.[95]

3차는 1월 14일부터 2월 23일까지 열렸는데, 수강 인원을 파악할 수 있는 기록이 남아있지 않다. 다만, 수료 시 찍은 것으로 보이는 1장의 기념사진이 남아있어 당시의 분위기를 짐작할 수 있다.

제3회 사범부 한글, 국사, 사회상식과 지도자양성강습회

94) 한글학회, 『한글학회 100년사』, 한글학회, 2009, 169쪽.

95) 조선어학회·진단학회·한글문화보급회 1947년 12월 28일 발행 「합격증서」(제1회 5호 유동삼). ; 정인승, 「해방 한글의 십년」 『한글』 114, 한글학회, 1955.10, 22쪽 ; 한글학회 50돌 기념 사업회, 『한글학회 50년사』, 한글학회, 1971, 318쪽.

4282(1949)년 2월 23일 촬영한 사진에는 앞줄 왼쪽부터 정태진, 정인승, 장지영, 안재홍, 이탁, 최현배 등이 앉아있고, 그 옆과 뒤로 수강생들이 앉거나 서있는데, 얼굴 모습이 10대 소년부터 20~30대 청장년의 모습까지 다양한 것으로 보아 연령 제한은 없었던 것 같다. 사진 상단에는 '한글문화보급회'라 적힌 큰 간판이 보이고, 하단에는 '조선어학회, 진단학회, 한글문화보급회 주최 제3회 사범부 한글, 국사, 사회상식과 지도자양성강습회 민족문화건설 부대 일동 기념'이란 문구가 새겨져 있다.96)

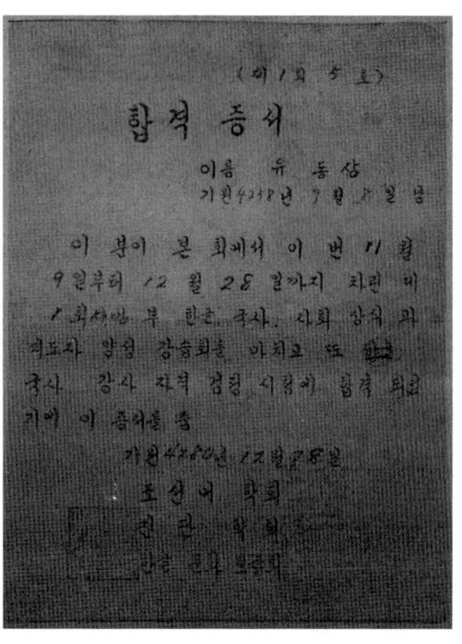
(제 1회 5호)

합격 증서

이름 유 동상

기원4258년 9월 8일 생

이 분이 본 회에서 이번 11월 9일부터 12월 28일까지 차린 제1회 사범부 한글, 국사, 사회 상식 과 지도자 양성 강습회를 마치고 또 한글 국사 강사 자격 검정 시험에 합격 되었기에 이 증서를 줌

기원4280년 12월 28일

조선어학회

진단학회

한글 문화 보급회

합격증서

강습회 관리 경영은 한글문화보급회에서 맡았으며, 조선어학회는 한글 강사 양성 교육을 맡았고, 진단학회는 국사 강사 양성 교육을 맡았으며, 보급회에서는 사회 상식 과목을 담당했다. 수강 자격은 교육자, 지도자층, 일반 유지로 한정했으며, 과정을 마친 사람에게는 강사 자격시험을 거쳐 합격증서(일종의 교사자격증)를 주었다. 다음은 3차례에 걸린 강습회 상황이다.97)

〈표 11〉 3개 단체 공동 주최 '사범부 3과 지도자 양성 강습회'

차례	기간	시간	장소	수강자
제1회	1947.11.09~12.28	일요일마다	수송국민학교 강당	약 500명
제2회	1948.01.15~01.22.	매일	조선연무관(소공동)	약 200명
제3회	1949.01.14~02.23.		조선어학회 강당	

96) 한글학회, 『한글학회 100년사』, 한글학회, 2009, 170쪽.
97) 한글학회 50돌 기념 사업회, 『한글학회 50년사』, 한글학회, 1971, 318쪽 ; 한글학회, 『한글학회 100년사』, 한글학회, 2009, 170~171쪽.

1949년에는 문교부 후원을 받아 조선어학회 단독으로 고등부 국어과 지도자 강습회를 2번 개최하였다. 당시의 명칭은 '고등부 한글전용 지도자 양성 강습회'였다.[98]

〈표 12〉 조선어학회 주최 '고등부 한글전용 지도자 양성 강습회'

차례	기간	장소	참고
제1회	1949.01.14~?	조선어학회 강당	제3회 사범부 3과 합동 강습회와 병행
제2회	1949.02.27~ 03.06. (8일)	조선어학회 강당	제3회 사범부 한글과(한글문화보급회 주최)와 병행

고등부 국어 교사를 양성하는 강습회였지만,[99] 사범부 3과, 즉 한글과, 국사과, 사회상식과와 합동으로 강습회를 진행한 것을 보면 국어만 가르친 것은 아니었던 것으로 보인다.

이상의 내용을 토대로 정리하면 당시 한글강습회의 목적은 두 가지였다. 하나는 한글 강습을 통해 교사를 양성하는 것이었고, 하나는 일반 시민을 교육하는 것이었다. 이를 위해 학회는 한글문화보급회를 조직했으며, 진단학회, 미군정 학무국 등과 협력했다.

강습회는 학회 혹은 보급회가 주최하는 경우도 많았지만, 지역이나 단체에서 주최하고 학회는 강사만 파견하는 경우도 많았다. 학회 회원이나 관련 인사가 강사로 파견되는 경우도 있었지만, 자체적으로 수요를 충족할 수 없을 때에는 외부 인사를 섭외해서 파견하였다.

『한글 맞춤법 통일안』을 교재로 사용한 것은 한글 보급과 함께 학회의 '통일안' 맞춤법을 보급하고자 한 것이었다. 한글 보급이 조선인의 정체성 회복, 자주적 문자 생활 실현, 문맹 퇴치 등에 그 목적과 의미가 있는 것이었다면,

98) 한글학회, 『한글학회 100년사』, 한글학회, 2009, 171쪽.
99) 강습회 명칭의 '한글전용'은 '한글만 쓴다'는 의미가 아니고 '국어 교사'를 뜻하는 것이었다.

'통일안' 보급은 첫째, 통일된 어문 규범의 사용을 통해 언어생활의 혼란을 막고 과학적인 체계를 세우려 한 것이었고, 둘째, 학회가 제정한 어문 규범을 국어의 표기 원칙으로 자리매김함으로써 맞춤법 본가로서의 위상을 확고히 하는 데 그 목적과 의미가 있는 것이었다.

제3절 세종중등국어교사양성소 운영

1. 세종중등국어교사양성소 설치 배경과 과정

해방 후 조선어학회는 한글강습회에 사범부와 고등부 등을 설치하여 단기간에 걸친 학습을 통해 초등과 중등 국어 교사를 양성했으나, 이는 교사가 절대적으로 부족한 상황에서 임시변통으로 시행한 것이어서 충분한 실력을 지닌 전문 교원을 양성할 수 있는 체계적인 학습 과정을 갖출 수 없었다. 이에 학회는 국어 교사로서 충분한 자질과 덕성을 함양할 수 있는 교육 기관으로서 국어 사범대학 설립을 구상하게 되었다.

국어 교사 양성은 학회 재건 시 정한 시급한 과제 중 하나였으며, 일찍이 이극로가 학회의 할 일 중 첫째로 사범학교 설립을 꼽은 것도 국어 교사 양성 학교에 대한 학회의 열망을 반영한 것이었다.[100] 한글강습회를 통해 교수 경험을 축적한 학회는 국어 사범대학 설립의 꿈을 실현하기 위해 문교부에 나가 있던 장지영으로 하여금 '국어 사범대학 계획안'을 세우게 하였고,[101] 이를 바탕으로 학교 설립 사업이 본격화되었다.

1948년 5월 학회는 '고등 국어 사범 학관' 설립안을 문교부에 제출하였다. 이 설립안에는 조선어학회 대표 장지영과 한글문화보급회 대표 및 학관 설립 후원회장이 설립자에 이름을 올리기로 하였으나, 이후 설립에 따른 책임 문

100) 이극로, 「조선어학회의 임무」 『민중조선』 1, 민중조선사, 1945.11, 44~45쪽.
101) 한글학회 50돌 기념 사업회, 『한글학회 50년사』, 한글학회, 1971, 284쪽.

제를 놓고 이해가 엇갈린 나머지, 학회와 보급회 사이에 맺었던 계약이 파기되었다. 회의록에 따르면 보급회와 후원회 사이에 알력이 발생한 것으로 되어있으나,[102] 구체적으로 무슨 문제 때문에 이해가 상충한 것인지 자세한 내막은 파악하기 어렵다. 그리하여 학회는 일단 학관 설립 신청 서류를 문교부로부터 취하하여 보급회(박병록)와 후원회(회장 최임권)에게 보인 다음, 7월 7일 학회 단독 명의로 '세종중등국어교사양성소' 설립 인가 신청서를 문교부에 제출하였고,[103] 문교부의 인가가 나온 것은 한 달 후인 8월 8일의 일이었다.[104]

1948년 8월 25일 학회는 세종중등국어교사양성소(이하 세종양성소) 학생 모집을 위해 신문에 광고를 냈다. 1면 하단에 실린 광고에서 제일 먼저 눈에 띄는 것은 "세종중등국어교사양성소 제일회 야간부 학생 모집"이란 글귀다. 우선 국어교사를 양성하는 곳이란 걸 알리고, 다음으로 "문교부 위촉 조선어학회 직영"이란 내용을 알리고 있다. 응시 원서 제출은 9월 14일까지고, 시험은 9월 18, 19, 20일이다. 무엇보다도 중요한 것은 2년 과정을 마치면 중등국어교사 자격을 얻을 수 있다는 내용이었다.[105]

당시 단국대학교에서 정치학을 공부하고 있던 이상보는 이 광고를 보고 지원서를 냈다.[106] 입학시험에 합격한 이상보는 2년간의 과정을 무사히 마

102) 조선어학회·한글학회 『이사회 회의록(1948.6~1949.9)·(1951.10~1959.1)』, 1948.6.12.

103) 조선어학회·한글학회 『이사회 회의록(1948.6~1949.9)·(1951.10~1959.1)』, 1948.7.18 ; 박병록은 한글문화보급회 서무부 직원이었고, 세종양성소 실무를 담당하고 있었다.

104) 한글학회 50돌 기념 사업회, 『한글학회 50년사』, 한글학회, 1971, 545쪽 ; 한글학회, 『한글학회 100년사』, 한글학회, 2009, 174쪽 ; 문교사에 관한 기록에는 8월 9일로 되어 있다(문교40년사편찬위원회 엮음, 『문교40년사』, 문교부, 1988, 687쪽).

105) 과정은 2년이고, 모집 인원은 1학년 남녀 80명이며, 수업은 야간에 한다. 응모 자격은 고급중학을 졸업하거나 동등한 학력을 소지한 자여야 한다. 이를 증명하기 위해 응시 원서에 졸업증명서와 성적증명서를 붙여야 하고, 사진도 붙여야 한다. 그리고 수험료도 내야 한다. 3일 연속 시험을 보는 것인지, 3일 중 하루 택일해서 시험을 보는 것인지는 광고에 실린 정보만으로는 파악하기 어렵다. 자세한 것은 서울 청진동 조선어학회로 문의하라고 안내하고 있다(『동아일보』 1948.8.25).

치고 1기생으로 졸업했다. 같은 1기생인 유동삼은 일찍부터 조선어학회 한글 강습회에 참여했던 관계로 세종양성소가 생기는 것을 자연스럽게 들어 알고 있었다.[107] 그런데 『50년사』와 『100년사』에 실린 세종양성소에 대한 기록을 보면 학생 모집 시기와 시험 날짜 등이 위 광고의 내용과 다르다.

『100년사』에 따르면 학생 모집 광고를 낸 것은 1948년 7월 18일이었다. 『50년사』에는 이 기록이 없다. 그런데 『50년사』와 『100년사』에 실린 '학생 모집 요강' 내용을 보면 원서 접수가 6월 15일~7월 22일로 되어있다. 응모 자격은 ㉮ 남녀 6년제 중학 졸업자, ㉯ 대학 입학자격 검정시험 합격자, ㉰ 위와 같은 학력이 있다고 인정한 자였다. 수업 개시일은 9월 초다. 학생 모집 기간이 6월에서 7월에 걸쳐 있으므로 입학시험을 치른 날짜가 7월 28일(필기)과 29일(구두)로 돼있는 것은 매우 자연스럽다. 하지만 모집 광고를 낸 것이 7월 18일이라면 광고가 너무 늦게 나간 것으로 보인다. 마감일이 22일이므로 지원자들에게 준비할 시간적 여유가 너무 없다.

그러면 이제 8월 25일자 신문 광고에 실린 내용과 비교해 보자. 일단 모집 자격에 관한 내용에서는 '㉮ 6년제 중학 졸업자'와 '㉯ 대학 입학자격 검정시험 합격자'가 광고에 난 '고급중학 졸업 및 동등학력자'와 내용상 같은 것이므로 차이가 없다는 것을 알 수 있다. 하지만 시기는 원서 접수 기간과 입학시험 날짜가 모두 한 달 이상 차이가 난다. 만일 『50년사』와 『100년사』의 기록이 맞는다면 8월 25일자 신문광고는 이미 원서 접수는 물론 입학시험마저 끝난 상황에서 나간 것이 된다.

그런데 9월 28일자 신문 보도에 따르면 세종양성소는 9월 30일 오후 5시에 조선어학회 강당에서 개소식을 했다.[108] 같은 신문 10월 28일자에는 10월

---

106) 「이상보 구술」, 2012.6.13. 15~17시. 장소: 서울 서대문구 홍은동 이상보 자택, 글쓴이와 대담.; 한실회갑기념논총간행위원회, 『한실이상보박사 회갑기념논총』, 형설출판사, 1987.

107) 「유동삼 구술」, 2012.7.15. 14~17시 30분. 장소: 대전 태평동 유동삼 자택, 글쓴이와 대담.

1일에 수업이 시작되었다는 소식을 전하면서 추가로 학생을 모집한다는 내용을 전하고 있다. 추가 모집 마감은 11월 3일이고, 시험은 4일과 5일 양일이었다.[109] 문교사의 기록은 세종양성소가 설치된 날짜를 10월 28일로 기록하고 있다.[110]

게다가 1948년 7월 18일에 열린 학회 이사회에서 나온 세종양성소에 관한 결정을 보면, 개학 날짜 및 학생 모집 등에 관한 일은 인가가 나온 뒤에 논의하는 것으로 되어있다.[111] 그렇다면 인가가 나오지 않아 개학 시기와 학생 모집에 관한 내용을 결정하지 못한 시점에 '6월 15일~7월 22일까지 원서를 받고, 9월초로 개강한다'는 내용을 명시한 광고를 냈다는 것은 시기상 맞지 않는다.

1949년 1월에 나온 『한글』 제105호에서는 "9월부터 실력이 충실한 국어 중등 교사를 양성하기 위하여 문교부 위촉으로 양성소를 창설하였는데 졸업 기간은 2개년으로 하고 야학으로 120명을 모집하여 활발히 교수를 계속하고 있다."고 기록하고 있는데,[112] 개소식, 개강일 등 날짜가 명시돼 있지 않아 정확한 사정을 파악하기 어렵다. 다만, 120명을 모집했다는 것은 앞서 언급한 10월 28일자 신문 보도에 따라 학생을 추가 모집한 것이 반영된 결과일 것이다. 만일 개강을 9월초로 본다면 1차 입학생과 추가 입학생 간에 시간상 격차가 너무 벌어진다. 이에 대해서는 『100년사』도 동아일보 보도와 『한글』 제105호의 기록을 참고하여 개강을 10월 1일로 기록하고 있다.[113]

---

108) 『동아일보』 1948.9.28. 『세종중등국어교사양성소개설』

109) 『동아일보』 1948.10.28. 『세종중등국어 교사양성』

110) 한국교육십년사간행회, 『韓國教育十年史』, 풍문사, 1960, 14쪽 ; 중앙대학교 부설 한국교육문제연구소, 『문교사 1945~1973』, 중앙대학교출판부, 1974, 695쪽 ; 문교40년사편찬위원회 엮음, 『문교40년사』, 문교부, 1988, 688쪽.

111) "개학할 날짜 및 학생 모집 등에 관한 일은 인가가 나온 뒤에 論議(?)하여 전임 직원에게 일임하기로 하다." 조선어학회·한글학회 『이사회 회의록(1948.6~1949.9)·(1951.10~1959.1)』, 1948.7.18.

112) 조선어학회, 『한글』 105, 1949.1, 70쪽.

이상과 같은 신문의 보도 내용과 문교사, 학회 회의록의 기록을 고려한다면, 『50년사』와 『100년사』에 수록된 내용은 세종양성소 준비 단계에서 만들어진 기획안에 담긴 내용이었을 가능성이 높다. 아마도 『50년사』를 편찬할 때, 처음 계획보다 세종양성소 설립에 따른 여러 가지 일정이 늦어졌던 점을 간과하고 기획안의 내용을 그대로 수용한 것 같다. 따라서 세종양성소 설립 초기 과정에 대한 기록은 다음과 같이 수정되어야 할 것이다.

① 학생 모집: 1948년 9월 14일까지. 입학시험: 9월 18, 19, 20일.
② 세종중등국어교사양성소 개소식: 1948년 9월 30일 오후 5시 조선어학회 강당.
③ 개강: 10월 1일.
④ 학생 추가 모집: 원서 마감 11월 3일. 입학시험 11월 4, 5일.

따라서 8월 8일 문교부로부터 세종양성소 설립 인가를 받은 학회는 구체적인 준비에 착수하여 학생 모집 광고를 내고, 9월 중순 입학 전형을 거쳐 1기생 약 80명을 모집하였다. 그리고 강의실에 필요한 책상과 교단, 교탁 따위는 모두 한글문화보급회에서 기증을 받았다.[114]

10월 1일 첫 수업을 시작하였고, 11월 초에 실시된 추가 모집을 통해 증원된 입학생을 합쳐 1기생 120명이 2년간 수학하게 되었다. 추가 모집을 하게 된 이유는 밝혀져 있지 않지만, 1차 모집이 끝난 후에도 입학을 희망하는 이들이 많았던 것으로 보인다. 입학생의 나이는 대다수가 20대였으나 많게는 46살(이병교, 1902년생, 서울보인상업학교 교사), 적게는 18살(76호 이희산, 1930년생)이었으며, 대다수가 직장인이었는데, 국민학교 교사가 가장 많았고, 은행원, 우체국 직원, 대학생 등도 있었다.[115]

113) 한글학회, 『한글학회 100년사』, 한글학회, 2009, 176쪽.
114) 조선어학회·한글학회 『이사회 회의록(1948.6~1949.9)·(1951.10~1959.1)』, 1948.7.18.
115) 『세종중등국어교사양성소 학적부(1948년도)』, 한글학회 ; 조선어학회, 『한글』 105, 1949.1, 70쪽 ; 한글학회, 『한글학회 100년사』, 한글학회, 2009, 176쪽. 81호 신영옥

학적부의 기록을 검토하면 1기생의 입학 날짜가 9월 30일이었는데, 모두 9월 10일로 수정되어 있다. 이상보의 경우, 검은 펜으로 '9월 30일'이라 적혀 있고, 후에 파란색 펜으로 '30'을 '10'으로 고쳤다. 이상보뿐만 아니라 모든 학생들의 학적부가 똑같은 방식으로 수정돼 있는데, 이렇게 고친 것 역시 『50년사』를 편찬할 때 수록한 '학생 모집 요강'에 날짜를 맞추느라 입학 날짜를 앞당긴 것으로 보인다. 학적부 중반 이후로는 일자뿐만 아니라 월까지도 9월로 수정돼 있다. 다른 학생들은 확인이 어려우나 68호 양문경의 경우는 애초 '11월 ?일'로 적혀있었는데, '11'을 '9'로 고친 것이 확인된다. 70호 이승화의 경우는 '11월 10일'이라 적힌 것을 9월로 가필했는데, 일자는 처음 기록한 그대로이다.[116] 이를 종합하면 나중에 추가 모집한 학생들의 입학 날짜가 11월 10일이었던 것을 알 수 있다. 이것 역시 '11월'을 '9월'로 굳이 고쳐 쓸 필요가 있었을까 하는 의문이 들지만, 1차 입학생들과 통일을 기하기 위해 수정한 것으로 보인다.

1949년 9월 1일에 시작한 제2회에는 92명이 입학하였는데, 대다수가 국민학교 교사였고, 국민학교 교장(46호 심상근, 1905년생), 중앙방송국 아나운서(30호 차영동, 1923년생), 문교부 편수국 서기(33호 전동식, 1925년생), 한글문화보급회 직원(60호 김병래, 1927년생), 구청 직원, 철도청 직원 등도 있었다.[117] 제3회는 1950년 6월 15일에 시작하였고, 68명이 입학하였는데, 역시 대다수가 국민학교 교사였고, 장학사(66호 문용태, 1911년생), 은행원, 구청 직원, 탄광 직원 등이 있었다.[118] 그리하여 1950년 6월 25일 전쟁이 나기 전

이 4269년(1936년)생으로 기재돼 있으나, 1948년에 12세라면 너무 어리고, 또한 1944년에 무학공립고등여학교를 졸업했다는 기록으로 볼 때, 출생년이 잘못 기재된 것으로 봐야 할 것이다. 무학공립고등여학교는 4년제 학교로 1940년에 개교했으며, 1944년에 1회 졸업생을 배출했다(무학여자고등학교 http://www.muhak.hs.kr/index/index.do). 그러므로 1930년생인 76호 이희산이 18세로 가장 어리다.

116) 『세종중등국어교사양성소 학적부(1948년도)』, 한글학회.

117) 『세종중등국어교사양성소 학적부(1949년도)』, 한글학회.

118) 『세종중등국어교사양성소 학적부(1950년도)』, 한글학회.

까지 한동안은 1기생과 2기생, 3기생이 함께 수업을 들었던 것으로 보인다.

입학생의 대다수가 국민학교 교사였던 만큼 입학 동기는 중등교사 자격을 취득하는 것이었고, 이미 자격을 갖고 있는 경우에는 교사로서의 덕목을 쌓고, 국어학에 대한 깊이 있는 지식을 연마함으로써 아동들에 대한 지도를 더욱 충실히 하고자 했던 것으로 보인다. 개중에는 이상보의 경우처럼 졸업 후 4년제 대학에 편입함으로써 세종양성소가 상급 학교로 진학하는 징검다리가 되기도 했다.

그런데 학회에 청진동회관을 기증했던 이종회가 1949년 12월 21일 돌연 건물과 땅을 돌려달라고 소송을 거는 바람에 학회는 할 수 없이 지금까지 쓰던 사무실과 강당 등을 모두 내주고 을지로로 이사를 하게 되었다. 학회의 새 회관은 중구 을지로 2가 199의 27~33호에 있는 양옥 2층 건물이었다.[119] 이듬해인 1950년 1월 3일 세종양성소도 을지로로 이사했다. 정인승은 학급 증가에 따른 것이라 기록하고 있지만,[120] 이종회가 일으킨 분란 때문에 세종양성소도 어쩔 수 없이 이사를 해야 했을 것이다.

2. 학사 운영

1948년 7월 18일 이사회에서 장지영을 세종양성소의 소장으로 추대하였고, 서울대 문리과대학 사학과를 나오고 국학대학 사무처장으로 있다가 사직한 오진영을 학감으로 초빙하였다. 세종양성소 준비 단계에서는 임시로 김진억이 서무를 담당하다가 안창환이 전임 서무 책임자로 정식 임명되었다. 학감과 서무주임, 전임 교수는 날마다 오후 4시부터 수업이 끝날 때까지 근무하였고, 매주 8시간 이상 수업을 하는 강사 가운데 전임 교수를 임명하였다.[121]

---

119) 한글학회, 『한글』 110, 1955.3, 43쪽.
120) 한글학회, 『한글』 120, 1956.12, 19쪽.

세종양성소는 2년제 중등국어교사 양성 학교였다. 1년에 2학기로 모두 4학기에 걸쳐 수업이 진행되었다. 교과목은 국어 교사 양성소인 만큼 국어학을 중심으로 교사들에게 필요한 과목으로 짜였고, 그에 따라 당대 최고의 교수들이 강의를 맡았다. 학회 회원들이 교수진의 중핵을 이루었고, 필요한 경우 외부에서 강사를 초빙하였는데, 대부분 대학교수들이었다. 교과목과 담당 강사는 다음과 같다.[122]

〈표 13〉 세종중등국어교사양성소 교과목과 강사진

과목	강사	과목	강사
고전 국문학, 고전 국어학	장지영	국어학 강독(연습)	유열
현대 말본과 그 연습	최현배	국어 교수법	최현배(1기) 이호성(2·3기)
국어학 개론	이희승	국어학사	김윤경
영어	박희성	언어학 개론	정태진
국사	신동엽	국문학 개론	구자균
교육학	홍정식	맞춤법 원리와 연습	김진억
법제	추봉만	교육사	사공환
음성학	김선기(1기) 한갑수(2·3기)	체육	이병학(1기) 백용기(2·3기)
국문학 강독(연습)	이병기	문법론*	
국문학사*		한문*	
교육 심리학*		공민*	

국어학 개론, 국어학사, 문법론, 고전 국문학, 국문학 강독, 공민, 영어 등은 매 학기 수업이 진행되었고, 나머지 과목들은 4학기 중 2학기만 수업이 진행되었다. 수업 시수 배정만 보면 앞 7과목의 비중이 매우 높았던 것을 알

121) 조선어학회·한글학회 『이사회 회의록(1948.6~1949.9)·(1951.10~1959.1)』, 1948.7.18 / 8.11 / 8.28 / 10.1. 오진영과 안창환이 임명된 정확한 날짜는 알 수 없다. 다만, 10월 1일 회의에서 두 사람의 봉급을 학감 오진영 12,000원, 서무 안창환 4,000원으로 결정한 것으로 보아 회의 전후로 판단된다.

122) 『50년사』와 「학적부」를 참고해 작성한 것임(한글학회 50돌 기념 사업회, 『한글학회 50년사』, 한글학회, 1971, 286쪽. 『세종중등국어교사양성소 학적부(1948·1949·1950년도)』, 한글학회).

수 있다. *는 학적부에 수업 기록이 있으나 강사를 확인할 수 없었다. 이상보에 의하면 서울대 사범대의 김형규, 이탁 등도 강의를 했다고 하는데,[123] 관련 기록이 남아 있지 않다. 김형규의 전공이 조선어문임을 감안하면 문법론을 맡았을 수도 있고,[124] 한문과 조선어 문법에 조예가 깊었던 이탁이 한문을 담당했을 가능성이 높다.[125]

수업에 활용한 교재가 많지는 않았던 것 같다. 김윤경, 최현배, 유열 등 자신의 저술이 있는 경우에는 그것을 교재로 활용한 듯하지만, 그렇지 않은 경우에는 강사가 강의 내용을 준비해서 강의를 하고 판서를 하면 학생들은 필기를 하면서 강의를 들었다. 이상보는 학회 선생님들뿐만 아니라 서울대, 고려대 등 여러 대학의 유수한 교수들이 많이 출강해 강의 내용이 풍부하고 수준이 높았다고 했고, 이선희는 특히 영어를 가르친 고려대 박희성 교수의 수업이 인상 깊었다고 했으며, 유동삼은 여러 강사에 대한 소중한 추억을 들려주었다.[126]

---

123) 「이상보 구술」, 2012.6.13. 15~17시. 장소: 서울 서대문구 홍은동 이상보 자택, 글쓴이와 대담.

124) 김형규는 1936년 경성제국대학 조선어문과를 졸업하고 전주사범학교 교사를 지냈다. 8·15 해방 후 보성전문학교·고려대학교·서울대학교 사범대학 교수를 지냈으며, 1952~60년 한글 학회 이사를 지냈다. 1962년 서울대학교에서 문학박사학위를 받았다(브리태니커 백과사전 인터넷판 http://100.daum.net/encyclopedia).

125) 이탁은 1898년 경기도 양평 출생. 아명은 씨종(氏鍾). 호는 월양(月洋). 어려서는 한문을 공부하다가 1916년 경신학교에 입학하여 장지영에게서 조선어문법 강의를 들었다. 1919년 3·1운동이 일어나자 만주로 가서 신흥군관학교를 마치고 그해 10월 청산리 전투에 참전했다. 1923년 8월 만주 화림학교(樺林學校) 교사로 있었으며, 1924년 9월 '신단민사'(神檀民史) 보급 건으로 검거되어 복역하다가 1926년 12월 가출옥하여 귀향했다. 1928~36년 오산학교에서 일했으며 1932년 한글학회 회원으로 가입하여 한글 맞춤법 통일안 제정위원, 표준말사정위원 등을 지냈다. 8·15 해방 이후 1961년 정년퇴임 때까지 서울대학교 사범대학에서 국어학과 한문학 관계를 강의했다(브리태니커 백과사전 인터넷판 http://100.daum.net/encyclopedia). ; 이응백, 「노국어학자 월양 이탁선생의 걸으신 길을 더듬음」『국어교육』 8, 한국국어교육연구회, 1964 ; 이광정, 「이탁」『주시경학보』 3, 주시경연구소, 1989.7.

126) 정태진 선생님이 스님들 입는 누비 두루마기에 옷고름이 없고 단추 달린 걸 입고

유동삼은 마치 엊저녁에 수업을 들은 듯이 또렷하게 강사들의 인상, 특징,

삭발을 했어요. 우리가 지금 멋을 부릴 때가 아니다. 우리가 사치를 할 때가 아니다. 그런 뜻으로 저렇게 하고 계시다고 생각을 했어요. 언어학 개론 수업 방식이 특이해요. 들어오시자마자 칠판에 1, 2, 3, 4, 5, 6, 7 문제를 써놓고 하나하나 풀어나가세요. 그러니까 귀에 쏙쏙 들어와요. 어떤 것은 일본말로 예를 들고 어떤 것은 영어로 예를 들고 그러는데 아주 귀에 쏙쏙 들어오고 감격스러운 수업을 받았어요. 정태진 선생님은 한 번도 빠진 적이 없었어요. 학회에서 교정을 보시니까 다른 데 볼일이 있어도 안 가시는 거예요. 교정이 더 중요하지 그런 데 가려고 내가 여기 온 거 아니다. 교정이 더 중요하다. 하루 종일 꼼짝 않고 교정만 보시다가 수업하러 오시곤 했지요. 그 선생님은 몇 해 동안 미국에서 대학을 다니셨는데 미국말을 한마디도 섞지 않았어요. 미국 가서 공부한 티를 안 냈어요. 우리말을 재미있게 가르치신 분이에요. 최현배 선생님은 학생이 80명이나 되면 목소리가 커야 되는데 조그만 소리로 말씀을 하세요. 그래서 더 조용히 해요. 문법하고 교육학을 가르치셨는데, 초등학교 학생 취급하는 식으로 맨 뒷줄 일어서 그래 가지고 질문하고, 이렇게 수업을 받았어요. 그러니까 조용히 안 하면 큰일 나요. "외울 것은 기본적인 것은 외워야 한다. 나는 3·1독립선언서는 다 외운다." 그런 말씀을 하셨지요.
정인승 선생님도 학회에서 사전 편찬 주요 멤버인데 그 선생님도 꼬박 나오셔서 옛말이 나온 문장을 읽으면서 하나하나 설명을 하시는데 뜻을 설명을 하시기도 하고 문법을 설명하시기도 했는데 강독이라 할까.
김윤경 선생님은 문자 급 어학사 두꺼운 책을 내셨는데 그 책을 넘기면서 군데군데 강의를 하셨는데 그 선생님도 목소리가 크질 않아요. 장지영 선생님은 이두를 가르치고 옛글을 가르치고 그랬는데 이두는 어려워서 이해하기가 어려웠고 옛글도 어려웠어요.
이병기 선생이 술을 얼큰하게 잡순 것 같아. 그 선생님은 퍽 재밌고. 구수한 얘기를 많이 했어요. 두루마기를 입고 다니고. 우리나라 민요 중에서 멋이 있는 거 그런 것을 외워서 그냥 외워서 말씀하시고 그랬는데, 우리들이 전혀 모르는 시골에 묻혀있는 그런 민요. 그 중에서 노인네가 소생이 없어서 아주 젊은 각시를 얻는 그런 장면을 노래한 것이 있는데 찔레야꽃은 장가가고 석류야꽃은 시집간다. 찔레야꽃은 장가가고 백발노인이 장가가소 찔레야꽃은 시집간다. 석류꽃은 빨갛잖아요. 노인네가 아들딸이 없으니까 젊은 여자를 맞아들이는 그런 것을 일러 주셨는데 안 잊어버려요. 체육 선생님이 외부에서 오셨는데 이론적인 거보다도 더러 동작을 하면서 일러 주셨어요. 법학 관계도 외부에서 오셨고. 교육학이라고 따로 있었는데 그 분도 외부에 있었고. 이희승 선생도 우리 많이 가르쳐 주셨는데 이희승 선생님은 강의하실 것을 노트에 적어왔는데 불러 주고, 받아 적고 그렇게 했지요(「유동삼 구술」, 2012.7.15. 14~17시 30분. 장소: 대전 태평동 유동삼 자택, 글쓴이와 대담).

수업 방식 등을 기억하고 있었다. 유동삼이 언급한 강사 중 정인승과 정태진은 학회에서 사전 편찬을 담당하고 있었기에 늘 상근하면서 세종양성소 강의에도 매우 충실했던 것으로 보인다. 술을 좋아하는 가람 이병기는 더러 수업에 들어가기 전에 한두 잔 하는 경우가 있었는데, 그런 날이면 강의 내용이 평소보다 풍성했다고 한다.[127)]

수업은 월요일부터 토요일까지 일주일에 6일간 진행되었고, 일과 후인 저녁 6시 혹은 7시쯤 수업을 시작해 하루 평균 2강좌를 했으며, 끝나는 시각은 밤 10시경이었다. 학생들 대부분이 주경야독이었으므로 낮에는 학교 혹은 직장에서 일을 하고 밤에는 세종양성소에서 수업을 듣는 고된 일정이었으나 수업 분위기는 매우 진지했다고 한다. 강사 정태진은 한 번도 수업을 빼먹은 일이 없다고 하지만, 강사들의 경우, 학회 업무나 긴급한 사정이 발생하면 다른 강사에 의한 보강이 이루어졌다. 일 관계상 불가피하게 지각을 하는 학생들이 있었지만,[128)] 출석률도 좋은 편이었다고 한다.[129)] 그러나 실제 학적부를 검토하면 4학기 수업 일수가 200일 전후인 학생들이 많기는 하지만, 120~140일 정도에 그친 학생들도 상당수였음을 확인할 수 있다.

학기가 끝날 때마다 방학이 있었는지에 대해서는 졸업생들의 기억이 엇갈린다. 보통 학교처럼 있지 않았을까요?(1기생 이상보), 글쎄요, 없었던 것 같은데요(유동삼). 방학은 모르겠네(이선희). 이선희는 2기생이고 1기생의 1학

---

127) 최호연, 『조선어학회, 청진동 시절』 상, 진명문화사, 1992, 84~86쪽.

128) 당시 유동삼은 용산에 있는 금양국민학교에 근무하고 있었는데, 같은 학교 여교사 두 명(홍재숙, 변금봉)과 함께 날마다 전차를 타고 등교했다고 한다. 그런데 학교가 늦게 파하는 바람에 자주 지각을 했고, 교실에 앞문밖에 없어서 늘 문소리와 발소리를 죽여 교실에 들어갔다고 한다(「유동삼 구술」, 2012.7.15. 14~17시 30분. 장소: 대전 태평동 유동삼 자택, 글쓴이와 대담).

129) 「이상보 구술」, 2012.6.13. 15~17시. 장소: 서울 서대문구 홍은동 이상보 자택, 글쓴이와 대담 ; 「유동삼 구술」, 2012.7.15. 14~17시 30분. 장소: 대전 태평동 유동삼 자택, 글쓴이와 대담 ; 「이선희 구술」, 2012.7.20. 15~17시 30분. 장소: 행당동 사랑방 하늘나무. 글쓴이와 대담.

년 동안에는 청강을 했으므로 더욱 기억이 희미한 것 같다. 그러나 12월 15일에 열린 학회 이사회에서 12월 25일부터 1월 31일까지를 세종양성소 휴가로 결정한 것을 보면,[130] 이때부터 학생들도 한 학기를 마치고 비교적 긴 겨울방학에 들어갔을 것으로 보인다.

학업 평가를 위한 시험을 학기마다 1번씩 치렀고, 시험 결과는 학적부에 정확히 기재돼 있다. 1기생은 졸업할 때까지 4번, 2기생은 1년만 수업을 받았기에 시험도 2번 치렀다. 3기생은 학과 성적 난이 텅 비어있다. 1950년 6월 15일 입학해서 불과 며칠 수업을 듣고는 전쟁으로 모든 것이 정지돼 버렸기 때문이다.[131]

3. 한국전쟁의 발발과 세종중등국어교사양성소

1950년 6월 24일 오후 5시 30분에 제1회 졸업식이 거행되었다. 120명의 입학생 가운데 졸업생은 88명이었는데, 학적부에 기록이 남아 있는 89명 가운데 21호 이종근만이 신병으로 1년 수료에 그쳤다. 88명의 졸업생 가운데 여학생은 28호 우영균(1926년생), 37호 이종숙(1926년생, 교사), 53호 김의정(1929년생, 군정청 운수부 근무), 64호 임유실(1922년생, 교사), 65호 이애신(1924년생), 79호 김현원(1927년생, 교사), 81호 신영옥(1936년생, 군정청 인사국 근무), 94호 김희신(1927년생, 교사), 96호 홍재숙(1929년생, 교사), 97호 변금봉(1929년생, 교사), 100호 송경애(1920년생, 교사) 등 11명이었다.[132]

졸업자에게는 국민학교 정교사 자격증과 중등학교 정교사 자격증을 수여하였다.[133] 그런데 졸업식 다음 날 전쟁이 발발해 평상시와 같은 생활이 불

130) 조선어학회·한글학회 『이사회 회의록(1948.6~1949.9)·(1951.10~1959.1)』, 1948.12.15.
131) 『세종중등국어교사양성소 학적부(1948·1949·1950년도)』, 한글학회.
132) 『100년사』는 89명으로 기록하고 있으나, 『50년사』는 83명(286쪽), 88명(537쪽)으로 기록하고 있다. 「학적부」 검토 결과 88명이었다(『세종중등국어교사양성소 학적부(1948년도)』, 한글학회).

가능한 상황이 되었고, 졸업생들 중 일부는 피난을 떠나기도 하고 일부는 서울에 남아 어려운 시절을 보내기도 하였다.

미처 피난을 떠나지 못한 이선희는 고려대학 근처에 있던 집에서 은신하듯이 지냈고,[134] 이응호는 의용군 징집을 피하기 위해 이곳저곳을 전전하였으며,[135] 이상보와 유동삼은 남쪽으로 피난을 떠났다. 이상보는 광주수피아여고에서 교사 생활을 하다가 부산으로 가 동국대학에 편입하는 한편, 학비와 생활비 마련을 위해 남성여고와 정신여중 등에서 강사로 일했으며,[136] 유동삼은 대전의 대전공업중학교에서 교사 생활을 했지만, 국어 교사 자리가 없어 부득이하게 지리를 가르치게 되었다고 한다.[137]

전쟁 후의 행보를 확인한 것은 4인뿐이지만 졸업생 대부분이 비슷한 상황에 처했을 것이라 생각한다. 전쟁은 평범한 일상까지도 몽땅 앗아가 버렸다. 그러나 전시의 혼란 속에서도 세종양성소 졸업생들은 재직하던 학교의 교사로 돌아가거나 피난지 학교에서 학생들을 가르쳤고, 일부는 상급 학교에 진학해 학업을 계속하기도 했다.[138] 졸업생 중에는 훗날 일지사의 대표를 지낸

---

133) 한글학회 50돌 기념 사업회, 『한글학회 50년사』, 한글학회, 1971, 286쪽.

134) 「이선희 구술」, 2012.7.20. 15~17시 30분. 장소: 행당동 사랑방 하늘나무. 글쓴이와 대담.

135) 「이응호 구술」, 2012.11.2. 17~18시 40분. 장소: 서대문 성결교회. 글쓴이와 대담.

136) 「이상보 구술」, 2012.6.13. 15~17시. 장소: 서울 서대문구 홍은동 이상보 자택, 글쓴이와 대담.

137) 「유동삼 구술」, 2012.7.15. 14~17시 30분. 장소: 대전 태평동 유동삼 자택, 글쓴이와 대담.

138) 1기 졸업생 88명은 다음과 같다(『세종중등국어교사양성소 학적부(1948년도)』, 한글학회).

강신덕 고태학 곽채술 구광환 권오준 권용철 김갑진 김기억 김도경 김병권 김상익 김성재 김의정 김이홍 김정렬 김정진 김제동 김태양 김태인 김현원 김희신 남상조 마종진 민기식 박대규 박응철 박종겸 박종태 박태화 백원기 백정기 변금봉 서영곤 송경애 송평국 신영옥 안성호 양문경 양일현 양재성 엄상진 우영균 원신천 유공선 유동삼 유성준 유일선 유헌열 윤규진 윤중수 이관일 이길표 이병교 이상근 이상보 이상혁 이승화 이애신 이응호 이재철 이종숙 이창열 이창우 이홍훈 이희산 임순옥

출판인 김성재를 비롯해서 시조시인 김이홍·장순하·유동삼 등이 있고, 이상보, 이응호 등은 학계로 진출해 국어학의 발전에 크게 기여했으며, 마종진 등 대다수가 교육 현장에서 후진 양성에 헌신했다. 이승화는 1968년에 창립된 한글전용국민촉진회의 사무총장으로 활동했다.[139)]

1950년 6월 25일 전쟁이 났지만, 학회는 피난을 계획하지 못했다. 1950년 안으로 사전 전권을 간행하기 위해 전년 10월부터 밤 10시까지 사전 편찬원 12명이 꼬박 일에 매달리고 있던 차였고, '국군이 잘 방비하고 있으니 안심하고 직장을 지키라'는 이 대통령의 라디오 방송을 믿었다. 그런데 불과 3일 만에 북한군이 서울을 점령했고, 학회도 그들에게 접수되었다.[140)]

인민공화국 치하에서 이상춘, 김진억과 안석제가 학회를 관리하였고,[141)] 나머지 관계자들은 피난을 떠나거나 집에서 은신했다. 정인승은 부산으로 피난을 갔으나,[142)] 최현배와 이희승은 미처 피난을 가지 못하고 인민군 치하에서 3개월을 보냈다.[143)] 이희승은 9월 27일 화재로 집과 장서를 모두 잃었고, 끼니를 걱정할 정도로 어렵게 생활하였다.[144)]

김윤경은 6월 28일 한강을 간신히 건너 경기도 광주로 피난을 갔지만, 그곳도 곧 인민군의 수중에 들어가 3개월간 적지 않은 수난과 고초를 당해야

임유실 장수삼 장순하 장창렬 장현상 전용안 전학진 정 건 정세영 정종섭 조규석 조남훈 차두찬 최경한 최철순 표영성 한도명 한기학 허두만 홍성숙 홍성철 홍재숙

139) 한글학회 50돌 기념 사업회, 『한글학회 50년사』, 한글학회, 1971, 430쪽.

140) 한글학회 50돌 기념 사업회, 『한글학회 50년사』, 한글학회, 1971, 27쪽.

141) 이선희는 김진억과 안석제를 언급했고, 유제한은 이상춘과 김진억을 언급하면서 이들을 중심으로 한 '대중당'이 학회를 접수했다고 기록하고 있다(「이선희 구술」, 2012.7.20. 15~17시 30분. 장소: 행당동 사랑방 하늘나무. 글쓴이와 대담 ; 유제한, 「건재 정인승 선생과 나」『나라사랑』 95, 외솔회, 1997, 178~179쪽).

142) 한말연구학회 편, 『건재 정인승 전집 6 국어운동사』, 도서출판 박이정, 1997, 140쪽.

143) 최호연, 『조선어학회, 청진동 시절』 상, 진명문화사, 1992, 40쪽 ; 이희승, 『일석이희승자서전 다시 태어나도 이 길을』, 선영사, 2001, 177~184쪽 ; 9·28 수복 후 학회 살림을 수습하던 최현배는 1·4후퇴 때 부산으로 피난을 갔다(최현배, 「나의 걸어 온 학문의 길」 『사상계』 23, 사상계사, 1955.6, 35쪽).

144) 이희승, 『일석이희승자서전 다시 태어나도 이 길을』, 선영사, 2001, 187쪽.

했다.[145] 세종양성소 소장 장지영은 전쟁 발발 직후부터 9월 28일까지는 서울에 있다가 1950년 12월에야 제주도로 피난을 떠날 수 있었다.[146]

9·28 수복 후 다시 찾은 을지로회관은 전소된 상태였고, 학회는 임시 사무소를 최현배의 아들 최영해가 운영하던 출판사 정음사 안에 두었다. 10월 6일 전쟁 후 첫 이사회가 열려 "직원에 대하여 전체 해고를 하고" 10월 1일자로 최현배, 정인승, 유제한, 최창식 네 사람을 채용하여 학회를 수습토록 하였다. 11월 11일에는 학회를 화동 129번지 전 회관으로 옮겨 임시 직원 11명을 채용하여 『큰사전』 편찬 작업을 재개하였지만, 얼마 못가 다시 피난을 떠나야 했다.[147]

1951년 5월 4일 공포된 '대학 교육에 관한 전시 특별 조치령'에 의해 부산, 광주, 전주, 대전 등에 전시연합대학이 설치되어 전쟁으로 인한 학업의 공백을 메우게 되었는데, 전시연합대학에서 취득한 학점을 각 대학에서 인정토록 하여, 교수 444명, 학생 6,455명이 수업에 참여하였다.[148] 이 같은 분위기 속에서 부산으로 피난 간 일부 졸업생과 재학생 및 한글 운동가 김완영 등이 1953년 2월 23일 학회에 세종양성소를 열어달라는 청원을 했으나, 경비 관계

---

145) "28일 아침에야 시국이 뒤집힘을 깨닫게 되었다. 경찰관은 다 도망하여 주재소가 비었고, 국군은 짚차를 나의 집 앞에 던지고 학생복을 달라 하여 갈아 입고 도망감을 보았기 때문이다. 호국단 학생들은 성화같이 피신하라고 졸랐다. 피신하려고 집을 떠났다.(중략) 한강을 간신히 건넜다. 성내에서는 어디서나 피난민이 조수처럼 밀리기만 한다. 서울로 들어가는 길은 막히고, 적군은 강을 건너 남으로 쫓아왔다." 김윤경, 「6·25와 나의 피난」『한결김윤경전집6』, 연세대학교 출판부, 1985, 15~16쪽.

146) 아들 장세경은 「나의 아버지」에서 1950년 6월의 상황을 다음과 같이 회고했다. "1950년 민족의 환란인 6·25 동란이 터지고 아들 넷(나도 19세였으니까)의 신변도 위험했고 여러 가지 처신이 어려웠었다. 그러나 9·28 수복까지 우여곡절 끝에 무사히 고비를 넘겼다." 장세경, 「나의 아버지」『10월의 문화인물』 10, 국립국어연구원, 1997, 131쪽 ; 편집부, 「열운 장지영 해적이」『나라사랑』 29, 외솔회, 1978.

147) 유제한, 「6. 25 사변 이후 한글학회의 걸어온 길 ㅡ」, 한글학회, 『한글』 110, 1955.3, 45~46쪽.

148) 문교40년사편찬위원회 엮음, 『문교40년사』, 문교부, 1988, 139~140쪽.

를 비롯한 여러 가지 사정으로 보류되었다.[149] 세종양성소는 문을 열지 못했지만 2기생 중 전시연합대학에서 학업을 계속한 김현명(39호, 1917년생), 이명세(14호, 1923년생), 정태혁(88호, 1922년생) 등 3명에게 1953년 8월 졸업장을 수여하였다.[150]

1953년 10월 1일 정음사 안에 둔 임시 사무소에서 열린 이사회에서 학회는 문교부와 협의하여 적당한 시기에 세종양성소의 문을 열기로 결정하였지만,[151] 강의실과 설비 문제 등 여건이 좋지 않았다. 1954년 초 학회는 세종양성소 개교를 위해 다시 문교부와 협의하였으나 문교부에서는 세종양성소에 대한 증빙서류를 요청하였다. 그러나 허가장은 없어졌고, 다만 졸업시킨 서류만 남아 있었다. 그것으로도 일은 성사될 것 같았지만 강의실과 설비를 확보하지 못해 일단 회관을 얻을 때까지 보류하기로 결정하였다.[152] 이 시기에 문교부 편수국 말수 조사 주간이었던 이승화(1기 졸업생)가 서울대학교 사범대학장 고광만 교수를 만나 세종양성소 문제를 협의하여 학회가 정식으로 요청하면 사무실과 강의실의 편의를 제공하겠다는 답을 받았으나, 학회는 학회 자체 해결 방향을 모색하면서 이를 받아들이지 않았다.[153]

세종양성소를 열어야 하지만 강의실로 쓸 공간을 확보하는 일은 쉽지 않았다. 학회의 안타까운 사정을 전해들은 1기생 박태화(당시 동성고등학교 재직)가 천주교의 노기남 대주교에게 교섭하여 학회의 문서 요구가 있으면 세종양성소가 쓸 건물을 빌려 주겠다는 천주교의 제안을 받았으나,[154] 학회는 이 제안에도 응하지 않았다. 1954년 4월 12일 이사회 회의록은 당시 결정을

149) 한글학회 50돌 기념 사업회, 『한글학회 50년사』, 한글학회, 1971, 286~289쪽.
150) 조선어학회·한글학회 『이사회 회의록(1948.6~1949.9)·(1951.10~1959.1)』, 1953.10.1 ; 『세종중등국어교사양성소 학적부(1949년도)』, 한글학회.
151) 조선어학회·한글학회 『이사회 회의록(1948.6~1949.9)·(1951.10~1959.1)』, 1953.10.1.
152) 조선어학회·한글학회 『이사회 회의록(1948.6~1949.9)·(1951.10~1959.1)』, 1954.2.4.
153) 한글학회 50돌 기념 사업회, 『한글학회 50년사』, 한글학회, 1971, 289쪽.
154) 한글학회 50돌 기념 사업회, 『한글학회 50년사』, 한글학회, 1971, 289쪽.

"천주교에서는 우리의 요구만 있다면 교실은 빌려 줄 의사가 있다고 하나, 그 역시 확실하지 못함."이라고 기록하고 있다.

전쟁으로 을지로회관이 소실되는 바람에 학회는 회관 문제로 줄곧 골머리를 앓아왔는데, 동덕국민학교 설립자 이능우의 호의로 1954년 9월 29일 동덕국민학교 안으로 이사할 수 있었다.[155] 하지만 남의 학교에 세 들어 사는 것과 같은 형편이었으므로 공간을 빌려준 학교와 이런저런 갈등과 마찰이 있었다. 이처럼 학회가 자유롭게 쓸 수 있는 공간조차 확보하지 못한 상태에서 세종양성소 재개는 "방이 되거든 추진하기로 한다."는 결정을 내리고 그 후로는 더 이상 논의되지 않았다.[156] 세종양성소 소장이었던 장지영은 훗날 한국전쟁과 학회의 일을 회상하면서 세종양성소가 문을 닫게 된 일에 대해 몹시 애석해했다.[157]

조선어학회는 전쟁으로 많은 것을 잃었다. 『큰사전』은 그 후 우여곡절 끝에 전권을 낼 수 있었지만, 세종양성소는 영영 문을 열 수 없었다. 전쟁이 나지 않았다면 2기생도 3기생도 순조롭게 공부하고 졸업할 수 있었을 것이고, 처음 학회의 구상대로 사범대학으로도 발전할 수 있었을 것이다. 피난지 부산에서 양성소를 열어달라는 요청에 부응하지 못한 것은 강의실 문제, 강사 수급 문제 등 여러 가지 요인이 있었겠지만, 수업을 들어야 할 2기생들과 3기생들이 뿔뿔이 흩어진 탓도 컸을 것이다. 제각각 피난길에 오른 2기생과

155) 유제한, 「6. 25 사변 이후 한글학회의 걸어온 길 一」, 한글학회, 『한글』 110, 1955.3, 48쪽.

156) 조선어학회·한글학회 『이사회 회의록(1948.6~1949.9)·(1951.10~1959.1)』, 1954.10.17 ; 한글학회 50돌 기념 사업회, 『한글학회 50년사』, 한글학회, 1971, 289쪽.

157) "한 5년 동안 우리는 잃었던 우리의 소중한 보물을 되찾아 갈고 닦느라고 하루를 천 일같이 살았다. 6·25사변만 나지 않았어도 우리는 더 많은 일을 할 수가 있었는데, 사변은 우리 민족에게, 또 우리 학회에게 큰 고난을 안겨다 주었었다. 첫째, 우리 노력의 결정인 『큰사전』이 전 6권 중 3권만 나오고 중단된 일, 대학으로 발전시키려던 세종 중등교원 양성소가 사실상 문을 닫게 된 일, 모처럼 얻은 회관이 불타버린 일 등은 극난 속에서 고생을 하면서도 더욱 나의 가슴을 아프게 하였다(장지영, 「내가 걸어온 길」 『나라사랑』 29집, 외솔회, 1978, 42쪽).

3기생들도 전시연합대학에서 개별적으로 수업을 들을 수밖에 없었을 것이고, 그 중 불과 3명만이 졸업 자격을 인정받을 수 있었다.

서울로 환도한 학회는 세종양성소를 열기 위해 여러 가지 방법을 모색했다. 문교부와 협의를 거듭하였고 강의실과 설비 마련을 위해 노력했다. 일부 졸업생들도 세종양성소 개교를 성원했다. 하지만 여건은 좋지 않았다. 피난지에서 돌아온 회원들 앞에는 난마처럼 얽힌 많은 문제들이 놓여 있었다. 학회 회관을 확보해야 했고, 사전 간행을 서둘러야 했다. 록펠러재단의 원조를 유지하는 문제, 유네스코의 원조를 따내야 하는 일 등이 시급했다. 일할 장소와 설비, 재료 등 경제적인 문제들을 푸는 것이 선결 과제였다. 1953년 4월 27일 국무총리 훈령 제8호의 공포로 촉발된 '한글맞춤법간소화파동'도 심각한 문제였다. 그 바람에 세종양성소를 재개소하는 문제는 늘 다음 순위로 밀렸다.[158]

강의실을 빌려주겠다는 서울대학교와 천주교의 제안을 받아들이지 않은 것은 이해하기 어렵지만, 어쩌면 양쪽의 제안이 흔쾌히 받아들일 만큼 좋은 조건이 아니었을 수도 있다. 그랬기 때문에 남에게 의지하지 않고 타의에 의해서 결과가 좌지우지되지 않도록 학회 자력으로 강의실을 확보할 방도를 찾았던 것으로 보인다. 하지만 명쾌한 대안이 없었다면 빌려서라도 세종양성소 문을 다시 여는 것이 낫지 않았을까 하는 아쉬움을 떨치기 어렵다. 그랬다면 어렵사리 명맥을 이을 수 있지 않았을까?

세종양성소 설립 목적은 '국어 교사로서 충분한 자질을 쌓을 수 있는 학습 기관'을 세우는 것이었다. 비록 야간학부로 운영된 2년제 교육 기관이었지만, 수준 높은 교과 과정 운영으로 지식과 덕목을 두루 갖춘 실력 있는 국어 교사를 양성하였다. 뜻하지 않은 전쟁 탓에 1기생을 배출하는 것으로 그쳤지만, 충실한 국어 교사를 배출함으로써 국어 분야와 교육 분야는 물론 사회

---

158) 조선어학회·한글학회 『이사회 회의록(1948.6~1949.9)·(1951.10~1959.1)』, 1953.10.10 / 1954.4.12.

발전에도 크게 이바지했다. 뿐만 아니라 대한민국 건국 초기 중등 국어 교사를 양성하는 전문 기관을 창설했다는 점에서 국어 교육사와 사범대학의 역사에서도 특별한 의미를 지니는 성과로 평가해야 할 것이다.

제4장

조선어학회·한글학회의 '우리말 도로 찾기' 운동

제1절 해방과 우리말 도로 찾기 운동

1. 해방 공간의 언어 환경

1) 해방과 우리말의 부활

1945년 8월 15일 라디오 전파를 타고 흘러나온 히로히토의 항복 방송은 식민지 조선의 해방과 동시에 조선어의 해방을 의미했다. 일제 35년간 억압적인 통치에 신음하던 조선인들은 해방의 감격에 목이 터져라 '대한독립만세'를 외쳤다. 조선의 산하를 뒤흔든 힘찬 함성은 제국의 언어 '반자이(万歲)'가 아닌 조선어 '만세'였다.

정태진은 "우리의 말은 다시 살았다. 우리의 글짜로 다시 살았다. 우리에게 다시는 말하는 벙어리 노릇이나 눈 뜬 소경 노릇을 할 필요가 없는 때가 오고야 말았다."면서 조선어의 해방을 축하했고,[1] 장지영은 "우리 한글은 이제 다시 살아났다"면서 한글의 부활을 선언했다.[2] 자유신문은 사설을 통해 일본의 압제에서 벗어난 기쁨 중의 가장 큰 하나는 잃었던 우리말과 우리글을 도로 찾은 것이라며 우리말 해방의 의미를 강조하였다.[3]

해방된 조선의 문화인들은 일제의 악정으로 단연 조선어 말살을 꼽았다. 평론가 이원조(李源朝)는 '언어정책'이라고 잘라 말했고, 출판인 임병철(林炳哲)은 '말과 글을 없애려 한 것'이라고 대답했다. 정치평론가 함상훈(咸尙勳)은 언론기관 폐지, 소설가 김영수(金永壽)는 보통학교에서 아이들이 우리말을 쓰면 때리고 벌세우던 일, 배우 최은연(崔銀燕)은 조선 국어학자들을 압박한 것이었다고 증언했다.[4]

---

1) 정태진, 「재건 도상의 우리 국어」『한글』 95, 조선어학회, 1946.5, 25쪽.
2) 장지영, 「다시 삶의 기쁨」『한글』 94, 조선어학회, 1946.4, 2쪽.
3) 『자유신문』 1945.10.9. 「한글날」 자유신문은 '우리말과 우리글'이란 용어를 사용하고 있다.
4) 서울신문사출판국·국학자료원, 『신천지』 1, 서울신문사출판국, 1946.2, 72~75쪽. 설

따라서 해방은 조선의 국가 주권을 회복할 수 있는 정치적 기회인 동시에, 절멸의 위기에 놓였던 조선어를 되살린 역사적 사건이었다. 해방을 맞은 조선인들의 선결 과제는 자주 독립 국가를 건설하는 것이었지만, 그와 동시에 일제를 청산하고 잃었던 민족어를 다시 찾는 것이었다. 그러나 현실은 녹록치 않았다. 35년간 조선 땅에 뿌리를 박은 일본어를 뽑아내고 솎아내는 것은 간단한 일이 아니었다.

거리 곳곳에서 김 상(さん), 이 상(さん)과 같은 호칭은 물론 '먼저 실례(失禮)한다'는 일본식 인사가 들려왔고, 학교에서 출석을 부를 때, "하이"라고 대답하다가 "네"라고 고쳐 대답하는 아동들이 적지 않아, 출석을 부른 선생님께서 '하이네'는 시인 이름이라고 충고했다는 웃지 못 할 광경이 빚어질 정도로 일본어에 의한 오염은 심각했다.[5)]

1945년 10월, 전화교환수들이 사용하는 용어는 일본어였다. 해방 후에도 "모시모시(여보세요), 난방에(몇 번의)" 하는 식의 일본어 안내가 계속되고 있었다. 놀라운 현실이었다. 분개한 조선인들이 안내를 우리말로 바꾸라고 거세게 비판하자, 체신국에서는 부랴부랴 학술 단체 전문가와 문화인들에게 도움을 요청하였다.[6)]

10월 17일에는 경성부 주최로 열린 경성부주류조합결성식장에서 경기도 경찰부 문형식 경제과장이 일본말로 훈시를 하는 사건이 발생했다. 이를 듣고 있던 기자 한 사람이 국어를 사용하라고 충고했으나 오히려 문은 "나는 종래 20년간 일본경시청에 있었기 때문에 조선말이 서툴다. 아무 말로 말하

문에 응답한 문화인들은 일제의 악정으로 우리말을 탄압한 것과 함께 공산주의자 탄압, 창씨개명, 야만적 경찰 통치, 징병제도, 출판물과 예술에 대한 검열 등을 꼽았다.

5) 정태진, 「재건 도상의 우리 국어」 『한글』 95, 조선어학회, 1946.5, 23~28쪽 ; 유종호의 회고에도 같은 이야기가 등장한다. "도로 찾은 우리 이름으로 출석을 부르는데 무심코 '하이'라는 대답이 나왔다. 그러면서 곧장 '네'하고 수정 보완하는 것인데 보름이 넘어도 한두 명은 '하이, 네'를 연발해서 웃음을 자아냈었다(유종호, 『나의 해방 전후 1945-1949』, 민음사, 2004, 127쪽)."

6) 『자유신문』 1945.10.23. 「전화교환수, 용어 고치자」

나 의사소통만 하면 그만 아니냐?"라고 항변하였다.[7)]

불과 얼마 전까지만 해도 일본어는 식민지 조선의 국어였고, 공식어였다. 경찰 관료 문형식의 일본어 사용은 지배 체제의 일원으로 편입된 식민지 조선인 문형식의 성공의 증표였다. 하지만 세상은 바뀌었다. 일본어는 더 이상 국어도 공식어도 아니었다. 해방된 조선의 국어이자 공식어는 조선어였고, 일본어는 구축되어야 할 침략자의 언어였다.

이 사건으로 문형식은 단 하루 만에 면직 처분되었다. 공직에 있는 자가 일본어를 사용했다는 이유로 처벌된 첫 번째 사례였다. 이 사건은 관료 사회에 일본어의 독소가 얼마만큼 강하게 침식되어 있었는지를 단적으로 드러내 준 사건임과 동시에 일본어 청산의 강한 의지가 폭발한 시금석 같은 사례로 기록되었다. 해방 직전까지 관료 사회뿐만 아니라 일상에도 서서히 번지고 있던 일본어를 말끔히 구축하기 위해서는 조선어가 우리의 국어라는 인식부터 정립해야 했다.

> 어린이들로 하야금 종래의 국가에 대한 관념을 고쳐가지도록 지도를 해주어야겠습니다. 아직도 「국어」나 「국가」라는 말에 대하야 「일본말」 「일본」을 연상한다면 큰일입니다. 「국가」의 주체가 박귀었다는 것 즉 「국가」는 우리 조선나라 국어는 우리조선말이라는 개념을 똑똑하게 갓도록 지도할 것입니다.[8)]

이극로는 국어와 국가라는 말에 대해서 일본말과 일본을 연상한다면 큰일이라고 했다. 어린이들에게 국가의 주체가 바뀌었다는 것, 국가는 조선, 국어는 조선어라는 사실을 가르쳐야 한다고 했다. 이극로는 어린이들을 대상으로 걱정을 토로했지만, 해방이 됐음에도 여전히 피식민지적 관념과 악습에서 벗어나지 못하는 조선인들에 대한 안타까움의 표현이었다.

---

7) 『자유신문』 1945.10.20. 「일어로 훈시한 관리 배격」; 『자유신문』 1945.10.21. 「일어로 훈시했던 관리 면직 처분」
8) 『자유신문』 1945.10.11. 「언어 떠나 교육 없다」

장지영은 한글이 한참 잠겨서 기르고 닦았던 뜻들을 다시금 가다듬어 바른 길을 열어가며 그른 것을 물리치고 우리말과 우리글을 빛나게 하고 힘있게 하기를 자신의 할일로 삼아 굳게 나아가겠다고 선언했다.[9] 일제가 강제한 일본어, 황국신민서사와 같은 일본 정신을 물리치고, 우리말글의 바른 길을 되찾겠다는 약속이었다.

임시정부 외교부장 조소앙은 거리 간판에 일본식 문구가 있고, 문패도 일본 이름이 남아있는 것에 불쾌함을 표시하면서 일본 색을 쓸어버리지 못함은 이상한 일이며 생각하는 것과 머릿속에 일본적인 것이 들어있음은 일본주의에 몸을 바치는 행위라 경고했으니,[10] 해방 공간에서의 일제 청산은 대다수의 조선인들이 인식을 공유한 사회적 정의였다.

누가 먼저랄 것도 없이 일본어를 버리고 우리말을 되찾아 쓰자는 운동이 조선 전역에서 시작되었다. 그렇다면 해방을 맞은 조선인들에게 우리말과 국어는 어떤 의미를 지니는 것이었을까? 사전적으로 국어는 '한 나라의 말'이라는 뜻과 '우리나라의 말'이라는 두 가지 뜻을 지닌다. 따라서 맥락에 따라 '한 나라의 말'을 나타내기도 하지만, 해방 공간에 등장한 국어는 '우리나라의 말'을 의미하는 것이었다.

이극로는 국어는 '우리 조선말'이라는 점을 분명히 했다. 김병제 역시 우리의 국어 문제는 과거 일본 정부의 소위 국어 정책에 대한 투쟁만으로 그친 것이 아니라고 하면서 일제의 국어, 즉 일본어에 대한 대응어로서 우리의 국어를 대비시켰다.[11] 신영철의 국어에 대한 설명은 좀 더 구체적이었다.[12]

---

9) 조선어학회, 『한글』 94, 1946.4, 2쪽.

10) 『자유신문』 1945.12.15. 「일제색 잔재 일소하자」

11) 김병제, 「국어와 민족의식」 『한글』 94, 조선어학회, 1946.4, 15쪽.

12) 해방 전 신영철은 1935년 전후해서 춘천고보의 학생을 중심으로 한글 운동을 전개하였고, 『한글』에 한글 운동 논설을 발표하였다. 1937년에 조선어학회를 방문하였는데, 이극로는 그가 신문사의 주필감이라고 극찬하였고, 이윤재도 그를 아껴 자택에 유숙시키며 학회에 붙들어 두려 하였으나, 인원을 늘릴 수 없는 학회 사정으로 춘천으로 돌아갔다고 한다. 해방 후에는 모교인 춘천고교에서 국어 교사로 재직했으며, 조선어

민족이 국가를 이루어 민족어가 국가독립의 요소로 일정한 정치적 운동의 대상으로 열성적인 연구와 추진이 있음으로써 비로소 국어가 되는 것이다. 국어정책 없는 민족어는 사회경제의 분화성을 따라 의식분열의 위험성을 내포한 집단 언어에 지나지 못한다.[13]

신영철은 민족이 국가를 이루고 민족어가 국가 독립의 요소가 되어야 비로소 국어가 된다고 했다. 따라서 국가 없는 국어는 존재할 수 없다. 이희승은 국어는 국민 대다수의 통용어이자 통치상 공식어라고 정의했다.[14] 해방과 함께 국어는 우리나라의 말로서 사용되었고, 이극로가 '나라의 정사로서 국어부흥을 제1급선무'라고 언명한 것처럼 조선인들은 국어의 부흥을 꿈꾸었다.[15]

해방 공간에서 국어는 자유롭게 말해질 수 있었고 국어의 부흥은 시대적 목표가 되었다. 그런데 조선인들의 민족어 회복 운동에 붙여진 이름은 '국어 도로 찾기'가 아닌 '우리말 도로 찾기'였다. 아직 조선인들의 국가가 수립되지 않았다는 시대적 상황을 첫 번째 요인으로 꼽을 수 있겠지만, 조선인들은 '국어'보다 친근한데다가 풍부한 의미를 함축하고 있는 '우리말'을 더 선호했던 것 같다.

정열모는 '우리말은 우리 겨레가 생기면서부터 함께 생겨난 것'이라면서 우리말을 '겨레의 말'로 정의했고,[16] 김병제의 우리말은 더욱 살가운 것이었다.

학회의 정식 회원이 된 것은 1946년 5월에서 7월 사이이지만 『한글』 제95호에 이윤재에 대한 추모글을 발표하는 것을 시작으로 『한글』 편집과 사전 편찬에 참여하는 등 활발히 활동하였다(이석린, 「화동시절의 이런 일 저런 일」, 한글학회 편, 『얼음장 밑에서도 물은 흘러』, 한글학회, 1993, 31~32쪽). ; 최호연, 『조선어학회, 청진동 시절』 상, 진명문화사, 1992, 48쪽 ; 조선어학회, 『한글』 제95호. 제96호, 1946).

13) 『동아일보』 1947.10.9. 「국어와 민족 국어정책을 강화하라」

14) 이희승, 「국어란 무엇인가」 『신천지』 1-3, 서울신문사, 1946.4, 145쪽.

15) 『조선일보』 1946.2.18. 「국민의 질적 향상」

16) 정열모, 「우리말」 『한글』 94, 조선어학회, 1946.4, 16쪽.

> 사람은 누구나 제 모어를 예삐 여기며 애착심을 가지고 있다. 수천년 동안 우리들의 할아버지와 할머니에게서 전해 내려온 우리말, 동서남북도 채 구별하지 못하던 어릴 적부터 배워온 우리 모어, 이 얼마나 정답고 사랑스러운 보배인가?[17)]

우리말은 수천 년 동안 할아버지와 할머니에게서 물려받은 '어여쁘고 사랑스러운 모어'였고, 동서남북도 구별 못했던 어린 시절부터 익혀온 정답고 사랑스러운 '보배'였다. 김병제의 우리말은 모어이자 보배였다. 그런가 하면 장지영에게 우리말은 우리의 정신이었다.

> 이제 우리는 왜정의 더러운 자취를 말끔히 씻어 버리고 우리 겨레의 특색을 다시 살려 만년의 빛나는 새 나라를 세우려 하는 이때에 우리로서는 우리의 정신을 나타내는 우리말에서부터 씻어 내지 아니하면 아니 될 것이다.[18)]

일제강점기는 말과 문화까지 빼앗긴 굴욕의 시대였다. 왜정의 자취를 씻고 우리의 정신을 세우기 위해서는 우리말의 순화가 시급했다. 장지영은 '우리말에 남아있는 일본말은 일본 정신의 표징'이라면서 민족혼의 회복을 위해 우리말을 깨끗이 써야 한다고 역설했다. 장지영의 우리말은 곧 우리의 정신이자 민족혼이었다.[19)]

이렇듯 우리말은 할머니·할아버지의 말, 우리 어미말, 우리 겨레의 말이었고, 우리의 보배, 정신, 민족혼이었다. 게다가 우리말은 조선어를 국어라 부를 수 없는 일제강점기에 조선의 국어를 지칭하는 말로서 일본어에 대립적으로 사용되었다는 역사성을 지니고 있었다. 그렇기 때문에 해방과 함께 시작된 조선인들의 민족어 회복 운동에 '우리말 도로 찾기'라는 이름이 붙여진 것은 지극히 자연스러운 결과였다.[20)]

---

17) 김병제, 「국어와 민족의식」『한글』 94, 조선어학회, 1946.4, 12쪽.
18) 장지영, 「나랏 말을 깨끗이 하자 1」『한글』 98, 1946.11, 22~23쪽.
19) 장지영, 「나랏 말을 깨끗이 하자 1」『한글』 98, 1946.11, 23쪽.
20) 한국어 명칭의 변화를 분석한 이상혁은 다문화 시대를 포용할 수 있는 용어로서 '우리

2) 미군정과 공용어로서 영어 문제

해방과 동시에 우리말 도로 찾기 운동이 태동했지만, 38선 이남에 실시된 미군정에 의해 뜻밖의 상황이 발생하였다. 9월 7일 맥아더는 태평양미국육군 최고지휘관의 자격으로 「조선 인민에게 고함」이란 포고 제1호를 발표하였고, 제5조에서 영어를 공용어로 공포했다.

> 第5條 군정기간 중 영어를 가지고 모든 목적에 사용하는 공용어(公用語)로 함. 영어와 조선어 또는 일본어 간에 해석 및 정의가 불명 또는 부동(不同)이 생(生)한 때는 영어를 기본으로 함.[21]

맥아더의 포고에 따라 영어는 군정 기간 중의 공용어가 되었다. 해방과 함께 일제와 일본어는 물러갔지만 미군정의 개시와 함께 또 다른 제국의 언어인 영어가 공식어의 지위를 차지했다. 일본어에서 조선어로가 아닌 일본어에서 영어로의 전환이라는 뜻하지 않은 상황이 발생한 것이었다.

그러나 일제강점기와는 달리 조선어와 영어의 충돌은 없었다. 영어상용정책도 나오지 않았고 조선어말살정책이 되풀이 되지도 않았다. 다만, 상호 간에 소통이 여의치 않은 상황에서 군정 초기에는 총독부에 잔류한 일본인 관료들이 중개 역할을 했고,[22] 차츰 조선어와 영어에 능통한 인사들이 두각을

말'을 제시한 바 있다(이상혁, 「'한국어' 명칭의 위상 변천과 그 전망」『국제어문』 46, 국제어문학회, 2009).

21) 공용어로 번역된 영어 원문의 표기는 'official language'다. "For all purposes during the military control, English will be the official language." (국가기록원 나라기록, 기록정보 콘텐츠, 6·25전쟁 http://contents.archives.go.kr/next/search/searchTotal.do). ; 공용어(official language)는 공공기관의 문서를 비롯하여 정치, 경제, 사회, 문화, 교육 등 제 부문에서 공식적인 기록이나 의사소통을 위해 쓰이는 언어를 말한다. 공용어는 그 지역의 각종 공공 문헌과 행정 담화에서 유통되어야 할 권리를 가지며, 모든 개인의 사회 활동과 참여의 기회가 공식적으로 이 언어를 통하여 이루어져야 한다는 것을 의미한다(박영준·시정곤·최경봉·장영준, 『영어 공용화 국가의 말과 삶』, 한국문화사, 2004, 7~8쪽).

나타냈다. 미군정 측에서는 재조선 미국인 선교사의 아들인 해군 소좌 조지 윌리엄스(George Z. Williams)가 한국인 관리 선택의 임무를 맡았고,[23] 9월 10일부터 하지 사령관의 통역 겸 비서관으로 일하게 된 이묘묵(李卯默)과 같이 영어에 능통한 조선인들이 미군정과 연결되었다.[24]

9월 9일 총독부에 성조기가 걸리는 순간부터 38선 이남에서는 영자 알파벳들이 한글 자모를 잡아먹을 기세로 연막을 치기 시작했다는 논평처럼,[25] 새로운 통치자의 언어 영어는 막강한 힘을 발휘했다. 미군정의 시작과 함께 영어를 말할 수 있는 계층이 유복한 계급으로 급부상하였고,[26] 영어를 통해 사회 상층부로 진출할 수 있다는 발상에서 영어 교육열은 점점 높아갔다.[27] 게다가 미국의 문화적 우월주의에 바탕한 미군정의 교육 정책은 필요 이상으로 학교에서의 영어 교육을 확대시켰으며,[28] 일상 언어생활 구석구석까지

---

22) 리처드 라우터베크, 『한국미군정사』, 국제신문사, 1948, 19쪽 ; 재조선 미군 사령관 하지는 정부·공공단체 및 공공사업에 종사하는 직용원의 계속 유임을 다짐하고, 항복문서 제5조에 의거하여 일본인 문무관은 연합군 사령관에 의하여 면직되지 않는 한 현직에 유임하여서 직무를 수행할 것을 명령하였다(손 인수, 『미군정과 교육정책』, 서울: 민영사, 1992, 83쪽).

23) 리처드 라우터베크, 『한국미군정사』, 국제신문사, 1948, 45쪽 ; 손 인수, 『미군정과 교육정책』, 서울: 민영사, 1992, 183쪽.

24) 송덕수, 『광복교육 50년 1. 미군정기편』, 대한교원공제회 교원복지신보사, 1996, 61쪽 ; 서울신문사 편집부, 『주한미군 30년』, 행림출판사,1979, 67~69쪽.

25) 고길섶, 『우리 시대의 언어 게임』, 토담, 1995, 48쪽.

26) 미군정은 일본인 행정관을 그대로 유임시키려 하였으나, 한국인의 강한 항의에 의해 일본인 고문이나 기술자를 경질시키고 영어를 말할 줄 아는 '유자격' 한국인을 영입하였다(최상룡, 『미 군정과 한국민족주의』, 나남출판사, 1988, 146~147쪽).

27) 손인수, 『미군정과 교육정책』, 서울: 민영사, 1992, 173~177쪽 ; 『자유신문』 1945.10. 13. 「감광판: 영어학도에게」 미군 진주와 함께 불어 닥친 영어 학습의 과잉을 지적하고 있다.

28) 미군정은 영어 교과서나 영어 교사가 부족한 상황에서 영어 시간 배정을 확대하였다. 남자 중학교 1학년의 경우 국어가 7시간으로 가장 비중이 높았지만, 영어가 그 다음으로 수학과 생물·화학 4시간보다 많은 5시간이었다. 여자 중학교도 4시간으로 국어 다음이었다(한상준, 「미국의 문화침투와 한국교육」 『해방전후사의 인식』 3, 한길사, 1987, 570~571쪽). ; 1946년 미국에 파견되었던 한국교육위원단의 제안에 따라 설치

영어가 침투한 것도 사실이었다.[29)]

현기영은 미군정이 수립한 교육 원조 프로그램에 따라 양국 간에 교육사절단이 여러 차례 왕래한 후 미국식 교육 제도가 태어나고, 교육 내용에서 한국 민족주의를 견제하는 미국의 실용주의, 기능주의, 보편주의가 크게 부각되었으며, 영어가 모국어 이상으로 강조되고, 초기 도미 유학파들이 경제, 재계, 군부, 학계 등에 신진 엘리트로 진출하게 되었다고 했으며, 이후 한국 사회에서 벌어진 영어 교육 과잉, 영어 본고장에 대한 문화적 종속 문제 등을 지적하면서 언어 제국주의의 지배를 경계한바 있다.[30)]

현기영의 예측대로 해방 후 60여 년 사이에 영어는 학교에서 반드시 습득해야 하는 제1외국어로서 지위를 굳건히 했으며, 대학 입시와 취업과 신분 상승의 필수 조건이 되었다는 측면에서 한국어보다 우월적 지위를 누리고 있다고 할 수 있다. 영어가 조선에 이식된 기원은 개화기 새로운 문명과의 접촉이 계기가 되었던 것이었지만,[31)] 영어 중심 교육, 영어 문화에 대한 종속,

---

된 영어연수소(Americsn Language Institute)는 '조선인들을 공공부문에서 일할 수 있도록 준비시키고, 전문적 직업에 합당한 자격을 갖추도록 하기 위해' 설립된 영어 교육 기관으로서 미국 유학생들을 위한 안내 업무를 담당하였고, 라디오 방송을 통해 영어 교육을 시행하는 등 점점 기능을 강화해 나갔다(이길상, 『20세기 한국교육사』, 집문당, 2008, 412~414쪽).

29) 미군정 시작과 함께 영어가 조선어 속에 조금씩 침투하는 현상은 말 속에 영어 단어를 섞어 쓰는 형태로 나타났다. "오케 어차피 모자라긴 일반인데 제기랄. 그럼 이따 만나 응, 굳빠이."(이희승, 「국어순화문제」, 방종현 편, 『조선문화총설』, 일성당서점, 1947, 183~185쪽)

30) 현기영, 「영어와 東道西器論」, 성내운선생화갑기념논총편집위원회, 『민족교육의 반성』, 학민사, 1986, 169~180쪽.

31) 1883년 보빙사의 미국 방문 이후 영어를 배워야 한다는 자각이 싹트고, 최초의 영어 교육 기관인 왕립 육영공원이 설립되었다. 영어 교육에 관심이 많았던 고종은 영어 교육을 적극 지원했고, 궁중에서 치러진 영어 시험에 합격하면 관리로 등용했다. 특히 과거 제도 폐지 이후 관직 진출과 사회 진출의 수단으로서 영어가 각광받기 시작했고, 영어 학교가 증가하였으며, 나이와 신분에 관계없이 영어 공부에 열중했다. 19세기 말 상인이었던 이하영이 외부대신으로 출세한 결정적 이유가 영어였다는 것은 영어가 출세의 도구라는 것을 입증한 대표적 사례였다. 한일병합 이후 일제는 영어 공부를

영어 물신화는 미군정 출범과 함께 본격화되고 구조화 되었다고 봐야 할 것이다.

그러나 당대의 상황만 놓고 본다면 앞서 언급한 대로 미군정기 영어와 조선어 사이에 충돌은 없었다. 무엇보다도 큰 이유는 공용어로 선포된 영어의 적용 범위가 지극히 제한적이었다는 것이다. 영어는 미군정 부서 간의 행정언어로 사용되었고, 미군정에서 발표하는 포고는 필요한 경우 모두 조선어로 번역되었으며, 이묘묵, 백낙준, 오천석 등이 발간한 영어 신문 「The Korea Times」를 제외한 대부분의 신문과 잡지가 조선어로 발행되었다.[32] 학교에서 사용하는 교수 용어도 조선어였고, 교과서 역시 조선어와 조선어 교과서가 마련될 때까지라는 단서 아래 외국어(일본어)로 된 것을 쓸 수 있도록 되었지만 영어 교과 외에 영어로 된 것은 없었다.[33]

대부분의 조선인은 영어를 몰랐지만 일상 언어생활에서 별다른 불편과 장애를 느끼지 않았다. 왜냐하면 미군정과의 접점에 있는 일부 조선인들을 제외하고는 영어와 무관하게 생활할 수 있었기 때문이었다. 게다가 1947년 6월 28일 남조선과도정부가 행정명령 제4호를 통해 조선어를 공용어로 선포함으로써 영어를 군정 기간 중 공용어로 한다는 규정 역시 한시적인 것으로 그쳤다.[34] 다시 말해 미군정 초기 조선어와 영어는 서로 경합하지 않고 각각의 영역에서 공존했다. 이러한 상황은 히구치도 지적한 바 있지만,[35] 패전 후

억압했으나 일제강점기에도 영어는 상급 학교 진학의 수단이 됨으로써 영어를 중심으로 교육의 위계질서가 확립되었고, 영어를 물신화 하는 풍조가 생겨났다(한국방송공사, 『역사스페셜』, 「잉글리시 조선 상륙기」, 2012.11.8).

32) 오천석, 「군정문교의 증언 1」 『새교육』 213, 대한교육연합회, 1972.7, 108쪽.

33) 9월 18일 미군정 학무국은 신교육방침을 각도에 하달했는데, 제5항에서 전조선학교교육의 교원용어는 조선국어로 한다고 규정하고, 단 조선국어로 된 적당한 교재가 준비될 때까지는 외국어(일본어)의 교재만을 사용할 수도 있다고 하였다(『매일신보』 1945.9.18. 「군정청 학무국, 신교육방침 각도에 지시」(국사편찬위원회 한국사데이터베이스, 『자료대한민국사』 제1권)

34) 남조선과도정부에 의해 공포된 행정명령 제4호에 따라 조선어가 남조선의 공용어가 된다. 7월 1일부터 시행(『자유신문』 1947.6.29. 「남조선 공용어 7월부터 조선어로」).

국어의 개혁을 강요받은 일본과는 사뭇 다른 것이었다.

1946년 3월 일본을 방문한 미국교육사절단은 3주간에 걸쳐 일본의 교육 상황을 시찰한 다음, 6개 분야에 걸친 권고 사항이 담긴 보고서를 맥아더 사령부에 제출하였다.[36] 그 중 두 번째가 '국어의 개혁'에 관한 것으로, '국어는 하나의 유기체로서 국민 생활과 대단히 긴밀한 관계를 갖는 것'이라고 전제한 다음, 특히 한자를 배우느라 대부분의 시간을 할애하고도 졸업 후 신문조차 제대로 읽을 수 없는 현실에 처해 있는 어린이들로 하여금 초등학교만 나와도 민주 시민이 될 수 있는 언어 능력을 배양케 하기 위해서 가나문자 대신 로마자를 사용할 것을 권고하였다.

1. 어떤 형태의 로마자를 모든 가능한 수단에 의해서 일반에 사용되도록 할 것.
2. 선택된 특정한 로마자의 형태는 일본인 학자, 교육계 지도자 및 정치가로 구성된 위원회에 의해 결정할 것.
3. 이 위원회는 과도기에 있어서 국어 개혁 계획을 정리할 책임을 맡을 것.
4. 이 위원회는 신문, 정기 간행물, 서적 기타 문서를 통해서 학교 및 사회 활동, 국민 생활에 로마자를 도입하기 위한 계획과 실행안을 세울 것.
5. 이 위원회는 또한 더욱 민주적인 형태의 구어를 만들어 낼 수단을 연구할 것.
6. 어린이들이 공부 시간을 끊임없이 고갈시키고 있는 현상을 거울삼아 이 위원회는 속히 결성될 것. 적당한 기간 내에 완전한 보고와 포괄적인 계획안을 공포하기를 바란다.[37]

6개항에 걸친 실행안의 내용을 정리하면, 문자 개혁을 위해 학자와 교육 지도자, 정치가로 구성된 위원회가 일정한 형태의 로마자를 선택하고, 로마자의 보급을 위한 구체적인 계획을 수립한 다음, 이에 걸맞은 더욱 민주적인

---

35) 樋口 謙一郎,「米軍政期南朝鮮における「英語エリート」一現代韓國英語史の一考察」『アジア英語研究』第3号, 日本アジア英語學會, 2001.6, 32~33쪽.
36) 山住 正己,『日本教育小史』, 岩波新書, 1987, 156~157쪽.
37) 村正 實,『アメリカ教育使節團報告書』, 講談社, 1979, 53~59쪽.

형태의 구어를 만들어낼 수단을 시급히 강구해야 한다는 것이었다. 사절단이 주목한 것은 일한문 혼용체의 난점이었고 이것을 개혁하기 위해 배우기 쉬운 표음문자인 로마자로 문자 자체를 바꿔야 한다는 것이었다. 보고서는 일종의 권고안이었기 때문에 국어 개혁에 관한 권고가 일본의 새로운 교육 지침을 담은 교육 개혁안으로서 1947년 3월 공포된 교육기본법에 그대로 반영되지는 않았지만,[38] 패전국으로서 미군의 통치 하에 있던 일본의 문부성 관료, 국어 관계자, 교육 지도자 등에게 상당한 부담으로 작용하였을 것이다.

그러나 조선의 상황은 달랐다. 미군정 기간 중 한시적으로 영어가 공식어로 지정되었고, 영어에 능통한 이들이 미군정과의 접점에서 활동하며 배타적 이득을 누린 것이 사실이지만, 그렇다고 해서 영어가 조선어를 압박하고 박해하는 상황은 일어나지 않았다. 따라서 미군정이라는 특수한 상황 하에서 조선어에 대한 영어의 위협이 전혀 없었다고는 할 수 없겠지만 해방 공간에 주어진 1차적인 언어 문제 해결의 과제는 일제 35년간 일본어에 억눌렸던 조선어의 회복, 즉 일본어를 완전히 쫓아내고 우리말을 되찾는 '우리말 도로 찾기'였다.[39] 우리말 도로 찾기는 해방 공간에 주어진 시대적 과제였으며, 단지 말만 찾는 것이 아니라 말과 함께 조선의 역사와 문화와 정신을 되찾고자 한 운동이었다.

---

38) 山住 正己, 『日本教育小史』, 岩波新書, 1987, 160~161쪽.

39) 해방 후 조선어학회에서 우리말 도로 찾기 운동의 실무를 담당했던 이강로는 "어쨌든 전부가 일본말로 된 거니까 일본말로 된 거를 우리말로 하는 게 도로 찾기."라고 설명했다(국사편찬위원회, 「이강로 구술」『해방 이후 국어 정립을 위한 학술적·정책적 활동 양상』, 2007년도 구술자료수집사업, 81쪽). ; 이강로는 1918년 충남 아산에서 출생했다. 1945년 10월 7일부터 1951년까지 조선어학회 사전 편찬원으로 종사했다. 1951년 6월부터 1953년 6월까지 대한민국 공군사관하교 문관교수였고, 1953년 6월부터 1954년 6월까지 배재고등학교 교사였다. 1962년 2월 7일 교수자격을 인정(인정번호 112호)받았고, 1962년 3월부터 1977년 9월가지 인천교육대학에서 교수를 지냈다(같은 자료, 5쪽).

2. 미군정과 조선어학회의 우리말 도로 찾기

1) 미군정 문교부의 『우리말 도로 찾기』

일제 35년간 동화정책의 폐해는 컸다. 해방이 되었지만 일본어는 우리 생활 깊은 곳까지 침투해 있었기에 겨레의 얼인 우리말 도로 찾기는 해방 공간의 시급한 과제였다. 일본식 간판, 일본식 이름, 일본식 말투를 하루 속히 없앨 방도를 찾자는 호소는 조선인이라면 누구나 공감하는 바였다.[40)]

해방 공간에서 이루어진 '11가지 하지 말자' 운동은 당시 조선인들의 정서를 대변하는 것이었는데, 이 운동에는 해방민으로서 지녀야 할 태도나 교양 있는 생활을 위해 금해야 할 내용들이 들어있었지만 대부분은 조선의 삶 속 깊이 침투해 있는 왜색을 몰아내자는 것이었다. 1. 일본말을 하지 말자. 1. 일본식 이름을 부르지 말자. 1. 일본 노래를 부르지 말자. 1. 일본 사람 물건을 사지 말자. 1. 일본 인형이나 노리개를 갖지 말자.[41)] 이러한 구호가 등장하고 운동으로서 전개되었다는 것은 일제가 남긴 독소가 매우 넓고 깊게 박혀 있었음을 반증하는 것이었고, 그런 만큼 우리 것, 우리말을 되찾아야겠다는 의식이 아주 높았다.

우선 교육 용어를 조선어로 정비하였다. 1945년 9월 17일 미군정은 일반명령 제4호(교육의 조치) 및 군정법령 제6호를 공포하여 조선 학교에서의 교훈 용어를 조선어로 정하였다.[42)] 비록 조선어로 된 교재가 마련될 때까지 외국어로 된 교재의 사용이 허용되었지만,[43)] 이는 교육 분야에서 조선어를 회

---

40) 『자유신문』 1945.10.8. 「일본식 언사 철폐 제의」

41) 이응호, 『미 군정기의 한글운동사』, 성청사, 1974, 48쪽.

42) 미군정 초기 학무국 조선교육위원회 위원의 한 사람이었던 백낙준(白樂濬)은 미군정 장교들과 협력하여 한어(조선어)를 다시 교수용어로 만드는 법령을 초안한 것은 나의 커다란 특권과 즐거움이었다면서 '국어가 우리 학교에 부활한 것은 한국문화를 위하여 위대한 순간'이었다고 회고하였다(한국교육문화협회 편, 『韓國敎育과 民族精神(용제 백낙준 박사 선집)』, 문교사, 1954, 37쪽).

43) 내무부치안국, 『미군정법령집 1945~1948』, 1956, 8~9쪽 ; 鄭泰秀 編著, 『美軍政期 韓

복한 공식적인 조치였다.

나아가 미군정은 학술 용어의 정비를 위해 1946년 3월 군정청 학무국 산하에 언어과학총위원회를 설치하였고, 21개의 학술분야에서 사용되는 일본어를 찾아 적절한 조선어로 대치하는 작업에 착수하였는데,[44] 관련 기사에 따르면 자세한 내용은 다음과 같다.[45]

> 조선교육계에서 일본색채를 없애기 위한 언어과학총위원회에서는 다음과 같은 21개 분과위원회를 설치하였는데 군정청 유 문교부장은 4일 이에 대하여 각 위원회에서는 통일된 조선교과서와 학술어 제정 및 특수한 조선적 지도를 하게 될 것이라고 말하였다.
>
> 분과 위원회의 명칭
>
> 공민윤리 지리 역사 수학 과학 생물 체육 음악 미술
> 습자 수공 농업 학술 수산업 상업 사회 공업 심리학
> 가사 재봉 언어과학

그런데 3월에 설치된 언어과학총위원회는 1946년 11월 학술용어제정위원회로 개편되었고,[46] 우리말을 바로 잡는 방법으로서 초등과 중등 교과서의 용어부터 참다운 우리 조선말로 개혁하기로 결정하고 분과별로 연구에 들어갔다. 분과 구성은 21개로 전과 같았다.[47]

일본식 용어를 우리말로 되돌리는 작업은 학술 용어 부문뿐만 아니라 일상생활에서 사용되는 생활 용어의 정비에도 필수불가결한 것이었다. 이에 문교부 편수국에서는 1946년 6월 국어 정화의 4가지 방침을 정하고, 초안을 작성하였으며, 교육계, 문단, 언론계, 출판계 등의 권위자 128인으로 1947년 1

國教育史資料集: 1945~1948, 上』, 弘芝苑, 1992, 818~819쪽.

44) 문교40년사편찬위원회 엮음, 『문교40년사』, 문교부, 1988, 93쪽.

45) 『조선일보』 1946.4.5. 「언어과학분과위원회 설치」

46) 문교40년사편찬위원회 엮음, 『문교40년사』, 문교부, 1988, 93쪽.

47) 『조선일보』 1946.11.20. 「교과서에서 왜색용어 말살」

월 국어정화위원회를 구성하였다.[48]

국어정화위원회는 1947년 1월 21일 1차 위원회를 열었다. 참가자는 문교부장 유억겸을 비롯해서 편수국차장 장지영과 조선어학회의 이극로, 연세대학의 백낙준(白樂濬), 진단학회의 송석하(宋錫夏), 사범대학의 신기범 등 사계의 전문가 40여 명이었으며, 장지영은 참가자들에게 우리말을 도로 찾는 4가지 방침을 설명하였다.[49] 이후 국어정화위원회는 구체적인 사업의 수행을 위해 18명의 심사 위원을 뽑아 2월부터 10월까지 8개월 동안 11번의 심의위원회를 여는 한편 민간의 의견을 광범위하게 수렴하면서 일본어와 이에 대체시킬 조선어를 조사했고, 7월에는 라디오와 신문 등 매체를 통해 심의안을 일반에 공개하고 여론을 수렴하였다.[50]

최종 수정 회의를 거친 후인 1948년 1월 12일 오후 2시부터 중앙청 30호실에서 국어정화위원회 총회를 개최하여 그 동안 일본어를 그대로 사용하고 있던 876개 어휘들을 우리말로 개정한 『우리말 도로찾기』 원안을 검토하고 통과·발포·시행하게 되었으며,[51] 1948년 2월 3일 862표제어를 실은 『우리말 도로찾기』 모음집을 발행하였다.[52] 이것이 1차로 발행된 것이고, 여기에 81 표제어를 보태어 모두 943표제어로 된 『우리말 도로찾기』를 조선교학도서가

48) 한글학회 50돌 기념 사업회, 『한글학회 50년사』, 한글학회, 1971, 499쪽 ; 한글학회, 『한글학회 100년사』, 한글학회, 2009, 483쪽 ; 문교부, 『우리말 도로찾기』, 조선교학도서주식회사, 1948, 1~5쪽.

49) 『조선일보』 1947.1.23. 「국어정화의 당면 문제. 제1차 위원회서 4개 방침 결정」

50) 국어정화위원회는 일반의 여론을 듣기 위해 국어정화 원안을 1947년 7월 4일부터 18일까지 모두 8차례에 걸쳐 자유신문 지면에 발표하였다(『자유신문』 1947.7.4~18. 「국어정화안1-8」). ; 『경향신문』 1947.7.4. 「용어를 우리말로」

51) 『경향신문』 1948.1.14. 「왜어일소의 국어정화심사진척」 ; 『동아일보』 1948.1.17. 「국어정화위원회에서 우리말찾기 편성」

52) 중앙청 문교부에서는 재작년 6월부터 우리가 흔히 쓰고 있는 일본말을 조사하여 10여회에 걸쳐 국어정화위원회를 열고 심의한 결과 862어에 대한 우리말을 결정 『우리말 도로찾기』란 단행본을 편찬 발행하여 일반 국민이 넓이 사용할 것을 권장하고 있다(『동아일보』 1948.2.5. 「우리말도로찾기 문교부에서 발행」).

무상 헌납하는 형태로 60만 부를 인쇄하여 1948년 6월 2일 문교부에서 재차 발행·보급하였다.[53]

책의 짜임새는 머리말 5쪽, 방침 1쪽, 일러두기 1쪽, 본문 36쪽으로 구성되었다. 그런데 머리말 전반부는 우리말을 도로 찾아야 하는 이유와 우리말 도로 찾기의 취지가 담겨있고 나머지는 『우리말 도로찾기』의 제정 경위가 딸려 있다.[54] 다음은 머리말에 나타난 발간 취지이다.

> 우리가 지난 삼십 육 년 동안, 포악한 왜정 밑에서, 얄궂은 민족 동화 정책에 엎눌리어, 우리가 지녔던, 오천 년 쌓아 온 문화의 빛난 자취는 점점 벗어지고 까다롭고 지저분한 왜국 풍속에 물들인 바 많아, 거의, 본래의 모습을 잃게 되었으니, 더욱 말과 글에 있어 심하였다.
>
> 우리의 뜻을 나타냄에, 들어맞는, 우리말이 있는데도, 구태여, 일본 말을 쓰는 일이 많았고, 또 우리에게 없던 말을, 일어로 씀에도, 한자로 쓴 말은, 참다운 한자어가 아니오, 왜식의 한자어로서, 그 말의 가진바 뜻이, 한자의 본뜻과는, 아주 달라진 것이 많다.
>
> 이제 우리는, 왜정에 더럽힌 자취를, 말끔히 씻어버리고, 우리 겨레의 특색을 다시 살리어, 천만년에 빛나는 새 나라를 세우려 하는, 이때에, 우선 우리의 정신을 나타내는, 우리말에서부터, 씻어 내지 아니하면, 아니 될 것이다.[55]

우리 겨레의 특색을 되살려내기 위해서는 우리말에서 왜색을 씻어내야 한다는 위 글은 1948년 2월 15일자로 작성되었는데 글쓴이가 밝혀져 있지 않다. 그러나 이보다 조금 앞선 시기 조선어학회 기관지 『한글』에 발표된 장지영의 글을 참조하면 미군정 문교부가 설치한 국어정화위원회의 우리말 도로

---

53) 문교40년사편찬위원회 엮음, 『문교40년사』, 문교부, 1988, 94쪽 ; '우리말 도로찾기'의 표제어 수에 대해 한글학회 940, 김민수 약 938로 기록하고 있으나 허만길의 계산이 정확하다(허만길, 『한국 현대 국어 정책 연구』, 국학자료원, 1994, 39쪽).

54) 문교부, 『우리말 도로찾기』, 조선교학도서주식회사, 1948, 1~5쪽 ; 한글학회 50돌 기념 사업회, 『한글학회 50년사』, 한글학회, 1971, 498쪽.

55) 문교부, 『우리말 도로찾기』, 조선교학도서주식회사, 1948, 1쪽.

찾기 사업이 바로 조선어학회의 우리말 도로 찾기 운동의 결과라는 것을 확인할 수 있다.

2) 『우리말 도로찾기』와 기관지 『한글』 비교 분석

조선어학회에서는 일제 35년간 억압되고 말살의 위기에 처했던 조선어를 되찾기 위해 우리말 도로 찾기 운동을 모색했다. 그 하나의 방법으로 왜말과 우리말의 맞댐표를 만들고, 사회 각 단체의 자문에 응하면서 우리말 도로 찾기에 진력했다. 이사장 장지영은 "이제 우리는 왜정의 더러운 자취를 말끔히 씻어 버리고 우리 겨레의 특색을 다시 살려 만년의 빛나는 새 나라를 세우려 하는 이때에 우리로서는 우리의 정신을 나타내는 우리말에서부터 씻어 내지 아니 하면 아니 될 것이다."라고 선언하면서 기관지 『한글』에 일본말을 씻어 버리는 네 가지 방침을 발표하였다.[56]

방침

(ㄱ) 우리말이 있는데 일본말을 쓰는 것은 일본말을 버리고 우리말을 쓴다.

(ㄴ) 우리말이 없고 일본말을 쓰는 것은 우리 옛말에라도 찾아 보아 비슷한 것이 있으면 이를 끌어다가 그 뜻을 새로 작정하고 쓰기로 한다.

(ㄷ) 옛말도 찾아 낼 수 없는 말이 일본말로 이어 온 것은 다른 말에서 비슷한 것을 얻어 가지고 새말을 만들어 그 뜻을 작정하고 쓰기로 한다.

(ㄹ) 한자로 된 일본말은 일본식 한자어를 버리고 우리가 전부터 써오던 식의 한자어를 쓰기로 한다.

이처럼 일본어를 버리고 우리말을 되찾아 세우는 4가지 방침을 제시한 장지영은 그 본보기로서 일어와 국어의 맞댐표를 직접 작성해 발표함으로써 우리말 도로 찾기의 모범으로 삼도록 하였다.[57] 다음은 모두 578 낱말 가운데 일부를 표로 작성한 것이다.

---

56) 장지영, 「나랏말을 깨끗이 하자 1」, 조선어학회, 『한글』 98, 1946.11, 22~27쪽.
57) 장지영, 「나랏말을 깨끗이 하자 2」, 조선어학회, 『한글』 100, 1947.5, 49~56쪽.

〈표 14〉 일어 국어 맞댐표(『한글』 98호(1946.11)와 100호(1947.5) 에서 요약).

일어	국어	일어	국어
ア		運	수, 운수
アイマイ	모호, 모호하다	オ	
アキラメ	단념, 단념하다	惜シイ	아깝다
明渡	내어주다, 비어주다	オチツキ	가라앉음. 침착하다
当る	맞다, 當하다	大勢	여럿, 여러 사람
宛名	에게, 받을이	尾土產	선물, 선사
相手	적수, 맞은편, 상대자	オモハズ	뜻밖의, 불의의, 무심코
アヤシイ	수상하다	思イヤリ	동정심
有樣	형편	カ	
案內	인도, 전도, 인도하다	階段	층대, 층층대
イ		交際	상종
鑄型	거푸집	構內	울안
椅子	교의	交番	번갈음, 번바꿈
一生	평생, 한평생	家計	가세, 형세
言譯	변명, 핑계, 말막음	シ	
色色	여러 가지, 갖갖으로	仕上	손질, 잔손질
インチキ	협잡, 사기, 속임수	事故	연고, 사고
ウ		叱咤	꾸짖음
受付	접수, 접인	失敗	낭패, 낭패하다, 낭패보다
打合	의논, 협의, 타협	ス	
上衣	저고리, 양복저고리	衰弱	쇠약
噂	소문	進ンデ	나아가서, 自進해서
裏切	배반, 배신, 배약	スリ	소매치기

장지영이 시도한 우리말 도로 찾기는 당시 광범위하게 사용되고 있던 일본어의 정체를 밝혀 제시하고, 그에 대한 맞댄 우리말을 제시함으로써 우리말 속 일본어를 하루 속히 솎아내자는 것이었다.

그런데 『우리말 도로 찾기』 머리말의 설명에 따르면 문교부장의 지휘 아래 편수국에서 국어 정화의 4개 방침을 정한 것은 1946년 6월이었다.[58] 그렇다면 장지영이 조선어학회의 기관지 『한글』에 '방침'을 발표한 시기보다 5개월 앞서지만, 애당초 편수국에서 방침을 정한 인사가 장지영이었다.

58) 문교부, 『우리말 도로찾기』, 조선교학도서주식회사, 1948, 3쪽.

1945년 9월 11일 설치된 미군정 학무국은 여러 차례 기구 개편을 단행하였는데, 1946년 1월 21일 제5차 개편으로 1실 7과 체제가 되었다. 7과 중 하나인 편수과에 배치된 미국인 군정관은 1945년 10월 18일에 부임한 제임스 웰치(James C. Welch)와 11월 23일 부임한 폴 앤더슨(Paul S. Anderson)이었지만,[59] 실제 업무를 담당한 것은 최현배와 장지영이었다.

1946년 2월 26일자 한국인 요직자 명단에 따르면 최현배는 과장(Chief), 장지영은 과장보(Assistant Chief)였으며, 또 한 사람의 한국인 직원 유진복은 관리 담당(Business Section)이었다.[60] 따라서 관리계를 제외한 편수과의 모든 업무, 즉 편수와 출판과 번역은 모두 최현배와 장지영에 의해 준비되고 시행되었다. 1946년 3월 29일 군정 법령 제64호에 의해 학무국은 문교부로 승격됨으로써, 편수과는 편수국이 되었고,[61] 직함도 과장, 과장보에서 국장, 부국장으로 바뀌었다.

정리하면 장지영은 1946년 6월 편수국에서 국어 정화의 방침 초안을 구상하였고, 이를 좀더 구체화해서 1946년 11월 『한글』 제98호와 100호에 게재하였으며, 편수국 국어정화위원회의 심의를 거쳐 1948년에 발간한 『우리말 도로찾기』에 수록한 것이다. 실제로 『한글』 제98호에 실린 '일본말을 씻어 버리는 네 가지 방침'과 『우리말 도로찾기』에 실린 '방침'을 비교해 보면 다른 부분은 극히 일부에 불과하다.

『우리말 도로찾기』의 '방침'에는 제목 아래 설명문이 추가되었고, 『한글』 제98호 '방침'에서는 기호가 'ㄱㄴㄷㄹ'이었는데, '一二三四'로 바뀌었다. 또

59) 鄭泰秀 編著, 『美軍政期 韓國敎育史資料集: 1945~1948, 上』, 弘芝苑, 1992, 135쪽 ; 정태수, 「미군정기 한국교육행정의 기구와 요원의 연구」 『교육행정학연구』 6, 교육행정학회, 1988, 86~89쪽.

60) 한국인 요직자 명단에 따르면, 편수과(Textbooks) 직원은 최현배(Chief), 장지영(Assistant Chief), 유진복(Business Section) 3인이었다(鄭泰秀 編著, 『美軍政期 韓國敎育史資料集: 1945~1948, 上』, 弘芝苑, 1992, 137쪽).

61) 정태수, 「미군정기 한국교육행정의 기구와 요원의 연구」 『교육행정학연구』 6, 교육행정학회, 1988, 92쪽.

한 밑줄 친 부분의 자구가 일부 수정되었는데, 즉 '일본말로 이어 온 것' → '일어로 씌어 온 것'으로, '한자로 된 일본말은 일본식 한자어를 버리고' → '한자로 된 말을 쓰는 경우에도 일어식 한자어를 버리고'로 바뀌었을 뿐이다.[62]

검토한 것처럼 『한글』에 실린 '방침'과 『우리말 도로찾기』의 '방침'은 자구 몇 자를 빼면 내용이 동일하다. 1947년 1월 21일 열린 국어정화위원회 1차 모임에서 위원들을 상대로 4개 방침을 직접 설명한 것도 장지영이었다.[63] 또한 앞서 소개한 『우리말 도로찾기』 머리말의 전반부가 『한글』 제98호에 실린 글과 내용이 거의 동일하다는 것 역시 문교부 편수국 국어 정화 정책의 담당자가 바로 장지영이었다는 유력한 증거다.

또한 문교부의 우리말 도로 찾기 정책이 시행된 시기를 살펴보면 학회의 우리말 도로 찾기 운동이 문교부의 정책으로 연결되고 실행되었다는 추정은 더욱 확실해진다. 『한글』 제98호가 발간된 것은 1946년 11월이고 국어정화위원회가 구성된 것은 1947년 1월이었다. 시기적으로도 『한글』 제98호에 발표된 장지영의 '방침'과 '맞댐표'가 나온 것이 국어정화위원회의 결성과 활동보다 두 달 정도 앞선다. 이 같은 정황은 우리말 도로 찾기에 대한 장지영의 구상과 목적이 문교부의 우리말 도로 찾기 정책으로 수용되고 실행되었음을 의미하는 것이다.[64]

---

62) 문교부, 『우리말 도로찾기』, 조선교학도서주식회사, 1948.
방침
이제 우리말에서, 일본말을 씻어버리는 데는, 아래와 같은 네 가지 방법을 쓴다.
(一) 우리말이 있는데 일본말을 쓰는 것은 일본말을 버리고 우리말을 쓴다.
(二) 우리말이 없고 일본말을 쓰는 것은 우리 옛말에라도 찾아 보아 비슷한 것이 있으면 이를 끌어다가 그 뜻을 새로 작정하고 쓰기로 한다.
(三) 옛말도 찾아 낼 수 없는 말이 일어로 씌어 온 것은 다른 말에서 비슷한 것을 얻어 가지고 새말을 만들어 그 뜻을 작정하고 쓰기로 한다.
(四) 한자로 된 말을 쓰는 경우에도 일어식 한자어를 버리고 우리가 전부터 써오던 식의 한자어를 쓰기로 한다.
63) 『조선일보』 1947.1.23. 「국어정화의 당면 문제. 제1차 위원회서 4개 방침 결정」
64) 장지영의 맞댐표는 『한글』 제98호에 1차 게재되었고 2차는 1947년 5월에 나온 『한글』

장지영과 최현배는 문교부 편수국의 국장과 부국장으로 재직하고 있었지만 동시에 학회의 이사로서 학회 업무에도 관여하였다. 장지영은 1945년 10월 1일부터 미군정청 학무국 편수관으로 일을 시작했지만,[65] 1946년 2월 학회 임시총회에서 이사장에 선임되었다.[66] 학무국 직원인 장지영이 같은 시기에 이사장에 선임되었다는 것은 외부 활동에 대한 제한이 없었음을 의미한다.[67] 이것은 최현배도 마찬가지였다. 최현배는 1945년 9월 18일부터 학무국 편수과에서 근무하고 있었지만, 1946년 2월 조선어학회 임시총회에서 이사로 선임되었다.[68]

이강로의 증언에 따르면 최현배는 사전 편찬 상황을 둘러보기 위해 수시로 학회에 들렀다고 하는데,[69] 이와 같은 상황은 장지영 역시 마찬가지였다. 1946년 5월 22일 이사장 장지영 집에서 이사회가 열렸다. 학회는 이날 이사회에서 지방 순례 강연 주최에 대해 토의하였는데, 주최는 학회가 하는 것으로 하고, 문교부를 통하여 각도 학무부의 후원을 얻기로 결의하였다.[70] 이렇

제100호에 실렸다.

65) 최현배는 1945년 9월 18일, 장지영은 10월 1일부터 학무국 편수관으로 근무하고 있었다(鄭泰秀 編著, 『美軍政期 韓國教育史資料集: 1945~1948, 上』, 弘芝苑, 1992, 80~85쪽, 137쪽).

66) 조선어학회, 『한글』 94, 1946.4, 70쪽.

67) 장지영은 1945년 10월부터 1948년 8월까지 문교부 편수국 부국장을 지냈지만, 같은 기간 조선어학회 이사장이었고, 1946년 10월부터 1947년 6월까지 서울대학교 강사로 일했다(한국학중앙연구원 한국역대인물종합정보시스템 http://people.aks.ac.kr/index.aks).

68) 조선어학회, 『한글』 94, 1946.4, 69~70쪽 ; 최현배는 국어 교과서를 편찬할 때 학회의 일에 직접 참여하였고, 한글강습과 강연 등으로 분주했다(최현배, 「한글을 위한 수난과 투쟁」 『나라사랑』 10, 외솔회, 1973, 190쪽). ; 최현배는 1948년 9월 21일까지 문교부 편수국장으로 일했다((김석득, 『외솔 최현배 학문과 사상』, 연세대학교 출판부, 2000, 492쪽).

69) 국사편찬위원회, 「구술 이강로」 『해방 이후 국어 정립을 위한 학술적·정책적 활동 양상』,2007년도 구술자료수집사업, 19쪽.

70) 조선어학회, 『한글』 96, 1946.7, 72쪽 ; 조선어학회·한글학회 『이사회 회의록(1948.6~1949.9)·(1951.10~1959.1)』을 보면 1948년 6월 12일, 7월 18일, 8월 11일 참

듯 학회가 문교부에 후원을 요청할 수 있었던 배경은 바로 장지영, 최현배, 이병기 등 학회 주요 인사들이 문교부에서 편수관으로 재직하고 있었기 때문이었다.[71]

따라서 이 시기 장지영은 학무국 업무와 학회 업무를 함께 처리하였을 것이고, 장지영이 담당한 업무는 자연스럽게 미군정과 학회를 연결하는 연속성을 가지게 되었을 것이다.[72] 이런 업무의 연속성은 해방 직후 조선어학회가 편찬한 『한글 첫 걸음』이 최현배, 장지영 등 학회 회원들의 역할에 의해 학무국의 정식 교과서로 채택되고,[73] 교과서에 한글만 쓰기 운동을 적극적으로 펼친 학회의 노력에 의해 1945년 12월 8일 조선교육심의회에서 초중등 교과서 한자폐지안이 채택된 사례에서도 확인할 수 있다.[74]

『50년사』 역시 18인의 심사 위원회를 주도한 것은 학회 관계자라고 적고 있으며, "미 군정의 교과서 꾸미기와 우리말 도로 찾기 관계의 일은 거의가 한글학회가 도맡다시피 하였던 것인데, 그 중심인물은 최현배, 장지영, 이병기, 정인승, 이호성, 정태진 등 간부급 회원이었다."라면서 학회 관계자들이

석자 명단에 장지영이 들어 있다. 최현배는 7월 18일, 8월 11일에 장지영과 함께 회의에 참석하였고, 6월 12일에는 결석하였지만, 결석자 명단에 이극로, 김병제와 함께 최현배의 이름이 적혀있는 것을 보면 이사회 회의에 모든 이사가 참석하는 것이 원칙이었음을 알 수 있는데, 이는 해방 직후부터 관행이었을 것이다.

71) 이병기, 『가람일기 2』, 신구문화사, 1976, 562~563쪽 ; 이병기는 1945년 10월 30일부터 1947년 4월 11일까지 약 1년 6개월간 편수관으로 근무하였다.

72) 일반적으로 어문 운동을 '사회적인 실천 운동'이라고 하는 데 반해 어문 정책은 '국가 기관의 행정적인 시책'을 가리킨다. 이렇듯 운동과 정책은 의미상 다르면서도 실제적인 문제에 들어가면 엄격히 구분되지 않는다. 사회적 운동을 통하여 형성·수렴된 방향이 정책에 반영되어 법제화나 제도화의 과정을 거쳐 시행되기도 하고, 정책을 시행·집행하는 방편으로 운동의 방법을 택하기도 한다(리의도, 「외솔의 말글 정책론에 대한 고찰」 『나라사랑』 제89집, 외솔회, 1994, 3쪽). 하물며 어문 정책 담당자와 한글 운동의 지도자가 동일 인물인 상황이라면 정책과 운동은 하나가 될 것이다.

73) 한글학회 50돌 기념 사업회, 『한글학회 50년사』, 한글학회, 1971, 292~296쪽.

74) 한글학회 50돌 기념 사업회, 『한글학회 50년사』, 한글학회, 1971, 418~419쪽 ; 이에 대해서는 미군정의 교육 정책을 검토한 손인수 역시 동일한 견해를 표명하였다(손인수, 『미군정과 교육정책』, 서울: 민영사, 1992, 272쪽).

교과서 편찬과 우리말 도로 찾기 운동에서 중추적인 역할을 수행했다고 기록하고 있다.[75)]

『50년사』의 기록에 무게를 두지 않더라도 네 가지 '방침'과 머리말의 동일함, 사업의 진행 과정과 진행 시기 등을 고려할 때, 1946년 6월에 시작된 문교부의 국어정화 정책의 출발로부터 1948년 6월 『우리말 도로찾기』가 나오기까지 정책의 밑그림을 그리고 주도한 것은 문교부 편수국에 근무하고 있었던 조선어학회의 장지영과 최현배였다. 우리말 도로 찾기 운동과 정책을 설계하고 실행한 것은 장지영이었지만, 문교부의 우리말 도로 찾기 정책에서 두 사람의 협력이 이루어졌음은 의심의 여지가 없다. 최현배는 해방된 조선인들이 일어를 쓰는 것에 대해 양심이 마비되고, 민족적·국민적 감정이 미약한 탓이라고 일침을 가했으며,[76)] 편수국 책임자로서 훗날 우리말 도로 찾기에 대한 비판에 적극적으로 대응했다.

3. 조선어학회의 우리말 도로 찾기 운동 지도

1) 조선체조연맹과 조선건축기술단의 활동

해방 직후 일제 35년간 써온 일본어를 버리고 우리말로 바꾸는 작업에 가장 발 빠르게 착수한 것은 경성 시내 각 중등학교 체조 선생들과 체육 관계자들이었다. 이들은 8월 17일 체조용어 우리말 제정위원회를 설치하고 즉시 활동에 들어가 여러 차례에 걸친 회의를 거쳐 새 조선의 젊은이들을 훈련할 학교 교련의 구령집(號令集)과 도수체조용어집(徒手體操用語集)을 작성, 조선어학회의 감수와 수정을 받은 다음 그 내용을 공개하였는데,[77)] 용어집의

75) 한글학회 50돌 기념 사업회, 『한글학회 50년사』, 한글학회, 1971, 498~499쪽.

76) 최현배, 「우리말을 깨끗이 하자」, 서울신문사출판국·국학자료원, 『신천지』 15, 서울신문사출판국, 1947.5, 86쪽.

77) "경성시내 각 중등학교 체조선생과 체육관계자로 조직된 체육지도자회에서는 이번 새 조선의 젊은이들을 훈련할 학교 교련의 號令集과 徒手體操用語集을 결정, 발표하였

제정취지는 다음과 같다.[78]

> 제정취지
>
> 1945년 8월 15일, 조선이 해방되자 본 연맹은 체조구령법과 체조용어를 시급히 우리말로 제정할 필요를 통감하야 해방 직후인 8월 17일 우제정위원회를 설치하고 위원을 선출하야 수차 심의를 거듭한 결과 원안을 작성한 후 조선어학회의 수정을 얻어 다음과 같이 발표하였다.[79]

취지서에 따르면 체육 관계자들이 우리말 용어 제정에 착수한 것은 해방 직후인 8월 17일이고, 대략 보름 만에 제정, 수정 작업을 거쳐 완성한 것으로 보인다. 용어집의 내용은 1945년 11월 『조선주보』에 실린 것을 확인할 수 있다. 제4호에 '학교교련호령(1)', 제5호에 '학교교련호령(2)', 제6호에 '도수체조용어집'이 실렸는데, 그 동안 써오던 일어 호령을 '차려, 쉬어' 등 우리말로 바꾸어 제시하였고, 말미에는 '조선체육연구지도회 제정, 조선어학회 수정'이라는 문구가 찍혀 있다.[80]

용어집의 전체 내용을 파악하려면 1948년 4월 문교부 체육과 기관지로 발행된 『체육문화』 창간호에 실린 내용을 참고하는 것이 좋은데, 일본말 용어

다. 이것은 그동안 체육관계자들이 힘써 연구한 것을 朝鮮語學會의 수정을 받아 최종적으로 결정된 것으로 그 내용은 체육훈련으로 보나 또 아름답고 힘있는 우리말의 본질로 보나 대단히 적절한 것이다." 『매일신보』 1945.9.4. 「체육지도자회, 학교 교련호령 및 도수체조용어 결정 발표」(국사편찬위원회 한국사데이터베이스, 『자료대한민국사』 제1권)

78) 체육문화사, 「체조구령법급용어(體操口令法及用語)」 『체육문화』 창간호, 체육문화사, 1948.4, 51~52쪽.

79) 우제정위원회는 지면 배치상 조선체조연맹을 가리키는 것으로 보인다. 그렇다면 조선체조연맹 안에 제정위원회를 설치했다는 뜻이 되지만, 조선체조연맹이 결성된 것은 1945년 9월 23일이므로 제정위원회의 설치는 조선체조연맹 태동기에 만들어진 것일텐데, 제정취지문에서는 그 시기를 구분하지 않고 소급해서 설명한 것으로 봐야 할 것이다(『매일신보』 1945.9.28. 「조선체조연맹 결성」(국사편찬위원회 한국사데이터베이스, 『자료대한민국사』 제1권)).

80) 조선주보사, 『朝鮮週報』 4(1945.11.12), 5(1945.11.19), 6(1945.11.26).

가 우리말로 바뀐 것은 구령법 80개, 체조 용어 76개였다. 다음은 바뀐 용어 중 일부를 추린 것이다.

〈표 15〉 체조구령법과 용어(體操口令法及用語)

구령법(口令法)		체조용어(體操用語)	
국어(國語)	일어(日語)	국어(國語)	일어(日語)
차려	氣ヲ着ケ	가슴	胸
쉬어	休メ	다리	下肢
오른편으로 돌아	右向ケ右	발	足
왼편으로 돌아	左向ケ左	발목	足先
뒤로 돌아	廻ハレ右	고개	頭
걸음 높여	步調取レ	어깨	肩
걸음 낮춰	步調止メ	허리	腰
뛰어	驅ケ步進メ	배	腹
바로	直レ	위로	上方
모여	集レ	아래	下
해산	解散	다시	元ヘ
경례	敬礼	일, 이	一、二

표에 드러난 것처럼 일본말 '氣ヲ着ケ, 右向ケ右, 集レ, 胸, 足先, 元ヘ' 등은 '차려, 오른쪽으로 돌아, 모여, 가슴, 발목, 다시' 등의 우리말로 바뀌었다. 이것은 해방 후 불과 보름 만에 이룩한 성과였고, 이후 활발하게 전개되는 우리말 도로 찾기 운동의 서곡과도 같은 사건이었다. 우리말로 바뀐 구령법과 체조 용어들은 학교에서 즉각 사용되었다.[81)]

그런데 체육 관계자들이 우리말 용어를 정하는데 결정적인 도움을 준 것은 다름 아닌 조선어학회였다. 체육관계자들은 원안을 작성한 후 학회의 검

81) 『매일신보』 1945.9.3. 「조선어학회, 교재편찬위 구성하고 교재 편찬」 『매일신보』 1945.9.4. 「체육지도자회, 학교 교련호령 및 도수체조용어 결정 발표」(국사편찬위원회 한국사데이터베이스, 『자료대한민국사』 제1권). ; 일본말 '氣着' 대신 우리말 '차려'가 쓰이게 된 것은 이극로가 상해 유학생 총무로 활동하던 시절에 김두봉, 윤기섭 등과 함께 독립군의 군대 구령을 바꾼 것이 시작이었다고 한다(박용규, 『북으로 간 한글 운동가 이극로 평전』, 차송, 2005, 68쪽).

토와 수정을 받았다. 일본말을 우리말로 대체하는 것은 자체적으로도 어렵지 않게 할 수 있는 일이었겠지만 방대한 용어를 심의하는 데에 전문가들의 조언이 필요했고 자연히 조선어학회에 도움을 요청했던 것이다. 이강로는 당시 상황을 다음과 같이 회고했다.

- 면담자1: 그러면 각 단체에, 군대나, 제정위원회가 있었다는 얘기는 그 분들 중에도 한글이나 이런 거를 잘 아시는 분들이 많이 있었다는 얘기네요?
- 구술자: 예를 들면 전기 회사, 전기 회사도 홍보기회가 있어야 할 것 아녀? 그런데 있는 사람들도 소위원회를 만들어 가지고서 거기서 초고를 작성해요. 전기회사면 전기회사들, 또 철도국이면 철도국대로. 심지어 제일 우스운 거는, 경찰국에 가면은 고문 용어가 있어. 사람을 비행기 태운다든가 하는 거. 그 일본말로 뭐냐? 그럼 또 그런 거를 우리말로 어떻게 할 거냐? 요걸 만들어 가지고 와요. 그럼 또 그걸 가지고 우리가. 아주 일도 못할 정도였어. 한 주일이면 자꾸 쏟아져 나오니까. 고문 용어에 있어서, 히꼬키나리라고 해서 뒤로 젖히고서, 뭔가 이 매달아 놓고서 딱 떼면 비행기마냥 빙빙 돌린다나? 그게 히꼬키 뭐라든가, 그게 이제 비행기놀이니 뭐니 이런 식으로 해서[82]

이강로에 따르면 우리말 도로 찾기는 세 단계로 진행되었다. 첫째, 사회단체나 기관에서 자체적으로 바꿀 말들을 정리해서 목록을 만들고, 둘째, 순화어까지도 고안을 한 다음, 셋째, 조선어학회에 검수를 부탁하고 조언을 구했다. 검수와 조언을 담당한 학회의 이강로가 "한 주일이면 자꾸 쏟아져 나오니까"라고 말을 한 것을 보면 당시 우리말 도로 찾기 운동에 나선 사회단체의 의뢰 건수나 분량이 상당했음을 알 수 있다.

이상의 내용을 정리하면 다음과 같은 사실을 확인할 수 있다. 해방이 되자 일본식 용어를 우리말로 바꾸는 것은 체육 관계자들 스스로 가능한 작업이었겠지만, 자신들만의 결정으로 용어집을 발표하기는 어려웠다. 우리말에 대한

---

82) 국사편찬위원회, 「이강로 구술」『해방 이후 국어 정립을 위한 학술적·정책적 활동 양상』, 2007년도 구술자료수집사업, 80쪽.

전문 지식을 제공하고 권위를 세울 수 있는 것은 국어 연구 단체, 즉 조선어학회의 몫이었다. 자연히 학회는 체육 관계자들의 의뢰를 받아 내용을 감수하였고, 그 과정에서 대체어가 적절치 않은 경우에는 다른 말로 바꾸는 등 수정안을 제시했을 것이다.

또 하나 확인할 수 있는 것은 우리말 용어집을 감수하고 조정하는 과정에서 우리말 도로 찾기 운동에 있어서 가장 중요한 목표와 방침이 정해졌다는 사실이다. 예를 들어 정비 대상이 된 용어 중에 '기착(氣着)'과 같이 굳어진 말은 그대로 쓰자는 일부의 주장이 있었지만 학회 회원들은 이를 물리쳤다.[83] '기착'이 비록 굳어진 말이라 할지라도 일본어를 버리고 우리말로 새 용어를 제정한다는 취지를 살리는 것을 우선으로 우리말 도로 찾기의 기본 방침을 세웠던 것이다.

한편 당시 학회 직원이었던 최창식에 따르면 유도 용어 순화는 1946년 여름, 학회에서 이루어졌다. 한글사에 근무하고 있던 배경렬이 유도 사범이었던 관계로 학회가 직접 우리말로 순화하였던 것이다. 배경렬과 최창식이 직접 나서서 유도 동작을 시범보이면, 이중화, 이극로, 정인승, 김병제 등이 각각의 동작에 알맞은 우리말 용어를 제정하였다. 당시 제정한 유도 용어는 후에 약간의 수정이 있었지만, 대부분 그대로 사용되었다.[84] 우리말로 대체된 유도 용어는 1947년에 나온 『한글공문의 기초 지식』에 소개되었는데, 전체 150 낱말 중 일부를 추리면 〈표 16〉과 같다.[85]

이처럼 학회는 해방 공간에서 범사회적으로 펼쳐진 우리말 도로 찾기 운동에서 조언자 겸 지도자로서 그 역할을 수행함으로써 편수국의 국어 정화 활동을 주도한 것은 물론, 일반 사회단체들의 우리말 도로 찾기 운동에 대한 조언과 지도·감수라는 중요한 역할을 담당하였는데, 이는 조선건축기술단의

83) 최현배, 「한글을 위한 수난과 투쟁」 『나라사랑』 10집, 외솔회, 1973. 3, 188쪽.
84) 최호연, 『조선어학회, 청진동 시절』 상, 진명문화사, 1992, 33쪽.
85) 신기철, 『한글 공문의 기초 지식』, 동방문화사, 1947, 198~201쪽 ; 한글학회 50돌 기념 사업회, 『한글학회 50년사』, 한글학회, 1971, 500~502쪽.

경우도 마찬가지였다.

〈표 16〉 순화한 유도 술어

일본어	순화어	일본어	순화어
禮式	예절	姿勢	몸가짐
投技	메치기	手技	손법
抑込技	누르기	絞技	조르기
關節技	꺾기	小外刈	발뒤축걸이
小內刈	안뒤축걸이	手首折	손목꺾기
一本	한판	技有	절반
始	시작	中止	그쳐
終	그만	解	풀어

조선건축기술단에서는 미군정청의 우리말 도로 찾기에 자극을 받아 일본말투성이였던 건축 용어를 우리말로 제정하기로 하였다. 1946년 2월 16일 사계의 유지들을 총망라하여 '건축술어제정위원회'를 조직하고, 전문위원에게 사업의 일체를 위촉하였다. 그리고 모두 75회의 회합을 거쳐 1946년 7월 16일 5개월 만에 안을 완성하였고, 그 뒤 조선어학회의 전문 학자들과 회의를 갖고 순화안의 타당성을 검토·승인한 후 『조선건축』의 창간호부터 그 결과를 연재 발표하였다.[86]

〈표 17〉 순화한 건축술어(번호는 일본건축학회 편 건축술어집의 일련번호)

발표 연월일	발표 차례	발표지	발표 방식
1947.3.20.	건축술어제정보고(1)	『조선건축』 1권1호. 33~38쪽.	건축구조시공관계편(1) 716~863
1947.6.20.	〃 (2)	『조선건축』 1권2호. 1~11쪽.	건축구조시공관계편(2) 864~1232
1948.6.20.	〃 (6)	『조선건축』 2권3집. 31~35쪽.	雜關係編(2) 2542~2733

86) 이응호, 『미 군정기의 한글운동사』, 성청사, 1974, 100~102쪽 ; 조선건축기술협회, 『朝鮮建築』 1-1, 1-2, 2-3, 서울: 조선건축기술협회, 1947~1948.

창간호(1권1호)와 1권2호에 건축구조시공관계편 1과 2가 발표되었고, 2권 3호에 잡관계편 2가 발표되었으므로 전 호(2권 2호)에 잡관계편 1이 실렸을 것이다. 창간호에 발표된 내용의 일부를 요약하면 다음과 같다.

〈표 18〉 『조선건축』 순화 용어 연재 방식 보기

번호	제정술어			비고
	국어	한문	일어	
716	건축 구조	建築 構造	建築構造	
719	벽돌 구조	甓乭 構造	煉瓦構造	
770	납짝 마루		轉床	(低床)
809	물매		流	흘림

위 표에 따르면 용어 719번의 경우, 이전에 쓰던 일본 용어는 '煉瓦構造'이고, 새로 제정한 용어는 '甓乭 構造', 한글로 표기할 때는 '벽돌 구조'임을 알 수 있다. 즉 새로운 술어 제정은 일본어를 버리고 한글로 용어를 만들면서 한자를 함께 사용할 수 있도록 한 것이었다. 그런데 716번의 경우는 이전에 쓰던 일본 용어 '建築構造'를 한자로 표기할 때는 '建築 構造', 한글로 표기할 때는 '건축 구조'로 바꾸었다. 한자 표기만 보면 달라진 것이 없지만, 일본어가 띄어쓰기를 하지 않는 특징을 지닌 데 반해 새로운 용어는 조선식으로 띄어쓰기를 하고 있음을 알 수 있다.

2) 기타 단체의 활동과 우리말 명칭 회복

조선복장협회는 해방 이후 의복 재단 용어의 제정에 노력하던 중, 조선어학회의 국어학적 심사와 결정 채택을 얻어서 『개정복장술어보급서』(1946년 12월)를 간행하여 관계 방면에 보급하였으며, 임시특가 15원에 일반에게도 판매하였다.[87]

87) 『동아일보』 1947.1.12. 「신간소개」

조선생물학회는 문교부의 위촉을 받아 우리말로서의 학술어와 동식물 표준명 제정의 긴급성을 느껴 1년 동안 50여 차례의 회의를 거듭한 끝에 초급중학 정도의 용어를 우선 선별하여 1947년 6월 동 회 간행물 제1집을 통해 발표하였다. 표지 뒷장에 실린 근간 예고에 따르면 제2집 조선식물명Ⅰ 초본, 제3집 조선식물명Ⅱ 목본 등 제9집까지 간행할 계획이었음을 알 수 있다.

한편 1947년 8월 22일 경향신문 보도에 따르면, 조선생물학회는 회원 200여 명이 2년 동안 연구한 결과물인 생물학 용어를 다시 편집하여 술어 1권, 식물 2권, 동물 3권으로 나눠 인쇄하였는데, 회원 각 개인이 연구 조사한 것이지만 모두 조선생물학회의 이름으로 출판하였다.[88]

영남 지역에서는 조선어학회와 노선을 같이 하는 '영남 국어 학회(전 한얼몬음)'가 잡지 『한얼』을 통해 우리말 도로 찾기 운동을 전개하였는데, 『한얼』 창간호에는 알맞은 교수 용어를 찾는다는 광고를 실어 독자들의 참여를 유도하였으며, '새로 얻은 우리말'을 게재해 일본말을 대신할 우리말을 널리 선전하였다.[89]

다음은 신문에 보도된 내용을 통해 파악한 우리말 도로 찾기 운동의 양상을 요약 정리한 것이다.

> 왜적의 손으로 폐지되었던 '국문' 전보가 5개월 만에 해방과 함께 부활되어 이번 군정청 체신국에서는 1월 1일부터 취급하기로 되었다(『자유신문』 1945.12.23. 「우리말 전보 부활」).

> 해방 후 첫 졸업식을 맞이할 국민학교 졸업식 노래가 우리말로 새로 제정되어 6일 문교부로부터 발표되었다. 노래는 윤석중(尹石重) 씨의 가요를 정순철(鄭淳哲) 씨가 작곡한 것으로 어린이들의 기쁜 이별을 표현하고 있다(『조선일보』 1946.

88) 『경향신문』 1947.8.22. 「생물술어를 국어로 편성」

89) 『100년사』는 '한얼몬음'을 학회 부산지회의 출발로 서술하고 있다(한글학회, 『한글학회 100년사』, 한글학회, 2009, 786~787쪽). ; 이응호, 『미 군정기의 한글운동사』, 성청사, 1974, 99~100쪽.

6.7. 「국민학교 졸업노래 우리말로 새로이 제정」).

순우리말로 된 식물명집이 개성송도중학에 있는 생물연구회에서 발간되었다. 이 책은 1500여 종의 식물명을 일본명과 병기한 것으로 학계에 호평을 받고 있다(『동아일보』 1946.6.11. 「우리말로 된 식물명집」).

연극동맹과 극예술동호회는 무대관련용어를 우리말로 제정할 것을 결의하여 제1차로 무대 용어 102어를 골라서 약 100매의 리스트를 작성하고 여러 연극인과 관계 방면 권위자들의 의견을 종합하기 위하여 배부한 후 다시 수집하여 심의할 것이라 한다(『자유신문』 1946.10.16. 「倭式 연극 전용어 우리말 개정 착수」).

문교부에서는 외래어를 국어화하는 방법에 완성하여 새 교과서에 채택하였다 한다. 즉 첫째로는 만국음표문자로 만들었고, 그 다음에는 방음부합문자로 우리말을 쓸 수 있는 방법을 생각해 내었고 또 만국음표문자와 비슷한 국어음표 문자를 제정하였다 한다. 또 국어를 로마글자로 쓰는 법도 연구 중에 있다 한다(『경향신문』 1948.2.22. 「외래어 국어화 문교부서 방법 완성」).

국문 전보의 부활을 통해 행정 용어를 우리말로 되찾고, 국민학교 졸업식 노래도 우리말로 새로 지었다. 학생들의 교육을 위해 우리말 식물명집이 발간되었고, 일본어투성이인 연극 용어 정비에도 착수하였으며, 문교부에서는 외래어의 국어화를 도모하였다. 정부는 정부대로 민간은 민간대로 저마다의 분야에서 우리말 도로 찾기 운동을 전개하였고, 하나 둘 가시적인 성과를 거두었다.

우리말을 도로 찾은 또 하나의 상징적인 사건은 수도의 이름 '서울'을 되찾은 것이었다. 일인들이 물러가자 경성부 직원들은 스스로 '서울시'란 명칭을 사용했고, 9월 14일 재조선 미육군사령부는 그 동안 '케이조(京城)'라고 써오던 지명을 우리말 '서울'로 바꿨다.[90] 그런데 안타깝게도 이 명칭 문제는

---

90) 『매일신보』 1945.9.14. 「주한미육군사령부, 경성의 명칭을 서울로 통일」(국사편찬위원회 한국사데이터베이스, 『자료대한민국사』 제1권. "서울은 그 나라의 왕도(王都)요

이후 혼란을 겪게 된다. 같은 해 11월에 열린 고문회의에서 표기는 한성부로 하고 읽기는 서울시로 하기로 결정하였으나, 군정청 지방행정처에서는 서울시를 관할하는 경기도지사의 의견이 없다 하여 이 결정을 기각하고 전처럼 '경성부'로 쓰도록 조치하였다.[91]

이 같은 내용이 신문에 보도되자, 조선어학회의 이극로는 한문 글자 전폐 운동을 하고 있는 이 때 쓰기도 서울, 부르기도 서울로 해야 한다면서 우리 수도의 이름을 한문 글자로 써야 한다는 것은 무식하기 짝이 없고 문제 삼기도 부끄러운 일이라며 군정청의 조치를 강하게 비판하였다.[92] 하지만 명칭 문제는 쉽사리 해결되지 않았다. 게다가 당시 이범승 서울시장은 조선시대의 한성이라는 이름이 좋다고 스스로 한성시장이라고 하고 다녔고, 시장이 한성을 쓰자 경찰국도 한성경찰서라는 간판을 달았다.[93]

공식적으로는 여전히 경성부였지만, 한성과 서울이 함께 쓰이는 상태가 1년간이나 계속되었던 것인데, 1946년 9월 18일 미군정은 법령 제106호를 발령하여 경성부를 '서울특별시'로 승격시켜 행정구역상으로도 경기도에서 이탈하게 하였다.[94] 비로소 서울이라는 이름이 공식 명칭이 된 것이다. 뿐만 아니라 시내의 일본식 정(町) 명칭을 모두 조선 이름으로 고쳤다. 이 조치에

수도(首都)라는 뜻이니 이제부터 우리나라의 아름다운 수도인 경성은 순전히 우리나라말로 '서울'이라고 써야 할 것이다." ; 그런데 손정목은 미군정청의 지시라고 보도된 『매일신보』의 기사는 오보였다고 했다. 실상은 경성부에 근무하던 직원들이 해방이 되자 '경성'을 싫어하여 스스로 '서울'이란 명칭을 사용했다는 것이다(손정목 지음, 『한국 도시 60년의 이야기 1』, 한울, 2005, 26쪽). ; 현행 외래어 표기법에 따르면 '게이조'라고 표기해야 하나 신문 표기에 따라 '케이조'라고 했다(국립국어원 http://www.korean.go.kr/09_new/, 찾기 마당, 외래어 표기법, 제2장 표기 일람표, 일본어 가나).

91) 『자유신문』 1946.5.24. 「정확한 서울 명칭, 京城府라고 쓰라」

92) 『자유신문』 1945.11.18. 「쓰는 것과 호칭을 통일, 이중式 서울市名의 모순 없애라」

93) 손정목 지음, 『한국 도시 60년의 이야기 1』, 한울, 2005, 26쪽.

94) 내무부치안국, 『미군정법령집 1945~1948』, 1956, 185쪽. "법령 제106호 서울특별시의 설치. 제1조 경기도 관할로부터 서울시의 분리. 경기도 관할로부터 서울시를 분리함." 법령의 시행은 공포 10일 후였다.

따라 황금정(黃金町)은 을지로(乙支路), 본정통(本町通)은 충무로(忠武路), 광화문통(光化門通)은 세종로(世宗路), 소화통(昭和通)은 퇴계로(退溪路) 등이 되었다.[95)]

1945년 9월 14일 서울, 같은 해 11월 다시 경성부, 1946년 10월 서울로 되돌아가기까지 명칭 문제 해결에 1년이 걸렸다. 현실적으로 미군정의 행정명령에 의해 결론이 났지만, 해방 후 맨 먼저 서울을 쓴 것은 서울시 직원들이었으며, 경성부라는 한자 이름을 배격하고 우리말 서울을 주장한 것은 조선어학회의 이극로였다.

우리말 도로 찾기에서 또 하나 빼놓을 수 없는 것은 창씨개명으로 잃었던 성명을 회복한 일이었다. 창씨개명은 1939년 11월 10일 칙령 제19호 '조선민사령'의 개정에 따른 것으로서 조선민족 고유의 성명(姓名)제를 폐지하고 일본식 씨명(氏名)제를 택하도록 한 조치였다.[96)] 1940년 2월 시행에 들어가 3개월이 지난 5월까지는 창씨를 한 자가 총 호수의 7.6%에 불과했지만, 후반기 3개월 동안 약 320만 호가 창씨해 총 호수의 76.7%라는 창씨율을 기록하였다.[97)]

스스로 가야마 미쓰로(香山光郞)로 창씨 개명한 이광수 같은 친일 지식인도 있었지만,[98)] 대부분의 조선인은 강압에 의해 고유한 성명을 잃었던 것인

---

95) 『자유신문』 1946.10.4. 「서울특별시로 승격」; 군정명령 106호 〈서울특별시의 설치〉 시행. 서울시를 경기도 관할로부터 분리. 서울시를 수도로서 특별시로 함(서울특별시사편찬위원회 편, 『서울六百年史年表 下』, 서울특별시사편찬위원회, 2006, 145쪽).

96) 朝鮮總督府, 『施政 三十年史』, 朝鮮總督府, 京城: 昭和15(1940), 751~753쪽; 이병혁, 「일제하의 언어생활」 『일제의 식민지배와 생활상』(한국의사회와문화 제14집), 한국정신문화연구원, 1990, 68쪽.

97) 宮田節子 저, 李熒娘 역, 『朝鮮民衆과 皇民化 政策』, 일조각, 1997, 78~79쪽.

98) 이광수는 1940년 2월 20일자 『每日新報』의 '創氏와 나'라는 글에서 "나는 천황의 신민이다. 나의 자손도 천황의 신민으로서 살 것이다. '李光洙'라는 씨명일지라도 천황의 신민이 못될 것이 아니다. 그러나 '香山光郞'이 조곰더 천황의 신민다웁다고 나는 밋기 때문이다."라고 했다. 이것이 바로 친일 지식인 이광수가 택한 황국신민의 길이었다.

데,[99] 조선인들로서는 이 문제를 해결하지 않을 수 없었다. 그러나 해방 1년이 되도록 미군정 당국의 조치가 없자 이에 대한 원성이 높았고, 1946년 6월 1일에는 경성지방법원직할호적사무협의회에 지방법원장, 각 구청장, 호적과장 등 300여 명이 모여 성명을 회복하는 법령의 정비를 군정청에 정식으로 요청하는 등 민원이 끊이지 않았다.[100]

이에 미군정은 1946년 10월 23일 군정법령 제122호 조선성명복구령을 공포하여 일제강점기에 일본 씨명으로 변경된 호적부 기재는 소급하여 무효로 인정하였고, 창씨 시행 중 태어나 조선 성명이 없던 사람은 법령 시행 후 6개월 이내에 신고만으로써 간단히 조선 성명을 가질 수 있도록 조치하였다.[101]

---

99) 창씨개명 당시 박붕배(국어학자)는 소학교 4학년에 재학 중이었는데, 박붕배(朴鵬培)의 할아버지는 성을 바꾸게 하고 말을 없애려고 하는 놈들은 사람도 아니라고 하면서 끝까지 창씨를 거부했다. 어느 날 박붕배의 담임과 교장이 가정 방문까지 와서 창씨를 하라고 말을 꺼냈지만 할아버지는 '내 집에서는 그런 소리 말라'며 한마디로 잘라 거절했다. 그러나 일본인 교장은 담임에게 지시를 해서 출석부의 이름을 박붕배가 살고 있던 동네 이름 '대숲골(죽림동)'에서 '죽림'을 따 다케바야시 호하이(竹林鵬培)로 고치도록 했다(한글학회, 「박붕배 구술」『한글 문화 인물 녹취 자료』(2005.12~2006.3)).

100) 『자유신문』 1946.6.5. 「치욕의 창씨명, 안 고치는 까닭은 무엇」

101) 법령 제122호 朝鮮姓名復舊令

1. 목적

본령은 일본통치시대의 창씨제도에 의하여 일본식 성명으로 변경된 조선성명의 簡易復舊를 목적으로 함

2. 일본식씨명의 실효

일본통치시대의 법령에 기인한 창씨제도에 의하여 조선성명을 일본식 씨명으로 변경한 호적기재는 그 創初日부터 무효임을 선언함 但창씨개명하에 성립된 모든 법률행위는 하등의 영향을 受치아니함

戶籍吏는 본령시행일로부터 60일 경과하지 않는 기간에는 戶籍改訂續을 하지 못함 일본식 명을 종전과 같이 유지하고자 하는 자는 본령시행후 60일이내에 그 뜻을 戶籍吏에게 屆出함을 득함 그 경우에 戶籍吏는 戶籍의 改訂手續을 하지 아니하고 종전의 일본식명을 완전히 보유케함 전항의 경우 이외에 戶籍吏는 본령시행일부터 60일을 경과한 후 현행법령에 의하여 일본식 씨명을 조선성명으로 개정함을 요함

3. 명의 변경

일본통치시대의 법령에 기인한 일본식 명의 출생신고를 하여 조선명을 갖지 않는

이후 1년이 넘도록 계속된 성명 복구 작업은 1947년 12월 말에 끝났는데 이로써 일제 때 창씨를 했던 281만937호 인구 1647만3231명이 모두 조선 성명을 도로 찾을 수 있었다.[102] 그러나 해방 직후 말살했어야 할 창씨 문제를 해결하는 데 2년 4개월이란 시간을 소비한 것은 미군정 초기 이 문제에 대한 미군정의 인식 부족에다가 조선성명복구령 공포 이후에도 시행 과정에서 빚어진 사무 상의 착오 등 많은 문제가 있었음을 지적해야 할 것이다.

제2절 우리말 도로 찾기 운동을 둘러싼 논쟁과 성과

1. 우리말 도로 찾기 운동을 둘러싼 논쟁

살펴본 것처럼 우리말 도로 찾기 운동은 해방과 함께 자연발생적으로 시작되었지만, 조선어학회는 국어 연구와 운동 단체로서 중심적인 역할을 담당하였다. 특히 학회의 장지영, 최현배 등이 미군정 문교부 편수국의 업무를 담당함으로써 학회의 우리말 도로 찾기 운동은 문교부의 국어 정화 정책으로 추진되었다.

자는 본령시행후 6일 이내에 戶籍吏에게 조선명으로 名變更을 屆出함을 득함 그 경우에 戶籍吏는 戶籍簿의 名變更手續을 함
右期間滿了後 일본식 명을 변경하고자 하는 자는 현행법령에 의하여 所轄裁判所에 명변경신청을 할 수 있음
4. 본령에 배치되는 법령실효
본령에 배치되는 모든 법령, 훈령 및 통첩은 그 創初日부터 무효로 함
5. 효력발생
본령은 공포일부터 효력이 생함 1946년 10월 23일
조선군정장관 미국육군소장 아취 엘 러취
군정청법령 제122호 1946년 10월 23일(내무부치안국, 『미군정법령집 1945~1948』, 1956, 238~239쪽). ; 정주수, 「미군정기 성명복구제도의 법제연구 上」 『사법행정』 510, 한국사법행정학회, 2003.6, 45~46쪽.

102) 『자유신문』 1947.12.25. 「倭敵에 빼겼던 내 성명, 금월 말로 완전히 복구」

최현배는 "이제 우리 조선 겨레는 제가 가진 온갖 재주와 능력을 마음껏 부리어서, 우리말을 갈고 다듬어서, 훌륭한 말을 만들 것이요, 또 나아가아 이 말과 이 글로써, 영원 발달할 조선의 새 문화를 세우지 아니하면 안 된다."라고 선언하면서 언어 주체성의 확립과 아울러 문화적 독립을 호소하면서 우리말 도로 찾기 운동이 필요함을 역설하였다.[103)]

최현배의 지적처럼 우리말 도로 찾기는 민족어의 회복, 언어 주체성 확립, 문화의 독립 등을 목표로 한 것이었고, '일어를 버리고 우리말을 쓴다, 한자어의 경우에도 일본식 한자어를 버리고 과거 우리가 쓰던 한자어를 사용한다.'는 강령 아래 사회 각 분야에서 일본어 청산이 진행되었다. 뿐만 아니라 문교부에서는 운동의 이정표로서 『우리말 도로찾기』를 발간해 943개의 일본식 용어에 대한 대체어를 제시하였다. 그러나 우리말 도로 찾기 운동의 취지에는 근본적으로 동의하면서도 순우리말로 새로운 말을 만들고, 그로 인해 한자어의 사용을 기피하는 태도에 대해서는 부정적인 견해도 적지 않았다.

1945년 9월과 10월에 각급 학교가 개교를 하면서 시작된 조선의 교육 현장에서 일본식 학술 용어를 우리말 학술 용어로 되돌리는 것은, 35년간 강제돼 온 일제식 교육을 청산하고 조선식 교육을 세우는 데 있어서 무엇보다도 시급한 선결 과제였다. 이 문제를 해결하기 위해 미군정 학무국은 1946년 3월 21개 분과로 구성된 언어과학총위원회를 조직하여 활동에 들어갔다.

1946년 11월 학술용어제정위원회로 이름을 바꾼 이 위원회는 초중등 교과서에서부터 참다운 우리말을 쓰기로 결정하였고,[104)] 이 결의안에 따라 대부분의 학술 용어가 우리말로 개정된 교과서가 편찬되었다.[105)] 1947년 8월에 조선출판사에서 발행한 『중등교육 수학교과서』에는 본문 7쪽에 '대뿌자(券

---

103) 최현배, 「인사하는 말」 『한글』 95, 조선어학회, 1946.5, 29쪽.
104) 『조선일보』 1946.11.20.「교과서에서 왜색 용어 말살」
105) 1946년 11월 현재 국어 교과서를 비롯하여 공민, 셈본, 음악 교본, 공예 등등의 교과서가 편찬되었다(문교40년사편찬위원회 엮음, 『문교40년사』, 문교부, 1988, 84쪽).

尺)', '줄자(鎖尺)', 11쪽에 '안마당(內野)', 21쪽에 '넓이(面積)', '평균(고른수)', 32쪽에 '곧은모뿔' 같은 용어가 보이고,106) 1947년 9월 1일에 발행된 『일반과학 물상편』에는 본문 46쪽에 '빛근원(광원)', 60쪽에 '그림먹(채색)'과 같은 '새로운 말'이 보인다. '그림먹'의 경우에는 처음에만 '그림먹(채색)'이라 쓰고 그 후로는 '그림먹'만 쓰고 있다.107) '평균(고른수)'처럼 기존에 사용하던 한자어를 앞에 두고 새로운 말을 괄호 안에 넣은 형태는 새롭게 제정한 학술 용어를 보급하기 위한 한 방법으로 볼 수 있을 것이다.

그런데 학술 용어 개정이 지나치게 생소한 우리말을 사용함으로써 오히려 부작용을 낳는다는 불만과 이견이 표출되기 시작하였다. 산술(算術)을 '셈본'이라 하고, 평균(平均)을 '고른수', 직경(直徑)과 반경(半徑)을 '지름'과 '반지름'으로 바꾸는 식의 학술 용어의 급격한 변화는 문화의 발전상 고려의 여지가 있다는 것이었다. 새 학술 용어에 대한 각계 인사들의 의견은 신문 지상을 통해 발표되었는데 핵심적인 내용을 정리하면 다음과 같다.108)

> 정부가 선 다음 사계의 권위자들이 위원회를 구성해서 결정할 문제(주요섭).
> 국제성을 가지고 있는 학술어는 그냥 한자로 표기하는 것이 좋다(물리과대학 교수 최윤식).
> 이미 익숙한 과학 술어는 그대로 사용하는 것이다(중앙과학연구소장 안동혁).
> 국어를 철저히 하는 것은 좋으나 지나치다(중동중학교장 최기동).
> 일반이 알기 어려운 새로운 말을 일부러 만들 필요는 없다(중앙여자중학교장 황신덕).
> 상용화 안 된 것을 고치고 우리말 된 것은 그냥 두자(혜화국민학교장 윤정석).

106) 오용진 지음, 『중등교육 수학교과서』 초급중학교 제1학년씀, 조선출판사, 1947.8.8. 이 책은 서울교육박물관 소장 자료임.

107) 신효선·이종서 같이 지음, 『일반과학 물상편』, 을유문화사, 1947.9.1. 이 책은 서울교육박물관 소장 자료임.

108) 『조선일보』 1947. 3. 23. 「알기 어려운 新制國文用語(신제국문용어). 문교부 편찬 교과서에 관한 비판」

새 학술 용어에 대해 비판을 가한 인사들은 왜색 용어를 말살하고 우리말로 바꾸는 것에는 동의하였지만, 무조건적인 한자어의 폐지에 반대하고 이미 익숙하게 쓰고 있는 상용어의 폐지에 반대하면서 '생소한 말 만들기'로 인한 교육적·사회적 혼란을 지적하였다. 학술 용어 제정이 교육 분야에 국한되는 것이 아니고 사회 전체에 두루 영향을 미치는 중대사라는 이유를 들어 일개 위원회가 아닌 더 많은 전문가 집단의 참여가 필요하다는 비판도 제기하였다.

이와 같은 의견에 대해 문교부 편수국장 최현배는 즉각 변호에 나섰다. 최현배는 정치적 독립도 정신적인 혁신에서 비로소 완전히 되는 것이라는 우리말 도로 찾기의 대의를 우선 강조하고, "불완전한 것은 앞으로 고칠 것이며 사회 여러분의 의견도 많이 듣겠다."라고 하면서 "현재의 교수 용어는 산수이던 역사이던 전부를 문교부의 교수요목제정위원회와 학술용어제정위원회 두 군데에서 만들며 한편 편찬 위원회가 이에 협력해서 제정한다."면서 학술 용어 제정에 관한 위원회의 구성과 절차의 적법성을 설명하였다.[109)]

그러나 학술 용어 제정이 지나치게 인위적이라는 비판과 그에 대한 반대의 목소리는 쉽사리 수그러들지 않았다. 이화여자대학을 '배꽃계집아이 큰배움집'이라 하자고 했다는 주장은 누가 맨 처음 발설한 것인지 출처를 알 수 없지만, 순우리말로 신어를 만드는 데 대한 비판의 재료로 자주 언급되었다.[110)]

문교부의 국어술어 제정 사업을 강도 높게 비판한 인사는 서울대 문리대 교수 이숭녕이었으며, 이에 동조하는 각 대학 교수들이 최현배, 장지영을 비롯한 30여 명의 전문가들이 독선적으로 사정위원회를 운영하는 것에 대한 폐단을 지적하고, 기발한 학술 용어 창조는 폐해가 크다는 것을 편수국에 진정

---

109) 『조선일보』 1947. 3. 23. 「알기 어려운 新制國文用語(신제국문용어). 문교부 편찬 교과서에 관한 비판」

110) 『경향신문』 1949. 4. 25. 「국어술어제정에 물의. 일부교수진서 반대궐기」 "이화여자대학이란 명칭을 '배꽃계집아이 큰배움집'으로 말이 달러지게쯤 됐다가는 우리 문화 발전에 큰일이라는 웃음꺼리가 요즘 일부 문화인이나 식자간이 쫙 퍼지고 있는 판에"

하면서 반성을 촉구하였다. 이숭녕은 조선어학회 회원이었지만, 우리말 도로 찾기에 대해서는 학회의 중론과 다른 생각을 갖고 있었고, '말소리갈'과 같은 최현배식 문법 용어의 사용을 반대하면서 어학자가 술어 제정의 헤게모니를 쥐어서는 안 된다는 견해를 밝혔다.[111]

일부 국어학자를 비롯한 교육자, 전문가 집단의 이견과 비판이 있었지만 학술 용어 제정에 대한 문교부의 방침은 확고했다. 최현배는 합창대를 '떼소리떼', 비행기를 '날틀', 이화여자대학교를 '배꽃계집아이 큰배움집'으로 하자는 것은 모두 오해라고 해명하였고, 주시경 선생의 정신을 본받고 일반의 충고를 들어 개정해 나갈 것이라고 거듭 언명하면서,[112] 우리말 도로 찾기의 정신과 방침을 고수하였다.

최현배는 해방 이후 당면했던 국어 문제의 여러 국면에 대한 분석과 자신의 생각을 정리한 저서 『우리말 존중의 근본뜻』(1951)에서 '학교'를 '배움터'로, '비행기'를 '날틀'로 하자는 것이 한글만 쓰기의 근본 주장이 아니라는 점을 강조하면서,[113] '배움터'와 '날틀'은 한글만 쓰기를 반대하는 사람들이 일부러 지어낸 이야기이거나, 또는 말의 문제와 글의 문제를 분간하지 못하는

---

111) 『경향신문』 1949.4.25. 「국어술어제정에 물의 일부교수진서 반대궐기」 다음은 이숭녕 글의 일부이다. "해방 이전에 조선어가 일본어의 침식을 당한 것은 당연하다. 그런 것을 조선어로 바로 잡으면 지당하다. 그러나 조선어로 되어 있는 게 한자 기원의 말까지 「풀어짖기」로 고 리듬과 어감이 맞지 않는 옛말 비슷한 것은 국어의 아순(雅純)을 죽이는 것이다. 예를 들면 음성학은 조선말로 음성학이라 할 것이지 이것을 「말소리갈」이라고 고쳐야만 될 이유가 어디 있는가. 이러한 것은 문학자에게 결정의 헤게모니를 주어야 한다. 나도 조선어학도이지만 요새 조선의 학자가 옛 지식이 많다고 술어 제정의 헤게모니를 잡어서는 아니 된다." ; 이숭녕은 『조선교육』에 투고한 글에서도 한자 철폐와 함께 새말 만들기를 강하게 비판하였다(이숭녕, 「국어교육계의 과제, 『朝鮮教育』 2, 1947.6.

112) 『경향신문』 1949.4.25. 「국어술어제정에 물의. 일부교수진서 반대궐기」

113) 최현배는 '날틀'이란 말은 "구한국이 없어진 바로 뒤에, 시방은 북한에 있는 아무가 처음으로 써본 것"이라고 했는데, '아무'는 김두봉을 가리키는 것으로 보인다(최현배, 『우리말 존중의 근본뜻』, 정음문화사, 1984(초판은 서울: 정음사, 1951), 106쪽).

무식에서 저지른 소행이라고 지적하였다.[114)]

이 글에서 최현배의 해명은 한글 전용에 반대한 인사들을 향하고 있지만, 애당초 신어 창조는 한글 전용 운동이 아니라 우리말 도로 찾기 운동에서 대두되어 익숙한 한자어 기피 문제가 논점으로 부각되었던 것이고, 이후 한글 전용 운동에서의 한자 폐지 주장과 중첩되었다. 한글 전용 운동에서는 '한자어 폐지'가 아닌 '한자 표기 폐지'를 목표로 했는데, 우리말 도로 찾기 운동과 한글 전용 운동이 병렬적으로 전개되면서 '한자 폐지'와 '한자어 기피' 문제가 뒤섞이게 되었던 것이다.

여하간 최현배의 해명처럼 '떼소리떼', '날틀', '배꽃계집아이 큰배움집' 같은 말들이 우리말 도로 찾기 운동이 낯선 새말을 만들어내는 것에 대해 반대한 이들이 악선전의 재료로 활용하고자 조작한 것이었다면, 우리말 도로 찾기를 주도한 학회가 '낯설고 이상한 말, 있지도 않은 말들을 작위적으로 만들어냈다'는 반대자들의 공격은 음해였다고 할 수 있을 것이다.[115)]

『우리말 존중의 근본뜻』에 담긴 '새말'에 대한 최현배의 해명은 반대자들의 주장에 대한 방어적인 논리였지만, 방어에 그치지만은 않았다. 최현배는 '창조적 활동'으로서 새말 만들기가 사람들의 가장 소중한 활동이라고 주장하면서, 일본인들이 창조한 '飛行機', 중국인들이 창조한 '飛機'는 써도 괜찮고, '날틀'은 쓸 수 없다고 주장하는 이들의 생각을 강하게 비판하였으며, 배달겨레다운 말을 만들어 쓴다는 차원에서 '학교'를 '배움터'로, '비행기'를 '날틀'로 해서 안 될 것도 없다는 적극적인 논리를 폈다.[116)]

---

114) 최현배, 『우리말 존중의 근본뜻』, 정음문화사, 1984(초판은 서울: 정음사, 1951), 103~122쪽.

115) 이 책에서 최현배는 '梨花女子專門學校'를 '배꽃 계집애 오로지 문 배움집'으로 적고 있다(최현배, 『우리말 존중의 근본뜻』, 정음문화사, 1984(초판은 서울: 정음사, 1951), 106쪽).

116) 최현배, 『우리말 존중의 근본뜻』, 정음문화사, 1984(초판은 서울: 정음사, 1951), 103~122쪽.

최현배의 주장은 "언어는 에르곤(ergon)이 아니라 에네르게이아(energia)"라고 한 훔볼트의 생각과 같다. 최현배는 말과 글을 고정되어 있는 작품(에르곤)으로 보지 않고 늘 살아 움직이는 것(에네르게이아)으로 보고 말과 글을 갈고 다듬고 발전시키고 창조하는 것이 가능할 뿐만 아니라 가치 있는 일이라 믿었으며,[117] '창조' 대신 '애지음', '노선(路線)' 대신 '길줄', '심금(心琴)' 대신 '마음의 시웃줄' 등등의 새말을 누구보다 적극적으로 사용하였다.[118]

그런데 우리말 도로 찾기 운동에 대한 부정적인 의견을 가진 인사가 외부에만 있었던 것은 아니었다. 앞서 이숭녕을 언급했지만, 학회의 핵심 인사 중 한 사람인 교양부 이사 이희승이 학회의 중지와 다른 견해를 갖고 있었다는 사실은 매우 흥미로운 대목이다.

이희승은 1947년 11월 출판한 『조선어학논고』에서 「신어 남조 문제」라는 글을 통해 생소한 신어를 억지로 만들어 보급하고자 하는 운동의 문제점을 비판했는데, 이 글은 본디 1933년 2월에 발간된 문학지 『조선어문학회보』 제6호에 처음 실렸던 것이다. 당시 이희승은 "조선어에 귀화된 한자어를 모조리 축출하고, 그것에 대신하기에 순 조선식이란 탈을 쓴 신어로 하려는 노력이 보인다."고 지적하고,[119] 다음과 같이 비판하였다.

> 첫째, 신어는 대부분 기성어와 아무런 관련이 없는 의식적 강작(强作)적 인조어이므로 생존권을 획득할 수 없다.
> 둘째, 기성어와 관련이 있다 하더라도 일개인의 해석으로 강작한 것이어서 대중의 언어 심리의 공명을 얻지 못한다.
> 셋째, 언어의 생멸소장은 자연의 이법에 의하여 되는 것이요, 결코 인위적으로 좌

---

117) 리의도, 「외솔의 말글 정책론에 대한 고찰」 『나라사랑』 제89집, 외솔회, 1994, 207~208쪽 ; 이성준, 「훔볼트의 언어철학」, 고려대학교 출판부, 1999, 84~98쪽.
118) 최현배, 『우리말 존중의 근본뜻』, 정음문화사, 1984(초판은 서울: 정음사, 1951), 6~7쪽, 121쪽.
119) 이희승, 「신어 남조 문제」 『조선어학논고』, 을유문화사, 1947.11, 103쪽.

우하지 못하는 것이다.

넷째, 이미 기성어가 있는데 동일한 뜻을 가진 신어를 만드는 일은 배우는 이로 하여금 이중의 노력을 과하게 한다.[120]

이상 신어 창작을 비판한 이희승의 글은 1933년에 발표된 것이었지만, 이것이 조선어학회와 문교부의 주도 아래 우리말 도로 찾기 운동이 한창 진행 중인 1947년 11월에 편저한 책에 그대로 실렸다는 사실을 어떻게 봐야 할까? 이희승은 학회 이사 중 한 명이었다. 학회는 우리말 도로 찾기 운동을 주도하고 있었다. 학회를 이끄는 핵심 인사 중 1인으로서 당연히 동참해야 했겠지만 견해가 달랐다.

당시 학회를 이끌고 있던 장지영, 최현배, 김윤경, 이극로 등은 주시경의 가르침을 직접 받았거나 직간접적으로 영향을 받았지만,[121] 경성제대 출신인 이희승은 주시경의 영향을 직접 받지 않았다. 그렇기 때문에 주시경의 새말 만들기를 비판할 수 있었던 것으로 보인다.[122] 눈여겨봐야 할 것은 학문에 대한 이희승의 태도다. 이희승은 주시경 선생이 낯선 신어를 제출한 동기는 충심으로 경앙한다고 하면서도 "언어 연구는 과학적이어야 한다. 일부러 자아의식을 고취하기 위하여 외래어를 구축한다는 것은 철학자, 문호, 사상가, 정치가들의 할 운동이요. 결코 언어를 연구 정리한다는 과학자의 할 영분

120) 이희승, 「신어 남조 문제」『조선어학논고』, 을유문화사, 1947.11, 104~105쪽.

121) 장지영, 최현배, 김윤경은 상동청년학원에서 주시경을 직접 사사했지만, 이극로의 경우는 1919년 상해에서 만난 주시경의 제자 김두봉의 영향을 받았다(박지홍, 「초창기의 한글학회 회원들」『한힌샘 주시경연구』 4, 한글학회, 1991). ; 『조선일보』 1937. 1.1. 「玉에서 틔 골르기」 ; 이종룡, 「이극로 연구」, 이극로박사기념사업회 편, 『이극로의 우리말글 연구와 민족운동』, 선인, 2010, 55쪽). ; 그러나 주시경의 조선어 강습원 고등과 제1회 졸업생이었던 현상윤이 1945년 12월 조선교육심의회 전체회의에서 교과서 한자 폐지에 반대한 것을 생각하면 주시경 제자, 주시경 학맥이라고 해서 하나같이 똑같은 생각을 가졌던 것은 아니라고 할 수 있을 것이다(한힌샘 연구 모임 엮음, 「한글모 죽보기」『한힌샘 연구』 1, 한글학회, 1988.5, 181쪽).

122) 이희승은 경성제대 조선어문학과 2회(1930) 졸업생이었다(이충우, 『경성제국대학』, 다락원, 1980, 267쪽).

(領分)의 일이 아니다."라고 하였다.[123] 이희승은 1938년에 발표한 글에서도 "조선어학의 연구는 일반언어학의 원리와 법칙을 가지고 하지 않으면 안 된다. 부질없이 조선어 자체만 천착한다면 결국 정와소천(井蛙小天: 우물 안 개구리)의 망단에 빠지는 일이 많을 것이다."라고 했다.[124]

어학에 대한 이희승의 태도는 언어를 과학적 연구의 대상으로 삼았던 스승 오쿠라 신페이(小倉進平)의 가르침을 충실히 따르고 있었던 것으로 보이는데, 이는 오쿠라 신페이와 고바야시 히데오(小林英夫) 밑에서 수학했던 경성제국대학 조선어문학과 출신들이 내보인 일반적인 경향이었다. 1기 졸업생인 조윤제와 이희승(2회) 그리고 이숭녕(5회) 등이 모두 새말 만들기를 비판한 것은 식민지 언어의 현실 문제를 도외시하면서 실증만을 강조했던 일본 학자들의 영향을 받은 탓이었다. 오쿠라와 고바야시의 영향을 짙게 받은 이숭녕은 1954년에 발표한 글을 통해 조선어학회의 언어와 관련한 사회적 실천에 대해 '비과학적 쇼비니즘'이라고 비판하면서 과학적 정신으로 학문에 임할 것을 강조했다.[125]

이렇듯 새말 만들기 비판에 앞장선 것은 경성제국대학에서 일본인 교수들의 지도를 받은 조윤제, 이숭녕 등이었다. 이희승 역시 이 점에서 같은 생각을 하고 있었지만,[126] 학회의 이사라는 직분상 다른 반대자들처럼 전면에 나

---

123) 이희승, 「신어 남조 문제」 『조선어학논고』, 을유문화사, 1947.11, 108쪽.

124) 『동아일보』 1938.8.9. 「조선어학의 방법론 서설」

125) 이준식, 「1920~40년대의 대학 제도와 학문 체계」, 한국사회사학회, 『지식 변동의 사회사』, 문학과 지성사, 2003, 200~215쪽 ; 이희승이 국어학에 관심을 갖게 된 계기는 친구 이한용(李漢龍)의 집에서 주시경의 '국어문법'을 읽은 것이었지만(이희승, 『일석이희승자서전 다시 태어나도 이 길을』, 선영사, 2001, 58~59쪽), 그의 학문적 태도가 확립된 것은 역시 경성제국대학 시절이었다. ; 이충우는 1931년쯤 경성제국대학 안에 생긴 '조선어문학회' 활동에 대한 기술에서 이숭녕과 고바야시의 각별한 인연을 설명하고 있다(이충우, 『경성제국대학』, 다락원, 1980, 196~200쪽). ; 이숭녕, 「民族 및 文化와 文化社會」, 김민수 외, 『國語와 民族文化』, 集文堂, 1984, 46~50쪽 ; 오쿠라에 대한 연구로 야스다 도시아키(安田敏朗)가 있다. 安田敏朗 著, 李珍昊·飯田綾織 譯, 『言語의 構築』, 제이앤씨, 2009.

서서 새말 만들기를 비판하기는 어려웠을 것이므로 필요 이상의 갈등을 피하면서 자신의 견해를 표출하기에는 해방 전에 발표한 글을 자신의 신작에 슬쩍 끼워 넣는 방식이 가장 적절하다고 판단했을 것이다.[127)]

한편, 1948년 문교부에서 발간한 『우리말 도로찾기』에 대한 비판도 적지 않았다. 서울대 대학원 부원장 조윤제는 말이란 생명체이므로 우리말에 들어온 외어를 억지로 고친다면 오히려 말의 혼란을 조장하는 것이며 말의 퇴보를 야기할 것이라 비판하였고, 문리대 예과부장 이숭녕은 말이란 항상 산 말이어야 한다고 전제하면서 죽은 말로 끌고 가는 '우리말 도로 찾기' 자체가 잘못됐다고 지적하면서 일본말 중에서도 그대로 남겨둘 것이 있다고 하였다. 조선화학회에서는 원칙적으로 찬성하지만 지나친 감이 있다고 하면서 어학회나 문교부만을 중심으로 하지 말고 각각의 전문위원회를 조직하여 좀 더 체계화할 것을 요구하였다.[128)]

새말 만들기에 대한 반대가 있었지만, 학회는 우리말 도로 찾기 운동을 범국민적인 차원의 운동으로 이끌어 갔다. 1949년 10월 9일 한글날을 맞아 한글학회와 한글전용촉진회에서는 왜식 간판 일소 캠페인을 벌였다. 길거리 식당 간판에서 사용되고 있는 '덴부라'를 '튀김', '우동'을 '가락국수', '양복지(洋服地)'를 '양복감' 등으로 고쳐 발표하였고,[129)] 대학생들과 함께 거리를 돌며 가두 계몽 방송을 하고 계몽 전단을 뿌렸다. 나아가 음식점의 차림표를 '우리

---

126) 3인이 모두 경성제국대학 출신이라는 점, 해방 후 서울대학교에 자리를 잡았다는 점도 눈여겨볼 대목이다. 경성제국대학을 연구한 정선이는 졸업생들 중 1/3이 중등과 대학교육 기관에 진출하여 교육계의 핵심 엘리트가 되었다고 분석하였다(정선이, 『경성제국대학 연구』, 문음사, 2002, 164~167쪽).

127) 신어 남조에 대한 이희승의 견해는 신천지가 실시한 설문 조사 난에도 짤막한 답변이 보인다. "이러한 신조어는 절대반대합니다. 국어를 위하려는 의도가 도리어 국어를 혼란시킬 염려가 다분히 있습니다."(서울신문사, 『신천지』 2-9, 서울신문사, 1947.10, 94쪽)

128) 『조선일보』 1948.9.7. 「말은 시대를 따르는 것」

129) 『경향신문』 1949.10.9. 「우동은 가락국수로」

말 도로찾기'에 따라 "스시, 우동, 스키야키, 소바, 오뎅" 등을 "초밥, 가락국수, 전골, 메밀국수, 꼬치안주"로 갈아 써 붙여주는 등 적극적인 형태로 운동을 전개하였다. 이때 세종중등국어교사양성소 학생들이 전원 참여하여 큰 역할을 하였다.[130]

10월 11일에는 서울시청 회의실에서 한글학회를 비롯한 교육계, 요식업자, 언론계, 학계 등 관계자들 20여 명이 모여 학회에서 정한 왜식 요리 이름 개정안을 검토하고, '곤다데표(獻立表)' 또는 '메뉴'는 '차림표'로 한 것을 비롯하여 '돈부리→덮밥, 미소→된장' 등으로 고치기로 정하였으며, 서울시는 사회국 직원과 경찰관을 동원하여 왜색 간판 교체 활동을 벌였다.[131]

그러나 박계주는 학회의 운동을 적극 지지한다면서도 고유명사까지 우리말로 억지로 바꾸는 것은 국수주의도 아닌 신경질환이요 망발이라고 비난하면서 '스시' 같은 말은 그대로 써야 할 것이라고 주장했으니,[132] 낯선 새말에 대한 거부감을 느끼는 이들이 상당했던 것으로 보인다.[133]

---

130) 한글학회 50돌 기념 사업회, 『한글학회 50년사』, 한글학회, 1971, 427쪽 ; 한글학회, 『한글학회 100년사』, 한글학회, 2009, 876쪽 ; 외래어 표기법에 따르면 '오덴, 우돈'이라고 적어야 하지만, 오랫동안 '오뎅, 우동'을 써온 관행대로 표기했다(국립국어원 http://www.korean.go.kr/09_new/, 찾기 마당, 외래어 표기법, 제2장 표기 일람표, 일본어 가나).

131) 한글학회 50돌 기념 사업회, 『한글학회 50년사』, 한글학회, 1971, 506쪽 ; 『동아일보』 1949.10.9. 「왜색보람판도 고쳐」 "서울시 사회국에서는 한글날을 맞아 거리의 왜색 간판을 일소하기 위하여 11일 하오 2시부터 시내 대 요리점, 음식점, 상점 등 대표자를 초청하여 보람판(간판)고치기운동을 지시하기로 되었다."

132) 『경향신문』 1949.10.24. 「우리말 소고. 한글학회의 발표를 박(駁)함」 ; 박계주(1913~1966)는 간도 용정 출생. 1932년 용정중학 졸업. 1938년 「순애보(殉愛譜)」가 『매일신보(每日申報)』의 장편소설 현상모집에 당선되어 본격적인 작품 활동을 시작하였다. 광복 직후 『민성(民聲)』의 주간, 1949년 한성일보사의 취체역(取締役: 예전에 주식회사의 이사를 이르던 말) 겸 편집고문을 거쳐 자유문학가협회의 초대 사무국장 및 중앙위원을 두루 거쳤다. 1962년 동아일보에 「여수(旅愁)」를 연재하던 중 필화 사건으로 집필을 중단하였고, 1963년 연탄가스 중독으로 기억상실증에 걸려 투병하다가 죽었다(한국학중앙연구원 한국역대인물종합정보시스템 http://people.aks.ac.kr/index.aks).

당대에 나온 비판은 아니지만, 『우리말 도로찾기』에 실린 순화 대상어 중 일부는 일본말이 아니라는 지적도 있었다. 김민수는 소사(小使,) 일품(一品), 간판(看板) 등의 낱말이 일본어가 아닌 중국에서 온 한자어였다는 사실을 훗날 알게 되고는 무척 당혹스러웠다고 했다. 한마디로 '속았다'고 표현했으며, 그 동안 앞의 어휘들은 '일본어이니 쓰지 말라'고 지도했는데 결과적으로 제자들에게 거짓말을 한 셈이 됐다면서 『우리말 도로찾기』의 편저자들에 대해 불만을 토로하였다.[134)]

김민수의 지적은 일면 타당하기도 하지만, 우리말 도로 찾기의 취지가 '일본어'를 버리자는 것이었음을 고려한다면, 한자 낱말로서 소사(小使), 일품(一品), 간판(看板) 등을 버리자고 한 것이 아니라 일본어로서 고즈카이(こずかい), 잇핀(いっぴん), 간반(かんばん)을 버리는 것을 목적으로 했다고 봐야 할 것이다.

살펴본 것처럼 우리말 도로 찾기 운동에 대해서는 동의와 찬성만 있었던 것은 아니었다. 일본말을 버리고 우리말을 쓴다는 대 원칙에 찬성하면서도 새로 제정된 낯선 학술 용어에 대한 이견과 반대가 있었고, 일상어의 순화를 위해 문교부가 발간한 『우리말 도로찾기』에 대해서도 조윤제, 이숭녕 등 학자들의 비판이 적지 않았다.

2. 우리말 도로 찾기 운동의 성과

우리말 도로 찾기가 추구한 것 가운데 특히 새말 만들기에 대한 반대가 거셌지만, 문교부와 조선어학회를 비롯한 각종 사회단체가 함께 추진한 우리

---

133) 일반적으로 갓 만들어진 새말은 언중에게 생소한 느낌을 준다. 1980년대 국어운동을 하던 대학생들이 '동아리'와 '새내기' 같은 말들 만들어 퍼뜨릴 때에도 '서클'과 '신입생'에 익숙해 있던 언중의 저항은 몹시 심했다.

134) 국사편찬위원회, 『해방 이후 국어 정립을 위한 학술적·정책적 활동 양상』,2007년도 구술자료수집사업, 63~65쪽.

말 도로 찾기의 성과는 결코 작은 것이 아니었다. 조선어학회의 장지영, 최현배 등이 제시하고 주장한 우리말 도로 찾기의 원칙이 교과서 학술 용어에 적용되고, 『우리말 도로찾기』에도 관철된 점은 정책의 일관성이 유지됐다는 측면에서 긍정적인 평가를 내릴 수 있을 것이다. 하지만 우리말 도로 찾기를 주도한 문교당국과 조선어학회 인사들이 새말 만들기에 대한 이견과 비판을 수용하지 않고 자신들의 방침을 고수하고 강행함으로써 대화와 타협이 아닌 갈등과 대립의 불씨를 남긴 것은 과오였다.[135]

일본어를 청산하고 우리말을 도로 찾아 쓰자는 운동의 첫째 목표를 생각할 때, 무엇보다도 아쉬운 것은 1945년 해방 직후에서 1948년에 이르기까지 조선어학회의 노력과 문교부의 행정력을 동원한 추진, 전 사회적인 동참 등 우리말 도로 찾기 운동의 열기는 고조되었지만 현실적으로 우리말 속에 침투해 있는 일본말이 하루아침에 사라지지 않았다는 점이었다.

해방이 되고 2~3년이 지났지만, 구니모도 상이라든가 리 상, 김 상 하는 일본식 호칭이 여전히 사용되고 있었으며, 일본식 간판도 그대로 걸려 있었다. 시내 한 극장(우미관)에서는 태평양전쟁의 기록 영화를 '대동아전쟁기록집'이라는 제목으로 선전하여 물의를 빚으며 당국의 취체 대상이 되었고,[136] 창씨 문패를 그냥 두거나 방석을 '자브동'이라 하고 1할 2할을 '잇지와리 니와리', 하나 둘 셋을 '이치 니 산'이라 하는 등 일본어의 사용을 한심사라 개탄하는 목소리가 높았다.[137]

이 같은 신문 지상의 보도는 우리말 도로 찾기 운동이 현실적으로 일정한

---

135) 『우리말 도로찾기』에는 반대자들의 의견 수렴 없이 다음과 같은 신어들이 제시되었다. 遠足-소풍, 먼거님, 간판-보람판, 보람패, 缺席屆-말미사리, 彗星-살별, 꼬리별, 壽司-초밥, 입장무료-거저 들임, 연중행사-햇일, 승합자동차-두루기 차, 평가-값치기, 친 값, 別紙-뒤 붙인 종이, 別表-딴 표, 辨當-도시락, 未決-못 끝남, 持出證-내갈표, 落書-장난 글씨, 露店-한데 가게 등(문교부, 『우리말 도로찾기』, 조선교학도서주식회사, 1948).

136) 『경향신문』 1947.1.12. 「사라지지 않는 왜색」

137) 『동아일보』 1948.10.14. 「왜색을 없이 하자」

한계를 안고 있었다는 반증이었다. 히구치(樋口 謙一郎)는 그로부터 50여 년이 지난 김대중 정권(1998~2003)하에서 국한문 혼용 방침이 나와 정부 문서의 인명, 지명, 역사적 명칭과 도로표지판 등에 한자를 병기하도록 하고, 중고교에서 한자 수업을 강화한 것, 그리고 국립국어연구원(지금의 국립국어원)이 국어순화자료집을 여러 차례에 걸쳐 간행한 사례를 들어 우리말 도로찾기 운동의 난맥상을 지적했다.[138]

그러나 히구치가 지적한 내용 중 김대중 정권의 국한문 혼용 방침은 말 그대로 '한자 사용과 교육'의 문제, 즉 국한문 혼용론의 대두였을 뿐, 우리말 도로 찾기의 난맥상이라 할 수는 없다. 다만, 일제 잔재어를 쓰지 말자는 국립국어원의 국어순화정책이 현재진행형이라는 사실은 국어 순화 운동의 성과가 미미했다는 증거가 될 수 있을 것이다. 하지만 국어 순화 운동의 성과가 시작과 동시에 얻어지는 것이 아니라는 점을 고려한다면 그 결과에 대한 평가는 달라질 수 있을 것이다.

이 같은 관점에서 『우리말 도로찾기』의 내용을 오늘의 시점에서 분석해 보았다. 문교부의 『우리말 도로찾기』에는 순화 대상어 943개가 실려 있고, 각각의 순화 대상어에는 대체어가 제시돼 있었는데, 2012년 현재 이들 어휘의 사용 여부를 검토해 보니 의외의 결과가 도출되었다.[139]

1은 순화가 된 경우다. 순화 대상어 アイカワラズ(아이카와라즈不相變)는 대체어로 제시된 '한결같이, 여전히' 등의 낱말로 순화되었다. 물론 여기에는 제시된 대체어로 순화되지 않고 다른 말로 바뀐 사례가 다수 있다. 예를 들

138) 樋口 謙一郎, 「米軍政下の朝鮮語學會－教育の朝鮮語化をめぐる軍政廳との連携を中心に)」『社會科學硏究科紀要, 別冊』 10, 早稻田大學大學院社會科學硏究科, 2002.9, 19쪽 ; 1999년 2월 9일 정부는 공문서 한자병용, 한문 교육 강화, 도로표지판의 한자 표기를 확대하는 것을 골자로 하는 한자병용 방안을 발표하였다(『연합뉴스(인터넷)』, 1999.2.9. 「정부 한자사용.교육 확대 추진」).

139) 우리말 도로 찾기에 실린 목록을 2012년 현재 사용하는 일상어와 비교 관찰하고 『표준국어대사전』을 참고하여 작성하였음.

〈표 19〉 『우리말 도로찾기』 순화 결과 분석

유 형	어휘 수	비율(%)
1. 순화가 된 경우	808	85.7
2. 순화가 되지 않고 순화 대상어와 대체어가 둘 다 쓰이는 경우	13	1.4
3. 순화가 됐지만, 일본어 한자어에서 한자가 살아남아 대체어와 함께 쓰이는 경우	308	32.7
4. 한자만 쓰이는 경우	62	6.6
5. 순화 대상어와 대체어가 둘 다 쓰이지 않는 경우	59	6.2
6. 순화에 실패한 경우	1	0.1

면, ハリアイ(하리아이張合)는 대체어 '보람, 할맛, 서로 버팀'으로 바뀌지 않고, '대립, 경쟁' 등의 어휘로 바뀌었고, すりガラス(스리가라스)는 '뽀얀 유리', ケーブルカー(게부루카)는 '소리개차'가 대체어로 제시됐지만, 각각 '간유리'와 '케이블카'로 바뀌었다.

2는 순화가 되지 않고 순화 대상어와 대체어가 둘 다 쓰이는 경우다. アッサリ(앗사리)는 대체어로 '산뜻이, 깨끗이'가 제시되었는데, 둘 다 쓰이고 있고, スシ(스시寿司)는 '초밥', オデン(오뎅)의 대체어는 '꼬치전골'이었지만, '어묵'과 함께 쓰이고 있다. 오뎅은 대체어가 아닌 다른 말로 바뀌었지만 이 같은 어휘들도 2에 포함했다.

3은 우리말로 순화가 됐지만, 일본어 한자어에서 한자가 살아남아 대체어와 함께 쓰이는 경우다. ガイシュツ(가이슈츠外出)는 대체어 '나들이', サシイレ(사시이레差入)는 대체어 '옥바라지'로 순화되었지만, 한자어로서 '외출(外出)'과 '차입(差入)'이 함께 쓰이고 있다.

4는 대체어는 쓰이지 않고 일본 한자어에서 한자가 살아남은 경우다. ケイナイ(게이나이境内)는 대체어 '터안, 테안'이 제시됐지만 쓰이지 않고 '경내(境內)'가 쓰이고 있다. '보여드림'이 대체어로 제시된 공람(供覽)의 경우는 '보여드린다'는 의미로는 대체되었다고 할 수 있지만, '보여드림'을 하나의 단어로 사용하지 않고 한자어 '공람(供覽)'을 사용하고 있으므로 4에 포함했다.

5는 순화 대상어와 대체어가 둘 다 쓰이지 않는 경우다. コウバンショ(고

반쇼交番所)와 '순경막, 순경처'는 둘 다 쓰이지 않는다. 결재후보관(決裁後保管)은 한 단어로 쓰이지 않으므로 5에 포함했다. 5는 대체어로의 순화는 실패했지만, 일본어 역시 쓰지 않는다는 점에서 순화 성공 사례로 분류했다.

6은 순화에 실패한 경우다. グッ(구쓰靴)는 '양화'가 대체어로 제시되었지만, 일본어 발음에서 전성되어 '구두'로 쓰이고 있다. '양화'는 사전에는 올라 있지만, 실제 일상어로 쓰이지 않는 현실을 고려해 유일한 실패 사례로 분류했다.

이상 『우리말 도로찾기』에 실린 어휘들을 유형별로 분류해 보았다. 한자어로 바뀐 어휘에 대한 분류에 대해 시시비비가 있을 수 있지만, 다수의 한자어휘를 공유하고 있는 동양 3국의 특성상 특정한 한자어에 일본어라는 딱지를 붙이기가 쉽지 않은 측면이 있기 때문에 순우리말로 순화된 것은 아니지만, 순화 자체가 실패한 사례로 분류하기는 어렵다고 판단했다. 이상의 관점에서 순화 성공 유형에 1, 4, 5를 넣고 실패 유형에 2와 6을 넣는다면, 성공률은 98.5%, 실패율은 1.5%가 된다.[140] 그렇다면 『우리말 도로찾기』 발간의 성과는 대성공이라고 해야 하지 않을까?

지금까지 살펴본 것처럼 해방과 함께 자연발생적으로 시작된 우리말 도로찾기 운동은 일본어를 청산하고 우리말을 되찾자는 운동이었다. 조선어학회는 대표적인 국어 연구 단체로서 우리말 도로 찾기의 방침을 제시하였고, 각종 사회단체의 우리말 도로 찾기 운동을 지도하면서 핵심적인 역할을 수행하였다. 특히 군정청 문교부에서 활동하고 있던 학회의 최현배와 장지영은 우리말 도로 찾기를 문교부의 정책으로 채택·추진하였다. 그리하여 문교부의 우리말 도로 찾기는 학술 용어 정비와 일상어 정비의 차원에서 진행되어 교과서의 학술 용어가 우리말로 정비되었으며, 일상어 정비를 위한 『우리말 도로찾기』 책자가 발행되었다.

---

140) 3은 1에 속한다(1⊃3).

일반 언중은 물론 지식인과 문화인들도 우리말 도로 찾기의 원칙에 찬성하였다. 일본어 청산은 민족어의 회복, 민족정신의 회복을 위한 긴급한 과제였다. 그러나 우리말 도로 찾기가 구체적인 실행에서 한자어를 모두 폐지한다거나 지나치게 생소한 우리말을 만들어 쓰는 것에 대해서는 걱정과 반대의 목소리가 높았고, 독선적인 문교 행정에 대한 비판도 있었다. 특히 신어 남조에 반대하고 필요한 한자어를 그대로 사용하자는 이들의 의견은 한글 전용 운동의 한자 폐지에 대한 반대와 중첩되면서 이후 한글 전용 대 국한문 혼용이라는 대결 구도가 형성되는 계기를 제공하였다.[141]

현실적으로 생활 곳곳에 스며있는 일본어를 일시에 척결하는 것도 쉬운 일이 아니었다. 우리말 도로 찾기 운동이 시작되고 3, 4년이 지난 1948, 1949년까지도 일상 언어에서 일본말이 여전히 사용되고 있었고, 창씨 문패, 일본식 상점 간판 등도 그대로 걸려 있었다.

그러나 우리말 도로 찾기 운동이 거둔 성과는 결코 적지 않았다. 아직 새 나라가 서지는 않았지만 수도 이름을 서울로 되돌렸고, 조선성명복구령을 통해 창씨개명의 치욕도 씻었다. 우리말 도로 찾기를 통해 식민 지배의 상징이었던 일본말과 일본식 용어를 폐지하고자 노력함으로써 일제 청산이라는 민족적 과제 해결의 목표를 제시했으며, 우리말 도로 찾기라는 하나의 목표 아래 언중들을 결집시킴으로써 사회 통합에도 기여했다.

우리말 도로 찾기 운동이 시작되고 불과 3년 동안에 우리말 교과서 편찬, 새 학술 용어의 정비, 『우리말 도로찾기』 발행 등등 많은 성과를 냈으며, 『우리말 도로찾기』는 2012년 현재 98.5%의 성공률을 기록했다. 1960년대에도 학회는 어려운 한자말과 외래어 등을 쉬운 우리말로 다듬는 사업을 계속하여 그 결실로서 1967년 1월 30일 『쉬운말 사전』을 펴냈으며,[142] 그 후로도 우리

141) 한자 폐지 문제는 제5장에서 정리한다.
142) 한글학회 50돌 기념 사업회, 『한글학회 50년사』, 한글학회, 1971, 44쪽 ; 한글학회, 「처음판 머리말」 『깁고 더한 쉬운말 사전』, 한글학회, 1999.

말 도로 찾기 운동의 정신은 후대에 계승되어 학회, 정부, 한글 운동 단체 등이 주도가 되어 국어 순화 운동을 전개하고 있다.

제5장

조선어학회·한글학회의 한글 전용 운동

제1절 한글 전용 운동의 전 단계

1. '한글' 명칭의 탄생과 정착

일제강점기라는 역사적 시공간은 한글 운동을 마음껏 펼칠 수 없는 억압의 시기였지만, 한편으로는 해방 이후 한글 운동이 활발하게 전개될 수 있는 동기를 부여해 주었다.[1] 그렇기 때문에 해방 이후 전개된 한글 전용 운동의 전사로서 일제강점기 '한글' 명칭의 탄생 경위와 조선어학회의 한글전용론의 형성 과정을 검토할 필요가 있다.

우리 문자의 명칭에 대한 검토는 안자산(1938), 최현배(1940), 방종현(1946), 고영근(1983), 이상혁(1997), 김영욱(2001), 백두현(2004), 김슬옹(2005) 등에서 이루어졌다.[2]

방종현은 우리 문자의 명칭 사용 시기를 제1기 훈민정음 시대, 제2기 언문 시대, 제3기 국문 시대와 한글 시대로 구분하면서 시기별로 사용 명칭과 의미를 분석하였다.

'언문'과 관련해서는 비칭이 아니라는 견해,[3] '한어'와 대비되는 일상어의

1) 김석득은 일제강점기 언어 상황을 민족 언어관과 식민 언어관의 충돌로 설명하면서 일제의 조선어 억압 정책이 이에 저항하는 언론과 문화계의 역설적 국어 계몽 운동과 민족 문화 창조 활동, 조선어학회의 한글 운동과 사전 편찬 활동 등의 동기가 되었다고 설명하였다(김석득, 「근·현대의 국어(학) 정신사」 『한글』 272. 한글학회, 2006.6).

2) 안자산, 「언문명칭론」 『정음』 26, 조선어학연구회, 1938.9 ; 최현배, 『한글갈』, 정음사, 1940 ; 방종현, 「훈민정음 사략」 『한글』 97, 조선어학회, 1946.9 ; 고영근, 「"한글"의 유래에 대하여」, 白石 趙文濟敎授 華甲紀念論文集刊行委員會 編, 『白石 趙文濟敎授 華甲紀念論文集』, 白石 趙文濟敎授 華甲紀念論文集刊行委員會, 1983 ; 이상혁, 「언문과 국어 의식」 『국어국문학』 121, 국어국문학회, 1998 ; 김영욱, 「開化期의 語文 運動에 關하여」 『한국어교육학회 학술발표회 자료집』, 한국어교육학회(구-한국국어교육연구학회), 2001 ; 백두현, 「우리말 명칭의 역사적 변천과 민족어 의식의 발달」 『언어과학연구』 28, 언어과학회, 2004 ; 김슬옹, 「조선시대 "언문(諺文)" 의 비칭성과 통칭성 담론」 『겨레어문학』 33, 겨레어문학회, 2004.

3) 이상혁, 「언문과 국어 의식」 『국어국문학』 121, 국어국문학회, 1998.

의미를 지닌 것이라는 견해,[4] '훈민정음'의 이칭이자 비칭과 통칭 양면성을 지녔다는 견해가 엇갈렸다.[5]

'한글'과 관련해서는 다음과 같은 논의가 있었다. 조선어학연구회의 『정음』을 무대로 활동한 안자산은 '언문' 명칭 사용의 정당성을 역설하면서 '한글' 명칭 불필요론을 제기하였고,[6] 최현배는 '한글'의 '한'은 一이요, 大요, 正이라고 설명하면서 '한글'은 바른 글이자 큰 글이므로 주시경에서 비롯된 '한글'을 널리 써야 한다고 주장하였다.[7] 고영근은 국권 상실과 함께 '국문'이란 명칭을 사용할 수 없게 되자 '한글'이란 명칭을 쓰게 됐다고 분석하였다.[8] 한편 임홍빈은 고영근과 '한글' 명칭의 작명자를 둘러싼 논쟁을 벌이기도 하였다.[9]

김슬옹은 훈민정음 이후의 문자사를 "훈민정음-언문-조선글1-한글-조선글2"로 구분하였다. '조선글1'은 일제강점기 사용된 명칭을 가리키는 것이고, '조선글2'는 해방 후 북한에서 사용한 명칭이다.[10] 김슬옹의 구분처럼 현재 북한이 '한글' 대신 '조선글'이란 명칭을 사용하고 있는 것이 현실이라 해도 해방 후 한동안 남한과 똑같은 '한글' 명칭을 사용했던 시기가 있었음을 간과

---

4) 백두현, 「우리말 명칭의 역사적 변천과 민족어 의식의 발달」 『언어과학연구』 28, 언어과학회, 2004.

5) 김슬옹, 「조선시대 "언문(諺文)" 의 비칭성과 통칭성 담론」 『겨레어문학』 33, 겨레어문학회, 2004 ; 김슬옹, 『조선시대 언문의 제도적 사용 연구』, 한국문화사, 2005.

6) 안자산, 「언문명칭론」 『정음』 26, 조선어학연구회, 1938.9.

7) 최현배, 『한글갈』, 정음사, 1940, 69~70쪽.

8) 고영근, 「"한글"의 유래에 대하여」, 白石 趙文濟敎授 華甲紀念論文集刊行委員會 編, 『白石 趙文濟敎授 華甲紀念論文集』, 白石 趙文濟敎授 華甲紀念論文集刊行委員會, 1983.

9) 임홍빈, 「주시경과 "한글" 명칭」 『한국학논집』 23, 계명대학교 한국학연구소, 1996 ; 임홍빈, 「'한글' 命名者와 史料 檢證의 問題」 『어문연구』 135, 한국어문교육연구회, 2007.

10) 김슬옹, 「조선시대 "언문(諺文)" 의 비칭성과 통칭성 담론」 『겨레어문학』 33, 겨레어문학회, 2004, 6쪽 ; 김슬옹, 『조선시대 언문의 제도적 사용 연구』, 한국문화사, 2005, 47쪽.

해서는 안 될 것이다.[11]

이상 우리 문자의 명칭 사용에 대한 연구에서는 시기에 따라 훈민정음, 언문, 국문, 한글, 조선글 등으로 변천한 역사적 맥락과 의미는 밝혀졌지만, 일제강점기 이후 '한글'이란 명칭이 언중에 정착한 과정과 역사적 조건에 대한 고찰은 없었다. 여기서는 '한글' 명칭의 탄생에서 정착까지의 과정을 파악해 보고자 한다.

2011년 4월 14일 법률 제10584호로 개정된 「국어기본법」에 '국어를 표기하는 우리의 고유 문자'라고 규정돼 있는 한글은,[12] 1446년 '훈민정음'으로 반포된 이래 '언문', '언서', '암글' 등으로 불리면서 주로 여성과 피지배층의 문자로 인식돼 왔다. 하지만 반봉건과 근대로의 진입이라는 시대의 변화 속에서 주체 의식의 강화와 함께 주목받았고, 1894년 11월 21일 공포된 칙령 제1호(공문식) 제14조에 의해 '국문'으로 공인되었다.

> 법률과 칙령은 모두 국문을 기본으로 삼되, 한문으로 번역을 붙이거나, 국한문을 섞어 쓴다(法律勅令總以國文爲本漢文附譯惑混用國漢文).[13]

언문이 '국문'으로 지칭되고 국문을 기본으로 삼는다는 고종의 칙령은 조선왕조 500년 동안 유지돼 온 한자와 언문의 지위가 뒤바뀌는 역사적 대사건이었다.[14] 칙령 공포 이후 '국문'과 '국어'란 명칭이 차츰 민간에 보급되기 시

11) 북한에서도 1949년까지는 '한글'을 사용하였다(고영근, 「'국문'과 '한글', 그리고 '한글'의 작명부」 『민족어의 수호와 발전』, 제이앤씨, 2008, 172~174쪽).

12) 국어기본법 제3조 제2항 "한글"이란 국어를 표기하는 우리의 고유문자를 말한다(로앤비 http://www.lawnb.com/)

13) 『고종실록』 32권, 1894년 11월 21일 기사.

14) 칙령과 홍범 포고문의 연관성을 분석한 김영욱은 언문을 국문으로 선포한 고종 칙령을 청국과의 관계를 끊고자 하는 조선의 정치적 의도가 표출된 것으로 보았지만, 일본의 대청전략의 영향권 아래에서 비자주적으로 공포되었다는 한계를 지적하였다(김영욱, 「開化期의 語文 運動에 關하여」 『한국어교육학회 학술발표회 자료집』, 한국어교육학회(구-한국국어교육연구학회), 2001, 64쪽).

작하였고, 1896년에는 최초의 국문 전용 신문인 독립신문이 발행되었다.

독립신문은 창간호의 논설을 통해 "우리 신문이 한문은 아니 쓰고 다만 국문으로만 쓰는 거슨 샹하귀쳔이 다 보게 홈이라."라고 하면서,[15] 국문 전용의 깃발을 높이 듦으로써 한자와 한문에 익숙한 일부 지배 계층이 아닌 신지식인과 다수의 근로 대중을 독자로 포용하는 정책을 취하면서 일반의 교양 향상과 국문 보급에 크게 기여하였다. 독립신문이 국문 전용, 띄어쓰기, 쉬운 조선어 쓰기를 단행한 것은 서재필과 주시경의 역사적 만남의 결과였다.[16]

독립신문의 회계 겸 교보원으로 재직하고 있던 주시경은 고종 칙령의 '국문위본(國文爲本)'을 중시하였고, 사회적 소통과 자주적 문화 창조의 수단으로서 국문의 가치에 주목하였다. 1897년 4월과 9월 독립신문에 실은 논설「국문론」에서는 한자 폐지와 국문 전용을 제안하면서 옥편을 만들고 문법을 정리하고 철자법을 통일할 것, 국문을 왼쪽에서 오른쪽으로 횡서할 것 등 국어 연구와 실용의 길을 구체적으로 제시하였다.[17]

우리말에 대한 관심이 높아지던 1894년에서 1910년에 이르는 기간에 국어와 국문이란 명칭이 자주 사용되었다.[18] 1897년 리봉운의『국문정리』, 1905년 지석영의『신정국문』이 나왔고, 1907년 학부에 국문연구소가 설치되었으

15)『독립신문』 1896.4.7. 창간호.

16) 신용하,「독립협회의 사회사상」『한국사연구』 제9집, 한국사연구회, 1973 ; 신용하,「독립신문과 국문 동식회」『한힌샘 주시경연구』 9, 한글학회, 1996 ; 신용하,「주시경의 애국계몽운동」, 한국사회학연구』 제1집, 서울대학교 사회학연구회, 1977 ; 심재기는 서재필과 주시경이 미국인과 미국문화의 영향을 받았다고 하였는데, 특히 한글을 찬양하며 한글 전용에 관한 선구적 주장을 한 미국인 선교사들에게 크게 영향을 받았다고 지적하였다(한자어문교육연구회,『한자교육과 한자정책에 대한 연구』, 도서출판 역락, 2005, 74~80쪽).

17)『독립신문』 1897.4.22~24 / 9.25~28.

18) 근대 계몽기 국어관을 검토한 이상혁은 근대 계몽기 초기 전근대적 국어 의식이라고 볼 수 있는 문자 중심의 언어관에서 후기로 가면서 점차 근대적 어문민족주의로 나아갔다고 분석하였다(이상혁,『훈민정음과 국어연구』, 역락, 2004, 138~150쪽).

며, 주시경은 『국어문전음학』(1908), 『국어문법』(1910) 등의 저술을 간행하였다.[19]

하지만 1910년 8월 29일 대한제국이 일제에 강제 병합됨으로써 대한제국의 언어는 국가어의 지위를 상실하였다.[20] 더 이상 국문과 국어란 말을 쓸 수 없게 된 상황에서 국어와 국문을 대신하게 된 명칭은 '조선어'와 '조선글'이었는데, 이는 일제의 식민지로 전락한 조선 지역의 언어와 문자를 의미하는 것이었다. 주시경이 1910년에 출간한 『국어문법』을 1911년에 『조선어문법』이란 이름으로 다시 펴낸 것도 한일병합이라는 정치적 상황의 변화 때문이었다.

'한글'이란 명칭이 탄생한 것은 바로 이 무렵이었다.[21] 한글학회는 학회의 기원을 1908년 주시경을 중심으로 결성된 '국어연구학회'로 규정하고 있는데,[22] 국어연구학회는 국권 피탈 이후인 1911년에는 이름을 '배달말글몯음

---

19) 김윤경 엮음, 『주시경선생전기』, 한글 학회, 1960.

20) 고영근, 「"한글"의 유래에 대하여」, 白石 趙文濟敎授 華甲紀念論文集刊行委員會 編, 『白石 趙文濟敎授 華甲紀念論文集』, 白石 趙文濟敎授 華甲紀念論文集刊行委員會, 1983 ; 이병근 외, 「근대 국어학의 형성에 관련된 국어관」 『한국 근대 초기의 언어와 문학』, 서울대학교 한국문화연구소, 2005.

21) 현재 '한글' 명칭의 유래에 대해서는 두 가지 설이 존재한다. '주시경 작명했고 그 제자들이 계승 보급했다'고 보는 고영근의 견해와 최남선 작명하고 주시경이 사용했으며 그 제자들이 보급한 것으로 보는 임홍빈의 견해가 바로 그것이다. 이 글에서는 조선 문자를 지칭하는 새 이름으로서 한글을 적극적으로 사용하고 일반에 보급한 주체로서 그 정통성이 주시경의 제자들과 그들이 조직한 단체, 즉 국어연구학회의 후신인 한글모-조선어연구회-조선어학회에 있다고 보고 그에 따라 서술한다. 한글 명칭 보급에 대해서는 임홍빈도 '뒤에 주시경 계통의 朝鮮語學 클럽이 이 이름을 宣傳하기에 힘썼다'는 최남선의 서술을 수용하고 있다. 고영근, 「"한글"의 유래에 대하여」, 白石 趙文濟敎授 華甲紀念論文集刊行委員會 編, 『白石 趙文濟敎授 華甲紀念論文集』, 白石 趙文濟敎授 華甲紀念論文集刊行委員會, 1983. / 고영근, 「'국문'과 '한글', 그리고 '한글'의 작명부」 『민족어의 수호와 발전』, 제이앤씨, 2008 ; 임홍빈, 「주시경과 "한글" 명칭」 『한국학논집』 23, 계명대학교 한국학연구소, 1996. / 임홍빈, 「'한글' 命名者와 史料 檢證의 問題」 『어문연구』 135, 한국어문교육연구회, 2007.

22) 한글학회, 『한글학회 100년사』, 한글학회, 2009, 5쪽.

(朝鮮言文會)'으로 바꾸어야 했다. '조선언문회'를 덧붙인 까닭은 당국에 등록할 때 편의를 위한 것이었고,[23] 배달은 '조선', 몯음은 '회'를 의미하였다. 배달은 고조선의 이름과 관련된다는 점에서 우리 민족의 정체성을 드러내는 이름이었다. 그러나 이 회는 1913년 3월 23일 임시총회에서 학회의 이름을 다시 '한글모'로 바꾸었다. '배달말글'이 '한글'로, '몯음'이 '모'로 바뀐 것인데, 여기서 '한'은 '배달'을 갈음한 것으로 '한국(대한제국)' 혹은 '한(韓)나라'의 '한'을 의미하는 것으로, 결국 '한글'은 '한나라글'을 줄인 것이었다.[24]

'한글' 명칭의 모태가 된 한글모는 1914년 주시경의 급서로 다소 침체되었지만,[25] 한글이란 명칭은 주시경의 제자인 김두봉(1915『조선말본』), 이규영(1916~1919『한글적새』,『한글모죽보기』)에 의해 쓰였다.[26] 한글모는 1919년 조선어연구회로 명맥을 이어갔고,[27] 1921년 12월 3일에는 최두선, 권덕규, 장지영, 이규방, 이승규, 임경재, 이병기, 이상춘, 박순용, 이원규, 김윤경, 신명균, 정열모 등 15~16인으로 총회를 열어 조직의 확장을 도모하였는데, 이들 대다수가 주시경의 제자였다.[28]

---

23) 박지홍,「한글모 죽보기에 대하여」『한힌샘 주시경 연구』 9, 한글 학회, 1996, 21쪽.

24) 한글 학회,『한글 학회 100년사』, 한글 학회, 2009, 30~38쪽 ; 한글을 주시경이 지은 이름이라는 사실을 처음 언급한 것은 환산 이윤재였다. "한글이란 말은 무슨 뜻입니까. 이 말이 생기기는 지금으로 십오년 전에 돌아가신 주시경 선생이 '한글배곧'이란 것을 세우니 이것이 '조선어강습소'란 말입니다. 그 뒤로 조선글을 '한글'이라 하게 되어 지금까지 일컬어 온 것입니다." 이윤재,「한글 강의」『신생』 2-9, 1929(김민수·하동호·고영근 편저,『역대한국문법대계』 제3부 제11책, 탑출판사, 1986, 344쪽).

25) 주시경은 39살 되던 1914년 총독 암살 음모 105인 사건으로 쫓기는 몸이 되어 외국으로 망명을 준비하던 중 뜻밖의 체증에 걸려 타계하였다(김윤경 엮음,『주시경선생전기』, 한글 학회, 1960, 3쪽).

26) 고영근,「"한글"의 유래에 대하여」, 白石 趙文濟教授 華甲紀念論文集刊行委員會 編,『白石 趙文濟教授 華甲紀念論文集』, 白石 趙文濟教授 華甲紀念論文集刊行委員會, 1983, 41쪽.

27) 한글학회,『한글학회 100년사』, 한글학회, 2009, 45~46쪽.

28) 한글학회,『한글학회 100년사』, 한글학회, 2009, 46쪽 ; 김민수에 따르면, 주시경의 제자가 아닌 사람으로는 이호성(경성고보 11회), 심의린(경성고보 9회), 남형우(보성

훗날 최현배는 주시경의 정신적 사업을 이은 것이 조선어연구회라는 사실을 분명히 했고,[29] "나는 스승의 부탁에 따라 우리말 우리글을 오늘까지 갈고 닦고 또 가르치고 있는 것이니, 이 사명을 다한 뒤에는 스승에게로 돌아가 복명할 작정이다."라고 할 정도로 주시경의 가르침에 철저함을 보였다.[30] 실제로 '조선어연구회 → 조선어학회'가 펼친 조선어문의 정리와 한글 전용 운동은 주시경 정신을 계승한 것이었고,[31] 제자들은 스승이 남긴 '한글' 명칭도 계승하면서 보급에 힘썼다.

조선어연구회는 1926년 음력 9월 29일을 '가갸날'로 제정하면서 세종의 훈민정음 반포를 기념하였다. 그 날 기념 잔치 자리에서 조선어연구회의 권덕규는 우리 문자의 명칭을 크고 무한하다는 '한'을 취택해서 '한글'로 하자고 제안하였는데 이견 때문에 즉시 채택되지는 않았지만, 이 내용을 보도한 동아일보는 이미 '한글의 빛'이라는 표현을 사용하고 있었다.[32]

1913년 '한글모'에서 비롯된 '한글'이란 명칭은 조선어연구회의 활동과 언론의 보도 등을 통해 조금씩 노출되고 있었지만, 명칭 보급의 본격적인 출발점은 1927년이었다. 그 해는 동인지 『한글』[33]이 창간되었는데, 그 창간사에

전문 졸업, 강습원 원장), 박현식(미상) 등이 있었다(김민수, 「조선어학회의 창립과 그 연혁」 『주시경학보』 제5집, 주시경연구소, 1990). ; 허재영, 「일제의 동화정책과 조선어학회의 항쟁」, 국립국어원, 『조선어학회 수난 70돌 기념－조선어학회 항일 투쟁의 역사적 의미와 계승』, 국립고궁박물관 본관 강당, 2012.10.12. 111쪽.

29) 최현배, 『한글의 바른 길』, 정음사, 1937, 17쪽(김민수·하동호·고영근 편저, 『역대한국문법대계』, 탑출판사, 1983. 제3부 제12책).

30) 최현배, 「나의 걸어온 학문의 길」 『사상계』 23, 사상계사, 1955.6, 29쪽.

31) 이현희는 주시경의 국문 연구를 바로 계승한 것은 김두봉과 이규영이라고 분석하면서도 주시경의 표기법 이론이 '통일안'의 밑거름이 되었으며, 한글 바로풀어쓰기나 한글 전용론은 최현배 등 제자들에게 계승되었다고 보았다(이현희, 「주시경 선생이 후세에 남긴 업적과 영향」 『주시경학보』 제8집, 주시경연구소, 1991.12). ; 1931년 조선어연구회는 조선어학회로 이름을 바꾸었다(한글 학회, 『한글 학회 100년사』, 한글 학회, 2009, 53쪽).

32) 『동아일보』 1926.10.6. 「이 하늘과 이 싸우에 거듭 퍼진 한글의 빛」 ; 최현배, 『한글갈』, 정음사, 1940, 69~70쪽.

해당하는 「첨 내는 말」에는 한글 탄생의 의미가 담겨 있다.

> 『한글』이 나왔다. 『한글』이 나왔다. 훈민정음의 아들로 나왔으며 이천삼백 만 민중의 동무로 나왔다. 무엇하러 나왔느냐. 조선말이란 광야의 황무(荒蕪)를 개척하며 조선글(한글)이란 보기(寶器)의 묵은 녹을 벗기며 조선문학의 정로(正路)가 되며 조선문화의 원동력이 되어 조선이란 큰집의 터전을 닦으며 주초를 놓기 위하야 병인 이듬해 정묘년 벽두에 나왔다.[34]

『한글』은 훈민정음의 아들이자 2,300만의 동무로 세상에 나왔다고 하였다. '조선글(한글)'이라고 표기한 것은 '한글'이라는 이름이 아직 일반에 알려지지 않았음을 시사한다. 『한글』은 조선글의 묵은 녹을 벗기고, 조선 문학의 정로, 조선 문화의 원동력이 될 것이라는 야심찬 포부를 밝혔다. '한글'이라는 새 명칭은 잡지 『한글』의 탄생을 낳았고, 『한글』이 나옴으로써 한글의 성장과 발육을 돕는 선순환의 구조가 마련되었다.

그 제1호에는 최현배의 「우리 한글의 세계 문자상 지위」와 신명균의 「한글과 주시경 선생」이 실렸는데, 최현배는 인간 생활의 영귀한 산물, 문자 가운데 우리 한글(정음, 언문, 본문)은 소리글 가운데 가장 진보된 계단에 속해 있는 것이라면서 한글의 우수성을 강조했으며,[35] 신명균은 세종에 의해 탄생한 한글이 암담한 구렁에 빠졌다가 19세기 말 조선어문의 제2의 은인 주시

---

33) 이 『한글』은 1927년 2월에 창간하여 1928년 10월의 제9호로 끝났는데, 필자는 신명균, 권덕규, 이병기, 최현배, 정열모 등에 한정되어 있었으며, 명목상의 발행처는 '한글사'였으나, 모든 실제적인 업무는 신소년사(대표 이중건)에서 도맡았다. 이것은 1932년 5월에 조선어연구회에서 기관지(학회지)로 창간한 『한글』의 모태가 되기는 했으나 그 성격이 다르다. 그러므로 각각 '동인지 『한글』', '기관지 『한글』'로 구별해 오고 있다(한글학회, 『한글학회 100년사』, 한글학회, 2009, 274~278쪽). 이 글에서도 기본적으로 그와 같은 구분을 존중하되, '기관지 『한글』'은 꼭 필요한 경우가 아니면 『한글』이라 하기로 한다.

34) 한글사, 동인지 『한글』 창간호, 1927.2, 1쪽.

35) 한글사, 동인지 『한글』 창간호, 1927.2, 54~56쪽.

경의 탄생으로 다시 빛을 보게 된 인연을 강조하면서 한글에 대한 깊은 관심을 촉구하였다.[36] 훗날 최현배는 동인지 『한글』과 관련해서 다음과 같이 평가하였다.

> 그 이듬해에 조선말 조선글의 연구 잡지 『한글』이 몇몇 조선말 연구자의 손으로 간행되게 됨으로부터 이 새 이름이 일반의 의식에 오르게 되어, 그 해의 기념일부터는 '한글날'로 고치게 되어, 한글의 운동이 자꾸 성대하여 짐을 따라, 한글이란 이름도 더욱 널리 퍼지고 깊이 뿌리박아, 일반 사회가 즐겨 쓰게 되었다.[37]

위에서 보듯이 1927년에 발간한 동인지의 제호 『한글』은 잡지의 이름일 뿐만 아니라 곧 우리 문자를 지칭하는 새 이름이 되었고, 조선어연구회는 새 이름 '한글'을 채용하여 1928년에는 '가갸날'이란 명칭을 '한글날'로 개정하였다. 물론 일반에 대한 동인지 『한글』의 전파력이나 기념일의 이름을 개정한 것만으로 그 이름이 널리 전파되었을 거라 보기는 어렵지만, '한글날'을 전후로 나온 '한글 생일', '한글날에 기념 강연'과 같은 언론 기관의 보도는 독자들에게 '한글'이란 이름을 전파하는데 크게 영향을 끼쳤을 것이다.[38] '한글날'을 계기로 동아일보를 비롯한 언론 기관들도 '언문'과 '조선문자'란 명칭 대신에 일제히 '한글'을 사용하기 시작하였다.[39]

---

36) 한글사, 동인지 『한글』 창간호, 1927.2, 62~64쪽.

37) 최현배, 『한글갈』, 정음사, 1940, 70쪽 ; 한글날을 10월 9일로 확정한 것은 1940년 7월에 발견된 『훈민정음』 해례본의 기록에 따른 것으로 1940년 11월의 일이었다(조선어학회, 『한글』 81, 1940.11).

38) 『동아일보』 1928.11.11. 「한글 생일」, 11.12. 「한글날에 기념강연」 ; 『조선일보』 1928.11.22. 「한글명절 기념강연」 ; 이것은 현재 인터넷 기반에서 만들어지는 '열공', '폭풍 눈물', '멘붕' 등과 같은 낯선 신조어들이 언론과 방송을 통해 대중적으로 보급되는 현상과 크게 다르지 않았을 것이다.

39) "이 논문에서 사용된 한글, 정음이라 함은 조선문자 또는 언문이란 말과 꼭가튼 의미로 사용한 것이다. 웨 재래의 용어를 버리고 그러한 신어를 사용하는가 하는 이유는 여긔서 진술키를 기(忌)한다(『동아일보』 1927.10.27. 「한글운동의 의의와 사명 一」)

조선어연구회는 대중을 직접 만나는 강습회를 통해서도 한글 명칭을 널리 보급하였다. 1927년 1월에 '조선어강습회'란 이름으로 강습회를 다시 열었는데,[40] 조선어 철자법 제정이 본격화한 1930년 무렵부터는 강습회의 명칭을 대개 '한글강습회'라 하였다. 그것은 강습 내용의 변화에 따른 변경이었지만, 어떻든 그런 과정을 통하여 한글이란 명칭은 대중 속으로 널리 퍼져 나갔으며, 다른 단체에서도 그런 이름의 강습회를 수시로 열었다.[41]

한글 명칭 보급에는 문자 보급 운동에 나선 언론도 일조했다. 조선일보는 1927년 1월 '한글'란을 개설하였으며,[42] 1929년 7월 14일부터 '아는 것이 힘, 배워야 산다'는 기치를 내걸고 전국 규모의 '귀향남녀학생 문자보급운동'을 시작하였다. 방학을 맞은 학생들이 귀향하여 고향 사람들에게 조선일보에서 마련한 교재를 활용해 한글을 가르쳤는데, 첫해에 409명의 학생이 참여했고, 1934년까지 모두 8,187명이 참가하였으며, 수강자 수는 1933년까지 34,216명이었다. 조선일보는 대학생들을 주체로 한 강습뿐만 아니라 교재로서 '한글원본'이란 글자가 큼지막하게 새겨진 『한글원본』을 발행하여 1929년에서 1936년까지 96만 부를 배포하였다.

동아일보는 1931년부터 1934년까지 '브나로드 운동'을 전개하였다. 브나로드는 러시아의 지식층이 농민 속에 들어가 벌인 계몽운동에서 유래한 것으로 동아일보의 브나로드 운동은 학생계몽대를 조직하여 한글에서 숫자, 위생과 학술 강연 등 다양한 분야에 걸쳐 이루어졌으나 핵심은 문맹타파와 한글 보급이었다. 1931년 계몽대원 423명을 시작으로 1934년까지 모두 5,751명이 참가하였고, 수강생은 모두 97,598명이었으며, 210만 부의 교재가 배포되었다. 초기 교재는 이윤재 편 『조선어 대본』과 백남규 편 『숫자대본』이 사용되

40) 이 강습회는 학회 초기인 1909년에서 1917년까지 주시경과 그 제자들에 의해 운영된 '국어강습소 → 조선어강습원 → 한글배곧'의 교육 활동을 계승한 것이라 할 수 있다 (한글학회, 『한글학회 100년사』, 한글학회, 2009, 141~155쪽).

41) 한글 학회, 『한글 학회 100년사』, 한글 학회, 2009, 166~167쪽.

42) 『조선일보』 1927.1.1. 「한글란에 대하여」

었지만, 1933년 7월 1일 이윤재가 지은 『한글공부』를 냈고, 10월 29일 제정한 조선어학회의 『한글 마춤법 통일안』 20만 부를 인쇄하여 국내외에 배포하였다.[43] 신문에 '한글'란이 개설되고, 강습회 교재로 사용한 『한글원본』, 『한글공부』, 『한글 마춤법 통일안』 등이 발간됨으로써, 신문의 독자들과 강습회에 참여한 대학생들과 수강생들을 시작으로 한글 명칭이 널리 보급되었다.

'한글' 명칭의 보급은 1933년 10월 29일 조선어학회가 『한글 마춤법 통일안』을 발표하면서 정점에 달했다. 학회는 '통일안'의 홍보에 총력을 집중하였다. 기관지 『한글』도 제11호(1934년 4월)부터는 "『한글』의 종래의 편집 방법을 바꾸어, 될 수 있는 데까지 통속을 주장하여, 누구라도 한글을 자유로 학습하며 실제로 응용하기에 편리하도록 힘써서, 일반 대중의 요구에 응하고자 하는 것입니다."[44]라고 편집 방침의 전환을 선언했다. 학자들의 연구의 장인 학술지에서 일반 대중의 계몽을 위한 대중지로 전환한 것이었다.[45] 제10호(1934.1)는 '통일안' 특집으로 발간하였으며, 제18호(1934.11)는 '통일안' 해설로 모든 지면을 구성하였다. 제16호의 '독자의 소리'에는 '조선어'와 '언문'이란 명칭 대신에 '한글'을 쓰자는 신영철의 글을 싣기도 하였다.[46]

학회의 '통일안'이 발표되자 언론에서는 각종 기사를 게재하였다. 예컨대 동아일보는 1933년 10월 21일과 22일에 '한글철자법통일안' 제정 보도 기사를 내는 것을 시작으로 29일과 31일, 11월 9일에 관련 기사를 내면서 '통일안'대로 본보의 철자를 갱신했음을 공표하였고, 10월 29일에는 부록으로 '한글마춤법통일안'을 발행하였다.[47] 조선중앙일보는 10월 ?일에서 11월 7일까

---

43) 정진석 편, 「문자보급을 통한 농촌계몽과 민족운동」 『문자보급운동교재』, LG상남언론재단, 1999. 『한글원본』은 45쪽, 『한글공부』는 139쪽에 표지 사진이 실려 있다.

44) 조선어학회, 『한글』 11, 1934.4, 1쪽.

45) 리의도, 「잡지 《한글》의 발전사」 『한글』 256, 2002.6, 255~256쪽.

46) 조선어학회, 『한글』 16, 1934.9, 7쪽.

47) 『동아일보』 1933.10.21. 「과학적한글마춤법 통일안을완성」, 1933.10.22. 「한글통일안

지 모두 7차례에 걸쳐 '통일안' 전문을 게재하였다.[48] 조선일보는 1933년 10월 21일 한글 철자 통일안이 19일 최종 회의에서 통과되었다는 보도 기사를 시작으로, 10월 29일에는 '통일안'을 부록으로 만들어 무료로 배부하였으며, 11월 11일부터 12월 20일까지 「지상강습」란을 마련해 모두 31회에 이르는 '통일안' 해설 기사를 실었다. 해설을 담당한 것은 학회의 이윤재였다.[49] 이러한 기사들은 '통일안'에 관한 보도와 해설, 찬성과 지지, 반대와 비판 등에 걸친 다양한 내용을 담는 것이었지만, 빈번한 언론의 보도를 통하여 '통일안'의 내용만이 아니라 '한글'이란 명칭도 널리 퍼져 나갔다.

최현배가 남긴 휘호에 얽힌 일화에서도 한글 명칭이 정착돼 가는 모습을 발견할 수 있다. 1932년에서 1936년 사이에 최현배는 경성에 있는 한 음식점 방명록에 '한글이 목숨'이라는 글을 남겼다. 음식점 주인은 1932년부터 1936년까지 금서집(錦書集)이란 제목의 방명록에 손님들로부터 글을 받았는데, 거기에 남긴 글이다. 왜 하필 그 시기에 그런 글을 남겼을까? 1935년 여름 조선총독부는 돌연 한글강습회를 중지시켰다.[50] 강습 중지의 표면적인 이유

의 완성을듣고」, 1933.10.29.「한글통일안대로 본보철자도갱신」「한글통일안 부록으로 독자에게 배부」, 1933.10.31.「사백팔십칠년전 …… 문자로갱생한이날」, 1933.11.9.「백오십여인이회합 한글위원십팔인을위로」

48) 『조선중앙일보』의 「한글철자법통일안내용」은 10월 31일자에 실린 두 번째 내용부터 11월 7일자로 실린 (끝)까지만 확인할 수 있다.

49) 『조선일보』 1933.10.21.「한글 철자 통일안 19일 최종 위원회에서 통과. 내용은 현행법에 철저적 개량. 불일 일반에게 발표」, 1933.10.25.「조선 어학회 결정 한글 철자법 통일안 래29일 독자에게 무료배부」, 1933.11.11~12.20.「지상강습. 한글마춤법. 통일안 해설 1-31」

50) "총독부에서는 금년에는 민간신문사에서 또는 기타의 단체에서 하기 사업으로 실시하는 문자보급운동에 대하야는 일제 허가하지 않기로 되었다 한다. (중략) 학무국에서는 하긔방학은 생도의 휴양긔간이므로 그 때에 다른 운동에 참가하면 휴양도 안될 뿐 아니라 하긔의 학과복습에도 방해가 되며 또한 당국의 실시 중인 농촌진흥운동과는 다른 계통으로 계몽운동을 하면 총독부 당국의 금간판인 농촌진흥운동과 민심진작운동의 통일적 실시가 곤난하다는 것이 학생참가금지리유로" 『조선일보』 1935.6.11.「민간문자보급운동 일체불허가방침」.

는 학생들의 휴양 문제, 총독부 사업인 농촌진흥운동, 민심진작운동과의 충돌 문제 등이었으나, 이는 총독부가 조선어를 드러내놓고 탄압한다는 것을 감추기 위한 핑계에 불과한 것으로, 속내는 일본어 교육을 강화하고 조선어 교육을 제한하는 교육방침과 상치하는 문자보급운동을 탄압하지 않을 수 없었던 데 있었다. 한글 운동에 대한 일제의 방해 공작이 본격화되는 상황에서 '한글이 목숨'이라는 절박한 외침이 터져 나왔다. 최현배가 남긴 '한글이 목숨'이라는 촌철살인의 문구는 민족의 명운이 한글에 달려 있다는 최현배의 생각과 한글 수호의 의지가 함축된 것으로서, 이미 '한글'은 '언문'을 대신하고 있었던 것이다.[51]

한글 명칭이 일반에 보급되는 상황은 당시 신문 보도를 통해서도 확인할 수 있다. 그러나 1910~1945년에 발행된 모든 신문을 전수 조사한다는 것은 불가능에 가깝고, 시간의 흐름에 따라 한글 명칭이 보급되는 대략적인 상황을 파악하는 것이 목적이므로 조선일보 아카이브, 동아일보(네이버 뉴스라이브러리), 한국언론재단 신문 기사 검색 기능을 활용했다.[52]

〈표 20〉 신문 기사의 한글 명칭

기 간	조선일보 (1920.5.12. ~)	동아일보 (1920.4.1. ~)	기타 언론	합계
1910.1.1. ~ 1920.12.31	0	0	0	0
1921.1.1. ~ 1925.12.31.	0	0	1	1
1926.1.1. ~ 1930.12.31.	290	301	61	652
1931.1.1. ~ 1935.12.31.	287	1130	122	1539
1936.1.1. ~ 1940.12.31.	30	276	15	321
1941.1.1. ~ 1945.8.15.	0	0	0	0

51) 인터넷 외솔기념관 http://www.oesol.kr/
52) 조선일보 아카이브 http://srchdb1.chosun.com/pdf/i_archive/ ; 동아일보 http://newslibrary.naver.com/search/searchByDate.nhn# ; 한국언론재단 http://www.kinds.or.kr/ ; 검색기의 기능상 "정확한 글을 써야 한다."와 같은 문장에서 '한글'이 검색되었을 가능성을 배제할 수 없으므로 실제 노출 빈도는 표에 적힌 숫자보다 다소 적을 수 있다.

앞의 <표 20>은 조선일보, 동아일보, 한국언론재단 신문 기사 검색에서 신문의 제목과 본문에 '한글' 이름을 사용한 기사의 건수를 정리한 것이다.

검색 결과에 따르면 1920년 12월까지 신문 기사에 한글 명칭은 단 1건도 사용되지 않았다. 기사 제목에 '한글'이 처음 등장하는 것은 1924년 4월 1일자 시대일보였는데, 거창기독교 청년회에서 조선어 사상을 보급하기 위해 한글강습회를 개최했다는 소식으로 강사는 이윤재였다.[53] 한글이란 명칭이 세상에 알려지지 않은 이른 시기에 '한글강습회'란 이름이 붙은 것은, 강사가 조선어연구회의 이윤재였기 때문이었던 것으로 봐야 할 것이다.

한글 명칭이 신문에 자주 등장하기 시작한 것은 1926년 이후인데 첫 기사는 1926년 11월 4일자 동아일보의 가갸날 소식을 알리는 기사였다.[54] 1930년까지 5년 동안 제목과 본문에 한글이 등장한 횟수는 조선일보 290건, 동아일보 301건, 기타 언론 61건으로 '한글', '한글강습회', '한글날'과 같은 제목이 자주 등장하였다. '가갸날'을 한글날로 바꾼 것은 1928년이었지만, 1928년 이전까지는 '가갸'와 '한글'이 함께 사용되었다.

한글이 가장 많이 등장한 시기는 1931년부터 1935년이었다. 조선일보 287건, 동아일보 1130건, 기타 언론 122건이었다. 이 기간에는 조선일보와 동아일보의 문자보급운동이 활발하게 전개되고 있었고, 학회에서도 자체적으로 한글강습회를 개최하고, 『한글 마춤법 통일안』을 제정하는 등 한글을 알리는 왕성한 활동을 하고 있었다. 따라서 이 기간을 한글 보급의 전성기라고 해도 과언은 아닐 것이다.

1936년에 들어서면 신문에서 '한글' 명칭은 급속히 감소한다. 조선일보 30건, 동아일보 276건, 기타 언론 15건이었다. 물론 동아일보의 한글 기사는 276건이나 되었지만, 전 시기의 1,130건에 비하면 급격한 감소였다. 마지막 기사는 조선일보의 「조선학계 총동원 하기특별논문 한글발달사」, 동아일보의

53) 『시대일보』 1924.4.1. 「거창한글강습회」
54) 『동아일보』 1926.11.4. 「'한글'의 새로운빛 오늘이 '가갸날'」

「한글풍월 당선자를 발표」, 매일신보의 「著述, 出版界에 朗報 한글校正의 奉仕 朝鮮語學會의 新事業」이었다. 이들 기사를 끝으로 신문지상에서 한글은 완전히 종적을 감춘다.[55]

이 같은 현상이 빚어진 것은 역시 1935년부터 조선총독부가 한글강습회를 금지하고 1937년 이후 황민화정책을 통해 일본어 보급을 강화하면서 조선어와 한글을 억압한 때문이었다. 1941년 이후 한글이 신문지상에 단 한 건도 등장하지 않은 것은 1937년 조선중앙일보 1940년 조선일보와 동아일보가 폐간된 것이 가장 큰 요인이었는데, 총독부 기관지 매일신보를 제외하고 조선어로 발행하는 신문을 모두 없애야 할 지경에 이를 정도로 일제의 조선어 말살 정책은 극한을 달리고 있었다.[56]

지금까지 '한글' 명칭이 보급되는 상황을 살펴보았다. '한글' 명칭은 국어를 국어라 할 수 없고, 국자를 국자라 할 수 없는 국망의 상황에서 생겨난 이름이었다. '한글'이란 명칭은 국망이라는 불행한 역사적 상황 아래에서 탄생했지만, 새 이름에 걸맞은 새로운 의미를 품고 있었다. '한글'은 한나라글 즉 조선의 문자이며, 크고 무한하고 바른 것이라는 뜻을 모두 함축하고 있었다. 더 이상은 '훈민정음'도 '언문'도 '반절'도 '암글'도 아닌 '한글'이었다.

한글의 작명부에 대해서는 최남선 작명설과 주시경 작명설이 있다. 두 설에는 각각 타당한 논리와 근거가 담겨 있기 때문에 어느 설이 옳다고 단정하기 어렵다. 하지만 설령 한글의 작명부가 최남선이었다고 하더라도 한글을 언문을 대신할 이름으로 인식하고 주체적으로 사용하고 적극적으로 일반에 보급한 것은 다름 아닌 주시경과 그의 제자들이었다.[57]

---

55) 『조선일보』, 1940.8.3. 「조선학계 총동원 하기특별논문 한글발달사」; 동아일보, 1940.7.27. 「한글풍월 당선자를 발표」; 『매일신보』, 1938.3.29. 「著述, 出版界에 朗報 한글校正의 奉仕 朝鮮語學會의 新事業」

56) 정진석, 『한국언론사』, 나남, 1990, 430쪽. 549~550쪽.

57) 이 점에 대해서는 최남선 작명설을 주장하고 있는 임홍빈도 동의하고 있다(임홍빈, 「'한글' 命名者와 史料 檢證의 問題」 『어문연구』 135, 한국어문교육연구회, 2007,

조선어학회는 '한글날'을 제정하였고, 기관지 『한글』을 발행하였으며, 「한글 마춤법 통일안」을 제정하고 보급하였다. 학회의 '한글' 보급 운동은 언론의 전파력에 크게 도움을 받았으며, 문자 보급 운동과 함께 자연스럽게 확산되었고, 민족 문자에 대한 애정을 바탕으로 많은 조선인들의 호응을 얻었다. 특히 일어 상용과 조선어에 대한 억압 속에서 한글은 조선 민족의 정수가 되었고,[58] '언문'을 대신해서 우리 문자를 지칭하는 이름으로 정착되었다.

1942년 10월 발생한 조선어학회사건은 한글 운동의 핵심인 조선어학회의 학자들을 탄압한 폭거로서 한글 운동의 중단을 고한 사건이었지만, 그렇기 때문에 조선인들의 가슴 속에 한글에 대한 애착을 더욱 깊이 새기는 결정적 계기가 되었다. 진흙 속에서 연꽃이 피어나듯이 '한글'은 태어났고, 조선어학회는 '한글'의 탄생과 보급의 중심체였다.

2. 1930년 전후의 한글전용론

민족과 언어 혹은 국가와 언어를 공동 운명체로 판단하여 자국문의 발달을 통해 자국의 발달을 도모할 수 있다고 생각한 주시경은 국문의 서사 문제를 해결하기 위해 『독립신문』 안에 국문동식회(1896)를 조직했으며,[59] 학부의 국문연구소(1907) 등에서 활동하였고, 국어 연구에 전념하여 자신의 학설을 정립하였다. 『대한국어문법(1906)』, 『국어문전음학(1908)』, 『국어문법

10쪽).

58) 신영철은 조선어, 조선인이라 하지 않고 '선어', '선인'이라고 하는 것에 대해 불만을 터뜨렸다(조선어학회, 『한글』 16, 1934.9, 7쪽).

59) 주시경은 『국어문법(1910)』 서문에서 "其國家의 盛衰도 言語의 盛衰에 在하고 國家의 存否도 言語의 存否에 在한지라 是以로 古今天下列國이 各各 自國의 言語를 尊崇하며 其言을 記하여 其文을 各制함이다"라고 서술하였다((주시경, 『國語文法』, 博文書館, 1910(이기문 편, 『주시경전집』 하, 아세아문화사, 1976, 221쪽). ; 신용하, 「주시경의 애국계몽운동」 『한국사회학연구』 1, 서울대학교 사회학연구회, 1977 ; 신용하, 「독립신문과 국문 동식회」 『한힌샘 주시경 연구』 9, 한글 학회, 1996, 16쪽.

(1910)』, 『조선어문법(1911)』 등은 근대 국어학의 기틀을 다진 대표작이었으며, 마지막 저서 『말의 소리(1914)』는 한글 전용의 이상을 담아 순 한글로 발간하였다.

주시경은 학문의 전수에도 최선을 다했다. 1900년 상동 사립학숙에 국어국문과를 부설하고, 1907년부터 청년학원에 하기 국어강습소를 설치하여 청년 학도들에게 국어학을 가르치면서 자신의 사상을 전수하였다.[60] 이 하기 국어강습소가 모태가 되어 1908년 국어연구학회가 창립되었고, 1911년의 배달말글몯음(조선언문회), 1913년 한글모, 1919년 조선어연구회, 1931년 조선어학회로 거듭 발전해 나갔다.

1914년 『말의 소리』를 끝으로 주시경은 세상을 떠났지만, 그가 이룩한 학문적 성과는 문법 정리, 철자 개혁, 한글 풀어쓰기, 한글 전용 등 다양한 분야에 걸쳐 영향을 끼쳤으며, 그의 제자들이 주축이 된 조선어학회는 「한글 마춤법 통일안」(1933), 「조선어 표준말 모음」(1936), 「외래어 표기법 통일안」(1940) 제정 등 많은 성과를 거두었다.

주시경의 국문 전용론 역시 제자들에게 계승되었지만,[61] 식민지 조선은 이러한 주장을 자유롭게 표출할 수 있는 시공간이 아니었다. 갑오경장기 한글의 가치에 주목한 박영효, 윤치호, 유길준 등 개화파 관료들의 문체 실험에서 비롯된 한글 전용 대 국한문 혼용 논쟁은 1900년을 전후로 주시경, 신해영, 이승만, 이종일, 이승교 등 국문 전용론자들과 이광수, 이능화, 한흥교, 여규형, 정교 등 국한문 혼용론자들 사이에 전개되었지만, 더 이상 확산되지

60) 박지홍, 「한글모 죽보기에 대하여」 『한힌샘 주시경 연구』 9, 한글학회, 1996, 30~32쪽.

61) 훗날 조선어학회의 사전 편찬원으로 헌신한 정태진은 주시경을 직접 사사하지는 않았지만, 최후의 저작 『말의 소리』를 순 한글로 쓴 점, 자신의 이름 주시경(周時經)을 '두루 때 글'이라 하고 조선어 강습원을 '한글 배곧'이라 이름 지은 점 등을 근거로 들면서 주시경을 한자 안 쓰기 운동의 선구자로 상찬하였다(정태진, 「주시경 선생 2」 『한글』 101, 조선어학회, 1947.7, 18쪽).

못한 것은 국권 피탈의 결과였다.[62)]

1927년 2월 발간된 동인지 『한글』의 주요 필자는 신명균, 권덕규, 이병기, 최현배, 정열모로 모두 주시경의 제자였다.[63)] 최현배는 조선어강습원의 전신인 국어강습소 제2회, 조선어강습원 중등과와 고등과 제1회 졸업생이었으며, 권덕규, 이병기, 신명균은 조선어강습원 중등과 제1회, 고등과 제1회 졸업생이었고, 정열모는 중등과 제2회, 고등과 제2회 졸업생이었다.[64)]

1928년 10월까지 9차례 발간된 동인지 『한글』에 실린 글들은 대부분 조선어문에 관한 학술 논문들로 한글 전용에 관한 것은 제2호와 제7호에 실린 신명균과 정열모의 글 정도였다. 신명균은 「한자음문제에 대하야」에서 한자가 조선에 유입된 이래 너무 큰 세력을 이룬 탓에 한자의 전폐 문제, 제한 문제가 큰 두통거리가 되었다고 언급하였으며,[65)] 정열모는 「언어와 문자」에서 한자가 너무 복잡하여 학습이 곤란하고 인쇄에 불편한 점이 많다고 지적하면서 한자의 존폐 혹은 제한을 은연중 암시하였지만,[66)] 본격적으로 한자 전폐를 주장하거나 한글 전용을 주장하는 데까지 나아가지 않았다.

그러나 1932년 5월 창간한 조선어학회 기관지 『한글』 제1호에 실린 이갑(李鉀)의 글은 적극적인 한글 전용을 주장한 글로서 주목할 만하다.[67)] 이갑

---

62) 한글 전용 대 국한문 논쟁의 기원을 밝힌 연구로 김인선과 고영근을 참고할 수 있다. 김인선, 「갑오경장 전후의 국문 한문 사용 논쟁」 『새국어생활』 4-4, 국립국어연구원, 1994.12 ; 고영근, 「개화기의 한국 어문운동」 『관악어문연구』 25-1, 서울대학교 국어국문학과, 2000.

63) 한글사, 동인지 『한글』 창간호, 1927.2, 65쪽.

64) 한글 학회, 『한글 학회 100년사』, 한글 학회, 2009, 142~155쪽 ; 박지홍은 초창기 한글 학회 회원들의 활동에 대한 연구를 통해 주시경의 학문이 그의 제자들에게 계승 발전되었음을 규명한 바 있다(박지홍, 「초창기의 한글 학회 회원들」 『한힌샘 주시경 연구』 4, 한글 학회, 1991).

65) 한글사, 동인지 『한글』 창간호, 1927.3, 8쪽.

66) 한글사, 동인지 『한글』 7, 1927.11, 3쪽.

67) 이갑은 중앙고등보통학교 출신으로 1932년 5월 조선어학회의 기관지 『한글』이 나오기 전에 학회에 가입하였지만, 정확한 시기는 확인할 수 없다. 동아일보 기자로 활동하다가 1938년 8월 6일 고향 양평에서 숙환으로 별세하였다(『동아일보』 1938.8.7. 「이

은 한자투성이 신문 글의 난해함을 지적하면서 독자의 편의를 위해 기사를 한글로 작성할 것을 주장하였고, 국한문 혼용체로 작성된 동아일보와 조선일보, 중앙일보의 신문 기사를 각각 1편씩 게재한 다음, 이들 기사를 한글로 바꿔 작성한 글을 함께 제시하였다.[68] 이갑은 이 글을 통해 한글 전용을 주장했을 뿐만 아니라 몸소 실천하고 그 실현 가능성을 입증하였다.

기관지 『한글』 제3호는 어문 정리 운동과 조선어 철자법 제정의 필요성을 역설하기 위해 '철자 특집'으로 발간되었는데, 필자들은 동서 각국의 문자 운동을 다루면서 조선어문에 대한 연구와 철자법 제정의 필요성을 호소하였다. 이희승과 이극로는 일본과 중국의 어문 운동을 일별하면서 한자 폐지 혹은 한자 제한의 필요를 언급하였다. 이희승은 한자 제한의 방향으로 나아가고 있는 일본의 사례를 소개하였고, 이극로는 한자의 종주국인 중국의 주음부호(注音符號) 보급 운동을 소개하였다. 이들의 글은 일본과 중국의 어문 운동에서 한자가 어문의 근대적 발전을 위한 개혁의 대상이 되고 있다는 것을 강조함으로써 일본, 중국과 마찬가지로 한자에 대한 의존도가 높은 조선어문의 발전을 위한 방향으로서 한글 전용의 길을 제시한 것이었다.

한자 폐지 주장은 같은 호에 실린 신명균의 「맞침법의 합리화」에 더욱 선명히 드러나 있었다.

> 지금의 조선글은 한자를 섞어 쓰기 때문에, 박기가 지극히 불편하다. 오늘날 문명에서는 이 인쇄술의 편불편(便不便)이 지극한 관계를 가지고 잇기 까닭으로, 각 민족이 다투어 가면, 인쇄술의 발달을 꾀하고 잇는 것이다. 그러하므로, 조선글도 박기를 편하게 하자면, 무엇보다도 먼저 이 한자의 사용을 폐지할 것이다.[69]

조선어를 잘 배우고, 잘 읽고, 잘 박기를 위해서는 맞춤법을 합리화해야

갑씨 별세」).

68) 조선어학회, 『한글』 1, 1932.5, 20~25쪽.

69) 조선어학회, 『한글』 3, 1932.7, 114쪽.

한다고 주장한 신명균은 인쇄의 불편을 이유로 들면서 조선어를 잘 박기 위해서는 한자 사용을 폐지해야 한다고 단호하게 선언하였다. 『한글』 제4호에 실린 소설가 이태준의 글 역시 한자 무용론을 설파하고 있지만,[70] 이후 한글 전용에 대한 논의는 지속적으로 전개되거나 확산되지 않았다.

'통일안' 보급에 박차를 가하던 1934년 학회는 "『한글』의 종래의 편집 방법을 바꾸어, 될 수 있는 데까지 통속을 주장하여, 누구라도 한글을 자유로 학습하며 실제로 응용하기에 편리하도록 힘써서, 일반 대중의 요구에 응하고자 하는 것입니다."라고 편집 방침의 전환을 선언했다.[71] 핵심은 『한글』을 학자들의 연구의 장인 학술지에서 일반 대중의 계몽을 위한 대중지로 전환한다는 것이었는데, 이는 당시 학회에서 추진하고 있는 어문 정리 사업을 널리 알릴 절실한 필요 때문이었다.[72]

한글 전용 역시 학회의 목표 중 하나였지만 1930년을 지나면서 학회가 철자법 제정에 힘을 집중하고 있었던 점, 표준어 사정과 외래어 표기법 제정, 사전 편찬 등이 그 뒤를 잇는 시급한 과제였다는 점 등을 고려하면 한글 전용 문제는 후순위로 미뤄질 수밖에 없었다. 실제로 1932년부터 간행이 중단되던 1942년까지 『한글』에는 훈민정음과 한글, '통일안'에 관한 글이 빈번하게 등장하였고, 표준어, 사전 편찬, 외래어 표기, 한글 가로쓰기에 관한 글들도 큰 비중을 차지하였지만, 한글 전용에 관한 글이 실린 지면은 제13호, 제23호, 제47호 정도에 불과했다.

제13호(1934. 6)에서는 유진태, 이극로, 김정섭, 신명균, 이중건, 이희석 등의 발기로 서울시보사를 창립하고 가정과 농촌에 유익한 기사를 알아보기 쉽게 순 한글로 발행하게 되었다는 소식을 전하면서 국한문 혼용체 신문만 나오고 있는 조선 사회에 신선한 충동을 주고 있다고 논평했다. 그 신문사의

---

70) 조선어학회, 『한글』 4, 1932.9, 114쪽.
71) 조선어학회, 『한글』 11, 1934.4, 1쪽.
72) 리의도, 「잡지 《한글》의 발전사」 『한글』 256, 2002.6, 255~256쪽.

사장은 유진태였으며 이극로와 신명균이 주간을 맡았고, 발행소는 안국동에 두었으며, 일주일에 한 번 발행하는 주간 신문이었다.[73] 1934년 10월 20일자 서울시보는 출판법 위반으로 압류 처분을 당하기도 하였는데, 당시 발행자는 신명균으로 되어 있다.[74]

제23호(1935. 4)에 실린 「한자를 제한하자」에서 진집종은 우선 한자 습득의 어려움을 지적한 다음, 세종의 훈민정음 반포가 민족의 미래를 내다 본 크나큰 혁명이라 단언하면서 머지않은 미래에 한자를 전폐하고 한글을 전용해야 한다고 주장하였다.[75]

제47호(1937.7)에 실린 「지나의 문자혁명」은 중국의 어문 운동이 주음자모 시대에서 한자 전폐로까지 나아갈 것이라는 일본인 의사 시모세 겐타로(下瀨謙太郎)의 글을 번역한 것으로 조선어가 안고 있는 어문의 정리, 철자법 통일 문제 등을 성찰하는 데 참고 자료로서 제공된 것이었다.[76]

지금까지 조선어학회의 동인지 『한글』과 기관지 『한글』에 실린 글을 통해 1930년 전후의 한글 전용에 대한 생각과 주장을 검토해 보았다. 주시경의

---

73) 조선어학회, 『한글』 13, 1934.6, 14쪽 ; 『동아일보』 1934.6.10. 「조선어학회에서 서울시보 발간」

74) 朝鮮文 出版物 差押 目錄(10월분), 『朝鮮出版警察月報』 第74號(국사편찬위원회 한국사데이터베이스, 『국내외항일운동문서』) 어떤 내용이 문제가 되어 압류되었는지는 알 수 없다. ; 『서울시보』는 1934년 5월 25일 창간되어 1935년 1월 5일까지 발행되었다(박용규, 『조선어학회 항일투쟁사』, 한글 학회, 2012, 126쪽).

75) 조선어학회, 『한글』 23, 1935.4, 7~9쪽.

76) 조선어학회, 『한글』 47, 1937.7, 21~28쪽. 이 글은 일본의 국어애호동맹(國語愛護同盟)에서 발행하는 「국어의 애호(國語の愛護)」 제8호(소화 12년 5월)에 실린 것을 번역 게재한 것이다. 동 동맹에는 법률부, 의학부, 교육부, 경제부 등 4개 부서가 있었으며, 각 분야의 전문가들이 국어 정리, 한자 제한 등의 국어 애호 운동을 위해 활동하고 있었다. 의학부 소속인 下瀨謙太郎은 이 글에서 중국 정부의 약자 사용 장려와 주음부호 사용 장려 운동이 궁극에는 한자를 전폐하고 순전한 표음문자인 주음자모만으로 언어생활을 영위하는 데 목적이 있는 것이라고 분석하고 있으며, 주음자모시대가 실현되면 그 다음은 로마자를 채택하는 데까지 갈 것이라고 전망하고 있다(下瀨謙太郎, 「支那に起っている文字革命の話」 『國語の愛護』 第8号, 國語愛護同盟, 1937.5).

이상이었던 한글 전용은 그의 사후 제자들에게 계승되었으며, 제자들이 중심이 된 동인지 『한글』을 통해 간헐적으로 표출되었다. 조선어학회로 이름을 바꾼 다음에는 본격적인 기관지 『한글』을 통해 한자 폐지에 대한 단호한 주장이 표출되었고, 한자 폐지를 위한 설득의 재료로서 일본과 중국의 문자 개혁 운동을 적극적으로 소개하였다. 그러나 일제의 지배 아래서 한글 전용 운동을 양성화하기는 쉽지 않았다. 특히 일제의 황민화정책과 국어상용정책이 강화되는 1937년 이후에는 더 이상은 한글 전용을 주장하는 글조차 게재되지 않았다.

학회는 조선어문의 통일이라는 실현 가능한 과제들을 우선할 수밖에 없었고, 한글 전용 운동은 때를 기다려야 했다. 일제강점기 내내 잠재되었던 한글 전용의 이상은 해방과 함께 한글이 자유를 되찾으면서 본격화될 수 있었다. 해방 전과 해방 후를 관통하는 학회의 한글전용론은 해방 후 한글 전용 운동을 주도한 최현배의 글을 통해서도 확인할 수 있다. 최현배는 주시경의 가르침에 따라 중등학교에 다니던 17살 때 이미 한글전용론자가 되었고,[77] 1926년에는 신문 투고를 통해 한자 제한의 필요를 제기한 바 있었으며,[78] 1937년 발간한 『한글의 바른 길』에서는 한자 전폐와 한글 전용을 주장하였다.

> 이를테면, 오늘의 조선의 신문이 한자를 교용(交用)함으로써 말미암아 도리어 대중의 보도 기관으로서의 그 중대한 사명을 다하지 못함을 개혁하여, 순전한 우리말, 우리글로 된 신문을 만들어야 할 것이며, 오늘날 조선 출판물에 순 조선글로만 되어 나오는 것은 겨우 소설과 종교 서류에 그쳐 있으니, 이것도 좋은 일이지마는, 우리는 그것으로는 만족할 수가 없다. 우리는 훨씬 그 쓰힘을 넓혀서, 물질 과학과 정신 과학에 관한 모든 저술이 다 순전한 우리말과 우리글로 되도록 하여

---

77) 최현배, 『글자의 혁명』, 정음문화사, 1983(초판 1947.5), 7쪽 ; 최현배는 17살 때 경성고등보통학교에 다니면서 박동 보성학교 안에 설치된 조선어강습원에 나가 주시경 선생의 강의를 들었다(김석득, 『외솔 최현배 학문과 사상』, 연세대학교 출판부, 2000, 23쪽).

78) 『동아일보』 1926.5.16. 「漢字制限을 促함」

> 야 한다. 이리하여, 한자의 전폐로써 그 종극적 목표를 삼을 것이다. 도처에 망국의 문자라고 갈파를 당하는 저 지극히 어려운, 따라 지극히 비싼, 한자를 전폐하고서, 우리의 모든 사상, 감정의 발표를 단순히 우리말, 우리글로써 자유롭게 하는 시기-그 때에는 우리 조선의 문화가 얼마나 고속도로 발달될 것을 생각해 보라-가 하로라도 속히 실현되도록 하여야 할 것이다.[79]

최현배는 대중의 보도 기관으로서 신문이 그 사명을 다 하려면 순 조선글, 즉 한글로만 기사를 작성해야 한다고 지적하고, 나아가 물질과학과 정신과학에 관한 책을 비롯한 모든 저술이 순 한글로 이루어져야 한다면서 한자의 전폐를 주장하였다. 최현배는 한자를 망국의 문자로 규정하였고, 어려운 글자로 간주하면서 순전한 우리말과 우리글이어야만 근대화를 이룰 수 있다고 생각했다. 한자를 망국의 문자로 규정한 최현배의 인식에는 우승열패와 적자생존의 진화론적 언어관이 작동하고 있었다.[80]

그러나 일제강점기는 한글의 자유를 박탈당한 시기였다. 일제의 황민화와 국어상용정책이 가장 큰 장해였지만, 일제가 일본어와 한자를 혼용하는 언어정책을 취하고 있었던 것도 조선어에서의 한자 폐지를 공론화하기 어려운 한 요인이었다.[81] 학회는 실천 가능한 과제로서 철자법 제정과 표준말 사정, 사

---

79) 최현배, 『한글의 바른 길』, 정음사, 1948, 30쪽(김민수·하동호·고영근 편저, 『역대한국문법대계』 제3부 제12책, 탑출판사, 1983). ; 최현배의 『한글의 바른 길』은 1937년에 발간되었다. 이 글에서 인용한 것은 『역대한국문법대계』에 실린 것으로 1948년에 정음사에서 다시 발행한 것이다. ; 최현배는 1926년 9월부터 12월까지 65회에 걸쳐 동아일보에 발표한 '조선민족 갱생의 도'에서 한자를 배우느라 민족의 정력을 허비한 탓에 나라를 잃게 되었다며 한자를 '망국의 문자'로 규정한 바 있다(최현배, 『조선민족 갱생의 도』, 정음사, 1962(초판 1930), 58쪽). ; 『조선민족 갱생의 도』 머리말에는 66회 연재한 것으로 돼 있으나, 실제 연재 횟수는 65회였다.

80) 정승철은 주시경의 어문민족주의를 계승한 최현배가 스승의 시대와는 다른 역사적 조건 속에서 사회진화론을 수용하였으며, 진화론적 언어관에서 한자보다 우월한 한글, 방언보다 우월한 표준어라는 인식을 정립했다고 분석하였다(정승철, 「어문민족주의와 표준어의 정립」 『인문논총 23, 경남대학교 인문과학연구소, 2009).

81) 稲葉繼雄, 「解放後におけるハングル韓國專用論の展開－美軍政期を中心に－」, 筑波大

전 편찬 등 긴급을 요하는 문제들에 집중할 수밖에 없었고, 미래를 기약할 수 없는 막막한 현실 속에서 한글전용론은 잠행을 거듭해야 했다.

제2절 해방 직후 한자 폐지 운동

1. 한자폐지실행회의 활동과 조선교육심의회의 한자 폐지

1945년 9월과 10월에 최현배와 장지영은 미군정 학무국 편수과 직원이 되었고, 10월 30일에는 학회의 이병기(李秉岐)가 국어교과서 중학교 편수의 주임을 맡았다.[82] 조선어학회의 핵심 인사들이 미군정 학무국의 요직에 배치됨으로써 학회의 오랜 이상인 한글 전용 운동을 펼치는 데에도 최상의 여건이 마련되었다.[83]

1945년 10월 중순 시내 숙명고녀에서 학회 회원을 중심으로 한글 전용 운동의 시작을 알리는 중요한 모임이 소집되었고, 이날 장지영을 위원장으로 하는 한자폐지실행회발기준비회(이하 준비회)가 성립되었다. 모임에 참가한 준비위원은 30명이었고, 신중한 토론 끝에 '민족 문화의 기초인 우리말의 발전'을 위해 노력할 것을 결의하고 다음과 같은 강령과 실행 조건을 발표하였다.[84]

學文藝言語學係,『文藝言語硏究』言語篇 8, 1983.12, 65쪽 ; 진재교는 일제 강점으로 국문운동 주도 세력이 국외로 망명하고, 한문폐지불가론자들이 친일세력으로 득세하면서 국한문체의 표기법이 보편적 지위를 얻게 되었다고 하면서 이것은 일제가 국한문체를 공식 문체로 삼고 국문운동을 말살한 결과라고 했다(진재교,「북한의 어문정책과 한문교육」『한문교육연구』 14, 한국한문교육학회, 2000, 29쪽).

82) 이병기,『가람일기 2』, 신구문화사, 1976, 562~563쪽.

83) 어문 정책과 어문 운동의 개념을 분석한 허재영은 국가나 정부 차원에서 권위적으로 강제적으로 이루어지는 어문 문제에 대한 정책을 어문 정책으로, 개인이나 단체에 의해 자발적으로 이루어지는 어문 문제 인식 및 해결 노력을 어문 운동으로 정의했다(허재영,「어문 정책 및 어문 운동의 개념과 대상」『겨레어문학』 29, 겨레어문학회, 2002).

◇ 강령
一. 우리는 삼천만 동포 하나 하나가 눈뜬 봉사가 없게 하자
一. 우리는 우리 말과 우리 글로 새 문화를 건설하자
一. 우리는 우리 말과 우리 글이 세계문화를 지도하는 데까지 이르도록 힘쓰자
◇ 실행조건
一. 초등교육에서 한자를 뺄 것(다만 중등교육 이상에서 한자를 가르치어 동양고전연구의 길을 열기로 할 것)
一. 일상생활문에 한자를 섞지 아니할 것 다만 취미에 따라서 순한문을 쓰는 것은 개인자유에 맡길 것
一. 신문 잡지는 그 어느 면 무슨 기사임을 물론하고 한자를 아니 섞을 것
一. 편지 겉봉, 명함, 문패도 모두 한글을 쓸 것
一. 동서고금의 모든 서적을 속히 한글로 번역할 것

준비회는 강령과 실행 조건을 통해 한글 전용 운동의 목표와 함께 구체적 실천 방안을 제안하였다. 해방 직후 문맹률은 78%에 이를 정도로 대단히 높았는데,[85] 문맹 상태인 민중을 구제하는 것이 무엇보다 시급한 과제라고 판단했던 준비회는 문맹 퇴치를 최우선의 목표로 내걸었고, 일제에 억눌렸던 우리말과 글로써 조선적인 새 문화를 창조할 것은 물론 나아가 세계 문화를 지도한다는 높은 이상을 제시하였다.

이 같은 목표와 이상을 실현하기 위해 준비회는 2단계 목표를 설정하였다. 1단계는 초등교육과 일상 생활문, 신문 등에서의 한자 폐지였다. 학생과 대중에게 가장 큰 영향력을 미칠 수 있는 교육과 언론에서부터 한글 전용을 실현한 다음, 2단계로 언어생활 전반에서 한글 전용을 확대한다는 것이었다. 학회는 한자 폐지 반대에 대한 대비책으로서 동서고금의 모든 서적을 한글로 번역할 것을 제안했다. 물론 이것은 역사와 문화의 단절을 막고 전통을 계승

84) 『매일신보』 1945.10.16. 「한자폐지실행회발기준비회 결성」(국사편찬위원회 한국사데이터베이스, 『자료대한민국사』 제1권) ; 한글문화보급회, 『한글문화』 창간호, 한글문화보급회, 1946.3, 33~34쪽.
85) 한국교육십년사간행회, 『韓國敎育十年史』, 풍문사, 1960, 110쪽.

하고 보전하는 것이 첫째 목적이었지만, 동시에 한자 폐지 반대 여론을 사전에 차단하겠다는 전략의 하나였다.

이후 준비회는 한글 전용에 찬성하는 동지를 규합해 1945년 11월 30일 오후 3시 숙명고녀에서 발기총회를 개최하였다. 각계 인사 1,171명이 한자폐지실행회에 동참했으며 이극로 외 69명의 위원이 선거되었다. 이들은 한자 폐지 실행 방법을 토의한 결과 군정청 학무당국에 대하여 초등학교 교과서에서 한자를 폐지하라는 건의를 가결하고, 정거장 이름, 관청, 회사, 상점, 학교 기타 공공단체의 문패, 간판도 국문화할 것과 각 언론 기관과도 긴밀한 제휴를 할 것 등을 결의하였다.[86]

한자폐지실행회가 본격적인 활동에 들어가면서 한자 폐지에 대한 사회 여론이 조성되자, 미군정 학무국 조선교육심의회에서도 한자 문제에 대한 논의를 시작하였다. 미군정 학무국에 설치된 기구라 해도 실상은 조선의 교육 관계자들로 구성된 모임이었다. 조선교육심의회의 교과서분과위원회는 자체 회의를 거쳐 다음과 같은 한자폐지안을 본회의에 제출하였다.[87]

---

86) 『중앙신문』 1945.12.3. 「한자폐지실행회 발기총회 개최」(국사편찬위원회 한국사데이터베이스, 『자료대한민국사』 제1권). ; 『동아일보』 1945.12.3. 「한자철폐하자」 ; 『조선일보』 1945.12.3. 「漢字 폐지 발기 총회에서 국문 전용 실행을 가결」 ; 김민수에 따르면 한자폐지실행회의 주축은 1945년 학회에서 개최한 한글강습회 사범부와 고등부 졸업생들이었다(김민수, 「조선어학회의 창립과 그 연혁」 『주시경학보』 5, 주시경연구소, 1990, 65쪽).

87) 미군정 학무국은 교육 현안을 해결해 나가기 위해 조선의 학계와 교육계 인사들로 조선교육심의회를 설치하였다. 11월 23일 조선교육심의회 제1차 전체회의를 열고 10개의 분과위원회 설치를 결정하였다(문교40년사편찬위원회 엮음, 『문교40년사』, 문교부, 1988, 52~58쪽). ; 미군정 학무국에 대한 연구는 이광호, 「미 군정기 한국교육의 체제형성에 대한 고찰」, 연세대 대학원 석사논문, 1983 / 한성진, 「미군정기 한국교육 엘리트에 관한 연구」, 연세대학교 대학원 석사논문, 1986 / 정태수, 「미군정기 한국교육행정의 기구와 요원의 연구」 『교육행정학연구』 6, 교육행정학회, 1988 / 玄恩柱, 「미군정기 한국교육주도세력과 교육재건에 대한 일연구: 1945-1948년 교육주도세력을 중심으로」, 명지대 대학원 석사논문, 1995 / 김용일, 「미군정기 교육정책 지배세력 형성에 관한 연구」 『교육행정학연구』 13, 교육행정학회, 1995 등이 있다.

> 한자 사용을 폐지하고, 초등·중등 학교의 교과서는 전부 한글로 하되, 다만 필요에 따라 한자를 도림(괄호) 안에 적어 넣을 수 있음.[88]

당시 교과서 문제를 다룬 제9분과위원회의 위원들은 최현배, 장지영, 조진만(趙鎭滿), 조윤제(趙潤濟), 피천득(皮天得), 황신덕(黃信德), 웰치(Welch, J. C.) 중위, 김성달(金性達) 등이었는데,[89] 한자 폐지를 적극 주장한 것은 최현배, 장지영 등 조선어학회 회원이었고 조진만, 피천득 등이 이에 동조하였다.[90] 그리고 모두 10개 분과로 이루어진 조선교육심의회에는 초등분과에 이극로, 이호성, 교육행정에 최두선, 교육이념분과의 백낙준 등 학회 회원이 포진해 있었고, 같은 교육이념분과의 안재홍은 조선어학회사건 때 수감되는 등 학회와 깊은 인연을 맺고 있었다. 한자 폐지에 적극적으로 나선 학회 인사를 중심으로 한자 폐지에 찬성하는 이들의 협력에 의해 1945년 12월 8일 조선교육심의회 전체회의에서 결국 다음과 같은 한자폐지안이 가결되었다.[91]

> (一) 한자 폐지 여부에 관한 일
> 1. 초등, 중등교육에서는 원칙적으로 한글을 쓰고, 한자는 안 쓰기로 함.
> 2. 일반의 교과서에는, 과도기적 조치로, 필요하다고 생각하는 경우에는 한자를 함께 써서, 대조시켜도 무방함.
> 3. 다만 중학교에서는 현대 중국어 과목, 또는 고전식 한문 과목을 두어서, 중국과의 문화적, 경제적, 정치적 교섭을 이롭게 하며, 또는 동양 고전에 접근할 길을 열어 주기로 함. 다만, 한수자에 한하여는 원문에 섞어 써도 좋음.
> 4. 이 한자 안 쓰기의 실행을 미끄럽게 빨리 되어 가기를 꾀하는 의미에서, 관공서의 문서와 지명, 인명은 반드시 한글로 쓸 것(특히 필요하다고 하는 경우에는 한자를 함께 써도 좋음)을 당국과 긴밀한 연락을 취하기로 함.
> 5. 위의 4조와 같은 의미에서 사회 일반, 특히 보도 기관, 문필가, 학자들의 협력을

88) 한글학회 50돌 기념 사업회, 『한글학회 50년사』, 한글학회, 1971, 418쪽.
89) 문교40년사편찬위원회 엮음, 『문교40년사』, 문교부, 1988, 56~57쪽.
90) 최현배, 「한글을 위한 수난과 투쟁」 『나라사랑』 10, 외솔회, 1973.3, 189쪽.
91) 한글학회 50돌 기념 사업회, 『한글학회 50년사』, 한글학회, 1971, 418쪽 ; 이응호, 『언어정책의 역사적 연구: 한글전용 대책편』, 서울: 한글전용국민실천회, 1969, 14~15쪽.

구할 것.

(二) 가로글씨(橫書)

1. 한글은 풀어서 왼쪽에서 오른쪽으로 나아가는 순전한 가로글씨로 함이 자연적인 동시에 이상적임을 인중함.
2. 그러나 이 이상의 가로글씨를 당장에 완전히 시행하기는 어려우니까, 이 이상에 이르는 계단으로, 오늘의 맞춤법대로의 글을 여전히 쓰더라도, 그 글줄(書行)만은 가로(橫)로 하기로 함.
3. 첫째 목(項目)에서 규정한 이상적 순전한 가로 글씨도 적당한 방법으로 조금씩 차차 가르쳐 가기로 함.[92]

결의 내용은 두 가지였다. 하나는 초등과 중등 교과서에서 한자를 폐지하는 것이었고, 하나는 한글의 이상적 글쓰기가 왼쪽에서 오른쪽으로 나아가는 가로쓰기임을 인증하면서도 시행을 유보한다는 것이었다. 가로쓰기는 서사체계의 개혁으로서 한글의 자모를 '자음자+모음자+자음자=학교'와 같이 음절 단위로 모아서 쓰는 것이 아니고, 로마자처럼 한글의 자모를 풀어서 'ㅎㅏㄱㄱㅛ'와 같이 쓰는 것으로서 완벽한 한글 전용의 이상과 맞닿아 있는 것이었지만, 당장 시행이 불가능하다는 현실적 여건을 고려하여 뒷날의 과제로 미루어졌다.[93]

교과서에서 한자를 쓰지 않기로 한 조선교육심의회의 결정은 비록 초등과 중등 교과서에만 적용되는 것이었지만 교육 언어에서 한자를 폐지한 최초의 결정이자 조선어 글쓰기의 기본 방향을 정하는 획기적인 조치였다. 한자폐지안이 전체회의에서 통과된 것은 교과서분과위원회는 물론 조선교육심의회 전체회의에서도 큰 영향력을 행사한 조선어학회 회원들의 노력의 결과였다.

---

92) 문교부, 『한자 안 쓰기의 이론』, 조선교학도서주식회사, 1948, 1~2쪽.

93) 가로쓰기를 주창한 주시경의 뜻을 이어받은 최현배는 문법 연구에 전념하는 한편 가로쓰기에 대한 연구에도 심혈을 기울여 조선어학회사건으로 수감되어 있던 함흥형무소에서 자신의 가로쓰기안을 완성하였으며, 해방 후인 1947년 출간한 『글자의 혁명』을 통해 체계화된 가로쓰기안을 제시하였다. 옥중 완성한 가로쓰기안에 대한 기술은 최현배, 「나의 걸어온 학문의 길」『사상계』 23, 사상계사, 1955.6, 34쪽을 참고.

한자 폐지=한글 전용의 길은 주시경 이래 학회의 이상이었다. 해방과 함께 학회의 활동 공간이 마련되었고, 미군정 학무국에도 진출한 회원들은 학회의 명망과 미군정 학무국의 권한을 십분 활용하여 한자 폐지를 관철시켰다. 그리고 무엇보다도 중요한 사실은 당시 교과서분과와 조선교육심의회에 참여하고 있던 교육계 인사들이 어려운 한자 대신 한글을 대중문화 건설, 민주 국가 건설의 도구로, 새 문화의 표현 기관으로 삼자는 학회의 의견에 폭넓게 동의하고 있었다는 점이다.

그렇다고 해서 한자 폐지에 모두 찬성한 것은 아니었다. 교과서분과위원 조윤제는 한자 폐지에 반대하였고,[94] 12월 8일 전체회의에서는 제3분과 교육행정 위원이었던 현상윤(고려대학교 총장) 역시 한자폐지안에 반대하였다.[95] 교과서분과 위원 중 유일하게 한자 폐지에 반대한 조윤제의 회고는 당시 한자폐지안이 어떠한 논의 과정을 거쳤는지를 가늠할 수 있는 중요한 단서를 제공해 준다.

---

94) 조윤제(1904~1976)는 경북 예천 출생으로 1924년 3월 대구고등보통학교를 졸업, 그해 4월 경성제국대학 예과(豫科)가 창설되자 제1회생으로 문과에 입학, 이어 1926년 4월 경성제국대학 법문학부 문학과에 진학, 조선어문학을 전공하는 유일한 학생이 되었으며, 1929년 3월에 동 학부를 졸업, 문학사의 학위를 얻었다. 이어 동 학부의 촉탁(囑託)·조수를 거쳐 1932년 3월 경성사범학교 교유(敎諭)로 임명되었으며, 이해 4월에 그의 첫 저서가 된 『조선시가사강(朝鮮詩歌史綱)』을 쓰기 시작하였다. 1939년 3월 경성사범학교를 사임, 자유의 몸으로 당시 보성전문학교 도서관장이던 손진태(孫晋泰), 뒤이어 대학 후배인 이인영(李仁榮)과 모여 학문연구방법론을 토론하고, 그 결과 민족사관의 입장을 밝혔다. 그 뒤 경신학교·양정중학교·동성상업학교·천주교신학교 등의 강사를 역임, 1945년 8월 조국광복과 함께 경성대학 법문학부 재건의 책임을 맡았으며, 이어 동 대학의 법문학부장, 개편된 서울대학교의 대학원 부원장, 문리과대학 교수 및 동 학장을 역임하고, 다시 성균관대학교 교수, 동 대학원장 및 부총장을 역임한 뒤 청구대학·영남대학교 교수를 역임하다가 71세 때인 1974년 2월 영남대학교에서 정년 퇴임하였다(한국학중앙연구원 한국역대인물종합정보시스템 http://people.aks.ac.kr/index.aks).

95) 한글학회 50돌 기념 사업회, 『한글학회 50년사』, 한글학회, 1971, 418쪽 ; 이응호, 『언어정책의 역사적 연구: 한글전용 대책편』, 서울: 한글전용국민실천회, 1969, 14~15쪽.

> 그런데 과반 과도조선문교부주재에 조선교육심의회가 열리어 청천벽력으로 한자폐지문제가 상정되자 그냥 의결되어 오늘의 국어교과서는 그 취지에 편찬이 되고, 사실상 국민학교에는 한자가 폐지되고 말었다. 영단이라 할가 무모라 할가 나는 이사실의 앞에서 참을 수 없는 어떤 울분을 느낀다. 내 자신 교육심의회위원의 한자리를 더럽혔고 또 마침 해당 문제를 심의하는 분과위원회의 위원이 되어 이와 같은 문제는 지금의 심의회의 심의사항이 되지 않음을 지적하고 맹렬히 반대하였었다. 그러나 분과위원 전부가 한자폐지를 주장하는데 있어서는 어떻게 할 수가 없어 최후의 표결에는 기권하고 총회에 가서 반대할 자유를 보류하여, 총회에 가서 또 반대하였었다. 다행이 유위한 여러 위원의 찬동을 받어 첫날은 유회가 되었었으나 그 다음 총회에서 내가 결석한대로 다수결로 원안이 통과되었다고 한다.[96]

조윤제의 글에 따르면 한자폐지안의 통과는 결코 간단히 이루어지지 않았다. 분과위원 중 조윤제가 맹렬하게 반대를 하였고, 전체회의에서도 조윤제의 의견에 동조해 반대한 위원들이 여럿 있었음을 알 수 있다. 시인 김기림 역시 문단의 관계자로서 1945년 겨울 한자 문제 논의에 참여하였지만 최현배를 비롯한 한자폐지론자들의 주도 아래 신중한 논의 없이 교과서 한자 폐지가 결의되었다고 당시를 회고한 바 있다.[97]

---

96) 조윤제, 『국어교육의 당면 문제』, 문화당, 1947, 101~102쪽(김민수·하동호·고영근 편저, 『역대한국문법대계』 제3부 제14책, 탑출판사, 1983).

97) "군정 문교부 편수국 수뇌부에, 한자폐지론의 총대장격인 최현배 씨가 진을 치고서, 학교 교과서에서부터 한자를 없앨 계획을 세우고 마구 우겨서 실천에 옮기고 있어서, 그적에 벌써 당연히 활발한 논의가 있어야 할 것이었음에도 불구하고 아마 현란한 정국의 격동에 휩쓸려, 또 한편에는 최현배 씨가 걸머진 군정과 조선어학회라는 두 겹의 후광에 압도되었던가, 이런 문제의 전문가인 어학자 편에서도, 더 이상 문제를 전개시키지 않고 말았고 문학자 또한 별로 거들떠 보지 않았었다." 김기림, 『文章論新講』, 민중서관, 1950, 287~288쪽 ; 김기림(1908~?)은 함경북도 성진 출생으로 니혼대학(日本大學) 문학예술과를 거쳐 도호쿠대학(東北大學) 영문과를 졸업하였다. 귀국하여 경성중학교(鏡城中學校)에서 영어와 수학을 가르쳤으며 조선일보 학예부장을 지내고, 1933년 구인회(九人會)의 회원으로 가입하였다. 1946년 1월 공산화된 북한에서 월남하였는데, 이때 많은 서적과 가재를 탈취당해 곤궁한 나날을 보냈다. 좌익계 조선문학가동맹에 가담하고, 1946년 2월 제1회조선문학자대회 때 '우리 시의 방향'에 대하여 연설하였으나, 정부수립 전후에 전향하였다. 월남 후 중앙대학·연희대학 등에 강

전체회의에서 조윤제에 동조해 한자폐지안에 반대한 이들이 누구였는지 모두 확인할 수 없지만, 최현배에 따르면 그 중 한사람은 현상윤이었다.[98] 현상윤은 최현배와 같은 주시경의 조선어 강습원 고등과 제1회 졸업생이었지만,[99] 한자 문제에 있어서는 견해를 달리하여, "언문이란 여인네들이나 가르칠 것이지, 당당한 남자들에게 그것을 가르쳐서 무식장이를 만들자는 말인가?"라며 맹렬히 반대하였다.[100]

조윤제가 "한자 폐지라는 문제가 비록 적은 듯 하지마는 실은 민족의 발전 국가의 운명에 걸리는 큰 국사이기 때문이다."라고 단언할 정도로 한자폐지안은 국가의 문자생활뿐만 아니라 국운 그 자체를 좌우할 수도 있는 중차대한 문제였기에 한자폐지안을 놓고 치열한 논쟁이 일었던 것은 지극히 당연한 일이었다.[101] 한자 폐지와 유지 중 어느 쪽이 옳은가 하는 문제를 놓고 다툰 정부 차원의 공식적인 논쟁에서 조선어학회 회원을 중심으로 하는 한자폐지론자들이 승리를 거둔 것은 한글 전용이라는 문자 생활의 기본 방침을 결정한 역사적인 사건이었다.

사로 출강하다가 서울대학교 조교수가 되고, 그가 설립한 신문화연구소의 소장이 되었다. 한국전쟁 때 납북되어 북한에서 죽은 것으로 알려져 있으나, 그 시기는 알 수 없다. 부인과 5남매가 서울에 살고 있다(한국학중앙연구원 한국역대인물종합정보시스템 http://people.aks.ac.kr/index.aks).

98) 현상윤(1893~?)은 일본 와세다대학(早稻田大學) 사학과를 졸업하였고, 1918년 중앙(中央)학교 교사로 부임하였다. 3·1운동 관계자로 2년간 복역하였고, 출옥 후 중앙고등보통학교 교장에 취임하였으며, 1922년 1월 이상재(李商在)를 대표로 하는 조선민립대학기성회(朝鮮民立大學期成會) 결성에 참여, 중앙집행위원으로 활약하였다. 광복 후 경성(京城)대학 예과(豫科)부장을 지냈고, 1946년 보성전문학교(普成專門學校) 교장을 역임하다가 고려대학교로 승격됨에 따라 초대총장이 되었다. 한국전쟁 때 납북되었다(한국학중앙연구원 한국역대인물종합정보시스템 http://people.aks.ac.kr/index.aks).

99) 한힌샘 연구 모임 엮음, 「한글모 죽보기」『한힌샘 연구』 1, 한글학회, 1988.5, 181쪽.

100) 최현배, 『한글의 투쟁』, 정음사, 1954, 123쪽.

101) 조윤제, 『국어교육의 당면 문제』, 문화당, 1947, 102쪽(김민수·하동호·고영근 편저, 『역대한국문법대계』 제3부 제14책, 탑출판사, 1983).

조윤제와 현상윤 등 일부 반대자가 있었지만 한자폐지안은 전체회의를 통과하였다. 최현배는 조선교육심의회의 절대 다수의 위원들이 시대착오, 민족의식의 배반, 남존 여비의 사상, 한자 숭배, 자기 문화의 멸시의 논리에 찬동하지 않았으므로 한자폐지안이 순조롭게 통과될 수 있었다고 당시를 회고하였다.[102] 최현배는 '순조롭게'라고 표현하였지만, 앞서 살펴본 것처럼 그 과정이 결코 순조로웠던 것만은 아니었으며, 전체회의에서 통과된 한자폐지안이 실행에 옮겨지기까지의 과정 역시 그리 간단한 문제가 아니었다.

1945년 10월 30일부터 학무국 편수과 편수관으로 근무하고 있던 이병기의 일기에 따르면, 12월 10일 군정청 202호실에서 국어교본편찬위원회가 열렸고, 30인이 모여 한자 폐지 문제를 토의했다. 지극히 짤막한 기록이어서 구체적인 내용을 파악할 수 없지만 조선교육심의회의 결의안대로 한자 폐지를 교과서에 적용할 것인가를 토론하였을 것이다. 하지만 위원회는 아무런 결론도 내지 못하고 파했으며, 12월 17일과 19일에 재차 열린 회의에서 다시 한자폐지안에 대해 토론했지만, 역시 미결로 끝났다.[103]

한자폐지안 실행 문제는 결론을 내지 못한 채 해를 넘겼고, 그 후로도 찬반 양측의 격렬한 공방이 오고간 끝에 3월 2일 열린 회의에서 표결에 들어감으로써 극적인 결론을 내릴 수 있었다.

> 지난 2일 오후 두시 군정청에서 열린 정례의 교육심의회에서 신중한 토의를 거듭한 결과 한자폐지는 三十一 대 十으로 가결되엇고 횡서를 쓰자는 것은 三十七 대 一로 채택되엇다는 것이다. 이 두 가지 안은 교육심의회 제9분과회의 제안으로 이를 해설한 이는 현제 학무국 편수과장 崔鉉培씨로 초등학교 교과서부터 전문대학에 이르기까지 횡서를 쓰자는 것이요 또 교과서로부터는 일체로 한자를 쓰지 말자는 것이다.[104]

102) 최현배, 『한글의 투쟁』, 정음사, 1954, 124쪽.
103) 이병기, 『가람일기 2』, 신구문화사, 1976, 565~566쪽.
104) 『자유신문』 1946.3.4. 「교육심의회서 결정된 한자폐지와 한글횡서」; 조선일보는 사

결과는 한자폐지안 찬성론자들의 승리였다. 조선교육심의회에서 한자폐지안이 결의되고도 근 3개월 만에 드디어 횡서와 함께 한자폐지안을 실행하기로 결정이 된 것이다. 표결에 들어가는 마지막 순간까지 한자 폐지를 강력하게 주장한 것은 최현배였고, 찬성자 31인이었으나 반대자도 10인이나 되었다. 3배수가 넘는 압도적인 표차라고는 할 수 있겠지만, 한자 폐지에 대한 반대 의견이 적지 않았음을 알 수 있다.

이상 검토한 것처럼 12월 8일의 한자폐지안 가결에서 이듬해 3월 2일 한자폐지안 실행 가결까지 교과서에서 한자를 폐지하는 문제는 결코 순조롭지 않았다. 그러면 산고의 진통 끝에 나온 위 결정은 실제 교과서 제작에 적용되었을까? 결과를 확인하기 위해 1945년에 나온 교과서와 1946년, 1947년, 1948년에 나온 교과서를 비교해 보았다.

1946년 3월 이전에 나온 교과서로는 조선어학회에서 편찬한 『한글 첫 걸음』과 『초등국어교본 상』이 있었다. 『한글 첫 걸음』은 각 과의 제목을 한자로 一, 二, 三으로 표기한 것, 그리고 '여자', '부모'와 같은 낱말 옆에 괄호를 치고 '여자(女子)', '부모(父母)'라 표기한 것 외에 한자가 그대로 노출된 것은 없었다. 『초등국어교본(상)』은 전체적으로 단어 학습과 문장 학습으로 구성되었는데, 역시 각 과의 제목을 한자로 표기한 것, 그리고 본문에 나온 낱말 중 '일전'과 같은 낱말을 아래 각주에서 다시 "일전(一錢)"이라고 설명한 것 외에 한자 표기는 없었다.[105] 이것은 이 책들이 한자 폐지 결의 이전에 나온 것이라 해도 조선어학회 편찬 교과서다운 한글 중심의 표기가 일찍부터 반영된 것이라 할 수 있을 것이다.

조선어학회가 편찬한 『초등국어교본(중·하)』는 1946년 4월과 5월에 각각

설을 통해 한자폐지가 결정되었다는 내용을 전했다(『조선일보』 1946.3.5. 「한자전폐 시비」).

105) 조선어학회, 『한글 첫 걸음』, 군정청 학무국, 1945.11.6 ; 조선어학회, 『초등국어교본(상)』, 군정청 학무국, 1945.12.30.

발행되었다. 시점상 3월 결정이 즉각 반영되었는지 여부는 판단하기 어렵지만, 조선어학회 편찬인 만큼 한글 중심으로 나왔다. ‘하’에서는 ‘제 이과 돈의 내력’처럼 제목을 모두 한글로 표기하였고, 본문에서만 일부 낱말에 한해 ‘가축(家畜)’, ‘곡물(穀物)’처럼 한자를 협서하였다. ‘중’의 내용은 확인하지 못했지만 비슷한 체제를 취했을 것으로 보인다. 일부 낱말에 한해 글자 위에 한자를 표기한 것은 1945년 12월 8일 한자 폐지 결의 2항에서 “일반의 교과서에는, 과도기적 조치로, 필요하다고 생각하는 경우에는 한자를 함께 써서, 대조시켜도 무방함.”이란 단서를 고려하면 단계적인 한자 폐지의 뜻에서 어긋나는 것은 아니었다.

역시 3월의 한자 폐지 결정이 잘 적용되었는지 여부를 확인할 수 있는 것은 그 이후에 나온 교과서일 것이다. 먼저 1946년 5월에 발행된 『초등공민』 제오륙학년함께씀, 즉 5·6학년용은 본문 열다섯 개 과로 구성되었는데, 설명이 필요한 한자 낱말의 경우 한자를 모두 괄호 안에 표기하는 방식을 취하고 있다.[106] 1946년 9월 15일에 발행된 『초등셈본』 6-1과 6-2는 각각 20개와 15개 과로 구성되었는데, 본문에서 한자 표기는 배제되고 모두 한글로만 기술되었다.[107]

1947년 9월 1일에 을유문화사에서 발행한 『일반과학 물상편』은 목차에서 일러두기, 본문까지 모두 한글 전용으로 돼있다. 과목의 특성상 전열기(Electric heater), 전등(Electric lamp)과 같이 괄호 안에 영어를 넣어 설명하는 방식이 두드러지게 눈에 띄지만, 한자 괄호 쓰기는 없다. 다만, 겉장 제목 위에 ‘文教部 檢定畢 正式教科書로 使用함을 認定함 檢定年月日 檀紀4280年8月21日 檢定官廳 文教部’라는 관인만이 한자로 찍혀있다.[108] 이것은 이 설명

106) 군정청 학무국, 『초등공민 오륙학년용』, 조선서적인쇄주식회사, 1946.5.5. 이 책은 대전에 있는 한밭교육박물관 소장 자료임.

107) 군정청 문교부, 『초등셈본』 6-1, 1946.9.15 ; 군정청 문교부, 『초등셈본』 6-2, 1946.9.15. 이 책은 대전에 있는 한밭교육박물관 소장 자료임.

이 학생들이 학습하는 본문과 무관하다고 판단한 결과였거나 한자로 '관인'을 작성해 온 오랜 습속 때문이었을 것이다.

다음은 1948년 8월 30일에 문교부가 발행한 『중등국어 3』이다. 모두 35개 과로 구성되었는데, 목차에서 과를 나타내는 숫자를 一, 二, 三으로 표기하였지만 제목은 모두 '一. 자중심'과 같이 한글로 표기하였다. 다음은 본문의 일부이다.

> 진흥왕(眞興王) 이전 삼국(三國)정립(鼎立) 시대의 신라는 주위에 둘린 제국에 끊임 없는 압박을 받아 왔다. 서(西)으로는 백제, 북으로는 고구려, 다시 남으로는 가라(伽羅) 제국도 모두 이 후진국인 신라를 압박하였다. 그리고, 무엇보다 신라의 지리 상 위치는 다른 나라에 비하여 자못 손색이 없었으니, 반도의 동쪽에 편재하여, 해안선이 짧고, 산악이 많고, 기름진 평야는 별로 없었다.[109]

이상 확인한 것처럼 본문에서는 일부 낱말에 한해 한글 위에 한자를 덧붙이고 있지만 한자 표기가 들어간 낱말의 수는 적은 편이다. 제3과 최현배의 '한글의 가로씨기'에서는 본문 들어가기 전에 제시된 짧은 설명문에 '쓰다(用)'와 '씨다(書)'를 구분한다는 것 외에는 한자 괄호 쓰기 없이 모두 한글로만 기술되었다.

1946년 3월 이후 발행된 모든 교과서를 확인하지는 못했지만 이상 몇 권의 교과서 검토를 통해서 1945년 12월 8일 조선교육심의회의 한자 폐지 결의와 1946년 3월의 실행 결의에 따라 교과서 한자폐지안이 실제 초등과 중등 교과서 편찬에 적용된 사실을 확인할 수 있었다.

이상 확인한 바, 결과적으로 교과서 한자폐지안은 문교부의 강력한 실행

---

108) 신효선·이종서 같이 지음, 『일반과학 물상편』, 을유문화사, 1947.9.1. 이 책은 서울교육박물관 소장 자료임.

109) 문교부, 『중등국어 3』, 조선교학도서주식회사, 1948.8.30. 인용문은 19쪽. 이 책은 서울교육박물관 소장 자료임.

의지에 따라 교과서에 적용되었지만, 말처럼 간단히 실행에 들어갈 수 있는 문제가 아니었던 만큼 신중에 신중을 기했다. 1945년 12월 미군정 사회과가 한자 폐지에 대한 일반 시민의 의견을 듣기 위해 설문 조사를 실시한 것도 한자 폐지 문제가 간단히 처리될 사안이 아니었다는 한 사례일 것이다.

2. 한자 폐지에 대한 사회의 여론

1945년 12월 8일 조선교육심의회에서 한자폐지안이 가결되면서 한자 폐지를 둘러싼 논쟁이 점화되었다. 조선어학회를 중심으로 한자 폐지를 주장하는 세력과 소수였지만 한자 폐지를 반대한 이들 간에 논쟁이 벌어졌고, 이에 대한 일반의 견해도 엇갈릴 수 있는 상황이었다. 이에 미군정청 사회과에서는 한자 폐지 문제에 대한 일반 시민의 의견을 듣기 위해서 설문조사를 실시하였다. 다음은 당시 조사 결과를 발표한 신문 기사의 내용이다.

> 한자 폐지의 여론이 분분함으로 군정청 사회과에서는 구랍 22일부터 일주일간 종로거리를 중심으로 통행인을 상대로 여부를 조사하여 보았다 한다. 조사 인원은 일반 시민 1,384명과 교육자 438명 도합 1,822명인데 이중 한자폐지를 하자는 말을 들었다는 사람이 시민 중에 1,078명인데 그 중 교육자가 434명으로 거의 다 알고 있는 모양인데 찬성하는 시민은 549명이고 교육자 246명으로 반수 이상이 찬성을 표시하였다.[110]

조사는 1945년 12월 22일부터 일주일간 진행되었다. 전체 응답자는 일반 시민과 교육자를 합쳐 1,822명이었으며, 이들 중 한자 폐지 문제를 사전에 알고 있는 시민은 1,078명이었고, 이 가운데 교육자가 434명이었다. 그렇다면 사전에 문제를 인지하고 있던 시민의 숫자는 644(1,078-434)명이 된다. 교육자의 경우 438명 중 4명을 제외한 434명이 한자 폐지 문제를 인지하고 있

---

110) 『동아일보』 1946.1.11. 「한자폐지를 일반은 찬성」

었을 정도로 교육 현장의 관심이 높았던 데 비해서 일반인의 경우는 1,384명 중 644명인 46.5%로 큰 차이를 나타냈다.

찬반 조사 결과에 따르면 찬성하는 시민은 549명이었고 교육자는 246명이었다. 여기 제시된 시민 549라는 숫자가 시민 644명에 대한 것이라면 찬성률은 85.2%에 달한다. 그런데 교육자의 경우 찬성자 246명이 434명에 대한 비율이라면 찬성률은 56.7%다. 양쪽을 합하면 73.7%이므로 반수 이상 찬성이라는 보도는 대체로 타당하다 할 것이다.[111] 하지만 한자 폐지에 대한 일반 시민의 찬성률이 높은 데 반해 교육자들의 찬성률이 높지 않은 것으로 나타난 것은 한자 폐지에 반대하는 교육자의 비중이 적지 않았음을 나타내는 결과라 할 수 있을 것이다.

군정청의 조사 외에 또한 주목할 만한 내용은 1946년 1월에 창간호를 낸 『신천지』가 관련 분야의 전문가들을 대상으로 실시한 설문 조사였다. 『신천지』는 설문 대상자들에게 두 가지를 질문하였다. 첫째는 한자 전폐에 대한 가부와 이유였고, 둘째는 국문 횡서의 가부와 이유였다. 국문 횡서란 앞서 언급한 것처럼 주시경에 의해 주창되고 최현배로 계승된 가로글씨를 가리키는 것인데, 12월 8일 열린 조선교육심의회 전체회의에서 가로글씨(橫書)는 한글을 표기하는 이상적 글쓰기로 규정되었지만 현실적 여건 때문에 시행은

---

111) 설문 조사에 대한 기사 분석에서 김동석은 찬성하는 시민 549명의 의미가 전체 찬성 인원인지, 일반인의 찬성 인원인지 불분명하다고 지적하고, 549가 일반인을 의미한다면 일반인 찬성 549명과 교육자 찬성 246명을 합해 795명이 되지만, 총 549명의 찬성 인원 중 교육자가 246명이고, 일반인이 303명이라면 교육자의 여론은 반대(188명)보다 찬성(246명)이 높았고, 일반인의 여론은 찬성(303명)보다 반대(331명)가 더 높은 것으로 해석할 수 있다고 했다(김동석, 「해방기 어문운동이 문학에 미친 영향」, 임형택·한기형·류준필·이혜령 엮음, 『흔들리는 언어』, 성균관대학교 대동문화연구원, 2008, 529~530쪽). 하지만 김동석의 지적을 수용한다면 '반수 이상이 찬성을 표시하였다'는 기사의 결론은 성립할 수 없다. 김동석의 지적대로 보도 내용이 명확하지 않은 것은 사실이지만, 당시 기자가 이 정도의 사실 관계도 분간을 못하고 기사를 작성하지는 않았을 것이다.

뒤로 미뤄졌다.[112] 여기서는 한자 전폐에 대한 응답자들의 의견만 정리해 보고자 한다.

설문 대상자는 시인, 소설가 등 문학인을 비롯해서 정치 평론가, 언론인, 대학 교수, 사학자에 이르는 사계의 권위자들로서 당대의 여론을 주도할 수 있는 위치에 있었다. 전체 응답자는 23명이었는데, 이중 한자 폐지에 찬성한 이는 노천명(盧天命, 시인), 김영수(소설가), 함상훈(咸尙勳, 정치 평론가), 양재복(梁在服, 신조선보 주필), 윤태웅(尹泰雄, 연전 교수), 이관구(李寬求, 서울신문사 주필) 등 6인이었고,[113] 반대한 이는 김남천(金南天, 소설가), 임화(林和, 평론가), 백남운(白南雲, 학술원 원장), 박찬모(朴贊謀, 소설가), 이원조(李源朝, 평론가), 김영건(金永鍵, 사학자), 임병철(林炳哲, 고려문화사 주간), 이태준(李泰俊, 소설가), 김광섭(金珖燮, 시인), 이헌구(李軒求, 평론가), 김광균(金光均, 시인), 성인기(成仁基, 조선일보사), 계용묵(桂鎔默, 소설가), 서강백(徐康百, 서울신문사 편집차장), 홍기문(洪起文, 서울신문사 편집국장) 등 15인이었다. 분명하게 가부로 답하지 않은 2인 중 민영규(閔泳珪, 연전 교수)는 우리글을 충분히 습득할 때까지는 시간이 걸리는 일이므로 즉각적인 한자 전폐에 회의적인 의견을 피력했으며, 김□□(金□□ 조선일보 논설위원)은 중간 단계를 거쳐서 한자 폐지로 나가야 할 것이라고 주장했다.[114]

한자 전폐가 가능하다고 응답한 이들은 우리 글을 살려야 우리의 얼이 살고(노천명), 문자 생활은 한글만으로 충분하며(김영수), 완벽한 한글을 두고 남의 글자를 쓸 이유가 없으며(양재복), 한자 폐지로 다소 불편이 있더라고 민족의 만년 대계를 위해 용단을 내려야 한다(윤태웅)는 것이었다. 이상 한

---

112) 문교부, 『한자 안 쓰기의 이론』, 조선교학도서주식회사, 1948, 2쪽.

113) 이관구는 응답란에 부(否)로 표시되어 있지만 내용을 보면 한자 전폐에 원칙적으로 찬성하고 있다. 다만 실행은 국민학교부터 하고 한자를 사용할 경우 극도로 제한해야 한다고 주장했다.

114) 서울신문사출판국·국학자료원, 『신천지』 창간호, 서울신문사출판국, 1946.2, 32~35쪽.

자 전폐 찬성자들의 주장은 언어세계관, 언어민족일체관, 한글에 대한 강한 자아의식과 주체 의식의 바탕에서 나온 것으로 볼 수 있을 것이다.

반면에 무려 16인에 달한 한자 전폐 반대자들의 주장은 다음과 같다. 시기상조이므로 한자 제한이 가하다(김남천, 임병철). 한자 전폐로 문화의 표현력이 저하될 것이다(임화). 한자로 된 문화유산을 기초로 하지 않고 신문화 건설을 상상할 수 없다(백남운, 서강백), 한자 전폐하면 문화의 혼란이 온다(이원조). 국수주의 운동을 경계해야 한다(김영건). 정부 수립 후에 신중히 논의해야 할 문제다(이태준). 한자도 필요한 지식이다(이헌구). 조선의 문화는 한자를 토대로 하고 있다(성인기, 계용묵). 반대자들 가운데는 단지 시기의 문제를 지적한 김남천, 임병철, 이태준 같은 이도 있었지만, 대부분이 한자 문화권의 일원으로서 일구어 온 조선의 문화적 전통에 주목하면서 한자의 역사성과 한자가 지닌 우수성을 보전하고 계승해야 할 가치로 판단하였다. 결국 이들의 주장은 한자 전폐는 불가하고 일부 한자 제한은 가능하니, 한글과 한자를 섞어 쓰는 국한문 혼용이 바람직하다는 것이었다.

『신천지』의 설문 조사를 통해서도 드러났지만 문학인들은 한자 폐지를 비롯한 국어 문제에 관심이 높았고 자신들의 의견을 적극적으로 표시하였다. 이는 1946년 2월 8일과 9일 이틀에 걸쳐 서울시에서 개최된 제1회 전국문학자대회를 통해서도 표출되었다.[115] 대회 첫날인 9월 8일 긴급 결의에서 한자 폐지를 둘러싼 문제가 논의되었다.

> 박찬모: 한자폐지 제한문제 횡서문제, 외래어 문제 같은 것은 일부 완미한 학자들의 독선적 주장이 있는데 또 이것이 학문에 있어서의 파쇼적 경향으로 나타나고 있다는 것은 단연코 배격해야 할 것입니다. 따라서 여기에 대한 우리들 문학자

115) 이태준, 피천득, 김기림, 김광균, 오장환, 임화, 이기영, 노천명 등 조선을 대표하는 문학인 91인과 각계 초청인사 262인, 방청자 537인이 참석한 성대한 대회였다(최원식 해제, 조선문학가동맹 엮음, 『건설기의 조선문학 제1회 전국문학자대회 자료집 및 인명록』, 온누리, 1988, 173~174쪽).

로서의 어떤 태도는 이 대회를 통하여 해명되어야 할 줄로 믿습니다.

이태준: 이 문제에 대한 결정을 이 자리에서 심의하기는 심심한 연구도 필요할 것이고 구체적 입안을 얻기까지는 시간적으로 사실상 곤란할 것이니 학술, 문화 및 교육 각계의 전문가로 공동기관을 설치하고 연구토의할 것을 본대회가 환기 요청하도록 하는 것이 어떻겠습니까?

일동: 좋습니다. 찬성입니다.[116)]

박찬모는 한자 폐지를 비롯한 문제가 일부 완미한 학자의 독선적 주장이며 학문에 있어서 파쇼적 경향으로 나타나는 것을 배격해야 한다며 문제를 제기하였고, 이태준은 이 문제를 해결할 수 있는 사계의 전문가가 참여하는 공동기관을 만들 것을 제안하였다.[117)] 이태준의 안은 참가자 다수의 동의를 얻어 가결되었고, 다음 날 국어문제에 대한 결정서가 마련되었다.

국어문제에 대한 결정서

한자폐지, 혹은 제한, 횡서문제 등 우리문학뿐 아니라 민족문화 건설상 중대한 관계가 있는 국어문제는 십수의 의견으로 결정할 것이 아니므로 문화 각계의 전문가로 구성된 공동기관만이 결정할 수 있다고 생각한다. 따라서 본대회는 이 문제의 정당한 해결을 위해서 동맹은 솔선하여 이러한 공동기관설치에 착수하기를 결정하고 거기에 필요한 방침의 작성과 실행을 동맹 지도기관에 위임한다.

---

116) 최원식 해제, 조선문학가동맹 엮음, 『건설기의 조선문학 제1회 전국문학자대회 자료집 및 인명록』, 온누리, 1988, 181쪽.

117) 이태준(1904.11.4~)은 강원도 철원에서 출생했다. 휘문고등보통학교를 중퇴하고 일본의 상지(上智)대학에 유학했다. 단편소설 『오몽녀』를 『조선문단』에 발표하면서 문단에 입문했다. 귀국 후 이화여자전문학교에서 강사로 활동했고, 중외일보, 조선중앙일보 기자로도 활동했다. 1933년 이효석, 김기림, 정지용, 유치진 등과 구인회를 결성했다. 1930년대 말에는 순수문예지 『문장』의 소설 추천위원으로 활동하였다. 해방 후 문화건설중앙협의회, 문학가동맹, 남조선민전 등에 참여했고, 문학가동맹 부위원장, 민전 문화부장, 현대일보 주간 등을 역임했고, 1946년 6월경 월북하였다. 북조선문학예술총동맹 부위원장, 국가학위수여위원회 문학분과 심사위원 등을 역임했다(한국학중앙연구원 한국역대인물종합정보시스템 http://people.aks.ac.kr/index. aks ; 임형택·민충환 편, 「이태준 연보」 『이태준 단편선 해방 전후』, 창작과비평사, 1992).

1946. 2월 9일.
제1회 전국문학자대회[118)]

참가자들은 국어문제를 십수의 의견, 즉 일부 국어학자들의 독선적인 결정에 맡길 수 없음을 분명히 하고 이 문제의 해결을 위해 공동 기관 설치에 착수할 것을 결정하였으며 그 실행은 동맹 지도 기관에 위임하였다. 한자 폐지와 제한 문제, 횡서 등에 대해 당장 반대의 의사를 언명한 것은 아니었지만, 학술, 문화, 교육 분야의 인사들이 모두 참여해서 이 문제를 해결해야 한다는 점을 분명히 한 것은 문학인들 사이에 한자 폐지에 대한 반대 의견이 우세했던 결과로 봐도 크게 틀리지 않을 것이다. 그러나 결정서에 따라 실제로 공동 기관이 만들어졌는지 여부는 알 수 없다.

한편, 자유신문도 각 문화단체를 대상으로 한자 폐지 문제에 의견을 물은 다음 1946년 3월 5일자로 그 내용을 공개하였다. 그런데 한자 폐지에 대한 반대 의견으로 소개한 이태준(문맹), 백남운(학술원위원장), 임병철(고려문화사) 등의 주장은 『신천지』의 설문 조사에 실린 응답과 내용상 다를 바 없었으며, 한자 폐지 찬성자로서 다음 세대인 어린이의 부담을 줄여주고 조선 문화 건설의 속도를 높이기 위해 한자를 폐지하자는 윤석중(아동문협)의 주장이 새롭게 소개된 정도였다.[119)]

조선일보는 사설을 통해 이미 조선어의 일부가 된 한문 숙어까지 인위적으로 우리말로 개변하겠다는 한글학자의 고집에 대하여 경고한다면서 언어는 결단코 언어 자체만의 개변으로 언어가 되는 것이 아니요, 사회 전반의 변혁에 따라 비교적 다른 분야보다 완만히 발전 개혁되는 것이니 아무리 신기가 좋다 하드라도 인간 생활의 관습과 밀접한 관계를 가진 언어까지 하루

118) 최원식 해제, 조선문학가동맹 엮음, 『건설기의 조선문학 제1회 전국문학자대회 자료집 및 인명록』, 온누리, 1988, 170쪽.
119) 『자유신문』 1946.3.5. 「한자폐지, 한글횡서 可否, 각 문화단체의 견해는 어떠한가」

아침에 돌변시킬 수 있으리라고 믿는다는 것은 망상이다. 그러므로 언어의 개혁을 급속이 도모하려면 구 사회의 잔재를 하루빨리 청산하고 새 사회 건설에 이바지함이 급선무라고 주장하였다.[120]

지금까지 살펴본 내용을 정리하면 다음과 같다. 1945년 12월 8일 조선교육심의회가 초등과 중등 교과서 한자 폐지를 결의하였다. 이에 대해 찬반 여론이 분분하자 군정청 사회과는 일반의 여론을 살피기 위해 설문 조사를 실시하였고, 이는 동아일보를 통해 보도되었다. 설문 조사 결과를 정리한 동아일보는 일반 시민의 반수 이상이 한자 폐지에 찬성이라는 기사를 냈다. 이것은 한자 폐지에 대한 일반의 여론이 다소 우호적이었다는 증거가 될 수 있지만 잡지 『신천지』와 자유신문은 그와는 대조적으로 한자 폐지에 대한 반대 의견이 압도적 비중을 차지하는 조사 결과를 각각 발표했다.

『신천지』와 자유신문의 보도 내용에 따르면 한자 폐지에 대해 지식인의 과반수가 반대하였다. 원칙적으로는 한글 전용에 찬성한다 해도 급격한 한자 폐지는 불가하고 실행하더라도 언어생활에 막대한 혼란을 초래할 뿐이라는 것이 지식인들의 공통된 인식이었다. 한자 폐지에 대한 논란이 가열되자 조선일보는 사설을 통해 한자 폐지를 주장한 한글학자들의 고집과 독선을 지적하고 급격한 한자 폐지의 불가함을 역설하면서 한자 폐지 반대론자들의 손을 들어주었다. 한자 폐지를 둘러싸고 문화계의 의견은 찬반으로 양분되었고, 한자 폐지론이 다소 우세하였다.

한자폐지실행회의 결성으로 촉발된 조선어학회의 한자 폐지 운동의 결과, 조선교육심의회의 한자 폐지 결정으로 교과서 한자 폐지가 실현되었지만, 한자 폐지 반대 의견도 적지 않았다. 마치 우리말 도로 찾기에 원칙적으로 동의하면서도 새말 만들기에 대해 날선 비판과 반대가 대두되었던 것과 마찬가지로 한글 중시의 문자 생활에 동의하면서도 한자 폐지에 반대하거나 신중한

---

120) 『조선일보』 1946.3.5. 「한자전폐 시비」

자세를 취한 것은 우리말 속 한자의 뿌리가 그만큼 깊었다는 증거였다. 그렇지만 새 시대의 시작과 함께 한글 전용 운동의 깃발은 올랐다. 조선어를 어떻게 표기할 것인가? 비로소 한글 전용과 국한문 혼용에 대한 깊은 고민이 시작된 것이다.

제3절 조선어학회의 한자폐지론

1. 기관지 『한글』의 한자폐지론

초등과 중등 교과서에서 한자를 폐지하겠다는 조선교육심의회의 결정은 교육 분야에 대한 방침에 그치는 것이 아니었다. 국어의 서사 체계상 한글을 전용한다는 획기적인 원칙을 세운 것이었고,[121] 한글 전용에 대한 공식적인 결의였으며 서사 체계에 대한 첫 번째 정책적 결정이었다. 그러나 조선어에서 한자의 비중이 높았던 만큼 하루아침에 한자를 폐지한다는 것이 쉬운 일은 아니었다. 한자를 중시하는 지식인과 문인들의 반대가 거셌고, 이에 동조하는 시민들의 숫자도 적지 않았다.

한자 폐지에 대한 일반의 여론에 촉각을 세우고 있던 학회는 『신천지』에 불리한 설문 조사 결과가 나오자 즉각 대응에 나섰다. 이극로는 한자 폐지 운동 반대자 중에 문인·시인이 대부분인 것은 의외라고 하면서 문인들이 작품을 쓸 때 어설픈 한자를 섞음으로써 한자 모르는 이에게 관문을 만들 필요는 없다고 지적하였고, 정당들이 퍼뜨리는 선전문 역시 말은 민주 민주 하면서 하나도 민중을 제도하려는 생각이 없는 것 같다고 힐난하면서 한자 폐지에 대한 시비를 삼천만 대중에게 가부 표결로 한다면 어림컨대 폐지 찬성자가 이천 오백 만은 될 것이라면서 한자 폐지의 당위성을 강조하였다.[122]

---

121) 이응호, 『미 군정기의 한글운동사』, 성청사, 1974, 315쪽.
122) 이극로, 「한짜폐지에 대하여」 『한글문화』 창간호, 한글문화보급회, 1946.3, 13~19쪽.

한자 폐지에 대한 학회의 확고한 태도는 기관지 『한글』을 통해 표출되었다. 1946년 4월 속간을 시작한 『한글』은 1949년 12월의 제108호에 이르기까지 한자 폐지 운동에 많은 지면을 할애하였는데, 제94호에서 제103호까지는 교과서 한자 폐지 결의 이후 대두된 한자 폐지 반대론에 대응한 글들이었고, 제105호~제108호는 1948년 10월 제헌국회에서 한글전용법이 통과한 후에 발표된 글로, 한자 폐지 실천을 독려하기 위해 쓰였다. 이 글에서는 시기상 한글전용법 제정 이전인 제103호에 실린 윤곤강의 글까지를 분석 대상으로 삼고자 한다.

〈표 21〉 기관지 『한글』에 실린 한자 폐지 주장

권호(발행시기)	글쓴이	제목
제94호(1946.4)	최현배	세종대왕의 이상과 한글
제94호(1946.4)	김용철	긴급 동의 두 가지
제95호(1946.5)	김병제	한글 운동의 새 과제
제97호(1946.9)	정태진	일본 사람들은 왜 한자 폐지를 못 하였던가
제102호(1947.10)	이정학	국어 교육의 당면 문제
제103호(1948.2)	윤곤강	나랏말의 새 일거리
제105호(1949.1)	편집자	아뢸 말씀
	장지영	인사 말씀
제107호(1949.7)	장지영	글을 어떻게 보는가
	이석린	한자를 폐지하자
	보도	한글 전용 촉진회 탄생
제108호(1949.12)	최현배	낡은 해를 보냄
	최현배	한글만 쓰기로 하자
	보도	한글전용촉진회 지회 소식

제94호에 실린 최현배의 「세종대왕의 이상과 한글」은 한글날 기념 강연 원고로 작성되었다. 최현배는 민족 전체의 소통을 위해 한글을 창제한 세종의 한글 창제 동기와 이상을 설명한 다음, 해방기를 신문화 건설기로 규정하면서 "한자 쓰기를 그만두자. 한글만을 쓰자."고 역설했다.[123)]

123) 최현배, 「세종대왕의 이상과 한글」, 조선어학회, 『한글』 94, 1946.4, 34~35쪽. 최현

김용철은 「긴급 동의 두 가지」를 통해 '국어 어휘 조사의 확립'과 함께 '한자 즉시 폐지'를 주장하였다. 한자를 폐지할 이유로서 한자가 매우 어려운 글자이고, 뜻글자의 특성에 따라 무제한 생겨난다는 단점을 지적하면서 민중의 글로 한글이 적합함을 강조하였다.[124]

> 문화의 매개(媒介) 곧 말과 글은 민중의 것이어야 한다. 근로대중인 민중의 것이라면 평이하여야만 한다. 현 세기부터의 민중은 적어도 자연과학의 기초 관념을 가지고 사회가 어떻다는 것을 알고 정치가 어떻다는 것을 알아야 한다. (중략) 우리의 농민도 부녀자도 도시 노동자도 대학교수의 발표 논문을 이해할 수 있고, 대통령의 정책 발표도 이해할 수 있도록 하려면 한글이어야 한다.

한글을 알고 글을 읽을 수 있다고 해서 대학 교수의 논문을 이해하고 대통령이 발표하는 정책의 내용을 모두 이해할 수 있는 문해 능력이 생기는 것은 아니겠지만, 일단 글을 읽는 데서부터 시작해야 한다는 의미로 받아들여야 할 것이다. 나아가 김용철은 한자 폐지와 한글 전용의 실현을 위해 당국이 나서서 한자 폐지 국민운동을 벌이고 모든 공문서를 우리 글로 작성할 것을 요구하였다. 김용철의 글은 소제목 '漢字 즉시 폐지'를 제외하고는 한자 폐지를 제안한 취지에 걸맞게 한글 전용으로 작성되었고 특정 한자어의 경우에만 괄호 안에 한자를 표기하였다.

제95호에서 김병제는 세종이 훈민정음을 창제한 동기와 동국문헌비고(東國文獻備考)의 "모든 나라는 각기 자기 나라의 고유한 문자가 있어서 그 나랏말을 기록하는데 유독 우리나라만이 없다."라고 한 기록을 한자 폐지 정신의 시작으로 보면서 한자의 수효가 너무 많아 배우기 어렵다는 점을 지적하고, 한자의 종주국인 중국에서도 한자 개혁을 위해 부심하고 있는 상황을 설명하였다.

배의 한글전용론에 대해서는 다음 항 '정태진과 최현배의 한자폐지론'에서 상술한다.

124) 김용철, 「긴급 동의 두 가지」, 조선어학회, 『한글』 94, 1946.4, 36~38쪽.

漢字의 발상지인 중국에 있어서도 漢字는 문화의 가치를 짓밟는 方魂鬼라고까지 말하고 있다. 그래서 처음에는 漢字를 제한하느니, 略字를 강제하는 등 여러 가지 文字 운동이 있었으나 드디어는 民國 2년(1913년)에 國語統一籌備會가 창립되어, 제 일안으로 사십자로서 사백종 이상인 중국 어음을 충분히 표기할 수 있는 主音字母를 정식으로 발표하였고, 제 이안으로는 國語音 羅馬字를 채용하기로 공포하였던 것이다.

김병제는 한자의 발상지인 중국에서조차 중국어의 음을 표기하기 위해 주음자모를 만들거나 로마자를 도입하거나 하는 등 문자 개혁을 위한 노력이 진행되고 있다는 소식을 전하면서 우리말에서 한자 폐지를 호소했다. 그리고 한자 폐지가 아닌 한자 제한이 옳다는 의견에 대해서는 어디까지 제한해야 할지 경계를 짓는 것이 참으로 어렵다고 지적하면서 일제 35년간 잘못된 국어 교육을 바로 잡고 일본식 한자 교육을 청산해야 하는 지금이 바로 한자 폐지의 적기임을 강조하였다.

작년 8월 15일로써 우리 민족은 일본 제국주의의 기반에서 해방되어 이제 자주 독립의 새로운 국가 조직을 전취하기에 삼천만 민족은 외치고 있으니, 우리의 文字 운동도 政治的 革命 勢力과 보조를 같이 하여야 할 것이다.

김병제는 우리의 문자 한글이 자주 독립 국가를 건설할 정치적 혁명 세력과 보조를 같이 해야 한다고 단언하면서 한자를 폐지할 현실적인 이유로 네 가지를 제시하였다. 첫째 문학가는 많은 독자를 확보하기 위해 한자를 쓰지 말아야 하고, 둘째 신문이나 잡지 역시 대중 본위를 목표로 해야 하므로 한자를 쓰지 말아야 하며, 셋째 거리의 간판도 대중이 두루 알아볼 수 있도록 한글로 쓰는 것이 효과적일 것이라 권고하였다. 넷째로 한글과 민족 해방의 의미에 대해 언급하였다.

해방된 우리 민족에게 한글을 통하여 민족의식을 고취하자. 모든 교육은 한글

> 을 밑자리로 삼고 건설하자. 새 움이 트고, 새 기운이 용솟음치는 이 나라, 이 백성에게 새로운 무엇을 주지 않으면 안될 것이다. 과거 일제시대의 교육 이념은 물론이요, 그 방침을 그대로 본받는다면 이것은 민족의 해방이 아니다.

해방이 되었다고 해도 일제 강점기에 배우던 일본어와 다를 바 없는 한자를 가르친다면 진정한 해방이라고 할 수 없다면서 한자를 폐지하고 순수한 한글로서 민족의식을 고취하고 한글로 교육을 하고 한글로 새 나라를 건설하자고 했다. 김병제는 '한문을 어제의 글, 한글을 오늘의 글이요, 내일의 글'이라고 정의하면서 이중 문자 생활의 불합리를 청산하자고 호소하였다.[125] 그러나 한자 폐지를 주장하는 글임에도 국한문 혼용으로 작성한 것은 국한문 혼용에 익숙한 독자들을 의식한 탓이었겠지만, 한글 전용을 주장하는 글의 취지에 어긋나는 것이자 즉각적인 한글 전용 실시의 한계를 스스로 드러낸 것이었다.

제97호에서 정태진은 일본의 국수주의 학자 시마다(島田)의 한자 폐지 반대 주장을 상세하게 소개하면서 일본의 패인이 한자 폐지 실패에 있다면 그 병인을 철저하게 살펴서 앞 사람의 전철을 밟지 않도록 해야 함은 물론 우리 문화의 건전한 새 출발을 위하여 연구를 거듭하고 혁신해 나가야 할 것이라고 주장하였다.[126] 한자 폐지를 직설적으로 주장하지는 않았지만, 한자 폐지에 실패한 일본의 사례를 거울삼아 한글 전용의 당위성을 설파한 것이다.

제102호에 실린 이정학의 글은 1947년 7월 조윤제가 발간한 『국어 교육의 당면한 문제』에 대한 반박이다. 조선교육심의회 교과서분과 위원 중 유일한 한자 폐지 반대자였던 조윤제는 국어 교육에 대한 자신의 견해를 담아 한 권의 책을 발간하였는데, 그것이 바로 『국어 교육의 당면한 문제』였다. 조윤제의 책은 제1편 국어와 인접학과의 관계, 제2편 국어의 교육, 제3편 국자 문제

---

125) 김병제, 「한글 운동의 새 과제」 『한글』 95, 조선어학회, 1946.5, 12~20쪽.
126) 정태진, 「일본 사람들은 왜 한자 폐지를 못 하였던가」 『한글』 97, 조선어학회, 1946.9, 2~9쪽.

로 구성되었는데, 제3편 제1장에서 '한자 문제'에 대한 견해를 밝히고 있다.

조윤제는 조선교육심의회에서 한자 폐지가 결의되던 때를 회고하면서 한자폐지안이 최현배를 비롯한 조선어학회 회원들의 책동에 의해 강행 처리된 사실을 비판하였는데,[127] 이정학은 조윤제의 견해를 하나하나 언급해 가면서 신랄하게 반박했다. 이정학은 먼저 조윤제의 한자 폐지 반대가 시기적으로 늦었음을 지적하였다.

> 漢字 廢止 問題가 漸次 理論的 解決을 거쳐서 이미 實踐의 段階에 들어가고 있는 이 때 새삼스럽게 이 問題에 關한 反對論을 發表함도 또한 時期에 뒤늦은 느낌이 없지 않다. (중략) 이미 語學界와 漢學界를 網羅한 權威者 사이에 충분한 討論이 있었고, 이제는 異口同聲으로 廢止論에 贊同을 가져온 것이니, 오직 問題는 廢止의 方法으로는 早急을 피하여 漸進的으로 나가는 技術 問題뿐이다.

이정학은 한자 폐지에 대한 논의가 이미 끝났다고 단언하면서 남은 것은 점진적으로 나가는 방법 즉, 초등과 중등 교과서부터 시작된 한자 폐지가 점차 범위를 확대해 공문서와 신문과 잡지 등 대중 매체에까지 널리 적용돼야 한다고 했다.

둘째로 조윤제가 "문교부 주재로 조선 教育 審議會가 열리어 青天霹靂으로 漢字 廢止 問題가 上程되자 그냥 議決되어 오늘의 國語 教科書는 그 趣旨에서 編纂이 되고, 事實上 國民 學校에는 漢字가 廢止되고 말았다."라고 한 지적에 대해 '그냥 의결될 정도로' 한자 폐지에 대한 의견이 거의 통일되어 있었다고 반론하면서 문교부의 한자 폐지 결의를 큰 영단으로 평가한 다음, 이미 한자 폐지의 효과가 국민학교 어린이들의 독서력이나 표현력에서 나타나고 있다고 했다.

셋째, 한자는 봉건 특권 계급의 입신양명, 허장성세의 무기로 이용되어 백

---

127) 조윤제, 『국어교육의 당면 문제』, 문화당, 1947, 101~116쪽(김민수·하동호·고영근 편저, 『역대한국문법대계』 제3부 제14책, 탑출판사, 1983).

성을 우매하게 한 대적이고 과학 사상의 파괴자였다고 규정하면서 어린 국민에게 기존 사회 제도의 노예가 되라고 한자를 강요할 필요는 없으며, 새로운 민주 국가 건설의 기초 확립을 위해 한자 폐지 운동을 강력히 추진해야 한다고 주장했다.

넷째로 조선의 역사 고전 등이 대부분 한문으로 쓰여 있으므로 조선을 알려면 한문을 알아야 한다는 의견에 대한 반론으로서 조선의 역사 고전 등이 난삽한 한문으로 적혀 이해하기 곤란하니 모두 쉬운 우리말로 번역하여 온 민족이 함께 알 수 있도록 해야 한다고 주장하였다.

끝으로 동양의 과학 문명이 수준 이하의 원시 상태를 벗어나지 못하는 이유 또한 한자 때문이니 어학이 과학 연구에 경주해야 할 시간을 다 잡아먹고 있는 현실을 타개하기 위해서도 한자를 폐지해야 한다고 주장하면서 한자의 소멸을 역사의 필연이라 언명하였다.[128] 그런데도 한글 전용을 주장한 이정학의 글이 국한문 혼용으로 작성된 점, 한자의 노출 빈도가 높았던 점은 지적해 두어야 할 것이다.

제103호에 실린 윤곤강(尹崑崗)의 조윤제 비판은 인신공격에 가깝다. 윤곤강은 왜정 때 나서지도 못한 겁쟁이, 돈냥이나 있어 순조롭게 살던 크라스(class)의 한 자리에 조윤제를 집어넣으면서 그가 한자 폐지에 반대하다가 이정학에게 큰 망신을 샀다고 빈정거렸다. 한자 폐지에 대해서는 '마땅한 일'이라며 찬성을 표한 다음, "한자와 한문으로 된 글들을 그대로 한자만 지우고 그 소리만을 우리말 소리로 바꾸어 놓았으니, 가뜩이나 가르칠 사람이 모자라는 지금의 우리로서 무식한 교사만 애 태우고 배우는 아이들도 고생을 아주 면하지 못하는 형편이 아닌가?"라면서 성급히 제작된 교과서의 맹점과 이에 대한 학회의 성찰을 촉구하였다.[129]

---

128) 이정학, 「국어 교육의 당면 문제」『한글』 102, 조선어학회, 1947.10, 24~28쪽.
129) 윤곤강, 「나랏말의 새 일거리」『한글』 103, 조선어학회, 1948.2, 47~49쪽 ; 윤곤강(1911~1951)은 충남 서산 출생으로 1925년 보성고등보통학교를 졸업하였고, 같은

지금까지 『한글』 제94호~제103호에 실린 한자폐지론자들의 주장을 정리하면 한자를 폐지해야 할 이유는 대략 다음과 같다.

○한자는 매우 어려운 글자이다.
○한자를 배우느라 과학 연구에 쓸 시간을 다 잡아먹고 있다.
○일제로부터 해방된 지금이 한자 폐지의 적기이다.
○한자 폐지는 훈민정음을 창제한 세종의 정신이다.
○한자는 봉건시대 특권 계급을 옹호한 글이다.
○한자 폐지에 실패한 일본의 전철을 밟아서는 안 된다.
○이중 문자 생활의 불합리를 해소해야 한다.
○진정한 해방은 한글을 바탕으로 한 민족의식과 민족교육 확립에 있다.
○근로 대중인 민중의 글은 한글이어야 한다.
○한글로 새 문화를 건설하고 자주 독립 국가를 건설해야 한다.
○한글은 오늘의 글이요, 내일의 글이다.

한자 폐지 반대에 직면한 학회는 『한글』을 통해 한자 폐지의 당위성을 주장하고 호소하였다. 한자가 어려운 글이어서 문명 발전에 장애가 된다는 점에서부터 근로 대중인 민중의 글 한글로 새 문화를 건설해야 한다는 점에 이르기까지 다양한 논거를 제시하여 독자를 설득하고자 노력하였다.

당시 『한글』의 독자가 어느 정도였는지는 알 수 없지만, 『한글』 발행 부수는 수만 부였다.[130] '수만'이라고 해도 참으로 모호한 숫자이지만, 일부 회

해 혜화전문학교에 입학하였으나 5개월 만에 중퇴하였다. 1930년 일본으로 건너가 1933년 센슈대학(專修大學)을 졸업하였다. 귀국과 동시에 카프에 가담하였다가 1934년 카프제2차검거사건 때 체포되어 전주에서 옥고를 치르고 석방되어 당진으로 일시 낙향하였다. 1939년에는 시학(詩學) 동인으로 활약하였으며, 민족항일기에는 징용을 피하여 낙향, 면서기로 근무하다가 광복 후 다시 상경하여 1946년 보성고등학교 교사로 근무하였고, 한때 조선문학가동맹에 가입하여 활약하다가 1948년에는 중앙대학교 및 성균관대학교 강사를 역임하였다(한국학중앙연구원 한국역대인물종합정보시스템 http://people.aks.ac.kr/index.aks).

130) 신영철, 「꼬리말」 『한글』 95, 조선어학회, 1946.5 ; 『한글』 제122호에 실린 이석린의

원과 유료로 구독하는 독자에게 제공된 부수를 제외한 나머지가 각 지역의 도서관, 관공서, 교육 기관, 언론 기관 등에 기증되었음을 고려한다면 학회가 목표한 한자 폐지=한글 전용의 이상은 한글강습회와 신문, 잡지 등 언론 매체와 함께 『한글』을 통해서도 널리 민중에 전파되었을 것이다.

그러나 한자 폐지를 주장하는 글임에도 불구하고 김용철을 제외한 필자 대부분이 국한문 혼용으로 글을 작성한 것은 물론이고 잡지에 실린 대부분의 글들이 국한문 혼용으로 발표된 것은 분명한 자기모순이었고 한자 폐지 운동의 취지를 스스로 무색하게 만드는 행위였다.[131] 이런 문제에 대한 자각과 자성의 결과일 테지만 1949년 1월 발행된 『한글』 제105호에서는 「아뢸 말씀」을 통해 독자에게 다음과 같은 약속을 하고 있다.

> 한글 전용을 외치는 오늘에 먼저 실천해야 할 이 잡지가 원고 제공한 분의 사정에 의하여 한자(漢字) 혼용이 된 것은 독자에게 부끄러움을 사과하나이다. 이 다음 호부터는 고증 논문(考證 論文) 외에는 순 한글로 발행할 것을 약속하여 두나이다.[132]

학술지의 특성상 고증 논문을 제외한 나머지 글을 모두 순 한글로 발행하겠다는 약속은 이후 발행된 『한글』지에서부터 적용되어 '인사 말씀'과 '한글 신문' 난을 순 한글로 적고 있으며, '물음과 대답' 난에서도 괄호 안에 한자를

글에 따르면 해방 전까지는 매달 평균 3,000책을 발행하였고, 유료 구독자 약 350명을 포함해서 대략 800책 정도가 유료로 소비되었고, 나머지는 대부분 무료로 각 지역의 도서관, 언론기관, 교육기관, 유지 등에게 보냈다고 한다(이석린, 「한글 잡지의 걸어온 자취」 『한글』 122, 한글학회, 1957.10, 34~37쪽).

131) 당시 출판물의 한글 전용이 제대로 이행되지 않은 데에는 한글 활자의 부족으로 인한 인쇄의 어려움도 있었다. 동아일보의 보도의 따르면, 신 철자법에 맞는 한글 활자 부족으로 인해 시중에 나온 출판물 40권 중 신철자로 인쇄된 것은 불과 18권이었고, 나머지는 모두 구 철자법을 쓰고 있었다고 한다(『동아일보』 1948. 10. 9. 「통일이 없는 국문철자 조잡한 출판물로 혼란」).

132) 조선어학회, 『한글』 105, 1949.1, 71쪽.

표기하는 방식을 취하고 있고, 고증 논문에서도 한자의 괄호 쓰기가 차츰 증가했다.[133]

2. 정태진과 최현배의 한자폐지론

학회 회원 중 한자 폐지에 대한 체계적인 이론을 발표한 이는 사전 편찬원으로 근무하고 있던 정태진과 미군정 문교부 편수국장으로 재직하고 있던 최현배였다. 정태진은 1946년 6월 『漢字안쓰기問題』를 발간하여 한자 문제에 대한 자신의 견해를 발표하였고, 최현배는 1947년 『글자의 혁명』을 통해 한자 폐지의 이론을 제시하였다. 두 사람 다 한자 폐지를 주장했지만 최현배가 즉시 폐지를 주장한 데 반해 정태진은 점진적 폐지론을 주장하였다.

정태진은 1903년 7월 25일 경기도 파주시 금촌읍 금릉리에서 출생하였다. 1914~1917년까지 교하공립보통학교에서 수업하고 1917~1921년까지 경성고등보통학교(지금의 경기고등학교)를 다녔다. 1921년 연희전문학교 문학과에 진학하여 1925년 졸업한 후에 함흥 영생고등여학교 교사로 부임하여 조선어와 영어를 가르쳤다. 1927년 미국 유학길에 올라 1930년 6월 미국 우스터대학(Wooster College) 철학과를 수석으로 졸업한 다음, 미국 콜롬비아대학교(Clumbia University) 대학원에서 교육학을 전공하고 1931년 6월에 석사학위를 받았다. 1931년 9월 귀국하여 다시 함흥 영생고등여학교 교사로 부임하여 11년간 재직하였고, 1941년 6월부터 학회에서 사전 편찬원으로 일했다.[134]

1942년 9월 5일 함흥에서 발생한 영생여고 여학생의 일기장 사건의 증인으로 홍원경찰서에 소환되었다가 일경의 협박과 혹독한 고문에 의해 학회가

---

133) 리의도는 당시 필자의 개인적 취향이나 소신을 무시하기가 쉽지 않았기 때문에 본문에서 금방 한자가 사라지지는 않았다고 했다(리의도, 「잡지 《한글》 의 발전사」 『한글』 256, 2002.6, 269쪽).

134) 정해동, 「선친과 그 주변 사람들을 생각하며」, 정태진 선생기념사업회, 『석인 정태진 선생에 대한 연구 논문 모음 (하)』, 2010, 321~331쪽.

민족주의자들의 단체로서 겉으로는 조선어 연구를 표방하면서 독립 운동을 목적으로 활동하는 단체라 진술함으로써 조선어학회사건의 피의자로서 구속되었다.[135] 1945년 1월 16일 함흥지방법원 1심에서 징역 2년을 선고 받아 1945년 7월 1일 형기를 채우고 석방되었다.[136] 해방이 되자 다시 학회로 복귀해 정인승, 김병제, 이중화 등과 함께 사전 편찬에 종사하였고, 한글강습회의 강사로도 활동하였다. 1946년 6월 『漢字안쓰기問題』, 10월 『중등국어독본』(정태진·김원표 공편)을 발행하였다.[137]

1946년 6월 출간된 정태진의 『漢字안쓰기問題』는 재건도상에 있는 조선 교육계의 중대 문제가 된 한자 폐지를 둘러싼 논쟁의 해법을 제시하기 위해 저술되었다.[138] 한자 폐지 문제를 다루고 있지만 제목에도 드러나듯이 국한문 혼용체로 쓰였고, 목차를 제외하고 본문 55쪽 분량의 작은 책자였다.[139] 주요 내용은 한자 폐지를 반대하는 열네 가지 이유, 한자 폐지를 주장하는 스무 가지 이유, 한자는 왜 비능률적이냐, 그리고 해결책으로서 제시된 점진적 폐지론이라 할 수 있는데, 폐지 반대 이유와 폐지 주장 이유를 간단히 요약하면 〈표 22〉와 같다.

정태진이 제시한 한자 폐지 반대의 14가지 이유는 필자가 신문, 잡지에서 본 것 그리고 반대자들에게 들은 내용들로서 당시 한자 폐지에 대한 반대

135) 정인승, 「민족사로 본 조선어학회 사건」 『나라사랑』 42, 외솔회, 1982, 20쪽.

136) 리의도, 「석인 정태진과 한글학회」, 석인 정태진 기념사업회 엮음, 『석인 정태진 논설집』, 범우사, 2001, 305쪽.

137) 한글학회 50돌 기념 사업회, 『한글학회 50년사』, 한글학회, 1971, 274~275쪽.

138) 한글학회는 이 책의 출간에 대해 다음과 같이 소개하고 있다. "광복 직후 한자 폐지가 옳으냐 그르냐 하는 문제가 재건 도상에 있는 한국 교육계에 있어서 가장 큰 문제의 하나가 되어 (중략) 여기서 정태진은 양편의 이론을 끝까지 냉정하고 엄정하게 비판을 가하고, 자신의 의견으로서 점진적 한자폐지론에 대한 의견을 간단히 붙여서 '한자 안 쓰기 문제'란 소책자를 내었다(한글학회 50돌 기념 사업회, 『한글학회 50년사』, 한글학회, 1971, 473쪽)."

139) 정태진, 『한자 안쓰기 문제』, 아문각, 1946, 1~2쪽(나주정씨월헌공파종회, 『석인 정태진전집(상)』, 서경출판사, 1995).

〈표 22〉 정태진의 『漢字안쓰기問題』에서

한자 폐지 반대 이유 14가지	한자 폐지 주장 이유 20가지
1. 한자는 신통한 글자이므로 폐지해서는 안 된다.	1. 한자는 망국문자이다(중국과 일본은 망했다.).
2. 한자가 아니면 성명의 표기가 분명하지 못하다.	2. 한자는 우리 국문이 아니다.
3. 한자는 예술적인 글자다.	3. 한자는 비위생적이다(자획이 많고 복잡, 눈이 피로하다.).
4. 한자를 폐지하면 동양문명의 기초가 파괴된다.	4. 한자는 비능률적이다.
5. 한자 폐지를 주장하는 근본사상이 서구의 유물론적 공리론에 있는 까닭이다.	5. 한자는 대중적이 아니다(한자는 귀족주의이고 한글은 대중주의, 민주주의이다.).
6. 한자 폐지 주장은 편협한 국수주의이다.	6. 한자 폐지는 민족의 독립성을 기른다.
7. 한자를 폐지하면 중국과 문화 제휴가 어렵다.	7. 자손을 위해 한자를 폐지하자는 것이다.
8. 한자 폐지는 생생발전하는 활발한 기운을 꺾는 것이다.	8. 한자 폐지 반대는 보수적 타성의 결과이므로 불가하다.
9. 상형표의문자인 한자는 직각적(直覺的)인 장점이 있다.	9. 한자로는 우리 고유의 사상과 감정을 나타내기 어렵다.
10. 한자어는 과학적이다.	10. 한자를 신성시하는 태도를 버리자.
11. 한자에는 남성적인 씩씩한 맛이 있다.	11. 한자는 예술적이지 않다.
12. 한자 폐지로 인한 한자어 폐지는 순국어 번역 문제 등 혼란을 낳는다.	12. 한자 폐지는 국수주의가 아니다.
13. 한자어에는 한자어에만 있는 독특한 어감이 있다.	13. 한자 폐지는 소극적 태도에서 나온 이론이 아니다(건설을 위한 파괴는 소극적이 아니다.).
14. 한자의 사용이 즉 한자의 필요를 증명하는 것이다.	14. 한자 폐지와 한자어 폐지는 다르다.
	15. 한자 폐지해도 중국과 문화 제휴 어렵지 않다.
	16. 한자 폐지가 동양문명의 기초 파괴라는 주장은 근거 없다.
	17. 한자 폐지 운동은 중국에서 먼저 시작했다.
	18. 한자 사용은 이중생활이라는 고통을 의미한다.
	19. 한자 폐지 반대는 현실을 무시한 추상론이다.
	20. 한자 배우는 데 정력을 낭비 말고, 실제 과학 연구나 일반 문화 건설에 노력하자.

의견들 가운데 중요한 내용을 추린 것이다. 한자 폐지를 주장하는 20가지 이유 역시 한자폐지론자들의 주장을 정리한 것이라 설명하고 있지만, 여러 가지 의견 중 중요한 내용 20가지를 고르고 정리하는 과정에서 필자의 논리와 주장이 결합되었을 것이다.

다음으로 정태진은 한자의 비능률에 대해 설명했는데, 첫째 한자는 자수가 많다, 둘째 자획이 많다, 셋째 동음이의어가 많다, 넷째 이자동의어가 많다, 다섯 째 자음(字音)이 불분명하다, 여섯 째 일자다음(一字多音)이 많다, 일곱 째 일자다의(一字多義)가 많다, 여덟 째 일어다의(一語多義)가 많다는 점을 들어 학습의 불편, 사용의 난점 등을 지적했다.[140]

이어서 한자 문제에 대한 방임주의와 한자박멸주의를 비판하면서 한자 폐지 문제의 해결책으로서 점진적 폐지론을 제시하였다.

첫째는 시기적 제한론이다. 한자를 폐지하기 위해서는 준비를 해야 하는데 그러려면 5년이나 10년 정도 시간을 갖고 국어의 정리 보급, 고서의 번역 출판, 학술어의 제정, 과학 서류의 간행 등 실제 문제 해결을 위한 준비를 해야 한다는 것이다.

둘째는 사용 범위의 제한이다. 이것은 시작한다-始作한다, 생각한다-生角한다, 기다린다-期待린다, 잡동사니-雜同散異처럼 불필요한 한자를 쓰지 말자는 것이다.

셋째는 이중어의 폐지이다. 石橋돌다리, 青鳥새, 藥水물, 梅花꽃 등의 이중어와 '날 日氣 사납고', '바람 風勢 고약한데', '늙은 老人'과 같은 이중어를

---

140) 자음이 똑똑하지 않다는 것은 한자의 음을 쉽사리 알기 어렵다는 것이고, 일자다음은 한 자가 여러 음을 갖고 있는 것(樂-악, 락)이고, 일자다의는 一의 뜻이 하나, 처음, 잠깐, 곧, 한번, 모다, 어떤 등 많다는 것이고, 일어다의는 人物의 뜻이 사람의 성질, 사람과 물건, 뛰어난 사람, 사람의 풍채, 사람의 자격 등 많은 뜻을 갖고 있다는 것이다(정태진, 『한자 안쓰기 문제』, 아문각, 1946, 40~44쪽(나주정씨월헌공파종회, 『석인 정태진전집(상)』, 서경출판사, 1995)).

쓰지 말자는 것이다.

넷째는 자수의 제한이다. 한자 폐지의 계단으로서 실용 한자를 2,000자 내지 1,500자 정도로 제한 사용하자는 것이다.

다섯째는 자획의 제한이다. 與, 體, 號 등 획이 복잡한 한자는 与, 体, 号 등 약자를 쓰자는 것이다.

여섯째는 어휘의 제한이다. 여우－野狐, 狐狸子, 騷狐子 같은 말은 한자어를 버리고 '여우'만 쓰자는 것이다.

일곱째는 '拜啓 暑中御見舞합니다'와 같은 일본식 한자어를 쓰지 말자는 것이다.

점진적 폐지론의 골자 일곱 가지는 내용상 둘로 나눌 수 있다. 하나는 시기의 문제로서 5년에서 10년 정도 시간을 갖고 국어의 정리 보급, 고서의 번역 출판, 학술어의 제정, 과학 서류의 간행 등 충분히 준비 작업을 마친 후에 한자 폐지를 단행하자는 것이고, 또 하나는 한자 제한의 방법으로서 점진적으로 한자 사용을 줄여나가는 다양한 방법들을 제시한 것이다.

끝으로 정태진은 자신이 漢字를 많이 쓴 것에 대해 점진적 폐지론에 입각하고 있고, 소학생, 중학생, 일반 근로 대중을 대상으로 쓴 것이 아니며, 한자에 대한 지식이 풍부하고 한자에 대한 미련과 애착이 많은 이들을 위해 참고 재료로 쓴 것이라고 설명하였다. 정태진의 『漢字안쓰기問題』는 한자 폐지를 둘러싼 쟁점을 체계적으로 정리한 것은 물론 한자 사용의 폐해를 학문적으로 검토한 최초의 저작이라는 점에서 의미를 지니는 것이었다.

정태진의 점진적 폐지론은 김용철, 김병제 등 대부분의 한자폐지론자들이 즉각 폐지를 주장했다는 사실을 고려할 때 한자폐지론자들 간의 분쟁의 소지를 안고 있는 주장이었다.[141] 이에 대해 이응호는 정태진의 점진적 폐지론이

141) 김용철, 「긴급 동의 두 가지」, 조선어학회, 『한글』 94, 1946.4, 36~38쪽 ; 김병제, 「한글 운동의 새 과제」 『한글』 95, 조선어학회, 1946.5, 12~20쪽.

활발한 한글전용촉진운동에 장애가 되었다고 평가한 반면,[142] 안병희는 매우 현실적이고 합리적인 제안이라고 평가한 바 있다.[143] 정태진의 점진적 폐지론으로 인한 학회 내부의 논쟁은 없었던 것으로 보이나, 1947년 5월에 나온 최현배의 『글자의 혁명』에서 즉시 폐지를 주장하고 있는 것을 보면 학회의 견해가 즉시 폐지 쪽으로 방향을 잡은 것으로 보아도 무방할 것이다.

한자 폐지를 주장한 또 한 사람의 이론가 최현배는 1945년 9월 이후 미군정 학무국 편수관으로 재직하고 있었고, 조선교육심의회 교과서분과 위원이었다. 한자 폐지에 관한 이론가로서 뚜렷한 생각을 갖고 있었고, 정책을 수립하고 실행할 수 있는 권한 또한 갖고 있었다. 1945년 12월 8일 조선교육심의회에서 한자폐지안이 통과되는 데 가장 큰 역할을 한 것도 바로 최현배였다. 최현배는 한자 폐지를 둘러싼 논란이 일기 전부터 한자 폐지에 대한 연구결과를 담은 이론서를 준비하고 있었다.

> 내가 이 글을 짓는 동안에, 마침 조선에 주둔하는 미 군정청 학무국에 조선 교육 심의회(朝鮮敎育審議會)가 열리고 있어, 한자 폐지와 가로글씨의 문제가 토의되어 가결되었다. 나도 그 위원의 한 사람으로서 이 토의에 참예하여, 더불어 다루는 반대자의 의견을 듣고, 많이 참고가 되었으며, 따라 나의 주장을 더욱 깊힘을 얻었다.[144]

한자폐지안이 결의되기 전 이미 최현배는 집필에 착수하고 있었고, 토의 과정에서 반대자들의 견해를 청취함으로써 자신의 이론에 깊이를 더할 수 있었다. 이런 숙고의 과정을 거쳐 1947년 5월 세상에 나온 책이 바로 『글자의 혁명』이었다. 학회는 이 책의 출간에 대해 다음과 같이 소개하고 있다.

---

142) 이응호, 『언어정책의 역사적 연구: 한글전용 대책편』, 서울: 한글전용국민실천회, 1969, 430쪽

143) 안병희, 「漢字問題에 대한 政策과 諸說」, 이기문 외, 『韓國語文의 諸問題』, 일지사, 1983, 88쪽.

144) 최현배, 『글자의 혁명』, 정음문화사, 1983(초판 1947.5), 8쪽.

> 새 나라 새 교육 건설에 분망하던 광복 직후 사람이면, 사람마다 한자폐지에 대한 의견과 주장을 말하였으나, 체계 있게 정리된 이론을 말하는 사람이 별로 없으므로, 최현배는 '한자 안 쓰기'를 지어 내놓았다. 이 책은 당시 '조선어학회'와 정부의 한글 전용 주장과 시책에 대하여 많은 의혹을 품었던 사람들에게 밝은 이해를 갖도록 하였다.[145]

학회는 당시 한글 전용 운동이 조선어학회와 미군정 문교부의 협력으로 추진되었다고 설명하고 있다. 이 책은 전체 188쪽으로 전반은 '漢字 안쓰기'이고, 후반은 '한글의 가로씨기'다. 한자 안 쓰기는 한자 폐지에 대한 이론을 정리한 것이고, 한글 가로쓰기에서는 주시경 이래 품어온 한글 전용을 위한 이상적 글쓰기로서 한글을 풀어쓰자는 의견과 자신이 고안한 가로글씨를 소개하고 있다.

> 현대는 민중의 시대이요, 한글은 민중의 글자이다. 대중의 노동과 생산을 희생으로 하여, 소수의 특권 계급만이 배울 수 있는 봉건적 글자인 한자를 완전히 물리쳐 버리고, 우리는 민중의 글자인 한글만을 가로씨기로 하여, 옛날 한자의 세로 문화(縱의 文化)에 갈음(代)하여, 한글의 가로 문화(橫의 文化)를 건설하자.[146]

민주의 시대를 맞아 봉건 글자인 한자를 버리고 민중의 글자인 한글을 전용하자는 목표를 세운 다음, 한글 전용 실현의 이상적인 서사 체계로서 가로쓰기를 제창하였다. 요컨대 이 책의 주장은 한글 전용의 실현을 위해 먼저 한자를 폐지한 다음 가로쓰기로 나아가자는 것이었다. 따라서 한자 폐지와 가로쓰기는 유기적인 관계를 갖는 것이지만 이 글에서는 한자 폐지 문제에 한해서 정리하고자 한다.[147]

---

145) 한글학회 50돌 기념 사업회, 『한글학회 50년사』, 한글학회, 1971, 474쪽.
146) 최현배, 『글자의 혁명』, 정음문화사, 1983(초판 1947.5), 7쪽.
147) 최현배의 가로쓰기안과 가로글씨에 대한 연구로 고영근(고영근, 『최현배의 학문과 사상』, 집문당, 1995, 546~555쪽), 김석득(김석득, 『외솔 최현배 학문과 사상』, 연세

첫째 매 '한자 안쓰기'는 한자의 불리한 점, 한자의 해독, 한자를 안쓰기로 하자, 한자 안쓰기를 주저하는 의견에 대한 변명, 한자 안쓰기의 실행 방법으로 구성되어 있는데, 각각의 내용을 간단히 정리하면 다음과 같다.

〈표 23〉 최현배의 『글자의 혁명』에서

항목	내용
1. 한자의 불리한 점	1. 한자는 배우기가 어렵다
	2. 인쇄가 불편하다
	3. 문명의 이기를 이용할 수 없다. 기계화가 어렵다.
2. 한자의 해독	1. 한자를 배우느라 민족의 생명이 쭈그러졌다.
	2. 한자 때문에 조선말이 쭈그러졌다.
	3. 한자 사용으로 사대숭외 사상이 뿌리 박혔다.
	4. 민족의 독창력이 쇠퇴하였다.
3. 한자를 안쓰기로 하자	1. 한글로 대중문화를 건설하고 대중 생활을 꾀하자.
	2. 정치적 해방과 함께 문자적 해방을 이루자.
	3. 한자 폐지하고 한글로 과학 교육을 진흥하자.
	4. 우리말의 정당한 발전을 이루자.
	5. 문자사의 발전 단계상 한자 폐기는 필연이다.
	6. 한글이 조선의 문화생활의 전면을 맡을 때가 되었다.
4. 한자 안쓰기를 주저하는 의견에 대한 변명	1. 한자는 우리 문화다? → 그러나 미래를 중시해야 한다.
	2. 한자는 훌륭한 글자다? → 한자의 시각적 장점은 청각적 단점이다.
	3. 한자는 동양문화 유산이다? → 동양 문화에 대한 연구는 한학자의 몫이다.
	4. 한자 폐지는 동양의 사상과 도덕의 파괴다? → 한글을 도구로 하는 새 교육으로 사상, 도덕, 문화를 담을 수 있다.
	5. 한자는 동양 공통의 문자다? → 사대숭외 사상의 발로일 뿐이다.
	6. 한자 폐지가 한자말 폐지다? → 한자말의 폐지가 아니다. 學校는 학교라 쓴다.
	7. 한자를 안 쓰면 어원을 모른다? → 한자 없어도 어원과 말뜻을 알 수 있다.
	8. 한자는 배우기 힘들지만 기초를 닦으면 수십만의 낱말을 알 수 있다? → 한자 낱자를 배우고 나서 단어의 뜻을 또 익혀야 하니 이중의 부담이다.
	9. 한자를 제한하면 된다? → 한자를 쓰지 않을 수 없는 한자 중독자(=일본인)들의 주장이다.

대학교 출판부, 2000, 314~336쪽) 등을 참고할 수 있다.

	10. 한자 폐지가 한자 금지령이다? → 한자 싹쓸이가 아니다. 동양학과 등을 두어 한학자를 길러낸다.
	11. 한자 폐지는 시기상조다? → 백년대계를 위해 지금이 한자 폐지의 적기다.
5. 한자 안쓰기의 실행 방법	1. 초등, 중등 교육에서 한글만 쓴다.
	2. 전문, 대학 교육에서도 한글만 쓰기를 원칙으로 하되, 외국어를 허용한다.
	3. 중등학교에서는 중국어나 고전 과목을 가르친다.
	4. 초등과 중등 교과서는 한글 전용을 원칙으로 하되, 필요한 경우 한자를 허용한다.
	5. 공문서는 한글만 쓰고 필요한 경우 한자를 허용한다.
	6. 사람 이름, 땅 이름 등도 한글로 쓴다.
	7. 학자의 논문도 한글로 쓰고 필요한 경우 한자를 허용한다.
	8. 신문, 잡지 등 대중서는 한글로 쓰고 필요한 경우 한자를 허용한다.
	9. 조선 및 중국의 고전을 모두 한글로 번역한다.
	10. 나라에서 한자 안쓰기를 실행한다. (가) 교과서는 한글 전용으로 한다. (나) 법령과 공문서는 한글 전용으로 한다. (다) 민적법을 고쳐 한글 이름을 공인한다. (라) 문패와 간판도 한글 전용으로 한다.

이 책은 각각의 항목에 대한 풍부한 설명을 담고 있는데, 특히 조선과 마찬가지로 이중 문자 생활을 해온 일본의 경험과 사례를 적극적으로 소개하고 있다. 한자의 불리한 점에 대해서는 한자 교육의 비능률을 지적한 일본 학자 호시나 코이치(保科孝一)의 연구 결과를 인용하면서 일본의 국어 교육이 한자 교육에 많은 시간을 허비함으로써 과학 교육에 충실하지 못하여 두 차례의 세계 대전에서 패한 원인이 되었다고 지적하였고,[148] 과학 교육을 진흥하자는 주장에서는 일본 오사카제국대학 총장 마지마 리코(眞島利行)가 일본 패전의 원인이 한자 교육으로 인한 과학 교육의 결손에 있다고 한 견해를 적극 활용하였다.[149]

148) 최현배, 『글자의 혁명』, 정음문화사, 1983(초판 1947.5), 14~17쪽.

149) 최현배, 『글자의 혁명』, 정음문화사, 1983(초판 1947.5), 38~39쪽. 최현배는 '마시마'로 표기하고 있지만, 마지마 리코(眞島 利行: まじま りこう)가 맞다. 마지마 리코

또한 한자 폐지는 문자사의 필연이란 점을 설명하는 대목에서는 1946년 2월 16일 군정청 학무국에서 열린 조선교육심의회 회의석상에서 일본 도쿄 맥아더사령부 교육공보과의 해군 소좌 호울(Lt. Commander Hall)이 발표한 일본의 한자 폐지 운동에 관한 보고를 길게 인용하여 '한자 폐지의 당위성과 소리글의 우수성'을 강조하였다.[150)]

그런가 하면 한자는 우리 문화이므로 버릴 수 없다는 의견에 대한 반박으로서 터키가 아라비아 문자를 버리고 로마자를 국자로 채택한 사례를 소개하고, 중국의 한자 개혁, 일본의 한자 폐지 운동 등을 소개하였으며,[151)] 동양에서의 한자의 지위가 서양에서의 라틴 문자와 같다고 전제한 다음, 라틴 말로부터의 해방 운동 사례로서 16세기에 마르틴 루터가 독일어로 성경을 번역하고, 17~18세기의 독일의 철학자들이 논문을 독일어로 작성하고 독일어로 강의한 사례 등을 소개하였다.[152)]

최현배는 이상의 이야기들을 한자 폐지 실행을 위한 참고 자료로서 공들여 소개하였다. 한자의 종주국인 중국의 문자 개혁, 한자 교육의 비능률을 지적한 호시나의 연구, 터키의 로마자 채택, 도이치의 라틴말로부터의 해방 운동 등은 객관적으로도 설득력을 지니는 논거라 할 수 있겠지만, 호시나의

(1874~1962)는 교토에서 출생했다. 동경제국대학이과대학 화학과를 졸업하고, 동과 조수를 거쳐 1903년에 조교수가 되었다. 1908년부터 1910년까지 독일과 스위스에 유학하였고, 유기화학을 공부하고 1911년에 귀국하여 신설된 동북제국대학이과대학 화학과 교수가 되었다. 1932년 오사카제국대학 교수, 1943년부터 1946년까지 동 대학 총장을 지냈다. 「옻의 주성분에 관한 연구(漆の主成分に關する硏究)」로 1917년에 학사원상(學士院賞)을 받았다(kotobank http://kotobank.jp/). kotobank는 朝日新聞, 朝日新聞出版, 講談社, 小學館 등의 사전으로부터 용어를 한 번에 검색할 수 있는 사이트로, 백과사전, 인명사전, 국어(일본어), 영일·일영사전, 현대용어사전이나 전문용어집에 실린 내용 등을 망라하고 있으며, 정보는 수시로 갱신하거나 추가하여 일반에 제공하고 있다.

150) 최현배, 『글자의 혁명』, 정음문화사, 1983(초판 1947), 56~61쪽.

151) 최현배, 『글자의 혁명』, 정음문화사, 1983(초판 1947), 68~69쪽.

152) 최현배, 『글자의 혁명』, 정음문화사, 1983(초판 1947.5), 68~69쪽.

연구 결과를 일본 패전의 원인으로 자의적으로 해석한 것과 한자가 패전의 원인이었다는 마지마의 견해를 비판 없이 수용한 점은 학자답지 않은 비과학적인 주장이었다. 그렇지만 이러한 주장도 일본의 패망을 목도한 조선인들에게는 상당한 호소력과 설득력을 발휘했을 것이다.

끝으로 한자 폐지를 논한 책으로 1948년 8월 6일 문교부가 발행한 『漢字 안쓰기의 이론』이 있다. 이 책은 해방 후 교육 분야에서 시행되고 있는 한자 폐지 정책이 사회 전반에서 실현되기를 기대하며 정부 차원에서 발간한 책이다. 머리말은 문교부장 오천석의 이름으로 발표되었지만,[153] 본문의 내용은 최현배가 해방 직후 강연에서 사용한 원고를 정리해 책으로 출판한 것으로,[154] 『글자의 혁명』의 '漢字 안쓰기'와 같은 내용이었다. 똑 같은 내용의 책을 국민 계몽용으로 문교부에서 다시 발행했다는 사실을 통해서 문교부의 한자 폐지 정책이 교과서만을 대상으로 하는 것이 아니고 사회 일반을 대상으로 하는 범사회적인 정책이었다는 것을 알 수 있다.

지금까지 살펴본 것처럼 학회의 한글전용론은 한자 폐지를 전제로 하는 것으로 망국의 문자 한자 폐지, 이중 문자 생활 청산, 사회적 소통 수단으로서 한글 채택, 고유 문자 한글 전용을 통한 자주적 문화 창조 등 다양한 함의와 목적을 지닌 것이었다. 이 같은 한글전용론은 주시경 이래 유서 깊은 학회 회원 다수의 중지였으며, 언론과 『한글』을 통해 일반에 선전되었다. 특히 정태진과 최현배는 한자 폐지 이론서를 출간할 정도로 한글 전용을 위해 최선을 다했으며 학자적 면모를 과시했다.

---

153) 문교부, 『漢字 안 쓰기의 이론』, 조선교학도서주식회사, 1948. 머리말에 실린 오천석의 글은 다음과 같다. "이제, 우리 나라의 국회가 되고 독립 정부가 섬에 당하여, 이 중에도 가장 중대한 의의를 가진 한자 안쓰기의 정책이, 교육 행정에서뿐만 아니라, 국가 행정 및 국민 생활의 전면에 걸쳐, 완전히 실현되어, 새 나라의 문화 발전과 국민의 복리 증진이 놀랄만한 비약이 있기를 기대하여, 이 작은 책자를 널리 세상에 펴는 바이다. 4281년 7월일 문교부장 오천석"

154) 최현배, 『한글의 투쟁』, 정음사, 1954, 64쪽.

물론 한자 폐지를 반대하는 세력도 있었다. 교육계, 문화계, 예술계, 언론계 등 다양한 분야의 인사들이 즉각적인 한자 폐지로 인한 언어생활의 혼란을 걱정하면서 한자 전폐 불가를 역설했다. 한자 폐지를 반대한 대표적인 인사는 국문학자 조윤제였는데, 그는 한자를 지난 2천년 역사 동안 사용해 온 순전한 '국자'라고 규정하면서 아무런 연구와 계획 없이 일조에 폐지하는 것은 우모(愚謨)와 망책(妄策)이라 비판하였다.[155] 그러나 이 같은 주장을 담고 있는 조윤제의 저서는 체계를 갖춘 이론서는 아니었다. 한자 문제에 대한 준비 부족, 교육과 현실의 괴리, 한자 문맹 양산, 동음이의어 문제, 전통 문화의 단절 등등 한자 폐지 불가를 뒷받침하는 근거들이 없지 않았으나, 한글 운동 진영에 대응할 수 있는 체계적인 논리의 개발은 이루어지지 않고 논설 수준의 담론만 반복되었다고 봐야 할 것이다. 실제로 국한문 혼용에 대한 주장을 이론적으로 정리한 논저가 나온 것은 1970년『現代 國語國字의 諸問題』였다.[156]

조윤제뿐만 아니라 한자 폐지 반대론자들이 상당수 존재했고, 반대 여론도 조성되었지만, 일제강점기 35년간 억눌리고 말살의 위기에까지 몰렸던 조선어와 한글이었기에 한글에 대한 언중의 인식에는 각별한 애정과 더불어 일

---

155) 조윤제,『국어교육의 당면한 문제』, 문화당, 1947, 103~104쪽(김민수·하동호·고영근 편저,『역대한국문법대계』 제3부 제14책, 탑출판사, 1983).

156) 남광우,『現代 國語國字의 諸問題』, 일조각, 1970. 이 책은 한자혼용과 한자교육 실시에 대한 주장을 담고 있다. 신문과 잡지의 국한문 혼용 현실, 한자도 국어다, 인명의 한자 표기 필요, 표의 문자 한자가 지닌 장점으로서 조어력, 축약력, 동의어 식별력, 한자 학습의 효과 등을 통해 한자 사용의 필요성을 논하면서도 한자의 무제한 사용보다는 상용한자를 제정하여 사용하는 것을 바람직한 방향으로 제시하였다. ; 한글 전용에 반대하는 학자들은 1969년 7월 '韓國語文教育研究會'를 설립하고 국한 혼용의 어문 운동을 추진하기 위해 자신들의 논리를 개발하고 이론을 정립하기 시작하였다. 한글 전용 운동이 해방 직후 본격화된 점, 이승만과 박정희 양 정부를 거치며 상당히 진전되고 있었던 점을 고려하면 국한문 혼용론자들의 결집은 적절한 대응의 시기를 놓쳤다고 할 정도로 때늦게 성립되었다(社團法人韓國語文會 http://www.hanja.re.kr/).

종의 애국심까지 작용하고 있었다. 게다가 한글 운동을 하다가 일제에 탄압을 받았던 학회에 대한 민중의 지지는 맹목에 가까울 정도로 열렬했다.157)

또 하나 중요한 요소는 한글에 우호적인 미군정의 존재였다. 미군정 학무국의 군정관들은 '한글'을 높이 평가하고 있었다. '한국어는 중국어나 일본어와 다르다. 철자는 24개뿐이며 몇 시간 만에 쉽게 배울 수 있다.'158) '약간의 구어와 방언을 제외하고는 모두 통하는 같은 언어를 사용하고 있으며, 매우 정교한 음성 기호를 갖고 있다.'159) '1945년 11월 이후로 약 1,100만 권의 책들이 오직 한글로 인쇄되었고, 왼쪽에서 오른쪽으로 가로쓰기를 시작하였다. 편수국 책임자인 최현배 씨는 진심으로 한글 연구와 한국말 정화 작업에 노력하였다.'160)

이상 기록에 드러난 미군정 요인들의 한글에 대한 생각은 다음과 같았다. 우선 한글은 로마자와 같은 표음문자로서 그들에게 이질적이지 않았다. 뿐만 아니라 '매우 정교한 음성 기호'로 평가했다. 미군정이 발행한 교과서가 한글로 인쇄되었다는 것은 교육 언어의 서사 수단으로서 한글의 실용성과 가치를

---

157) 남광우는 한글전용법이 통과될 수 있었던 사회 분위기에 대해서 다음과 같이 분석한 바 있다. 첫째, 일제 하 억압받던 우리말 우리글을 되찾은 감격. 둘째, 일제 때 조선어학회사건으로 투옥되었다가 풀려나온 이들 중에서 한글 전용을 주도한 이들에게 경의를 표하게 된 국민의 감정. 셋째, 해방이 되자 북한에선 소련 진주 하 소련에서 돌아온 공산주의자 김일성 주도하에 한글 전용이 실행되고 남한에서도 미군정하 영어 잘하는 친미주의 인사들과 한글전용론자들의 영향 아래 건의했었다. 신정부 수립 후에는 미국에서 돌아온 대통령, 한글전용론자인 문교부장관, 군정시대부터 계속 주무국장 자리에 있던 한글전용론자인 인사에 의해 이 법안이 유도되었다(남광우, 「한글전용법안(1948), 한자사용에 관한 건의안(1949) 가결을 오늘의 시점에서 되새겨본다」 『어문연구』 24, 한국어문교육연구회, 1979, 462쪽).

158) 鄭泰秀 編著, 『美軍政期 韓國教育史資料集: 1945~1948, 上』, 弘芝苑, 1992, 172~173쪽.

159) 鄭泰秀 編著, 『美軍政期 韓國教育史資料集: 1945~1948, 上』, 弘芝苑, 1992, 750~751쪽.

160) 鄭泰秀 編著, 『美軍政期 韓國教育史資料集: 1945~1948, 上』, 弘芝苑, 1992, 964~965쪽.

인정한 것이고, 구래의 세로쓰기에서 벗어나 가로쓰기를 가능케 한 문자로서 한글을 높이 평가했다. 여기에 최현배와 같이 미군정 학무국에 복무하고 있던 인사들에 대한 긍정적인 평가 등이 복합적으로 작용함으로써 조선교육심의회의 한자 폐지 결의가 조선인들의 자율적 의사에 의해 이루어질 수 있었음을 지적해 두어야 할 것이다.

이 같은 사회적 여건과 대다수 언중의 호응을 기반으로 조선어학회의 한글 운동은 한글 보급과 한글 전용 양 측면에서 상승효과를 냈고, 학회를 대표하는 학자들이 한자 폐지의 주장을 담은 체계적인 이론서를 출판한 것도 언중을 설득하는 데 상당한 힘을 발휘했을 것이다. 끝으로 하나 더 지적하고 싶은 것은 학회가 어문 정책의 설계와 집행에서 실질적인 권한을 쥐고 있는 문교부를 우군으로 끌어들이고, 그 행정력을 십분 활용함으로써 한글 운동의 전력을 증식 원자로처럼 한껏 끌어올렸다는 사실이다.

제4절 한글전용법의 성문화

1. 조선어학회의 한글전용법 제정 촉진 운동

1948년 5월 10일 남한만의 단독 선거가 실시되었고, 제주도를 제외한 전국에서 198명의 국회의원이 선출되었다. 당선자와 미군정 간의 국회 개원 절차에 대한 협의를 거쳐 1948년 5월 31일 개원한 제헌국회는 곧바로 정부 수립을 위한 활동에 들어가 국회법, 헌법, 정부조직법 등 관련법 제정을 위한 논의를 시작하였다.[161)]

국회에서 국가의 초석을 세우는 법과 제도를 마련하기 위한 토의를 시작하자, 조선어학회를 비롯한 전국 각처에서 '헌법을 한글로 써서 공포해 달라'는 건의서를 국회에 제출하였고,[162)] 경북 김천서 당선된 무소속 권태희(權泰羲)

161) 국회사무처 편, 『대한민국국회 60년사』, 서울: 국회사무처, 2008, 10쪽.

의원은 헌법을 한글로 써서 공포해 달라는 긴급 동의안을 112의원 연명으로 제출하였다. 그러나 긴급 동의안이 정식 안건으로 채택되지 않자, 이에 권태희 의원은 7월 16일 열린 제31차 본회의석상에서 다음과 같이 발언하였다.

> 내일 공포될 헌법은 우리나라의 말과 우리나라의 글로써 기록되어있지 않고 외국말인 한문으로 기록되어 있기 때문에 이 헌법을 이해할 수 있는 사람은 국민의 가장 적은 수효인 일부에 한정되어 있고, 국민의 다수인, 적어도 8할 이상을 점하고 있는 한문을 이해할 수 없는 다수의 근로자와 부녀자층과 청소년층은 읽을래야 읽을 수 없고 알래야 알 수 없는 기막힌 사실이 바로 의사당 문 밖을 나가면 볼 수 있는 뚜렷한 일입니다. 그래서 긴급동의안의 주문은 우리 한글을 주문으로 삼고 한자를 곁에 써서 공포하여 주시기를 바랍니다.[163]

권 의원의 주장은 국민의 다수, 즉 국가의 주인인 국민 누구나가 알아볼 수 있도록 한자가 아닌 한글로 헌법 전문을 적어야 한다는 것이었다. 새 국가를 건설함에 있어서 한자는 더 이상 국자의 지위에 설 수도 없고, 민중의 글자가 될 수도 없다는 권 의원의 발의는 제헌의회 198의원 중 112인이 연명한 사실에서 이미 과반의 동의를 얻고 있었다. 하지만 권 의원의 긴급 발의는 정식 안건으로 채택되지 않았다.[164] 다음은 권 의원 발의에 대한 의장 이

---

162) 최현배는 당시 상황을 다음과 같이 묘사했다. "나라의 기초인 헌법을 토의하고 마련하여 온 지 달이 넘었다. 그런데 헌법을 한글로 적어서 공포함이 마땅하니, 그리하여 달라는 청원과 희망이 각처에서 들어왔다는 소리는 높아감에도 매히쟎고, 그 제3회 독회를 마칠 때까지 이에 관한 토의가 없었음에 대하여, 일반 대중의 실망이 자못 컸었다." 외솔 최현배 박사 고희 기념 논문집 간행회, 「헌법과 한글」『외솔 최현배 박사 고희 기념 논문집』, 외솔 최현배 박사 고희 기념 논문집 간행회, 정음사, 1968, 165~169쪽 ; 한글학회 50돌 기념 사업회, 『한글학회 50년사』, 한글학회, 1971, 420쪽.

163) 대한민국국회, 국회회의록시스템 http://likms.assembly.go.kr/record/index.html, 제1대 제1회 제31차 국회본회의회의록, 1948.7.16.

164) 헌법 정본을 한글로 작성하자는 권태희 의원의 발의가 본회의 정식 안건이 아니었다는 것은 제헌국회의 일정상 헌법을 한글로 작성하는 문제가 긴급한 사안이 아니었

승만의 답변이다.

> 100여 명 의원이 여기에 찬성하신 것은 대단히 기쁜 일입니다. 대단히 감사해요. 우리나라 국문을 우리나라 선조들이 언문이라 부르고 한문을 진서라고 한 것은 우리 선조들의 죄입니다. (중략) 우리 한글을 국문으로 쓰자는 것을 주장하시는데 그것은 대단히 찬동하는 동시에, 다만 한 가지 이 문제를 여기서 작정하자는 것보다도 아직 우리가 급한 일이 있으니 그것을 치르고 난 다음에 의논을 충분히 해 가지고 할 수가 있으리라고 생각합니다. 그렇게 아시고 아까 말씀한 것은 순 국문으로 헌법을 따로 마련해서 게다가 서명을 하게 할 것이니까 그쯤 아시고 이것을 동의하신 분은 보류하셨다가 이 급한 일이 끝나면 토의를 충분히 해 가지고 하도록 부탁합니다.[165]

우선 이승만은 권태희 의원의 발의와 그에 대한 100여 의원의 뜻에 고마움을 표한 다음, 한글을 국자로 사용하자는 것에 적극 찬성한다는 견해를 표명하였다. 이처럼 제헌국회 본회의장 풍경은 한글 사용에 매우 우호적이었고, 특히 이승만의 한글에 대한 생각은 결코 즉흥적인 것이 아니었다. 젊은 시절의 이승만은 대표적인 한글전용론자 중 한 사람이었다. 협성회회보를 비롯해서 매일신문과 제국신문 등에 수많은 글을 발표했던 이승만은 국민을 가르쳐서 나라를 문명개화시키려면 한글을 수단으로 삼아야 한다고 주장했으며,[166] 한글 교육의 중요성을 강조하고 한글로 된 책을 많이 지어야 한다고 역설했다.[167] 따라서 한글 헌법을 만들자는 권태희의 발의에 찬성을 표하고, 의장 권한으로 순 국문 헌법을 만들겠다고 한 것은 지극히 자연스러운 대응

음을 의미한다.

165) 대한민국국회, 국회회의록시스템 http://likms.assembly.go.kr/record/index.html, 제1대 제1회 제31차 국회본회의회의록, 1948.7.16.

166) 『매일신문』 1898. 6. 17. 「국문이 나라 문명할 근본」

167) 원영희·최정태 편, 『뭉치면 살고… - 언론인 이승만의 글모음(1898~1944)』, 조선일보사, 1995, 393~395쪽 ; 이승만의 한글 운동에 대해서는 김인선 참고. 김인선, 『개화기 이승만의 한글운동 연구』, 연세대학교 대학원 국학협동과정 박사논문, 1999.

이었다.

7월 16일 본회의에서 나온 한글 헌법에 관한 소식을 전한 경향신문은 "오늘 공포될 우리나라 헌법 즉 대한민국 헌법 주문은 우리 민족의 정신을 만방에 선양하기로 하여 우리말인 한글로 쓰기로 되였다 한다."라고 보도하였고,[168] 헌법 공포식 상황을 전한 다음 날의 조선일보 보도에 따르면, 이승만 의장은 국한문본 헌법과 함께 한글본 헌법에도 서명했다.[169]

조선어학회에서는 7월 16일 국회 본회의에서 나온 한글본 헌법 소식을 매우 기쁘게 받아들였다.[170] 순 한글본 헌법을 따로 작성하겠다는 낭보를 접한 학회는 7월 18일 이사회 논의를 거쳐 국회에 감사문을 보내기로 결정하였다. 나아가 한글을 국자로 하고 일반 공용문서를 한글로 할 것을 법률로 정하도록 건의하자는 최현배의 제안을 만장일치로 채택하였고, 즉시 한글전용법 제정 운동에 착수하였다. 학회는 건의서 기초위원에 장지영을 선정하고, 신문지상에 같은 뜻의 성명서를 발표하기로 결의하여 이희승을 성명서 기초위원으로 선정하였다. 그리고 운동에 동참해 줄 문화인들에 대한 접촉을 시작하였다.[171]

---

168) 『경향신문』 1948.7.17. 「헌법은 한글로」

169) 『조선일보』 1948.7.18. 「대한민국헌법 공포」; 『자유신문』 1948.7.18. 「대한민국 헌법공포식」; 그러나 실제로 하루 만에 한글 헌법이 만들어졌는지에 대해서는 의문의 여지가 있다. 조선일보와 자유신문은 이승만 의장이 한글 헌법에 서명한 것으로 보도했지만, 동아일보, 서울신문, 경향신문 등은 한글본에 서명했다고 보도하지는 않았다. 따라서 조선일보와 자유신문의 보도는 '한글 헌법을 작성하기로 했다'는 7월 16일 국회의 논의를 전한 보도의 연장선에서 나왔을 가능성도 배제할 수 없다. 또한 9월 1일자 『관보』 제1호에 고시된 「대한민국헌법」은 국한문 혼용본이었으며(『관보』 제1호. 1948.9.1. http://theme.archives.go.kr/next/gazette/viewMain.do), 헌법학자 한상범에 따르면, 헌법을 한글로 다듬기 위해 관계 분야의 학자가 참여한 것은 1962년 헌법 개정 때가 처음이었다(『뿌리 깊은 나무』 제29호, 서울: 한국브리태니커, 1978.7, 89쪽).

170) 한글 헌법 소식을 전해들은 최현배는 국회의 한글 헌법을 채택을 일제에 모든 것을 빼앗겼던 삼천만 겨레의 끝없는 영광이라고 언명하였다(최현배, 「헌법과 한글」, 서울신문사출판국·국학자료원, 『신천지』 28, 서울신문사출판국, 1948.8, 178~179쪽).

7월 24일 학회는 '한글 원본의 헌법 공포에 대한 성명서'를 발표하였는데,[172] 제목에서 알 수 있는 것처럼 한글 헌법이 만들어진 것을 전제로 제헌국회에 감사의 뜻을 전하면서 한글전용법 제정을 건의하였다.

> 훈민정음의 창제를 자주 정신의 발로라고 한다면, 국문 헌법의 공포는 자주 정신의 부흥을 뜻한 것이라 보지 않을 수 없다.
>
> 이와 같이, 문화와 정신을 부흥시키기 위한 노력과 공로는 오로지 200의 국회의원의 민족적 자주 정신에 말미암은 것이매 만강의 감사를 드리는 동시에, 다른 모든 국사도 이와 같은 정신으로 의정할 것을 믿고 생각할 때, 우리 민족의 광명한 앞날이 눈앞에 보인다.
>
> 앞으로 일반 법문을 전부 국문으로 제정하고, 모든 공용 문서와 성명도 지명도 단연 우리 글자로 사용하도록 시급히 법적으로 정할 것을 믿고 바라며, 특히 이 정신의 실현이 촉진·완수되기 위하여, 앞으로 문교 행정을 담당할 부문에는 더욱이 국문 헌법 공포의 정신을 여실히, 또 원만히 살리어 나가기에 확호한 신념과 역량이 구비한 인사가 전적으로 배치되어야 할 것을 또한 믿고 바란다.[173]

국문(한글) 헌법의 공포는 훈민정음을 창제한 세종 정신의 부흥이라 평가하고, 200인(실제로는 198인)의 제헌국회 의원은 세종 정신의 부흥을 이룬 공로자로 칭송하였다. 제헌국회의 업적을 한껏 치켜세운 다음, 일반 법문과 공용문서 작성에 한글 사용을 법률로 정할 것을 국회에 당부하였다. 한글전용법 제정에 대한 학회의 요청은 성명서로 그치지 않았다. 7월 18일 이사회에서 한글전용법 제정 운동을 제안한 최현배는 「헌법과 한글」이란 글을 통

---

171) 조선어학회·한글 학회 『이사회 회의록(1948.6~1949.9.)·(1951.10~1959.1.)』, 1948. 7.18.

172) 이 성명서는 최현배의 『한글의 투쟁』에 실려 있고, 『50년사』와 『100년사』에는 「한글전용법 제정 촉구 성명서」란 제목으로 실려 있다. 그런데 당시 신문지상이나 잡지에 실린 흔적을 찾을 수 없다. 심지어 학회의 기관지 『한글』에도 실려 있지 않다.

173) 최현배, 「한글 원본의 헌법 공포에 대한 성명서」 『한글의 투쟁』, 정음사, 1954, 290~291쪽.

해 한글전용법 제정의 필요성을 거듭 강조하였다.

> 대중을 무지와 빈곤으로부터 구제하여야 한다는 요구는, 실로 세계 역사의 목표이며, 인류 이성의 발현이다. (중략) 한글이 새 나라의 국자로써 그 온전한 노릇을 발휘하여 그 실효를 거두려면, 모름지기 한자를 안 쓰기로 하고, 한글로써 국자를 삼아 이를 전용한다는 법률을 만들어 내지 아니하면 안 될 것이다. (중략) 우리 대한에 있어서는 한자의 사용을 폐지하고, 전 인류의 역사에서 또 온 세계에서, 가장 우수한 우리의 글자, 한글을 전용할 것 같으면 국민의 무지의 퇴치는 손바닥을 뒤치듯이 극히 쉬운 일이다. 다시 말하면, 한글 전용은 무지 퇴치의 절대적 효과를 가진 백발백중의, 손쉬운 단방문(單方文)이다. (중략) 또 국회의원 여러분의 깊고 밝으신 고려가 유종의 미를 거두어, 그 성과를 올해 10월 9일 한글날을 잡아 세상에 공포하게 되어, 새 나라를 세운 온 겨레의 영광과 기쁨이 더욱 커지기를 기원하여 마지 아니한다.[174]

무지와 빈곤의 퇴치는 인류 보편의 이성이며, 역사의 목표라고 전제하고, 우리에게는 한글이란 우수한 문자가 있으니 한글을 전용함으로써 무지와 빈곤으로부터 쉽사리 국민을 구제할 수 있으며, 실효를 거두기 위해서는 한글 전용을 법률로 정해야 한다고 주장하였다. 최현배는 국회에서의 한글 헌법 소식에 몹시 감격했다. 한글에 대해 우호적인 의원이 과반을 차지한다는 사실은 한글 전용 실현의 청신호나 다름없었다. 권태희를 포함한 112인의 제헌 의원과 의장 이승만은 천군만마였고, 용기백배한 최현배는 '올해(1948년) 한글날'이라는 구체적인 일정까지 제시하면서 한글전용법의 제정을 촉구했던 것이다.

한글 전용이 곧 민중 구제임을 강조한 최현배의 주장은 구한말 주시경을 비롯한 국문론자들의 주장이자 사상이었다. 일제 35년간 조선어에 대한 일제의 억압 속에서 한글전용론에 대한 논의는 유보될 수밖에 없었지만, 해방은

---

174) 최현배, 「헌법과 한글」, 서울신문사출판국·국학자료원, 『신천지』 28, 서울신문사출판국, 1948.8, 178~182쪽.

조선인들에게 정치적 자유뿐만 아니라 조선어와 한글의 자유를 가져다 주었고, 조선어와 한글의 재건에 앞장 서온 조선어학회는 바야흐로 한글 전용을 실현시킬 수 있는 적기를 맞이하였던 것이다.

이어서 학회는 9월 26일에 이사회를 열고 헌법 정본을 국문으로 결정한 국회의원들을 초청하기로 결의했다. 1차 목적은 감사를 표하는 것이고, 2차 목적은 한글 전용 법률화에 대한 의견을 전달하는 것이었다. 때는 10월 1일 오후 5시, 장소는 안국동 풍문여자중학교 강당으로 결정하였다.[175)]

2. 한글전용법의 제정과 공포

학회가 한글 전용에 관한 법률을 제정해 달라는 성명서를 발표한 것은 7월 24일이고, 『신천지』에 최현배의 글이 실린 것이 8월이었다. 한글전용법 제정을 촉구한 조선어학회의 건의가 권태희를 비롯한 국회의원들의 마음을 움직였던 것일까? 9월 29일 권태희 외 138명 연명으로 '한글전용에 관한 법률안'이 문교사회위원회의 토의를 거쳐 9월 30일 제78차 본회의 안건으로 상정되었다.[176)]

> 한글전용에 관한 법률안
>
> 대한민국의 공용문서는 한글로 쓴다. 다만 필요한 때에는 한자를 협서(脇書)할 수 있다.
>
> 부칙
>
> 본법은 공포한 날부터 시행한다.

권태희 의원이 제출한 한글전용법의 내용은 공용문서를 한글로 쓴다는 것

---

175) 조선어학회·한글 학회 『이사회 회의록(1948.6~1949.9.)·(1951.10~1959.1.)』, 1948. 9.26.

176) 대한민국국회, 국회회의록시스템 http://likms.assembly.go.kr/record/index.html 제1대국회 제1회 제78차국회본회의 (1948년09월30일).

이다. 문제는 '필요한 때에는 한자를 협서할 수 있다'는 단서 규정이었다. 비록 '협서(脇書)'를 허용하고 있지만, 1894년의 고종 칙령보다는 진일보한 규정이었다. 그것은 1894년 11월 21일 공포된 고종 칙령의 내용을 검토해 보면 확인할 수 있다.

고종 칙령 제1호(공문식) 제14조는 "법률과 칙령은 모두 국문을 기본으로 삼되, 한문으로 번역을 붙이거나, 국한문을 섞어 쓴다."고 했다.[177] 이것은 ① 국문으로 작성하되, ② 공문에 담긴 내용을 잘 전달하기 위해 한문으로 번역을 붙이거나, ③ 문장 자체를 국한문 혼용체로 한다는 것이다. 실례로 1894년 12월 12일의 '대군주 전알 종묘서고문(大君主 展謁 宗廟誓告文)'은 위 칙령이 규정한 세 가지 문체를 모두 사용하였다.

① 대군주게셔 종묘에젼알ᄒᆞ시고 밍세ᄒᆞ야고ᄒᆞ신글월
② 大君主 展謁 宗廟誓告文
③ 大君主게셔 宗廟에 展謁하시고 誓告하신 文

그런데 공문서를 국문으로 작성하고 거기에 한문 번역을 붙이는 것은 상당히 번거로운 방식이었기에 실제로는 국한문 혼용체－위 ③의 방식－가 주로 사용되었다. 1895년 5월 8일에 공포된 공문식 개정에서는 위와 같은 현실을 반영하여 "法律命令은 다 國文으로뻐 本을 삼고 漢譯을 附ᄒᆞ며 或國漢文을 混用홈"이라고 규정하면서 국한문 혼용체의 본을 보였다. 결국 국문을 기본으로 한다는 고종 칙령의 이상은 현실적인 제약으로 인해 국한문 혼용체의 사용으로 귀착되었던 것이다.[178]

---

177) 『고종실록』 32권, 1894년 11월 21일 기사 ; 김슬옹은 칙령의 국문위본(國文爲本)을 국문을 기본으로 한다는 의미로 해석하고, 칙령 이전에 한문이 공식 문자이고 언문이 부차적인 문자였다면, 칙령 이후에는 국문이 기본 문자이고 한문을 부차적인 문자로 제도화한 것이라고 분석하였다(김슬옹, 『조선시대 언문의 제도적 사용 연구』, 한국문화사, 2005, 30쪽).

178) 이병근 외, 『한국 근대 초기의 언어와 문학』, 서울대학교 한국문화연구소, 2005,

이와 같은 사실을 참조할 때, 우선 권태희 의원 발의안의 '한글로 쓴다'는 규정은 고종 칙령의 이상과 동등한 수준의 의미를 지닌 것으로 평가할 수 있다. 게다가 권태희 의원은 한자 혼용이 아닌 한자의 '협서'를 제시했다. 『표준국어대사전』은 협서를 "본문 옆에 따로 글을 기록함. 또는 그 글."이라고 풀이하고 있다.[179] 예를 들어 "대한민국은 민주공화국이다."라는 문장을 한글로 쓰고 한자를 협서한다면, 다음과 같은 형태가 된다.

대한민국은 민주공화국이다.
大韓民國 民主共和國

한글 전용만을 고집한 것은 아니지만, 한글과 한자의 주종 관계를 확실히 한 협서를 통해 "大韓民國은 民主共和國이다."라는 국한문 혼용체로 귀착된 고종 칙령보다는 더욱 한글을 중시하고 우선하고 우위에 두고자 한 것이었다. 권태희 의원의 목적은 한글 전용이었겠지만, 국한문 혼용이 일반적인 현실과 급격한 변화가 야기할 수 있는 반발과 부작용을 예방하기 위해 협서를 허용하는 규정을 생각한 것으로 보인다. 그럼에도 권태희 의원의 발의안을 둘러싼 논의는 순탄치 않았다.

1독회에 들어간 첫날 주기용(무소속, 문교사회위원회 위원장), 권태희(무소속), 조헌영(한민당) 등이 한글전용법 제정의 당위성을 설명하였지만, 서정희(한민당), 조한백(무소속), 서우석(한민당), 정광호(한민당), 김우식(전도회) 등은 제정에 반대함으로써 찬반양론이 팽팽하게 대립하였다.

주기용은 권태희 의원을 대신해서 입법 취지를 설명하였다. 그는 민족의 8할이 노동자와 농민이라는 점을 강조하면서 민주주의 국가의 주인인 국민이 이해할 수 있는 국문을 사용해야 한다, 신정부 건설 도상에서 자주독립을 앙양하고 국민정신을 함양하는 의미에서 한글을 사용하자고 발언하였고, 한

58~63쪽.

179) 『표준국어대사전』 http://stdweb2.korean.go.kr/main.jsp

자의 폐해를 지적하면서 일본의 패전 원인으로 오사카제국대학 마지마 리코의 견해를 소개하였다. 이것은 1947년 출간된 최현배의 『글자의 혁명』에 소개된 것이므로, 그가 최현배의 한글전용론에 영향 받았음을 알 수 있다. 주기용 의원의 발언이 끝나자 서정희 의원은 한글 전용을 법으로 강제하기보다는 일반 사회로 하여금 점차 한자를 제한하고 한글을 전용해 가는 쪽으로 유도하는 것이 낫다며 법 제정에 반대했다.

이에 법안 발의자인 권태희 의원은 법 제정의 필요성을 3가지 이유를 들어 호소했다. 첫째, 우리나라 글을 우리나라 공용문서에 쓰자. 둘째, 38 이북에서 한글을 전용하고 있는데, 남북통일이 되었을 때를 대비해서 우리도 한글을 전용해야 한다. 셋째, 금후 교육은 과학적 교육이어야 하는데, 그러려면 한글을 사용해야 한다. 아울러 권 의원은 의원 138명의 동의를 얻는 과정에서 들은 의원들의 여론에 대한 답변으로서 한글전용법 제정이 한자 폐지가 아니라는 점, 시기상조가 아니라 늦었다는 점, 법문화를 통해 한글을 국자로 규정하는 것이 정치적, 문화적 의의가 크다는 점을 강조하였다.

이렇게 시작된 공방은 조한백 의원으로 이어졌고, 조 의원은 한글을 쓰자는 데 찬성한다고 하면서도 한자 폐지로 인한 문화의 혼란을 지적하며 한글 전용은 시기상조라고 주장했다. 이어진 발언에서 서우석 의원은 공포한 날부터 시행한다는 부칙의 비현실성을 지적하면서 교과서를 포함한 모든 공문서에 당장 한글 전용을 적용하는 것이 현실적으로 실현 불가능함을 설명하였다. 제정 반대 측 정광호 의원 역시 공문서 범위의 모호함을 지적하였고, 한자 교육의 필요를 역설하였으며, 김우식 의원도 한글 전용으로 인한 한자 폐지의 부당함을 지적하였다.

이상 살펴본 것처럼 첫날 논쟁에서 찬성에 나선 것은 주기용, 권태희, 조헌영 등이었고, 반대는 서정희, 조한백, 서우석, 정광호, 김우식 등이었다. 의원 139명의 서명으로 상정된 한글전용법은 예상치 못한 거센 반론에 부딪혀 첫날은 결론은 내지 못한 채 회의가 종결되었다.

10월 1일 제1회 제79차 본회의에서 국회는 다시 한글전용법을 놓고 질의와 대체 토론에 들어갔다.[180] 한글전용법을 속히 제정해야 한다는 김장렬(무소속) 의원의 모두 발언이 있었고, 권태희 의원은 한자를 모르는 국민이 7~8할인 실정에서 한글이 아닌 한자를 계속 쓰는 것이 민주주의 원칙에서 벗어남을 지적한 다음, 북한에서의 한글 전용에 대해 언급하였다.

> 이미 38 이북에서는 (중략) 저는 38 이북의 말을 원치 않읍니다마는, 8·15 이후에 공용문자가 한글로 곤란을 느끼지 않고 얼마든지 사용하고 있읍니다. 또 한글학자인 이극로 씨가 가서 어떠한 중요한 임무를 가지고 있다고 합니다마는(중략) 어찌하여 소련을 조국이라고 하는 이북에서는 우리의 한글을 전용문자로 쓰고 있는데 우리 민족을 찾고 우리 민주국가를 고취하자고 하는 우리 정부가 아직까지 한글에 대한 말이 없었고, 우리 국회가 된 후에 한글전용법안이 어제부터 오늘 비로소 석 달 만에 우리 국회 회의석상에 나타났습니다.

권태희는 북한에 잔류한 이극로가 한글 전용 정책 추진이라는 중요한 일을 담당하고 있다는 사실을 소개하면서 법안 제정의 시급함을 재차 강조하였고, 한글전용법 제정에 대한 문교부 장관의 참고 발언을 요청하였다. 권태희의 요청에 대해 문교부 장관의 견해는 들을 필요 없다는 일부 의원의 반대가 있었지만, 발언권을 얻은 문교부장관 안호상은 '한문 전용은 외국에 대한 수치'라고 언명하면서 한글전용법 제정이 필요함을 역설하였다.[181] 안호상 장

---

180) 대한민국국회, 국회회의록시스템 http://likms.assembly.go.kr/record/index.html 제1대국회 제1회 제79차국회본회의 (1948년10월01일).

181) 안호상 장관 발언 말미는 "한자를 쓰시고 그 밑에다가 한글을 써야 필요할 경우에는 써도 좋다는 여러분 의견과 똑같은 것입니다. 한문을 주체로 하시고 한글을 다음에 쓰시기를 여러분에게 간절히 바라고 내려갑니다."라고 돼 있는데, 이것은 안호상 장관이 발화 시 잘못했던가 아니면 속기사가 잘못 정리한 것으로 보인다. 한글 전용을 주장한 안호상 장관의 본 뜻은 다음이 맞을 것이다. '한글을 쓰시고 그 밑에다가 한자를 써야 필요할 경우에는 써도 좋다는 여러분 의견과 똑같은 것입니다. 한글을 주체로 하시고 한문을 다음에 쓰시기를 간절히 바라고 내려갑니다.'

관의 발언이 끝나자, 안 장관의 발언 태도를 놓고, 마치 국회를 대상으로 강의를 하는 듯하다는 지적과 비판이 터져 나왔고, 최운교(무소속), 이호석(무소속), 김명동(무소속) 세 의원의 반박 발언이 있었다.

최운교 의원은 한글전용법이 국민에게 한글 사용이라는 의무를 지우는 것이며, 한글에 특권을 부여하는 것이므로 악법이라 규정하였고, 이호석 의원은 한글만 쓰자는 폐쇄주의를 비판하고 배격하면서 나라의 발전을 위해서는 남의 나라 글, 즉 한자를 써도 좋다고 주장하였다. 김명동 의원은 한글 사용은 장려하는 것이 바람직하지만, 언어 문제를 법으로 규정하는 것의 부당함을 지적하면서 법안 제정에 반대하였다.

이 날 본회의 참석 의원 138인보다 더 많은 139명 연명으로 상정된 법안이었지만, 법안의 정당성, 제정 시기, 방법 등을 놓고 제정을 반대하는 의원들의 반발이 만만치 않았다. 예상 외로 논쟁이 가열되고 쉽사리 통과될 기미가 보이지 않자, 조영규(한민당) 의원이 1독회를 마치고 2독회로 넘어갈 것을 제안하였고, 표결을 거쳐 2독회에 들어갔다.

2독회에서는 조헌영 의원이 내놓은 수정안을 놓고 토의가 진행되었는데, 수정안을 제출한 조 의원은 법안 제정의 취지를 다음과 같이 설명했다.

> 적어도 공문에는 한글을 써야 할 것이니 국가의 무슨 지시라든지 관청의 명령도 다 읽도록 하고 우리는 무슨 청원서를 내드라도 한문을 쓰면 대다수의 국민이 곤란할 것이니까 한글을 쓰도록 하자는 것입니다. (중략) 우리의 국민생활을 위하여 최저생활을 확보하는 데 있어서 한글로써 그것을 확보하자는 것이 수정안의 정신입니다.
>
> 그러기 때문에 당분간 한자는 얼마든지 써도 좋와요. 그러나 국책으로 방법은 정해야 된다, 적어도 지금부터 실행하지 않으면 100년 후에 가도 마찬가지요, 30년 후에 시작해도 마찬가지로 그때에 한글을 쓰지 못합니다. 국민의 문화적 생활을 하게 하기 위해서 한글만으로 하자는 것이 이 법안을 만드는 근본정신일 것입니다. 이 법안을 만들지 않으면 100년을 가도 그대로 있읍니다.

조헌영 의원 발언의 핵심은 두 가지였는데, 첫째는 한글 사용이 국민의 최저 생활을 보장한다는 것이고, 둘째는 지금 시기를 놓치면 100년이 가도 실행할 수 없다는 것이었다. 첫째는 한글이라는 글자가 민주주의의 이상을 실현하는데 있어 가장 적합한 수단이라는 것이고, 둘째는 시기상조론에 대한 반박으로서 새 나라를 건설하는 이때가 법안 제정의 적기임을 강조한 것이었다.[182] 그렇다면 수정안에서 달라진 내용은 무엇일까? 다음은 조헌영 의원이 제출한 수정안이다.

> "대한민국의 공용문서는 한글로 쓴다. 다만 얼마 동안 필요할 때에는 한자를 병용할 수 있다."

처음 제출된 권태희 의원의 발의안과 달라진 것은 "한자를 협서할 수 있다."는 규정이 "한자를 병용할 수 있다."로 바뀐 것이었다. '협서'를 '병용'으로 바꾼 것인데, 조헌영 의원은 협서와 병용의 차이에 대해 다음과 같이 설명했다.

> 공문에다가 한글을 쓴다, 필요한 때에는 옆에다가 한문을 달아서 쓴다, 이렇게 되면 전부 한글만 쓰고 부득이할 때에는 한자를 단다고 하면 인쇄상이나 기록에 큰 곤란이 있을 것 같아서 아마 여러분이 반대하는 것 같습니다. 또한 원칙에 있어서 한글을 쓰는 데는 반대하는 분이 없는 것 같습니다. 그래서 이것이 다 알맞는 방법이라고 생각해서 수정안을 냈습니다. (중략)
>
> 「다만 얼마 동안 필요한 때에는 한자를 병용할 수 있다」 섞어서 쓸 수도 있고 괄호 짓고 쓸 수도 있고 옆에 달 수도 있고 그것은 마음대로 할 수가 있습니다. 억지로 한자를 쓰지 못하게 방지하는 것이 아닙니다.

182) 수정안의 취지를 강조한 조헌영 의원은 "이러한 법을 만들고 이것을 실행하고 이것이 한 30년이나 이후에 지금 살아 있는 사람이 어지간이 죽고 한 60년이나 지나면 이 법안이 당연히 실행되리라고 생각합니다."라고, 마치 예언가 같은 발언까지 했는데, 2012년 현재 대한민국의 한글 사용 실태와 비교해 보면 그다지 틀리지 않았다고 할 수 있다.

조헌영 의원의 수정안에서도 한글 전용의 원칙은 유지되었지만, 기록이나 인쇄상 편의를 위해 '협서'가 아닌 '병용'을 제안하였고, '병용'에 대해서는 "섞어서 쓸 수도 있고 괄호 짓고 쓸 수도 있고 옆에 달 수도 있고"라고 설명했다. 그런데 조헌영 의원의 수정안에 담긴 표현은 '병용'이지만 설명을 보면 섞어 쓰는 것(혼용), 괄호 짓고 쓰는 것(오늘날은 이 방식을 흔히 병용이라 함), 옆에 다는 것(협서) 등, 3가지 방식 모두를 포함하고 있다.[183] 따라서 조헌영 의원의 병용은 매우 폭넓은 서기 방식을 의미하는 것이었고, 그렇기 때문에 조헌영 의원이 말한 병용은 협서보다 한결 구속력이 약한 것이었다. 결국 조헌영 의원의 의도는 한글전용법을 제정하더라도 한자를 자유롭게 쓸 수 있으므로 한글 전용이 곧 한자 폐지로 이어지는 것이 아니라는 점을 강조함으로써 의원들의 반발을 누그러트리는 데에 있었던 것으로 보인다.

수정안에 대한 조헌영 의원의 설명이 끝나자, 김옥주(무소속) 의원은 이미 130여 명의 찬성을 받은 법안에 대해 가부 양론이 나온 것에 대해 유감을 표한 다음, 조헌영 의원 수정안에 절대 찬성을 표했고, 권태욱(무소속) 의원은 '얼마 동안'이라는 기간의 모호성 문제를 지적하면서 3년 혹은 5년으로 하는 것이 바람직하다고 주장하였다. 그런데 이어진 박해정(무소속) 의원의 수정안에 대한 비판은 매우 날카로운 것이었다.

> 법률은 체제상 절대 구속력이 있어야만 합니다. 대한민국의 공용문서는 한글로 쓴다, 다만 필요할 때에는 한글 아래나 옆에 혹은 한자를 병용할 수가 있다는 것은 이것은 공문서로 되지 않습니다. 아무 필요가 없어요. 이러한 것은 요청에 지나지 못합니다. 구속력이 없는 이러한 것은 법률로 제정하지 못합니다.

---

183) 세 가지 방식을 보이면 각각 다음과 같다. '옆'에 다는 것이란 세로쓰기가 일반이던 당시의 상황을 반영한 표현이다. 가로쓰기에 맞추면 '아래' 또는 '위'에 다는 것이 된다.

① 섞어 쓰는 것(혼용): 大韓民國은 民主共和國이다.

② 괄호 짓고 쓰는 것(병용): 대한민국(大韓民國)은 민주공화국(民主共和國)이다.

大韓民國 民主共和國

③ 옆에 다는 것(협서):대한민국은 민주공화국이다. 대한민국은 민주공화국이다.

大韓民國 民主共和國

박해정은 수정안이 안고 있는 결함과 한계를 정확히 지적하면서 구속력이 없는 법률을 제정하느니 국민운동을 통해 한글을 권장해 나가는 것이 올바른 방향이라고 주장하였다. 박해정 의원의 발언이 끝나자, 반대측 최봉식(무소속) 의원은 교육적 운동을 통해 한글을 발전시켜야 한다면서 "지방행정조직법 공무원임면법이 바뿌다 하면서 중간에 이와 같은 한만(閑漫)한 법안을 긴급이라고 상정한 것은 유감으로 생각합니다."라면서 법안 심의 자체를 철회할 것을 요청하였다. 최봉식 의원의 의견은 중대한 법률안들의 처리가 시급한 마당에 한글전용법과 같은 한가한 법안에 대해서는 논의의 필요조차 없다는 것으로 민생의 관점에서 우선순위가 한참 뒤라는 지적이었다.

최봉식 의원의 의견을 반박이라도 하듯이 이번에는 이원홍(대한독립촉성국민회) 의원이 절차상의 문제를 지적했다. 1독회를 거쳐 2독회로 들어온 이상 한글전용법을 제정하는 것은 법리적으로 이미 결정된 것이고, 다만, 협서로 할지 병용으로 할지 하는 문제들만 논의해야 한다는 것이었다. 이에 김옥주, 김철(대한독립촉성국민회) 의원의 재청과 삼청이 있었다.

그러자 이번에는 한석범(한민당) 의원이 조헌영 수정안 절대 반대를 선언했다. 이유는 전적으로 한글을 써야 한다는 것이었다. 그렇기 때문에 한자를 병용한다는 단서를 넣어서는 안 된다는 것이었다. 병용이라는 단서 때문에 영영 한글 전용은 실현될 수 없으리라는 것이었다. 한석범 의원의 발언이 끝나자 부의장 김동원은 이미 재청과 삼청이 있었으므로 더 이상 언권이 없다고 언명하고, 토론을 종결하고 가결하자는 동의를 표결에 부쳤다. 표결 결과는 다음과 같았다.

재석 의원 131, 가 96, 부 2.

이에 따라 토론은 종결되었고, 조헌영 의원이 다시 한 번 수정안을 낭독한 다음, 곧바로 표결에 들어갔다.

재석 인원 131, 가 86, 부 22.

결국 한글전용법은 이틀간의 열띤 토의 끝에 재석 의원 62%의 찬성으로 가결되었다. 애당초 의원 139명 동의로 법안이 상정된 점을 고려하면 반대한 의원의 숫자가 22명이나 나왔다는 것은 의외의 결과였다. 한글전용법 제정에 처음부터 반대한 의원들도 있었을 것이고, 토의 과정에서 반대로 돌아선 의원들도 있었겠지만, 한석범 의원처럼 한글전용법 제정에 적극 찬성하면서도 '얼마 동안 한자 병용'이라는 단서로 인한 한계로 한글 전용이 제대로 시행되지 않을 것을 염려해 수정안에 반대한 의원도 있었을 것이다. 한글전용법은 부칙에 따라 통과된 날부터 시행하게 되었고, 의원들의 동의에 따라 최종적으로 법안을 검토하는 제3독회는 생략되었다. 다음 날 언론은 제79차 국회본회의에서 "대한민국의 공용문서는 한글로 쓴다. 다만 얼마동안 필요할 때에는 한자를 병용할 수 있다."라는 조헌영 의원의 수정안이 가결, 통과되었음을 전국에 알렸다.[184] 그런데 국회에서 가결된 문안은 '필요할 때'였지만 실제 확정 고시된 문안에서는 '필요한 때'로 수정되었다.[185]

법률 제6호 한글전용에관한법률

대한민국의 공용 문서는 한글로 쓴다. 다만, 얼마 동안 필요한 때에는 한자를 병용할 수 있다.

부칙

이 법은 공포한 날로부터 시행한다.

지금까지 한글전용법에 대한 국회 본회의 논의 과정을 살펴보았다. 국회는 한글을 대한민국의 공문서를 적는 기본 표기 수단으로 정하는 법률 제정을

---

184) 『경향신문』 1948.10.2. 「한글전용법률안 1독회」; 『동아일보』 1948.10.2. 「공문서는 한글, 당분간 병용키로」

185) 국회의의결로확정된한글전용에관한법률공포(법률제6호), 『관보』 제8호(1948년10월9일). ; 한글전용에관한법률(법제처 http://www.moleg.go.kr/main.html)

놓고 치열한 논쟁을 벌였는데, 찬반으로 갈린 의견을 정리하면 다음과 같다.

〈표 24〉 제헌국회 한글 전용 찬반 논쟁

찬 성	반 대
○ 국민의 문자로서 한글을 전용해야 한다. ○ 새 나라를 세우는 지금이 적기다. ○ 한글 전용은 민주주의 이상의 실현이다. ○ 남북의 언어 통일을 기해야 한다. ○ 과학의 시대에 걸맞은 문자는 한글이다.	○ 한글 사용을 권장하는 것이 옳다. ○ 한글 전용은 시기상조다. ○ 한글 전용의 즉각 시행은 현실적으로 불가능하다. ○ 한글 전용으로 인한 한자 폐지는 부당하다. ○ 한글전용법은 한글에 대한 특혜이자 국민에 대해 의무를 지우는 것으로 악법이다. ○ 한글 전용이란 폐쇄주의를 배격해야 한다. ○ 한글전용법은 민생을 위해 시급한 법이 아니므로 불필요하다.

찬성 측의 주장은 한글전용론자들의 전형적인 주장의 틀을 벗어나지 않는다. 마찬가지로 반대론자들의 주장 역시 국한문 혼용의 불가피함을 주장하는 보수적인 논자들의 주장에서 벗어나지 않는다. 따라서 이는 1945년 10월 조선어학회에서 한자 폐지 운동을 시작한 이후 발생한 무수한 논쟁의 재판이라고 해도 틀리지 않을 것이다. 국회의원을 민의의 대변자라고 할 때 이들이 한글 전용과 국한문 혼용의 여론을 충실히 전하고 있는 점은 조금도 이상할 것이 없다. 교과서 한자 폐지에 대한 반대에도 불구하고 교과서에서 한자 폐지가 실행된 것처럼 공용문서는 한글로 쓴다는 한글전용법 역시 일부의 반대를 물리치고 제정되었다.

그러나 통과된 한글전용법에는 크나큰 문제가 있었다. 그것은 바로 '협서'가 아닌 '병용'을 허용한 수정안이 채택되었다는 것이다. 수정안 제출자인 조헌영 의원이 설명한 것처럼 이 수정안은 한자의 사용, 즉 국한문 혼용까지 허용한 것이었다. 게다가 '얼마 동안'이란 단서는 한자 '병용(혼용)'의 마감시한을 알 수 없는 모호한 표현이었다. 수정안을 절대 반대한 한석범 의원이 지적했듯이 '얼마 동안 한자 병용'을 허용한 단서 조항으로 인해 순전한 한글 전용의 실현은 요원한 일이 되었다. '얼마 동안 필요할 때에는 한자를 병용할 수 있다.'는 것은 '한글 전용을 하지 않아도 된다'는 내용과 같은 것이어서 한자의 사용에 대해 아무런 제약을 가할 수 없는 것이었다.

조헌영 의원의 본의를 알 수는 없으나, 수정안은 한글전용법 제정의 취지와 목적을 무색케 하는 것이었고, 수정안의 통과는 공용문서의 한글 전용이 아닌 국한문 혼용을 반영구적으로 방조한 사건이었다. 또 하나 문제는 한글 전용법이 처음부터 법적 구속력을 가질 수 없는 법률로 만들어졌다는 점이다. 무엇을 어떻게 해야 한다는 규정은 있지만, 그것을 위반했을 때에는 어떠어떠한 형태로 처벌을 한다는 내용이 없기 때문에 법을 지킬 수 있도록 구속하거나 규제할 수가 없다.

결과적으로 실효성이 없는 한글전용법이 제정되기는 했지만, 그렇다고 해서 국회의 심의와 법 제정이 무의미한 것은 아니었다. 정부 수립 직후 한글 전용법에 대한 논의가 이루어진 것은 대한민국 언어정책사의 한 획을 긋는 사건이었다. 문자가 없던 시대에 도입해 쓸 수밖에 없었던 한자는 조선을 한자문화권의 일원으로 만들었고, 그것은 동시에 한자문화권의 종주국인 중국에 대한 종속을 의미하는 것이었다. 그렇기 때문에 세종의 훈민정음 창제는 단순한 문자의 발명이 아닌 문화 독립과 자주 정신의 표상이었다. 그럼에도 불구하고 한자 사용의 오랜 습관과 한자 숭배 사상은 한글의 성장과 독자적인 서사 체계의 확립을 방해했다. 고종이 칙령 제1호(1894년)를 통해 '국문위본'을 선포하고, 독립신문(1896년 창간)과 협성회회보(1898년 창간), 매일신문(1898년 창간) 등이 한글 전용으로 발행됨으로써 한글 전용의 가능성을 제시했지만, 국한문 혼용체가 대세를 이루었고, 일제의 식민지가 된 이후에는 한글 대 국한문 혼용의 논쟁조차 이루어질 수 없었다. 극적으로 해방이 되고, 일제가 물러갔다. 비록 남북에 각각 다른 정부가 들어섰지만 독립 국가 대한민국 정부가 수립되었다. 민주주의의 이상에 맞는 문자, 농민과 노동자 등 대다수 국민의 권익을 실현할 문자, 새 문화를 창조할 문자는 무엇인가? 그것은 한글일 수밖에 없었고, 국자로서 한글의 위상을 국가 차원에서 논의하고 확인한 장이 바로 제헌국회였던 것이다.

그런 점에서 제헌국회 의원 권태희의 법안 발의는 대한민국 언어사의 중대 사건이었다. 권태희 의원이 신학을 전공하고 목사로 활동한 경력을 고려하면,[186] 그가 한글과 한글 전용에 관심을 가진 것은 자연스러운 귀결이었다고 할 수 있을 것이다.[187] 해방 후 전국 곳곳에서 열린 한글강습회에 참가했을 가능성도 없지 않다. 하지만 그러한 사실을 증명해 줄 수 있는 자료는 남아 있지 않다. 다만, 그의 한글 전용 주장이 학회의 한글전용론과 일치하고, 본회의장에서 "한글학자인 이극로 씨가 가서 어떠한 중요한 임무를 가지고 있다."라고 발언한 것으로 볼 때, 북으로 간 이극로의 동향까지 파악하고 있을 정도로 학회의 한글 전용 운동에 대해 깊이 인식하고 공감하고 있었던 것은 틀림없는 사실이었을 것이다.

남북 분단과 전쟁이라는 혼란 속에서 북으로 간 권태희 의원은 북에서도

---

186) 권태희 의원은 1907년 경남 밀양에서 태어났고, 대구 계성중학교와 평양 숭실실전문학교를 졸업하고 일본 동지사대학 신학과를 수료했다. 경북 안동 신세교회에서 목사로 활동했으며, 경남밀양농잠중학교장, 경북김천중학교장을 지냈고, 5·10선거에 경북 김천 갑에서 무소속으로 출마하여 당선되었다. 한국전쟁 때 납북되어 재북평화통일촉진협의회에서 활동했고, 1983년 사망하여 평양 룡성구역에 있는 '재북인사들의 묘'에 묻혔다(『민족21』, 서울: 민족21, 2004.5. 「62기 중 안재홍 이광수 김효석 조헌영... 등 좌우 인사 39명 묘소 최초 공개」). ; 대한민국헌정회 기록에는 난 곳이 경남 밀양으로 되어 있으나, 『민족21』에는 권태희 묘비에 새겨진 내용에 따라 경북 안동으로 기록하고 있다.

187) 기독교와 한글의 관계를 설명한 글로 김윤경의 「성서가 국어에 미친 영향」, 「그리스도교와 한글」을 참고할 수 있다. 김윤경, 「성서가 국어에 미친 영향」, 「그리스도교와 한글」『한결김윤경전집5』, 연세대학교 출판부, 1985 ; 서양 선교사들이 선교를 위해 한글 사용에 주목했다는 신창순의 분석에서도 기독교와 한글의 친밀성이 드러난다(신창순, 「국문연구소 「국문연구의정안」의 검토」『어문연구』 44-1, 안암어문학회, 2001, 37~41쪽).

왕성한 활동을 펼쳤다.[188] 하지만 분단된 조국의 남쪽에서 권태희 의원에 대한 이야기는 오랫동안 금기의 영역 속에 있었다. 그 때문인지 한글전용법 제정 당시 권태희 의원과 학회의 연결 고리가 보이지 않는다. 학회와 사전 협의가 있었는지, 아니면 단독 행동이었는지 여부도 확인할 수 없다. 『50년사』를 편찬하던 1970년 즈음이라면 권태희 의원을 기억하는 이들이 분명히 있었을 텐데, 권태희 의원에 대해 이름 정도만 거론하고 있는 것도 자연스럽지 않다. 권태희 의원에 대한 문헌 자료나 증언이 남아있지 않은 현재로서는 분단과 냉전이 강요한 침묵과 기록의 공백으로 이해해야 할 것 같다.

한글전용법안 제1독회에서 권태희 의원을 대신해 입법 취지를 설명한 주기용 의원은 해방 전 학회 회원이었고,[189] 1949년 학회가 '재단법인 한글집'을 설립할 때는 이사로 참여하는 등 학회와 매우 긴밀한 관계를 유지하고 있었다.[190] 따라서 그가 최현배의 『글자의 혁명』에 소개된 오사카대학 마지마 교수의 견해를 본회의석상에서 이야기한 것은 지극히 자연스러운 것이었다. 주기용은 1948년 10월 9일 학회가 주최한 한글날 기념식에도 참가해 축사를 했으며,[191] 1953년 한글맞춤법간소화파동이 발발했을 때에는 정부 훈령의 문제를 비판하는 글을 발표했다.[192]

'한글전용에관한법률'이 국회에서 통과된 10월 1일 오후 5시 15분, 학회는 이사회의 결의(9월 26일)에 따라 준비한 대로 안국동 풍문여자중학교 강당에

---

188) 서울에서 피랍되어 북으로 끌려간 종교인들 가운데 권태희 의원의 이름이 나오는 것을 보면 납북이라고 보는 것이 맞을 것 같다. 또한 권태희는 힘겨운 피랍과 피난 생활 속에서 다른 기독교 인사들에 의해 비교적 일찍 전향한 것으로 보인다(조철, 『죽음의 세월』, 성봉각, 1964, 95~99쪽).

189) 한글학회, 『한글학회 100년사』, 한글학회, 2009, 61~62쪽 ; 1897년 경남 창원에서 태어난 주기용은 오산중학교를 졸업했으며, 일본에 유학하여 일본 동경고등사범학교 수학과를 졸업했다. 귀국 후 오산중학교 교장을 지냈으며, 해방 후에는 조선교육연합회 이사로 활동했다(대한민국헌정회, 회원프로필 http://www.rokps.or.kr/).

190) 한글학회 50돌 기념 사업회, 『한글학회 50년사』, 한글학회, 1971, 512쪽.

191) 조선어학회, 『한글』 105, 1949.1, 293쪽.

192) 『동아일보』 1953.5.25. 「교육자치의 확립」

서 의원들을 초청하여 다과회를 가졌다. 애당초 이 자리는 헌법 공포식 이전에 한글본 헌법의 필요성을 역설한 의원들을 초대해 감사를 전하고, 한글전용법 제정에 관한 의견을 교환하기 위해 마련된 자리였으나,[193] 권태희 의원의 신속한 활동의 결과, 오전에 한글전용법이 가결 통과되었으니, 필경 환담회는 감사와 축하의 자리가 되었을 것이다.[194]

학회 회의록에는 국회에서 통과된 '한글전용에관한법률'이 실려 있다. 통과된 법률안의 '한자 병용' 문제에 대한 논의는 없었다. 통과의 기쁨에 취한 탓이었는지 모르지만 '한자 병용'이 안고 있는 심각한 문제는 간과되었다. 학회는 통과된 법률의 원활한 시행을 위해 언론사의 협조를 요청하기로 결의하고, 장지영, 이중화, 최현배 등에게 언론사 역방의 소임을 맡겼다. 다음 날부터 3인은 각 신문사를 방문하여 한글전용법 제정의 뜻을 잘 보도해 줄 것을 부탁하였는데, 이들이 방문한 언론사는 조선일보, 독립신문, 서울신문, 동아일보, 한성일보, 평화일보, 경향신문, 국제신문, 대한일보, 자유신문, 현대일보, 민중일보, 대동신문, 민주일보, 새한민보, 조선통신, 합동통신, 공립통신 등이었다.[195] 최현배와 장지영은 9월 30일부로 문교부에서 나와 학회 업무에 진력하고 있었다.[196]

뿐만 아니라 학회는 한글전용법 제정의 뜻을 널리 알리기 위해 성명서를 발표하였고, 대통령에게 한글전용법의 공포를 한글날에 거행하도록 해달라는 건의서를 제출하였다.

---

193) 조선어학회·한글 학회 『이사회 회의록(1948.6~1949.9.)·(1951.10~1959.1.)』, 1948.9.26.

194) 10월 1일자 학회 회의록에는 국회의원들과 모임을 원만히 하였다는 짤막한 보고가 담겨 있다(조선어학회·한글 학회 『이사회 회의록(1948.6~1949.9.)·(1951.10~1959.1.)』, 1948.10.1.).

195) 조선어학회·한글학회 『이사회 회의록(1948.6~1949.9.)·(1951.10~1959.1.)』, 1948.10.12 ; 한글 학회 50돌 기념 사업회, 『한글 학회 50년사』, 한글 학회, 1971, 424쪽.

196) 조선어학회, 『한글』 105, 1949.1, 68~69쪽.

한글전용법 통과 실행 성명서

우리 한글을 쓰도록 하는 법안이 국회에서 통과된 것은 당연한 일인 동시에 민족적으로 우리 문화의 향상을 위하여 그지없이 반가운 일이다. 이를 계기로 하여, 전국적으로 각자가 분발 노력하여 실행하도록 하여야 하려니와, 우선 정부에서부터 하나의 법령으로서 그칠 것이 아니라, 급속히 실행하도록 영단이 있기를 바라마지 않으며, 특히 각 문화 언론 기관에서 솔선하여 이를 실행하여 주기를 바라는 바이다.[197]

학회는 성명서를 통해 한글전용법 통과에 대한 학회의 의견과 아울러 매끄러운 실행을 당부하였다. 특히 정부와 각 문화 언론 기관의 솔선수범을 요청하고 있는데, 한글 전용을 성공적으로 실현하기 위해서는 정부와 언론의 역할이 필수적이었음을 잘 알고 있었기 때문이고, 한글 전용의 원칙을 공문서뿐만 아니라 신문과 잡지 등 언론 매체에까지 확장하려는 의도를 담은 것이었다. 한편으로는 한글전용법이 통과는 됐지만, 법안 실행의 어려움에 대한 걱정도 있었을 것이다.

학회의 요청 때문이었는지 정부는 10월 9일 한글날을 기해 한글전용법을 법률 제6호로 공포하였으며,[198] 이승만 대통령은 담화를 통해 한글을 찬양한 뒤, 현행 맞춤법과 그 맞춤법을 고수하는 학자들을 비판하고 한글을 편하게 쓸 것을 권유하였다.[199] 당시에는 그 누구도 이 담화에 주목하지 않았으나, 이 담화가 후일 발생한 한글맞춤법간소화파동의 시작을 예고한 최초의 문건이었다. 간소화파동에 대해서는 다음 장에서 검토하기로 한다.

10월 9일 한글날에는 각지에서 기념식이 거행되었는데, 세종대왕 영릉에서는 경기도 지사, 문교부 관계관, 도내 부윤, 성인 교육 관계자 등 500여 명이 참석한 가운데 오전 11시 반부터 성대한 기념식이 펼쳐졌고, 한글전용법

197) 한글학회 50돌 기념 사업회, 『한글학회 50년사』, 한글학회, 1971, 423쪽.
198) 한글전용에관한법률 법률 제6호 제정 1948.10.9. (법제처 http://www.moleg.go.kr/main.html). ; 『동아일보』 1948.10.9. 「한글반포오백이주년」
199) 『조선일보』 1948.10.9. 「오늘은 한글날」 ; 『경향신문』 1948.10.9. 「오늘 한글날」

이 공포되었음을 보고하였다. 학회는 오후 1시부터 숙명여자중학교 강당에서 502주년 한글날 기념식을 거행하였는데, 식전에는 안호상 문교장관, 이인 법무장관, 주기용 국회의원 등이 참석했고, 한글전용법 국회 통과에 대한 이중화의 보고가 있었으며, 이희승의 기념사, 안호상, 이인, 주기용의 축사에 이어서 여학생들의 한글 노래 합창이 울려 퍼졌다.[200]

한글전용법이 통과된 10월 1일부터 법률 제6호로 제정·공포된 10월 9일 502주년 한글날까지는 한마디로 한글의 축제 기간이었다. 한글이 대한민국의 국자임을 법률로 명시한 것이고, 공문서에 한한 것이긴 하지만 한글 전용의 서사 원칙을 법률로 정한 것이었다. 그러나 한글전용법의 실행과 한글 전용의 실현은 그렇게 간단한 문제가 아니었다. 학회는 언론사 심방을 시작으로 한글 전용 실행을 위한 다양한 노력을 기울였다.

10월 9일 이사장 장지영은 라디오에 출연해 '한글전용법안과 한글날'이라는 주제로 강연했으며,[201] 회원 신영철(중앙대학 교수)은 신문에 투고한 글을 통해 국어를 갈고 빛내어 모든 인민이 자유로운 의사 표시를 하게 되어야만 참된 민주주의가 발전되는 것이고, 국어 문제는 국가 민족의 근본적 문제이므로 몇몇 국어학자나 문화인에게 맡길 일이 아니고 국민 모두가 바로 잡아야 한다고 역설하면서 국어의 발전을 위해 맞춤법을 통일하여 쓰고 한글을 전용할 것을 당부하였다.[202]

정부에서도 한글 전용 실행을 위한 노력을 기울였다. 예컨대 경기도청의 학무국, 서울시청의 소방국이 한글 전용을 실행하였고, 체신부는 공문서 작성에 필요한 철자법을 교수하기 위해 12일부터 한글강습회를 열고 있었다.[203] 경기도 장단군에서는 각 가정의 한자 문패를 전부 한글로 개조하는

200) 『동아일보』 1948.10.10. 「길이 빛내라 한글」; 조선어학회, 『한글』 105, 1949.1, 293쪽.
201) 『경향신문』 1948.10.9. 「라디오」
202) 『경향신문』 1948.10.12. 「새 국어 이룩하자」
203) 『경향신문』 1948.10.13. 「한글공문서 불철저」

동시에 각 직장, 음식점, 접객업자의 상호, 간판 등도 전부 개체하기로 하여[204] 한글 전용과 국문 해득의 일석이조의 효과를 올리려 하였고, 충청북도 괴산군에서는 군면이 주동이 되어 11월 1일부터 공문서를 전부 한글로 사용하며 일반에도 한글을 전용하도록 독려하였다.[205]

『50년사』는 특히 경상남도의 양성봉 지사가 한글 전용에 솔선수범하여, "3일 한으로 간판이나 문패들을 국문으로 고칠 것, 공문서는 전부 국문으로 쓸 것"을 지시하였다고 기록하고 있는데, 정확한 시기가 명시돼 있지 않다. 또한 강원도와 전라남도에서 모범을 보였다고 서술하고 있는데,[206] 양성봉은 1949년 2월 28일 강원도 지사에 임명되었다가,[207] 1949년 11월 15일에는 경상남도 지사에 임명되었다.[208] 따라서 '강원도와 경상남도에서 한글 전용에 모범을 보였다'는 것은 양성봉 지사의 양 도 재임 기간 중에 한글 전용이 잘 시행되었다는 것이므로 양성봉 지사가 열렬한 한글전용론자였다는 사실도 미루어 짐작할 수 있다.

한글 전용은 무지와 빈곤으로부터의 탈출, 주체적인 언어생활의 실현에서 의미가 컸다. 한글은 한자로는 쉽사리 타파하기 어려운 문맹을 퇴치하는 데 최적의 문자였다. 그렇기 때문에 일부 지식인이나 지배층의 문자가 아닌 근로 대중의 문자로서 역할과 기능을 다할 수 있었다. 또한 중요한 것은 광범위한 사회적 소통의 문제였고, 쉬운 한글은 이런 문제의 해답을 제시해 줄 수 있었다.

"쌀을 허가 없이 기차 안으로 가지고 들어가면 용서치 않습니다. 교통부"라고

---

204) 『동아일보』 1948.11.12. 「한글운동전개 장단군서 일반에」
205) 『동아일보』 1948.12.10. 「한글전용운동전개」
206) 한글 학회 50돌 기념 사업회, 『한글 학회 50년사』, 한글 학회, 1971, 427쪽 ; 그런데 이 『50년사』의 기록은 근거가 제시돼 있지 않고 시기도 명시되어 있지 않다.
207) 『동아일보』 1949.3.1. 「강원도지사에 양성봉씨임명」
208) 『경향신문』 1949.11.17. 「정부인사」

써 붙이면 알기 쉬울 것을 "米穀不法搬出者發見次第嚴重處斷"

驛長 혹은 鐵道署長이라고 써 붙여서 이만한 것을 읽을 줄 아는 사람일 것 같으면 위반행위를 하지 않을 것인데 한글도 잘 모르는 아주 먼내들 보시라고 그런 어려운 광고 혹은 경고문을 게시한단 말인가. 당국자의 재고를 요망한다.[209)]

공문서를 한글로 적어야 하는 이유를 역사에 붙은 한자 경고문을 예로 들어 지적한 연안읍(延安邑) 조덕창(趙德昌)의 주장처럼 원활한 의사소통의 문제는 공문서 한글 전용이 실현돼야 할 가장 큰 이유였다. 이처럼 당위성이 뚜렷했지만 한글 전용의 실행은 뿌리 깊은 한자 숭배, 국한문 혼용이라는 오랜 글쓰기 습관 등과 싸워야 하는 도전과 역경의 길이었다.

실제로 한글 전용의 실행은 매끄럽지 않았다. 경향신문은 10월 8일 한글전용법이 공포되어 관공문서는 전부 한글로 하라는 상부의 지시가 있었음에도 불구하고, 일선 지방관청의 공문서는 12일 현재까지도 여전히 한문으로 되어 있고 심지어는 대서소에서 한글로 써간 공문서를 보기가 어렵다고 불평을 한 관리가 있었다고 보도하면서 정부 명령 계통의 불철저함을 지적하였다.[210)]

해방 후 3년, 정부 수립 후 두 달 만에 '한글전용에관한법률'이 법률 제6호로 공포됨으로써 공용문서는 한글로 쓴다는 원칙이 제시되었다. 국한문 혼용체는 한자의 난해함으로 인해 국민의 서사 체계가 될 수 없었고, 한글은 국민의 글자로 선택되었다. 그러나 한글전용법은 그 자체로 심각한 맹점을 지니고 있었다. 한자 병용을 허용한 것은 한글 전용을 하지 않아도 된다는 것이고, 한자 사용에 아무런 제약을 가할 수 없었다. 이 단서 규정 때문에 공용문서의 한글 전용은 쉽게 실행되지 않았고, 언론이나 사회단체, 회사 등에서 사용하는 일반 문서의 한글 전용은 더더욱 요원한 상황이었다.

209) 『경향신문』 1949.5.9. 『만인성』

210) 『경향신문』 1948.10.13. 「한글공문서 불철저」

3. 한글전용촉진회의 활동

1948년 10월 9일 '공용문서를 한글로 적는다'는 한글전용법이 공포·시행되었지만, 한자 병용을 허용한 단서 규정 때문에 한글 전용은 쉽사리 이루어지지 않았다. 대한민국의 대표적인 공용문서라 할 수 있는 『관보』만 봐도 그 실태를 파악할 수 있다. 1948년 10월 15일 발행된 『관보』를 보면, 일단 제호가 '官報'로 되어있고 "第九號 檀紀四千二百八十一年十月十五日 大韓民國政府公報處 發行"이라고 되어 있어, 한글전용법 시행 전과 조금도 다름없음을 알 수 있다. 다음은 이 날 『관보』에 고시된 「양곡매입법 시행령」의 내용이다.

> 大統領令
> 國務會議의 議決을 거쳐서 制定한 糧穀買入法施行令을 이에 公布한다.
> 大統領 李承晩
> 檀紀四千二百八十一年十月十五日
> 國務委員 國務總理 李範奭
> 國務委員 農林部長官 曺奉巖
> 國務委員 內務部長官 尹致暎
> 國務委員 財務部長官 金度演
> 國務委員 法務部長官 李仁
> 大統領令 第十二號
> 第一條 糧穀買入法(以下 法이라 함) 第三條, 第四條 및 第六條의 規定에 의하여 政府가 買入하는 糧穀은 朝鮮生活品營團에 委託하여 買入한다.[211]

한글전용법 공포와 시행이 무색할 정도로 국한문 혼용으로 되어있으며, 법 공포 이전보다 한자의 빈도가 준 흔적도 찾아볼 수 없다. 물론 '양곡매입법시행령'이 일반 문서가 아니고 법령문이어서 오랫동안 국한문으로 써온 관행을 하루아침에 바꾸기 어려웠는지도 모른다. 하지만 법 공포 이후 정부 각

---

211) 『관보』 제9호. 1948.10.15. http://theme.archives.go.kr/next/gazette/viewMain.do

부처에서 발행한 일반 문서를 봐도 이 같은 상황은 마찬가지였다. 다음은 1948년 12월 교통부에서 작성한 철도건설비 특별예산요구서다.

> 特別豫算要求의主旨
>
> 現下韓國의燃料不足은 그의極度에達하고있으며 鐵道를爲始한 運輸機關, 各工場, 會社, 惑은家庭用燃料는 甚히逼迫한 常態에있어앞으로 날이갈수록漸々더 困難하여짐은可히 推測할수가있다. 이것은무엇보다도 第一먼저 石炭不足으로 온것이라하겠다.[212]

이 요구서는 단양탄광선·영암선·영월탄광선 건설에 대한 내용을 담고 있는데, 처음부터 끝까지 국한문으로 작성되었고, 한자어의 경우, 빠짐없이 거의 모든 단어를 한자로 표기하고 있다. 심지어는 "날이갈수록漸々"과 같은 표기도 보이는데, 이것은 일본어에서 똑같은 한자가 반복될 경우 사용하는 기호 '々'를 일제강점기에 사용하던 서기 습관 그대로 답습한 것이었다.[213]

정부가 발행하는 공용문서가 한글전용법의 규정과 달리 국한문으로 작성된 것은 한글전용법 제정의 주무 부처였던 문교부가 발행한 문서도 예외가 아니었다. 다음은 1948년 9월 30일 국회에 출석해 한글전용법 제정의 필요를 역설한 안호상 장관의 이름으로 1949년 1월 발행된 「국기봉 규격 개정에 관한 건」의 내용이다.

> 國旗봉 規格 改正에 關한 件
>
> 檀紀四千二百八十二年十月十五日付 文敎部 告示 第二號로 公布한 國旗製作法中 國旗봉 規格을 아래(告示案)와 같이 改正하여 이를 文敎部 告示로써 公布하오리까.

---

212) 국가기록원 나라기록 기록정보 콘텐츠, 연표와 기록. 1949.1.1. 경제부흥에 수반한 산업개발 철도 및 철도망 건설계획.

213) 일본어에서는 같은 한자가 반복될 경우, 기호 '々'을 사용한다. 段段 → 段々(점점), 各各 → 各々(각각), 種種 → 種々(여러 가지), 飽飽 → 飽々(질리다) 등등.

(理由) 1. 國旗봉의 直徑이 太極直徑의 三分之一인즉 旗봉이 過大하여 (別紙圖示參照) 制作使用에 困難点이 많음. (중략) 文敎部長官 安浩相[214)]

고시안의 내용은 물론 문교부장관 안호상의 직함과 성명까지도 한자로만 표기되어 있다. 한글전용법 제정의 필요를 주장한 안호상 장관의 문교부까지도 이런 식이었다면 다른 부서는 더 검토할 필요도 없을 것이다. 실제로 '제7호 양곡매입법(1948.10.9)'을 비롯해서 '제32호 지방행정기관 직제(1948.11.17)', '제52호 병역임시 조치령(1949.1.20)', '제65호 원조물자대금 취급규정(1949.2.25)', '원조물자 인도중지에 관한 건(1949.2.25)', '제74호 일광절약시간 제정에 관한 건(1949.4.2)', '식목일 공휴제정에 관한 건(1949.4.5)', '제125호 공무원 집무시간 규칙(1949.6.4)' 등 1948년 10월 9일부터 1949년 12월 31일까지 「연표와 기록」에서 열람 가능한 각종 법, 법률, 법안, 영, 규칙, 규정, 조치, 건 등 60개 문서 가운데 '이승만 대통령 각종 행사 사진' 등 9건의 사진을 제외한 51개의 문서 중 한글 전용으로 작성된 것은 단 한 건도 찾아볼 수 없다.[215)]

정부 공용문서가 이 지경이었으므로 신문과 잡지 등 언론과 일반 회사, 단체 및 개인이 발행하는 문서는 더 말할 나위가 없을 것이다. 실제로 조선일보, 경향신문, 동아일보, 자유신문, 서울신문 등의 신문과 『개벽』, 『신천지』, 『조선교육』, 『백민』, 『신세대』 등 대부분의 잡지가 국한문 혼용으로 발행되고 있었다.

한자 폐지 운동과 한글전용법 제정 등 한글 전용 혹은 한글 적극 사용에 대한 사회적 합의가 이루어지고 있었지만, 언론에서는 여전히 국한문을 고수하고 있었던 것이다. 1896년 창간된 독립신문이 한글로 발간되었고, 대한매

214) 국가기록원 나라기록 기록정보 콘텐츠, 연표와 기록. 1949.10.15. 문교부 국기봉 제작에 관한 건.

215) 국가기록원 나라기록 기록정보 콘텐츠, 연표와 기록 http://theme.archives.go.kr/next/chronology/yearRecord.do?year=1945

일신보는 1907년 5월 23일부터 국한문판과 더불어 한글판을 발간하였으며, 일제에 병합된 이후 매일신보로 제호가 바뀐 뒤에도 1912년 2월까지 국한문판과 한글판을 동시에 발간하는 등 한글 전용에 대한 꾸준한 시도가 있었지만,[216] 1912년 3월 1일부터 한글판은 폐지되었고, 이후 신문의 표기 체제는 국한문 혼용으로 정립되었다.[217] 결국 일제강점기에 발행된 조선일보, 동아일보, 조선중앙일보, 중앙일보, 중외일보 등 대부분의 신문이 국한문 혼용으로 발행되었고, 신문 제작상의 국한문 혼용이라는 오랜 관행과 한글 활자 문제 등은 간단히 혁신될 수 없는 문제였다.[218]

한글전용법이 공포되고 1년이 넘도록 한글 전용은 매끄럽게 실현되지 않았다. 학회는 그 원인을 한글 전용의 충실한 실천을 맡아 행할 주도적 기관이 없기 때문이라고 판단했다. 이에 학회는 1949년 5월 25일 이사회에서 한글전용법 실천에 적극 나설 민간단체로서, 또 학회의 협력 단체로서 '한글전용촉진회'를 결성하기로 결정하고,[219] 1949년 6월 12일 한글 전용에 뜻을 둔 인사들을 모아 한글전용촉진회(이하 촉진회)를 창립하였다.[220]

> 민족 만 년의 자주 문화를 세워야 할 시대적 요청을 따라 "한글전용법"은 반포된 지 이미 오래거니와 이의 충실한 실천을 위한 주도적 촉진 보급 기관이 없어

---

216) 일한 병합 후 '대한'이 빠지고 매일신보가 되었다.

217) 정진석, 『한국 現代言論史論』, 전예원, 1985, 393~401쪽.

218) 한말 불리한 여건하에서도 한글 전용으로 출발한 신문이 있었음에도 1세기 후 대부분의 신문이 국한문을 혼용하고 있는 것에 대해 정진석은 다음과 같이 분석한 바 있다. 첫째, 한자를 완전히 없애고 한글만 사용하는 것이 바람직한가 하는 원칙적인 문제가 해결되지 않았다. 둘째, 국한문 혼용으로 길든 신문제작 방법에 한글 전용으로 야기되는 여러 문제를 극복하지 못했다. 셋째, 한글만으로는 많은 독자를 확보할 수 없다는 경영면에서 타산 때문이었다(정진석, 『한국 現代言論史論』, 전예원, 1985, 411쪽).

219) 조선어학회·한글학회 『이사회 회의록(1948.6~1949.9)·(1951.10~1959.1)』, 1949.5.25.

220) 『동아일보』 1949.6.11. 「한글전용촉진회」

> 유기적 활동을 할 수 없다는 호소가 많음에 비추어, 각계 인사의 열렬한 협력 아래 조선어학회와 협력하는 "한글전용촉진회"가 지난 6월 12일 탄생하였고,[221]

위 글에는 촉진회의 설립 배경과 목적이 드러나 있다. 한글전용법이 반포되었지만, 한글 전용이 잘 이루어지지 않았고, 이에 한글 전용을 지도할 기관이 필요하다는 사회의 요청이 있었다는 것이 그 배경이었고, 목적은 한글 전용의 실현을 위한 유기적이고도 주도적인 활동을 전개하기 위함이었다. 이처럼 탄생한 촉진회는 재정난을 타개하고 지방 조직을 확대하기 위해 6월 26일 학회 회원을 중심으로 교육, 문화, 법조, 관공서 등 각계의 인사들을 규합하여 임원진을 강화하였고, 학회는 사업 기금으로 50만 원을 빌려주었다.[222] 촉진회의 설립 목적은 학회와 협력하여 한글 전용을 촉진하는 것이었지만(제2조), 제5조에 명시된 구체적인 활동 내용을 보면, 한글 전용 운동만이 촉진회 사업의 전부는 아니었다.

> 제5조: 본 회는 그 목적을 이루기 위해 다음과 같은 사업을 함.
> ㄱ. 국어 교육 및 한글 문화의 향상 발전에 관한 조사 연구(조사연구부)
> ㄴ. 한글의 보급 및 전용, 국어 정화에 관한 실천 운동(보급부)
> ㄷ. 한글지도를 위한 강연회·강습회의 개최(보급부)
> ㄹ. 기관지 및 출판물의 간행(사업부)
> ㅁ. 그 밖에 본 회의 목적을 이룸에 필요한 일[223]

ㄱ-ㅁ에 걸쳐 명시된 사업에는 국어 교육, 한글 보급, 한글문화의 향상, 강연회 및 강습회, 기관지 및 출판물의 간행, 그 밖의 목적 사업 등이 망라돼 있었다. 이것은 그 동안 한글사와 한글문화보급회가 담당했던 사업들을 촉진

---

221) 조선어학회, 『한글』 107, 1949.7, 55쪽.
222) 『조선일보』 1949.7.26. 「한글전용촉진회 진용사업 등 결정」; 한글학회 50돌 기념사업회, 『한글학회 50년사』, 한글학회, 1971, 425쪽.
223) 조선어학회, 『한글』 107, 1947.7, 56쪽.

회가 모두 총괄하게 되었음을 의미한다. 이렇듯 촉진회가 모든 사업을 떠맡은 데에는 한글사와 보급회 등 관련 단체의 기구 변동에 그 원인이 있었다.

그 동안 기관지 및 출판물의 간행을 담당했던 한글사가 설립 1년 반 만에 여러 가지 사정으로 학회와 통합되었고,[224] 국어 교육, 한글 보급, 한글문화의 향상, 강연회 및 강습회 등의 업무를 담당해 오던 보급회의 활동이 중지되었던 것이다. 본디 한글사는 학회의 재정 안정화를 위해 만들어진 기구였지만, 구조적으로 학회의 지시와 지원을 받아야 하는 상황 속에서 독립적인 활동이 이루어지지 못해 학회로 통합된 것이었지만, 보급회는 학회와의 갈등으로 해체된 것으로 보인다. 보급회의 결성에서 해체에 이르는 과정을 간단히 정리하면 다음과 같다.

한글문화보급회는 1945년 9월 26일 정열모(회장), 유치웅(부회장), 박태윤(총무·서무부장·재무부장·보급부장), 김현송(출판부장), 선혁균(기획부장·연구부장), 박병록(서무부장·재무부장 대리), 홍순탁(보급부원) 등이었고, 명예회장 이희승, 고문 이극로·최현배·김윤경·장지영·정인승·김병제 등으로 결성되었다.[225]

1948년 3월 29일 조직을 개편하였는데, 새로운 임원진은 이극로(위원장), 정인승·김병제(부위원장), 정태진(총무), 박병록(서무부), 김진억(보급부), 유열(기획부), 정희준(도서부), 신영철(연구부), 옥치정(출판부), 김을수·고부성·곽노첨(상무위원), 권승욱(교정부), 김원표·한갑수 외 23인(중앙위원)이었다.[226]

그런데 1949년 4월 25일자 경향신문 보도에 따르면, 보급회는 고문에 안호상, 정열모, 장지영, 윤보선 외 22인을 선임하고, 명예위원장에 안재홍, 설

---

224) 한글학회 50돌 기념 사업회, 『한글학회 50년사』, 한글학회, 1971, 21~22쪽 ; 이강로, 「'한글사' 이야기」 『한글새소식』 179, 한글학회, 1987.7, 16~17쪽.

225) 한글문화보급회, 『한글문화』 창간호, 한글문화보급회, 1946. 3, 10쪽.

226) 조선어학회, 『한글』 104, 1948.6, 72쪽.

의식, 위원장에 신영철, 부위원장에 박병록, 총무에 이용구를 임명하는 등 다시 한 번 조직을 개편하였다.[227] 부재중인 이극로 대신 신영철이 새로이 위원장을 맡았고, 김병제 역시 고문에서 제외되었다. 이는 1948년 4월 이후 위원장 이극로의 부재 상태를 해결하기 위한 개편이었던 것으로 보인다. 그러나 학회는 보급회의 조직 개편을 인정하지 않았다.

> 한글문화보급회의 임원 일부가 소위 중앙위원회를 열고 임원을 개선하였다는 통고가 있음에 대하여, 본회로서는 이를 합법적이 아닐 뿐 아니라, 본회를 배반하는 행위라고 인정하여, 그 행위를 시인하지 않기로 하다.[228]

학회와 보급회 사이의 갈등에 대한 자세한 내막은 알 수 없지만, 학회는 보급회의 임원 개선을 학회의 승인 없이 행해진 불법적인 배반 행위로 간주하였다. 이 날 이사회 출석 인사는 이중화, 최현배, 김윤경, 이희승, 정인승 등이었고, 보급회 고문에 임명된 이사장 장지영은 결석하였다.[229] 흥미로운 것은 1948년 6월 12일 이사회 개최 이래 단 한 번의 결석도 없었던 이사장 장지영이 공교롭게도 이 날 결석했다는 사실이다. 그렇다고 해서 보급회 고문에 임명된 장지영이 보급회 개편을 주도한 것은 아니었던 것 같다. 왜냐하면 장지영은 고문에 불과했고, 한 달 만인 5월 25일에 열린 학회 이사회에 다시 출석하였으며, 이 날 회의에서 학회가 주동이 되어 한글전용촉진회를 결성하기로 결정되었던 것이다.

정리하면, 1949년 4월 20일 이전에 행해진 보급회의 독단적인 개편, 이에 대한 학회의 불수용 결의(4월 20일), 그리고 5월 25일 열린 이사회까지 한

---

227) 『경향신문』 1949.4.25. 「한글문화보급회기구개혁」

228) 조선어학회·한글학회 『이사회 회의록(1948.6~1949.9)·(1951.10~1959.1)』, 1949.4.20.

229) 조선어학회·한글학회 『이사회 회의록(1948.6~1949.9)·(1951.10~1959.1)』, 1949.4.20.

달 정도 시간이 흐르는 사이에 보급회와 학회의 갈등은 봉합되었고, 그 결과가 보급회의 해체, 촉진회의 결성으로 나타났던 것이다. 물론 촉진회의 결성은 한글 전용 운동의 활발한 전개를 위한 것이 가장 큰 이유라 할 수 있겠지만, 학회는 촉진회 결성을 계기로 내분의 요소였던 보급회를 해산하고 학회와 촉진회를 중심으로 체제 정비에 나섰던 것이다. 이는 지난 4월 20일 전에 이루어진 보급회의 독단적인 임원 개편 당시의 위원장 신영철, 부위원장 박병록, 총무 이용구 등이 모두 배격되고, 위원장 최현배를 중심으로 짜인 촉진회의 인적 구성을 통해서도 파악할 수 있다.[230)]

위원장: 최현배　　부위원장: 정인승, 이희승
총무부장: 정태진　　사업부장: 김진억
조사부장: 유열　　보급부장: 옥치정
감사: 안창화, 공병우

최현배가 촉진회의 위원장에 선출된 것은 이후 학회 운영이 최현배를 중심으로 이루어짐을 의미하는 것이었다. 최현배는 1948년 9월 26일 이사회 결의 이후 매일 학회에 나와 실질적으로 학회를 운영해 오고 있었는데,[231)] 갈등을 조장한 보급회 문제를 해결하였고, 한글전용법 제정 이후 학회의 핵심 사업으로 떠오른 한글전용촉진회의 위원장이 되었으며, 1949년 9월 총회에서는 이사장으로 선출되었다.[232)]

최현배를 위원장으로 활동을 전개한 촉진회는 학회 회원이 중심이 되었지만, 해방 후 학회와 관련을 맺어 온 인사, 한글 전용에 뜻을 같이 하는 인사들이 참여하였는데, 위원으로 이름을 올린 이들은 모두 43명이었다.[233)] 위원

230) 한글학회 50돌 기념 사업회, 『한글학회 50년사』, 한글학회, 1971, 425쪽.
231) 조선어학회·한글학회 『이사회 회의록(1948.6~1949.9)·(1951.10~1959.1)』, 1948.9.26.
232) 조선어학회, 『한글』 108, 1949.12, 133쪽.

중에는 미군정 문교부장을 지낸 오천석과 한글전용법안을 발의한 권태희 의원, 이에 적극 협력했던 주기용 의원 그리고 조진만을 제외한 나머지 인사는 대부분 학회 회원이었다. 주기용은 해방 전부터 학회 회원이었고, 재단법인 한글집 설립에도 참여한 바 있다.[234] 조진만은 법조인으로 조선교육심의회 제9분과 교과서위원회의 위원을 지냈고, 한자폐지안을 심의할 때도 폐지에 찬성하였다.[235]

촉진회는 모든 권한이 위원장에게 집중되어 있었다. 촉진회에는 총회와 위원회, 상무위원회 등 3기관이 있었는데(회칙 제3장 기관), 위원장이 각 회의 의장을 맡았으며, 위원장에게는 총회와 위원회, 상무위원회의 소집 권한이 있었다. 또한 '제4장 위원'의 규정에 따르면, 위원장은 조선어학회 이사 중에서 위원회가 뽑도록 되어 있었고, 선출된 위원장이 회를 대표하고 지도하였다. 본부에는 총무부, 보급부, 사업부, 조사 연구부를 두었고, 각부 부장은 부위원장과 함께 위원회에서 뽑았으며, 부위원장은 위원장의 업무를 돕고

---

233) 조선어학회, 『한글』 107, 1949.7, 55쪽 ; 한글학회 50돌 기념 사업회, 『한글학회 50년사』, 한글학회, 1971, 425쪽. 오천석, 권태희, 주기용, 정인승, 이희승, 김윤경, 정태진, 김원표, 김진억, 권승욱, 안석제, 이강로, 최창식, 유제한, 안창환, 김선기, 강병주, 박태윤, 이홍훈, 이강래, 공병우, 옥치정, 한갑수, 유열, 서형호, 최봉칙, 윤명섭, 조진만, 이창우, 안신영, 박창해, 정열모, 정희준, 윤복영, 박병호, 백남규, 이원혁, 조병희, 여상현, 김정혁, 이중화, 장지영, 최현배.이상 43명.

234) 한글학회, 『한글학회 100년사』, 한글학회, 2009, 61~62쪽 ; 한글학회 50돌 기념 사업회, 『한글학회 50년사』, 한글학회, 1971, 512쪽.

235) 조진만(1903년~1979년)은 인천 출신으로 1923년 경성법학전문학교를 졸업한 뒤, 1925년 한국인으로서는 최초로 일본고등문관시험사법과에 합격하였다. 1927년 해주지방법원판사, 1929년 평양지방법원판사, 1930년 평양복심법원판사, 1933년 대구복심법원판사, 1939년 대구지방법원부장판사를 역임한 뒤 1943년 변호사를 개업하였다. 1951년 제5대법무부장관을 지낸 뒤, 1952년 다시 변호사를 개업하여 1960년 서울제일변호사회의 초대회장이 되고, 1961년 법무부장관고문을 역임하였다. 1961년 제3대 대법원장에 임명되어 1968년까지 사법부의 최고책임자로 하급심에서 올라오는 사건 기록을 틈틈이 검토하여 법관들의 재판능력을 파악해 두었다가 인사에 반영하는 등 사법 근대화에 크게 공헌하였다(한국학중앙연구원 한국역대인물종합정보시스템 http://people.aks.ac.kr/index.aks).

각부 부장은 위원장의 지시를 받아 사무를 처리하도록 하였다. 뿐만 아니라 부칙을 통해 '사무 집행상 여러 가지 규정은 위원장이 따로 정한다'고 하여 위원장에게 많은 권한을 부여하였다.236)

촉진회는 한글 전용과 한글문화의 향상을 위해 전국 각 지역에도 지회 및 분회를 조직하였다. 가장 빨리 조직된 것은 경남지회였는데, 경남지회의 조직은 중앙의 전폭적인 지원 아래 이루어졌다. 8월 7일 오전 11시부터 한글동학회 회관에서 준비위원회 결성대회가 열렸는데, 중앙에서 위원장 최현배와 연구부장 유열이 참가하였고, 위원장에 밝기출 박사, 위원에 김정준 외 23인을 선출하였으며, 8월 10일 밤 8시 30분부터 부산 미국공보원에서 최현배, 유열을 비롯해 각계각층의 530여 인사가 참여해 결성 대회를 개최하여 경과 보고, 임시 집행부 선거, 회칙 통과 등 절차를 거쳐 임원 56인을 선출하였다.237)

한글전용법 공포 후 도보를 순 한글로 발행하고 있던 전라북도에서는 도 교육국과 교육 관계자들이 한글 전용을 계획하고 있던 중, 하기 교육자 강습회를 계기로 하여 8월 12일 오전 11시 전주 시내 풍남국민학교에서 한글전용 촉진회 전라북도 지회 창립준비위원회를 개최하고, 이튿날 같은 학교 강당에서 회원 300여 명이 참석하여 결성대회를 개최하였는데, 학무국장 윤택중이 지회장을 맡고 도 장학사 송병초가 부지부장을 맡는 등 교사들이 주축이 되었다. 다음은 각 지역에 결성된 지회와 분회 현황이다.238)

---

236) 조선어학회, 『한글』 107, 1949.7, 56~59쪽. 4쪽에 걸쳐 촉진회 회칙 전문이 실려 있다.

237) 조선어학회, 『한글』 108, 1949.12, 118~120쪽 ; 한글동학회는 1945년 11월 말에 결성된 '조선어학회 동학회'가 이름을 바꾼 것으로 추정된다. 조선어학회 동학회는 1945년 10월 24일부터 11월 13일까지 개최된 한글강습회 사범부 2회 수료생들 500여 명을 회원으로 조직한 모임으로 '상호 친목 도모와 국어 연구 보급'을 위해 만들어졌다. 당시 회장 이극로, 고문은 김윤경, 정열모, 정태진, 이탁, 정인승, 이숭녕, 김병제, 이병기 등이었다. 학회는 동학회 조직을 통해 국어 보급 운동을 진작시키고자 했던 것으로 보인다(『조선일보』 1945.11.15. 「국어 보급 운동에, 어학회 수료생들이 동학회 조직」 ; 박용규, 『조선어학회 항일투쟁사』, 한글학회, 2012, 361쪽).

〈경상남도 지회〉

위원장: 밝기출(박기출)

부위원장: 윤인구(부산대학학장), 왕치덕(부산시 사회교육회장), 이구음(도 교육국 학무과장)

총무부장: 허증수(도 교육국 문화과장)

간사: 우신출 외 2명

사업부장: 추월영(부산여중 교장)

간사: 정신득 외 1명

조사연구부장: 이철우(도 교육국 학무과 장학사)

간사: 허웅 외 2명

보급부장: 윤치양(부산시 학무과장)

간사: 김계원 외 3명

위원: 김정준 외 55명

회원: 530명

고문: 문시안(도지사), 정종철(부산시장), 강재호(도 교육국장), 김용준(동 회 연합회장)

〈경상북도 지회〉

위치: 대구시 대구여자중학교 안

위원장: 김영기(대구여자중학교장)

부위원장: 한윤섭, 김양배

위원: 김동진, 김사엽 외 32명

〈전라북도 지회〉

위원장: 윤택중(학무국장)

부위원장: 송병초(도 장학사), 박병순(전주중학)

총무부장: 이규란(전주여중)

사업부장: 양면환(교사)

보급부장: 황호면(사범학교)

조사연구부장: 이상복(교사)

재정부장: 윤태수(교사)

회원: 300명

〈전남 목포 분회〉

위치: 목포시 항도여교중학교 안

위원장: 조희관

부위원장: 나경민, 김혁

---

238) 지회와 분회 현황은 『50년사』와 『한글』 제108호에 실린 것을 통합 정리하였다. 한글학회 50돌 기념 사업회, 『한글학회 50년사』, 한글학회, 1971, 426쪽 ; 조선어학회, 『한글』 108, 1949.12.

총무부장: 임광규
사업부장: 박해선
보급부장: 조성덕
조사연구부장: 목일신
감사: 강대홍, 위계영

〈전북 군산 분회〉
위치: 군산시 군산사범학교 안
위원장: 김범초(군산시장)
부위원장: 김상선, 고민용
총무부장: 이만복
조사부장: 김윤만
감사: 강우득

지회와 분회 구성원의 중심은 학무국 직원을 비롯한 공직자와 교사들이었다. 경상남도 지회의 경우, 도지사와 부산시장이 고문으로 참여하고 있었고, 전라북도 지회는 도 학무국장, 군산분회는 군산시장이 직접 위원장을 맡았다. 지역의 학교 안에 지회와 분회가 설치되었고, 학교장이 위원장을 맡거나 교사들이 위원으로 대거 참여하였다. 경남지회와 전북지회의 결성 상황을 정리해 보고한 김진억은 "각도 지분회의 결성이 이미 끝난 곳과, 방금 결정 준비 차 끊임없는 연락이 답지하고 있으나, 지면 관계로 그 보도는 다음 차례로 미루는 바이다."라고 당시 지분회 결성의 열기를 전하였다.[239]

이상과 같은 인적 구성의 배경으로 첫째, 미군정기에 최현배가 문교부 편수국장으로 재직하면서 형성된 각 지역 학무국 인사들과의 관계가 바탕이 된 점, 둘째, 교과서 한자 폐지 등 한글 전용 운동이 발화된 것이 교육 현장이었기에 학회와 각 지역 교사들의 관계가 긴밀했던 점, 셋째, 한글전용법 시행에 따라 공직자로서 한글 전용에 앞장서야 한다고 자각한 인사가 적지 않았던 점 등을 들 수 있을 것이다.

촉진회의 활동 목적은 한글 전용의 광범위한 실현이었다. 경남지회는 8월 27일 모임에서 관공서의 공문서식의 한글 전용, 한글 전용에 관한 글을 신문

239) 조선어학회, 『한글』 108, 1949.12, 120쪽.

지상에 발표할 것, 한글 전용을 홍보하는 출판물을 낼 것 등을 결의하였고,[240] 한글날이 들어있는 10월 첫 열흘을 '한글 열흘'로 정하고 대대적인 행사를 펼쳤다. 학회와 촉진회는 문교부와 국방부의 후원을 받아 비행기로 기념 삐라를 뿌리고 시내 각 중등학교 순회강연과 한글날 기념 강연을 베풀었으며, 한글 전용 촉진 가두선전, 왜식 간판 없애기 지도 선전, 극장 막간 선전 등 다양한 방식의 한글 운동을 전개하였다.[241]

한편으로 중앙의 촉진회는 1949년 여름 방학을 맞아 전국 각지에서 교육자, 일반 유지, 대학생을 상대로 강습회를 개최하였다. 다음은 전국에서 열린 강습회 상황이다.

〈표 25〉 1949년 여름 촉진회 강습회

기간	지역(장소)	과목과 강사	수강자
1949.08.01~06.	김포(김포국민학교)	국어과: 김진억, 유제한	175명
1949.08.07~10.	부산(미국공보원)	교육과: 최현배, 국어과: 최현배, 유열	500명
1949.08.11~14.	대구(대구여중)	교육과: 정태진 국어과: 정태진, 한갑수	610명
1949.08.11~14.	전주(전주사범학교)	국어과: 김진억	1,130명
1949.08.11~20.	광주(광주여중)	국어과: 정태진, 한갑수, 김진억, 박창해	120명
1949.08.12~17.	진주(중앙국민학교)	교육과: 김선기 국어과: 최현배, 유열	280명
1949.08.16~19.	목포(목포여중)	국어과: 정태진, 김진억	330명
1949.08.16~29.	서울(학회 강당)	교육과: 최현배, 한갑수, 유열, 이희승, 국어과: 방종현, 정인승, 장지영, 김윤경, 이희승	337명
1949.08.16~19.	경기 광주(봉은사)	국어과: 강병주	50명
1949.08.20~23.	청주(중앙국민학교)	국어과: 강병주	120명
			총 3,652명

수강생은 교사와 유지가 많았지만, 대학생도 있었으며, 강좌는 국어과와

240) 조선어학회, 『한글』 108, 1949.12, 119쪽.
241) 조선어학회, 『한글』 108, 1949.12, 52~53쪽, 135~137쪽.

교육과로 나누어 설치되었는데, 강습회 교재와 내용은 알 수 없고, 두 과목의 내용이 어떻게 달랐는지도 확인할 수 없다. 강습회는 서울을 비롯한 10곳에서 짧게는 4일에서 길게는 14일 동안 개최되었고, 가장 많은 수강생을 기록한 것은 4일간 1,130명이 몰린 전주였으며, 가장 적은 곳은 4일간 50명이 들은 경기도 광주였다.

촉진회의 활발한 운동에도 불구하고, 한글전용법에 반하는 조치들이 정부와 국회 차원에서 행해진 것은 모순이었지만 현실이었다. 1949년 10월 7일 국회는 한자를 병용한다는 한글전용법의 단서에 의거하여 『관보』 용어는 한글과 상용한자를 병용하기로 결정하였고,[242] 한글 전용 정책이 한자 문맹을 양산한다는 여론이 비등하더니, 급기야 11월 5일 국회에서는 임영신 의원 외 25인이 제출한 '한자사용에관한건의안'에 대한 토의에 들어갔다.[243]

법안을 발의한 임영신 의원의 주장은 '국민학교 교재에서 한자를 없앴기 때문에 국민학교 졸업생들이 신문과 잡지를 읽지 못하니, 소학교 1학년부터 한자를 가르쳐 자기 이름 석 자라도 알아볼 수 있도록 교과서를 수정해야 한다.'는 것이었는데, 이에 대한 의원들의 견해는 찬반으로 갈렸다.

장병만 의원은 임영신 의원의 제안을 적극 지지하면서 한자를 1,000자, 2,000자 혹은 3,000자 정도로 제한해서 가르쳐야 한다고 했고, 김봉조 의원은 한자 문맹은 과도기적 현상이므로 미래 세대를 위해 한글을 전용해야 한다고 주장했다. 서성달 의원은 한자 없는 국민학교 교과서 편찬을 주도한 것은 이극로 일파다, 한글 없앤 문교부의 모모는 공산당의 파괴분자보다 더한 국민의 정신을 파괴하는 분자라면서 국민학교 교과서를 국한문으로 개정해야 한다고 강력하게 주장했다.

---

242) 『자유신문』 1949.10.9. 「관보의 용어는 한글과 한자를 병용」; 『경향신문』 1949.10.10. 「관보에는 한자병용」; 『서울신문』 1949.10.9. 「한글과 한자병용 관보용어는 종전대로」

243) 대한민국국회, 국회회의록시스템 http://likms.assembly.go.kr/record/index.html, 제1대 제5회 제33차 본회의, 1949.11.5.

서성달 의원의 발언에 다소 장내가 소란해지자 조헌영 의원은 일반 국민이 다 알고 쓸 수 있도록 한글전용법을 만들었지만, 신문과 잡지 등에서 한자를 많이 쓰는 바람에 초등학교 졸업생이 반문맹이 되는 현실에 대한 임영신 의원의 문제의식에 공감한다면서 이 문제를 문교사회위원회에서 신중하게 처리하도록 하자고 제안했다. 이에 백남채 의원의 재청과 삼청이 나오자, 윤치영 부의장이 동의가 성립되었음을 확인했지만, 이번에는 김준연 의원이 이의를 제기했다.

김준연 의원은 우선 문교사회위원회에 대한 불신의 뜻을 표한 후 한자를 쓰는 중국과 일본과의 교류를 생각하면 한자 교육이 필요하다면서 임영신 의원의 동의에 절대 찬성을 표했다. 의원들 간의 논쟁이 가열되는 가운데 발언권을 이어받은 이성득 의원은 우리는 표준된 국문을 정체(正體)로 하면서 한문이 아닌 중국 문학을 배워야 할 것이라는 견해를 밝혔지만, 박해충 의원은 한문은 동양의 영어이니, 국제 교통을 위해 필요하다고 주장했다.

권태희 의원은 한글전용법 제정의 정신을 존중해야 하므로 국회에서 한자 교육을 하도록 결정하는 것은 바람직하지 않다고 지적한 다음, 조헌영 의원이 동의한 것처럼 문교사회위원회에서 심사를 한 후 본회의에 다시 상정토록 하는 것이 옳다는 견해를 밝혔다. 의원들 간의 논의가 여기에 이르자 이번에는 조헌영 의원이 임영신 의원의 주문을 일부 고친 수정 주문을 제시했다.

> 국민학교 교육에 간이한 한자는 교수하도록 한다. 그 교육문제는 문교사회위원회에 맡겨서 실행하게 할 것.

그러나 임영신 의원은 문교분과에 넘기자는 조 의원의 수정안에 반대했다. 언제 해결될지 알 수 없으니 국회에서 의결하자는 것이었다. 이에 김수선 의원은 해방 후 국문 전용의 교육 방침이 확립된 것에 찬의를 표하면서 한자 교육 문제를 신중히 검토하기 위해 조헌영 의원의 동의에 찬성을 표했다. 일단 문교사회위원회로 넘기자는 것이었고, 유성신 의원 역시 조헌영 의원의 동의에 찬성을 표했다. 그러나 조영규 의원은 문교사회위원회에 의뢰하자는 조헌영 의원의 동의에 반대하면서 자신의 개의를 발의하였다.

국민학교 교육에 한문교육을 실시할 것.

조영규 의원의 개의에 장병만 의원과 김명동 의원이 재청과 삼청을 하는 상황에 이르자, 윤치영 부의장이 개의 성립을 선포했다. 하지만 윤재근 의원은 한글전용법을 제정한 국회는 일반 사회의 한글 사용을 장려하는 태도를 취하는 것이 맞다. 국회가 오락가락하면 국민 교육에 혼란이 생길 수 있으므로 국회에서 이 문제를 신중하게 토의해야 한다. 그러므로 동의안을 보류할 것에 동의한다고 발언했고, 이에 이진수 의원과 김재학 의원이 재청과 삼청을 했다.

결국 윤치영 부의장은 세 사람의 동의를 모두 표결에 붙였다. 윤재근 의원의 보류 동의에 대해 표결에 들어간 결과, 재적인원 118, 가 30, 부 25로 미결되었다.

다음은 조영규 의원이 개의한 "국민학교 교육에 한자교육을 실시할 것."에 대한 표결이 이어졌는데, 재석인원 118, 가 32, 부 13으로 또 미결되었다.

끝으로 조헌영 의원의 동의에 대한 표결에 들어갔는데, 재석인원 118, 가 87, 부 1로 가결되었다. 이로써 국민학교 한자 교육 문제는 국회에서 즉시 결의되지 않았고, 신중을 기하기 위해 문교사회위원회에 검토를 맡기는 것으로 결정이 났다.[244]

흥미로운 것은 한글전용법을 발의한 권태희 의원과 수정안을 제출했던 조

---

244) 대한민국국회, 국회회의록시스템 http://likms.assembly.go.kr/record/index.html, 제1대 제5회 제33차 본회의, 1949.11.5 ; 『경향신문』 1949.11.6. 「버림받은 '한글' 전용? 국민교한자병용」 ; 『동아일보』 1949.11.6. 「국민교한자교육건의」

헌영 의원이 국민학교 한자 교육의 필요성에 대해 공감을 표한 점이었다. 한글전용법 제정의 정신과 문자 정책에 대한 일관성을 강조하면서 한자 교육에 반대한 것은 김봉조, 이성득, 윤재근 의원 정도였다. 그러고 보면 한글전용법을 제정할 때에도 '얼마동안 필요한 때에 한자를 병용할 수 있다'는 조헌영 의원의 수정안이 제출된 끝에 어렵사리 통과되었던 것이 사실이었다. 오랫동안 민족어를 적는 방식으로 순한글과 국한문 혼용의 두 가지가 사용돼 왔지만, 해방 공간에서 국어 문제의 주도권을 장악한 조선어학회의 활동에 힘입어 한글은 조선 고유의 문자로 각인되었고, 서사의 기본 수단으로 채택되었다. 그러나 한글전용법을 제정한 국회의원들조차도 국어에서 한자를 완전히 제거하는 것은 적절치 않거나 불가능하다고 판단할 정도로 한자의 뿌리는 깊었다. 국회의원들뿐만 아니라 한자를 중시한 일부 지식인과 언중들 역시 국어와 국자에 대해서는 전근대적인 인식의 한계를 안고 있었다. 중국에 대한 사대 모화의 사상에 어긋나기 때문에 훈민정음의 창제를 반대했던 최만리의 논리를 그대로 계승하고 있었던 것은 아니었지만,[245] 한자로 이룩된 전통 문화를 계승하고 보전해야 하며, 우리말을 한자로 써온 오랜 관행을 버릴 수 없다는 보수적인 태도와 더불어 실용과 학문의 차원에서 한자의 편리함과 장점을 버릴 수 없고 한글만으로는 원활한 문자 생활을 할 수 없다는 생각 등이 한글에 의한 국어의 혁신을 가로막았다.

국민학교 교과서 한자 사용 문제에 대한 국회의 결정이 알려지자, 최현배는 국회의 긴급동의 처리를 신랄하게 비판하는 글을 3일 연속 경향신문에 게재하여 한자 교육 반대의 뜻을 분명히 하였는데, 그 요지는 다음과 같다. 첫째, 한글전용법을 제정한 국회가 스스로 위신을 깎고 신의를 저버렸다. 둘째, 한자 없앤 교과서를 이극로가 편찬했다는 것은 사실과 다르고, 근거 없는 궤변이며 국민에 대한 기만이다. 셋째, 한글 전용은 이극로주의가 아니고 세

245) 박종국, 『세종대왕과 훈민정음』, 세종대왕기념사업회, 1984, 101쪽.

종의 이상이다. 넷째, 공산주의가 밉다고 한글 전용마저 사갈시하는 것은 착각이자 몰상식이다. 다섯째, 해방 후 교과서 편찬에 헌신한 편찬자들에 대한 모욕이다. 여섯째, 신중한 법으로 제정·공포한 것을 긴급동의로 번복하는 것은 민주주의 민족 교육을 전복하는 것이다. 일곱째, 한글전용법의 실시와 세종의 민주 정치 이상의 실현을 위하여 순 한글 신문과 잡지를 장려하는 것이 옳다.[246]

동아일보는 국회의 결의에 대해 국민학교 교사들이 대찬성이라는 반응을 전하면서도 일반 사회에서 너무 많은 한자를 사용하는 것이 아동 교육에 주는 영향이 적지 않다는 점을 지적하였다.[247]

그러나 이미 활시위는 당겨졌고, 문교부는 1950년 1월 18일 한자제한위원회의 결의로 상용한자 1,271자를 선정하여 국민에 보급하기로 결정하였으며,[248] 1951년 4월 문교부는 사회의 현실적 요구를 수용한다는 명분 아래 상용한자 중 1,000자를 골라 국민학교 4학년부터 가르치도록 결정하여,[249] 그 해 9월 신학년부터 국민학교 교과서에 교육한자 1,000자가 들어가게 되었다.[250]

1950년 1월 20일 최현배는 피난지인 부산에서 다시 문교부의 부름을 받아 편수국장에 취임했지만, 한자 문제를 원점으로 돌리기에는 역부족이었

246) 『경향신문』 1949.11.16~18. 「국회에서 한자 쓰자는 건의안 토의를 듣고 상·중·하」 ; 훗날 최현배는 한국전쟁 때 남한을 점령한 북한 군사들이 한글 전용을 하였기 때문에 공산당을 미워하는 사람들이 공산당이 즐겨 쓰던 한글조차 미워하는 엉뚱한 심리에서 한자를 쓰는 것으로써 제가 공산당 아님을 표방하는 것이 된다고 하는 반면에, 한글만 쓰기를 여행하는 사람은 공산당에 내응하는 사람이나 아닌가 하고 의심하는 태도를 가지게 되었다고 당시 분위기를 회고한 바 있다(『경향신문』 1958.1.21~23. 「한글만 쓰기를 단행하자 1·2·3」)

247) 『동아일보』 1949.11.6. 「국민교한자교육건의」

248) 『동아일보』 1950.1.26. 「앞으로 상용될 한자 1271로 결정」

249) 『동아일보』 1951.4.28. 「상용한자를 골라 국민교한자사용」

250) 남광우, 『國語國字論集』, 일조각, 1982, 325쪽 ; 허만길, 『한국 현대 국어 정책 연구』, 국학자료원, 1994, 203쪽.

다.[251] 이에 최현배는 스스로 국회에 들어가 이 문제를 해결하기로 마음먹고 같은 해 5월 30일 실시된 총선거에서 고향인 울산에 무소속으로 출마하였다. 그러나 결과는 낙선이었고, 최현배는 학회로 복귀했다.[252]

그런가 하면 국무회의에서 한자 쓰기 문제가 쟁점이 되었는데, 문교부장관 안호상의 강경한 반대를 물리치고, 각의는 총무처와 김효석 내무부장관의 주장을 채택하였다. 이로써 총무처는 "경상남도의 한글만 쓰는 공문서와 전라북도의 순 한글로 내는 도보가 좋지 않으니, 그래서는 안 된다."고 지적했을 뿐만 아니라 내무부장관 김효석은 "각의에 따라 한자를 섞어 쓰기로 하라."는 통첩을 내려 관공서의 한글 전용은 중단 상태에 이르렀다.[253]

이 통첩으로 인해 관공서 관계의 한글 전용 촉진 운동이 크게 타격을 입었고, 설상가상 한국전쟁이 발발하면서 촉진회의 활동도 중단되었으며, 이후 유명무실한 단체가 되고 말았다. 그러나 촉진회는 창립으로부터 한국전쟁 때까지 불과 1년 동안에 교과서의 한글만 쓰기, 공문서의 한글만 쓰기, 철도역의 한글만 쓰기, 음식점 차림표의 우리말 쓰기, 간판의 한글화와 우리말 쓰기 및 바른 맞춤법 쓰기 등 전 사회를 대상으로 한글 전용 촉진을 위한 많은 활동을 펼쳤다.[254]

---

251) 김석득, 『외솔 최현배 학문과 사상』, 연세대학교 출판부, 2000, 112쪽 ; 허웅, 『최현배』, 동아일보사, 1993, 196쪽.

252) 안병희, 「최현배」, 김완진·안병희·이병근, 『국어연구의 발자취(1)』, 서울대학교출판부, 1985, 89쪽 ; 『동아일보』 1950.5.21. 「전국입후보자 총람」 최현배는 울산을구에 무소속으로 입후보했다. ; 최현배는 한글 운동을 위해 국회에 나가야 한다는 주위 사람들의 권유를 받고 출마했었다(최호연, 『조선어학회, 청진동 시절』 상, 진명문화사, 1992, 42쪽).

253) 『50년사』는 국무회의에서 한자 문제가 논의된 시점을 1950년 5월로 기록하고 있지만, 내무부장관 김효석이 1950년 2월 7일 퇴임하였으므로, 논쟁이 벌어진 것은 2월 이전이었을 것이다(『경향신문』 1950.2.8).

254) 한글학회 50돌 기념 사업회, 『한글학회 50년사』, 한글학회, 1971, 427~428쪽.

제6장

큰사전 간행과 한글맞춤법간소화파동

제1절 한글맞춤법간소화파동의 발발

제2절 한글학회의 간소화 반대 운동

제3절 큰사전 완간

제1절 한글맞춤법간소화파동의 발발

1. 이승만 대통령의 철자법 간소화 지시

1929년 10월 31일 한글학회(당시 조선어연구회)는 조선어 사전을 만들기 위해 108인의 사회 각계 유지를 발기인으로 하는 사전편찬위원회를 조직하였다. 그러나 사전 편찬 사업은 순조롭게 진행되지 않았다. 재정 문제를 비롯해서 크고 작은 어려운 문제들이 있었지만, 첫 번째 큰 시련은 1942년 10월 발생한 조선어학회사건이었고, 두 번째는 한국전쟁, 세 번째는 이승만 정부가 야기한 한글맞춤법간소화파동(이하 한글파동, 간소화파동)이었다.[1] 이 장에서는 『큰사전』 완간의 최대 고비가 되었던 한글파동을 고찰하면서 『큰사전』을 간행하기 위해 한글맞춤법 간소화 반대 운동에 나선 학회의 활동을 검토하고자 한다.

사전을 편찬하기 위해서는 어문 규범의 제정이 선행되어야 함을 인식한 학회는 그 첫 작업으로서 맞춤법 제정에 착수하여 1933년 「한글 마춤법 통일안」을 제정하였다. 학회의 '통일안'은 해방이 되고 조선어학회 간사였던 최현배가 미군정청의 어문 정책을 관장하는 편수국의 책임자가 됨으로써 미군정의 어문과 문교정책에 자연스럽게 수용되었다. 1945년 9월 2일 조선어학회 안에 조직된 교재편찬위원회에서는 '통일안'을 바탕으로 초중등 학교용 국어 교과서를 편찬하였고, 1945년 9월 13일에는 '통일안' 제11판이 문교부 발행으로 보급되어 고등 교육 교재로 사용되었다. 이와 같은 흐름에 따라 학회의 '통일안'은 미군정기에도 널리 보급되었으며, 1948년 정부 수립 이후에는 대한민국 정부가 국가 공용문서는 물론, 국정 교과서 등에 쓰는 한글은 '통일안'을 따르도록 함으로써 범국가적으로 수용되고 공인되었다.[2]

---

1) 『큰사전』 간행 사업의 시작과 경과에 대해서는 이 장 3절에서 개괄한다.
2) 허만길, 『한국 현대 국어 정책 연구』, 국학자료원, 1994.84~87쪽 ; 1948년 8월 15일

1945년 12월 조선교육심의회에서 교과서 한자 폐지를 결의할 때 반대했던 조윤제는 조선어학회의 '통일안'에 대해서도 다음과 같이 불만을 토로했다.

> 지금 문교부에 초중등 각학교 교과서에 사용되고 있는 국어철자법은 조선어학회의 한글맞춤법 통일안 그것이다. 나는 이것이 어떻게 하여 문교부에서 채택이 되었는가 하는데 대하여는 알지 못한다. 세상에는 국어철자법에 대하여 여러 가지 설이 있는 것도 사실이고, 오늘에 있어서도 어떤 다른 의견이 있는 것도 사실인데, 각종의 철자법을 전부 불문에 붙이고 아무도 모르게 슬그머니 한글맞춤법 통일안이 문교부에 그냥 미끄러져 들어간데 대하여는 이상도 하고 때로는 일종 불쾌한 감조차 일어나지 않을 수 없다. 더욱더 전반 조선어학회에서 소위 「사이 시옷」이라는 것이 개정이 되니 문교부에서도 아모 말 없이 그대로 변해 갔다. 그러면 조선어학회는 조선문교부의 대행기관이란 말인가[3)]

조윤제의 불만은 첫째, 조선어학회의 '통일안'이 정식 논의 절차 없이 문교부의 맞춤법으로 수용된 것이었고,[4)] 둘째, '통일안' 외 다른 철자법에 대한 검토가 전혀 없었다는 점이며, 셋째, 조선어학회를 문교부의 대행기관이라고

수립된 대한민국 정부가, 국가 공용문서는 물론, 국정교과서 등에 쓰는 한글은 '통일안'을 그대로 채택하기로 하였다 한다(한글학회 50돌 기념사업회 편, 『한글학회 50년사』, 한글학회, 1971.336쪽). ; 최경봉은 해방 후 국어 정립을 논의하는 과정에서 국어의 규범에 관한 논의가 차단되었음을 지적하면서 국어교육의 기반을 시급히 갖춰야 하는 상황에서 일제하 민족어 수호 투쟁을 통해 이룩한 학회의 어문 규범이 수용될 수밖에 없었다고 했다(최경봉, 「조선어학회의 수난과 현대 한국어의 발전」, 국립국어원, 『조선어학회 수난 70돌 기념－조선어학회 항일 투쟁의 역사적 의미와 계승』, 국립고궁박물관 본관 강당, 2012.10.12., 124쪽). ; 박용규는 '통일안'이 조선어 표기법으로 채택된 이유로 일제강점기 이래 조선어 철자법으로 수용된 점, 항일 투쟁의 상징인 조선어학회의 철자법이었다는 점, 최현배, 장지영, 이극로 등이 미군정 조선교육심의회에서 활약한 점 등을 지적했다(박용규, 『조선어학회 항일투쟁사』, 한글학회, 2012, 331쪽).

3) 조윤제, 『국어교육의 당면한 문제』, 문화당, 1947, 117쪽(김민수·하동호·고영근 편저, 『역대한국문법대계』 제3부 제14책, 탑출판사, 1983).

4) 훗날 최현배는 미군정 학무국이 조선어학회의 맞춤법을 채택했다고 기록했다(『동아일보』 1955.8.15. 「한글 큰사전 원고 도로 찾던 감격 上」).

언급할 정도로 양자가 유착돼 있었다는 점, 넷째, 그런 만큼 조선어학회의 전횡이 심했다는 점을 지적한 것이었다. 조윤제의 불만과 비판에서 알 수 있듯이 학회의 '통일안'은 해방 후 한글에 대한 유일한 철자법으로서 사회적으로 널리 수용돼 있었다. 이 같은 사실은 다음의 보도를 통해서도 확인할 수 있다. 1947년 2월 11일자 자유신문은 문교부의 교과서 검정 방침을 보도하였다.

> 한자를 너무 만히 쓴 것도 잇고 또 교수요목에 맛지안는 등 문교부 방침에 어그러진 점이 만흠으로 (중략) 금후 교과서 검정원을 낼 적에는 규정에 따라서 먼저 교과서를 만드러야 하되 한글주장이 아닌 것은 그 내용 여하를 불문하고 검정원을 밧지 안흘 방침이라 한다.[5)]

시중에 나와 있는 초중등 교과서를 검토한 문교부는 교수요목과 규정에 맞지 않는 교과서가 많이 유통되고 있는 실태를 파악하였고, 이에 대한 개선조치로서 앞으로 제작되는 교과서는 문교부의 규정과 '통일안'에 따라 제작해야만 검정을 하겠다는 것이었다.[6)] 이 보도만으로 '통일안'이 어떤 식으로 문교부의 철자법으로 수용되었는지는 알 수 없지만, '통일안'을 수용하는 논의와 절차가 있었다는 사실만큼은 확인할 수 있다. 이응호는 조선교육심의회에서 '통일안' 수용을 논의했다고 지적한 바 있다.[7)]

그런데 1948년 10월 9일 이승만 대통령은, 한글날 담화를 통해 맞춤법을 간소화하는 문제를 제기하였다. 이승만은 담화를 통해 한글이 세계에서 제일 과학적인 문자임을 찬양한 뒤, 어려운 한자 숭배의 망령에서 벗어나 우리 한

---

5) 『자유신문』 1947.2.11. 「철자법이라야 검정한다」; 위 기사에서 '한글주장'의 의미는 한글이 기본 혹은 으뜸이 되는 것이란 뜻으로 풀이할 수 있다. 학회의 '통일안'은 당시 유일한 철자법이었기 때문에 철자법이라 하면 곧 '통일안'을 의미하는 것이었다.
6) 이숭녕 외 362인으로 조직된 '교수요목제정위원회'는 1946년 11월 15일 '교수요목'을 제정하였다(윤여탁 외, 『국어교육 100년사』, 서울: 서울대학교출판부, 2006, 338쪽).
7) 이응호, 『미 군정기의 한글운동사』, 성청사, 1974, 138쪽.

글을 애용하여 문맹을 퇴치하고 나아가 세계의 문명지식을 습득해야 한다고 강조하였으나, 실제 한글 사용에서는 현행 '통일안'의 원칙과 다른 견해를 피력한 것이다.

> 국문을쓰는데 한글이라는 방식으로 순편(順便)한 말을 불편케하든지 속기할수 있는것을 더디게 만들어서 획과 음을 중첩하게만드는것은 아무리 한글초대의 원칙이라할지라도 이글은 시대에맞지않는것이니 이점에 깊이재고를 요하여 여러가지로 교정을 하여서 우리글을 쉽게사용할수있도록 하기를부탁하는바이다.[8)]

현행 철자법이 어려우니 국민이 쉽게 쓸 수 있도록 하자는 대통령의 정중한 의견 표명이 있었지만, 세상은 이 담화에 주목하지 않았고, 맞춤법 간소화는 사회적 의제가 되지 못했다.[9)] 1948년 담화를 통해 아무런 소득도 얻지 못한 이승만은 다음해인 1949년 10월 9일 한글날 담화를 통해 좀 더 강한 어조로 맞춤법 개정을 요청하였다.

> 근래에이르러 신문게재나 다른문화사회에서정식국문이라고 쓰는것을보면, 이전것을개량하는대신, 도리어 쓰기도더디고보기도 괴상하게 만들어놓아 퇴보된글을통용하게되었으니, 이때에이것을교정하지못하면 얼마후에는그습관이 더욱굳어저서고치기 극란할 것이매모든언론 기관과 문화계에서 특별히 주의하여 속히개정되기를 바라는바이다.[10)]

신문과 기타 문서에 쓰인 '정식 국문', 즉 '통일안' 철자법을 성토함은 물론

---

8) 『조선일보』 1948.10.9. 「오늘은 한글날」; 『경향신문』 1948.10.9. 「오늘 한글날」; 공보실 편, 『대통령이승만박사담화집』 1집, 공보처, 4286(1), 271쪽.

9) 『50년사』에는 1948년의 담화에 대한 언급 없이 다음과 같이 설명하고 있다. "뜻하지 않게 1949년 10월 9일 한글날에 이승만 대통령은 한글맞춤법에 대하여, 다음과 같이 담화를 발표하였다." 한글학회 50돌 기념사업회 편, 『한글학회 50년사』, 한글학회, 1971, 336쪽.

10) 『조선일보』 1949.10.9. 「개량해서 쓰기 좋게」

시급히 개정하지 않으면 매우 곤란하다는 견해를 피력하고 있는데, 이 글을 전재한 10월 9일자 조선일보는 '이대통령한글철자법논란'[11]이라는 제목으로 여론을 환기시켰다.

그러나 당시 문교부장관 안호상은 대통령 담화에 대한 기자들의 질문에 "한글맞춤법은 그동안 많이 시정도 하였고, 또 학계 권위 측의 의견도 종합하여 연구 중에 있다. 현재 사용되고 있는 교과서는 복잡한 맞춤법과 명사를 제외하고 간이하게 하였다."라고 대답함으로써,[12] 맞춤법에 대해 대통령과는 다른 인식을 표출하였다. 그때까지는 안호상 장관과 이승만 대통령 상호 간에 사전 조율이 없었음은 물론이고, 안 장관은 이 대통령의 의중을 파악하지도 못했던 것 같다. 실제로 문교부는, 1949년 10월 21일에도 '통일안'에 입각한 '한글 띄어쓰기' 세칙을 제정하며 대통령의 담화에 호응하지 않았다.[13] 그러자 이승만 대통령은 1949년 11월 27일 재차 '쉬운 한글을 쓰도록 하자'는 담화를 내어, '문명 발전을 위해 현재 신문에 쓰는 한글이 읽기도 불편하고 쓰기도 불편하니 이전 구한말에 쓰던 법대로 고칠 것'을 재차 강조했다.

> 그러므로 나는 다시 선언하노니 나의주장하는바를 옳게아는분들은 다 이전에 쓰던법을 사용하여 읽기에편하고 배우기에쉬워서 문명발전상 속속히 전진할기관을 만들것이요 공연한 장애물을 만들어 문명전진의속도를 지연시키지말기를 바라는바이다.[14]

1949년 10월과 11월 두 차례의 담화는 일부나마 세간의 이목을 끌었다. 고대 교수 김경탁은 '알아보기 쉽고 읽기 쉽게'라는 이승만 대통령의 취지에 공감한다며 세종대왕의 '팔자족용설(八字足用說)'을 한글 학계에 제안하면서

---

11) 『조선일보』 1949.10.9. 「이대통령한글철자법논란」

12) 한글학회 50돌 기념사업회 편, 『한글학회50년사』, 한글학회, 1971, 336쪽.

13) 김민수, 『국어정책론』, 고려대학교 출판부, 1973, 779쪽.

14) 『조선일보』 1949.11.27. 「종래국문 그대로, 이대통령 맞춤법 간이화를 강조」; 공보실 편, 『대통령이승만박사담화집』 1집, 공보처, 4286(1), 272쪽.

이승만의 철자법 간소화를 지지한다는 견해를 밝혔고,[15] 한글학회의 이희승은 김경탁 교수에게 보내는 반론의 글에서 국문학자로서 '철자법의 시비'를 논하며 '통일안' 간소화의 부당함을 피력하였다.[16] 북한에서는 조선어문연구회의 이극로가 '이승만 도당이 조선어문의 통일을 파괴하기 위해 조선어 철자법 폐지를 운운하고 있다'며 비판했다.[17]

1950년 2월 3일 이승만 대통령은 기자단 회견 석상에서 "바침에 있어 'ㅅ'을 둘씩이나 쓰는 아무 소용없는 바침을 하고 있으니 이것은 고쳐야 할 것이다. 실례로 '잇다'와 '있다'가 무엇이 다른가?"라고 현행 철자법의 불합리를 지적하며 한글맞춤법을 고칠 것을 적극 주장하였다. 만일 고치지 않으면 한글은 퇴보할 것이라고 선언하고 민간에서 따르지 않을 경우, "우선 정부만이라도 자기 뜻대로 시행하겠다."라고 언명함으로써 현행 '통일안' 개정의 뜻을 분명히 했다.[18] 이승만의 한글 철자법 개정 의지는 한국전쟁의 발발로 잠시 주춤하게 되지만, 전쟁 중인 1950년 12월 28일에도 이승만은 문교부장관에게 '철자법을 개정하라'는 지시를 내린다.

> - 한글철자법개정에 관한 건 -
>
> 현재 각 학교에서 사용하고 있는 철자법은 경상(經常)하게 만들어 쓰는 것이매 이를 다 폐지하고 이전 주자(鑄字)를 만들어 간편한 밧침법을 곳 실시할 것을 지시함[19]

이 문서를 통해서 맞춤법 간소화에 대한 이 대통령의 의지가 얼마나 확고

---

15) 『서울신문』 1949.11.29~30.「세종대왕 팔자족용설 상, 하」
16) 『서울신문』 1950.1.21~23.「철자법의 시비 1, 2, 3」
17) 조선어문연구회,「1950년을 맞이하면서」『조선어 연구』 2-1, 평양: 조선어문연구회, 1950.2, 7쪽.
18) 『조선일보』 1950.2.4.「철자법을 고쳐 쓰자」
19) 대통령비서실,「한글철자 개정에 관한 건」, 1950.12.28. (국가기록원, 나라기록포털, 연표와 기록, 기록관, 대통령문서,「한글철자 개정에 관한 건」 http://theme.archives.go.kr/next/chronology/archiveList.do?page=45&flag=1&sort=year)

했었는지를 알 수 있다. 만일 한국전쟁이 일어나지 않았다면 맞춤법 간소화를 둘러싸고 벌어진 논쟁은, 그 시기가 훨씬 앞당겨졌을 것이다.

전쟁 중인 1952년 이승만은 피난 수도 부산에서 헌법과 실정법을 유린하는 '정치파동'을 일으키고, 그 결과 1952년 7월의 발췌개헌을 통해 다음달 8월 5일 직선제에 의한 정·부통령 선거를 치른 끝에 제2대 대통령에 선출된다. 그러나 국회에서 친여계는 여전히 소수파였는데, 북진통일운동이 휴전회담 반대 운동의 형태로 시작된 1953년 4월경부터 이승만은 원내에 안정 기반을 확보하게 된다.[20] 바로 이 시기에 한동안 잠잠했던 한글 문제가 다시 수면 위로 떠올랐다.

1953년 4월 11일 상오 부산의 대통령 임시 관저에서 열린 국무회의에서 이 대통령은, 1948년에 제정한 '한글전용에관한법률'이 실효를 거두지 못하는 이유가 어려운 현행 철자법 때문이라며 어려운 한글을 쉽게 쓰는 방법을 연구하고 공문과 신문 등은 누구나 쉽게 읽을 수 있는 한글로 통일하라는 지시를 내렸다.[21] 이로써 맞춤법 간소화는 급물살을 타기 시작하여 불과 보름 후인 4월 27일 국무총리 백두진은 각 부처 장관 및 각 도지사에게 총리 훈령 제8호를 내렸다.

> 우리 한글은 원래 사용의 간편을 안목으로 창조된 것은 주지의 사실이온데, 현재 사용하고 있는 철자법은 복잡 불편한 점이 불소(不少)함에 비추어 차(此)를 간이화하라는 대통령 각하의 분부도 누차 계시기에 단기 4286년 4월 11일 제32회 국무회의에서 정부 문서, 정부에서 정하는 교과서, 타이프라이터용 철자는 간이한 구 철자법을 사용할 것을 의결하였던 바, 기중(其中) 교과서, 타이프라이터에 대하여는 준비상 관계로 다소 지연되더라도 정부용 문서에 관하여는 즉시 간이한 구 철자법을 사용하도록 함이 가하다고 사료되오니, 이후 의차 시행하기 훈령함.[22]

---

20) 서중석, 『이승만의 정치 이데올로기』, 역사비평사, 2005, 197쪽.
21) 『서울신문』 1953.4.13. 「한글을 전용하자」
22) 『동아일보』 1953.10.9. 「총리훈령제8호내용」; 김윤경, 「한글학회와 한글 운동의 역사」 『한결김윤경전집5』, 연세대학교출판부, 1985, 22~23쪽.

이승만 대통령의 몇 차례 담화에 이어 급기야 정부용 문서, 즉 공문서에서부터 구 철자법 사용을 시작하겠다는 국무총리 훈령이 발표되었다. 이는 국민들의 의사를 수렴하는 과정을 거치지 않고 즉시 한글 철자를 구 철자법으로 바꾸겠다는 결정이었다. 훈령에서 언급한 '구 철자법'이란 것이 무엇인지, 이를테면 그것이 언제 쓰던 것이며, 어떤 체계를 지닌 것인지 실체가 정확히 규명되지 않은 가운데 각계각층에서는 반대 의사를 표명하기 시작했다.

전국문화단체총련합회(이하 문총)는 5월 8일, '한글 맞춤법을 옛날대로 쓰라'고 한 것은 우리 민족의 문화뿐 아니라, 이성 전반을 교란시키는 위험천만한 정책으로서 천추에 남을 실책이라는 요지의 경고 성명을 냈다.[23] 각 신문은 사설을 통해 철자법 폐지는 혼란만 일으킬 것이라며 철자법 개정은 신중에 신중을 기해야 한다고 중언하고 '훈령8호' 대신 철자법 일람표를 배부하는 게 나으며, 민족적 중대사를 왜 국회에 부의하지 않고 국무회의에서 독단적으로 결정하느냐고 정부를 성토하였다.[24]

반대 여론은 쉽사리 수그러들지 않고 5월 12일에는 인천 시내 초중고등학교 교장단이 총리 훈령의 내용은 이론과 실지 양면에서 당치 않은 것이라고 언명하였다.[25] 간소화 지시가 사회에 일대 파문을 일으키자 언론과 국어학

---

23) 문총 경고 성명의 내용은 다음과 같다.
할아버지가 모른다고 해서, 아들과 손자가 이미 알 뿐 아니라, 자손만대가 또한 지지하며 지켜 나갈 맞춤법을 갑자기 폐지한다 함은, 천추에 남을 실책이 아닐 수 없다. (중략) 돌연 무체계 구식 기음법을 채택하여 사회 전반에 혼란과 맹목을 야기시키는 정부 당국의 거조에 대하여, 본회는 재심의를 요망하는 바이다(최현배, 『한글의 투쟁』, 정음사, 4291. 295쪽). ; 문총은, 1947년 2월 12일 좌익계열의 문화단체 조직에 대항한 조직으로, 민족문화의 유산을 지키고 문화의 독자성을 옹호, 세계문화의 이념 아래 민족문화를 창조하고자 결성된 문화관계 단체의 총연합회이다. "본회는 문화인 전체의 권익을 옹호하며 민족통일과업의 완수를 위하는 반공문화전선을 형성하여서 조국의 민주문화 발전에 기여할 것을 목적으로 한다."(규약 제3장 목적 제3조) 이헌구, 「문총창립과 문화운동십년소관」, 전국문화단체총연합회, 4290.2.12.

24) 『조선일보』 1953.5.11. 「혼란일으킬 철자법 폐지훈령」 ; 『동아일보』 1953.5.12. 「철자법 문제」 ; 『경향신문』 1953.5.14. 「철자법 문제에 대하여」

자들뿐만 아니라 김동리, 윤석중 등 문화계 인사와 일반 시민들까지 찬반 논쟁에 가세하였다.[26] 5월 24일에는 한글학회가 반대 성명을 냈으며,[27] 5월 30일에는 대한교육연합회가, 맞춤법 간소화는 국어의 혼란을 초치(招致)할 뿐만 아니라, 모든 민족 문화를 후퇴의 비운에 빠뜨리는 것이므로 적극 반대한다는 성명을 발표하였으며, 같은 날 부산의 중등교육회에서도 반대 성명을 발표하였다.[28]

한글학회와 교육계를 중심으로 반대 여론이 나날이 거세지자 5월 11일 김법린 문교부장관은 담화를 통해 사계의 권위자들로 구성된 위원회를 설치하여 철자법 문제를 신중히 처리하겠다고 약속함으로써 문제 해결의 실마리를 제공하였다. 그런데다가 당시 동아일보 기사에 따르면, '만일, 동 훈령의 영향이 학교 교과서에까지 미친다면 책임상 장관의 자리까지 물러서겠다는 결의까지 표명하였다는 말도 있으며, 또 다른 소식통에 의하면 백 총리는 동 훈령을 취소케 한다는 말도 전해지고 있다'고 하였다.[29]

전문의 형태를 취하고 있는 기사의 내용을 전적으로 믿을 수는 없지만, 훈령 취소의 말은 근거 없는 낭설로 치더라도, 김 장관의 거취에 대한 결의는 당시 그의 생각이 대통령과 같지 않고 총리 훈령에도 따르지 않겠다는 문교행정의 책임자로서의 의중을 드러낸 것으로 판단된다. 실제로 김 장관은 이듬해 2월 9일 장관직을 사임하였다. 사임의 표면적인 이유는 민의원 선거 출마를 위한 것이라고 알려졌지만,[30] 대통령과 생각이 다른 이가 장관직을 고수하기는 어려웠을 것이다. 김법린은 '통일안' 제정 당시 일익을 담당했던 조

25) 『조선일보』 1953.5.18. 「철자법 개정은 부당」
26) 『서울신문』 1953.5.17. 「신철자법 폐지의 시비」
27) 『조선일보』 1953.5.27. 「총리 훈령에 한글학회 비난」
28) 『부산일보』 1953.6.4. 「중등교육회서 훈령8호 반대」
29) 『동아일보』 1953.5.14. 「현용철자법폐지불가」
30) 1954년 5월 20일의 제3대 국회의원을 뽑는 선거에서 김법린은 경상남도 동래군에 자유당 후보로 출마하여 당선되었다(『경향신문』 1954.5.22. 「5.20선거 당선자 속속 판명」).

선어학회 맞춤법 심의위원이었으며 조선어학회사건으로 옥고를 치르기도 하였으니, 비록 문교 행정의 담당자였지만 생각이 다르고 대통령의 뜻에 무조건 복종할 수 없었기 때문에 사임하였던 것이다.[31)]

국회의 반응도 냉담했다. 5월 22일 국회에서는 김봉재, 엄상섭 의원 등이 97명 의원의 연명으로 '교육용어에 대한 법률안'을 제출하였는데, 현행 통일안이 가장 과학적이고 이론적이며 실용적이라는 점을 지적하며 "교육 용어는 현재 문교부에서 채택하고 있는 한글맞춤법에 의하여야 한다."라고 주장하였다.[32)] 5월 23일 오후 2시에는 국회문교위원회에 허증수(許增秀) 문교차관과 최현배 편수국장의 출석을 요구하여 총리 훈령 제8호 및 국어심의위원회에 대한 증언을 청취하였는데, 허 차관은, 현행 철자법 폐지는 공문서에만 국한하고 교육 용어에는 적용하지 않는다며 한발 물러서는 듯한 태도를 취했다.[33)] 이와 같은 국회의 움직임은 사회 문화 각 분야에 파장을 일으키고 있는 국무총리 훈령 제8호와 이승만의 맞춤법 간소화 지시를 정면으로 거부한 것이며, 대통령의 독단을 견제하고 나선 것이다.

2. 이승만 정부의 한글맞춤법 간소화 강행

1) 한글맞춤법 간소화와 이승만의 국문 인식

칠십 노구로 해방 조국에 돌아온 이승만은 조선어학회의 '통일안'에 따라 발간된 신문이나 책자를 읽는데 어려움을 느꼈다. 경무대 시절 이승만 대통

---

31) 2006년 7월 현재 한글학회 이사장인 김계곤은 김법린 장관의 사임에 대해 "김법린 장관도 한글에 대해서는 굉장히 정신을 쏟은 분이거든요. 그런 상황에서 이 박사가 그렇게 하니까 내가 이러다가 잘못하다가는 휩쓸리겠구나, 오명을 남기겠구나 하는 그런 문제가 있었기 때문에 그분이 그만두었다는 해석을 많이 했습니다."라며 당시 세간의 평을 전해 주었다. 「김계곤 구술」, 2006.7.13. 장소: 서울 성북구 우이동 메리츠화재중앙연수원. 글쓴이와 대담.

32) 『경향신문』 1953.5.24. 「교육용어법안 국회상정」

33) 『조선일보』 1953.5.26. 「공문서에만 국한」

령은 대부분의 연설문을 누구와도 상의하지 않고 자필로 썼는데 그의 문체는 성경의 옛날 판에서나 볼 수 있는 문체였고, 그 문체를 교정하려 하지 않았다.[34] 또한, 이승만 대통령은 국내 신문을 보지 않았다고 하는데 첫째, 국내 신문은 야당을 두둔하는 불공평한 신문이라는 것이고, 둘째, 현행 철자법을 어렵게 여겼고 도무지 잘 알 수가 없다고 투덜거렸다는 것이다. 심지어는 이승만 대통령이 구술한 문장에 대해 비서들이 '이건 옛말이니 고치시라'고 하면 "자네가 유식하니 자네가 내 대신 대통령 하게! 나는 무식해서 그래!" 하면서 종이를 팽개치며 마구 화를 내었다고 한다.[35]

1948년 10월 9일 한글날로부터 시작된 이승만 대통령의 담화는 그 첫머리에서 한글의 우수성과 편리함을 상찬하고 있지만, 단락이 바뀌면서 현행 맞춤법인 '통일안'에 대한 불평으로 일관하고 있다. 소위 한글학자라는 사람들이 편한 것을 불편하게 만들어 글을 빨리 쓸 수 없게 하였으며 글자의 획과 음을 복잡하게 하였으니 개량이 아닌 개악이며, 무엇보다도 읽기와 쓰기가 불편하니 다시 편한 옛날식으로 고치라는 것이다.

'통일안'이 마련된 것은 1933년, 그러니까 이승만이 미국에서 활동하던 때이고, 그 지정학적 거리만큼이나, 또한 제정으로부터 15년이란 시간이 흘러가 버린 세월의 간극만큼이나 이승만의 철자법에 대한 인식과 '통일안'을 만들고 실용해 온 조국의 언어 상황 사이에는 큰 괴리가 존재하고 있었다. 맞춤법에 맞게 글을 쓰려면 누구나 다소간 어려움을 느끼게 되지만 오랜 세월 격리된 채 살아온 노인에게 모든 것이 달라진 철자법과의 대면은 매우 당혹스러운 일이었을 것이다. 따라서 당시 이승만 대통령의 놀란 심경과 철자법에 대한 의구심 등은 충분히 이해할 수 있겠다. 그러나 문제는 그가 한 나라의 대통령이었다는 사실이고 위정자로서 행정권을 갖고 이 철자법 문제에 적극적으로 관여했으며, 국민 모두에게 '무조건 나를 따르라는 식'으로 구식 문

---

34) 최기일, 『자존심을 지킨 한 조선인의 회상』, 생각의 나무, 2002, 385쪽.
35) 박용만, 『경무대비화』, 삼국문화사, 1965, 114쪽.

자 생활을 강요하였다는 것이다.

1897년 배재학당을 졸업한 이승만은, 1898년 1월 1일 양홍묵 등과 함께 협성회회보를 창간하여 주필로서 논설을 맡아 집필하였다. 러시아가 조차를 요구하는 절영도를 내주어서는 안 된다는 논설을 비롯해 주로 외교에 관한 글을 많이 썼고, 기울어 가는 나라의 운명을 고목에 빗댄 '고목가'라는 시를 국문으로 써서 게재하기도 하였다. 주간으로 발행되던 협성회회보는 1898년 4월 9일부터 제호를 매일신문으로 바꾸며 일간으로 탈바꿈하였고, 중심에 선 이승만은 저술과 편집 등을 담당하였다. 이승만은 '협성회'의 회장이 되어 매일신문의 사장으로 선출되기도 했으나 사내 분규로 물러나고, 1898년 8월 10일 이종일, 유영석 등과 함께 제국신문을 창간하였다. 이후 날카로운 필치로 일인들의 행패를 비난하는 글을 써서 한성순보와 논전을 펼치기도 하였다.

이승만은 독립협회와 만민공동회 등에서도 활발한 활동을 하다가 1899년 1월 9일 박영효의 황제 폐위 음모에 가담한 죄목으로 투옥되었다. 이승만은 옥중에서도 공부를 계속하였고 책을 번역하였다. 탈옥 미수로 종신형이 확정되고 나서는 1903년 4월 17일자까지, 27개월 동안이나 제국신문에 논설을 게재하였다. 출옥하기 직전인 1904년 6월 19일에는 『독립정신』의 집필을 완료하였다. 1904년 8월 9일 이승만은 특사로 석방되었고, 출옥하자마자 다시 제국신문에 복귀하여 11월 4일 미국 유학을 떠날 때까지 신문을 제작했다. 1910년 6월 미국 프린스턴 대학에서 박사학위를 받은 다음,[36] 잠시 귀국하였다가 다시 도미하여 1913년 9월부터 하와이에서 『태평양잡지』를 발간하였

36) 2012년 발표된 역사 다큐멘터리에 따르면, 이승만은 하버드대학에서 석사학위를 받지 못했는데도 미국 장로교의 전폭적인 지원 아래 2년 안에 박사학위를 준다는 파격적인 보장을 받고 프린스턴대학 박사과정에 진학했다. 심지어 이승만은 하버드대학에 편지를 보내 석사학위를 달라는 거래를 했으며, 그 결과 양 대학에서 박사학위와 석사학위를 동시에 받을 수 있었다. 이처럼 상상조차 할 수 없는 일이 성사될 수 있었던 것은 조선에 기독교를 확산시키고자 했던 미국 교단의 빗나간 열망 때문이었다(민족문제연구소, 『두 얼굴의 이승만(백년전쟁 1부)』 http://www.minjok.or.kr/kimson/home/minjok/index.php).

다.[37]

살펴본 것처럼 1898년 협성회회보를 발간하면서부터 글을 쓰기 시작한 이승만은, 매일신문과 제국신문 등에 700여 편에 이르는 논설을 썼으며, 신문과 잡지에 수많은 글을 발표하였고, 『독립정신』과 『일본내막기』 등 다수의 저서를 발간했다. 외세의 침략을 규탄하고 애국심을 고취하고 부강한 나라가 되기 위해서는 문명개화해야 한다는 글을 많이 썼지만, 일찍이 이승만은 국문의 중요성 또한 간파하였다. 국민을 가르쳐서 나라를 문명개화시키려면 국문을 수단으로 삼아야 한다고 했다.

> 불과 몃 시동에 언문을 깨쳐 가지고 만권 서칙을 못 볼거시 업시 즉시 학문을 배호기에 더디고 속흠이 엇지 비교ᄒᆞ리오 국문은 진실로 세계에 드문 글이라 이 글을 썻스면 글씨 못 쓰고 칙 못 보는 사람이 온 나라에 몃시 되지 안을지라.[38]

위와 같이 한자의 폐해를 지적하며 배우는 데만 10년씩 시간을 허비하여서는 안 된다고 역설하였다. 옥중에서 집필해 1903년 2월 3일자 제국신문에 실린 「국문교육」에서는 국문 교육의 중요성을 한층 강조하며 이를 위해 국문 책을 많이 지어야 함을 주장하였다.[39]

이처럼 이승만은 국문을 중시하여 문명개화와 나라의 발전을 위해 국문 전용을 강력하게 주장했으며, 스스로 이를 실천하여 협성회회보와 매일신문, 제국신문 등을 모두 순 국문으로 펴냈으며, 『독립정신』 또한 순 국문으로 씀

---

37) 원영희·최정태 편, 『뭉치면 살고… - 언론인 이승만의 글모음(1898~1944)』, 조선일보사, 1995. 『태평양잡지』는 1930년 12월 13일에 이름을 『태평양주보』로 바꾼다.

38) 다음은 글쓴이가 위 인용문을 현대 문장으로 바꿔 쓴 글이다. "얼마 안 되는 짧은 시간에 언문을 깨쳐가지고 만 권 서책을 못 볼 것이 없으니, 즉시 학문을 배우기에 더디고 빠름을 어찌 비교하리오. 국문은 진실로 세계에 드문 글이라 이 글을 썼으면 글씨 못 쓰고 책 못 보는 사람이 온 나라에 몇이 되지 않을 것이다." 『매일신문』 1898. 6.17. 「국문이 나라 문명할 근본」

39) 원영희·최정태 편, 『뭉치면 살고… - 언론인 이승만의 글모음(1898~1944)』, 조선일보사, 1995, 393~395쪽.

으로써 국문 발전에 이바지하였다. 1944년 7월 4일 『뉴욕타임즈』에 실은 글에서는 "한국인들은 극동에서 유일한 표음문자인 한글을 가진 유일한 민족이다. 말하자면 이 얘기는 문자해독률에서 한국인들이 다른 아시아 국민들보다도 더 높다는 것을 의미한다."라며,[40] 훌륭한 국문과 그런 글자를 지닌 한국인이라는 것에 대한 자부심을 한껏 드러내었다. 이처럼 국문을 중시한 이승만의 생각은 대한민국 정부 수립 후에는 국가가 법령으로 '한글 전용'을 규정하는 데도 큰 영향을 미쳤다.

이승만은 국문을 중시했을 뿐만 아니라 국문을 표기하는 데도 일정한 인식을 갖게 되었다. 1900년을 전후한 시기에는 아직 철자법이 정립되지 않았고, 표음식과 표의식 철자가 반쯤 섞인 성경식 철자가 널리 통용되고 있었으니, 이승만 역시 그 철자법을 익혔고, 그때 익힌 철자법은 미국 생활에서도 계속 이어져 아주 몸에 배고 굳어졌다.[41] 그렇기 때문에 이승만 대통령은 해방 이후 신문과 잡지에서 '통일안'에 입각해 작성된 글을 보았을 때, 특히 복잡한 겹받침 등에 몹시 당황했고, 또한 불편함을 느낄 수밖에 없었다.

받침 'ㅅ'의 사용에 대해서는, 이미 앞에서도 언급했듯이 이 대통령이 1950년 2월 3일 기자단 회견 석상에서 "바침에 있어 'ㅅ'을 둘씩이나 쓰는 아무 소용없는 바침을 하고 있으니 이것은 고쳐야 할 것이다. 실례로 '잇다'와 '있다'가 무엇이 다른가?"라며 직접 설명한 대목만 봐도 이승만이 겹받침을 얼마나 불편해 했는지 한눈에 알 수 있다. 1933년 학회의 '통일안'에서는 '잇다'와 '있다', '빗'과 '빚'과 '빛' 등을 모두 구별해 표기하도록 했다.[42] 그러

---

40) 원영희·최정태 편, 『뭉치면 살고… - 언론인 이승만의 글모음(1898~1944)』, 조선일보사, 1995, 232~234쪽.

41) 이승만의 글을 검토하면 구한말 익힌 구 성경 철자법을 해방 후에도 변함없이 쓰고 있음을 확인할 수 있다(정재환, 「이승만 정권 시기 한글간소화파동 연구」, 성균관대학교 사학과 석사논문, 2006, 9~12쪽).

42) 조선어학회의 『한글 맞춤법 통일안』은 한글이 표음문자지만 글자의 생김새로 뜻을 나타내는 형태주의 원칙에 철저하다. 그리하여 체언과 토를 구별하여야 하고, 어간과 어미를 구별한다. 동사의 어간은 원형을 밝혀 적는다. 따라서 '맛기다'가 아니고 '맡기

나 해외의 이승만은 이와 같은 변화를 직접 겪지 못했고, 변화에 능동적으로 대응하지 못한 채 아주 오랫동안 구식 성경 철자법을 사용함으로써 정체된 국문 인식을 지니게 되었다. 국문은 소리 나는 대로 쓰면 된다는 고정된 그의 생각에 형태주의(표의주의)를 채용한 '통일안'은 너무나도 복잡하고 난해한 것이었기에 불평과 불만을 토로할 수밖에 없었던 것이다.

또 하나의 의문은, '통일안'에 불만을 토로하며 배우기 쉽고 읽기 쉽고 쓰기 쉬운 구 성경식 철자법으로 돌아가라며 간소화를 지시한 이승만이 과연 국문법에 대해 얼마나 알고 있었을까 하는 점이다. 김인선은 개화기에 이승만이 국민을 교육하고 나라를 문명화시키는 데 한글이 매우 중요한 도구라고 강조하고, 순 국문체를 애용한 점 등을 들어 그의 한글 운동을 매우 긍정적으로 평가했다.[43] 그러나 이승만이 개화기 때부터 한글을 사랑하고 국문을 중시하였으며, 대한민국 수립 후 한글전용법을 제정하는 데에 일정한 역할을 한 것이 분명하다 해도,[44] 그가 국문법에 조예가 깊었다고는 결코 말할 수

다'이며, '자피다'가 아니고 '잡히다' 등등이다. 또한, 형용사의 어간에 '이'나 '히' 또는 '후'가 붙어서 동사로 전성한 것은 그 어간의 원형을 바꾸지 아니한다. 따라서 '발키다'가 아니고 '밝히다'이고 '조피다'가 아니고 '좁히다' 등등이다. 그리고 'ㄷ ㅈ ㅊ ㅋ ㅌ ㅍ ㅎ ㄲ ㅆ ㄳ ㄵ ㄶ ㄽ ㄾ ㄿ ㅀ ㅁ ㅄ'의 열여덟 바침를 더 쓴다고 되어 있는데, 이것은 1912년 조선총독부의 〈보통학교용 언문철자법〉에서 정한 열 받침, 즉 'ㄱ ㄴ ㄹ ㅁ ㅂ ㅅ ㅇ ㄺ ㄻ ㄼ'에다가 추가한다는 의미이다. 1933년 10월 29일 조선어학회 제정『한글 마춤법 통일안』

43) 김인선, 「개화기 이승만의 한글운동 연구」, 연세대학교 대학원 국학협동과정 박사논문, 1999, 167~169쪽.

44) '한글날을 맞이하여'(4281.10.9), '국문에 대하여'(4287.3.27), '신문을 정비하고 한글을 전용하자'(4287.10.14), '한글의 의의와 가치를 강조'(4289.10.24) 등의 담화를 통해 국문의 우수성과 한글 전용의 중요성을 누차 강조하였다. 공보실 편, 『대통령이승만박사담화집』 1, 2, 3집, 공보처, 4286(1), 4289(2), 4292(3). ; "그는 가끔 한글 전용과 한글 기계화를 강조하는 담화를 발표하였다. '우리나라가 한글 전용으로 한글타자기, 한글텔레타이프, 한글식자기 등을 사용하게 되어야만 문명국가로 발전할 수 있다'는 내용의 담화를 발표하곤 했다. 그리고 그는 헌법을 한글로 적게 하였고, 한글 전용 법률을 제정하고, 또 한글날을 만드는 데 중요한 구실을 하였다." 공병우, 『나는 내 식대로 살아왔다』, 대원사, 2002. 8쇄. 71쪽.

없다.

이승만은 스스로 '지금 국문은 국문도 아니고 한문도 아니고 무엇인지 모르겟스며(54.3.27)'라고 자인했듯이 일단 '통일안'의 '소리 나는 대로 적되 어법에 맞도록 함을 원칙으로 한다'는 '형태음소적 원리'를 이해하지 못했고, '이왕에 쓰던 바와 같이 자모음에 따라서 숙련하도록 취음하여 쓰며 오직 원 글자에 뿌리 되는 글자만 찾아서 쓰는 것이 국문을 창조한 원측'이라며 오히려 한글학자들의 문법을 비과학적인 '괴이한 방법'이라고 비판했다.[45] 어려서 유학을 공부했고, 청년기에 신학문을 수학했으며, 미국에 유학해 프린스턴 대학에서 정치학 박사학위를 받은 지식인이었지만, 유감스럽게도 국문의 원리와 이론에 대해 깊이 있게 피력한 기록은 없다. 담화상의 언급은 너무 피상적이어서 국문에 대한 인식의 수준을 파악하기 어렵다. 비교적 구체적으로 얘기한 것은, 소리글자로서 자모의 취음, 원 글자의 뿌리 되는 글자를 찾아 쓴다는 것이고, 받침을 간소하게 하면 타자기의 건도 줄일 수 있는데, 이를테면 'ㅅ' 받침 하나면 될 걸 복잡한 받침을 사용하고 'ㅎ' 받침 같은 것은 국음(國音)도 안 되는 글자를, 즉 소리도 안 나는 글자를 불필요하게 만들었다고 지적한 정도였다.

최기일과 박용만 등 주위 사람들도 '그가 철자법에 대해 불평과 불만을 터뜨렸다'고 증언했을 뿐이다. 게다가 간소화파동 당시 표음식 철자법의 타당성을 주장하며 맞춤법 간소화에 동의했던 정경해와 서상덕 등 일부 국어학자들의 이론을 섭렵했다거나 그들과 견해를 같이했다거나 하는 그 어떤 기록도 보이지 않는다. 앞서 언급했지만 고국에 돌아와 까다로운 통일안 철자법 때문에 신문도 잘 읽지 않았다는 이 대통령이 그들이 쓴 신문의 칼럼이나 논저 등을 검토했을 가능성은 없다고 봐야 할 것이다. 결정적으로 이 대통령은 자신이 발표한 글을 통해 국문에 대한 인식 수준과 한계를 스스로 드러내었다.

45) 공보실 편, 『대통령이승만박사담화집』 1집, 공보처, 4286(1).

이 대통령은 1903년 제국신문에 발표한 「국문교육」이란 옥중 논설에서 국문교육의 중요성을 강조한 다음, 국문을 이해하기 위해 주상호의 문법을 참고하라고 권유했다.[46)]

> 만일 국문으로 학문과 교육에 긴요한 책을 만들려면 반드시 일정한 문법이 있어 그대로 시행하게 하며 (중략) 근일에 주상호 씨가 국문 문법을 한 해가 넘는 동안이나 궁리하고 상고하여 한 권을 필역하였는데 그 글자의 생긴 시초와 음의 분별됨과 어찌 써야 옳은 것을 질정하여 놓았는데 국문 배우기에 가장 유조할지라.[47)]

당시 주상호의 '국문 문법'이라 하면 1897년 9월 8일 독립신문에 발표한 논설 「국문론」 이후의 연구로서 「국문식」(1897년), 「국어문법」(1898년) 등을 거쳐 1905년의 『국문문법』에 이르는 과정의 연구를 지칭한 것이다. 헌데 그 내용은 「국문론」에서 펼친 국문 전용, 국문 옥편 제작의 필요를 강조한 것과 더불어 '말의 경계를 옳게 찾아서 (墨먹으로) 홀것을 머그로 ᄒᆞ지 말고 (手손에) 홀것을 소네 ᄒᆞ지 말고 (足발은) 홀것을 바른 ᄒᆞ지 말고 (心맘이) 홀것을 마미 ᄒᆞ지 말 것'을[48)] 구체화한 것으로 당시 주시경의 국어문법은 이미 형태주의에 입각해 있었던 것이다. 다음은 상동청년학원의 제자 유만겸

---

46) 주상호는 주시경의 다른 이름이고, 주상호와 이승만은 배재학당에서 함께 수학한 친구였다. 이승만이 한성감옥에서 탈옥할 때 권총을 가져다준 것이 바로 주상호였다(서정주, 『우남 이승만 전』, 화산, 1995. 중판(초판은 1949년), 160쪽).

47) 원영희·최정태 편, 『뭉치면 살고… - 언론인 이승만의 글모음(1898~1944)』, 조선일보사, 1995, 393~395쪽.

48) 김민수, 『신국어학사』, 일조각, 2003, 202~210쪽 ; 김민수, 『국어정책론』, 고려대학교 출판부, 1973, 227~230쪽 ; 또한, 김민수는 주시경의 새 받침說을 독립신문사 교보시절(1896.4~1898.9)에 구체화된 것이라 보고, 1896년 이를 위해 '국문동식회'를 만들었으나 실패하고, 3년 뒤인 1899년에 자신을 갖게 되지만 동조자를 얻지 못하여 그 정열을 2세 교육에 쏟아, 상동청년학원을 중심으로 그의 주장과 소망을 전수한 것이라 하였다(김민수, 「주시경의 초기연구」 『아세아연구』 44, 고려대학교 아세아문제연구소, 1971, 174~178쪽).

이 1905년에 필사한 주시경의 『국문문법』이다.

> "말이 무엇이뇨" "뜻을 표ᄒᆞᄂᆞᆫ것이니이다"란 문장에서 된시옷 표기 'ᄹᅳᆺ'이 보이기도 하지만, 「상졉변음」 장에서, "말에는 ㄷ ㅌ ㅍ ㅈ ㅊ ㄲ 이런 것들이 만이 쓰되 글에는 쓰지 안이ᄒᆞᄂᆞᆫ 고로 말과 글이 상좌되여 그 글ᄌᆞ의 원테와 본음과 법식이 잘못 되어 심히 혼잡ᄒᆞ고 문리가 업셔 그 ᄒᆡ됨이 지극히 큰 고로 이 알에 변록ᄒᆞ노라"[49]

주시경은 우선 위와 같이 전제하고, 실례로 '마터도, 마트면, 맛고, 맛ᄂᆞᆫ'은 쇽습으로 '맡어도, 맡으며, 맡고, 맡ᄂᆞᆫ'을 원법으로 규정하고 있고, '씻洗, 못淵, 깃羽' 등은 우리말의 ㅅ종성으로, '닫閉, 곧直, 굳堅' 등은 ㄷ종성으로, '엹淺, 맡任, 밑本' 등은 ㅌ종성으로, '잊忘, 맞迎, 맺結' 등은 ㅈ종성으로, '좇從, 및及'은 ㅊ종성으로, '높高, 앞前' 등은 ㅍ종성으로, '깎削, 닦修' 등은 ㄲ종성으로 각각의 차이를 똑똑히 구별하였다.[50] 이를 보면 이미 어간과 어미를 분석하여 구별하고 받침에서도 'ㅅ ㄷ ㅌ ㅈ ㅊ ㅍ ㄲ' 등의 차이를 정확히 명시하고 있음을 확인할 수 있다. 이 부분이 바로 이승만의 받침에 대한 인식과 정면으로 배치되는 것이다. 따라서 1903년 이승만의 논설에서 지칭한 것이 1905년 유만겸의 필사본 『국문문법』에 이르는 주시경의 '정리노트'라고 한다면, 당연히 그 성립한 내용을 어지간히 파악하고 독자들에게 권유하였을 텐데, 그로부터 50여 년이 지난 시점에 와서는 어찌하여 태도를 180°로 바꾸고 엉뚱한 소리를 한 것일까?

---

49) 다음은 글쓴이가 현대문으로 번역한 것이다. "말이 무엇이냐?" "뜻을 표하는 것이다."란 문장에서 된시옷 표기 'ᄹᅳᆺ'이 보이기도 하지만, 「상졉변음」 장에서, "말에는 ㄷ ㅌ ㅍ ㅈ ㅊ ㄲ 이런 것들을 많이 쓰지만 글에는 쓰지 않으므로 말과 글이 달라 그 글자의 원형과 본음과 법식이 잘못되어 심히 혼잡하고 문리가 없어서 그 해됨이 지극히 크므로 이 곳(본문)에 설명한다."

50) 주시경, 『국문문법』, 유만겸 필사본, 1905(김민수·하동호·고영근 편, 『역대한국문법대계』 제1부 제39책, 탑출판사, 1986).

비록 몇 줄의 글이지만, 이것으로 미루어 볼 때 당시 이승만은 주시경의 국문법을 잘 알지 못하고 있었음을 확인할 수 있다. 그러니까 이승만은 그 노트의 내용은 잘 알지도 못하면서 주시경이 국문법에 대해 연구하고 문법서를 정리한 사실만을 인지한 상태에서 섣부른 조언에 나섰던 것이다. 만일 그게 아니라면 당시에는 어느 정도 알고 있었지만 오랜 미국 생활을 거치면서 '국문법'에 관한 한 기초적인 이해조차 깡그리 망각해 버린 것이라고 단정 지을 수밖에 없을 것이다. 이강로는 한글파동에 대해 '뿌리 없는 나무'라고 촌평하며 이승만에 대해서 다음과 같이 언급했다.

> 한글간소화 파동은 뿌리 없는 나무와 같은 것이다. 새로운 맞춤법에는 익숙하지 못하고 옛날 무질서하게 하던 그걸로만 익혀오던 분들이, 내가 보기에는 서툴다 보니까 반대한 것밖에는 안돼. 이승만 씨가 자기가 알긴 뭘 알어?[51]

젊은 시절의 이승만은 일찍이 국문의 가치를 발견했다. 문명개화할 도구로서 국문을 널리 가르치고 활용할 것을 강조했으며, 국민을 계몽하기 위해 신문도 순 국문으로 펴내는 등 스스로 국문 전용을 실천함으로써 국문 발전에 이바지하였다. 이승만에 대한 여러 가지 평가에 실천적 한글 운동가라는 평가를 덧붙이는 것은 바로 이러한 이유 때문이다. 하지만 철자법에 대한 인식에서 그는 치명적인 한계를 안고 있었다. '표음식이 좋다'는 국문에 대한 어설픈 인식을 바탕으로 형태주의 원칙에 입각한 '통일안'을 이해하지 못했기에 '통일안' 맞춤법이 학교의 공교육과 언론, 잡지 등을 통해 서서히 정착되는 단계에서 돌연 구 성경 철자법으로 개정하라는 지시를 내려 한글맞춤법간소화파동을 일으켰던 것이다.

---

51) 「이강로 구술」, 2006.1.14. 장소: 서울 관악구 봉천동 이강로 사택. 글쓴이와 대담. 이강로는 1945년 10월 7일부터 학회의 『큰사전』 편찬에 참여하고 있었다.

2) 정부의 한글맞춤법 간소화 강행

총리 훈령 제8호에 의해 촉발된 철자법 문제를 해결하기 위해 7월 7일 문교부령 31호에 의해 '국어심의위원회'가 구성되었고,[52] 10월부터 활동에 들어간 한글분과위원회가 두 달간의 활동 끝에 '한글풀어가로쓰기안'을 중재안으로 제시했지만, 정부는 이를 수용하지 않았다. 간소화를 둘러싼 갈등은 점점 증폭되었고, 마침내 1954년 1월 21일에는 문교부 편수국장 최현배가, 2월 9일에는 김법린 문교장관마저 민의원 선거 출마를 이유로 사임하였다. 이렇듯 철자법 문제 해결에 있어서 중요한 위치에 있던 두 사람이 그만두었지만, 1954년 2월 24일 백두진 국무총리는 "한글간소화를 단행하려는 정부의 종전 방침에는 변동이 없다."라며 이 문제에 대한 정부의 강행 방침을 재천명하면서, "한글간소화를 단행할 사람을 새로운 문교부장관으로 임명할 것이다."라고 언명하였다.[53] 1954년 3월 27일 이승만은 다시 한 번 '국문에 대하여'라는 특별 담화를 발표하였다.

> 이전에 우리 국문학자들이 임시로 교정해서 철 주자판을 만드러서 신구약과 기타 국문서에 쓰던 방식을 따라서만 국문을 쓰게 할 것이고 각 신문에서도 문명 발전이 속진되기 위해서 이것을 다 포기하되 이 글 공포 후 석달안에 교정해서 써야 할 것이다.[54]

담화를 통해 이 대통령은, 전년에 국어심의회의 결론을 수용하지 않은 것

---

52) 국어심의위원회규정(문교부령 제31호, 1953.7.7, 제정), 국가법령정보센터 http://www.law.go.kr/LSW/main.html ; 김윤경, 「한글학회와 한글 운동의 역사」『한결김윤경전집5』, 연세대학교출판부, 1985, 24쪽 ; 정식 명칭은 '국어심의위원회'였지만 통칭 '국어심의회'라 했다. 그런데 5월 23일 국회문교위원회의 요청에 따라 국회에 출석한 허증수 차관은, "국어심의위원회가 연구 기관에 불과하니 한글맞춤법에 대한 권한이 없다."라고 하여, 당시 구성되고 있는 국어심의회의 역할과 권한의 한계를 암시하였다(『경향신문』 1954.5.25. 「명령을 복종할 뿐」).

53) 『동아일보』 1954.2.25. 「한글간소화 단행 신장관은 추진자를 임명」

54) 공보실, 「한글날을 맞이하여」『대통령이승만박사담화집』 제2집, 4289(1956), 237~239쪽.

에 대해 '완고몰상식한 사람들이 구식만을 주장해서'라는 말로 학자들의 논의를 일언지하에 거부한 뜻을 설명했으며, '지금 국문은 국문도 아니고 한문도 아니고 무엇인지 모르겟스며'라며 '통일안'에 대한 몰이해를 스스로 드러내기도 하였다. 무엇보다도 이번 담화의 중요한 의미는, 그동안 다소 모호했던 구 철자법의 정체가 '신구약과 국문서 쓰던 방식'이란 표현을 통해 구체화되었다는 점이며, 간소화의 시행 시기 또한 '석 달 안'으로 명백히 하였다는 것이다. 이날 담화에서 '문명 발전'을 위한 한글맞춤법 간소화에 대한 이 대통령의 독단적인 의지는 재확인되었고, 사회의 동요는 물 끓듯 가열되었다.

3월 30일 국회에서는 허증수 차관을 불러 이 대통령 담화에 따른 정부의 방침에 대해 질의하였다. "대통령 담화에 대하여 어떻게 할 것인가?"라는 김양수 의원의 질문에, 허증수 문교부차관은 "문교 행정을 맡아보고 있는 자로서 당연히 상부의 명령대로 할 수밖에 없다."라고 답변함으로써 반대 여론에 불씨를 던졌으며, 김정기, 최국현 의원 등도 등단하여 '현행 철자법을 폐지하는 것은 부당하다'고 주장하였다.[55]

경향신문은 사설(54.3.30)을 통해, "김문교장관은 차기총선거에 입후보하기 위하여 사임하였다고 하나 그 실 '한글간소화' 문제로 암초에 걸렸다"라고 하여 김 문교장관 퇴진의 내막을 시사하였다. 이튿날에는 이 대통령이 제시한 '옛 성경 맞춤법'을 게재하여, 이 대통령이 지목한 '구 성경 철자법'이라는 게 무엇인지 다음과 같이 그 실체를 제시하였다.

> 날ᄭᆞ지힝ᄒᆞ신모든일과ᄀᆞᄅᆞ치심을ᄀᆞᆺ촌지라ᄐᆡᆨᄒᆞ신ᄉᆞ도의게임의셩신으로명ᄒᆞ시고해밧으신후에여러증거로ᄉᆞ도의게친힛심을나타내샤ᄉᆞ십일을더히게보이샤하ᄂᆞ님나라의일을말ᄉᆞᆷᄒᆞ시니라ᄉᆞ돠와ᄀᆞᆺ치모이샤뎌희의게분부ᄒᆞ야ᄀᆞᆯ아사ᄃᆡ예루살넴을ᄯᅥ나지말고아버지의허락ᄒᆞ신것을기ᄃᆞ리라그것은너희가이내게드럿ᄂᆞ니라 – 대통령이 3개월 내에 사용하라는 옛 성경 맞춤법 – 대영성공회발행민휴발행(大英聖公會發行閔休發行) 성경전서 중에서

55) 『동아일보』 1954.4.1. 「어제 한글문제 국회에서 질의」

1911년 한글로 완역 발간된 이 『성경전서』는 표음주의에 입각해 소리 나는 대로 표기하고, 띄어쓰기를 하지 않아 앞뒤 단어의 구별이 쉽지 않으며, '통일안'에서 채택하지 않은 '아래아(·)'와 초성의 경음을 표시하는 '된시옷'을 쓰고 있다. 그러나 표음주의에 입각해 있다고는 해도 이를테면 'ᄉᆞ도와ᄀᆞᆺ치'의 'ᄀᆞᆺ'과 '허락ᄒᆞ신것을'의 '것'처럼 어간 형태소를 고정하려는 노력을 함으로써 표음주의식 표기와 표의주의식 표기의 중간적 형태를 취했다.[56]

이 신문은 성경 철자법에는 일정한 법이 없다고 규정하고, 현행 철자법은 1934년도에 우리나라 문화인들이 통일안을 지지하는 성명서(갑술7월9일조선문예가일동78씨서명)를 발표하고, 전국 천주교 주교회의에서 신구약성서 및 제반 성서를 통일안에 의해 인쇄할 것이 결의되어 1935년에는 '가톨릭청년'지에 전국적으로 결의 채택문을 발표한 바 있으며, 당시 '동아', '조선' 양 신문에서도 이를 채택하였다고 기술하였다.[57] 이는 오늘날 쓰고 있는 '통일안'이 일찍이 사회 일반의 동의를 획득했던 사실을 통해 그 역사성과 정당성을 강조한 것이다. 이밖에도 윤형중(종교가), 주요한(소설가), 김창집(출판인), 김완식(인쇄인) 등 각 분야의 전문가들이 현행 철자법 폐지의 불가함을 역설하였다.[58]

4월 18일 한글학회는 반대 성명을 통해 다시금 학회의 입장을 내외에 천명하였다. 학회의 반대 요지는 다음 두 가지로 첫째, 문자의 간이화에 찬성하지만, '통일안'이야말로 과학적으로 간이하고도 합리적인 것이다. 둘째, 국가

56) 유감스럽게도 신문에는 몇 년도에 나온 『성경전서』인지 밝혀져 있지 않지만, 글쓴이는 구약과 신약을 합본한 첫 성경전서가 나온 1911년 판으로 보았다. 1953년 문교부에서 구성한 국어심의위원회에서 분석한 성경전서는 1922년 8월 판이지만, 1911년 나온 『성경전서』에서 지면을 줄이며 판을 바꾸어 발행한 것은 1925년 4월 판이므로 동 신문에 실린 것과 1922년 판은 같은 것이라 판단한다(기독교대연감편찬위원회 편, 『기독교대연감』 제3권, 기독교문사, 1988.6. 628쪽). ; 국어심의회의 구 성경 철자법 분석에 관한 내용은 국어국문학회 편, 『국어국문학회 30년사』, 일조각, 1983, 45~47쪽 참조.

57) 『경향신문』 1954.3.31. 「맞춤법 폐지에의 파문」 ; 문화인 성명이 나온 갑술년은 1935년이 아니고 1934년이다.

58) 『경향신문』 1954.4.4. 「현행철자법 폐지를 이렇게 본다」

의 지시에 따라 전문가들로 구성된 한글분과위원회의 결의와 여론을 무시하고 간소화를 강행하는 것은 민주 정신에 어긋난다는 것이었다.[59]

그럼에도 정부는 학회와 사회의 여론을 무시하고, 4월 21일 오랫동안 공석이던 문교부장관에 단국대학장이며 자유당 훈련부장인 이선근을 임명 발령하였다. 이선근은 일제 시기 대표적인 역사학자였지만, 친일파였고, 출세 지향적인 인물이었으며,[60] 1953년 4월 국무총리에 취임하자마자 '총리 훈령 8호'를 내린 백두진 역시 친일파로서 권력 지향적 인물이었으니,[61] 이승만의 맞춤법 간소화의 일선에는 일제 시기 친일 인맥이 대거 포진해 있었던 것이다.

이선근 장관은 4월 22일 하오 기자들과의 첫 회견에서, '종전부터 현행 한글 철자법을 간소화해야 된다는 것을 언제나 느꼈다'고 하면서 철자법에 대한 평소 지론과 함께 개정 의사를 피력하였다.[62] 이 장관의 발언은 자신의 취임이, 두 달 전인 2월 24일 "한글간소화를 단행할 사람을 새로운 문교부장관으로 임명할 것이다."라고 한 백두진 총리의 말대로 간소화 문제를 해결한

---

59) 『경향신문』 1954.4.20. 「구철자법 환원은 부당」; 최현배, 「이 대통령 한글 간이화 재촉 담화에 대한 성명서(54.4.19)」『한글의 투쟁』, 정음사, 1954, 296~298쪽.

60) 이선근은 일본 와세다 대학 서양사학과에서 역사를 전공하였고, 조선일보에서 기자로 활동하다가 만주로 가 사업을 벌였다. 만몽산업을 경영하며 관동군에 군량미를 대는 등 친일행각을 일삼았고, 그 공로를 인정받아 1939년부터는 일본의 괴뢰정부인 만주제국 협화회 회원으로 활동하였다. 해방 후인 1947년 대동청년단(총재 이승만)을 창설하여 부단장을 지냈으며, 국대안파동 때에 서울대의 학생처장으로 부임해 반대하는 학생들을 회유하여 학내 소요를 진정시켰다. 1950년 2월 신성모 국방장관과의 인연으로 국방부 정훈국장에 발탁되었고, 다시 서울대로 복귀하였다가 1952년 11월에는 단국대학장에 취임하였다(반민족문제연구소, 『청산하지 못한 역사』 3권, 청년사, 1994, 76~99쪽).

61) 백두진은 일본 동경상과대학에서 상학을 전공하였고, 일제 정책의 협력기관인 조선은행의 간부를 지냈다. 미군정기에는 조선은행의 이사를 지내며, 1946년 민족청년단(단장 이범석)의 재정 담당 이사로서 이범석과 인연을 맺었다. 1949년 대한민국의 외자청장이 되면서 관료 사회에 진입하여, 1951년 재무부장관, 1952년 국무총리 서리를 거쳐 1953년 4월 국무총리에 취임하며 출세 가도를 달렸다(반민족문제연구소, 『청산하지 못한 역사』 2권, 청년사, 1994, 163~173쪽).

62) 『조선일보』 1954.4.24. 「문교부는 한글부 아니다」

다는 전제 하에 이루어진 것임을 확인해 준다. 또한 4월 24일에는 백두진 국무총리가 기자회견 석상에서 '한글간이화 안'은 기정방침대로 강행할 것이며, 신임 문교부장관에 의해 불일내로 그 전모가 밝혀질 것이라고 부언하였다.[63)]

신임 장관 임명 이후 백두진 총리의 기자회견에 이르기까지 간소화 방안이 속도를 내기 시작하자, 4월 25일 문총 7회 정기총회에서 다시금 낡은 시대의 언어의 표기법인 구 성경 철자법의 혼란 속으로 돌아가는 것을 반대한다는 요지의 성명서를 발표하였다.[64)] 그러나 5월 1일 이선근 장관은, 간소화는 세종대왕이 국문을 제정하신 근본 뜻을 재천명한 것이고 현행 맞춤법이 너무 문법주의에 치우친 점이 있다며 국민이 사용하는 데 편리하도록 만들겠다는 요지의 간소화 원칙을 천명하였다.[65)] 5월 29일에는 백두진 총리로부터 한글간소화 안이 이미 작성되었다는 말이 나왔지만,[66)] 같은 날 이선근 장관은 아직도 연구 검토 중이라고 했으며 3개월이라는 기한을 문자 그대로 해석해서는 안 된다고 하여 앞으로도 상당한 시일이 걸릴 것을 암시하였다. 총리와 장관의 발언이 다소 엇갈리고는 있었지만, 정부의 간소화 의지는 확고했다. 당시 문교부 측근자들의 전언에 따르면, 현재 각계의 의견을 종합 검토 중이며 가장 논의의 초점이 되는 것은 '쌍받침 문제'이고 성안까지는 요원하다는 것이었다.[67)]

3. 문교부의 한글간소화 안

6월 19일 이선근 장관은 기자단과 만난 자리에서 드디어 간소화 안이 완성되었다며 근일 중에 전모를 밝히겠다고 하였는데,[68)] 대통령 담화가 있은

63) 『경향신문』 1954.4.25. 「국문간소화 단행」
64) 『서울신문』 1954.4.27. 「한글간이화 반대」, 4.29. 「구철자 사용 부당」
65) 『서울신문』 1954.5.3. 「간소화 하도록 검토」
66) 『동아일보』 1954.5.30. 「말썽 많던 한글문제 낙착되려나?」
67) 『동아일보』 1954.6.1. 「한글간소화 전도요원」

지 꼭 3개월 만인 6월 26일 불필요한 쌍받침을 폐지하고, 용언의 어간과 어미는 밝히되 어원은 밝히지 않으며, 표준말을 새로 제정한다는 간소화 3원칙을 발표하였다.[69] 당시 이선근 장관은 취임 이후 한글간소화에 대하여 '국어심의회'를 한 번도 연 일이 없고, 또한 문교부의 관계관과도 협의한 일이 전연 없이 극비리에 이 안을 작성하였고, 7월 2일 경무대에서 열린 국무회의에서 '한글간소화 안'을 무수정 통과시켰다. 이튿날인 7월 3일 문교부 장관실에서 갈홍기 공보처장의 입회하에 문교부와 공보처의 공동 명의로 '한글간소화 안'을 정식 발표하였으며, '간이화 원칙은 확고부동하고 결정적인 것'이라고 말하였다.[70]

> 一, 바침은 끗소리에서 발음되는 것에 한하여 사용한다. 따라서 종래 사용하던 바침 가운데 'ㄱ ㄴ ㄹ ㅁ ㅂ ㅅ ㅇ ㄺ ㄻ ㄼ' 등 10개만을 허용한다. 다만, 바침으로 사용된 때의 'ㅅ'의 음가는 'ㄷ'의 음가를 가지는 것으로 하고, 'ㄷ'은 바침으로 아니 쓴다.
> 二, 명사나 어간이 다른 말과 어울려서 딴 독립된 말이 되거나 뜻이 변할 때에 그 原詞 또는 語源을 발키어 적지 아니 한다.
> 三, 종래 인정되어 쓰이던 표준말 가운데 이미 쓰이지 안커나 또는 말이 바뀌어진 것은 그 변천된 대로 적는다.[71]

간소화 안의 3원칙 중 1항은 받침에 관한 것인데 이는, 1950년 2월 3일 이승만이 "바침에 있어 'ㅅ'을 둘씩이나 쓰는 아무 소용없는 바침을 하고 있으니 이것은 고쳐야 할 것이다. '잇다'와 '있다'가 무엇이 다른가?"라고 기자단에게 말한 것을 충실히 반영하고 있으며, 2항 원사 및 어원 표시의 폐지 역시, 명사 '길이'를 '기리'로, '높이'를 '노피'로 쓰고, 용언 또한 '넘어지다'를

68) 『조선일보』 1954.6.21. 「한글간이화 성안」
69) 『조선일보』 1954.6.28. 「한글간이화 원칙 성안」
70) 『조선일보』 1954.7.5. 「한글간소화 정부안이 던진 파문」
71) 문교·공보의 맞춤법 간소화 공동안. 한글학회 50돌 기념 사업회, 『한글학회 50년사』, 한글학회, 1971, 347쪽 ; 국어국문학회 편, 『국어국문학회 30년사』, 일조각, 1983, 48쪽.

'너머지다'로, '흩어지다'를 '흐터지다'로 쓰는 등 '받침은 ㅅ 하나로 충분하고 원 글자의 뿌리 되는 글자를 찾아 쓴다'는 이 대통령의 생각이 그대로 반영된 것이다.

간소화 안이 발표되자 한글학자를 비롯한 각계 인사들이 그 잘못을 지적하였고 학자들 간에 맞춤법 논쟁이 가열되었다. 이숭녕은 정부의 간소화 안을 '언어학에 대한 절연장'이라고 하고, 간소화 안에서 설명하는 어간이라는 것이 가령, '안즈며(坐) 안즈니'에서 어간은 '안즈'이고, '머그며(食) 머그니'에서 어간은 '머그'인데, 이것이 또 줄면 어간은 각각 '안고'의 '안'과 '먹고'의 '먹'이 되는데, 어디에 이런 학설이 있는가 하고 물었고,[72] 주요한은 현행 맞춤법에 따르면 '일일이' 또는 '一一이'인데, '일이리'라는 맞춤법은 어찌 망설이지 않고 적을 수 있는 것일까? 왜 '이리리'라고는 적지 못할까? '바침'이라 예서(例書)된 것도 '밧침'인가 '밧힘'인가 왜 망설여지지 않는 것인지 반문하였다.[73]

당시 서울신문에는 정비석의 소설 『자유부인』이 인기리에 연재되고 있었는데, 작가는 주인공인 한글학자 장태연의 입을 통해, '말이나 글은 어느 시대를 막론하고 그 민족 전체의 생활 속에서 만들어지는 민주주의적인 산물인데 간소화 안은, 문법을 전연 무시했으며, 민주주의의 순리를 거스르고 언어의 생리와 생명력을 무시한 학살 행위'라며[74] 한글간소화 안을 공박하였다.

이밖에도 대다수가 문교부가 간소화 안을 공개 토의 없이 비밀리에 만든 점, 비과학적이기 때문에 문화의 퇴보라는 점, 출판계의 혼란을 일으킬 것이

---

72) 『조선일보』 1954.7.5. 「언어학에의 절연장」

73) 『동아일보』 1954.7.8. 「한글간소화 방안 검토」

74) 전택부, 「독립투쟁사에서 본 한글운동의 위치」 『사상계』 14, 사상계사, 1954.9. 77쪽 ; 이 내용에 대해 정비석은 훗날 법학자 황산덕과의 대담에서 "연재 도중 이승만대통령이 한글철자법이 필요 없고 소리 나는 대로 써도 된다고 말해서 '한글파동'이 일어났어요. 그때 문교부장관이 이선근 씨였는데 대통령의 뜻대로 강행하려 했지요. 내가 보기엔 말이 안 되는 소리여서 소설 주인공을 통해 정부시책이 돼먹지 않았다고 썼는데, 정부에선 신문사가 작가를 시켜 그렇게 쓰게 했다고 생각했나 봐요."라고 당시 상황을 회고했다. 한원영, 『한국현대신문연재소설연구』, 국학자료원, 1999, 167~168쪽.

라는 점 등을 들어 반대하였다. 이상의 의견만 보더라도 당시 사회의 반대가 얼마나 거셌는지 짐작할 수 있는데, 현행 철자법에 대해 비판의 입장을 견지하고 있던 정경해와 서상덕조차 절차의 문제성과 간소화 안의 미흡함을 들어 정부의 조치를 비판했다.[75]

간소화 안이 발표된 후 여론의 추이를 살피며 신중을 기하던 한글학회는 7월 7일 한글간소화 안에 대해, 교육을 파괴하고, 학문적 과학적 철학적 표현을 할 수 없고 문법을 세울 수 없으며, 문필가가 실용문으로 쓰기도 어렵다는 요지의 성명서를 통해 국가의 장래와 민족문화의 발전을 위하여, 하루바삐 간소화 안을 철회하라고 요구하였다.[76]

반대 여론이 불붙기 시작한 7월 9일 문교부는 한글간소화 안 '이유편(理由篇)'을 발표하였고, 백두진 총리 후임으로 임명된 변영태 총리도 7월 10일 정례기자단 회견 석상에서 개인 의사라며 "간소화의 필요성은 정부뿐이 아니고 민간에서도 필요할 것이다."라고 말하며 앞으로도 정부의 태도가 변하지 않을 것을 확인해 주었다.[77]

7월 12일 국어국문학회는 '한글 간소화안 이유편에 대한 비판'이란 장문의 성명서를 통해 문교부의 '이유편'을 통렬하게 반박함으로써 간소화 안에 대한 학문적 논쟁은 한층 더 가열되었는데, 최현배와 정경해는 조선일보를 통해 찬반 주장을 피력하였고,[78] 정경해는 이숭녕과 허웅을 상대로 『사상계』를 통해서도 지상 설전을 펼쳤다.[79]

---

75) 『경향신문』 1954.7.5. 「한글간소화안의 충격」

76) 『조선일보』 1954.7.11. 「비과학적인 조작 간소화안을 철회하라」

77) 『경향신문』 1954.7.11. 「간소화 필요 변총리 한글문제 담」 ; 백두진 국무총리는 1954년 6월 18일 사임하고, 후임으로 변영태가 1954년 6월 27일 취임했다.

78) 『조선일보』 1954.7.12. 「한글간이화의 문교부 안을 보고, 최현배」, 「한글간소화에 관하여, 정경해」

79) 『사상계』 11호 1954.6. 허웅의 「현행철자법개정론에 대한 재검토」, 14호 1954.9. 정경해의 「한글간소화에 대하여」, 15호 1954.10. 정경해의 「허웅씨소론 철자법개정론비판에 대한 답함」, 15호 1954.10. 이숭녕의 「정경해씨소론을 박함: 진위의 혼미」, 17호

문교부는 간소화 3원칙과 이유편을 통해 간소화 안이 학문적으로도 현행 철자법에 비해 간편하고 우수하다는 것을 알리고 사회 전반의 동의를 구하고자 했지만, 오히려 국어학자들과 교사, 어린 학생에 이르기까지 국민 다수로부터 호된 비판을 받았으며, 다만, 표음주의식 철자법을 주장하는 소수의 지지를 얻었을 뿐이었다. 정부의 간소화 안에 대한 지지보다 반대가 많았음은 서울대학신문사에서 행한 여론조사 결과, 정부안 지지 2%, 기타 6%, 현행 철자법 지지 92%라는 수치를 통해서도 확인되었다.[80)]

문교부의 간소화 3원칙의 결함으로 지적된 내용은 다음과 같다. 우선 받침의 문제인데, 이 대통령이 언급하기도 한 '잇다'와 '있다'의 경우, 받침을 'ㅅ' 하나만 쓸 경우, 둘 다 '잇다'라고 표기함으로써 '잇다'와 '있다'가 갖는 글자의 표의성이 사라진다. 현재 언중은 '잇' 자를 보면 자연스럽게 '잇다'를 떠올리고 '있' 자를 보면 마찬가지로 '있다'를 떠올리며 의미를 파악한다. 물론 '잇다'로 통일할 경우에도 '잇'을 보며 '존재한다'는 의미의 '잇'과 '계승한다'는 의미의 '잇'을 생각할 수 있다. 그러나 하나의 글자 혹은 하나의 낱말이 중의성을 띨 때, 그 의미가 다양하면 다양할수록 적절한 의미를 유추해 내기가 어렵기 때문에 늘 전체 문맥 속에서 낱말의 의미를 파악하는 노력을 기울여야 한다. 현행 철자법에도 그러한 어휘가 많지만 간소화 안에 따르면 훨씬 더 많아지게 된다.

〈표 26〉 문교부 간소화 안 1항 '있다'와 '잇다'의 비교

<table>
<tr><th colspan="2">현행 맞춤법</th><th colspan="2">간소화 안</th></tr>
<tr><td>있다</td><td>존재하다</td><td rowspan="2">잇다</td><td>① 존재하다</td></tr>
<tr><td>잇다</td><td>계승하다</td><td>② 계승하다</td></tr>
</table>

1954.12. 허웅의 「다시 정경해 씨에게」, 18호 1955.1. 이숭녕의 「허세와 도피: 정경해 씨 답문을 재차 반박함」

80) 『조선일보』 1954.11.6. 「현행 맞춤법 지지 92%」

그러므로 '잇'과 '있'을 구별하지 않고 '잇'으로만 쓸 경우, 글자의 형태로 낱말의 의미를 추측할 수 있는 표의주의식 철자법의 편리함이 사라지는 것이다. 마찬가지로 'ㄷ' 소리가 나는 'ㄷ ㅅ ㅈ' 등을 모두 'ㅅ'으로 쓸 경우에도 다음과 같은 문제가 발생한다.

〈표 27〉 문교부 간소화 안 1항. '곧'과 '곳', '곶'의 비교

현행 맞춤법	'곧' 도착할 '곳'이 동해에서 가장 아름다운 '곶'입니다.
간소화 안	'곳' 도착할 '곳'이 동해에서 가장 아름다운 '곳'입니다.

현행 맞춤법에서는 '곧'과 '곳'과 '곶'이 글자 자체로 구별되지만 간소화 안의 '곳'과 '곳'과 '곳'은 독립한 글자만으로는 뜻이 구별되지 않는다. 그뿐만 아니라 간소화 안에 따르면 받침을 10개로 제한하고 있는데, 가령 현재 언중이 사용하고 있는 'ㄳ ㄵ ㄶ ㅀ ㅄ ㅋ ㅌ ㅍ' 등의 철자들이 종성에서 모두 사라짐으로 해서 '목'과 '몫(→목)', '안다'와 '앉다(→안다)', '업다'와 '없다(→업다)', '받다'와 '밭다(→받다)' 등의 차이가 없어지는 것은 물론 이 말들이 토씨와 결합할 때 발생하는 발음상의 일정한 변화, 즉 연음법칙도 혼란스러워짐으로써 오히려 글을 읽고 듣고 해독하는데 큰 지장을 가져오게 된다.[81] 이는 '명사나 어간이 다른 말과 어울려서 딴 독립된 말이 되거나 뜻이 변할 때에 그 원사(原詞) 또는 어원(語源)을 발키어 적지 아니 한다'는 2항의 문제와도 직결되는데, 현행 철자법에 따르면 명사 '길이'는 '길다'에서 온 말인데 '길'이라는 원사를 밝히지 않고 그저 '기리'라고 쓴다는 것이고, 마찬가지로 '높다'에서 온 명사 '높이' 또한 그저 '노피'라고 적는다는 것이다. 그런데 앞

81) '목'과 '몫'의 경우, 독립적일 때는 발음이 모두 '목'이지만 뒤에 토씨 'ㅣ'가 올 경우 '목+이 = 모기, 몫+이 = 목씨'가 되는데 받침 'ㄳ'을 쓰지 않으면 모두 '목+이 = 모기'가 된다. 이는 얼핏 복잡해 보일 수 있으나 이미 우리 언어생활에서 쉽사리 적용되어 쓰이고 있는 것이며 또한 매우 과학적이고 합리적인 규칙인 것이다(이원복, 『한국어 표준발음사전』, 서울대학교출판부, 2003, 수정보완판 1쇄).

서 받침의 제한에서 'ㅍ'은 쓰지 않기로 했으니 '높다'는 '놉다'로 적을 터인데 '높이'는 또 '노피'로 적는다니 일정한 규칙과 원리가 없어 그 자체로 모순된 규정이다.

〈표 28〉 문교부의 간소화 안 2항 원사와 어원을 밝히지 않는 문제

	채택	폐지
명사	長기리 高노피	길이 높이
수식어	同가치 個個낫나치	같이 낱낱이
용언	倒너머지다 覆어퍼지다	넘어지다 엎어지다

그렇기 때문에 학자와 일반인을 막론하고 언어학에 웬만한 상식을 가진 언중들이, 문교부의 간소화 안이 가져올 혼란과 학문의 퇴보를 걱정해 이구동성으로 반대를 표명하였던 것이다. 정부의 독단적인 간소화 안 제정이 민주주의 정신에 어긋난다는 지적도 많았지만, 무엇보다도 '비과학적이고 불합리하다'는 간소화 안에 대한 학문적 비판이 가장 중요한 반대의 원인이었다.

문교부의 간소화 안의 원칙·이익편과 이유편의 작성자에 대해서는 항간에 억측과 낭설이 구구하였는데, 7개 국어에 능통한 재사라는 설도 있었고, 서상덕은 정경해를 지목하여 비판하기도 하였다. 그런가 하면 이 장관의 대학의 동료로서 '한글 맞춤법 통일안' 작성에 참여했던 교수가 고어(古語)에 능한 후배 교수의 협조를 얻어서 비밀리에 작성한 것이고, 그 공으로 후에 모 고관을 지내게 되었다는 소문이 떠돌았으나 끝내 확인되지 않았다.[82] 당

82) 『동아일보』 1954.12.23. 「갑오기자수첩에서」; 국어국문학회 편, 『국어국문학회 30년사』, 일조각, 1983, 41쪽 ; 김민수는 간소화 안을 작성하는데 이선근 장관과 밀약에 의해 김선기가 안을 작성하고, 허웅이 중세어에 관한 자료를 제공했다는 설이 비밀 아닌 비밀로 밝혀졌다고 했다(국사편찬위원회, 「김민수 구술」『해방 이후 국어 정립을 위한 학술적·정책적 활동 양상』,2007년도 구술자료수집사업, 151~152쪽). 국어학

시 간소화 안의 작성자가 끝내 밝혀지지 않은 데 대해서 이강로는 다음과 같이 설명했다.

> 작성한 사람이 시비의 대상이 되니까 뒤에서 익명으로 하고 나타나지 않았다. 겉으로 나타나면 시비의 대상이 되고, 채택이 되지 않으면 문화적 역적이 될 판인데 나타날 수 있나?[83]

워낙 비밀리에 만들어진 안인데다가 발표되자마자 호된 비판과 공격의 대상이 되었으니, 작성자임을 밝히며 세상에 모습을 드러낸다는 것은 일대 모험이었을 것이다. 만일 누군가가 자신이 작성자임을 밝혔다면, 우선 그는 반대자들의 공격에 일일이 대응해야 했을 테고 자칫 잘못하다가는 어용학자란 비난 끝에 학자로서 생명을 다할 수도 있었을 것이다. 그러나 간소화 안에 대해 비판만 있었던 것은 아니다. 정경해와 서상덕 등은 한글맞춤법 통일안을 간소화하는데 동의하고 정부가 제시한 간소화 안의 3원칙에 대해 부분적으로는 이견을 나타내기도 했지만 철자를 간소화한다는 근본 취지와 받침을 줄이고 연철을 하는 표음식에 공감하였다. 그밖에도 신문과 잡지 등 지면에 크게 드러나지는 않았지만 간소화 안에 암묵적으로 동의한 이들도 있었을 것이다.

4. 정부와 국회의 논쟁

한글의 철자법 개량을 목적으로 '통일안'을 간소화하자는 취지에서 시작된 한글파동은 국어학계뿐만 아니라 문화계 전반과 사회 전반에 걸친 문제로 확

자에게 문교부가 요청을 했다면, 사계의 전문가로서 관련 자료를 제출했을 가능성이 없지 않으나, 해방 전부터 학회 회원이었던 김선기가 안을 작성했다는 이야기는 쉽사리 납득하기 어렵다. 결정적인 문헌 자료가 나오지 않는 이상은 진위가 밝혀지지 않은 설로 봐야 할 것이다.

83) 「이강로 구술」, 2006.1.14. 장소: 서울 관악구 봉천동 이강로 사택. 글쓴이와 대담.

산되었고, 급기야는 국회와 정부, 여당과 야당 간의 대립으로까지 비화하였다.

1954년 7월 8일 오후에 송방용 의원 등 12명의 국회의원이 간소화 문제를 국회에서 다루자는 긴급 동의안을 제출하였고, 9일 본회의에서 채택되었으며, 10일 제20차 본회의에 이선근 장관이 출석하고 최순주 부의장 사회로 질의가 시작되었다. 송방용, 서동진, 이철승, 윤제술, 박순석 의원 등이 이구동성으로, "전문 학자들의 올바른 주장을 억누르고, 온 국민의 여론을 무시해 가면서 민족 문화의 위협을 주는 행정조치를 취할 수 있는가?" 하고 추궁하였다. 특히 송방용 의원은 간소화 안에 대해 "첫째 낱말의 고정형이 깨진다는 것입니다. 둘째는 표의화의 능률을 깨뜨린다는 것입니다. 셋째 표준어의 개정은 필법(筆法)이 아니라는 것입니다."라며 일반의 여론을 대변하였다.

이에 대해 이선근은 "(현행 철자법이) 나 자신도 대단히 쓰기 어렵다 알기 어렵다. 국어시험에 있어서 철자법에서 낙제한 학생이 대단히 많다는 것을 발견했다."라며 간소화의 필요성을 역설하였다. 박순석(자유당) 의원은 한글 간소화 문제는 민족문화의 일종의 혁명이라고 볼 수도 있는 것이라며, "이 장관은 과연 학계의 반대를 물리치고 이 혁명에 승리할 수 있는가?" 하고 물었다. 이에 대해 이선근 장관은 학문적 타당성, 행정적 합법성에 대해 다음과 같이 답변하였다.

> (간소화 안은) 현행 한글철자법을 실용편의와 학리상의 이유와 문학에 대한 역사적 미감 여러 가지 원칙에 의해서 간이화한 것입니다. (중략) 외국의 선례에도 행정조치로서 문학를(문자를 - 글쓴이) 철자법 같은 것을 고친 예가 있습니다. 불란서에서 세 번 있었고 가차운 이웃나라 일본에서도 이런 예는 있습니다. (중략) 행정력을 남용하겠다는 의사는 조금도 없습니다. (중략) 선진국가 토이기가 1928년에 문자혁명을 했습니다. 그것은 전연히 다른 문자를 사용했습니다. (중략) 철자법 기사법에 대한 개정이라고 생각하는 바이지 민족문화의 혁명이라고는 생각하지 않습니다.[84]

84) 국회, 『국회사: 019회(임시회) 20호』, 국회사무처, 1954.6.9~1955.2.10. 13~14쪽.

이선근 장관은 행정 조치로 취해진 철자법 개혁에 대해 외국의 선례, 즉 프랑스와 일본 그리고 터키를 언급하였다. 실제로 프랑스는 프랑스혁명 이후 혁명정부에 의해 1832년부터 프랑스어에 입각한 초등교육을 시행하였고, 아카데미 사전의 공식 철자를 각종 시험과 공문서에 의무적으로 사용하게 하였다.[85] 일본에서는 1934년 상설 기관으로 설치된 '국어심의회'를 중심으로 시행되어 온 국어 조사 사업의 성과를 토대로 GHQ(연합군사령부) 지배 하에서 내각훈령·고시를 통해 발표되는데, 1946년 11월 3일 '일본국헌법'의 공포에 뒤이어 1946년 11월 16일 '당용한자표'와 '현대가나표기법'이 짝을 이루어 공포되고, 단숨에 모든 법령, 공용문서, 신문, 잡지 등의 표기를 통일시키는 위력을 발휘했다.[86]

오랫동안 아랍 글자를 사용해 오던 터키의 문자 개혁은, 대통령 아타튀르크(Ataturk, Kemal – 본명은 Mustafa Kemal)의 의지에 따라 강력하게 추진되었다. 1928년 8월 9일 아타튀르크가 문자 개혁을 알림으로써 수백 년 동안 사용되던 아랍 글자가 폐지되고 터키어의 구조에 맞는 새 글자를 전문 학자들에게 의뢰해 만들어 쓰게 된다. 1928년 11월 1일에는 아타튀르크가, 국민을 글 소경에서 구해 내기 위해 터키에 맞는 새 글자를 사용하고 새 글자에 맞는 맞춤법을 만든다는 골자의 문자 개혁에 대한 법률안을 국회에 제출하여 만장일치로 통과되었다.[87]

이 장관은 문자 개혁이 대통령의 강력한 의지와 추진력에 의해 진행된 터키의 사례를 염두에 두고 이러한 발언을 하였을 것이다. 하지만, 당시 터키의

---

85) 김진수, 「프랑스의 언어정책」『사회언어학』 7-1, 한국사회언어학회, 1999, 40쪽.
86) 이러한 정책의 시행에 대해 코모리 요이치는 '서자법에 대한 지극히 폭력적인 개입'이라고 논평하고 있다(코모리 요이치, 정선태 역, 『일본어의 근대』, 소명출판, 2003, 336~340쪽).
87) 이선근, 「토이기의 문자 개혁과 언어 정화 운동」『한글』 143, 한글학회, 1969.5, 169~173쪽. 이 논문의 작성자인 이선근은 논문 투고 당시 터키에서 유학을 하던 유학생으로서 이선근 장관과는 동명이인이다.

상황과 대한민국의 상황은 달랐다. 터키에서는 대통령뿐만 아니라 국민 다수가 문자 개혁의 필요성을 절감하고 있었고, 그것은 곧 아랍 문명으로부터의 독립을 의미하는 것이기도 하였다. 그렇기 때문에 폭넓은 국민의 지지를 얻을 수 있었고, 국회에서도 만장일치로 통과된 것이다. 무엇보다도 터키에서는 새 글자를 만들기 위해 문교부 내에 조직한 '언어위원회'의 역할이 컸는데, 이 위원회에 많은 학자와 전문가들이 참여함으로써 충분히 각계의 의견을 수렴하여 새 글자를 창안한 것이다. 이 장관은 이러한 차이를 간과하였다. 무엇보다도 프랑스에는 '아카데미프랑세즈', 일본에는 '국어심의회', 터키에는 '언어위원회'가 개혁의 중심에 있었고, 이들 전문가 집단이 정부와 긴밀히 협조하는 가운데 철자법 혹은 문자 개혁이 이루어진 것이어서, 간소화 안을 은밀히 성안하고 학계와 시민의 반대 여론을 무시하는 등 독단과 행정 권력으로 강행하려는 대한민국 정부의 상황과는 확연히 달랐다.

한편으로는 한글파동이 왜 이 시기에 일어났는지도 자연스럽게 설명이 된다. 앞서 이 장관이 언급한 프랑스와 터키, 일본은 민족국가를 세우고 근대화에 박차를 가하던 시기에 정부가 주도하여 언어의 표준을 정하며 국민 통합을 꾀했다. 일본은 일찍이 메이지유신으로 근대화에 성공했지만 태평양전쟁에서 패함으로써 새로운 출발을 모색하며 모든 것을 재정비해야 했다. 세 나라뿐만 아니라 어문의 정리는 근대화의 보편적인 과제였고,[88] 1948년 근대적 정부를 수립한 대한민국의 당면 과제 중 하나 역시 어문의 정리였다. 이에 대해 이 대통령이 정확한 인식을 갖고 있었는지는 의문이지만, 여하튼 그러한 시기에 이 대통령이 손수 '맞춤법 간소화'라는 아이디어를 내놓았던 것이다.

---

88) "근대화 과정은 기본적으로 문어적인 '민족어'를 매개로 한 거주민의 동질화 및 표준화를 의미했기 때문이다. 엄청난 수의 시민에 대한 근대 정부의 직접적인 통치와 기술적·경제적 발전은 그와 같은 동질화 및 표준화를 필요로 한다." E. J. 홉스봄, 강명세 (옮김), 『1780년 이후의 민족과 민족주의』, 창작과비평사, 1996, 127쪽.

이 장관의 답변이 끝나자 '한글 문제는 대단히 중요하니 좀 더 신중히 검토한 후에 토의할 것'을 들어 질의를 종결하자는 자유당 손문경 의원의 의견을 둘러싸고 찬성하는 여당 의원과 조영규 의원 등 반대하는 여당 의원 간에 잠시 소란이 있었으나, 다시 재개된 질의에서 조병옥은 "이 문제는 물론 대통령께서 우리 국민에 대해서 아무쪼록 간소화하자 시정하는 것이 좋겠다 이러한 주점(主點)에서 나온 것은 알지만 그러나 두 주먹으로 함부로 주물러 가지고 맨들면 안 된다 말이에요. (중략) 정치가 간섭할 문제가 아니에요."라며 지당(至當)장관, 여신(如神)장관, 낙루(落淚)장관 등 각료들의 대통령에 대한 맹목적인 복종과 충성을 질타하며 정치와 문화가 분리되어야 한다는 점을 지적했다.

7월 9일에는 민국당에서, 간소화 안은 문화의 암흑시대로 돌아가는 일이니, 문자는 학자들의 양심적 연구에 맡기라며 간소화 안의 철회를 요구하는 성명을 발표하였고,[89] 국회무소속동지회는 7월 11일 14시부터 어학계, 문학계, 교육계, 언론계의 인사 최현배, 김윤경, 이숭녕, 이관구, 오종식, 이하윤, 모윤숙, 조지훈, 김창집, 김선기, 정경해 등을 국회의사당에 초청하여 공청회를 열고, 각계의 의견을 들었는데, 이숭녕, 최현배를 비롯한 거의 모든 이가 과학적 근거의 빈곤성, 간소화 안에 따르는 민족문화 붕괴, 국가 재정 파탄 등을 이유로 정부안을 적극 반대하였다.[90] 심지어 이 대통령과 사이가 가깝

---

89) 『동아일보』 1954.7.11. 「암흑시대로 퇴보, 민국당서도 철회촉구」

90) 『동아일보』 1954.7.13. 「반대론이 압도적」 각계 인사들의 반대 의견은 다음과 같다. 김선기(반) - 간소화는 더욱 복잡성을 초래할 뿐이고 일민족의 언어변경은 대통령의 포고라는 행정조치만으로 가능한 것이 아니니 전민족을 대표하는 국회에서 국민의 여론을 반영해 주기 바란다. 김윤경(반) - 단어가 일정치 않은 나라는 없는데 단어가 일정해진 것을 깨뜨려 없앤다는 것은 비과학적이며 이번 간소화안은 no와 know를 no로 통일하라는 것과 night와 knight를 바름대로 nait로 통일하라는 것과 같으며 몇몇 은사끼리 비밀리에 성립되었으니 비민주적이다. 이관구(반) - 한글을 간소화하게 되면 자전 제작이 곤난하니 이것은 민족문화의 퇴보가 될 뿐 아니라 정치파동, 경제파동을 겪은 우리 겨레는 또다시 문화파동을 겪을 경우에는 기진맥진 쓰러지고 말 것

다는 시인 모윤숙마저도[91] 반대의 의견을 개진하고 있는 것을 볼 수 있는데, 오직 서상덕, 정경해만은 정부안에 찬성하였다. 이는 앞서 간소화 안이 발표되었을 때(경향신문 54. 7. 5)와는 달리 근본적으로 문교부의 안이 자신들의 문법론과 같다며 간소화를 지지하는 본연의 견해를 확실하게 밝힌 것이다.

- 정경해(찬) – 과학적이라 함은 실용적인 것과 일치해야만 말할 수 있으니 1천여 명의 시험통계로 보아 현행 철자법은 전혀 실용적이라고 할 수 없으니 비과학적이라고 할 수밖에 없다. 또 시대변천에 따라 말도 변하는 것이니 이에 따라 철자법도 자연 변화해야 한다.
- 서상덕(찬) – 한글간소화는 쓰기 쉽고 보기 쉽게 하자는 것이며 20세기 문명시대라고 해서 한글까지 과학적으로 복잡성을 강요할 이유가 없다. 언문일치라는 측면에서 소리 나는 대로 글로 표현하면 간단한 것이다. (그만 집어치우라고 방청석에서 야유)

공청회 중 두 사람이 발언을 할 때 방청석에서 야유가 나온 것으로 현장의 분위기를 충분히 짐작할 수 있다. '통일안'을 지지하는 이들이 많았고, 정부에 대한 반발이 매우 심했으며, 두 사람의 의견은 언중의 공감을 사지 못했다.

7월 12일 제21차 국회 본회의에서는 곽상훈 부의장 사회로 질의가 계속되어, 정재완, 정중섭, 조순, 윤형남, 김상돈, 천세기, 장택상, 김홍식, 이인 의원들이 한결같이 정부안을 비판하며, 문교부 안 철회를 주장하였다. 윤형남, 김

이다. 모윤숙(반) – UN이 우리를 후원함도 우리의 고도한 문화를 수호함에 목적이 있다고 보니 세계문화 교류상 한글간소화는 부당하다. 시인으로서 간소화한 한글을 사용해 보았을 때 수백 년 퇴보한 감이 들고 자신이 무식해지는 것만 같다. 김창집(반) – 간소화는 우리 인쇄계를 파탄시키는 것이며 만일 간소화 안이 실시된다 해도 지금만큼 인쇄계가 부흥되기까지에는 5년 이상 10년 간의 시일이 필요할 것이다.

91) 모윤숙은, 1946년 대한부인회에서 활동하면서 이승만 대통령을 도왔고, 유엔한국임시위원단이 남한에 들어와 활동할 때는 남쪽만의 단독 선거를 할 수 있도록 메논 위원장을 설득하였다(경향신문사 편, 『내가 겪은 20세기: 백발의 증언 원로와의 대화』, 경향신문사, 1974, 434~435쪽). ; 모윤숙, 『회상의 창가에서』, 중앙출판공사, 1968, 249~317쪽.

상돈 의원 등이 민족문화를 말살하려는 것이 아닌가 하고 묻자, 이 장관은 "수일 전 북한괴뢰들이 방송할 때 사용한 말과 같다."라고 하였다가 의원들로부터 거센 반발을 사기도 하였다. 유일하게 자유당 손도심 의원이 문교부안을 찬성하는 발언을 하였으나,[92] 정재완 의원 외 9인이 "한글간소화 안은 정부와 국회와 문교위원회, 학술원으로써 '특별대책위원회'를 구성하여, 민중의 의사에 어긋나지 않게 하도록 그 대책을 강구하여 국회에 보고하도록 정부에 건의하자."라는 긴급 동의안을 제출하여 만장일치로 가결됨으로써 국회와 정부의 대결은 일단락되었다.[93]

갑론을박 끝에 국회는 '특별대책위원회' 구성을 이끌어 냄으로써 문제 해결의 단초를 제공했지만, 정부의 태도는 달라지지 않았다. 정부는 국회의 결의마저 무시하고 간소화를 강행하였다. 이승만 대통령은 국회의 의사를 존중하지 않았고, 이선근 장관은 대통령에 대한 맹목적 충성에 몰두했다. 이선근 장관은 특별대책위원회를 조직하기로 한 국회의 결의를 무시하고, 7월 12일 서울시장 및 각도 지사에게 '한글 맞춤법 통일안의 역사가 일천하니 건국 초기에 간소화를 단행함이 옳고, 번잡한 현행 통일안이 한글의 간편 보급과 인쇄문화의 발전을 저해하니, 이번 간소화 안을 연구하고, 교직원, 학생으로 하여금 반대의견을 발표하지 못하도록 주지시키라'는 내용의 비밀 통첩을 내렸다.[94]

---

92) 손 의원은 12일 국회 질의에서 한글학회의 '통일안'이 완벽한 것이 아니라며 "행정부 독단적으로 독재적으로 폭군적인 제왕으로 임해가지고 남의 소리는 들어보지도 않고 질질 끌고 가는 이런 절차상의 경솔을 범하면 안되겠다 신중이 해야 되겠다."라고 하면서도 "절차문제만 논의하지 학술적인 문제는 논의할 것이 못된다 이러한 생각을 했습니다."라고 발언했다(국회, 『국회사: 019회(임시회) 21호』, 국회사무처, 1954.6.9~1955.2.10. 15~17쪽).

93) 『동아일보』 1954.7.13. 「단상단하」

94) 『조선일보』 1954.7.22. 「한글간소화안을 왜 강행하려나」; 이선근 비밀통첩의 내용은 다음과 같다. ① 500년 전 한글이 창제된 이래 그 보급이 지연되고 있는데, 한글 맞춤법 통일안의 역사는 일천할 뿐 아니라, 그 전통과 보급도 그리 깊지 아니하므로, 건국 초창기에 한글 간소화를 단행함은 시의에 적당하다는 것을 주지시킬 것. ② 한글 맞

이승만 대통령 또한 7월 13일 특별담화를 통해 '현행 철자법은 문명 발전에 장애가 되니, 쓰기 쉽고 알기 쉽도록 개량해야 한다'고 말한 다음 "앞으로 일부의 반대가 있더라도 독자적으로 관공서부터 착착 강행해 나갈 방침이니, 계속 현행 철자법을 고집하려는 사람들은 자신들의 마음대로 쓰도록 하라." 라고 하였는데, 간소화를 관공서에서부터 실천하겠다는 결연한 의지를 밝히면서도 동시에 자기와 생각을 달리하는 이들은 개인의 의사에 따라 알아서 하라고 한 것은, 나를 따르라는 것인지, 아니면 정말로 제멋대로 하라는 것인지, 의도를 파악하기 어려운 발언이었다.

7월 15일에는 충남 논산군 교육회 또한 진정서를 발표하여, 정부안의 부당함을 낱낱이 지적하며 다른 적당한 방안을 강구해 줄 것을 요청하는 등[95] 여전히 사회 각 분야에서 반대 여론이 충천하였다.

춤법 통일안은 번잡하고, 일반 사용에 불편하여 급속히 문화 발전을 성취시키려 할 때, 어법의 복잡은 한글의 간편 보급을 저해할뿐더러, 자모가 번다하여 인쇄 문화의 발전에도 지장이 많다는 것을 주지시킬 것. ③ 이번 간소화 안의 제 자료는 제공할 예정이나, 우선 발표된 것을 토대로 연구하여, 이것을 명확히 하고, 한글 간소화에 무조건 반대를 하는 일부 보수층 선전에 동요 없도록 할 것. ④ 교직원, 학생으로 하여금 반대할 명확한 이론적 체계도 가짐이 없이 막연히 감상적으로 이에 대한 발표를 못 하도록 주지시킬 것(한글학회 50돌 기념 사업회, 『한글학회 50년사』, 한글학회, 1971, 357쪽에서 재인용).

95) 충남 논산군 교육회의 진정서 내용은 다음과 같다. ① 간소화안은 학적 근거가 없다. ② 실용가치가 없다. ③ 궁극적으로 간소화도 아니다. 무턱대고 받침 숫자만 줄였기 때문에 가령, '닭마리나 삶는다'는 역시'닥마리나 삼는다'로 쓸 수 없다 하면서도 '국솥에 앉힌 팥이'는 '국소테 안친 파치'로 써야 한다는 모순을 초래하였다. 그러므로 동안에 의하면, 우리가 글을 한 줄 쓰더라도 말끝마다 그 원사의 받침이 받침으로 쓸 수 있는 자인가 아닌가를 먼저 생각해 보고 ㄱ, ㄴ, ㄹ, ㅁ 등 소위 '열 받침'에 속하는 것이면 받침으로 쓸 수 있되, 만일 ㄷ, ㅌ, ㅈ, ㅊ 등 받침에서 제외된 자라면, 혹은 ㅅ 받침으로 바꿔 쓰기도 하고, 혹은 그 아래 모음 토와 어울려 발음된 글자로 바꿔 써야 할 뿐만 아니라, 표의화할 수 있는 철자를 일부러 표의화시키지 않았기 때문에 우리가 그 글을 읽을 때에도 위아래 말의 관계를 미루어 발음으로만 표시된 철자의 원뜻을 판정해내는 시간과 노력을 또한 허비ㅎ지 않을 수 없는 것이다(유제한, 「6·25 사변 이후 한글학회의 걸어온 길7」 『한글』 117, 한글학회, 1956.6, 62~65쪽에서 요약 재인용).

7월 17일 자유당은, '현행 철자법이 일부 한글학자 및 극소수의 완전 습득자를 제외한 다수 국민에게 어려워 고통과 불편을 주고 있으며, 과거 김두봉 일파가 조작한 복잡한 한글을 강요하는 북한 공산당이 이극로 일파를 동원하여 파괴적인 문화공세를 취함에 있어서 그 계기를 한글간소화 반대에 포착하고 있는 것이니, 이 대통령 각하께서 염급(念及)하시는 간소화의 진의(眞意)를 깊이 양찰(諒察)하여 민족문화의 발전을 위해 한글간소화를 지지해 줄 것을 촉구한다'는 내용의 성명서를 발표하였다.[96]

자유당이 성명에서 이극로 일파를 운운한 것은, 일종의 정치 공세로 1948년 4월에 남북연석회의 참석 후에 북한에 남아 활동하고 있는 이극로가, 조선어학회 회원이었음을 주지시키며 정부의 간소화 안에 반대하는 '통일안' 수호와 대한민국의 문화 발전을 저해하는 이북의 공작을 동일시함으로써 이북은 빨갱이 즉, 남한 사회의 적이라는 반공 이데올로기를 활용해 반대 여론을 잠재우려 한 것이다. 그렇지만 자유당의 이 성명은 오히려 여론을 더욱 악화시키는 결과를 초래하였으며, 사계의 반발은 더욱 격앙되었다.

7월 20일 '재경각대학국어국문학교수단'은 성명을 통해 자유당을 공박하였는데,[97] 간소화 안이 안고 있는 문제로서 낱말의 개념 파악 불가, 사전 편찬의 곤란, 개정안 자체의 통일성 결여 등을 비롯해서 이극로 일파 운운하며 색깔론을 편 것에 대해서도 정치적이며 폭력적인 공세라며 강도 높게 비판했

96) 유제한, 「6·25사변 이후 한글학회의 걸어온 길7」『한글』 117, 한글학회, 1956.6, 65~66쪽.

97) '재경각대학국어국문학교수단'의 성명서 내용은 다음과 같다. ① 단어가 가진 독립된 관념을 파악할 수 없다. ② 사전 편찬이 곤란하다. ③ 개정안의 자체에 통일이 없다. ④ 독해 능력을 극도로 감소시킨다. ⑤ 교육정신이 파괴된다. ⑥ 실시 방법이 비민주적이다. (중략) 근일 우리가 신뢰하고 경앙하는 모당의 성명서를 보매, 그 중 우리의 불공대천의 구적(仇敵)인 "김두봉, 이극로 일파 운운"의 문구에 이르러서는 이것이 李朝의 사화(士禍)와 같은 그 무엇을 암시하여 누구들을 위협하는 것인지, 우리는 아연실색하였다(유제한, 「6·25사변 이후 한글학회의 걸어온 길8」『한글』 118, 한글학회, 1956.8, 52~54쪽). ; 『동아일보』 1954.7.23. 「한글문제일익파란」

다. 실상 '재경각대학국어국문학교수단'은 동년 9월 19일에 발족을 하게 되지만, 2개월이나 앞서 개정안에 대한 반대 성명부터 발표하였으니, 당시 상황이 매우 긴박하였음을 느끼게 한다.

그러나 이승만 정부는 자유당의 지지 성명이 나온 18일에 개정 철자법의 보급·강습을 담당할 '한글개정철자심의회'의 활동경비로서 243만 환을 국무회의의 심의를 거쳐 긴급 지출함으로써 한글맞춤법 간소화를 강행하겠다는 굳은 의지를 나타냈으며,[98] '재경각대학국어국문학교수단'의 성명 바로 다음날인 7월 21일 갈홍기 공보처장은 간소화 반대파를 공박하는 담화를 통해 다시금 색깔론을 들고 나왔고,[99] 같은 날 총무처는 이승만의 유시에 따라 '향후 공문서에는 반드시 문교부가 개정한 한글철자법을 사용하라'는 지시를 내렸다.[100]

문교부에서는 7월 29일부터 공문서 기안에 한글을 전용하기 시작하였는데, 정부 안에서부터 촌극이 벌어졌다고 한다. 철자법을 정부의 안대로 쓰느라고 각국 직원들이 머리를 싸매었지만, 공문서에 쓰인 철자법이 '엇아옵기' '엇사옵기' '엿사옵기' 등등 '엇사옵기' 하나 가지고도 중구난방이었다고 하니,[101] 현행 철자법보다 쓰기 쉽고 읽기 쉽다는 정부의 간소화 안이라는 것이 실상 어떤 것인지는 그 실체를 파악하기가 매우 까다롭다는 사실을 충분히 짐작할 수 있었다.

정부가 강경 일변도의 태도를 취하며 여러 시책을 진행하던 도중, 방미를 앞둔 이승만은 7월 24일 기자단 회견 석상에서 한글간소화 안에 대해, '정부

98) 『동아일보』 1954.7.20. 「한글간소화 강행호, 보급강습비긴급지출」
99) "이북공산괴뢰들은 저들의 경제적 궁핍과 내부알력을 감추기 위하여 대중의 주의를 다른 곳에 전화하려고 시도하고 있으며 이러한 선전공세의 수단으로써 우리의 한글간소화를 비난공격하고 있으나 물론 우리 국민 중에는 여기에 현혹되는 사람이 하나도 없을 것으로 믿는다." 『서울신문』 1954.7.23. 「갈 공보처장 한글문제에 담」
100) 『동아일보』 1954.7.26. 「정부 한글간소화 수단행」
101) 『조선일보』 1954.8.1. 「색연필」

에서는 앞으로 동 안에 의거하여 한글을 사용할 것'이라고 언명하면서도 7월 13일 담화의 내용처럼 그 동안의 강경 방침에서 한 발짝 물러나는 듯한 묘한 발언을 하였다.[102)]

> 현행 맞춤법이 옳다고 하는 것은, 학생들이나 또는 언론인들이 한글의 이치가 어떻게 된지도 모르면서 습관에 따라 사용하기 때문이니, 자기가 옳다고 생각하는 것을 자기 마음대로 사용하여도 좋다.[103)]

다소 이해하기 어려운 것은, 7월 13일의 특별 담화와 7월 24일 기자단 회견을 통해 이 대통령은 '현행 철자법을 폐지하라'며 시종일관 같은 태도를 견지하면서도 '자기가 옳다고 생각하는 것을 자기 마음대로 사용하여도 좋다'는 모순된 발언을 하고 있는 것이다.

한 나라 안에서 정부는 정부대로 국민은 국민대로 각각 다른 철자법을 사용한다면 혼란스러울 수밖에 없고, 이는 철자법의 무정부 상태, 언어생활의 혼돈을 초래할 수밖에 없을 것이므로 애초에 간소화를 통해 의도한 언어생활의 편리는 물거품이 돼 버린다. 무엇보다도 이는, 어려운 현행 철자법을 뜯어고쳐 국민의 언어생활을 총체적으로 개혁하겠다며 간소화를 강행하던 이승만 대통령과 정부 방침의 전면적인 후퇴를 의미하는 것이다. 이승만 대통령이 자기가 한 말의 의미를 몰랐다면 모를까, 그게 아니라면 어떤 의도에서 앞뒤가 닿지 않는 무책임한 말을 연거푸 쏟아 낸 것일까? 암만 봐도 괴상하고 불편하다고 느낀 '통일안'을 개정하겠다는 초기의 강력한 의지가 너무나도 거센 국민의 반발에 부딪혀 어느새 꺾여 버린 건 아니었을까? 체면상 간

102) 한국 문제의 평화적 해결을 위해 1954년 4월 26일 개막된 제네바회의가 아무런 성과 없이 종결되자 이승만은 미국을 방문, 7월 28일 미국 상하합동회의에 참석해 극동에서 즉시 '행동'할 것을 요청하며 결전을 촉구하는 초강경 발언을 했다(서중석, 「이승만과 북진통일」 『역사비평』 29, 역사비평사, 1995. 여름, 124~125쪽).

103) 『경향신문』 1954.7.25. 「한글은 임의사용」

소화 하겠다는 이야기를 거두어들이기도 곤란한 상황이었겠지만 심적으로는 이미 포기했거나 체념한 상태였는지도 모른다.

그렇다면 이 대통령 심경에 갑작스러운 변화가 생긴 까닭은 무엇일까? 사회 여러 분야의 거센 반발, 국회의 견제, 여론 악화 등 여러 가지 요인이 있었겠지만, 결정적으로 이 대통령의 마음을 흔든 것은, 7월 16일 이 대통령을 만난 미국 예일대학의 어학 조교수인 마틴(Samuel E. Martin)이었다.[104)]

1894년 이승만은 배재학당에 입학해 미국 선교사들과 각별한 인연을 맺는다. 박영효쿠데타음모사건에 연루되어 옥살이를 하게 되었을 때는 아펜젤러(H. G. Appenzeller), 애비슨(O. R. Avison), 벙커(D. A. Bunker), 헐버트(H. B. Hulbert), 게일(J. S. Gale) 등 선교사들의 도움을 받았고, 미국 조지워싱턴대학에 입학할 때, 프린스턴 대학에서 박사학위를 취득할 때에도 게일과 언더우드 등 서울의 선교사들은 미국 교회 지도자들에게 추천장을 써 주는 등 물심양면으로 이승만을 후원했다. 이승만과 미국 선교사들의 만남은 이승만에게는 기회였으며, 이런 과정에서 이승만은 미국과 미국인들에 대해 좋은 인상을 갖게 되었고, 자연히 친미주의적 대미관을 갖게 되었다. 1904년 감옥에서 집필한 『독립정신』의 핵심은 '기독교화 = 서구화·근대화 = 미국화'라고 할 수 있는데,[105)] 이것이 그의 친미주의적 대미관의 요체이다. 1913년 하와이로 망명한 이후 이승만의 친미 의식은 더욱 강고해진다.

한글맞춤법 간소화가 강력한 반대 여론에 부딪혀 표류하고 있을 때, 파란 눈의 미국인 언어학자가 눈앞에 나타나 놀랍게도 현행 철자법을 옹호한다. 7월 7일 문교부장관에게 공개장을 띄웠던 마틴 교수는 7월 15일 이선근 장관의 초청을 받고 3시간 반에 걸쳐 토론했고, 16일 오전에는 이 대통령의 초대로 십오 분 동안 간담했는데, "내가 느낀 바는 현행철자법을 반대하는 사람은 먼저 현행철자법을 이해하고 나서 반대라든가 비판을 하여야 옳을 줄로 안

104) 『경향신문』 1954.7.10. 「문교장관에 보내는 공개장 표기원칙에 배치」
105) 정병준, 『우남 이승만 연구』, 역사비평사, 2005, 106~111쪽.

다."라고 말했다고 한다.[106]

비록 짧은 만남이었지만 마틴의 말은 큰 위력을 발휘했을 것이다. 마틴 교수와의 만남 이후 간소화를 실행하겠다는 이 대통령의 의지는 현저하게 약화되었다. 실제로 8월 11일 '정부의 간소화 안을 심의 대상에서 제외한다'는 한글특별대책위원회의 2차 회의 결정이 나온 이후,[107] 간소화를 실현하려는 정부의 어떤 움직임도 보이지 않는 것은 이와 같은 정황을 넉넉히 설명해 준다.

제2절 한글학회의 간소화 반대 운동

1. '통일안'과 언중(言衆)의 문자생활

이승만 대통령이 간소화를 적극 추진하려고 한 데에는 단지 자신이 겪는 어려움과 불편함만이 작용한 것은 아니었다는 시각도 있다. 오영섭은 '이승만의 현행 철자법 비판 및 간소화 요구는 단순히 이승만 대통령 자신의 불만에서 비롯된 것이 아니라 상당한 민중 대중의 암묵적 지지와 동의를 업고서 제기한 통치 문제이자 사회 문제'라고 지적했다.[108] 1950년대 이전에 이미 현행 철자법에 대해 각계각층에서 어렵다, 복잡하다, 불편하다는 지적과 비난이 있었다는 것이다.

그러나 당시 '관공리'들이 '한글이란 도무지 복잡하고 어려워서 되어 먹지 않았다, 한글이 어렵다, 맞춤법이 복잡하다고 불평을 한 것'은, '일정 때 관공청의 높은 한인 관리들이 한글을 의식적으로 경원하고 또 경멸한 까닭이며, 당시 일본말의 괴상하고 어려운 문법을 암기하느라고 열성을 다한 것은 어느덧 까맣게 잊어버리고 정작 한글은 배우기 위해 노력조차 하지 않은 탓'이라

106) 김윤경, 「한글학회와 한글 운동의 역사」 『한결김윤경전집5』, 연세대학교출판부, 1985, 101쪽.

107) 『경향신문』 1954.8.11. 『국어심의회 상설』

108) 오영섭, 「1950년대 전반 한글파동의 전개와 성격」 『사학연구』 72, 2003, 148쪽.

는 것이 진실에 가까울 것이다.[109)]

그럼에도 이 대통령은 일부 관공리들의 불평을 침소봉대하여 철자법 문제를 자신만의 불편이 아닌 국민 모두가 겪는 공통의 문제로 치부함으로써 철자법 개정을 통치 행위에 포함시켰던 것이다. 그렇다면 이승만이 판단한 것처럼 실제로 '통일안'은 국민에게 불편을 주는 철자법이었을까? 당시 관공리들은 공문서를 어떻게 작성하고 있었을까? 이를 확인하기 위해 몇 가지 문서들을 검토해 보았다.

먼저, 1952년에 작성된 제주도 「안덕면회의록」을 보면, '指導와 鞭撻을 비러마지안음이다', '하게되오니 大端感謝함이다', '獻身하겠음니다', '하는바임니다', '되야스나', '追加記錄 하야씀', '巨額이않인만치' 등 '통일안'에 어긋나는 철자가 보인다. 반면에 '어그러짐이 없도록', '여러 面民의 指導鞭撻 밑에', '買入하는 것이 좋다는', '面長의 承諾을 얻어'와 같이 '통일안'에 따라 어간의 형태소를 정확히 밝혀 적은 것도 눈에 띈다.[110)] 다음은 1951년에 작성된 「여주교육위원회 회의록」의 일부인데, 「안덕면회의록」이 한자 낱말에 한글 토를 다는 방식을 취하고 있는 것과 달리 날짜 표기 등에 쓰인 숫자를 제외하고는 한글로만 작성돼 있어 한글맞춤법 실태를 더욱 잘 파악할 수 있다.

> 서기 이인표 - 제一차회의록을 랑독함 (중략)
>
> 교장 채홍기 - 거一월三十一일 임시교장 회의 시에 금년도 연탄비가 학급당 四,000환식 배정되었고 신년도 예산에서 七.五00환을 구입토록 결의를 보아 국민학교 학부별로 구입해달아는 교육구에서 말도 있고 해서 제가 잘아는 업자가 있다고하여 제가 알선하게 된것이고 석탄 값 톤당 二万二千환으로 지상에 보도하였으나 상공회의소 시가 一九,000환에 운반비 가□□하여 二万환에 공급된 것이며 업자가 각학교를 방문할 수 없으니 교육구에서 신임을 받어달라는 학교측과 업자의 요구에 의하여 교육구에서는 신임을 받어준 것 뿐이다.[111)]

---

109) 『제일신문』 1953.11.10(김윤경, 「한글학회와 한글 운동의 역사」 『한결김윤경전집5』, 연세대학교출판부, 1985, 62~65쪽에서 재인용).

110) 「안면도회의제1차임시회의록」 『안면도회의록』, 제주도내무국지방과, 1952.

회의록 전문 중 일부만을 인용했지만, 6쪽에 이르는 글 속에서 크게 눈에 띄는 것은, 불규칙한 띄어쓰기와 '랑독, 어데다가, 구입해달아는, (제가) 않이지 않은가, 차저다썼다는데' 등의 오자가 보이는 정도이다.

1950년과 1951년을 전후한 시기에 대한민국의 관공리들에 의해 작성된 문서는, 우선 '통일안'의 규정대로 띄어쓰기가 적용되지 않았다. 철자가 틀린 것도 꽤 발견된다. 그렇지만 어간의 형태소를 밝혀 적은 점, 받침에 'ㄷ, ㅎ, ㅌ, ㅆ, ㄶ, ㅄ' 등을 쓰고 있음은 '통일안'에 대한 일정 수준의 이해를 증명한다. 물론 한글전용법이 공포되고 2~3년이 지난 시점인데도 대부분의 체언을 한자로 기록하고 있는 것은, 앞서 언급한 '한글 경원의 문제'와도 관계가 있고 오랫동안 '일한문'으로 문서를 작성하던 식민지 시대의 유습 탓이었다. 어쩌면 한자에 익숙한 관공리들이 '통일안'에 입각한 한글맞춤법을 까다롭게 생각한 나머지 행여 틀릴까 두려워 아예 한글을 피하고 익숙한 한자를 썼을는지도 모른다. 그렇기 때문에 최현배는, 공무원들이 맞춤법을 모른다며 공무원 채용 시험에 한글맞춤법을 중요한 과목으로 해야 한다고도 역설하였지만,[112] 당시가 한글맞춤법 교육이 충실히 이루어지지 않은 과도기적인 상태라는 점을 감안해 본다면 그래도 공무원들이 문서를 바르게 작성하기 위해 애쓴 흔적을 조금은 발견할 수 있지 않나 생각한다.

과연 '통일안' 맞춤법은 얼마나 어려웠을까? 다음은 해방 이후 일반인들의 '통일안' 맞춤법 사용 실태를 파악하는데 도움을 얻을 수 있는 글들이다. 1946년에 정태진은 해방을 맞은 조선 사람들의 말글살이를 통해 국어가 서서히 재건되는 현상을 기록하고, 글 끄트머리에 신문과 간판에 나타난 이상한 '맞춤법'이라는 글자들의 예를 보이고 있는데, 왼쪽이 바른말, 오른쪽이

111) 「교육위원회제53회2차회의록」『여주교육 회의록철』, 경기교육(여주교육), 1951.□는 잉크 번짐.

112) 최현배,「한글과 문화」『외솔 최현배 박사 고희기념논문집』, 외솔 최현배 박사 고희기념논문집 간행회, 1968, 170~172쪽.

이상한 '맞춤법'이다.

냉면/랭면, 튼튼한 양말/뜬뜬한 양말, 맛좋은 음식/맣좋은 음식, 그것이 무엇이냐?/그겄이 무었이냐?, 같이 갑시다/갗이 갑시다, 모이라!/뫃이라!, 그렇소/그렀소, 좋소/죴소, 英文타이프/英文타이푸[113]

'통일안'에서 정한 두음법칙에 따라 '냉면'이라고 해야 하는데도 거리에는 '랭면'이라는 간판이 버젓이 걸려 있었던 것이고, 받침의 표기가 잘못된 것들이 많아 당시 국어 표기의 혼란상을 엿볼 수 있다. 비슷한 예가 되겠지만, 『한글』 제97호 '물음과 대답'에는 『초등국어교본(중)』을 통한 국어 학습상 의문점에 대한 질문이 담겨 있는데, 이는 해방 직후 뜨거운 국어 학습의 열기를 느끼게도 해 주지만 동시에 '통일안' 맞춤법에 따라 글을 쓴다는 것이 결코 쉽지는 않았음을 알려준다.

[문4] 42항 "갓난애"는 발음대로 "간난애"가 어떨까요?
[대답] "갓"은 부사나 접두사로 쓰이는 말입니다. "시골서 갓 왔다. 돈을 갓 받았다. 나이 갓스물, 갓서른……"들과 같습니다. 그런즉 "갓난애"는 "갓1 난 아이"의 합성된 익은말임이 분명합니다.
[문6] 46항 "나았으므로"는 "낳았으므로"라고 함이 맞지 않을까요? 86항에는 "낳았는데"로 되어 있는데요.
[대답] "나다"는 자동사요, "낳다"는 타동사입니다. 가령 "사람이 나고" "용마가 나고" 이와 같이 나는 것은 "사람"이란 주어와 "용마"라는 주어의 자동사 동작이요, "사람이 아들을 낳고, 용마가 새끼를 낳고" 이와 같이 "낳는" 것은 그 주어의 동작이 "아들"이나 "새끼"라는 타체(他體)에 미치는 동작 곧 타동사 동작입니다.[114]

'갓난애'와 '간난애'를 놓고 고민하는 모습을 보고 표의식과 표음식, 어느 쪽이 편할까 라는 물음을 던질 수 있지만, 상담원은 '갓'의 의미를 파악하고

113) 정태진, 「재건도상의 우리 국어」 『한글』 95, 조선어학회, 1946.5, 28쪽.
114) 조선어학회, 「물음과 대답」 『한글』 97, 조선어학회, 1946.9, 297~298쪽.

조어의 이치를 이해한 다음 철자를 외우는 방법을 설명하고 있다. 소리에 따라 무작정 철자를 외우는 것과 뜻을 헤아리며 철자를 외우는 것, 둘 중 어느 게 나을까?

대표적인 표의문자인 한자를 배울 때도 '사람(人)'이 '나무(木)'에 기대고 있으니 쉴 '휴(休)'가 되고 '사람(人)'의 '말(言)'이니 믿을 '신(信)'이 된다는 식으로 철자를 기억하기도 한다. 한글과 같은 대표적인 표음문자인 영어에서도 '반대한다'는 의미의 'anti'가 'American', 'art', 'bacterial' 등과 만나 'antiAmerican(반미의)', 'antiart(반예술의)', 'antibacterial(항균성의)' 등의 의미를 지닌 낱말이 됨으로써 형태주의 표기의 모습을 띠고 있는 것을 알 수 있다. 과연 소리나는 대로만 쓰는 것이 편한가, 표음문자라 해도 형태 자체로 일정한 뜻을 나타낼 수 있는 표의식을 절충하는 것이 편한가?

조윤제는 1947년에 발간한 『국어교육의 당면문제』에서 "한글식 철자법은 좋게 말하면 철자법이 아니라 어원론이요 나쁘게 말하면 철자법이 아니라 문자의 노름이다."라고 지적하면서 다음과 같이 한글식 철자법의 어려움에 일침을 가했다.

> 한글식 철자법은 누구나 말하는바와 같이 어렵다. 어려운 것은 사실이다. 내 십유여년래(十有餘年來) 이 철자법을 사용하여 나오지마는 아즉도 미숙하여 한글 선생님에게 꾸중을 드를 일이 많이 있으리라 믿는다. 내가 어렵다 하여 세상이 다 어려우리라 하는 것은 말에 어폐가 있는듯 하지마는, 사실에 있어 해방후 신문 잡지를 통하여 또 라디오를 통하여 조선어학회가 그만큼 노력해 왔지마는 한글식 철자법을 똑바루 쓰는 사람이 우리 국내에 몇이 있을가.[115]

그런데 이 글을 보면 '과연 한글식 철자법이 그토록 어려웠나?' 하는 의문이 든다. 왜냐하면, 필자는 한글식 철자법이 어렵다고 고충을 토로하고 있지

115) 조윤제, 『국어교육의 당면문제』, 문화당, 1947. 122~125쪽(김민수·하동호·고영근 편저, 『역대한국문법대계』 제3부 제14책, 탑출판사, 1983).

만, 그의 글은 '통일안'에 맞춰 잘 작성되었기 때문이다. '통일안'이 '문자의 노름'이라며 난해함을 지적하고 있지만 스스로는 일정 수준 이상의 글쓰기를 보여주고 있는 것이다.

이번에는 한글파동 때 정부의 간소화를 찬성하고 지지한 정경해의 주장을 살펴보자. 정경해는 1953년 말에 낱말, 문장, 신구철자법대조, 철자법의 혼란기 4가지 항목에 걸쳐 직접 철자법 실태를 조사하고 1954년 2월 10일 그 결과를 발표했다. 그중 낱말의 철자를 물은 결과를 보면, 정경해는 '섯녘', '윷놀이', '점잖은', '가라앉히니까', '악아', '찧는', '떨어졌건만', '굶아', '맞부딪혀' 등의 낱말을 낭독하고, 받아쓰게 한 다음 채점하였다. 1933년 '통일안'을 만들고 20여 년이 지났으니, 그동안 맞춤법이 꽤 보급되고 정착되었으리라 추측할 수 있지만, 이 조사 결과는 그러한 추측을 일순간에 불식시키기에 충분하다.

〈표 29〉 정경해의 「철자법실태조사」에서 '其一'을 인용

구분 성적	소학생	중학생	고교생	초등 교원	중간 누계		대학생	시직원	총계	
					인원	백분비			인원	백분비
0점	39인	4인	19인	32인	94인	12%	46인	122인	262인	26%
10	62	12	34	24	132	15	21	10	163	16
20	66	41	30	35	172	22	15	3	190	19
30	68	39	29	25	161	20	11	2	174	17
40	58	42	20	14	134	15	4		138	14
50	24	17	12	9	62	8			62	6
60	11	8	3	3	25	3			25	2
70	2	1	4		7	1			7	1
80	1			1	2				2	
90										
100										
총득점	8370	5120	3670	2960	20200		1000	220	31340	
조사인원	331	164	151	143	789		97	137	1023	
평균성적	25	32	24	21	25		10	1	21	

'조사 1'의 경우 간단한 받아쓰기 형식의 맞춤법 검사인데도, 0점자가 무려 262명, 26%나 된다. 그 중에는 소학생이 39명, 시 직원은 122명이니 오히려 소학생이 점수가 높다. 전체적으로 90점대와 100점대는 1명도 없고 80점대에 2명이 있을 뿐이다. 점수가 나쁜 이유는 뭘까? 정경해는 '통일안'이 우리나라 사람들에게 맞지 않는다며 이러한 실태를 보고도 철자법을 개정하지 않는 것은 자살 행위라고 말했다.116)

1945년에 소학교 1학년이라면 1953년에는 중학교 2학년 혹은 3학년일 테니 꼬박 7, 8년을 맞춤법을 공부했을 것이다. 오히려 조사 당시 중학생과 고교생은 맞춤법을 배운 지 채 몇 년 되지 않았을 것이다. 재미있는 것은 소학교생과 중학생들의 성적이 좋다는 것이다. 60점대를 보면 소학교가 11명, 중학교 8명, 고교생 3명, 초등교원 3명, 대학생과 시 직원은 1명도 없다. 이 수치는 1933년 이후 '통일안' 보급 운동의 효과가 유감스럽게도 크지 않았음을 나타내 준다. 당시에는 '통일안' 이전에 한글 자체를 가르치는 게 급선무였을 것이고, 역시 한글을 보급하고 문맹을 퇴치하는 데서 어느 정도 성과를 냈다고 보아야 할 것이다.117)

왜냐하면 '통일안'은 해방 이후 시작된 공교육을 통해 비로소 어린 학생들에게 체계적으로 가르쳐지고 보급된 것이기 때문이다. 따라서 정경해가 강조하는 지난 20년의 기간 중 전반과 중반에 걸쳐 이루어진 것은 통일안 이전에

116) 정경해, 「철자법실태조사」, 1954.2.10. (김민수·하동호·고영근 편, 『역대한국문법대계』 제3부 제14책, 탑출판사, 1985)

117) 해방 이후 문맹률 조사 결과는 다음과 같다. 문교부 조사(1958) 결과에 따르면, 1945년 78%에서 1954년 14%, 1958년 4.1%까지 떨어진 걸로 나타났지만, 재건국민운동본부 조사(1962) 결과는 1962년 9.5%이고, 중앙교육연구소 조사(1959) 결과는 1959년에 22.1%이며, 경제기획원 조사(1960) 결과는 1960년에 27.9%를 나타내고 있다. 김종서는 '사회경제적 요인과 문맹률의 관계'에 따르면, 우리나라의 문맹률은 1959년 최소 21% 이상이므로, 신뢰할 수 있는 자료는 중앙교육연구소와 경제기획원의 조사 결과라고 하였다(김종서, 「한국문맹률의 검토」 『한국의 문해교육』, 문음사, 2005, 95~118쪽).

한글 보급이며 '통일안' 교육의 역사는 아직 큰 성과를 기대하기 어려울 정도로 일천했던 것이다. 그러므로 1953년 당시에 소학교생과 중학생이 좀 더 시간이 흘러 고교생 또는 대학생이 된다면 결과는 조사 당시의 고교생, 대학생과 비교해서 크게 달라질 수 있다는 점을 예측할 수 있다. 실제로 1979년에 경기도에 있는 학교에 다니는 학생들을 대상으로 받아쓰기를 해본 결과는 자못 흥미롭다.[118]

〈표 30〉 1979년 경기도 소재 학교 재학생 받아쓰기 결과(괄호 안은 학년)

구분	국민학생(6)	여중생(3)	남고생(2)	여고생(3)	공업전문 대생 (1)	대학교생(3)	교육대학 원생
오답률	59%	47	38	34	34	23	18

이 결과를 증거로 조사자는, 10년 이상을 공부해야 비로소 60점 정도의 성적을 거둘 수 있을 만큼 맞춤법이 어렵게 만들어졌다는 지적을 하고 있다. 분명히 그런 측면이 있지만 학습자들의 국어에 대한 무관심과 미온적인 학습 태도, 국어 경시 등에도 문제가 있다. 요즘도 아주 기초적인 것을 틀리거나 실수하는 것을 보면서 그런 경향을 쉽사리 확인할 수 있다. 어쨌거나 이 결과에서는 대학원생들의 오답 비율이 18%로 가장 낮은 것을 알 수 있다. 무엇보다도 뚜렷한 특징은 학년이 올라갈수록, 즉 학습 기간이 길수록 오답 비율이 낮아진다는 것이다. 1953년이나 1979년의 받아쓰기 조사의 대상자들은 까다로운 철자 때문에 몹시 곤혹스러웠을 것이다. 그렇지만 분명한 것은, 1953년의 결과에서 '통일안' 교육을 제대로 받지 못한 고학년보다는 교육 받은 저학년이 훨씬 성적이 좋다는 것이며, 1979년의 결과에서는 학습 기간이 길면 길수록 좋은 성적을 거두었음을 확인했다는 점이다.

따라서 1953년의 실태 조사 결과를 단서로 '통일안'이 배우기 어렵고 읽기

118) 민충환, 「한글 맞춤법 표기의 문제점 – 받아쓰기 결과에 나타난 현황을 중심으로 –」 『어문연구』 24, 한국어문교육연구회, 1979.11, 578~585쪽.

어렵고 쓰기 어려운 철자법이라고 쉽사리 단정 짓는 것은 신중한 판단이 아니다. 한글파동 당시 국민 모두가 '통일안'을 어려워하고 불편하게 생각했다는 지적은 있었지만, 그에 대해서 당시 사회 구성원 모두가 동의한 것은 아니기 때문이다. 실례로 당시 중학생 박초향은 "현행 철자법을 힘들다고 고집하는 것은 구 철자법으로 배운 (현행 철자법은 생각도 안 해본) 늙은이나 영어를 숭상하는 얼빠진 사람 외에 참말로 한글을 배우려고 노력한 이 나라의 장래를 걸머질 나어린 학생 누구 한사람 그런 말을 하던가?"라며 현행 철자법을 옹호하였다.[119)]

그러고 보면 당시는, 해방 이후 교육을 통해 '통일안'을 받아들이고 있는 젊은 한글세대와 '통일안' 교육의 혜택을 받지 못해 여전히 일본 글자나 한자에 의존적이며, 한글을 알더라도 오랜 세월 몸에 밴 구식 철자법에 의거해 글을 쓰는 기성세대가 병존하고 있었던 것이다. 따라서 1950년을 전후한 시기는, 아직 '통일안' 맞춤법이 신구 세대에 폭넓게 보급되고 정착하지 못한 탓으로 언중의 글쓰기가 다소 불안정한 모습을 보이던 때로 봐야 할 것이다.

그렇기 때문에 이승만 대통령의 철자법 간소화 지시는, '통일안'의 보급이 잘 이루어지지 않은 현실과 일부 공무원과 나이 먹은 세대들의 한글에 대한 경원, 그로 인한 불성실한 학습 태도, 근거가 박약한 불평불만 등에 대한 엄밀한 통찰을 결여한 채, 이승만 대통령 자신이 느끼는 개인적인 짜증과 고충, 그리고 그것을 배우려고 별반 노력도 해보지 않고 그저 '맞춤법이 어렵다'고만 입버릇처럼 떠들어대는 몇몇 주위 사람들의 – 이런 이들은 현재도 많다 – 투정이 단초가 되어 경솔히 이루어진 일방통행식 정책이었기에, 비록 그것이 국민들에게 쉽고 편한 철자법을 제공하여 문명과 국가의 발전을 도모하겠다는 선량한 의도 아래 시작된 것이라 해도 결과적으로는 많은 부작용을 낳을 수밖에 없었던 것이다.

---

119) 『동아일보』 1954.7.19. 「한글간소화에 일언」

2. 국어심의회와 한글특별대책위원회

1) 국어심의회

1948년 10월 9일 철자법 간소화를 주장한 이승만 대통령의 담화가 1953년 4월 27일 국무총리 훈령 제8호로 현실화되자 그 누구보다도 당혹스러운 것은 한글학회였다. 왜냐하면 철자법 간소화, 즉 현행 철자법을 쉽게 바꾸자는 것은 1933년 학회가 제정한 '통일안'을 고치자는 것이었기 때문이다. 이것은 1933년 이래 사회적으로 수용돼 사용돼 온 학회의 통일안에 대한 도전이었다.

총리 훈령이 발표되고, 문화 단체와 언론의 반대가 비등했지만, 학회는 신중하게 대처했다. 선불리 대응하지 않은 것은 학회가 통일안의 본가였기 때문이었다. 게다가 1951년 1월 피난지 부산에서 다시 문교부 편수국장에 취임해 있던 최현배의 입장도 몹시 껄끄러웠다.[120] 그렇다고 수수방관할 수 있는 상황은 아니었다.

이승만 대통령의 간소화 지시에 논란의 한복판에 서게 된 학회는 5월 11일 김윤경, 장지영, 최현배 등이 회의를 열고 정부의 맞춤법 문제에 관해 의논하였고,[121] 5월 24일 부산대학에서 다시금 임시총회를 연 끝에 총리 훈령 제8호에 대한 반대 성명서를 채택, 25일 대외에 발표하였다.[122]

> 국무총리 훈령 제8호에 대한 성명서
>
> 단군 기원 4286년 4월 27일 '국무총리 훈령 제8호'로 현행 맞춤법을 폐지하고, 구식 맞춤법을 쓰라 함에 대하여, 본회로서는 한 나라 정령이 공공연하게 문화의 퇴보를 강요하고 있는 부당성을 묵과할 수 없어, 다음과 같은 이유를 들어 그 시정을 시급히 촉구하는 바이다.[123]

---

120) 외솔 최현배 박사 고희 기념 논문집 간행회, 『외솔 최현배 박사 고희 기념 논문집』, 외솔 최현배 박사 고희 기념 논문집 간행회, 정음사, 1968, 9쪽.

121) 조선어학회·한글학회 『이사회 회의록(1948.6.~1949.9)·(1951.10.~1959.1)』, 1953.5.11.

122) 『조선일보』 1953.5.27. 「총리 훈령에 한글학회 비난」

123) 최현배, 『한글의 투쟁』, 정음사, 1954, 292~293쪽.

일단 성명서를 내고 간소화 반대 입장을 뚜렷이 한 학회의 태도는 단호했다. 성명서 전문에서 정부가 훈령으로 문화적 유산인 맞춤법을 폐지하려는 시도의 부당성을 지적한 학회는 일정한 체계조차 갖추지 못한 불완전한 구식 맞춤법을 쓰라 함은 학술 진리의 존엄성에 대한 모독이며, 무엇보다도 돌연히 총리의 훈령을 통한 행정 조치로써 전문 학자들의 총의를 짓밟는 것은 권력의 문화 교살이며, 국어의 발전을 유린하는 행위라는 점 등을 논박하며 훈령 취소를 강력히 요청하였다.

학회는 5월 24일 성명서를 통해 입장을 분명히 했고, 회원들은 각각 투고와 강연 등을 통해 여론에 호소하며 간소화 반대 투쟁을 전개하였다. 최현배는 『수도평론』 7월호에 발표한 글에서 현행 철자법이 복잡하고 불편하므로 간이화해야 한다는 총리 훈령 제8호의 지적에 대해 통일안의 원리 원칙을 조목조목 설명하면서 학문적으로 반박하였다. 이희승은 같은 지면에 「총리 훈령 제8호에 대한 제언」을 발표하여, 언어와 문자를 과학적으로 합리화, 조직화, 체계화하기 위해서는 신중히 다뤄야 한다면서 돌출적인 총리훈령 공포의 절차와 방법의 부당성을 지적했고,[124] 김윤경은 잡지 『희망』에 「철자법 개정훈령의 맹점」을 발표했다.[125]

철자법 개정 문제를 놓고 논란이 가열되자, 문교부에서는 '국어 심의회 규정'을 만들었으며, 5월 27일과 28일 양일에 걸쳐, 중앙교육위원회를 통해 이 안을 통과시켜, 7월 7일에 문교부령 31호로 발표하고, 이에 좇은 심의위원 50명으로써 '국어심의위원회'를 구성하였다.[126]

---

124) 최현배, 「한글 맞훔법은 과연 어려운가」, 수도문화사, 『수도평론』 7월호, 서울: 수도문화사, 1953.7, 1~10쪽.

125) 이희승, 「總理 訓令 第八號에 對한提言」, 수도문화사, 『수도평론』 7월호, 서울: 수도문화사, 1953.7, 11~13쪽.

126) 국어심의위원회규정(문교부령 제31호, 1953.7.7, 제정), 국가법령정보센터 http://www.law.go.kr/LSW/main.html ; 김윤경, 「한글학회와 한글 운동의 역사」, 『한결김윤경전집5』, 연세대학교출판부, 1985, 24쪽.

철자법 문제 해결의 막중한 책임을 지고 출발한 국어심의회는 10월 1일 하오 2시 서울대학교 치과대학 강당에서 첫 회합을 열어, 위원장에 백낙준, 부위원장에 박종화, 주기용을 선임하고, 한글, 한자문제, 학술어, 외래어, 국어정화에 걸쳐 분과위원회를 두기로 결정하였다. 당시 국어심의회 위원 50인 가운데 한글분과위원 25인은 다음과 같다.[127)]

〈표 31〉 국어심의회 한글분과위원회 위원 25인

이름	소속	이름	소속
정경해	서울정덕국민학교장	윤태영	서울동덕여자국민학교장
이세정*	진명여자고등학교장	조석기*	대한교육연합회 부회장
이희승*	서울대학교 교수	이숭녕*	서울대학교 교수
김사엽	경북대학교 교수	김윤경*	연희대학교 교수
정인승*	전북대학교 교수	김선기*	서울대학교 교수
한갑수*	국방부 보좌관	최현배*	한글학회 이사장
허 웅*	부산대학 교수	염상섭	해군정훈감실
유치진	극작가협회장	조지훈	고려대학교 교수
이은상*	호남신문사장	안상한	국회의원
김범부	국회의원	이선교	국회문교사회 전문위원
한동석	총무처장	최태호*	문교부 편수관
조윤제	성균관대학교 교수	주기용*	대한교육연합회 사무국장
양주동	동국대학 교수		

25인의 한글분과 위원은 대학교수를 비롯한 국어학자와 교육 관계자, 국회의원, 문교부 직원 등으로 구성되었는데, 표에 드러난 것처럼 과반인 13인이 한글학회 회원이었다.[128)] 1953년 6월 14일 국어심의회 구성과 관련에 논의에서 이렇다 할 대책을 수립한 것은 아니지만,[129)] 당시 한글학회가 국어학

127) 김윤경, 「한글학회와 한글 운동의 역사」『한결김윤경전집5』, 연세대학교출판부, 1985 27쪽.

128) 이름 옆에 * 표시.

129) 조선어학회·한글학회 『이사회 회의록(1948.6~1949.9)·(1951.10~1959.1)』, 1953.6.14.

계에서 차지하고 있는 위상과 회원들이 학계에서 점하고 있는 위치를 고려할 때, 구성원들의 이 같은 분포는 지극히 당연한 결과라 할 수 있을 것이다. 과반이나 되는 위원이 학회 인사라는 사실은 형태주의 원칙에 입각한 '통일안'이 뒤집힐 가능성이 희박함을 시사하는 것이었다.

활동에 들어간 한글분과위원회는 10월 19일부터 12월 29일까지 11번의 모임을 갖고 맞춤법을 토의했다. 그런데 위 25인의 위원 중 외유나 지방 거주 등의 이유로 회의에 자주 불참하는 이은상(시인-광주), 염상섭(소설가-부산), 허웅(교수-부산), 정인승(국문학자-전북), 김사엽(국문학자-대구), 이희승(교수-재미), 조석기(교육자-인천) 등 7명 위원들의 공석을 메우기 위해 12월 5일에는 다음 5인을 추가로 선임하여 한글분과 위원의 수는 모두 30인이 되었다.[130]

〈표 32〉 국어심의회 한글분과위원회 추가 임명된 위원 5인(*는 한글학회 회원)

이름	소속	이름	소속
오종식	경향신문사	박종화	문총 위원장
주요한	국제문화연구소장	백낙준*	연희대학교 총장
이하윤	서울사범대학교 교수		

위원 재선임으로 인해 한글분과위 30위원 중 학회 회원은 이세정, 이희승, 이숭녕, 김윤경, 정인승, 김선기, 최현배, 허 웅, 이은상, 주기용, 조석기, 최태호, 백낙준, 한갑수 등 모두 14인이었다. 그리고 학회 회원은 아니지만 양주동, 주요한, 조지훈, 이하윤, 윤태영 등 5인은 지면을 통해 '통일안' 지지라는

130) 『경향신문』 1953.11.28. 「무성의한한글분위 26일성원미달로유회」 이 기사에는 김사엽의 거주지가 '부산'으로 돼 있으나, 김사엽이 경북대학교에 재직하고 있었던 점과 1949년 결성된 한글전용촉진회 활동 당시 경북지회에서 활동한 점을 근거로 '대구'로 기술하였다. ; 김윤경, 「한글학회와 한글 운동의 역사」 『한결김윤경전집5』, 연세대학교출판부, 1985, 27쪽.

자신들의 견해를 뚜렷이 하였고, 이 중 윤태영은 학회의 국어교원양성사업에 긴밀히 협조한 바 있으며,[131] 오종식은, 간소화에 대해 비판적이던 경향신문의 편집국장 겸 주필이었으니, '통일안' 지지자는 무려 20인 이상이었다.[132]

나머지 위원 가운데 표음주의자라면 정경해가 뚜렷하고, 표음주의자가 아니더라도 '통일안'에 비판적인 견해를 갖고 있었던 인사는 조윤제 정도이다. 물론 다른 의견을 가진 인사들이 있을지 모르나 그들의 성향은 자료의 부족으로 파악하기 어렵다. 어쨌거나 학회 회원을 비롯해서 통일안 지지자들이 절대 다수를 차지하고 있는 한글분과위원회의 철자법 심의에서 '통일안'이 아닌 다른 원리에 입각한 철자법이 긍정적으로 수용되기는 어려웠다고 봐야 할 것이다.

실제로 11월 19일에 열린 회의 상황을 보면, 분과위원 30인 중 19인이 참석하고, 구 철자를 주장하고자 참석한 신시우, 서상덕, 양재칠 등을 비롯해 모두 30여 명이 논쟁을 벌였는데, 구 철자와 통일안을 놓고 갑론을박 끝에 표결에 붙인 결과, '현행 철자 지지 12, 반대 1(기권 2)'로써 '통일안' 지지자들이 승리를 거두었다.[133] 신시우, 서상덕, 양재칠 등은 토론에는 참여했지만 표결권은 없었다.

당시 국어심의회에서의 논의를 표의주의 대 표음주의의 대립으로 본다면, 1930년대에 사회 일반에 '통일안'이 수용된 이후 주류를 형성하고 있던 주시

131) 한글학회 50돌 기념 사업회, 『한글학회 50년사』, 한글학회, 1971, 289쪽 ; 『한글학회 50년사』에서는 윤태영을 '동덕국민학교장'으로 기록하고 있는데, 『동덕여자대학삼십년사』에 따르면, 학교 이름은 '同德女子國民學校'가 맞다. "그 후 동덕여자보통학교는 동덕여자소학교, 동덕여자국민학교로 교명을 변경하면서 6·25전까지 윤태영 교장 책임 아래 운영되어 왔었다." 동덕여자대학삼십년사 편찬위원회, 『동덕여자대학삼십년사』, 동덕여자대학, 1980, 64쪽.

132) 1950년부터 1955년 3월까지 회원 관련 기록이 남아 있지 않지만, 허웅, 조석기, 최태호는 이 시기에 회원이 되었을 가능성이 높다. 『한글』 110호에 세 사람의 이름이 올라 있다(한글학회, 『한글』 110, 1955.3, 51쪽).

133) 『경향신문』 1953.11.21. 「현철자법을 채택」

경 학맥에 비해서 박승빈식 표음주의를 주장하는 학자들의 위세가 매우 초라하였기 때문에 중과부적의 절대적 열세를 드러낼 수밖에 없었던 것이다. 학계의 이런 상황은 정경해가, 김윤경과 나눈 지상 논쟁을 통해 '학계에서는 자신의 학설을 받아 주는 이가 없어서 철자법 문제를 국회에 건의할 수밖에 없다'고 한 데서도 충분히 짐작할 수 있다.[134]

한글분과위원회는 10월 25일부터 12월 29일까지 아홉 차례의 회의를 열고 철자법 간소화를 위한 토의를 진행하였는데,[135] 정경해의 '쌍서탁음론(雙書濁音論)', 서상덕의 '심구해석훈민정음(審究解釋訓民正音)', 주요한의 '새로운 간이안' 등 위원회 안팎으로부터 상정된 여러 가지 안건을 심의했지만, 표결 때마다 과반수의 동의를 구하지 못하고 고심하던 중에, 12월 29일 9차 회의에 이르러 박종화 문총회장이 제안한 '한글풀어가로쓰기안'을 표결에 붙인 결과, 찬성 10명, 반대 1명, 기권 3명으로 통과되어, 한글분과위원회는, 전기 한글간이화 방법은 한글을 가로 풀어 쓰는데 있다고 인정한다는 결의를 국어심의위원회 본회의에 회부하기로 결정하였다.[136]

결국, 두 달에 걸친 철자법 심의에서 한글분과위원회는 현행 철자법 이상 좋은 방법을 찾지 못했고, 현행 '통일안'이 아니면 '한글풀어가로쓰기안'을 제안하는 것으로 국어심의회의 최종결론을 내린 것이다. 박종화의 안은 1936년에 조선어학회가 만든 '가로글씨 임시안'을 다소 고쳐서 채택하자는 것이었다.[137]

---

134) 『경향신문』 1953.6.13. 「김윤경 선생님께 삼가 대답합니다」

135) 김윤경은 한글분과위원회 모임이 모두 11차례라고 기술하고 있는데, 서울신문의 보도는 9차례다. 6월 19일부터 12월 29일 마지막 회의까지 공식적으로 예정된 모임은 김윤경의 기술대로 11차례였던 것으로 보인다. 그런데 서울신문은 첫 회 모임을 차수에 넣지 않았고, 도중에 유회된 회의를 빼고 정리한 것으로 보인다.

136) 『서울신문』 1953.12.31. 「풀어서 가로쓰기로」

137) 주시경은 『말의 소리』(1914), 김두봉은 『깁더 조선말본』(1922), 리필수는 『정음문전』(1923), 최현배는 『글자의 혁명』(1947) 등에서 풀어쓰기를 제안했고, 조선어학회는 1936년에 이상춘, 최현배, 이극로, 정열모 등의 의견을 종합해 송기주(宋基柱)가 제

학회는 국어심의회 구성에 적극적으로 참여하였다. 특히 철자법 문제를 심의하는 한글분과위원회에는 반수에 가까운 14명의 회원이 위원으로 참여하였다. 앞서 언급했지만, 이 숫자는 당시 국어학계에서의 학회와 학회 회원들의 위상과 비중을 드러내준다. 한글분과위원회에 참여한 한글학회 회원들은 '통일안'에 철저했고, 이러한 인적 구성 속에서 '통일안'에 비판적인 위원들의 의견이 설 자리는 없었던 것이 현실이었다. 마지막 회의에서 박종화 문총회장이 중재안으로 제시한 '한글풀어가로쓰기안'도 일찍이 주시경이 주창한 것이었다.

2) 한글특별대책위원회

1953년 12월 29일 국어심의회가 해결안을 제시했지만, 정부는 이를 수용하지 않았다. 1954년 1월 급기야 최현배가 문교부 편수국장직에서 물러났다. 1954년 3월 27일 국어심의회의 결정을 비판하고, '3개월 이내에 구 성경 맞춤법으로 돌아가라'는 이승만 대통령의 담화가 나왔고,[138] 정부의 간소화 강행 의지는 꺾이지 않았다. 4월 12일 이사회에서 학회는 대통령 담화에 대응하는 성명서를 내기로 결의하고,[139] 4월 19일 성명서를 발표하여 다시금 학회의 입장을 내외에 공표하였다.[140]

> 이 대통령 한글 간이화 재촉 담화에 대한 성명서
>
> 그동안 국어심의회를 구성하여 학자와 교육자 그리고 문필가를 모아, 이 문제를 신중히 연구 심의하게 하였으니, (중략) 대체로 현행 맞춤법 밖에 그 이상으로

도(製圖)한 '가로글씨 임시안'을 내놓은 바 있다.(김민수, 『국어정책론』, 고려대학교 출판부, 1973, 254~266쪽). ; 이기문 편, 『주시경전집』 하, 아세아문화사, 1976, 686쪽.

138) 공보실, 「한글날을 맞이하여」 『대통령이승만박사담화집』 제2집, 4289(1956), 237~239쪽.

139) 조선어학회·한글학회 『이사회 회의록(1948.6~1949.9)·(1951.10~1959.1)』, 1954.4.12. 초안 작성은 김형규(서울대 사범대)가 담당하였다.

140) 『서울신문』 1954.4.20. 「현행철자법으로」

> 더 간단하고 합리적인 다른 안이 없다는 것이 그 결론이었으니, (중략) 본 학회의 책임이 더욱 무거워짐을 깨닫게 되었다. (중략)
>
> 첫째, 문자의 간이화를 주장하는 행정부 주장에 우리도 전적으로 찬동하고 경의를 표하는 바이다. (중략) 우리 한글맞춤법도 동일한 목적으로써 종래의 무통일한 혼란의 상태를 벗어나 과학적으로 간이하고도 합리한 체계를 세운 것으로 (중략) 둘째, 백성의 여론을 존중하고 인간의 자유를 사랑함이 민주와 자유의 정신이라 하거든, 국가에서 지시한 학계의 지도자들로 구성된 국어심의회 한글분과위원회의 결의를 무시하고, 학문의 자유와 진리의 권위를 몰각하고, (중략) 사회 여론의 반대를 누르고서, (중략) 지리멸렬한 비현대적 문자 생활로의 환원 전락을 강요한다는 것은, 자유 애호 국가에서는 볼 수 없는 일이요, 민주 정신에 위반하는 일이다.[141]

학회는 전문에서 철자법 문제에 관하여 '통일안'의 본가로서 무거운 책임을 느낀다고 전제한 다음, 정부의 간이화를 반대하는 두 가지 논거를 제시하였다. 첫째, 정부의 문자의 간이화에 찬성하지만, 현행 한글맞춤법은 과학적이고도 합리한 체계를 갖춘 것이고, 둘째, 전문 기구의 결론과 사회 여론을 무시하고 행정력을 동원해 간이화를 강행하는 것이 민주 정신에 위반된다는 것이었다. 매우 강경한 어조였고, 정부에 대한 준엄하고도 신랄한 비판이었다.

그러나 학회를 비롯한 각 문화 단체의 거센 비판에도 불구하고, 정부는 오랫동안 공석이었던 문교부 장관에 이선근을 임명하였고, 대통령 담화가 있은 지 꼭 3개월 만인 6월 26일 불필요한 쌍받침을 폐지하고, 용언의 어간과 어미는 밝히되 어원은 밝히지 않으며, 표준말을 새로 제정한다는 간소화 3원칙을 발표하였다.[142]

7월 3일 문교부와 공보처의 공동 명의로 '한글간소화 안'이 발표된 후, 여론의 추이를 살피며 신중을 기하던 학회는 7월 7일 한글간소화 안에 대해, 교육을 파괴하고, 학문적 과학적 철학적 표현을 할 수 없고 문법을 세울 수

---

141) 최현배, 『한글의 투쟁』, 정음사, 1954, 296~298쪽.
142) 『조선일보』 1954.6.28. 「한글간이화 원칙성안」

없으며, 문필가가 실용문으로 쓰기도 어렵다는 요지의 성명서를 통해 국가의 장래와 민족문화의 발전을 위하여, 하루바삐 간소화 안을 철회하라고 요구하였다.[143)]

언론을 통해 성명서를 발표한 학회는 거기서 그치지 않고 학회의 뜻을 널리 알리고 보급하기 위해 성명서 13,000여 장을 프린트하여 국회, 각 교육지도기관, 각 대학, 각 중고등학교에 보냈고, 또 국민학교에도 보내기 위해 학회 성명서와 대학교수단 성명서를 각각 10,000장씩 인쇄하였다. 이에 소요된 비용은 정음사에서 원조하였고, 이 운동을 위해 을유문화사와 검인증회사로부터 각각 5만 환씩을 지원받았다.[144)] 7월 8일에는 연희대학교 '국어국문학회' 주최로 김윤경, 최현배 두 교수를 초청하여 문교부의 한글간소화 안을 비판하는 강연회를 열어 대성황을 이루었다.[145)]

앞 절에서 잠깐 언급했지만, 7월 8일 한국에 체류 중이던 미국 예일대학의 마틴 교수가 철자법 간소화를 비판하는 내용의 공개장을 문교장관 앞으로 보냈다.[146)] 마틴 교수의 이 글은 평소 친분이 있는 한국의 저명한 학자들의 요청에 의해 씌어졌다고는 하지만,[147)] 소신껏 학문적 견해를 밝힌 것으로 봐야

143) 『조선일보』 1954.7.11. 「민족문화의 중대한 위기」
144) 조선어학회·한글학회 『이사회 회의록(1948.6~1949.9)·(1951.10~1959.1)』, 1954.8.28 ; '재경각대학국어국문학교수단' 성명서는 7월 20일 발표되었다.
145) 『동아일보』 1954.7.15~18.
146) 『경향신문』 1954.7.10. 「문교장관에 보내는 공개장, 표기원칙에 배치」 ; 『조선일보』 1954.7.12. 「외국학자의 견해」
147) 마틴 박사는 서울대학교의 이양하, 장성언 교수 등과 한영사전을 편찬하는 중이었다. 마틴이 서울대에 있던 학회의 이희승, 김형규, 이숭녕, 허웅 등과 직접 교류가 있었는지 알 수 없지만, 이양하, 장성언을 통해 철자법에 대한 의견 교환이 있었을지도 모른다. 특히 공개장 후반부에서 한글학회 『큰사전』 출판이 철자법 문제로 3년간이나 출판이 지연되고 있는 사정을 지적하고 있는 것을 보면, 학회와도 직간접적으로 소통했을 가능성이 있다. 마틴 박사의 공개장은 『The Korea Times』 7월 8, 9일자에 원문이 실렸고, 그 다음날부터 번역문이 각 신문에 실렸다. ; 『50년사』에 따르면 가입 시기는 알 수 없지만, 마틴 교수는 일본 동경대학의 간 노(管野裕生), 미국 워싱턴대학의 루 코프(Lucoff) 등 7인의 외국인 회원 중 1인으로 이름이 올라

할 것이다.

이를 계기로 마틴은 7월 15일 이선근 문교장관과 환담했고, 7월 16일에는 이 대통령을 만났다.[148] 이 만남 이후 심경에 변화가 생긴 이승만은 7월 24일 기자들과 만난 자리에서 정부에서는 문교부의 간소화 안에 의거해 한글을 사용할 것이라고 하면서도 일반에게는 자기가 옳다고 생각하는 것을 자기 마음대로 사용하여도 좋다고 했다.[149] 간소화파동 발생 이후 줄곧 강경 일변도였던 이제까지 상황을 고려하면 큰 변화였다.

한편, '한글특별대책위원회'를 설치하기로 한 국회 제21차 본회의 결의에 따라, 7월 20일 하오 3시 30분 문교부장관실에서는 이선근 문교부장관과 국회 문교위원장 김법린 의원, 학술원 측 최규남 씨 3자가 회합하여, '한글특별대책위원회'를 구성하기로 합의하고, 정부·국회·학술원 3자가 각기 3명씩의 위원을 선발하기로 하였다.[150]

그리하여 28일에는 7월 17일 발족한 학술원에서 무기명 투표를 통해 최현배(한글학회 이사장), 이숭녕(문리대 교수, 한글학회 회원), 양주동(동국대 교수)을 대표로 선출하였다. 이날 회의는 최규남이 사회하고 이병도가 대표 선출의 요령을 설명하였는데, "정부간소화 안에 대한 심의는 곧 정부안을 추종하여 달라는 결과를 초래하여 학술권위를 손상시키는 결과를 가져온다."라는 지적이 나와 한때 대표 선출을 반대하는 상황이 벌어지기도 했다. 이것은 자칫 잘못하다가는 학술원이 정부의 대리인이 될 수도 있다는 학술원 위상에 대한 걱정이었지만, 결국은 '국회의 요청에 따라 학술적인 지혜를 빌려주는 것일 뿐'이라는 결론을 내리고 투표를 진행하였다.[151]

있다(한글학회 50돌 기념 사업회, 『한글학회 50년사』, 한글학회, 1971, 534쪽).

148) 김윤경, 「한글학회와 한글 운동의 역사」 『한결김윤경전집5』, 연세대학교출판부, 1985, 100~101쪽.

149) 『경향신문』 1954.7.25. 「한글은 임의사용」

150) 『동아일보』 1954.7.23. 「한글문제일익파란」

151) 『경향신문』 1954.7.30. 「양주동 최현배 이숭녕씨 선출」

한글특별대책위원회의 첫 회합은 8월 2일 하오 2시부터 문교부장관실에서 정부 측 대표인 허증수(문교부차관), 안용백(문교부국장), 최석주(공보처차장), 국회 측 대표인 표양문, 손문경, 정중섭 의원, 학술원 대표인 최현배, 이숭녕, 옵서버인 이선근 장관과 김법린 위원장 등 모두 10인이 모여 비공개로 진행되었다. 양주동(학술원 대표)은 신병으로 결석하였고, 회의 결과, 간소화안을 토의·심사함에 있어서 각 단체가 1표씩을 행사하기로 결의하였다.[152] 2차 회합은 8월 9일 하오 2시부터 문교부장관실에서 열려 허 문교부차관을 의장으로 선출하고, 그 대책을 국회에서 접수할 때까지 존속할 것이며 한글 문제를 비롯하여 한자 용어 기타 일체의 국어에 관한 문제를 심의하기 위한 국어심의회를 상설 기관으로 설치할 것을 결정하였다.[153] 이로써 작년 김법린 장관 재직 시에 문교부령 31호에 의해 구성된 「국어심의위원회」는 자연 해소된 것이며, 무엇보다도 주목할 것은, 2차 회의에서 정부의 간소화 안을 심의 대상으로 하는 것을 포기하고 학술 원칙에 따라 국어 전반에 걸친 심의를 하자는 주장이 관철되었다는 점이다.[154]

이후 3차 회합에서는 '국어심의회'의 법적 근거 마련과 이 회를 국무총리 직속 하에 두는 여부 그리고 결의 기관으로서의 기능 등에 관하여 심의하고, 앞으로 구성될 국어심의회에는 문학계와 학계 전반에 걸쳐 광범위한 사람들을 망라하기로 하였다.[155] 8월 25일 하오 2시부터 문교부에서 열린 4차 회합에서는 국어심의회의 규정은 대통령령으로 정하고, 국어심의회는 한글특별

152) 『동아일보』 1954.8.4. 「표결은 각파 일표로 제한」
153) 『동아일보』 1954.8.11. 「국어심의회설치, 한글대책위서합의」 이날 회의의 결정사항은 다음과 같다. 1. 본대책위원회는 그 강구한 대책을 정부가 국회에 보고하여 국회가 접수할 때까지 존속함. 2. 국회에서 본위원회에 위촉한 한글문제를 위시하여 한자 용어 그외 일체의 국어에 관한 문제를 심의하기 위하여 국어심의회를 상설기관으로 두기로 함. 3. 차기회의의 의제는 정부 국회 학술원 3자가 각자 국어심의회의 구성에 대한 초안을 준비제출하여 검토하기로 함.
154) 『경향신문』 1954.8.11. 「국어심의회상설」
155) 『서울신문』 1954.8.19. 「심의 구성을 토의」

대책위원회가 선정한 단체에서 공천된 인사, 학식 덕망이 있는 사계 권위자 및 정부 관계자로서 국무총리가 위촉하며, 국어심의회는 국무총리가 관장한다는 등의 내용을 결정하였다.[156] 5차 회합에서 국어심의회 주관은 문교부장관이 하고, 위원의 임기는 2년으로 할 것과 학술문화단체의 명단 및 위원 수에 관한 기초적인 협의를 하고,[157] 6차 회합에서는 국어심의회 위원 수를 35명으로 하고, 이 심의회 구성 비율은 각 문화단체의 추천자 20명 정부 측 3명 국회 측 3명 그리고 덕망이 있는 사계의 권위자 9명으로 구성할 것을 결정하였다.[158] 11월 1일 하오 2시부터 문교부차관실에서 열린 7차 회합에서는 한글학자들로 구성될 '국어심의회'를 자문기관이 아닌 결의 기관으로 할 것을 결정하고, 안 작성을 문교부에 위촉하기로 합의하였다.[159] 이후 회합에서는 문교부에서 작성한 규정을 검토하다가 11월 16일 하오 2시부터 문교부차관실에서 열린 10차 회합을 끝으로 그 활동이 유야무야되어 버렸다.[160]

국회문교위원회의 결정에 따라 한글특별대책위원회가 구성되고 이 회의 결정에 따라 '국어심의회'가 새롭게 구성되는 것으로 결정이 났지만, 1954년이 저물어 가는 11월 중순 이후 더 이상 회의는 열리지 않았다. 한글특별대책위원회의 '국어심의회'가 실제 구성이 되었는지, 어떤 인사들이 참여했는지, 어떤 활동을 했는지는 관련 자료가 없어 확인할 수 없다. 어쩌면 회의만을 거듭하다가 말 그대로 유야무야되었는지도 모른다. 그렇게 된 원인은, 근본적으로 이승만 대통령의 간소화 의지가 지난여름 7월 24일 방미를 전후한 시점에 이미 사그라진 때문이다. 이러한 내막을 뒷받침이라도 하듯이 '정부 간소화 안을 심의 대상에서 제외하기'로 결의한 8월 11일 한글특별대책위의 2차

156) 『조선일보』 1954.8.27. 「한글대위회합 심의회 구성에 합의」
157) 『조선일보』 1954.9.2. 「한글대위 5차 회합」
158) 『조선일보』 1954.9.8. 「국어심의회 위원은 35명. 한글대위 6차회합서 결정」
159) 『동아일보』 1954.11.3. 「한글특별대위 제7차회합」
160) 『조선일보』 1954.11.18. 「한글대책위 16일개최」

회의는, 한글파동이 실질적으로 해소되었음을 확인해 준다.

1954년 12월이 되면 문교부는 현행 철자법에 입각해 「외래어 표기법」을 제정하고,[161] 해가 바뀐 1955년 2월 23일에는 미군정시대부터 현재까지 사용해 오던 국민학교 교과서를 '통일안'에 의한 글자로 고치기로 결정하여 이미 정정하여 인쇄 중이라는 문교부의 발표가 나오는데,[162] 이는 미군정기부터 교과서 편찬에 적용해 온 '통일안'의 적합성을 다시금 인정한 것이며, 정부가 더 이상 철자법 문제에 집착하지 않는다는 방침을 세상에 공표한 것이라 할 수 있을 것이다.

제3절 큰사전 완간

1. 큰사전 간행 사업의 시작과 경과

문교부의 '통일안'에 따른 교과서 개정 발표가 나오고, 그토록 소란스러웠던 한글 문제는 언제 그랬냐는 듯이 슬그머니 종결된 듯 했다. 하지만, 학회는 초조했다. 왜냐하면, 간소화를 철회한다는 정부의 명쾌한 발표가 나오지 않은 상태에서 『큰사전』 발간이 계속 지연되고 있었기 때문이다.

---

161) 『서울신문』 1954.12.27. 「현철자법 음으로 외래어 표기법을 제정」 "문교부에서는 신문·서적 간행에 있어 구구히 사용되고 있는 외래어를 통일하기 위하여 여러 가지 기준을 세우고 「외래어 표기법」을 제정하였다." ; 『경향신문』 1955. 1. 4. 「외래어표기를 통일」 "문교부에서는 외래 고유명사 표기원칙의 시안을 작성하고 누차에 걸친 심의를 마치었다 하는데, 불원동제정합의회서 최종적인 검토가 있은 후 정식 학계에 공포되리라 한다."

162) 『조선일보』 1955. 2. 24. 「국민학교 1-2-3학년용 교과서 한글철자법을 고친다」 "문교부관계관이 말한 바에 따르면 미군정시대부터 현재까지 사용되어 오던 국민학교 교과서 내용 속에 한글 맞춤법 통일안(한글학회 제정)에 기준 되지 않고 일개인의 학설에 의거해서 쓰여지고 있는 글자를 전반적으로 검토하여 한글 맞춤법 통일안에 의한 글자로 고치기로 하여 이미 국민학교 1, 2, 3학년용 교과서에는 전부 정정하여 현재 인쇄 중이라고 한다." ; 『서울신문』 1955. 2. 24. 「잘못된 철자법 개정」

학회의 『큰사전』 편찬 사업이 시작된 것은 1929년 10월 31일(음력 9월 29일)이었다. 483돌 한글날 기념식장에서 조선어연구회는 사회 각계 유지 108인의 발기로 '조선어사전편찬회(이하 편찬회)'를 조직하였다. 한글날 축하식이 끝나고 이어진 발기회에서 이극로가 사전 편찬의 필요성을 설명하고, 이윤재가 그 동안의 경과를 보고하였으며, 준비위원들이 마련한 규약을 통과시키고 조선 민족의 총력으로 조선어 사전을 편찬할 것을 결의하였다.[163)]

이처럼 많은 인사들의 참여가 가능했던 것은 1929년 4월 학회에 입회한 이극로의 대외적인 교섭 활동과 사전 편찬을 통해 뒤떨어진 조선의 문화를 진작시킬 수 있다는 데 각계의 인사들이 공명한 때문이었다.[164)] 편찬회는 취지서를 통해 언어와 문화를 소유한 민족 중 사전을 소유하지 않은 민족이 없다는 점을 지적한 다음 사전 편찬의 의의를 설명하였다.

> 오늘날 세계적으로 낙오된 조선 민족의 갱생할 첩경은 문화의 향상과 보급을 급무로 하지 않을 수 없는 것이요, 문화를 촉성하는 방편으로는 문화의 기초가 되

---

163) 『동아일보』 1929.11.2. 「사회각계유지망라 조선어사전편찬회」 ; 최경봉은 유진태 등 교육계와 언론계를 비롯한 각계각층의 인사들로 구성된 108인의 발기인들이 대부분 외국 유학을 하고 돌아온 지식인들로서 서구 시민 사회의 가치관을 지향하고 있었고, 식민지 사회 내에서 어느 정도 경제적 기반을 갖고 있었던 점을 들어 부르주아적 민족주의자로 평가했다(최경봉, 『우리말의 탄생』, 책과함께, 2005, 84쪽). ; 동아일보는 발기인의 숫자를 108인으로 보도하고 있으나, 실제 발표된 명단은 107인으로 확인되었다(한글학회, 『한글학회 100년사』, 한글학회, 2009, 528~529쪽).

164) 이극로는 독일 유학 시절 그곳의 학생들에게 조선어를 가르치면서 조선어문의 철자법 정리와 사전 편찬의 필요성을 절감했으며, 미국을 들러 귀국하는 길에 장덕수로부터 '귀국하면 무엇을 할 계획이냐'는 질문에 '조선어 사전'을 만들 거라 즉답했을 정도로 사전 편찬을 시급한 민족적 과제로 생각하고 있었다(『조선일보』 1937.1.1. 「玉에서 틔 골르기」). ; 정인승은 조선어문 연구 단체로 학술 활동이 중심이었던 조선어학회가 이극로의 입회를 계기로 사전 편찬 사업에 착수하면서 대중적인 운동단체로서 활기를 띠기 시작했다고 회고했다(한말연구학회 편, 『건재 정인승 전집 6 국어운동사』, 도서출판 박이정, 1997, 106~107쪽). ; 한글학회, 『한글학회 100년사』, 한글학회, 2009, 528쪽.

는 언어의 정리와 통일을 급속히 꾀하지 않을 수 없는 것이다. 그를 실천할 최선의 방책은 사전을 편성함에 있는 것이다.[165]

편찬회는 식민지 조선을 '세계적으로 낙오된 조선'이라고 표현하였다. 갱생의 첩경으로써 문화의 향상과 보급을 강조하면서 문화 향상은 언어의 정리와 통일을 통해 이루어지는 것이므로 그것을 실현할 최선의 방책이 곧 사전 편찬이라고 했다. 즉 사전 편찬의 목적이 일제의 식민지로 전락한 조선 민족의 갱생에 있었음을 분명히 하였다.

이 날 편찬회는 사업 추진을 위한 위원으로 21인을 선정하고, 상무위원으로 6인을 정하여 사업의 구체적인 계획과 실무의 진행 방침 등을 위임하였다. 21인의 준비위원과 6인의 상무위원은 다음과 같다.

〈위원〉
박승빈, 유억겸, 최두선, 안재홍, 주요한, 이시목, 정인보, 방정환, 이광수, 로기정, 권덕규, 최현배, 장지영, 이상춘, 이병기, 김법린, 정열모, 이중건, 신명균, 이윤재, 이극로 (21명)

〈상무위원〉
△ 위원장 이극로
△ 경리부 상무: 이중건 △ 편집부 상무: 이극로 △ 연구부 상무: 최현배
△ 조사부 상무: 신명균 △ 교양부 상무: 정인보 △ 출판부 상무: 이윤재

21인의 위원 중 박승빈에서 로기정까지는 조선어연구회 외부 인사들이며, 권덕규부터는 모두 회원이었다. 또한 상무위원 6인 중 정인보를 제외한 모두가 조선어연구회 회원이었다. 이극로는 위원장 겸 편집부 상무를 맡았다.[166]

---

165) 조선어학회, 『한글』 31, 1936.2, 7~8쪽 ; 한글학회 50돌 기념 사업회, 『한글학회 50년사』, 한글학회, 1971, 263~264쪽 ; 취지서를 작성한 것은 발기인 중 1인인 이은상이었다(국어연구소, 『국어생활』 3, 1985년 겨울, 11쪽).

사전 편찬에 공감한 다수 문화인들이 동참했지만, 이상과 같은 인적 구성은 실제 사전 편찬 사업의 수행 주체가 조선어연구회였음을 의미한다.

1931년 1월 6일 열린 조선어사전편찬회 위원회에서는 규약을 수정하고 위원 13인을 증원하였으며, 편찬회 회장으로 이우식을 선출하였다. 그리고 '상무위원(장)'을 '간사(장)'으로 이름을 고쳤다. 증원된 13인과 간사 진용은 다음과 같다.

△ 조선어사전편찬회 회장: 이우식
△ 조선어사전편찬회 위원: 김병규, 김상호, 김윤경, 김철두, 명도석, 백낙준, 윤병호, 이만규, 이순탁, 이우식, 이형재, 이희승, 조만식 (13명)
△ 조선어사전편찬회 간사: 이극로(간사장), 이중건, 신명균, 최현배, 이윤재

이상의 진용에서 알 수 있는 것처럼 편찬 작업의 주체는 상무위원 또는 간사들이었으며, 재정적인 뒷받침은 이우식을 중심으로 이루어졌다.[167]

사전 편찬을 위해 어휘를 수집하고 어문을 정리하는 작업이 동시에 진행되었으며, 사전 편찬에 필수적으로 선행되어야 하는 어문 정리 사업을 위해 1930년 12월 13일 임시총회에서 '조선어 철자법 제정 위원회'를 조직하였고, 1934년 12월 2일 임시 총회에서는 '조선어 표준어 사정 위원회'를 구성하였

166) 한글학회, 『한글학회 100년사』, 한글학회, 2009, 530쪽 ; 편찬회 위원과 상무위원에 대한 기술은 『50년사』와 『100년사』가 서로 다르다. 『50년사』는 준비위원 32인, 집행위원 5인으로 정리하고 있으나, 『100년사』는 조선일보 1929년 11월 1일자 보도 내용을 검토한 후, 이 기록에 대한 수정을 가했다고 서술하고 있다. 그런데 편찬회 소식이 실린 것은 11월 2일자였다(『조선일보』 1929.11.2. 「가갸날記念盛大 朝鮮語典編纂을發起」).

167) 한글학회, 『한글학회 100년사』, 한글학회, 2009, 530쪽 ; 1929년 위원 선정과 1931년의 편찬회 진용을 보면, 『50년사』와 이윤재의 기록은 29년과 31년의 상황을 종합한 기술로 보인다(한글학회 50돌 기념 사업회, 『한글학회 50년사』, 한글학회, 1971, 264~265쪽). ; 이윤재, 「조선어 사전 편찬은 어떻게 진행되는가」 『한글』 31, 조선어학회, 1936.2, 3~5쪽. 이윤재의 글은 1935년 12월 20, 21일자 『동아일보』에 실렸던 것이다.

다. 그 결과 1933년 『한글 마춤법 통일안』, 1936년 『사정한 조선어 표준말 모음』, 1940년 『외래어 표기법 통일안』 등 민족어 3대 규범이 마련되었다.

훗날 학회는 사전 편찬을 위해 맞춤법 제정이 우선되어야 했음을 분명히 밝히고 있는데,[168] 이는 학회의 어문 정리 사업이 구체화된 이유가 사전 편찬의 시작이었다는 것을 의미한다. 다시 말하면 사전 편찬에 착수했기 때문에 어문의 정리가 당면 과제로 부각되었던 것이고, 이를 해결하기 위해 '조선어 철자법 제정 위원회'와 '조선어 표준어 사정 위원회'를 조직하게 되었던 것으로 사전 편찬 사업은 이후 학회 활동의 핵이자 구심점이 되었던 것이다.

사전 편찬은 기술상의 문제도 복잡다단했지만, 편찬에 소요되는 자금을 조달하는 일도 쉽지 않았다. 1936년 봄에는 일찍부터 기관지 『한글』 발행을 후원하던 이우식을 비롯해서 김양수, 장현식, 김도연, 이인, 서민호, 신윤국, 김종철, 신태희, 설원식, 윤홍섭, 민영욱, 임혁규, 조병식 등 14인이 사전 편찬을 위한 비밀후원회를 조직하여 3년 동안의 소요 경비 1만 원을 기증하였으나, 1936년 3월 20일 조선어 사전 편찬회는 해소되었고, 편찬회로부터 업무 일체를 인수한 학회는 1936년 4월 1일 사전 편찬 사업의 틀을 정했다.

△ 사전 편찬 자금 준비: 총액 1만 원.
△ 편찬 완성 예정 기한: 만 3년
△ 사전의 내용 및 규모: 일반 대사전
△ 주해의 용어 및 방식: 현대 표준어로 한글 전용
△ 편찬 전임 집필 위원: 이극로, 이윤재, 이중화, 정인승

편찬 전임 집필 위원 중 이윤재는 1937년 6월 발생한 수양동우회 사건에 연루되어 휴직하였고, 학회는 권덕규, 권승욱, 한징, 정태진 등을 집필 위원으로 보충하였다. 사전 완성까지 3년을 목표로 하였으나 사전 편찬에 선행되어야 할 어문 정리 문제, '통일안' 보충 사무를 비롯해서 기관지 『한글』 발간

168) 한글학회 편, 「편찬의 경과」 『큰사전』 6, 서울: 을유문화사, 1957, 5쪽.

사무, 학회 업무 등 여러 가지 업무가 산적해 있었고, 사전 편찬 기술상의 어려움도 있어 사전 편찬 사업은 처음 목표한 기한을 넘길 수밖에 없었다.[169)]

1940년 3월 7일 학회는 사전 원고 일부를 총독부 도서과에 제출하였고,[170)] 일부 내용에 대한 정정과 삭제 등을 조건으로 3월 12일 극적으로 출판 허가를 받았다.[171)] 1942년 9월에는 어휘 카드 대부분의 초벌 풀이를 끝내고, 전체 체계 잡기도 완성 단계에 이르러, 주해를 완료한 낱말이 약 16만이고 미완료가 약 5천이었다. 그 후 후원회 이우식의 지원과 대동출판사 김성식 사장의 호의로 1942년 봄부터 조판을 시작하여 여름에 200여 쪽 정도 조판이 진행되었다. 그러나 1942년 10월 1일 조선어학회사건이 발생함으로써 사전 편찬 사업은 중단되었다.[172)]

1942년 10월 1일 발생한 조선어학회사건은 어문 운동을 통해 민족정신을 보전하고자 했던 한글학자들을 대대적으로 탄압한 사건이었다. 일제는 1925년 5월 국체 변혁 또는 사유재산제도를 부인할 목적으로 결사를 조직하거나 그 결사에 가입하는 자를 처벌하는 것을 내용으로 하는 치안유지법을 제정하였으며,[173)] 5월 8일 공포한 「치안유지법을 조선, 대만 및 화타이(樺太)에서 시행하는 건」을 통해 이를 조선과 대만, 화타이(樺太, 사할린)에도 적용하였다.[174)] 이 치안유지법은 1928년 6월과[175)] 1941년 3월에 두 차례 개정되었

169) 한글학회, 『한글학회 100년사』, 한글학회, 2009, 531~534쪽.

170) 『조선일보』 1940.3.8. 「조선어사전 완성단계에」

171) 『동아일보』 1940.3.13. 「조선어사전 출판인가」

172) 한글학회 50돌 기념 사업회, 『한글학회 50년사』, 한글학회, 1971, 262~273 ; 한글학회, 『한글학회 100년사』, 한글학회, 2009, 527~537쪽.

173) 中野文庫 http://www.geocities.jp/nakanolib/hou/ht14-46.htm. 치안유지법(대정14년법률제46호), 제1조. 국체를 변혁하거나 또는 사유재산제도를 부인하는 것을 목적으로 결사를 조직하고 혹은 그 사정을 알고 그 곳에 가입한 자는 10년 이상의 징역 또는 금고에 처한다(治安維持法(大正14年法律第46号, 第一條 國体ヲ変革シ又ハ私有財產制度ヲ否認スルコトヲ目的トシテ結社ヲ組織シ又ハ情ヲ知リテ之ニ加入シタル者ハ十年以下ノ懲役又ハ禁錮ニ處ス).

고,176) 조선의 독립 운동을 국체 변혁의 반역 사건으로 규정하여 결사 조직 지도자를 최고 사형에 처할 수 있게 함으로써 조선의 독립 운동, 민족 운동을 탄압하였는데,177) 학회가 그 희생양이 되었던 것이다.

조선어학회사건의 발단이 된 함흥영생고등여학교 학생 박영희의 일기장에서 발견된 글은 '국어를 사용했다가 혼났다'는 문구였다. '국어' 즉 일본어를 썼다고 야단친 불순한 교사를 추궁하다가 박영희가 쓴 국어가 일본어가 아닌 조선어였다는 사실이 밝혀졌지만,178) 이번에는 박영희로 하여금 조선

---

174) 中野文庫 http://www.geocities.jp/nakanolib/rei/rt14-175.htm. 치안유지법을 조선, 대만, 화타이에 시행하는 건(대정14년칙령제175호), 치안유지법은 이를 조선, 대만, 화타이에 시행한다(治安維持法ヲ朝鮮、台湾及樺太ニ施行スルノ件(大正14年勅令第175号), 治安維持法ハ之ヲ朝鮮、台湾及樺太ニ施行ス).

175) 中野文庫 http://www.geocities.jp/nakanolib/hou/ht14-46.htm. 치안유지법(대정14년 법률제46호, 소화3년 칙령제129호에 의한 개정 후), 제1조. 국체를 변혁하는 것을 목적으로 결사를 조직하는 자, 또는 결사의 역원, 그 밖에 지도자 임무에 종사하는 자는 사형 혹은 무기 혹은 5년 이상의 금고에 처하고, 그 실정을 알고 결사에 가입한 자 또는 결사의 목적 수행을 위한 행위를 한 자는 2년 이상의 유기징역 또는 금고에 처한다(治安維持法(大正14年法律第46号、昭和3年勅令第129号による改正後), 第一條 國体ヲ変革スルコトヲ目的トシテ結社ヲ組織シタル者又ハ結社ノ役員其ノ他指導者タル任務ニ從事シタル者ハ死刑又ハ無期若ハ五年以上ノ禁錮ニ處シ情ヲ知リテ結社ニ加入シタル者又ハ結社ノ目的遂行ノ爲ニスル行爲ヲ爲シタル者ハ二年以上ノ有期ノ懲役又ハ禁錮ニ處ス).

176) 中野文庫 http://www.geocities.jp/nakanolib/hou/hs16-54.htm. 치안유지법(소화16년 법률제54호), 제1장 죄. 제1조. 국체를 변혁하는 것은 목적으로 결사를 조직한 자 또는 결사의 역원, 그 지도자 임무에 종사한 자는 사형 혹은 무기 혹은 7년 이상의 징역 혹은 5년 이상의 금고에 처하고, 그 실정을 알고 결사에 가입한 자 또는 결사의 목적 수행을 위한 행위를 한 자는 2년 이상의 유기 징역 혹은 금고에 처한다(治安維持法(昭和16年法律第54号), 第一章 罪 第一條 國体ヲ変革スルコトヲ目的トシテ結社ヲ組織シタル者又ハ結社ノ役員其ノ他指導者タル任務ニ從事シタル者ハ死刑又ハ無期若ハ七年以上ノ懲役若ハ禁錮ニ處シ情ヲ知リテ結社ニ加入シタル者又ハ結社ノ目的遂行ノ爲ニスル行爲ヲ爲シタル者ハ三年以上ノ有期懲役ニ處ス).

177) 김영희, 『1930년대 일제의 민족분열통치 강화』, 한국독립운동사편찬위원회 독립기념관 한국독립운동사연구소, 2009, 179쪽.

178) 1973년 김상필을 만난 자리에서 박영희는 다음과 같이 증언했다. '오늘 국어를 썼다

어를 국어로 생각하게 한 사상적 배후를 문제 삼았다. 결국 학회 사전 편찬원 정태진이 소환되었고 10월 1일부터 학회 관계자들에 대한 대대적인 검거가 이루어졌으며, 호된 심문과 고문이 자행되었다. 그 과정에서 이윤재(43년 12월 8일)와 한징(44년 2월 2일)이 옥사하였다.[179]

물론 이러한 사건 전개를 두고 전혀 무관계한 한 여학생의 일기장에 적힌 '국어' 문제에서 우연히 발전된 것으로 보는 견해도 있지만,[180] 국가가 언어를 요청하는 것이 아니라 언어가 국가를 요청한다(이 경우에는 '민족 독립'이 될 것이다)고 파악했기 때문에 치안유지법 위반의 혐의를 받게 된 것이라는 야스다 도시아키(安田敏郎)의 견해와,[181] 민족주의 언어관과 식민주의 언어관이 더 이상은 충돌을 피할 수 없는 시점이었다는 김석득의 분석은 조선어학회사건의 본질을 잘 짚어낸 것이었다.[182]

일본어가 강요되는 교육 현실 속에서 민족어인 조선어를 국어라 적은 여학생의 문구 하나가 조선어학의 대표적인 연구 단체인 조선어학회 회원 전원을 탄압하는 사태로 발전할 수밖에 없었던 것은 1942~45년 사이에 일제가 안고 있던 식민지배의 완성이라는 절박함이 바탕에 깔려 있었기 때문이다. 내선일체와 황국신민화 정책의 실현의 증거로서 전 조선에 강요한 '국어' 상

가 선생님한테 단단한 꾸지람을 들었다'고 썼다. 그리고 국어를 썼다고 야단친 선생님이 누구냐는 안정묵(安正默, 홍원경찰서 형사부장)의 추궁에 "제가 철없을 때에 쓴 것인데, '조선어'라고 쓸 것을 '국어'라고 잘못 썼습니다."하고 대답했다(김상필, 「조선어학회 수난 사건의 전모」, 나라사랑 42, 외솔회, 1982, 77~85쪽).

179) 조선어학회사건에 대한 회고나 논고는 다음을 참고. 이희승, 「조선어학회사건회상록 1-10」『사상계』 72~81호, 사상계사, 1959.7~1960.4 ; 이석린, 「조선어학회사건과 최현배 박사」『나라사랑』 1, 외솔회, 1971 ; 이인, 반세기의 증언, 명지대학출판부, 1974 ; 김상필, 「조선어학회 수난 사건의 전모」, 나라사랑 42, 외솔회, 1982 ; 정인승, 「민족사로 본 조선어학회 사건」『나라사랑』 42, 외솔회, 1982.

180) 三ッ井 崇, 「朝鮮語學會の朝鮮語規範化運動と朝鮮語學會事件」『東アジア研究』 第35号 拔萃, 大阪経濟法科大學, 2002, 28~29쪽.

181) 安田敏郎, 李珍昊, 飯田綾織 역, 『언어의 구축』, 제이앤씨, 2006, 273쪽.

182) 김석득, 「조선어학회 수난사건－언어관을 통해서 본－」『애산학보』 32, 애산학회, 2006.

용의 거센 물결은 이제껏 합법적인 단체 활동으로 허용해 왔던 학회의 한글 운동마저 국체 보전에 위협이 된다는 이유로 치죄해야 하는 상황을 맞고 있었던 것이다.[183] 당시 사건을 담당했던 예심판사 나카노(中野虎雄)는 다음과 같이 판결했다.

> 민족운동의 한 가지 형태로서의 소위 어문운동은 민족 고유의 어문의 정리통일보급을 도모하는 하나의 민족 운동인 동시에 가장 심모원려를 포함한 민족 독립운동의 점진형태이다. (중략) 표면적으로는 문화운동의 가면 하에 조선독립을 위한 실력양성단체로서 본 건 검거까지 십여 년의 긴 세월에 걸쳐 조선 민족에 대해서 조선어문운동을 전개하여 왔던 것으로 (중략) 다년에 걸쳐 편협한 민족 관념을 배양하고, 민족문화의 향상, 민족의식의 앙양 등 그 기도하는 바인 조선독립을 위한 실력 신장에 기여한 바 뚜렷하다. (중략) 그 중에서도 조선어 사전 편찬 사업과 같은 것은 광고(曠古)의 민족적 대사업으로 촉망되고 있는 것이다.[184]

'심모원려를 포함한 민족 독립 운동의 점진형태'라는 예심판사의 판단은 조선어 사전 편찬에 전념해 온 학회 한글 운동의 본질을 날카롭게 간파한 것이었다. 학회가 '조선 독립을 위해 십여 년의 긴 세월에 걸쳐 조선 어문 운동을 전개하여 왔다는 것', 이는 '국어 국문이 일국의 독립을 유지하는 데 가장 필요한 것'이라고 역설한 우에다 카즈토시(上田万年)의 국어관과도 일치한다.[185] 그렇기 때문에 학회는 문화 운동의 가면을 쓴 독립 운동 단체로 단죄되었던 것이다.

1945년 1월 16일 함흥지방법원 원심에서 니시다(西田) 판사와 2명의 배석

---

183) 1939년 사범학교에 진학했던 정재도는 1940년에 조선어수업이 폐지되었다고 했다. 당시 정재도는 헌책방에서 한글로 된 역사소설 등을 몰래 읽었다고 했는데, 한글로 된 책을 읽기만 해도 독립운동자나 사상범으로 몰리는 것이 당시 분위기였다고 증언했다(한글학회, 「한글 인물 대담 자료」, 2006. 2~3).

184) 나주정씨월헌공파종회, 『석인 정태진전집(상)』, 서경출판사, 1995, 606~607쪽.

185) 上田万年 著, 安田敏朗 校注. 『國語のため』, 平凡社, 2011, 363쪽 ; 김연숙, 『국어라는 사상』, 소명출판, 2006, 131쪽.

판사로 구성된 재판부는 이극로(징역 6년), 최현배(징역 4년), 이희승(징역 3년 6개월), 정인승(징역 2년), 정태진(징역 2년)에게 실형을 선고하였고,[186] 이중화, 김법린, 이인, 김도연, 이우식, 김양수 등에게는 징역 2년에 집행유예 3년(혹은 4년), 장현식에게는 무죄를 선고하였다.[187] 이극로 등 4인은 1945년 1월 18일 상고하였고, 정태진은 미결 구금 일수를 계산하면 네다섯 달 후면 출옥할 수 있으므로 상고하지 않았다.[188] 조선어학회사건 피고인들에 대한 상급심의 판결은 1945년 8월 13일 내려졌는데, 조선고등법원은 원심 판결에 대한 피고인 측과 검사 측 상고를 모두 기각하였다.[189]

2. 한글맞춤법간소화파동의 해소와 큰사전 완간

1945년 8월 15일 해방으로 이극로, 최현배, 이희승, 정인승은 출옥하였고, 학회는 재건되었지만, 사건 당시 증거물로 압수해 간 사전 원고의 행방이 묘연했다. 사전 원고가 있을 만한 곳은 모두 수소문 해보았지만, 원고는 나타나지 않았다. 홍원경찰서 고등계에서는 상고 시 서울 고등법원으로 보냈다고 하고 고등법원에서는 원고를 받지 않았다는 것이었다. 그런데 1945년 10월

186) 이희승과 이인의 회고에 따르면 1월 18일 선고가 있었고, 21일 상고했다고 한다.

187) 함흥지방법원 원심 판결문이 남아있지 않기 때문에 이들에게 선고된 형량은 고등법원판결문에 드러난 것과 사건 관련자들의 회고록의 기록에 의존해 파악해야 한다. 고등법원 판결문에 드러난 형량은 피고인 측 상고 4인으로 이극로, 최현배, 이희승, 정인승, 그리고 검사 측 상고 장현식에 대한 것이다(『동아일보』 1982.9.6~7. 「조선어학회사건일제최종판결문전문」). 형량에 관한 기록은 26쪽 각주 16, 50쪽 각주 90 참고.

188) 정태진은 형기를 채우고 1945년 7월 1일 출옥하였다(리의도, 「석인 정태진과 한글학회」, 석인 정태진 기념사업회 엮음, 『석인 정태진 논설집』, 범우사, 2001, 305쪽).

189) 조선고등법원의 판결문은 1945년 1월 16일에 선고된 함흥지방법원 제1심결에 대한 상고를 심리한 판결로 조선고등법원 昭和20년 刑上 제59호다. 1982년 9월 3일 부산지검 문서보관창고에서 발견되었으며, 1982년 9월 6일과 7일자 동아일보에 번역문이 실렸다(『동아일보』 1982.9.6~7. 「조선어학회사건일제최종판결문전문」 ; 김석득, 「조선어학회 수난사건 – 언어관을 통해서 본 –」 『애산학보』 32, 애산학회, 2006, 37쪽).

2일 서울역 안에 있는 조선운송주식회사 창고 안에서 극적으로 사전 원고가 발견되었다.

> 미군이 진주하기 전까지도 일본관헌의 방해로 찾을 길이 아득하여 일시는 매우 염려되던 차에 정성과 이 꾸준한 노력의 보람으로 10월 2일 만 2년 만에 경성역 안에 있는 조선운송주식회사(朝運) 창고에서 발견하였습니다. (중략) 앞으로 이극로, 최현배, 이희승, 정인승, 김윤경 제씨와 내가 주간이 되어 완성을 기하기로 되었는데 4·6배판으로 약 6,000 페이지나 되는 것으로 일본제국주의 하에 된 것인 만큼 註釋에 수정할 것도 있어 좀 시일이 걸리겠습니다. 그러나 인쇄가 원활하면 넉넉잡고 2년만에는 출판되리라고 믿습니다(김병제의 말).[190]

조선어학회사건으로 원고를 압수당한 지 3년 만에 백방으로 찾던 원고를 손에 넣은 회원들은 감격의 눈물을 흘렸다. 당시 발견된 원고 분량에 대해서는 관계자의 기록에 약간의 차이가 있다. 김병제는 4·6배판으로 약 6,000 페이지나 된다고 하였지만, 정인승은 『큰사전』 원고가 400자 원고 평균 250매로 엮은 것이 53책이었다고 기록하였고,[191] 이강로는 『큰사전』 원고는 200

---

190) 『매일신보』 1945.10.6. 「조선어학회 일제에게 압수되었던 '우리말광' 원고 되찾음」(국사편찬위원회 한국사데이터베이스, 『자료대한민국사』 제1권). ; 조선어학회, 『한글』 94, 1946.4, 69쪽.; 한글학회, 『한글학회 100년사』, 한글학회, 2009, 537~538쪽 ; 『자유신문』 1946.10.9. 「조선어사전편찬경과」 ; 원고가 발견된 날에 대해 『한글학회 100년사』, 정인승(『한글』 114, 1955.10)은 9월 8일로 기록하고 있고, 김병제는 '9월 초순'이라고 회고하였지만(『자유신문』), 원고 발견일과 가장 가까운 『매일신보』 10월 6일자 기사에 따라 '10월 2일'로 정리하였다. 동일인인 김병제가 1년 뒤 자유신문에서 '9월 초순'이라고 말한 것은 10월을 9월로 착각했거나 날짜를 음력으로 이야기한 것으로 봐야 할 것이다. 1945년 10월 2일은 음력으로는 8월 27일이지만, 음력과 양력의 차이를 한 달로 생각하는 것이 보편적이다. 박봉배는 10월 2일로 기록하고 있고(박봉배, 「미군정기의 국어교과서」 『한국국어교육전사 상』, 대한교과서주식회사, 1992, 519쪽), 『한글』 94 '한글신문'란에서는 원고를 발견한 날을 '시월 사흘'로 기록하고 있는데, 김민수는 이를 따르고 있다(김민수, 『신국어학사』. 일조각, 2003, 279쪽).

191) 정인승, 「"큰사전" 편찬을 마치고」 『한글』 122, 한글학회, 1957.10, 24쪽.

장 정도를 한 권으로 묶은 것으로 모두 52권이었다고 하면서, 겉표지에는 '증거 제○호'라는 낙관이 한 권 한 권 찍혀 있었다고 했다.[192] 관계자의 기록이 약간의 차이를 보이는 것은 사전 원고를 계량하는 기준이 조금씩 달랐던 때문이라 생각한다. 학회는 즉각 편찬 사업을 재개하였고, 사전 편찬에 참여한 이들은 다음과 같다.[193]

편찬원 겸 간사장	이극로
편찬 주무 겸 간사	정인승
편찬원 겸 간사	김병제 이중화 정태진 권승욱
편찬원	한갑수 이강로 신영철 정희준 유열 김진억 김원표 안석제 최창식 유제한 한병호

그러나 일제의 억압 하에서 만들어진 원고는 그대로 출판할 수 있는 상태가 아니었다. 일제강점기라는 사회적 환경 아래 작성된 사전 원고는 총독부의 원고 검열을 의식한 탓에 민족의식을 자극하는 어휘가 누락되기도 하였고, 해설이 제대로 되지 않은 것도 많았다. 따라서 학회는 되찾은 사전 원고를 전면적으로 정리해야 했고, 편찬원들은 원고 전체에 걸쳐 말수와 풀이를 재검토하면서 부분 수정, 혹은 전면 수정, 혹은 어휘의 통합, 분리, 추가, 삭제 등등의 작업과 함께 각종의 그림이나 도표들을 고치고 또는 새로 만들어 붙이는 작업을 해야 했다.[194]

원고를 찾고 교정 작업을 시작했지만, 학회 재정 형편으로는 자력 출판이

---

192) 이강로, 「큰사전에 얽힌 이야기」 『한글새소식』 제168호, 한글학회, 1986.8, 14쪽 ; 최경봉, 『우리말의 탄생』, 책과함께, 2005, 37쪽 ; 한글학회 50돌 기념 사업회, 『한글학회 50년사』, 한글학회, 1971, 274쪽.

193) 한글학회 50돌 기념 사업회, 『한글학회 50년사』, 한글학회, 1971, 274~275쪽. 초기에는 이극로, 정인승, 김병제, 이중화, 정태진을 중심으로 편찬 사무를 시작하였고, 점차 증원된 것으로 봐야 하나 정확한 시기는 알 수 없다.

194) 한말연구학회 편, 『건재 정인승 전집 6 국어운동사』, 도서출판 박이정, 1997, 138쪽.

불가능했다. 1947년 봄, 이극로와 김병제는 원고 보따리를 들고 을유문화사를 찾아 출판을 부탁했지만, 출판사 역시 사정이 여의치 않았다. 사전 편찬이라는 거창한 작업을 맡는 것은 열악한 출판 환경에서 쉽사리 내릴 수 있는 결정이 아니었기 때문이다. 그러나 학회는 포기하지 않고 계속해서 을유문화사의 문을 두드렸다. 이극로, 김병제, 이희승이 세 번째로 을유문화사를 찾았다. 삼고초려가 따로 없었다.

이날 이극로는 원고 뭉치로 책상을 두드리면서 격앙된 감정을 억누르지 못했다. "누구 하나 '큰사전'에 관심을 보이지 않으니 우리나라가 해방된 의의가 어디 있단 말이오? 그래 이 원고를 가지고 일본놈들한테나 찾아가서 사정해야 옳은 일이겠소?" 이극로의 한탄과 호소는 마침내 을유 중역진의 마음을 움직였고, 일단 1권만이라도 간행하기로 하고, 그 다음 일에 대해서는 또 다시 대책을 수립하기로 약속이 되었다. 그해 5월 13일 조선어학회와 을유문화사는 「큰사전」 출판 계약을 체결하였고, 1947년 10월 9일 『조선말 큰사전』 제1권을 간행하였다. B5판(4×6배판) 600면에 특가 1,200원이었다.[195] 학회는 『큰사전』 출판의 감격을 다음과 같이 기록하였다.

> 1929년 착수한 뒤 18년간의 고심 참담한 비바람을 겪어 제국주의 일본 식민 정책 아래 과감하게 싸와 온 "조선 말 큰 사전"은 드디어 지난 10월 9일 한글 반포 501주년 기념날을 맞이하여 그 첫 떰이 출판되었다. 이 사전을 어루만지는 우리들의 눈에는 뜨거운 감격의 눈물이 흘렀다.[196]

출판을 알리는 학회의 일성처럼 『조선말 큰사전』은 제국주의 일본과의 투쟁의 산물이자 민족 문화의 결정체였다. 1947년 10월 9일 한글날 기념식전은 『큰사전』 출판을 축하하고 기념하는 민족의 제전이었고, 각 언론도 앞을 다투어 『큰사전』 출판의 소식을 전 조선에 알렸다.[197] 이듬해 4월 6일에는 조

195) 정진숙, 『출판인 정진숙』, 을유문화사, 1983, 88~92쪽.
196) 조선어학회, 『한글』 102, 1947.10, 1쪽.

선문학가동맹에서 조선말 사전 축하회를 개최하였는데,[198] 최경봉은 이 축하회가 종교와 정치적 지향을 떠나 『조선말 큰사전』을 우리 민족이 거둔 자랑스러운 문화의 결실로 받아들인 것이라 평가했다.[199]

『조선말 큰사전』 제1권이 세상에 나왔지만, 물자난이 심각하던 때라 다음 권을 내기가 쉽지 않았다. 이러한 사정을 알게 된 문교부 편수국의 앤더슨 대위가 미국의 록펠러재단을 연결해 주었고,[200] 록펠러재단은 나머지 전 5권에 대한 45,000달러 상당의 원조를 약속하여, 1948년 12월 첫 원조 물자가 도착하였다. 그리하여 1949년 5월 5일 『조선말 큰사전』 둘째 권을 발행할 수 있었고,[201] 1950년 6월 1일에 셋째 권을 제본하고, 넷째 권을 조판하던 중 한국전쟁을 만났다. 두 번째 큰 난관이었다.

> 4282년 2월 22일에 나머지 물자가 인천에 도착하여 모두 영등포 미곡 창고에 보관시키고, 그 물자로 3권까지 2만 권씩 박고, 나머지 물자가, 양지 251짝, 판지 130짝 내지(內紙) 5짝, 포의(布衣) 7짝, 잉크 33통이 되더니, 괴뢰군이 모두 실어 가 버렸다.[202]

학회는 난리 통에 많은 것을 잃었지만, 불행 중 다행으로 『큰사전』 원고는

---

197) 『경향신문』 1947.10.9. 「기념출판오로 표준조선말사전」; 『동아일보』 1947.10.9. 「한글날 기념식과 큰사전 반포식」; 조선일보, 1947.10.10. 「한글반포 기념식전 성황」

198) 『경향신문』 1948.4.6. 「조선문학가동맹서 조선말사전축하회」; 조선어학회, 『한글』 104, 1948.6, 71쪽.

199) 최경봉, 『우리말의 탄생』, 책과함께, 2005, 54쪽.

200) 록펠러재단의 원조에 대해서는 을유는 을유가 앤더슨-록펠러재단으로 연결된 것으로 설명하고 있지만, 학회는 을유에 대한 설명 없이 최현배의 주선으로 앤더슨-록펠러재단으로 연결된 것으로 설명하고 있다(정진숙, 『출판인 정진숙』, 을유문화사, 1983, 88~92쪽; 유제한, 「6. 25 사변 이후 한글학회의 걸어온 길 一」, 한글학회, 『한글』 110, 1955.3, 43~44쪽).

201) 한글학회 50돌 기념 사업회, 『한글학회 50년사』, 한글학회, 1971, 276쪽.

202) 유제한, 「6. 25 사변 이후 한글학회의 걸어온 길 一」, 한글학회, 『한글』 110, 1955.3, 44쪽.

무사했다. 9·28 서울 수복 후 학회는 만일의 사태에 대비해 『큰사전』 원고를 한 권 더 베껴놓았고, 1·4 후퇴 때 새 원고는 최현배가 부산으로 가져가고, 원본은 유제한이 천안 고향집에 보관하였다. 전쟁으로 모든 활동이 매끄럽지 않았지만, 학회는 넷째 권을 출간하기 위해 일을 서둘렀다.

1952년 10월 유제한과 정태진이 인쇄를 맡고 있던 서울신문사 안에 편찬실을 차리고 4권의 교정을 끝마쳤고, 지형까지 떠놓았다. 그런데 11월 2일 식량을 구하러 고향 파주에 내려가던 정태진이 트럭 전복 사고로 목숨을 잃었다. 해방 전부터 오로지 사전 편찬에만 헌신해 온 정태진의 갑작스러운 죽음은 참으로 원통하고 애통한 일이었다. 뜻하지 않은 사고로 소중한 편찬원을 잃고, 전쟁으로 편찬 사업은 지연되고 있었지만, 그래도 학회는 포기하지 않았다. 1953년 1월 7일 전라북도 전주에 편찬실을 차리고 정인승, 권승욱 두 사람이 원고 수정을 끝마쳤고, 5월 26일 서울로 돌아왔다.[203)]

이렇듯 학회는 온갖 난관 속에서도 『큰사전』 완성을 위해 갖은 애를 써왔는데, 1953년 4월 27일 총리 훈령으로 발단이 된 한글파동으로 인해 또 한 차례 난관에 봉착한 것이다. 세 번째 난관이었다. 전쟁도 그랬지만 이 또한 전혀 예상치 못한 뜻밖의 재앙이었다. 사전 편찬 중에 철자법이 개정돼 버리면 그 동안의 노력이 모두 수포가 되는 것이니 이는 전쟁보다 더 큰 시련이었다. 그 동안 해 오던 편찬 작업도 중지된 데다가 앞으로의 일도 한 치 앞을 내다볼 수 없는 혼미한 상태에 빠졌다. 당시 사전 편찬원이었던 이강로는 한글파동으로 학회에 당장 큰 문제가 된 것은 『큰사전』 발간이었다고 했다.

> 큰사전이 문제 그리고 교과서가 문제였다. 사전은 학회의 사업으로써 중대한 문제였다. 맞춤법을 바꾸면 사전을 어떻게 만드나? 그러니 반대를 하지 않을 수 없지. 사회적으로는 실상 교과서가 제일 문제였다. 맞춤법을 바꿔 버리면 어떻게 교육을 하나? 그 전 교과서는 어떻게 하나?[204)]

---

203) 유제한, 「6. 25 사변 이후 한글학회의 걸어온 길 一」, 한글학회, 『한글』 110, 1955.3, 44쪽 ; 한글학회 50돌 기념 사업회, 『한글학회 50년사』, 한글학회, 1971, 276~278쪽.

1953년 7월 27일 정전이 되자, 학회는 다시 록펠러에 원조 물자에 대해 편지로 문의하였다. 록펠러는 원조에는 별문제가 없으나, 귀국 정부와 타협이 있어야 한다는 회신을 주었다. 이 회신을 갖고 문교장관과 상의한바, "한글학회는 우리나라의 유공한 단체이니, 당신네의 원조를 환영한다는 글을 써오면 문교부에서 보내겠다."라고 하였다.[205] 그런데 공교롭게도 1954년 2월 9일 김법린은 문교장관 자리를 사임하고, 이후 정부는 간소화에 박차를 가하게 되면서 록펠러 원조에 목을 대고 있던 사전 편찬 사업도 잔뜩 꼬이기 시작했다. 5월 3일에는 록펠러재단의 대표로 파스 박사가 한국에 왔다가, 정부의 반대로 말미암아 "앞으로 좋은 소식을 전해 주기를 바란다."라는 말만 하고 돌아가 버렸다.[206] 학회의 부탁으로 『큰사전』 발간을 맡고 있던 을유문화사의 정진숙 사장도, "철자법 문제 때문에 책을 내지 못한다 해서 보류하고 있었다."라고 했으니,[207] 그야말로 『큰사전』 간행 사업은 한글파동이라는 암초에 걸려 난파 지경에 이르렀던 것이다.

학회는 간소화 반대 운동을 활발하게 전개하면서 사전 편찬의 길을 모색하였다. 1954년 8월 28일 이사회 모임에서는, 『큰사전』 넷째 권은 이미 조판된 것이니, 문교장관에게 말하여, '새로 인쇄할 것은, 한글 문제가 결정되는 대로 하기로 하고, 우선 조판된 넷째 권은 발행하도록 록펠러재단의 원조를 요청할 것', 그리고 '특별대책위원회가 어느 정도 설립되면 록펠러재단의 원조를 받도록 문교부에 정식 요구할 것'을 결정하였으니,[208] 학회는 한글 문제를 해결하는데 한글특별대책위원회의 활동에 큰 기대를 걸고 있었고, 한글 문제가 해결돼야만 사전 편찬 사업도 순조롭게 진행되리라 판단하고 있었던

---

204) 「이강로 구술」, 2006.1.14. 장소: 서울 관악구 봉천동 이강로 사택. 글쓴이와 대담.
205) 조선어학회·한글학회 『이사회 회의록(1948.6~1949.9)·(1951.10~1959.1)』, 1954.2.4.
206) 조선어학회·한글학회 『이사회 회의록(1948.6~1949.9)·(1951.10~1959.1)』, 1954.6.20.
207) 2006년 1월 현재 을유문화사 회장. 「정진숙 구술」, 2006.1.16. 장소: 서울 종로구 수송동 을유문화사. 글쓴이와 대담.
208) 조선어학회·한글학회 『이사회 회의록(1948.6~1949.9)·(1951.10~1959.1)』, 1954.8.28.

것이다.

그러나 별다른 진전 없이 해가 바뀌고 1955년 5월이 되자, 학회는 『큰사전』 속간에 다시금 박차를 가하며 예산 확보를 위해 노력했다.[209] 당시 정부의 한글간소화 안은 거의 폐기된 듯 멈춰 있었지만, 학회는 머지않아 맞이하게 되는 한글날을 앞두고 철자법 문제와 『큰사전』 문제에서 뭔가 성과를 내야 한다는 강박과 불안감에 시달렸다. 어떻게든지 돌파구를 찾으려 하던 중 드디어 해결의 실마리가 잡혔다.

> 지난 6일(7월 6일－글쓴이) 이 대통령으로부터 문교부장관에게 "큰사전은 미국 록펠러 재단의 원조를 받아 간행하도록 되었던 것이라는데, 무슨 이유로 중단되었느냐? 그 이유를 밝혀 보고하라." 하여서 문교부에서는 대강 보고를 한 모양이며, 한편 을유문화사 정진숙 씨의 말은 자기가 대통령 비서 안(安) 씨를 찾아본바, 안 비서 말이 "'한글'지에 실린 '큰사전' 발간이 중단되어 있는 일을 대통령에게 보고하였더니, 그 사실을 조사하라." 하며, 또한 이 계제에 "'큰사전'을 간행하도록 추진할 터이니 '을유'와 '한글학회'에서 각기 진정을 하는 것이 좋으니, 그리하여 보라."하였다 함.[210]

한글파동은 전쟁보다도 큰 걸림돌이었다. 조급함을 느낀 학회는 여러 경로를 통해 대통령에게 『큰사전』 문제를 진정하려고 하였고, 마침 이 대통령이 문교부장관에게 『큰사전』 문제를 문의하였으며, 정진숙은 대통령 비서인 유창준, 이원희 등을 만나 『큰사전』 속간의 어려움을 설명하였으니, 이러한 정황을 잘 이용해서 이 대통령에게 진정을 넣어 문제를 해결하자는 것이었다.[211] 실제로 정진숙은 비서들을 만나 철자법 개정의 부당함을 설명했고, 문

209) 조선어학회·한글학회 『이사회 회의록(1948.6~1949.9)·(1951.10~1959.1)』, 1955.5.27.
210) 조선어학회·한글학회 『이사회 회의록(1948.6~1949.9)·(1951.10~1959.1)』, 1955.7.8.
211) 정진숙은 비서 유창준, 이원희와 친구 사이였기에 사석에서 편하게 만나 얘기했다고 말하였다(「정진숙 구술」, 2006.1.16. 장소: 서울 종로구 수송동 을유문화사. 글쓴이와 대담). ; 그런데 이것은 앞서 인용한 한글학회 『이사회 회의록』(1954.7.8)에서 지칭된 '안(安) 비서'하고는 이름이 다르다. 『백두진 회고록』을 보면, '안희경(安喜慶)'

교부장관실로 직접 찾아가 고등학교 선배인 이선근 장관을 설득했다고 한다.

> 성경식으로다가 한글을 쓰는 건 안 된다. 한글학회에서 시방 30여 년간 연구를 해 가지고 철자법을 만들었는데, 그걸 다 무르고 다시 만들어서 한다는 건 안 된다. 그랬더니 이선근 씨도 학자니까 그거 다 알거든 그러니까 알았다, 그래 가지고 찬성을 해 가지고 이 박사 비서실에 문의를 해 가지고 결국 이 박사가 다시 해제해 버린 거야.[212]

정진숙은 학회의 입장을 대변했다기보다는『큰사전』을 내는 도중 발생한 철자법 문제 때문에 출판인으로서 겪는 고충이 커서 이 문제 해결에 적극적일 수밖에 없었고, 이 대통령의 마음을 돌리기 위해 측근인 비서들과 장관을 설득한 것이다. 그런가 하면 1955년 7월 학술원상을 받은 최현배는 경향신문에「큰사전의 완성을 위하여」라는 글을 싣고, 8월에는 동아일보에「해방십년 한글의 걸음」을 게재하여 민족적 문화 사업이 중단되었음을 통탄했다.[213] 이에 호응이라도 하듯 언론들도 한글파동으로 인해『큰사전』발간이 중단되었다며 여론을 환기시켰다.[214] 1955년 여름 학회는『큰사전』속간을 위해 총력을 집중하고 있었다. 유제한은 이선근 장관을 직접 만나 설득하고 표양문 의원에게 협조를 구했다.

> "(이 장관의 말이 – 글쓴이)상부의 명령으로 본의 아닌 것을 하였다." 하기에, "그러나 전에 저지른 죄는 아무리 변명하여도 씻지 못할 것이요, 오직 큰사전이

이란 대통령 비서실 직원의 이름이 나오는데, 아무래도 정진숙이 유창준과 이원희를 만났다고 한 것을 한글학회 쪽에서는 평소 이름을 들어 알고 있는 '안희경'으로 착각한 것 같다(백두진,『백두진 회고록』, 대한공륜사, 1975, 225쪽).

212)「정진숙 구술」, 2006.1.16. 장소: 서울 종로구 수송동 을유문화사. 글쓴이와 대담.

213)『경향신문』1955.7.28.「큰사전의 완성을 위하여」;『동아일보』, 8.17.「한글해방십년의 걸음 下」

214)『동아일보』1955.8.11.「동면하는 우리말 큰사전」;『경향신문』1955.9.9.「우리말 큰사전 언제완성, 록펠러재단후원도 허사」

> 속간되도록 대통령에게 진언하여, 오는 한글날 안으로 그 일을 이루어 놓으면 전과가 다소 감할 것이니, 그리 할 용의가 있느냐"고 말하였더니, "제 힘이 자라는 대로 그리 주선하겠다"고 대답은 하였으나, 그 마음이 너무나 야비하고 황탄하기 때문에 그것을 조금도 믿을 수 없고, 또 대통령의 신임을 받는 (국회의원) 표양문 씨를 만나 먼저 부탁한 대통령에게 진언할 것을 적극 추진시키려고 제가 두 번이나 인천까지 가서 편지로 부탁하고 서울시내 십여 군데에 연락을 취하고 있으나, 무슨 일인지 도모지 만날 수가 없으니, 남만 믿고 기다릴 것이 아니라, 우리의 힘으로 하여야 하겠은즉, 이 일에 대하여는 두 가지로 추진할 수밖에 없으니, 첫째는 우리가 직접 대통령을 만나보고 담판할 일이요, 둘째는 정부에 건의하는 동시에 대대적으로 여론을 일으키는 일임.[215)]

결국, 학회는 대통령의 마음을 돌리지 않고는 일의 해결이 요원함을 인식하고, 우선 표양문 의원을 통해, '문교부의 한글간소화 안은 너무나 비과학적이어서 도저히 문화민족의 문자로 사용할 수 없으며, 어학계, 문학계, 교육계, 언론계 및 각 방면 곧 온 국민의 적극적인 반대 여론을 억누르고 강행한다는 것은 자유 민주 국가에서는 있을 수 없는 일'이라고 진언하였다.[216)]

유제한은 표양문 의원의 요청에 따라 『한글』 108, 109, 110호에 실린 간소화 문제와 록펠러 재단과의 관계 사실에 모두 붉은 줄을 쳐서 갖다 주었으며, 9월 15일에는 표 의원이 『한글』을 대통령에게 전했다고 했다.[217)] 학회는 대통령을 설득하기 위해 이선근 장관과 표양문 의원을 적극 활용했다. 그런데 김계곤의 증언에 따르면 대통령의 포기 담화가 나오기 직전 최현배와 이 대

215) 조선어학회·한글학회 『이사회 회의록(1948.6~1949.9)·(1951.10~1959.1)』, 1954.9.11.
216) 한글학회 50돌 기념 사업회, 『한글학회 50년사』, 한글학회, 1971, 362쪽.
217) 유제한, 「건재 정인승 선생과 나」 『나라사랑』 95, 외솔회, 1997, 185쪽 ; 그러나 정진숙은 "표양문. 얘기는 들었어. 표양문 의원이 역할을 한 거 없다."면서 표양문의 역할에 회의적인 의견을 표명했으며, 이강로와 김계곤도 같은 의견을 표명하였다(「정진숙 구술」, 2006.1.16. 장소: 서울 종로구 수송동 을유문화사. 글쓴이와 대담 ; 「이강로 구술」, 2006.1.14. 장소: 서울 관악구 봉천동 이강로 사택. 글쓴이와 대담 ; 「김계곤 구술」, 2006.7.13. 장소: 서울 성북구 우이동 메리츠화재중앙연수원. 글쓴이와 대담).

통령의 담판이 이루어졌다.

> 그때 최현배 선생 댁을 자주 간 일이 있는데, 그때 최현배 선생 말씀이 이젠 걱정할 일이 없다. 이 박사를 만나 가지고 장시간을 이야길 했다. 그 이치를 다 따졌다. 그러니까 알겠다고 고개를 끄덕이고 그러고 난 뒤에 이거 꺼졌습니다. (중략) 최종적인 결정은 최현배 선생의 이 박사하고의 대면 거기에서 이루어진 겁니다.[218]

『큰사전』 속간이라는 역사적 소명을 다하기 위한 한글학회의 노력은 어렵사리 대통령의 생각을 돌리는 데 성공했고, 드디어 1955년 9월 19일 이승만 대통령은 '한글문제에 관하여'라는 담화를 발표했다.

> 지금와서보니 국문을 어렵게 복잡하게 쓰는 것이 벌써 습관이 돼서 고치기가 대단히 어려운 모양이며 또한 여러사람들이 이것을 그양 쓰고 있는 것을 보면 무슨 조흔점도 잇기에 그럴것이므로 지금 여러 가지 밧븐때에 이것을 가지고 이 이상 더 문제삼지 안켓고 민중들의 원하는대로 하도록 자유에 붓치고자 하는 바이다.[219]

1954년 7월 이후 1년이 지난 시점에 나온 이승만 대통령의 공식 발표였다. 만일 『큰사전』 속간을 위한 한글학회의 활동을 고려하지 않는다면, 지난 일을 공연히 들추어내듯 새삼스러운 느낌을 주는 담화가 됐을 것이다. 담화 내용을 보면, 비록 간소화를 철회하고 있지만 오랫동안 정체되었던 국문 인식

---

218) 「김계곤 구술」, 2006.7.13. 장소: 서울 성북구 우이동 메리츠화재중앙연수원. 글쓴이와 대담. 2006년 7월 현재 한글학회 이사장. 이 내용은 2005년 10월 4일 방송된 특선MBC다큐멘터리 "외솔 최현배 한글이 목숨이다."에도 들어 있다. ; 이사회 회의록에는 이희승으로 하여금 대통령과의 담판의 건을 추진하도록 결정한 것으로 되어 있으나, 정작 이 대통령을 만난 것은 최현배였다(조선어학회·한글학회 『이사회 회의록(1948.6~1949.9)·(1951.10~1959.1)』, 1954.9.11).

219) 『조선일보』 1955.9.20. 「국민의 원하는 대로」; 『서울신문』 1955.9.20. 「자유로이 쓰도록, 한글간소화 않겠다」

에 대한 성찰은 여전히 결여돼 있음을 알 수 있다.

한글학회 『이사회 회의록』과 정진숙, 이강로, 김계곤의 증언을 종합하면, 실제 한글파동이 해소되기까지 마지막 1년 동안 결정적인 역할을 한 이들은 당시 학회의 이사였던 최현배와 유제한, 을유문화사의 정진숙 사장이었다. 한글맞춤법간소화에 대한 사회의 반대를 배경으로 『큰사전』 속간이라는 역사적 사명에 대한 책임감이 마침내 한글맞춤법간소화 철회를 이끌어 낸 것이었다.

결국, 1948년 이승만 대통령의 담화로 시작되어 1953년 4월 27일 총리 훈령으로 공포됨으로써, 대한민국 사회에 뜻밖의 분쟁과 혼란을 야기했던 한글파동은 대단원의 막을 내렸다. 파동이 해소되자, 『큰사전』 간행 사업은 다시금 활기를 띠었다. 록펠러재단의 재원조가 확정되었고, 1956년 4월 1일 인쇄물자가 도착되었으며, 관훈동에 임시로 얻은 셋방에 편찬실을 차리고 업무를 재개했다. 새롭게 구성된 사전 편찬진은 다음과 같았다.

편찬: 정인승(주무), 권승욱, 유제한, 이강로, 정재도(증원)
고문: 정인서(증원)
교정: 한종수(증원), 이승화(증원), 정재도(증원)
사무: 강신경(증원), 정환철(증원)

1957년, 학회는 오랫동안 절판되었던 1, 2, 3권을 먼저 순차로 박아내고, 이어서 4권과 5권을 박아낸 뒤, 드디어 한글날인 10월 9일 부록까지 합쳐 6권을 성공적으로 펴냄으로써 『큰사전』 완간의 위업을 이룰 수 있었다.[220] 『큰사전』은 본문 3,558쪽(+찾기 114쪽)에 총 어휘 수 164,125에 이르는 방대한 사전으로 순우리말 74,612(45.5%), 한자말 85,527(52.1%), 외래어 3,986(2.4%) 어휘가 실렸다.[221]

---

220) 한글학회 50돌 기념 사업회, 『한글학회 50년사』, 한글학회, 1971, 279~280쪽 ; 『한글』 122(1957.10)는 『큰사전』 완간을 기념하는 특집호로 꾸며졌다.

사전 편찬원으로서 헌신했던 이강로는 완성된 『큰사전』을 가리켜 "애국심의 혼화요, 피의 결정이요, 고난의 알맹이"라고 했으며,[222] 한 일간신문은 『큰사전』 완간의 의미를 다음과 같이 보고했다.

> 우리말 "큰사전" 여섯 권의 출판이 완료되었다는 것은 한국문화사상의 획기적인 대사건으로서 후대에까지 기념할 만하다. 세종대왕이 정음을 제정반포한 지 만 510년 만에 순전히 우리글로 우리말을 해석한 사전이 완성된 것이다.[223]

언론의 보도처럼 『큰사전』 완간은 한국문화사상 획기적인 대사건이었다. 제 나라 말을 풀이한 사전 한 권조차 없다는 문화적 수치를 씻고 민족 갱생의 첩경을 닦고자 1929년 사전 편찬에 착수한 때로부터 무려 28년 만에 온갖 시련과 난관을 극복하고 이룬 감격적인 쾌거였다. 19~20세기 초 외국인들에 의해 만들어진 사전은 외국어를 조선어로 설명하거나 조선어를 외국어로 설명한 대역사전들이었다.[224] 그러나 『큰사전』은 우리말을 우리말로서 풀이한 본격적인 조선어 사전이었고, 일제의 조선어 억압 정책에 맞서 조선어를 수호하고 보전하고자 한 민족정신의 산물이었다. 『큰사전』은 우리 언어문화의 결정이자 보고로서 과학적 체계를 갖춘 근대어의 탄생을 의미했다. 뿐만 아니라 『큰사전』 간행 사업은 한글학회 학자들뿐만 아니라 좌우를 망라한 민족 지사들이 함께 참여한 민족 공동의 사업이었고 모든 조선인들의 염원이 담긴 민족의 숙원 사업이었다는 점에서 민족 운동사에 길이 빛날 찬란한 기념비를 세운 사건이었다.

---

221) 한글학회, 『큰사전』 6, 을유문화사, 1957.10.9.

222) 이강로, 「"큰사전" 편찬을 마치고」 『한글』 122, 한글학회, 1957.10, 29쪽.

223) 『경향신문』 1957.10.3. 「큰사전 출판 완성의 역사적 의의」

224) 대표적인 대역사전으로 푸칠로의 『露朝辭典』(1874년), 리델의 『韓佛字典』(1880년), 스코트의 『英韓辭典』(1891년), 게일의 『英韓辭典』(1897년) 등이 있다. 일제강점기에는 조선총독부가 『조선어사전』(1920년)을 간행하였는데, 역시 조선어를 일어로 번역한 대역사전이었다(김민수, 『신국어학사』. 일조각, 2003, 226~243쪽).

1929~1957년까지 지난 28년 동안 『큰사전』은 세 번의 크나큰 시련을 겪었다. 조선어학회사건, 한국전쟁, 그리고 한글맞춤법간소화파동이었다. 이윤재와 한징은 조선어학회사건으로 옥사했으며, 이중화와 정태진은 한국전쟁 중에 목숨을 잃었다. 마지막 한글파동의 고비를 넘지 못했다면, 그리고 정인승을 비롯한 권승욱, 이강로, 유제한, 김민수, 정재도 등 사전 편찬원들의 헌신적인 노력과 이우식을 비롯해 김양수, 장현식, 김도연, 신윤국, 이인, 서민호, 김종철, 민영욱, 임혁규, 정세권, 장세형, 공병우 등의 후원과 을유문화사, 박문, 협진, 서울신문, 선미 인쇄소, 록펠러재단 등의 협력이 없었다면 『큰사전』은 세상의 빛을 볼 수 없었을 것이다.[225)]

그런데 전 6권으로 완간된 『큰사전』이 1권과 2권은 『조선말 큰사전』으로, 1950년 6월 1일 나온 3권부터는 '조선말'을 떼고 그냥 『큰사전』으로 출판된 것은 남북 분단이 낳은 또 하나의 상처였다. 1949년 10월 조선어학회란 이름을 한글학회로 바꾼 것과 마찬가지로 '조선'이란 이름을 떼지 않을 수 없었기 때문이었다.

그렇다면 한글맞춤법간소화파동은 과연 어떤 사건이었을까? 한글파동은 철자법을 쉽게 고치자는 것이었고, 개정의 대상은 한글학회의 '통일안'이었다. 파동을 촉발한 것은 대통령과 정부였고, 여기에 맞선 것은 한글학회와 문화인들 그리고 일반 언중들이었다.

1933년 제정된 학회의 '통일안'은 반제국주의 투쟁의 성과라는 상징성과 더불어 과학적인 철자법으로서 해방 후 학교 교육을 중심으로 신문과 출판 등 각종 매체를 통해 널리 보급되고 있었다. 그런데 국어에 무지한 대통령 이승만은 권력으로 언어 문제까지 좌우할 수 있다는 오판과 오만 아래 언중

---

225) 한글학회 편, 「큰사전의 완성을 보고서」 『큰사전』 6, 서울: 을유문화사, 1957 ; 김민수는 1953년 6월 20일 입회하였고, 1956년 3월 13일부터 1957년 3월 31일까지 『한글』 편집과 사전 편찬에 참여하였다(조선어학회·한글학회 『이사회 회의록(1948.6~1949.9)·(1951.10~ 1959.1)』).

의 불편을 해소한다는 명분을 세워 철자법 간소화를 지시했다. 1953년 4월 27일 총리 훈령 제8호가 공포되었고, 간소화를 추진하는 정부와 문화계가 충돌했다. 교육·문화·인쇄·출판 등 사회 모든 분야에서 갈등이 발생했고, 학회의 『큰사전』 편찬도 중단되었다.

이승만의 철자법 간소화 기도는 통일안에 대한 중대한 도전이었다. 간소화는 '통일안' 폐지나 다름없었다. '통일안'의 본가로서 논쟁의 중심에 선 학회는 권력의 오만에 굴하지 않는 줄기찬 반대 투쟁으로 '통일안'을 지키고, 『큰사전』을 편찬함으로써 구한말 이래 학회에 주어졌던 역사적 사명을 완수했다.

결과적으로 한글파동은 학회의 '통일안'을 대한민국의 공식 철자법으로 수용하는 사회적 논의의 장이자 합의의 장이 되었다. 현행 『한글 맞춤법』은 1988년 문교부에 의해 공포된 것이지만, 시대의 변화에 따른 언어 현실을 반영해 일부 수정을 가했을 뿐 '통일안'의 기본 원칙은 바뀌지 않았다.

그러나 철자법의 담당자로서 학회의 위상에는 변화가 생겼다. 정부는 철자법 간소화에는 실패했다. 하지만 간소화 조치로 촉발된 철자법 문제를 해결하는 과정에서 국어심의회와 한글특별대책위원회가 설치되었다. 두 기구가 내놓은 결론이 문제를 해결하지는 못했지만, 두 기구는 어문 문제의 해결을 담당하는 공식 기구로 인식되었다. 더 이상은 학회의 학설과 주장이 여과없이 수용될 수 없는 사회적 조건이 형성된 것이고, 정부가 어문 정책을 담당하고 권한을 행사하게 되었다.

1954년 12월 문교부의 「외래어 표기법」 제정, 1955년 2월 '통일안'에 근거한 국민학교 교과서 편찬, 1958년 10월 문교부의 『로마자의 한글화 표기법』 공포, 1959년 『한글의 로마자 표기법』 공포, 1988년 학회의 '통일안'에 수정을 가한 최초의 국정 맞춤법 제정, 표준어 규정 공포 등은,[226] 정부의 권한을 제도적으로 관철한 실체적 사건들이었다.

---

226) 최용기, 『남북한 국어정책 변천사 연구』, 박이정, 2003, 46쪽, 60쪽, 71쪽, 79쪽.

1984년 5월 어문 연구와 정책 수립, 집행을 담당할 상설 기구로서 국어연구소가 설치되었다.[227] 1990년 정부 조직법 개정에 따라 문화부가 신설되어 문교부가 담당하던 어문 정책을 관장하게 되면서 국어연구소 개편이 논의되었고, 그 결과 1990년 11월 14일 대통령령 제13,163호에 따라 국립국어연구원이 설립되었다. 명실상부한 어문 정책의 주관 기관으로 설립된 국립국어연구원은 2004년에 국립국어원으로 명칭을 바꿔 현재에 이르고 있다.[228] 반면 한글학회는 간소화파동 이후 문교부의 권한이 강화되고 국가의 공식 기관으로서 국립국어원이 설립됨으로써 어문 정책 설계에서 배제되었고, 순수한 민간 학술 단체로서 위상을 재정립해야 했다.

227) 국어연구소는 학술원 산하에 설치된 비공식 기구였다. 그러나 1988년 1월 공포된 『한글 맞춤법』은 바로 이 국어연구소 작품이었다(김희진, 「한글 맞춤법과 표준어 규정의 개정 경위」, 蘭臺 李應百博士 古稀紀念論文集刊行委員會 編, 『光復後의 국어敎育』, 한샘, 1992, 539쪽).

228) 국립국어원 편, 『국립국어원 20년사』, 국립국어원, 2011, 1~5쪽.

제7장

결 론

1945년 해방과 함께 조선인들은 민족어를 회복했고, 한글을 교육과 행정 용어로 사용했다. 그 결과 한글세대가 출현했고, 한글시대가 열림으로써 60여 년에 불과한 짧은 기간에 대한민국은 정치·경제적으로 급성장했다. 글쓴이는 이 같은 발전의 요인으로 한글의 존재와 가치에 주목했다. 왜냐하면 한글로 교육 받고 지식을 습득한 한글세대가 성장의 견인차였기 때문이다. 구한말 이래 한국어의 일반화된 표기 방법은 국한문 혼용이었다. 그런데 대한민국 정부는 한글전용법을 제정하였다. 어떻게 해서 그와 같은 혁명적 변화가 가능할 수 있었을까? 현상과 결과는 익히 알려져 있었지만, 배경과 과정은 잘 드러나 있지 않았다. 이에 대한 국어학계나 역사학계의 연구도 미진했다. 이 같은 연구의 공백을 메우고 드러나지 않았던 한국사의 복원을 위해 글쓴이는 해방 후 언어 상황, 국어 문제의 해결, 한글의 성장에 주목했으며 1945~1957년까지 전개된 조선어학회·한글학회의 한글 운동에 대한 검토를 중심으로 이 시기의 언어 문제를 고찰했다.

1945년 8월 15일 해방은 되었지만, 정치·사회적 혼란은 해소되지 않았다. 미군정이 들어섰고, 정치 단체가 난립했다. 새 나라 건설을 위해 국민 교육의 기초를 수립해야 한다는 교육적 과제를 풀기에도 교육 환경은 매우 열악했다. 조선어로 된 교과서도 없었으며 조선어를 가르칠 교사도 절대적으로 부족했다. 38선 이남에 대한 통치를 책임진 미군정은 조선 통치에 대한 준비가 부족했고, 교육 문제 역시 마찬가지였다. 시급한 교육 정상화를 위해 미군정은 조선의 교육 관계자들에게 의존할 수밖에 없었고, 특히 교과서 문제를 해결하기 위해 조선어학회의 역량을 사야 했으며, 학회는 한글 운동의 매끄러운 전개를 위해 미군정의 행정력을 활용할 필요가 있었다. 군정 통치의 효율성을 높여야 하는 미군정과 민족어의 회복과 수립이라는 학회의 목적이 절묘하게 맞아떨어진 것이다. 이 같은 상황을 배경으로 최현배와 장지영, 이병기 등은 학무국 편수관이 되었고, 이극로, 이호성 등이 조선교육심의회에서 활동하였다. 학회 인사들의 미군정 복무에 대해 복종과 친미의 문제를 지적할 수 있겠지만, 민족어의 수립을 위해 학회의 한글 운동을 미군정 학무국의 어문 정책에 접목시키고자 한 것이 본질이었다. 그 대표적 사례이자 결과가 바로 교과서 편찬, 강습회, 우리말 도로 찾기, 한글 전용 운동 등이었다.

8월 25일 임시총회를 통해 활동을 재개한 학회는 건국기 학회가 해결해야 할 과제로서 교과서 편찬, 국어 교원 양성, 국어강습회 실시, 월간지 『한글』 속간, 국어사전 편찬 완료 등을 결의함으로써 학회의 사명을 뚜렷이 하였다. 가장 시급한 것은 교과서와 교원 수급 문제였다. 학회는 9월 2일 교재편찬위원회를 조직했다. 인력과 전문성을 확보하고 있었지만, 자금력과 행정력이 부족했다. 이러한 상황에서 미군정 학무국장 락카드를 만난 최현배는 교과서 문제 해결의 틀을 마련했다. 양자는 '학회 편찬, 미군정 학무국 발행'에 동의했고, 최초의 국어 교과서 『한글 첫 걸음』을 비롯해서 다수의 국어 교과서가 나왔으며, 공민 교과서까지도 학회가 편찬했다. 또한 주목할 것은 학회가 편찬한 교과서에서 처음으로 한글 전용과 한글의 가로쓰기가 시작되었다는 점이다. 한글 전용의 초석을 놓은 것도 세로쓰기의 오랜 관습을 가로쓰기로 바꾼 것도 서사 체계의 변화를 이끈 혁명적 사건으로 평가해야 할 것이다.

학회는 각종 강습회를 개최했다. 강습회는 조선어를 잊어버린 조선인들에게 조선어와 한글을 가르치고 국민 교육의 기초를 수립한다는 측면에서 매우 중요한 활동이었다. 일반적으로 학회가 개최한 강습회는 '한글(국어)강습회'라 불렸지만, 내용을 검토한 결과 일반인을 대상으로 한 강습회와 교사 재교육을 위한 강습회, 국어 교사 양성을 위한 강습회가 있었음을 확인했다. 이 중 학회가 주력한 것은 교사 양성 강습회였다. 1945년 9월부터 이듬해 1월까지 3차에 걸친 강습회에는 고등부와 사범부를 설치하여 1,836명의 국어 교사를 배출했다. 이러한 강습회를 1949년까지 계속함으로써 학회는 해방 후 절대적으로 부족했던 국어 교사 수급에 크게 기여했다.

나아가 학회는 실력과 덕목을 갖춘 국어 교사를 전문적으로 양성·배출하기 위한 기관으로서 세종중등국어교사양성소를 설립했다. 사범대학은 아니었지만 문교부의 인가를 받은 2년제 학교로 졸업생에게는 중등 국어 교사 자격증을 주었다. 1948년 개교하여 1950년 6월 1기 졸업생을 배출했으나, 한국전쟁으로 인해 더 이상 계속되지 못했다. 안타까운 것은 전쟁이 끝난 후에도 학교를 다시 열지 못했다는 점이다. 1기 졸업생들 대부분이 교육계와 국어학계에 진출해 후진 양성과 사회 발전에 헌신한 것을 고려하면 양성소가 계속되지 못한 것은 더더욱 애석한 일이었지만, 건국 초기 중등 국어 교사를 양성하는 전문 기관을 창설했다는 것은 국어 교육사와 사범대학의 역사에서도 특별한 의미를 지니는 성과로 평가해야 할 것이다.

그 동안 우리말 도로 찾기 운동은 민족어 회복 운동, 국어 순화 운동으로 분석되고 평가되었지만, 학회의 역할이 뚜렷하게 분석되지 않았다. 그러나 글쓴이는 자연발생적으로 시작된 운동이 4~5년을 지속할 수 있었던 배경으로 학회의 활동에 주목했다. 학회는 국어 연구 단체로서 사회단체의 운동을 지도하거나 조언했다. 또한 기관지 『한글』과 미군정 문교부가 발행한 『우리말 도로찾기』를 분석한 결과, 미군정의 국어 순화 정책이 편수국의 최현배와 장지영에 의해 문교부 정책으로 입안되고 추진되었다는 사실을 밝혀냈다. 문교부의 우리말 도로 찾기는 학술 용어 순화와 일상어 순화의 두 부분으로 시행되었는데, 학술용어제정위원회가 교육 용어를 정비하고, 편수국은 국어정화위원회의 논의를 거쳐 일상어를 정비한 『우리말 도로찾기』 책자를 발행하였다. 그 동안 『우리말 도로찾기』는 문교부 발행으로만 알려졌었지만 이 책에서는 기획 겸 편집자가 장지영이었음을 밝혔다.

우리말 도로 찾기 운동은 일본어에 침식당했던 민족어 회복에 절대적 공헌을 한 것이 사실이지만, 한편으로는 우리말에 대한 언중의 생각을 둘로 갈라놓는 계기를 제공하기도 했다. 우리말을 되살려 쓰자는 원칙에서는 언중의 전폭적인 동의와 지지를 얻었지만, 구체적 방법으로 제시된 새말 만들기에 대해서는 이견과 비판이 있었다. 특히 경성제국대학 출신의 일부 학자들은 국어에서 한자의 영향력을 배제하는 데 동의하지 않았다. 이들에게 한자는 국한문 서사 전통의 고수와 지식의 독점, 지식인의 권위 등을 나타내는 수단이었고, 이들은 일본의 학자로부터 전수받은 실증적인 학문 연구의 태도를 고집함으로써 민족어에 대한 열망과 민주의 시대 건설이라는 새 시대의 요구를 외면했다. 그 결과 새말 대 한자어의 갈등이 발생하였고, 이것은 한글 전용 운동이 주장한 한자 폐지에 대한 반발과 중첩됨으로써 한글 전용 대 국한문 혼용의 갈등을 낳았다. 그러나 우리말 도로 찾기 운동은 일본어에 침식되었던 민족어의 순수성을 회복한 점, 한국인의 언어 정체성과 주체성 확립의 발단이 되었다는 점에서 높이 평가되어야 한다. 21세기를 맞은 오늘에도 국어 순화 운동이 전개되고 있는 것은 우리말 도로 찾기 운동의 정신을 계승하고 있는 것이다.

해방 후 조선어학회의 활동을 검토하던 글쓴이가 주목한 것은 이극로의 행보였다. 그 동안 이극로는 1948년 4월 남북연석회의에 참가했다가 잔류한 것으로 알려져 있었다. 그러나 이 책에서는 평양으로 가기 전에 김두봉에게서 북한의 국어 문제를 맡아달라는 부탁을 받고 북행했다는 점을 밝혔다. 이극로 북행 이후 월북한 김병제, 이만규 등은 조선어문연구회의 중추로 활동했다. 조선어문연구회는 「조선어 신철자법」을 제정했고, 기관지 『조선어 연구』를 발행했으며, 『조선어문법』을 발간하면서 북한어의 기초를 수립했다. 그러나 주목할 것은 조선어문연구회가 북한어의 기초를 수립하면서도 1933년 학회가 제정한 '통일안'의 형태주의 원칙을 고수하였고, 문법, 표준어 정책, 한글 전용 정책 등에서 남한의 조선어학회와 동일한 태도를 견지했다는 점이다.

이것이 가능했던 것은 38선 이북에 들어선 북한 정권이 한글을 중시한 점, 남북통일을 대비하면서 언어 문제에 접근하고 있었던 점 등을 간과할 수 없지만, 결정적으로 북한의 언어 정책을 책임진 이극로, 김병제, 이만규 등 조선어학회 출신 학자들의 공로를 언급해야 한다. 남북 분단이라는 예기치 않은 상황에서 이들은 민족어의 장래를 걱정하면서 북쪽을 택했다. 북한 사회주의 체제라는 급변한 정치적 환경 속에서 사회주의 언어학을 표방하기도 했지만, 그러나 이들의 활동은 민족주의적 언어관의 범주를 벗어나지 않았다. 남북이 정치적으로 날카롭게 대치하는 상황에서도 남북의 국어 학자들 간에는 민족어의 동질성을 유지해야 한다는 암묵적인 동의가 형성돼 있었고, 이들이 민족어의 이질화를 막고자 노력한 것은 민족 분단사의 전개에서 대단히 중요한 의미를 지닌다. 따라서 남북으로 갈라진 조선어학회 학자들의 민족어 통일 운동은 높이 평가되어야 한다.

그런데 이극로의 북행과 북한에서의 활동은 적대적 분단 상황 속에서 조선어학회에 부담을 주었다. 결정적으로 38선 이북에 수립된 정부가 '조선민주주의인민공화국'이라는 이름을 세움으로써 '조선'이란 이름을 멀리해야 하는 상황에 이르렀고, 학회는 총회의 결의를 통해 1949년 10월 2일 '한글학회'로 개명했다. '조선어학회'라는 유서 깊은 이름을 포기하게 했던 분단이 장기화 되면서 문자의 이름도 두 개가 되었다. 현재 남한은 '한글', 북한은 '조선글'을 쓰고 있다. 하나의 문자가 가진 두 개의 이름은 고착된 분단 상태를 표상하는 동시에 다시 찾아야 할 하나의 이름에 대한 갈망의 근원이기도 하다.

이 책에서는 한글세대의 등장과 한글 시대를 연 한글 전용 운동에 특히 주목하였다. '한글'은 무엇이며 대한민국 역사 발전에서 어떤 의미와 가치를 지니는 것일까? '한글'은 일제강점기 조선 문자를 국문이라 부를 수 없는 상황에서 탄생했다. 학회는 '한글날'을 제정하고 잡지 『한글』을 발행하면서 '한글'을 널리 보급했고, 각종 언론의 전파력에 힘입어 훈민정음, 언문, 암글로 불리던 이름이 '한글'로 대체되었다.

'한글' 탄생의 중심체였던 학회는 해방과 함께 본격적인 한글 시대를 열기 위한 행동에 나섰다. 우선 학회는 한자폐지실행회를 조직해 초중등 교과서에서 한자를 폐지했다. 조윤제를 비롯한 지식인 일부가 한자 폐지 불가론을 주장했지만, 정태진과 최현배 등은 한글 전용의 이론서를 출판하면서 문자 논쟁을 주도했다. 반면 반대파에서는 학회의 한글 전용 운동에 체계적으로 대응하지 못했다. 한글은 민주의 시대에 적합한 문자로서 부각되었고, 한글전용론은 언중에 수용되었으며, 학회는 서사 수단으로서 한글 전용의 원칙을 성문화하기 위해 정부에 한글전용법 제정을 건의했다. 그 결과 1948년 10월 1일 국회에서 한글전용법이 제정되었다.

그러나 한글전용법은 한자 병용을 허용함으로써 태생적인 결함을 안고 출발하였다. 한글 전용을 위해 만든 법이 한자의 사용을 허용한 것은 모순이었다. 게다가 한글전용법은 법적 구속력이 없었다. 한자를 사용해도 무방했고, 한글 전용을 하지 않아도 규제할 수 없었다. 그렇기 때문에 문자 생활에서 한글 전용의 실현은 요원했다.

실제로 오랜 세월 관습처럼 내려온 문자 생활의 개혁은 쉽지 않았다. 신문과 잡지 등 대부분의 언론이 국한문 혼용체를 택하고 있었고, 심지어는 정부가 발행하는 공용문서에서도 한글 전용이 이루어지지 않았다. 이에 학회는 한글전용촉진회를 조직해 한글 전용을 국민운동으로 확산시키기 위해 노력했다. 학회의 소망은 문자가 민중을 지배하는 시대가 아니라 민중이 문자의 주인이 되는 시대를 만드는 것이었다. 그러나 국회에서는 한자 교육 문제가 불거졌고, 문교부는 상용한자를 선정해 일반과 학교에 보급하였다. 초중등 교과서 한자 폐지에 대한 반격이었으며, 한글 대 한자의 본격적인 논쟁이 시작된 것이다.

결과적으로 볼 때 한글 전용이라는 학회의 목표가 당대에 실현된 것은 아니었지만, 한글은 국자의 지위를 확보하였고, 한글 전용은 한국어 서사의 기본 원칙이 되었다. 국어기본법에 따르면, 한글은 국어를 표기하는 우리의 고유 문자다.[229] 비교적 오랜 시간이 걸렸지만, 공문서뿐만 아니라 신문과 잡

229) 로앤비 http://www.lawnb.com/

지 등 출판물에서 한글 전용이 실현되었다. 그럼에도 법률로 국자에서 한자를 제외한 것은 위헌이라는 주장이 제기되었다는 사실은,[230] 한글 대 한자 논쟁이 끝난 것이 아니라 현재 진행형이라는 사실을 일깨워 줌과 동시에 이에 대한 언중의 깊은 사색을 요구하는 것이라 생각한다.

조선어학회에 주어진 민족적 사명 중 하나는 사전 편찬이었다. 사전은 근대어 확립에 불가결한 것이었고, 식민지 조선인들에게 사전은 민족어의 보전이라는 절박한 소망과 직결되었다. 이를 정확히 인식한 학회는 1929년 사전 편찬 사업에 착수했다. 기술적·경제적 문제, 일제의 감시와 통제라는 시대적 문제 등으로 사전 편찬 사업은 난항을 거듭했다. 첫 번째 시련은 조선어학회 사건이었고, 두 번째는 한국전쟁, 세 번째가 한글맞춤법간소화파동이었다.

이승만 대통령은 한글맞춤법간소화파동을 일으켰다. 전문 지식이 없는 통치자가 무모하게 언어 문제에 개입한 것이다. 1953년 4월 27일 정부의 공용 문서부터 철자법을 간소화 하겠다는 총리 훈령이 발표되었고, 사회는 철자법 논쟁에 휩싸였다. 철자법 간소화는 '통일안'에 대한 심각한 도전이었기 때문에 학회는 '통일안' 수호에 총력을 기울였다. 또 하나의 문제는 간소화파동으로 사전 사업이 중단된 것이었다. 철자법이 바뀌면 학회의 『큰사전』은 무용지물이 될 것이 뻔했다.

학회는 '통일안'을 지키고 사전을 발간하기 위해 정부와 교섭했다. 마침 방한 중이던 미국 예일 대학의 언어학자 마틴 박사까지 나서서 '통일안'을 옹호했다. 일찍이 기독교와 미국의 영향 아래 성장한 이승만이었기에 미국인

---

230) 2012년 10월 22일 어문정책정상화추진회는 국어기본법의 한글 전용은 위헌이라는 헌법소원을 냈다. 『세계파이낸스』, 2012.10.22. 「"국어기본법의 한글전용정책은 위헌" 헌법소원」 http://www.segyefn.com/articles/article.asp?aid=20121022021186&cid=0501030000000&OutUrl=daum ; 1992년 2월 11일에는 안병욱 홍사단 이사장과 임원택 정신문화연구원 교수 등 5명이 국민학교 교과서에 한글만 쓰도록 한 정부의 '한글전용초등교육교과서 편간 지시처분'이 헌법 제31조의 균등교육수혜권에 위배된다며 헌법소원을 냈었다(『한겨레신문』 1992.2.12. 「한글전용 국교교재 반대 안병욱씨 등5명 헌법소원」).

언어학자와의 만남은 한글파동 해소에 결정적인 계기가 되었으며, 최현배와 이승만의 만남이 이루어지는 등 학회의 다각적인 노력이 계속된 결과, 1955년 9월 19일 마침내 이승만은 담화를 통해 간소화 포기를 선언했다. 한글파동이 해소되고, 1957년 10월 9일 드디어 『큰사전』 6권이 모두 완간됐다. 일제강점기 사전 편찬에 착수한 때로부터 무려 28년 만에 이룬 감격적인 쾌거였으며, 『큰사전』은 근대적 체계를 갖춘 한국어의 집합이자 확립을 의미했다.

이상 이 책에서는 해방 후 학회의 한글 운동을 검토하고 성과를 확인하였다. 한글강습회 개최, 국어 교사 양성, 교과서 편찬 등은 교육 분야에서 학회가 이룬 성과였다. 우리말 도로 찾기는 민족어와 민족정신을 회복한 운동이었다. 북한으로 간 이극로, 김병제, 이만규 등은 조선어학회의 민족주의적 언어관의 범주에서 북한의 언어 정책을 수립하였고 남북 언어의 통일을 위해 노력했다. 한글 전용 운동은 한글 서사의 원칙을 세우고 한글세대를 배출했으며 한글 시대를 열었다. 『큰사전』은 민족적 대 사업의 완수였고 한국어의 보고였다. 학회는 한글의 산파였고 한글 운동의 중심체였다. 1945년부터 1957년 사이의 언어 문제를 검토하면서 한글이 저절로 주어진 것이 아니라는 것을 확인했다. 해방 후 조선어학회·한글학회가 전개한 한글 운동의 결과, 언어생활에 혁명이 일어났고 한글을 기반으로 하는 지식·정보·문화 사회의 토대가 구축될 수 있었다.

최근 통섭에 대한 사회적 관심이 고조되면서 학술 분야에서도 통섭적 연구가 활기를 띠고 있다. 과학과 문화 산업의 통섭이 이루어지는가 하면 경계가 뚜렷했던 인문학과 자연 과학의 통섭적 연구도 진행되고 있는 상황이다. 이러한 측면에서 이 논문이 거둔 작은 성과가 역사학과 국어학의 학문적 통섭의 한 걸음이 될 수 있다면, 이를 계기로 두 학문의 사각지대에 놓여있던 한국사와 국어학사의 복원을 위한 통섭적 연구가 더욱 활성화되기를 바란다.

그러나 이 책은 몇 가지 측면에서 크고 작은 결함을 안고 있다. 학회의 활동을 중심으로 문제를 검토하다 보니 한글 전용 운동에 반대한 진영의 대응과 논리에 대해서는 면밀하게 분석하지 못했으며, 주시경 이래 그 제자들에게 계승된 가로쓰기가 한글 전용으로 가는 국어의 이상적인 서사 체계로서 여러 차례 논의가 되었음에도 수용되지 않았는데, 이 문제 또한 검토하지 못했다. 이밖에 미국의 록펠러재단과 학회와의 관계, 학회의 주요 활동으로서 한글날 기념사업, 조선어학회사건 선열 추모 사업 등도 앞으로의 연구 과제로 남겨두고자 한다.

참고문헌

1. 자료

(1) 문헌자료

〈한국어〉

『고종실록』 32권.

조선어학회사건 「예심종결 결정문」

조선어학회사건 「일제최종판결문」

조선어학회, 동인지 『한글』

조선어학회, 기관지 『한글』

한글학회, 기관지 『한글』

한글문화보급회, 『한글문화』 창간호.

조선어학회·한글학회 『이사회 회의록(1948.6~1949.9)·(1951.10~1959.1)』

『세종중등국어교사양성소 학적부(1948·1949·1950년도)』, 한글학회.

조선어학회, 『한글 첫 걸음』, 군정청 학무국, 1945.11.6.

조선어학회 파견강사 김민수 · 한글문화보급회 · 대본산 백양사 1945년 12월 10일 발행 「마침증서」.

조선어학회, 『초등국어교본(상)』, 군정청 학무국, 1945.12.30.

군정청 학무국, 『초등공민 오륙학년용』, 조선서적인쇄주식회사, 1946.5.5.

군정청 문교부, 『초등셈본 6-1』, 1946.9.15.

군정청 문교부, 『초등셈본 6-2』, 1946.9.15.

신효선·이종서 같이 지음, 『일반과학 물상편』, 을유문화사, 1947.9.1.

조선어학회·진단학회·한글문화보급회 1947년 12월 28일 발행 「합격증서」.

오용진 지음, 『중등교육 수학교과서』 초급중학교 제1학년씀, 조선출판사, 1947.8.8.

문교부, 『중등국어 3』, 조선교학도서주식회사, 1948.8.30.

대통령비서실, 「한글철자 개정에 관한 건」, 1950.12.28.

「교육위원회제53회2차회의록」 『여주교육 회의록철』, 경기교육(여주교육), 1951.

「안면도회의제1차임시회의록」 『안면도회의록』, 제주도내무국지방과, 1952.

정경해,「철자법실태조사」, 1954.2.10.
공보실 편,『대통령이승만박사담화집』1·2·3집, 공보처, 4286(1), 4289(2), 4292(3).
내무부치안국,『미군정법령집 1945~1948』, 1956.
한글학회 편,『큰사전』1-6, 서울: 을유문화사, 1957.
한글학회 50돌 기념 사업회,『한글학회 50년사』, 한글학회, 1971.
김민수·하동호·고영근 편저,『역대한국문법대계』, 탑출판사, 1976-1986.
鄭泰秀 編著,『美軍政期 韓國教育史資料集: 1945~1948, 上,下』, 弘芝苑, 1992.
한글학회,『깁고 더한 쉬운말 사전』, 한글학회, 1999.
한글학회,『한글학회 100년사』, 한글학회, 2009.

〈일본어〉
明治44年08月23日 勅令 229号 朝鮮教育令
大正11年02月04日 勅令 19号 朝鮮教育令
昭和13年03月04日 勅令 103号 朝鮮教育令
昭和16年03月25日 勅令 254号 朝鮮教育令中改正ノ件
昭和18年03月09日 勅令 113号 朝鮮教育令
治安維持法(大正14年法律第46号)
治安維持法ヲ朝鮮, 台灣及樺太ニ施行スルノ件(大正14年勅令第175号)
治安維持法(大正14年法律第46号, 昭和3年勅令第129号による改正後)
治安維持法(昭和16年法律第54号)
朝鮮總督府,『施政 三十年史』, 朝鮮總督府, 京城: 昭和15(1940).

(2) 구술자료

「이강로 구술」, 2006.1.14. 장소: 서울 관악구 봉천동 이강로 사택. 연구자와 대담.
「정진숙 구술」, 2006.1.16. 장소: 서울 종로구 수송동 을유문화사. 연구자와 대담.
「김계곤 구술」, 2006.7.13. 장소: 서울 성북구 우이동 메리츠화재중앙연수원. 연구자와 대담.
한글학회,『한글 문화 인물 녹취 자료』(2005. 12~2006. 3)
국사편찬위원회,『해방 이후 국어 정립을 위한 학술적·정책적 활동 양상』, 2007년도 구술자료수집사업.

「이상보 구술」, 2012.6.13. 15~17시. 장소: 서울 서대문구 홍은동 이상보 자택, 연구자와 대담.
「유동삼 구술」, 2012.7.15. 14~17시 30분. 장소: 대전 태평동 유동삼 자택, 연구자와 대담.
「이선희 구술」, 2012.7.20. 15~17시 30분. 장소: 행당동 사랑방 하늘나무. 연구자와 대담.
「이응호 구술」, 2012.11.2. 17~18시 40분. 장소: 서대문 성결교회. 연구자와 대담.

2. 단행본, 총류

(1) 한국어

최현배, 『한글갈』, 정음사, 1940.
조선어학회, 『초등국어교본 한글교수지침』, 군정청 학무국, 1945.
尹在千, 『新教育序說』, 朝鮮教育硏究會, 1946.
방종현 편, 『조선문화총설』, 일성당서점, 1947.
조윤제, 『국어교육의 당면 문제』, 문화당, 1947.
이희승, 『조선어학논고』, 을유문화사, 1947.
신기철, 『한글 공문의 기초 지식』, 동방문화사, 1947.
리처드 라우터베크, 『한국미군정사』, 국제신문사, 1948.
문교부, 『우리말 도로찾기』, 조선교학도서주식회사, 1948.
문교부, 「한자 안 쓰기의 이론」, 조선교학도서주식회사, 1948.
김기림, 『文章論新講』, 민중서관, 1950.
최현배, 『한글의 투쟁』, 정음사, 1954.
한국교육문화협회 편, 『韓國教育과 民族精神(庸齊 白樂濬 博士 選集)』, 문교사, 1954.
이헌구, 『문총창립과 문화운동십년소관』, 전국문화단체총연합회, 4290(1957).
김윤경 엮음, 『주시경선생전기』, 한글학회, 1960.
한국교육십년사간행회, 『韓國教育十年史』, 풍문사, 1960.
최현배, 『조선민족 갱생의 도』, 정음사, 1962(초판: 1930).
오천석, 『한국신교육사』, 현대교육총서출판사, 1964.
조철, 『죽음의 세월』, 성봉각, 1964.

박용만, 『경무대비화』, 삼국문화사, 1965.
모윤숙, 『회상의 창가에서』, 중앙출판공사, 1968.
외솔 최현배 박사 고희 기념 논문집 간행회, 『외솔 최현배 박사 고희기념논문집』, 외솔 최현배 박사 고희기념논문집 간행회, 1968.
이응호, 『언어정책의 역사적 연구: 한글전용 대책편』, 서울: 한글전용국민실천회, 1969.
남광우, 『現代 國語國字의 諸問題』, 일조각, 1970.
김민수, 『국어정책론』, 고려대학교출판부, 1973.
이응호, 『미 군정기의 한글운동사』, 성청사, 1974.
중앙대학교 부설 한국교육문제연구소, 『문교사 1945~1973』, 중앙대학교출판부, 1974.
경향신문사 편, 『내가 겪은 20세기: 백발의 증언 원로와의 대화』, 경향신문사, 1974.
백두진, 『백두진 회고록』, 대한공론사, 1975.
이병기, 『가람일기 2』, 신구문화사, 1976.
이기문 편, 『주시경전집』 상하, 아세아문화사, 1976.
이충우, 『경성제국대학』, 다락원, 1980.
동덕여자대학삼십년사 편찬위원회, 『동덕여자대학삼십년사』, 동덕여자대학, 1980.
남광우, 『國語國字論集』, 일조각, 1982.
이기문 외, 『韓國語文의 諸問題』, 일지사, 1983.
국어국문학회 편, 『국어국문학회 30년사』, 일조각, 1983.
정진숙, 『출판인 정진숙』, 을유문화사, 1983.
白石 趙文濟教授 華甲紀念論文集刊行委員會 編, 『白石 趙文濟教授 華甲紀念論文集』, 白石 趙文濟教授 華甲紀念論文集刊行委員會, 1983.
김남식, 『남로당 연구』, 돌베개, 1984.
김민수 외, 『國語와 民族文化』, 集文堂, 1984.
김윤경, 『한결김윤경전집5』, 연세대학교출판부, 1985.
故 金奎昌教授 遺稿論文集刊行委員會 編, 『朝鮮語科 始末과 日語教育의 歷史的背景』, 서울: 故 金奎昌教授 遺稿論文集 刊行委員會, 1985.
송남헌, 『해방3년사 I 1945~1948』, 까치, 1985.
정진석, 『한국 現代言論史論』, 전예원, 1985.
鄭在哲, 『日帝의 對韓國植民地教育政策史』, 一志社, 1985.

김완진·안병희·이병근, 『국어연구의 발자취(1)』, 서울대학교출판부, 1985.
브루스 커밍스, 김자동 역, 『한국전쟁의 기원』, 일월서각, 1986.
이병혁 편저, 『언어사회학 서설 이데올로기와 언어』, 까치, 1986.
성내운선생화갑기념논총편집위원회, 『민족교육의 반성』, 학민사, 1986.
阿部 洋 編, 『解放後 韓國의 教育改革』, 財團法人 韓國研究院, 1987.
박현채 외, 『해방전후사의 인식』 3, 한길사, 1987.
한실회갑기념논총간행위원회, 『한실이상보박사 회갑기념논총』, 형설출판사, 1987.
문교40년사편찬위원회 엮음, 『문교40년사』, 문교부, 1988.
최상룡, 『미 군정과 한국민족주의』, 나남출판사, 1988.
최원식 해제, 조선문학가동맹 엮음, 『건설기의 조선문학 제1회 전국문학자대회 자료집 및 인명록』, 온누리, 1988.
전수태·최호철, 『남북한 언어비교』, 녹진, 1989.
송건호 외, 『해방 전후사의 인식』 1, 한길사, 1989.
한준상·김학준, 『현대한국교육의 인식』, 청아출판사, 1990.
마이클 로빈슨 저, 김민환 역, 『일제하 문화적 민족주의』, 나남, 1990.
서중석, 『한국현대민족운동연구』, 역사비평사, 1991.
김민수 편, 『북한의 조선어 연구사 1945~1990』 1-4, 녹진, 1991.
손인수, 『미군정과 교육정책』, 서울: 민영사, 1992.
박붕배, 「미군정기의 국어교과서」 『한국국어교육전사 상』, 대한교과서주식회사, 1992.
최호연, 『조선어학회, 청진동 시절』 상, 진명문화사, 1992.
蘭臺 李應百博士 古稀紀念論文集刊行委員會 編, 『光復後의 국어教育』, 한샘, 1992.
심지연, 『잊혀진 혁명가의 초상 김두봉 연구』, 인간사랑, 1993.
반민족문제연구소, 『청산하지 못한 역사』 2, 3권, 청년사, 1994.
고영근, 『통일시대의 어문문제』, 길벗, 1994.
허만길, 『한국 현대 국어 정책 연구』, 국학자료원, 1994.
손인수, 『한국교육운동사 1』, 문음사, 1994.
서정주, 『우남 이승만 전』, 화산, 1995. 중판(초판은 1949년).
나주정씨월헌공파종회, 『석인 정태진전집(상)』, 서경출판사, 1995.
고길섶, 『우리 시대의 언어 게임』, 토담, 1995.
고영근, 『최현배의 학문과 사상』, 집문당, 1995.

이종석, 『조선로동당연구』, 역사비평사, 1995.
원영희·최정태 편, 『뭉치면 살고 … 언론인 이승만의 글모음(1898~1944)』, 조선일보사, 1995.
E. J. 홉스봄, 강명세 (옮김), 『1780년 이후의 민족과 민족주의』, 창작과비평사, 1996.
송덕수, 『광복교육 50년 1. 미군정기편』, 대한교원공제회 교원복지신보사, 1996.
宮田節子 저, 李熒娘 역, 『朝鮮民衆과 皇民化 政策』, 일조각, 1997.
한말연구학회 편, 『건재 정인승 전집 6 국어운동사』, 도서출판 박이정, 1997.
崔由利, 『日帝 末期 植民地 支配政策硏究』, 국학자료원, 1997.
임홍빈, 『북한의 문법론 연구』, 한국문화사, 1997.
국립국어연구원, 『석인 정태진 선생의 학문과 인간』, 국립국어연구원, 1998.
한원영, 『한국현대신문연재소설연구』, 국학자료원, 1999.
이성준, 「훔볼트의 언어철학」, 고려대학교 출판부, 1999.
김석득, 『외솔 최현배 학문과 사상』, 연세대학교 출판부, 2000.
김기석, 『일란성 쌍생아의 탄생 1946: 국립서울대학교와 김일성종합대학의 창설』, 교육과학사, 2001.
이희승, 『일석이희승자서전 다시 태어나도 이 길을』, 선영사, 2001.
석인 정태진 기념사업회 엮음, 『석인 정태진 논설집』, 범우사, 2001.
김종서 편, 『한국 문해교육 연구』, 교육과학사, 2001.
미야타 세스코 해설·감수, 정재정 역, 『식민통치의 허상과 실상』, 혜안, 2002.
최기일, 『자존심을 지킨 한 조선인의 회상』, 생각의 나무, 2002.
정선이, 『경성제국대학 연구』, 문음사, 2002.
이원복, 『한국어 표준발음사전』, 서울대학교출판부, 2003.
코모리 요이치, 정선태 역, 『일본어의 근대』, 소명출판, 2003.
김민수, 『신국어학사』, 일조각, 2003.
한국사회사학회, 『지식 변동의 사회사』, 문학과 지성사, 2003
유종호, 『나의 해방 전후』, 민음사, 2004.
이상혁, 『훈민정음과 국어연구』, 역락, 2004.
고영근·구본관·시정곤·연재훈, 『북한의 문법 연구와 문법 교육』, 박이정, 2004.
박영준·시정곤·최경봉·장영준, 『영어 공용화 국가의 말과 삶』, 한국문화사, 2004.
서중석, 『이승만의 정치 이데올로기』, 역사비평사, 2005.

김신일 외, 한국문해교육협회 엮음, 『한국의 문해교육』, 문음사, 2005.
이병근 외, 『한국 근대 초기의 언어와 문학』, 서울대학교 한국문화연구소, 2005.
정병준, 『우남 이승만 연구』, 역사비평사, 2005.
문제안 외 39명, 『8·15의 기억』,한길사, 2005.
김슬옹, 『조선시대 언문의 제도적 사용 연구』, 한국문화사, 2005.
손정목 지음, 『한국 도시 60년의 이야기 1』, 한울, 2005.
한자어문교육연구회, 『한자교육과 한자정책에 대한 연구』, 도서출판 역락, 2005.
한상범, 『살아있는 우리 헌법 이야기』, 삼인, 2005.
최경봉, 『우리말의 탄생』, 책과함께, 2005.
김미경, 『대한민국 대표 브랜드 한글』, 자우출판사, 2006.
윤여탁 외, 『국어교육 100년사』, 서울: 서울대학교출판부, 2006.
김연숙, 『국어라는 사상』, 소명출판, 2006.
서울특별시사편찬위원회 편, 『서울六百年史年表 下』, 서울특별시사편찬위원회, 2006.
사토 타쿠미(佐藤卓巳) 저, 원용진·오카모토 마사미(岡本昌己) 역, 『8월 15일의 신화』, 궁리, 2007.
정진숙, 『출판인 정진숙』, 을유문화사, 2007.
카와사키 아키라(川崎陽), 「식민지 말기의 일본어 보급 정책」, 한국학의 세계화 사업단·연세대학교 국학연구원 편, 『일제 식민지 새로 읽기』, 혜안, 2007.
이극로, 『고투 40년』, 범우, 2008.
국회사무처 편, 『대한민국국회 60년사』, 서울: 국회사무처, 2008.
임형택·한기형·류준필·이혜령 엮음, 『흔들리는 언어들』, 성균관대학교 출판부, 2008.
고영근, 『민족어의 수호와 발전』, 제이앤씨, 2008.
이길상, 『20세기 한국교육사』, 집문당, 2008.
김영희, 『1930년대 일제의 민족분열통치 강화』, 한국독립운동사편찬위원회 독립기념관 한국독립운동사연구소, 2009.
이극로박사기념사업회 편, 『이극로의 우리말글 연구와 민족운동』, 선인, 2010.
정종섭, 『헌법학원론』, 박영사, 2011.
허재영, 『일제강점기 어문 정책과 어문 생활』, 도서출판 경진, 2011.
허재영 엮음, 『조선 교육령과 교육 정책 변화 자료』, 도서출판 경진, 2011.

국립국어원 편, 『국립국어원 20년사』, 국립국어원, 2011.
노마 히데키 지음, 김진아·김기연·박수진 옮김, 『한글의 탄생 - 〈문자〉라는 기적』, 돌베개, 2011.
최경봉, 『한글민주주의』, 책과함께, 2012.
박용규, 『조선어학회 항일투쟁사』, 한글학회, 2012.
국립국어원, 『조선어학회 수난 70돌 기념 - 조선어학회 항일 투쟁의 역사적 의미와 계승』, 국립고궁박물관 본관 강당, 2012.10.12.

(2) 북한

RG242, SA2011, Item #31 金大(김일성대학)교원 이력서 문학부(국립중앙도서관 dibrary)
RG242, SA2012, Item #1-67 『조선어 문법』, 조선어문연구회, 1949(국립중앙도서관 dibrary)
조선어문연구회, 『조선어문법』, 평양: 조선어문연구회, 1949~1950(고영근 편, 『조선어 연구』 1-3, 서울: 역락, 2001).
조선중앙통신사 편, 『조선중앙연감 1949』, 평양: 조선중앙통신사, 1949.
말과 글 편집위원회, 『말과 글』 1, 조선민주주의인민공화국 과학원 출판사, 1958.2.
문예출판사 편집위원회, 『천리마』, 문예출판사, 1959.
조선로동당중앙위원회 직속 당 력사연구소, 『김일성선집 1』, 조선로동당출판사, 1963.
과학백과사전출판사 편집위원회, 『문화어학습』, 과학백과사전출판사, 1968.
조선로동당출판사, 『김일성저작집』, 조선로동당출판사, 1979~1996.
전혜정, 『문맹퇴치 경험』, 사회과학출판사, 1987.
국토통일원, 『북한최고인민회의자료집(제1기: 1기1차회의~1기13차회의)』 제1집, 국토통일원 조사연구실, 1988.
김창호, 『조선교육사 3』, 사회과학출판사, 1990.
조선로동당출판사, 『김일성전집』, 1995~2012.
전병훈, 『태양의 품에 안기여 빛내인 삶 (2) 리극로 편』, 평양출판사, 1997.
정순기 외, 『조선어학회와 그 활동』, 평양: 과학백과사전종합출판사, 2000.
조선민주주의 인민공화국과학원 언어문학연구소, 『조선어문』, 서울: 연문사, 2000.

(3) 일본어

村正 實, 『アメリカ教育使節團報告書』, 講談社, 1979.
山住 正己, 『日本教育小史』, 岩波新書, 1987.
安田敏朗 著, 『植民地のなかの「國語學」』, 東京: 三元社, 1998.
坪井幸生(協力 荒木信子), 『ある朝鮮総督府警察官僚の回想』, 草恩社, 2004.
樋口 謙一郎, 『美軍政期 南朝鮮における言語文字改革』, 金壽堂出版, 2009.
上田万年 著, 安田敏朗 校注. 『國語のため』, 平凡社, 2011.

3. 논문

(1) 한국어

방종현, 「훈민정음 사략」 『한글』 97, 조선어학회, 1946.9.
김민수, 「周時經의 業績」 『국어학』 1, 국어학회, 1962.
이응백, 「노국어학자 월양 이탁선생의 걸으신 길을 더듬음」 『국어교육』 8, 한국국어교육연구회, 1964.
김민수, 「주시경의 초기연구」 『아세아연구』 44, 고려대학교 아세아문제연구소, 1971.
신용하, 「독립협회의 사회사상」 『한국사연구』 제9집, 한국사연구회, 1973.
신용하, 「주시경의 애국계몽운동」, 한국사회학연구』 제1집, 서울대학교 사회학연구회, 1977.
이병근, 「愛國啓蒙主義時代의 國語觀」 『한국학보』 4-3, 일지사, 1978.
남광우, 「한글전용법안(1948), 한자사용에 관한 건의안(1949) 가결을 오늘의 시점에서 되새겨본다」 『어문연구』 24, 한국어문교육연구회, 1979.
민충환, 「한글 맞춤법 표기의 문제점 - 받아쓰기 결과에 나타난 현황을 중심으로 -」 『어문연구』 24, 한국어문교육연구회, 1979.11.
마이클 로빈슨, 「최현배와 한국의 민족주의 - 언어·문화·국가 발전을 통하여」 『나라사랑』 35, 외솔회, 1980.3.
이응호, 「《조선어학회》의 창립과 그 업적」 『어문학』 40, 한국어문학회, 1980. 10.
이현희, 「민중 구국 운동으로 본 조선어학회의 국학 진흥 운동」 『나라사랑』 42, 외솔회, 1982.

김구진, 「조선어학회 사건을 통해 본 민족 문화 운동」『나라사랑』 42, 외솔회, 1982.
임종국, 「조선어학회 사건과 침략의 극수」『나라사랑』 42, 외솔회, 1982.
남광우, 「국어국문학회 30년의 회고와 전망」『국어국문학』 제88권, 국어국문학회, 1982.12.
이광호, 「미 군정기 한국교육의 체제형성에 대한 고찰」, 연세대 대학원 석사논문, 1983.
고영근, 「"한글"의 유래에 대하여」, 白石 趙文濟敎授 華甲紀念論文集刊行委員會 編, 『白石 趙文濟敎授 華甲紀念論文集』, 白石 趙文濟敎授 華甲紀念論文集刊行委員會, 1983.
국어연구소, 『국어생활』 3, 1985년 겨울.
정태수, 「미군정기 한국교육행정의 기구와 요원의 연구」『교육행정학연구』 6, 교육행정학회, 1988.
안병희, 「이병기」『주시경학보』 제4집, 주시경연구소, 1989.12.
한성진, 「미군정기 한국 교육엘리트에 관한 연구」, 한국교육문제연구회 편, 『한국교육문제연구』 제2집, 푸른나무, 1989.
임영빈, 「周時經의 民族主義 國語觀에 관한 考察」『홍익논총』 21-1, 홍익대학교, 1989.
이광정, 「이탁」『주시경학보』 3, 주시경연구소, 1989.7.
이길상, 「미군정시대 연구에 있어서 '준비부족론'의 문제점」『정신문화연구』 13-2, 한국학중앙연구원, 1990.
김민수, 「조선어학회의 창립과 그 연혁」『주시경학보』 제5집, 주시경연구소, 1990.
박지홍, 「초창기의 한글학회 회원들」『한힌샘 주시경연구』 4, 한글학회, 1991.
이현희, 「주시경 선생이 후세에 남긴 업적과 영향」『주시경학보』 제8집, 주시경연구소, 1991.12.
이종룡, 「이극로 연구」, 부산대학교 교육대학원 석사논문, 1993.
김하수, 「식민지 문화운동 과정에서 찾아본 이극로의 의미」『주시경학보』 10, 주시경연구소, 1993.
김하수, 「언어 정책론」『새국어생활』 3-3, 국립국어연구원, 1993.
박용규, 「이만규연구」『한국교육사학』 16, 한국교육사학회, 1994.
김하수, 「언어와 사회의 문제에 관한 최 현배의 인식」『나라사랑』 89, 외솔회,

1994.
이준식, 「외솔과 조선어학회의 한글 운동」『현상과 인식』 18-3, 한국인문사회과학원, 1994.
조성윤, 「외솔과 언어민족주의」『현상과인식』 18, 한국인문사회과학원, 1994.
전광현, 「一石 先生의 生涯와 學問」『새국어생활』 4-3, 국립국어연구원, 1994.
김인선, 「갑오경장 전후의 국문 한문 사용 논쟁」『새국어생활』 4-4, 국립국어연구원, 1994.12.
김용일, 「미군정기 교육정책 지배세력 형성에 관한 연구」『교육행정학연구』 13, 교육행정학회, 1995.
조동걸, 「1930·40년대의 국학과 민족주의」『인문과학연구』 1, 동덕여자대학교, 1995.
玄恩柱, 「미군정기 한국교육주도세력과 교육재건에 대한 일연구: 1945-1948년 교육주도세력을 중심으로」, 명지대 대학원 석사논문, 1995.
서중석, 「이승만과 북진통일」『역사비평』 29, 역사비평사, 1995. 여름.
이석린, 「한결 선생과 조선어학회 사건」『나라사랑』 91, 외솔회, 1995.
이현희, 「한결 김윤경의 민족 운동」『나라사랑』 91, 외솔회, 1995.
임홍빈, 「주시경과 "한글" 명칭」『한국학논집』 23, 계명대학교한국학연구소, 1996.
박지홍, 「한글모 죽보기에 대하여」『한힌샘주시경연구』 9, 한글학회, 1996.
신용하, 「독립신문과 국문 동식회」『한힌샘 주시경연구』 9, 한글학회, 1996.
정병준, 「남한진주를 전후한 주한미군의 對韓정보와 초기점령정책의 수립」『사학연구』 51, 한국사학회, 1996.
이준식, 「일제 침략기 한글 운동 연구 - 조선어학회를 중심으로」『사회와 역사』 49, 한국사회사학회, 1996.
조재수, 「한글학회와 사전 편찬」『한힌샘 주시경연구』 9, 한글학회, 1996.
박지홍, 「인간 건재 선생의 이모저모」『나라사랑』 95, 외솔회, 1997.
유제한, 「건재 정인승 선생과 나」『나라사랑』 95, 외솔회, 1997.
조태린, 「일제시대의 언어정책과 언어운동에 관한 연구: 언어관 및 이데올로기의 관계를 중심으로」, 연세대학교 대학원 석사논문, 1997.
이현주, 「일제하 張志映의 민족 운동」『10월의 문화인물』 10, 국립국어연구원, 1997.
김민수, 「장지영 선생의 생애와 학문」『10월의 문화인물』 10, 국립국어연구원,

1997.
이응호, 「상동 청년학원과 한글 운동」 『나라사랑』 97, 외솔회, 1998.
이상혁, 「언문과 국어 의식」 『국어국문학』 121, 국어국문학회, 1998.
정태진, 「주시경 선생」 『나라사랑』 99, 외솔회, 1999.
김상필, 「석인 선생과 조선어학회 수난 사건」 『나라사랑』 99, 외솔회, 1999.
리의도, 「석인 정태진과 한글학회」 『한말연구』 5, 한말연구학회, 1999.
김인선, 『개화기 이승만의 한글운동 연구』, 연세대학교 대학원 국학협동과정 박사학위논문, 1999.
김진수, 「프랑스의 언어정책」 『사회언어학』 7-1, 한국사회언어학회, 1999.
고영근, 「개화기의 한국 어문운동」 『관악어문연구』 25-1, 서울대학교 국어국문학과, 2000.
박정우, 「일제하 언어민족주의 – 식민지시기 문맹퇴치/한글보급운동을 중심으로」, 서울대 석사논문, 2001.
김영욱, 「開化期의 語文 運動에 關하여」 『한국어교육학회 학술발표회 자료집』, 한국어교육학회(구-한국국어교육연구학회), 2001.
신창순, 「국문연구소 「국문연구의정안」의 검토」 『어문연구』 44-1, 안암어문학회, 2001.
최기영, 「白水 鄭烈模의 생애와 어문민족주의」 『한국근현대사연구』 25, 한국근현대사학회, 2003.
오영섭, 「1950년대 전반 한글파동의 전개와 성격」 『사학연구』 72, 2003.
임경석, 「20세기 초 국제질서의 재편과 한국 신지식층의 대응」 『대동문화연구』 43, 성균관대학교 대동문화연구원, 2003.
이혜령, 「한글운동과 근대 미디어」 『대동문화연구』 47, 성균관대학교대동문화연구원, 2004.
황호성, 「「글자의 혁명」(1956)에 나타난 최현배의 한글 풀어쓰기론 연구」, 세종대학교 교육대학원 국어교육전공 석사논문, 2004.
신미지, 「북한의 국가건설에서의 '문맹퇴치운동': 그 함의와 역할」, 경남대학교 북한대학원 석사논문, 2005.
표상용, 「1920-1940년대 소비에트 언어학에 대한 비판적 고찰: 마르주의를 중심으로」 『언어와 언어학』 35, 한국외국어대학교 외국어 종합연구센터 언어연구소, 2005.

김석득, 「근·현대의 국어(학) 정신사」『한글』 272. 한글학회, 2006.6.
김석득, 「조선어학회 수난사건－언어관을 통해서 본－」『애산학보』 32, 애산학회, 2006.
박영신, 「조선어학회가 겪는 '수난' 사건의 역사 사회학－학회 조직의 성격과 행위 구조－」『애산학보』 32, 애산학회, 2006.
조재수, 「조선어학회와 큰사전」『애산학보』 32, 애산학회, 2006.
최경봉, 「일제강점기 조선어학회 활동의 역사적 의미」『민족문학사연구』 31, 민족문학사학회, 2006.
정재환, 「이승만 정권 시기 한글간소화파동 연구」, 성균관대학교 사학과 석사논문, 2006.
임홍빈, 「'한글' 命名者와 史料 檢證의 問題」『어문연구』 135, 한국어문교육연구회, 2007.
이준식, 「최현배와 김두봉－언어의 분단을 막은 두 한글학자」『역사비평』 82, 역사비평사, 2008 봄.
이동석, 「한글의 풀어쓰기와 모아쓰기에 대하여－최현배 선생의 『글자의 혁명』을 중심으로－」『청람어문교육』 38, 청람어문교육학회, 2008.
박용규, 「일제시대 한글운동에서의 신명균의 위상」『민족문학사연구』 38, 민족문학사학회, 2008.
정승철, 「어문민족주의와 표준어의 정립」『인문논총 23, 경남대학교 인문과학연구소, 2009.
서민정, 「주변부 국어학의 재발견을 위한 이극로 연구－국가어로서 "국어" 형성에서 역할을 중심으로－」『우리말연구』 25, 우리말학회, 2009.
구본영·한욱현, 「풀어쓰기한글의 타당성 고찰－주시경, 김두봉, 최현배의 풀어쓰기 안을 중심으로－」『커뮤니케이션 디자인학연구』 29, 커뮤니케이션디자인협회 커뮤니케이션디자인학회, 2009.
이상혁, 「'한국어' 명칭의 위상 변천과 그 전망」『국제어문』 46, 국제어문학회, 2009.
박용규, 『일제시대 이극로의 민족운동 연구: 한글운동을 중심으로』, 고려대학교 사학과 박사논문, 2009.
박용규, 「해방 후 한글운동에서의 이극로의 위상」, 이극로박사기념사업회 편, 『이극로의 우리말글 연구와 민족운동』, 선인, 2010.

박종국, 「한결 김윤경 선생의 생애」『애산학보』 36, 애산학회, 2010.
미쓰이 다카시, 「언어문제에서 본 한국 근대사」『한국학연구』 22, 인하대학교 한국학연구소, 2010.
이준식, 「히못(白淵) 김두봉의 삶과 활동」『나라사랑』 116, 외솔회, 2010.
허재영, 「건재 정인승(1897~1986) 선생님의 생애와 업적」『한말연구』 26, 한말연구학회, 2010.
이재현, 「식민지 시대 국어학자 최현배의 민족주의적 사상과 학문 연구」『국제어문학회 학술대회 자료집』 10, 국제어문학회 2010.
리의도, 「한글 노래의 변천사」『국어교육연구』 제49집, 국어교육학회, 2011.8.
박용규,「조선어학회사건이 가지고 있는 역사적 의미」,『2011년 동계공동학술대회 자료집 - 공공언어로서의 행정언어』, 행정언어와 질적연구학회 주관, 2011년 12월 2일 개최.

(2) 일본어

下瀨謙太郎, 「支那に起っている文字革命の話」『國語の愛護』 第8號, 國語愛護同盟, 1937.5.
稲葉 繼雄, 「美軍政下南朝鮮における國語淨化運動」, 筑波大學 地域研究科課, 『筑波大學 地域研究』 1, 1983.3.
稲葉 繼雄, 「美軍政期南朝鮮のハングル普及運動」, 筑波大學外國語センター 『外國語教育論集』 5, 1983.12.
稲葉 繼雄, 「解放後韓國におけるハングル專用論の展開 - 美軍政期を中心に - 」, 筑波大學文藝言語學係, 『文藝言語研究』 言語篇 8, 1983.12.
三ッ井 崇, 『植民地朝鮮における言語支配の構造 - 朝鮮語規範化問題を中心に - 』, 一橋大學大學院 博士學位論文(개정판), 2001.
樋口 謙一郎, 「英語エリート - 現代韓國英語史の考察」『アジア英語研究』 第3号, 日本「アジア英語」學會. 2001.
樋口 謙一郎, 「崔鉉培の漢字廃止論 - 『文字の革命』 を中心に - 」『社会科学研究紀要別册』 8, 早稲田大学大学院社会科學研究科, 2001.
樋口 謙一郎, 「米軍政下の朝鮮語學會 - 教育の朝鮮語化をめぐる軍政庁との連携を中心に」『社会科学研究科紀要, 別册』 10, 早稲田大学大学院社会科学研究科, 2002.9.

樋口　謙一郎, 「趙潤済の漢字擁護論－『國語教育の当面の問題』の検討を中心に－」
　　『科学研論集』 2, 早稲田大学大学院社会科学研究科, 2003.9.

4. 신문, 잡지, 인터넷, 시청각 자료

(1) 신문

『황성신문』, 『독립신문』, 『동아일보』, 『매일신문』, 『매일신보』, 『자유신문』, 『대동신문』, 『중앙신문』, 『제일신문』, 『조선일보』, 『서울신문』, 『京城日報』, 『경향신문』, 『국민일보』, 『로동신문』, 『연합뉴스』

(2) 잡지

『서우』 2, 1907.1.1.
『정음』 26, 조선어학연구회, 1938.9.
『文教の朝鮮』 203, 경성: 조선교육회, 1942.8.
『민중조선』, 민중조선사.
『朝鮮教育』, 조선교육연구회.
『朝鮮週報』, 조선주보사.
『朝鮮建築』, 조선건축기술협회..
『신천지』, 서울신문사.
『체육문화』, 체육문화사.
『사상계』, 사상계사.
『새교육』, 대한교육연합회.
『나라사랑』, 외솔회.
『한글새소식』, 한글학회.
『한글문학』 22, 한글문화사, 1994. 겨울호.

(3) 인터넷

국사편찬위원회 한국사데이터베이스, 『자료대한민국사』
국사편찬위원회 한국사데이터베이스, 『일제침략하 한국36년사』
한국학중앙연구원 한국역대인물종합정보시스템 http://people.aks.ac.kr/index.aks

한국역사정보통합시스템, 『조선총독부관보활용시스템』
법제처 http://www.moleg.go.kr/main.html
로앤비 http://www.lawnb.com/
국가지식포털 https://www.knowledge.go.kr/main.jsp
국가법령정보센터 http://www.law.go.kr/LSW/main.html
대한민국국회, 국회회의록시스템. http://likms.assembly.go.kr/record/index.html
대한민국헌정회. http://www.rokps.or.kr/
관보. http://theme.archives.go.kr/next/gazette/viewMain.do
국가기록원 나라기록 기록정보 콘텐츠. http://theme.archives.go.kr/next/theme/themeMain.do
국가기록원 대통령기록관, 온라인콘텐츠, 헌법개정사. http://www.pa.go.kr/ index.html
북한자료센터, 디지털북한인명사전. http://www.kppeople.co./
국립국어원 http://www.korean.go.kr/09_new/
한글학회 http://www.hangeul.or.kr/
社團法人韓國語文會 http://www.hanja.re.kr/
연합뉴스, 북한인명록. http://100.daum.net/yearbook/view.do?id=55056
브리태니커 백과사전 인터넷판 http://100.daum.net/encyclopedia
국립국어원, 『표준국어대사전』, http://stdweb2.korean.go.kr/main.jsp
한글문화연대 http://www.urimal.org/
네이버 뉴스라이브러리 http://newslibrary.naver.com/search/searchByDate.nhn#
조선일보 아카이브 http://srchdb1.chosun.com/pdf/i_archive/
무학여자고등학교 http://www.muhak.hs.kr/index/index.do
(日本) 國立公文書館デジタルアーカイブ http://www.digital.archives.go.jp/
(日本) 中野文庫 http://www.geocities.jp/nakanolib/
(日本) kotobank. http://kotobank.jp/

(4) 시청각 자료

특선MBC다큐멘터리, 『외솔 최현배 한글이 목숨이다』, 2005.10.4.
한국방송공사, 『역사스페셜』, 「잉글리시 조선 상륙기」, 2012.11.8.
민족문제연구소, 『두 얼굴의 이승만(백년전쟁 1부)』, 2012.

찾아보기

ㅋ

ㅌ

ㅍ

ㅎ

경인한국학연구총서

28	고려시대 시가의 탐색	金相喆 / 364쪽 / 18,000원
29	朝鮮中期 經學思想硏究	이영호 / 264쪽 / 15,000원
30	高麗後期 新興士族의 硏究	李楠福 / 272쪽 / 14,000원
31	조선시대 재산상속과 가족**	文淑子 / 344쪽 / 17,000원
32	朝鮮時代 冠帽工藝史 硏究*	張慶嬉 / 464쪽 / 23,000원
33	韓國傳統思想의 探究와 展望	최문형 / 456쪽 / 23,000원
34	동학의 정치사회운동*	장영민 / 664쪽 / 33,000원
35	高麗의 後三國 統一過程 硏究	류영철 / 340쪽 / 17,000원
36	韓國 漢文學의 理解	車溶柱 / 416쪽 / 20,000원
37	일제하 식민지 지배권력과 언론의 경향	황민호 / 344쪽 / 17,000원
38	企齋記異 硏究	柳正一 / 352쪽 / 17,000원
39	茶山 倫理思想 硏究*	장승희 / 408쪽 / 20,000원
40	朝鮮時代 記上田畓의 所有主 硏究*	朴魯昱 / 296쪽 / 15,000원
41	한국근대사의 탐구	유영렬 / 528쪽 / 26,000원
42	한국 항일독립운동사연구**	신용하 / 628쪽 / 33,000원
43	한국의 독도영유권 연구	신용하 / 640쪽 / 33,000원
44	沙溪 金長生의 禮學思想*	張世浩 / 330쪽 / 17,000원
45	高麗大藏經 硏究	崔然柱 / 352쪽 / 18,000원
46	朝鮮時代 政治權力과 宦官	張熙興 / 360쪽 / 18,000원
47	조선후기 牛禁 酒禁 松禁 연구*	김대길 / 334쪽 / 17,000원
48	조선후기 불교와 寺刹契	韓相吉 / 408쪽 / 20,000원
49	식민지 조선의 사회 경제와 금융조합	최재성 / 488쪽 / 24,000원
50	민족주의의 시대 - 일제하의 한국 민족주의 - **	박찬승 / 448쪽 / 22,000원
51	한국 근현대사를 수놓은 인물들(1)**	오영섭 / 554쪽 / 27,000원
52	農巖 金昌協 硏究	차용주 / 314쪽 / 16,000원
53	조선전기 지방사족과 국가*	최선혜 / 332쪽 / 17,000원
54	江華京板 『高麗大藏經』의 판각사업 연구**	최영호 / 288쪽 / 15,000원
55	羅末麗初 禪宗山門 開創 硏究*	조범환 / 256쪽 / 15,000원
56	조선전기 私奴婢의 사회 경제적 성격**	安承俊 / 340쪽 / 17,000원
57	고전서사문학의 사상과 미학*	허원기 / 320쪽 / 16,000원

58	新羅中古政治史研究	金德原 / 304쪽 / 15,000원
59	근대이행기 민중운동의 사회사	박찬승 / 472쪽 / 25,000원
60	朝鮮後期 門中書院 研究**	이해준 / 274쪽 / 14,000원
61	崔松雪堂 文學 研究	金鍾順 / 320쪽 / 16,000원
62	高麗後期 寺院經濟 研究*	李炳熙 / 520쪽 / 26,000원
63	고려 무인정권기 문사 연구	황병성 / 262쪽 / 14,000원
64	韓國古代史學史	정구복 / 376쪽 / 19,000원
65	韓國中世史學史(Ⅰ)	정구복 / 근간
66	韓國近世史學史**	정구복 / 436쪽 / 22,000원
67	근대 부산의 민족운동	강대민 / 444쪽 / 22,000원
68	大加耶의 形成과 發展 研究	李炯基 / 264쪽 / 16,000원
69	일제강점기 고적조사사업 연구*	이순자 / 584쪽 / 35,000원
70	清平寺와 韓國佛教	洪性益 / 360쪽 / 25,000원
71	高麗時期 寺院經濟 研究*	李炳熙 / 640쪽 / 45,000원
72	한국사회사의 탐구	최재석 / 528쪽 / 32,000원
73	조선시대 農本主義思想과 經濟改革論	吳浩成 / 364쪽 / 25,000원
74	한국의 가족과 사회*	최재석 / 440쪽 / 31,000원
75	朝鮮時代 檀君墓 認識	金成煥 / 272쪽 / 19,000원
76	日帝强占期 檀君陵修築運動	金成煥 / 500쪽 / 35,000원
77	고려전기 중앙관제의 성립	김대식 / 300쪽 / 21,000원
78	혁명과 의열-한국독립운동의 내면-*	김영범 / 624쪽 / 42,000원
79	조선후기 천주교사 연구의 기초	조 광 / 364쪽 / 25,000원
80	한국 근현대 천주교사 연구	조 광 / 408쪽 / 28,000원
81	韓國 古小說 研究*	오오타니 모리시게 / 504쪽 / 35,000원
82	高麗時代 田莊의 構造와 經營	신은제 / 256쪽 / 18,000원
83	일제강점기 조선어 교육과 조선어 말살정책 연구*	김성준 / 442쪽 / 30,000원
84	조선후기 사상계의 전환기적 특성	조 광 / 584쪽 / 40,000원
85	조선후기 사회의 이해	조 광 / 456쪽 / 32,000원
86	한국사학사의 인식과 과제	조 광 / 420쪽 / 30,000원
87	高麗 建國期 社會動向 研究*	이재범 / 312쪽 / 22,000원

88	조선시대 향리와 지방사회*	권기중 / 302쪽 / 21,000원
89	근대 재조선 일본인의 한국사 왜곡과 식민통치론*	최혜주 / 404쪽 / 29,000원
90	식민지 근대관광과 일본시찰	조성운 / 496쪽 / 34,000원
91	개화기의 윤치호 연구	유영렬 / 366쪽 / 25,000원
92	고려 양반과 兩班田 연구	윤한택 / 288쪽 / 20,000원
93	高句麗의 遼西進出 硏究	尹秉模 / 262쪽 / 18,000원
94	高麗時代 松商往來 硏究	李鎭漢 / 358쪽 / 25,000원
95	조선전기 수직여진인 연구	한성주 / 368쪽 / 25,000원
96	蒙古侵入에 대한 崔氏政權의 外交的 對應	姜在光 / 564쪽 / 40,000원
97	高句麗歷史諸問題	朴眞奭 / 628쪽 / 44,000원
98	삼국사기의 종합적 연구	신형식 / 742쪽 / 51,000원
99	조선후기 彫刻僧과 佛像 硏究	崔宣一 / 근간
100	한국독립운동의 시대인식 연구	한상도 / 510쪽 / 36,000원
101	조선총독부 중추원 연구	김윤정 / 424쪽 / 30,000원
102	미쩰의 시기	김영수 / 336쪽 / 23,000원
103	중국 조선족 교육의 역사와 현실	박금혜 / 546쪽 / 40,000원
104	지명과 권력–한국 지명의 문화정치적 변천–	김순배 / 678쪽 / 53,000원
105	일제시기 목장조합 연구	강만익 / 356쪽 / 25,000원
106	한글의 시대를 열다	정재환 / 472쪽 / 35,000원

***대한민국학술원 우수학술 도서 **문화체육관광부 우수학술 도서**